MAJJHIMA NIKĀYA

Los DISCURSOS DE EXTENSIÓN MEDIA DEL BUDA

Volumen 2

Esta obra es ofrecida al Saṅgha de las cuatro direcciones.

Ayaṃ dakkhiṇā cātuddisassa saṅghassa uddissa dinnā.

LAS ENSEÑANZAS DEL BUDA

Los DISCURSOS DE EXTENSIÓn MEDIA del BUDA

Una traducción

del Majjhima Nikāya

Traducido del pāli

TRADUCCIÓN ORIGINAL AL INGLÉS *de*

Bhikkhu Ñāṇamoli

TRADUCCIÓN EDITADA Y REVISADA *por*

Bhikkhu Bodhi

CUARTA EDICIÓN

Traducción al español de

Miguel A. Romero

Revisores principales: Venerable Bhikkhu Padīpo y Héctor Pérez Solano

Prólogo a la edición en español de Bhikkhu Bodhi

Pariyatti Press
una imprenta de
Pariyatti Publishing
www.pariyatti.org

Ninguna de las ganancias de la venta de este libro se destina al traductor, sino que se canalizan para apoyar a Pariyatti, una organización sin fines de lucro cuyo propósito es difundir las enseñanzas del Buda.

Publicado originalmente por Wisdom Publications, Inc. con el título "The Middle Length Discourses of the Buddha: A Translation of the Majjhima Nikāya" (ISBN: 978-0-86171-072-0). Traducción al español autorizada por Wisdom Publications, Inc.

ISBN: 978-1-68172-879-7 (rústica)

El fondo de la portada del libro fue diseñado por Freepik (freepik.com). El diseño de la portada es obra de Nalin Ariyarathne.

Índice

VOLUMEN 1

Prólogo a la edición en español xi
Prefacio de la traducción al inglés xiv
Introducción xix
Notas del traductor y agradecimientos lviii
Resumen de los 152 *suttas* lxii

PRIMERA PARTE
LOS CINCUENTA DISCURSOS DE RAÍZ

1. LA DIVISIÓN DEL DISCURSO ACERCA DE LA RAÍZ (*MŪLAPARIYĀYĀVAGGA*)

1. *Mūlapariyāyā Sutta*: La raíz de todas las cosas 7
2. *Sabbāsava Sutta*: Todas las corrupciones 21
3. *Dhammadāyāda Sutta*: Herederos en el Dhamma 32
4. *Bhayabherava Sutta*: Miedo y pavor 37
5. *Anangaṇa Sutta*: Carente de imperfecciones 46
6. *Ākankheyya Sutta*: Si un bhikkhu deseara 55
7. *Vatthūpama Sutta*: El símil del paño 60
8. *Sallekha Sutta*: Abandono 68
9. *Sammādiṭṭhi Sutta*: El discurso sobre la comprensión correcta 80
10. *Satipaṭṭhāna Sutta*: Los fundamentos de la atención plena 96

2. LA DIVISIÓN DEL RUGIDO DEL LEÓN (*SĪHANĀDAVAGGA*)

11. *Cūḷasīhanāda Sutta*: El discurso menor sobre el rugido del león 117
12. *Mahāsīhanāda Sutta*: El gran discurso sobre el rugido del león 124
13. *Mahādukkhakkhandha Sutta*: El gran discurso sobre la masa del sufrimiento 141
14. *Cūḷadukkhakkhandha Sutta*: El discurso breve sobre la masa del sufrimiento 148
15. *Anumāna Sutta*: Inferencia 154
16. *Cetokhila Sutta*: Los desiertos del corazón 159
17. *Vanapattha Sutta*: Alejado en el bosque 164
18. *Madhupiṇḍika Sutta*: La bola de miel 168
19. *Dvedhāvitakka Sutta*: Dos tipos de pensamiento 176

20. *Vitakkasaṇṭhāna Sutta*: El aquietamiento de los pensamientos distractores 184

3. La división de los símiles (*Opammavagga*)

21. *Kakacūpama Sutta*: El símil de la sierra 191
22. *Alagaddūpama Sutta*: El símil de la serpiente 199
23. *Vammika Sutta*: El hormiguero 216
24. *Rathavinīta Sutta*: Los carruajes de relevo 220
25. *Nivāpa Sutta*: El cebo 228
26. *Ariyapariyesanā Sutta*: La noble búsqueda 235
27. *Cūḷahatthipadopama Sutta*: El discurso corto sobre el símil de la huella del elefante 252
28. *Mahāhatthipadopama Sutta*: El gran discurso sobre el símil de la huella del elefante 261
29. *Mahāsāropama Sutta*: El gran discurso sobre el símil del duramen 272
30. *Cūḷasāropama Sutta*: El discurso menor sobre el símil del duramen 277

4. La gran división de pares (*Mahāyamakavagga*)

31. *Cūḷagosinga Sutta*: El discurso menor en Gosinga 287
32. *Mahāgosinga Sutta*: El gran discurso en Gosinga 293
33. *Mahāgopālaka Sutta*: El gran discurso sobre el vaquero 300
34. *Cūḷagopālaka Sutta*: El discurso menor sobre el vaquero 306
35. *Cūḷasaccaka Sutta*: El discurso menor a Saccaka 310
36. *Mahāsaccaka Sutta*: El gran discurso a Saccaka 321
37. *Cūḷataṇhāsankhaya Sutta*: El discurso menor sobre la destrucción de la avidez 335
38. *Mahātaṇhāsankhaya Sutta*: El gran discurso sobre la destrucción de la avidez 340
39. *Mahā-Assapura Sutta*: El gran discurso en Assapura 355
40. *Cūḷa-Assapura Sutta*: El discurso menor en Assapura 365

5. La división menor de pares (*Cūḷayamakavagga*)

41. *Sāleyyaka Sutta*: Los brahmanes de Sālā 373
42. *Verañjaka Sutta*: Los brahmanes de Verañja 380
43. *Mahāvedalla Sutta*: La serie mayor de preguntas y respuestas 381
44. *Cūḷavedalla Sutta*: La serie menor de preguntas y respuestas 395
45. *Cūḷadhammasamādāna Sutta*: El discurso menor sobre las formas de emprender las cosas 408
46. *Mahādhammasamādāna Sutta*: El gran discurso sobre las formas de emprender las cosas 412
47. *Vīmaṁsaka Sutta*: El indagador 419

48. *Kosambiya Sutta*: El discurso en Kosambī 424
49. *Brahmanimantanika Sutta*: La invitación de un Brahmā 430
50. *Māratajjanīya Sutta*: La reprimenda a Māra 440

Segunda parte
Los cincuenta discursos de la parte media (*Majjhimapaṇṇāsapāḷi*)

1. La división de jefes de hogar (*Gahapativagga*)

51. *Kandaraka Sutta*: A Kandaraka 453
52. *Aṭṭhakanāgara Sutta*: El hombre de Aṭṭhakanāgara 465
53. *Sekha Sutta*: El discípulo en entrenamiento superior 471
54. *Potaliya Sutta*: A Potaliya 479
55. *Jīvaka Sutta*: A Jīvaka 487
56. *Upāli Sutta*: A Upāli 492
57. *Kukkuravatika Sutta*: El asceta de la práctica del perro 509
58. *Abhayarājakumāra Sutta*: Al príncipe Abhaya 516
59. *Bahuvedanīya Sutta*: Las muchas clases de sensaciones 520
60. *Apaṇṇaka Sutta*: La enseñanza incontrovertible 524

2. La división de los bhikkhus (*Bhikkhuvagga*)

61. *Ambalaṭṭhikārāhulovāda Sutta*: Consejo a Rāhula en Ambalaṭṭhikā 543
62. *Mahārāhulovāda Sutta*: El discurso mayor sobre el consejo a Rāhula 548
63. *Cūḷamāluṅkya Sutta*: El discurso menor a Māluṅkyāputta 555
64. *Mahāmāluṅkya Sutta*: El discurso mayor a Māluṅkyāputta 560
65. *Bhaddāli Sutta*: A Bhaddāli 567
66. *Laṭukikopama Sutta*: El símil de la codorniz 577
67. *Cātumā Sutta*: En Cātumā 587
68. *Naḷakapāna Sutta*: En Naḷakapāna 594
69. *Gulissāni Sutta*: Gulissāni 601
70. *Kīṭāgiri Sutta*: En Kīṭāgiri 606

Volumen 2

Resumen de los 152 *suttas* xi

Segunda parte
Los cincuenta discursos de la parte media (*Majjhimapaṇṇāsapāḷi*)

3. La división de los ascetas errantes (*Paribbājakavagga*)

71. *Tevijjavacchagotta Sutta*: A Vacchagotta sobre el triple conocimiento verdadero 619
72. *Aggivacchagotta Sutta*: A Vacchagotta acerca del fuego 624
73. *Mahāvacchagotta Sutta*: El gran discurso a Vacchagotta 631
74. *Dīghanakha Sutta*: A Dīghanakha 639
75. Māgandiya Sutta: A Māgandiya 645
76. *Sandaka Sutta*: A Sandaka 658
77. *Mahāsakuludāyi Sutta*: El discurso mayor a Sakuludāyin 670
78. *Samaṇamaṇḍikā Sutta*: El *Paribbājaka* Samaṇamaṇḍikāputta 690
79. *Cūḷasakuludāyi Sutta*: El discurso menor a Sakuludāyin 698
80. *Vekhanassa Sutta*: A Vekhanassa 707

4. La división de los reyes (*Rājavagga*)

81. *Ghaṭīkāra Sutta*: Ghaṭīkāra, el alfarero 713
82. *Raṭṭhapāla Sutta*: Discurso acerca de Raṭṭhapāla 721
83. *Makhādeva Sutta*: El rey Makhādeva 737
84. *Madhurā Sutta*: En Madhurā 743
85. *Bodhirājakumāra Sutta*: Discurso al príncipe Bodhi 749
86. *Aṅgulimāla Sutta*: Acerca de Aṅgulimāla 755
87. *Piyajātika Sutta*: Nacido de aquellos que son queridos 764
88. *Bāhitika Sutta*: La capa 769
89. *Dhammacetiya Sutta*: Monumentos al Dhamma 775
90. *Kaṇṇakatthala Sutta*: En Kaṇṇakatthala 782

5. La división sobre los Brahmanes (*Brāhmaṇavagga*)

91. *Brahmāyu Sutta*: Brahmāyu 791
92. *Sela Sutta*: A Sela 805
93. *Assalāyana Sutta*: A Assalāyana 814
94. *Ghoṭamukha Sutta*: A Ghoṭamukha 823
95. *Cankī Sutta*: Con Cankī 828
96. *Esukārī Sutta*: A Esukārī 841
97. *Dhānañjāni Sutta*: A Dhānañjāni 847
98. *Vāseṭṭha Sutta*: A Vāseṭṭha 854
99. *Subha Sutta*: A Subha 864
100. *Saṅgārava Sutta*: A Saṅgārava 875

Tercera parte
Los últimos cincuenta discursos (*Uparipaṇṇāsapāḷi*)

1. La división en Devadaha (*Devadahavagga*)

101. *Devadaha Sutta*: En Devadaha 883
102. *Pañcattaya Sutta*: Las cinco y tres 896
103. *Kinti Sutta*: ¿Qué piensan de mí? 909
104. *Sāmagāma Sutta*: En Sāmagāma 915
105. *Sunakkhatta Sutta*: A Sunakkhatta 925
106. Āneñjasappāya Sutta: El camino a lo imperturbable 934
107. *Gaṇakamoggallāna Sutta*: A Gaṇaka Moggallāna 942
108. *Gopakamoggallāna Sutta*: Con Gopaka Moggallāna 949
109. *Mahāpuṇṇama Sutta*: El gran discurso en la noche de luna llena 956
110. *Cūḷapuṇṇama Sutta*: El discurso menor sobre la noche de luna llena 963

2. La división de uno por uno (*Anupadavagga*)

111. *Anupada Sutta*: Uno por uno tal como ocurrieron 971
112. *Chabbidhana Sutta*: La pureza séxtuple 977
113. *Sapurisa Sutta*: La persona auténtica 984
114. *Sevitabbāsevitabba Sutta*: Para ser y para no ser cultivado 989
115. *Bahudhātuka Sutta*: Los muchos tipos de elementos 1002
116. *Isigili Sutta*: Isigili: La garganta de los videntes 1011
117. *Mahacattarisaka Sutta*: El discurso acerca de los cuarenta grandes factores 1015
118. *Ānāpānassati Sutta*: Atención plena en la respiración 1025
119. *Kāyagatāsati Sutta*: Atención plena en el cuerpo 1036
120. *Saṅkhārupapatti Sutta*: Renacimiento mediante aspiración 1047

3. La división del vacío (*Suññatavagga*)

121. *Cūḷasuññata* Sutta: El discurso menor sobre la vacuidad 1053
122. *Mahāsuññata Sutta*: El discurso mayor sobre la vacuidad 1061
123. *Acchariya-abbhūta Sutta*: Admirable y maravilloso 1070
124. *Bakkula Sutta*: Acerca de Bakkula 1076
125. *Dantabhūmi Sutta*: El grado de los domados 1080
126. *Bhūmija Sutta*: Bhūmija 1089
127. *Anuruddha Sutta*: Anuruddha 1095
128. *Upakkilesa Sutta*: Imperfecciones 1101
129. *Bālapaṇḍita Sutta*: Necios y sabios 1111
130. *Devadūta Sutta*: Los mensajeros divinos 1125

4. La división de exposiciones (*Vibhangavagga*)

131. *Bhaddekaratta Sutta*: Una noche singular y excelente 1137
132. *Ānandabhaddekaratta Sutta*: Ānanda y una noche singular y excelente 1143
133. *Mahākaccānabhaddekaratta Sutta*: Mahā Kaccāna y una noche singular y excelente 1144
134. *Lomasakangiyabhaddekaratta Sutta*: Lomasakangiya y una noche singular y excelente 1151
135. *Cūḷakammavibhanga Sutta*: La exposición menor acerca del *kamma* 1155
136. *Mahākammavibhanga Sutta*: La exposición mayor acerca del *kamma* 1161
137. *Saḷāyatanavibhanga Sutta*: La exposición de la base séxtuple 1170
138. *Uddesavibhanga Sutta*: La exposición de un resumen 1179
139. *Araṇavibhanga Sutta*: La exposición sobre el no conflicto 1186
140. *Dhātuvibhanga Sutta*: La exposición de los elementos 1194
141. *Saccavibhanga Sutta*: La exposición de las verdades 1207
142. *Dakkhiṇāvibhanga Sutta*: La exposición de las ofrendas 1213

5. La división de la base séxtuple (*Saḷāyatanavagga*)

143. *Anāthapiṇḍikovāda Sutta*: Consejo a Anāthapiṇḍika 1223
144. *Channovāda Sutta*: Consejo a Channa 1229
145. *Puṇṇovāda Sutta*: Consejo a Puṇṇa 1234
146. *Nandakovāda Sutta*: Consejos de Nandaka 1238
147. *Cūḷarāhulovāda Sutta*: El discurso menor del consejo a Rāhula 1244
148. *Chachakka Sutta*: Los seis conjuntos de seis 1247
149. *Mahāsaḷāyatanika Sutta*: La gran base séxtuple 1257
150. *Nagaravindeyya Sutta*: Para la gente de Nagaravinda 1261
151. *Piṇḍapātapārisuddhi Sutta*: La purificación de la comida de ofrenda 1265
152. *Indriyabhāvanā Sutta*: El desarrollo de las facultades 1269

Bibliografía (para la traducción al español) 1277
Lista de abreviaturas 1279
Glosario pāli-español 1281
Índice temático 1297
Índice onomástico 1322
Índice de símiles 1328
Índice de términos pāli analizados en la introducción y notas 1332

Resumen de los 152 *suttas*

PRIMERA PARTE: LOS CINCUENTA DISCURSOS DE RAÍZ

1 *Mūlapariyāya Sutta*: **La raíz de todas las cosas**. El Buda analiza los procesos cognitivos de cuatro tipos de individuos: la persona común y corriente no instruida, el discípulo en formación superior, el *arahant* y el Tathāgata. Éste es uno de los suttas más profundos y difíciles del Canon pāli y, por lo tanto, se sugiere que el estudiante serio lo lea sólo de manera superficial en una primera lectura del Majjhima Nikāya, regresando a él para un estudio en profundidad después de completar toda la colección.

2 *Sabbāsava Sutta*: **Todas las corrupciones**. El Buda enseña a los bhikkhus siete métodos para restringir y abandonar las corrupciones, las impurezas fundamentales que mantienen el encadenamiento a la ronda del nacimiento y la muerte.

3 *Dhammadāyāda Sutta*: **Herederos en el Dhamma**. El Buda insta a los bhikkhus a ser herederos del Dhamma, no herederos de las cosas materiales. Luego, el venerable Sāriputta continúa con el mismo tema explicando cómo los discípulos deben entrenarse para convertirse en herederos del Buda en el Dhamma.

4 *Bhayabherava Sutta*: **Miedo y pavor**. El Buda le describe a un brahmán las cualidades que debe tener un monje que desea vivir solo en el bosque. Luego narra un relato de sus propios intentos de vencer el miedo mientras luchaba por alcanzar la iluminación.

5 *Anangaṇa Sutta*: **Carente de imperfecciones**. El venerable Sāriputta da un discurso a los bhikkhus sobre el significado de las imperfecciones, explicando que un bhikkhu se mancha cuando cae bajo el dominio de los malos deseos.

6 *Ākankheyya Sutta*: **Si un bhikkhu deseara**. El Buda comienza destacando la importancia de la virtud como fundamento del entrenamiento de un bhikkhu; luego enumera los beneficios que un bhikkhu puede obtener al realizar adecuadamente el entrenamiento.

7 *Vatthūpama Sutta*: **El Símil del paño**. Con un simple símil, el Buda ilustra la diferencia entre una mente contaminada y una mente pura.

8 *Sallekha Sutta*: **Abandono**. El Buda rechaza la opinión de que el mero logro de las absorciones meditativas sea el abandono de las impurezas y explica cómo se practica apropiadamente el verdadero abandono en sus enseñanzas.

9 *Sammādiṭṭhi Sutta*: **El Discurso sobre la comprensión correcta**. Un largo e importante discurso del venerable Sāriputta, con secciones separadas sobre lo saludable y lo no saludable, los nutrimentos, las Cuatro Nobles Verdades, los doce factores de origen condicionado y las corrupciones.

10 *Satipaṭṭhāna Sutta*: **Los fundamentos de la atención plena**. Éste es uno de los *suttas* más completos e importantes del Buda que trata sobre la meditación, con especial énfasis en el desarrollo de la introspección. El Buda comienza declarando los cuatro fundamentos de la atención plena como el camino directo para la realización del Nibbāna, luego da instrucciones detalladas sobre los cuatro fundamentos: la contemplación del cuerpo, las sensaciones, la mente y los fenómenos de la experiencia.

11 *Cūḷasīhanāda Sutta*: **El Discurso menor sobre el rugido del león**. El Buda declara que sólo en su dispensación se pueden encontrar los cuatro grados de individuos nobles, y explica cómo su enseñanza puede distinguirse de otros credos por su singular rechazo de todas las doctrinas acerca del yo.

12 *Mahāsīhanāda Sutta*: **El Gran discurso sobre el rugido del león**. El Buda expone los diez poderes de un Tathāgata, sus cuatro tipos de intrepidez y otras cualidades superiores, que le dan derecho a "rugir su rugido de león en las asambleas".

13 *Mahādukkhakkhandha Sutta*: **El Gran discurso sobre la masa del sufrimiento**. El Buda explica la comprensión plena de los placeres sensoriales, la forma material y las sensaciones; Hay una larga sección sobre los peligros de los placeres sensoriales.

14 *Cūḷadukkhakkhandha Sutta*: **El Discurso breve sobre la masa del sufrimiento**. Una variación del discurso anterior, que termina en una discusión con ascetas jainistas sobre la naturaleza del placer y el dolor.

15 *Anumāna Sutta*: **Inferencia**. El venerable Mahā Moggallāna enumera las cualidades que hacen que sea difícil amonestar a un bhikkhu y enseña cómo uno debe examinarse a sí mismo para eliminar los defectos de su carácter.

16 *Cetokhila Sutta*: **Los desiertos del corazón**. El Buda explica a los bhikkhus los cinco "desiertos en el corazón" y las cinco "cadenas en el corazón".

17 *Vanapattha Sutta*: **Alejado en el bosque**. Un discurso sobre las condiciones en las que un bhikkhu meditativo debería permanecer viviendo en la espesura de la jungla y las condiciones debido a las cuales debería ir a otra parte.

18 *Madhupiṇḍika Sutta*: **La bola de miel**. El Buda pronuncia una declaración profunda pero enigmática sobre "la fuente a través de la cual las percepciones y nociones teñidas de proliferación mental acosan a una persona". Esta declaración es aclarada por el venerable Mahā Kaccāna, cuya explicación es elogiada por el Buda.

19 *Dvedhāvitakka Sutta*: **Dos tipos de pensamiento**. Con referencia a su propia lucha por la iluminación, el Buda explica la manera de superar los pensamientos nocivos y reemplazarlos por pensamientos saludables. El *sutta* describe también su proceso de desarrollo mental que culminó en el logro de los *jhānas* y el triple conocimiento.

20 *Vitakkasaṇṭhāna Sutta*: **El Aquietamiento de los pensamientos distractores**. El Buda enseña cinco métodos para afrontar los pensamientos nocivos que pueden surgir durante el curso de la meditación.

21 *Kakacūpama Sutta*: **El Símil de la sierra**. Un discurso sobre la necesidad de mantener la paciencia ante palabras desagradables.

22 *Alagaddūpama Sutta*: **El Símil de la serpiente**. Un bhikkhu llamado Ariṭṭha da lugar a una noción perniciosa de que la conducta prohibida por el Buda no es realmente una obstrucción. El Buda lo reprende y, con una serie de símiles memorables, enfatiza los peligros de aplicar mal y tergiversar el Dhamma. El *sutta* culmina en una de las disquisiciones más impresionantes sobre el *no yo* que se encuentran en el Canon.

23 *Vammika Sutta*: **El Hormiguero**. Una deidad presenta a un bhikkhu un oscuro enigma, que el Buda le revela.

24 *Rathavinīta Sutta*: **Los carruajes de relevo**. El venerable Puṇṇa Mantāṇiputta explica a Sāriputta que la meta de la vida santa, el Nibbāna final, debe alcanzarse mediante las siete etapas de purificación.

25 *Nivāpa Sutta*: **El Cebo**. El Buda utiliza la analogía de los cazadores de ciervos para dar a conocer a los bhikkhus los obstáculos que enfrentan en su esfuerzo por escapar del control de Māra.

26 *Ariyapariyesanā Sutta*: **La noble búsqueda**. El Buda les da a los bhikkhus un largo relato de su propia búsqueda de la

iluminación, desde el momento de su vida en el palacio hasta la transmisión del Dhamma a sus primeros cinco discípulos.

27 *Cūḷahatthipadopama Sutta*: **El Discurso corto sobre el símil de la huella del elefante**. Usando la analogía de un leñador que busca un gran elefante macho, el Buda explica cómo un discípulo llega a la completa certeza de la verdad de su enseñanza. El *sutta* presenta un relato completo de la formación paso a paso del bhikkhu.

28 *Mahāhatthipadopama Sutta*: **El Gran discurso sobre el símil de la huella del elefante**. El venerable Sāriputta comienza con una declaración de las Cuatro Nobles Verdades, que luego expone mediante la contemplación de los cuatro elementos y el origen dependiente de los cinco agregados.

29 *Mahāsāropama Sutta*: **El Gran discurso sobre el símil del duramen**. Mediante la elaboración de un símil el Buda explica que la inquebrantable liberación de la mente es la meta de la vida santa, su corazón y su fin.

30 *Cūḷasāropama Sutta*: **El Discurso menor sobre el símil del duramen**. Este discurso y el anterior recalcan que el objetivo propio de la vida santa es la liberación inquebrantable de la mente, de la cual todos los demás beneficios son suplementarios.

31 *Cūḷagosinga Sutta*: **El Discurso menor en Gosinga**. El Buda se encuentra con tres bhikkhus que viven en concordia, "mezclados como leche y agua" y pregunta cómo logran vivir juntos en tal armonía.

32 *Mahāgosinga Sutta*: **El Gran discurso en Gosinga**. En una hermosa noche iluminada por la luna, varios discípulos mayores se reúnen en el bosque de árboles *sāla* y discuten qué clase de bhikkhu podría iluminar el bosque. Después de que cada uno ha respondido según su ideal personal, acuden al Buda, quien les da su propia respuesta.

33 *Mahāgopālaka Sutta*: **El Gran discurso sobre el vaquero**. El Buda enseña once defectos que impiden el crecimiento de un bhikkhu en el Dhamma y once cualidades que contribuyen a su crecimiento.

34 *Cūḷagopālaka Sutta*: **El Discurso menor sobre el vaquero**. El Buda explica los tipos de bhikkhus que "cruzan la corriente de Māra" y llegan con seguridad hasta la otra orilla.

35 *Cūḷasaccaka Sutta*: **El Discurso menor a Saccaka**. El polemista Saccaka se jacta de que en el debate puede zarandear al Buda de arriba a abajo y golpearlo, pero cuando finalmente se encuentra con el Buda, la discusión toma algunos giros inesperados.

36 *Mahāsaccaka Sutta*: **El Gran discurso a Saccaka**. El Buda se reencuentra con Saccaka y en el curso de una discusión sobre el "desarrollo del cuerpo" y el "desarrollo de la mente" le relata una narración detallada sobre su propia búsqueda espiritual.

37 *Cūḷataṇhāsankhaya Sutta*: **El Discurso menor sobre la destrucción de la avidez**. El venerable Mahā Moggallāna escucha al Buda dar una breve explicación a Sakka, gobernante de los *devas*, sobre cómo un bhikkhu se libera mediante la destrucción del deseo. Deseando saber si Sakka entendió el significado, hace un viaje al cielo de los Treinta y Tres para averiguarlo.

38 *Mahātaṇhāsankhaya Sutta*: **El Gran discurso sobre la destrucción de la avidez**. Un bhikkhu llamado Sāti promulga la perniciosa noción de que es la misma conciencia la que transmigra de vida en vida. El Buda lo reprende con un largo discurso sobre el origen dependiente, mostrando cómo todos los fenómenos de la existencia surgen y cesan a través de condiciones.

39 *Mahā-Assapura Sutta*: **El Gran discurso en Assapura**. El Buda aclara "las cosas que hacen de uno un *samaṇa*" con un discurso que cubre muchos aspectos de la formación del bhikkhu.

40 *Cūḷa-Assapura Sutta*: **El Discurso menor en Assapura**. El Buda explica que "el camino propio del *samaṇa*" no es la mera práctica exterior de austeridades sino la purificación interior para eliminar las impurezas.

41 *Sāleyyaka Sutta*: **Los brahmanes de Sālā**.

42 *Verañjaka Sutta*: **Los brahmanes de Verañja**. Éste y el *sutta* anterior son casi idénticos, el Buda explica a grupos de brahmanes jefes de familia los cursos de conducta que conducen al renacimiento en los reinos inferiores y los cursos que conducen al renacimiento y la liberación superiores.

43 *Mahāvedalla Sutta*: **La serie mayor de preguntas y respuestas**.

44 *Cūḷavedalla Sutta*: **La serie menor de preguntas y respuestas**. Este discurso y el anterior toman la forma de discusiones sobre varios puntos sutiles del Dhamma; el primero entre el venerable Mahā Koṭṭhita y la venerable Sāriputta y el segundo entre la bhikkhunī Dhammadinnā y el seguidor laico Visākha.

45 *Cūḷadhammasamādāna Sutta*: **El Discurso menor sobre las formas de emprender las cosas**.

46 *Mahādhammasamādāna Sutta*: **El Gran discurso sobre las formas de emprender las cosas**. El Buda explica, de manera diferente en cada uno de los dos *suttas*, cuatro maneras de emprender las cosas, diferenciándolas según si son dolorosas o

placenteras en el presente y si maduran en dolor o placer en el futuro.

47 *Vīmaṁsaka Sutta*: **El Indagador**. El Buda invita a los bhikkhus a hacer una investigación exhaustiva de sí mismos para descubrir si pueden ser aceptados o no como completamente iluminados.

48 *Kosambiya Sutta*: **El Discurso en Kosambī**. Durante el periodo en que los bhikkhus de Kosambī estaban divididos por una disputa, el Buda les enseña las seis cualidades que crean el amor, el respeto y que son conducentes a la unidad. Luego explica siete conocimientos extraordinarios que posee un noble discípulo que ha logrado el fruto de la entrada a la corriente.

49 *Brahmanimantanika Sutta*: **La invitación de un Brahmā**. Baka el Brahmā, una alta divinidad, adopta la perniciosa noción de que el mundo celestial que preside es eterno y que no hay ningún estado superior más allá. El Buda lo visita para disuadirlo de esa noción equivocada y lo involucra en una competencia de dimensiones olímpicas.

50 *Māratajjanīya Sutta*: **La reprimenda a Māra**. Māra intenta acosar al venerable Mahā Moggallāna, pero este último relata una historia del pasado lejano para advertir a Māra de los peligros que supone crear problemas a un discípulo del Buda.

SEGUNDA PARTE: LOS CINCUENTA DISCURSOS MEDIANOS

51 *Kandaraka Sutta*: **A Kandaraka**. El Buda habla de cuatro tipos de personas que se encuentran en el mundo: el que se atormenta a sí mismo, el que atormenta a los demás, el que se atormenta a sí mismo y a otros y aquel que no atormenta a ninguno de los dos, y así vive una vida verdaderamente santa.

52 *Aṭṭhakanāgara Sutta*: **El Hombre de Aṭṭhakanāgara**. El venerable Ānanda enseña once "puertas a lo *Inmortal*" mediante las cuales un bhikkhu puede alcanzar la seguridad suprema respecto a la esclavitud.

53 *Sekha Sutta*: **El Discípulo en entrenamiento superior**. A petición del Buda, el venerable Ānanda da un discurso sobre las prácticas realizadas por un discípulo en el entrenamiento superior.

54 *Potaliya Sutta*: **A Potaliya**. El Buda le enseña a un interlocutor presuntuoso el significado de "cortar los asuntos" en su disciplina. El *sutta* ofrece una sorprendente serie de símiles sobre los peligros de los placeres sensoriales.

55 *Jīvaka Sutta*: **A Jīvaka**. El Buda explica las normas que ha establecido respecto del consumo de carne y defiende a sus discípulos contra acusaciones injustas.

56 *Upāli Sutta*: **A Upāli**. El rico e influyente cabeza de familia Upāli, un destacado partidario de los jainistas propone ir al Buda y refutar su doctrina. En cambio, él se encuentra convertido por la "magia convertidora" del Buda.

57 *Kukkuravatika Sutta*: **El Asceta de la práctica del perro**. El Buda se encuentra con dos ascetas, uno que imita el comportamiento de un perro y el otro que imita el comportamiento de un buey. Les revela la inutilidad de sus prácticas y les da un discurso sobre el *kamma* y sus frutos.

58 *Abhayarājakumāra Sutta*: **Al príncipe Abhaya**. El líder jainista, Nigaṇṭha Nātaputta, le enseña al príncipe Abhaya una "pregunta de dos cuernos" con la que puede refutar la doctrina del Buda. El Buda escapa al dilema y explica qué tipo de discurso pronunciaría y cuál no.

59 *Bahuvedanīya Sutta*: **Las muchas clases de sensaciones**. Después de resolver un desacuerdo sobre la clasificación de las sensaciones, el Buda enumera los diferentes tipos de placer y gozo que los seres pueden experimentar.

60 *Apaṇṇaka Sutta*: **La enseñanza incontrovertible**. El Buda le da a un grupo de brahmanes jefes de familia una "enseñanza incontrovertible" que les ayudará a mantenerse alejados del enredo de las opiniones polémicas.

61 *Ambalaṭṭhikārāhulovāda Sutta*: **Consejo a Rāhula en Ambalaṭṭhikā**. El Buda advierte a su hijo, el novicio Rāhula, sobre los peligros de mentir y destaca la importancia de una reflexión constante sobre los propios motivos al actuar física, verbal y mentalmente.

62 *Mahārāhulovāda Sutta*: **El Discurso mayor sobre el consejo a Rāhula**. El Buda le enseña a Rāhula la meditación sobre los elementos, la atención plena en la respiración y otros temas.

63 *Cūḷamāluṅkya Sutta*: **El Discurso menor a Māluṅkyāputta**. Un bhikkhu amenaza con abandonar el Saṅgha a menos que el Buda responda a sus preguntas metafísicas. Con el símil del hombre alcanzado por una flecha envenenada, el Buda deja claro exactamente lo que enseña y lo que no enseña.

64 *Mahāmāluṅkya Sutta*: **El Discurso mayor a Māluṅkyāputta**. El Buda enseña el camino para abandonar las cinco cadenas inferiores.

65 *Bhaddāli Sutta*: **A Bhaddāli**. El Buda amonesta a un bhikkhu obstinado y le explica las desventajas de negarse a seguir el entrenamiento.

66 *Laṭukikopama Sutta*: **El Símil de la codorniz**. El Buda insiste en la importancia de abandonar todos los encadenamientos, por

inofensivas o insignificantes que puedan parecer.

67 *Cātumā Sutta*: **En Cātumā**. El Buda enseña a un grupo de bhikkhus recién ordenados cuatro peligros que deben superar aquellos que han salido a la vida sin hogar.

68 *Naḷakapāna Sutta*: **En Naḷakapāna**. El Buda explica por qué, cuando sus discípulos mueren, declara su nivel de logro y plano de renacimiento.

69 *Gulissāni Sutta*: **Gulissāni**. El venerable Sāriputta da un discurso sobre la formación adecuada de un bhikkhu que habita en el bosque.

70 *Kīṭāgiri Sutta*: **En Kīṭāgiri**. El Buda amonesta a un grupo de bhikkhus desobedientes, en el transcurso de lo cual presenta una importante clasificación en siete partes de los discípulos nobles.

71 *Tevijjavacchagotta Sutta*: **A Vacchagotta sobre el triple conocimiento verdadero**. El Buda niega poseer un conocimiento completo de todo –todo el tiempo– y define el triple conocimiento que posee.

72 *Aggivacchagotta Sutta*: **A Vacchagotta acerca del fuego**. El Buda explica a un viajero por qué no tiene puntos de vista especulativos. Con el símil de un fuego apagado intenta indicar el destino del ser liberado.

73 *Mahāvacchagotta Sutta*: **El Gran discurso a Vacchagotta**. La historia de la plena conversión al Dhamma del paribbājaka Vacchagotta, su salida a la vida sin hogar y su logro del estado de *arahant*.

74 *Dīghanakha Sutta*: **A Dīghanakha**. El Buda contrarresta las negaciones de un escéptico y le enseña el camino hacia la liberación a través de la contemplación de las sensaciones.

75 *Māgandiya Sutta*: **A Māgandiya**. El Buda se encuentra con el filósofo hedonista Māgandiya y le señala los peligros de los placeres sensoriales, los beneficios de la renuncia y el significado de Nibbāna.

76 *Sandaka Sutta*: **A Sandaka**. El venerable Ānanda enseña a un grupo de ascetas errantes cuatro caminos que niegan la vivencia de la vida santa y cuatro tipos de vida santa sin consuelo. Luego explica la vida santa que es verdaderamente fructífera.

77 *Mahāsakuludāyi Sutta*: **El Discurso mayor a Sakuludāyī**. El Buda enseña a un grupo de ascetas errantes las razones por las que sus discípulos lo veneran y buscan su guía.

78 *Samaṇamaṇḍikā Sutta*: **El *Paribbājaka* Samaṇamaṇḍikāputta**. El Buda explica cómo un hombre es "aquel que ha alcanzado el logro supremo".

79 *Cūḷasakuludāyi Sutta*: **El Discurso menor a Sakuludāyin**. El Buda examina la doctrina de un asceta errante, utilizando el símil de "la muchacha más bella del país", para exponer la locura de sus afirmaciones.

80 *Vekhanassa Sutta*: **A Vekhanassa**. Un discurso en parte similar al anterior, con un apartado adicional sobre el placer sensorial.

81 *Ghaṭīkāra Sutta*: **Ghaṭīkāra el alfarero**. El Buda cuenta la historia del principal partidario laico del pasado Buda Kassapa.

82 *Raṭṭhapāla Sutta*: **Discurso acerca de Raṭṭhapāla**. La historia de un joven que sale de la vida hogareña a la vida sin hogar en contra de los deseos de sus padres y luego regresa para visitarlos.

83 *Makhādeva Sutta*: **El Rey Makhādeva**. La historia de un antiguo linaje de reyes y cómo su virtuosa tradición se rompió debido a la negligencia.

84 *Madhurā Sutta*: **En Madhurā**. El venerable Mahā Kaccāna examina la afirmación de que los brahmanes son la casta más alta.

85 *Bodhirājakumāra Sutta*: **Discurso al príncipe Bodhi**. El Buda contrarresta la afirmación de que el placer se obtiene a través del dolor, utilizando un relato de su propia búsqueda de la iluminación.

86 *Aṅgulimāla Sutta*: **Acerca de Aṅgulimāla**. La historia de cómo el Buda sometió al conocido criminal Aṅgulimāla y lo llevó a alcanzar el estado de *arahant*.

87 *Piyajātika Sutta*: **Nacido de aquellos que son queridos**. Por qué el Buda enseña que el dolor y el pesar surgen de aquellos a quienes amamos.

88 *Bāhitika Sutta*: **La capa**. El venerable Ānanda responde al rey Pasenadi las preguntas sobre el comportamiento del Buda.

89 *Dhammacetiya Sutta*: **Monumentos al Dhamma**. El rey Pasenadi ofrece diez razones por las que muestra una veneración tan profunda al Buda.

90 *Kaṇṇakatthala Sutta*: **En Kaṇṇakatthala**. El rey Pasenadi interroga al Buda sobre la omnisciencia, las distinciones de castas y los *devas*.

91 *Brahmāyu Sutta*: **Brahmāyu**. Un brahmán viejo y erudito aprende acerca del Buda, va a su encuentro y se convierte en su discípulo.

92 *Sela Sutta*: **A Sela**. El brahmán Sela cuestiona al Buda, gana fe en él y se convierte en bhikkhu junto con su grupo de alumnos.

93 *Assalāyana Sutta*: **A Assalāyana**. Un joven brahmán se acerca al Buda para argumentar la tesis de que los brahmanes son la casta más alta.

94 *Ghoṭamukha Sutta*: **A Ghoṭamukha**. Una discusión entre un brahmán y un bhikkhu sobre si la vida del renunciante concuerda con el Dhamma.

95 *Cankī Sutta*: **Con Cankī**. El Buda instruye a un joven brahmán sobre la preservación de la verdad, el descubrimiento de la verdad y la llegada final a la verdad.

96 *Esukārī Sutta*: **A Esukārī**. El Buda y un brahmán discuten la pretensión de superioridad de los brahmanes sobre las otras castas.

97 *Dhānañjāni Sutta*: **A Dhānañjāni**. El venerable Sāriputta amonesta a un brahmán que intenta excusar su negligencia apelando a sus numerosos deberes. Más tarde, cuando está cerca de la muerte, Sāriputta lo guía a renacer en el mundo de Brahmā, pero es reprendido por el Buda por no haber ido más allá en la instrucción.

98 *Vāseṭṭha Sutta*: **A Vāseṭṭha**. El Buda resuelve una disputa entre dos jóvenes brahmanes sobre las cualidades de un verdadero brahmán.

99 *Subha Sutta*: **A Subha**. El Buda responde a las preguntas de un joven brahmán y le enseña el camino para renacer en el mundo de Brahmā.

100 *Saṅgārava Sutta*: **A Saṅgārava**. Un estudiante brahmán pregunta al Buda acerca de la base sobre la cual enseña los fundamentos de la vida santa.

TERCERA PARTE: LOS CINCUENTA DISCURSOS FINALES

101 *Devadaha Sutta*: **En Devadaha**. El Buda examina la tesis jainista acerca de que la liberación debe alcanzarse mediante la auto mortificación, y propone una explicación diferente sobre cómo el esfuerzo se vuelve fructífero.

102 *Pañcattaya Sutta*: **Las cinco y tres**. Un estudio de varios puntos de vista especulativos sobre el futuro y el pasado y de conceptos erróneos sobre Nibbāna.

103 *Kinti Sutta*: **¿Qué piensan de mí?** El Buda explica cómo los bhikkhus pueden resolver los desacuerdos sobre el Dhamma.

104 *Sāmagāma Sutta*: **En Sāmagāma**. El Buda establece procedimientos disciplinarios para guiar al Saṅgha a fin de asegurar su funcionamiento armonioso después de su fallecimiento.

105 *Sunakkhatta Sutta*: **A Sunakkhatta**. El Buda analiza el problema de la sobreestimación individual en el progreso de la meditación.

106 *Āneñjasappāya Sutta*: **El Camino a lo imperturbable**. El Buda explica los accesos a varios niveles meditativos superiores que culminan en Nibbāna.

107 *Gaṇakamoggallāna Sutta*: **A Gaṇaka Moggallāna**. El Buda expone el entrenamiento gradual del bhikkhu y se describe a sí mismo como "el que muestra el camino".

108 *Gopakamoggallāna Sutta*: **Con Gopaka Moggallāna**. El venerable Ānanda explica cómo el Saṅgha mantiene su unidad y disciplina interna después del fallecimiento de Buda.

109 Mahāpuṇṇama Sutta: **El Gran discurso en la noche de luna llena**. Un bhikkhu pregunta al Buda sobre los cinco agregados, el apego, la noción de la personalidad y la realización del *no yo*.

110 *Cūḷapuṇṇama Sutta*: **El Discurso menor sobre la noche de luna llena**. El Buda explica las diferencias entre una "persona falsa" y una "persona verdadera".

111 *Anupada Sutta*: **Uno por uno tal como ocurrieron**. El Buda describe el desarrollo introspectivo del venerable Sāriputta cuando se entrenaba para alcanzar el estado de *arahant*.

112 *Chabbisodhana Sutta*: **La pureza séxtuple**. El Buda explica cómo un bhikkhu debe ser interrogado cuando afirma tener un conocimiento final y cómo respondería si su afirmación es genuina.

113 *Sappurisa Sutta*: **La persona auténtica**. El Buda distingue el carácter de una persona verdadera de una falsa.

114 *Sevitabbāsevitabba Sutta*: **Para ser y para no ser cultivado**. El Buda establece tres breves esbozos de las cosas que deben cultivarse y las que no, y el venerable Sāriputta completa los detalles.

115 *Bahudhātuka Sutta*: **Los muchos tipos de elementos**. El Buda expone en detalle los elementos, las bases de los sentidos, el origen dependiente y los tipos de situaciones que son posibles e imposibles en el mundo.

116 *Isigili Sutta*: **Isigili: la garganta de los videntes**. Una enumeración de los nombres y epítetos de los *Paccekabuddhas* que antiguamente habitaban en la montaña Isigili.

117 *Mahācattārīsaka Sutta*: **El Discurso acerca de los cuarenta grandes factores**. El Buda define los factores del Noble Óctuple Sendero y explica sus interrelaciones.

118 *Ānāpānassati Sutta*: **Atención plena en la respiración**. Una exposición de dieciséis pasos en la atención plena en la respiración, y de la relación de esta meditación con los cuatro fundamentos de la atención plena y los siete factores de la iluminación.

119 *Kāyagatāsati Sutta*: **Atención plena en el cuerpo**. El Buda explica cómo se debe desarrollar y cultivar la atención plena respecto al cuerpo y los beneficios a los que conduce.

120 *Saṅkhārupapatti Sutta*: **Renacimiento mediante aspiración**. El Buda enseña cómo uno puede renacer de acuerdo con su aspiración.

121 *Cūḷasuññata Sutta*: **El Discurso menor sobre la vacuidad**. El Buda instruye a Ānanda sobre el "descenso genuino, puro y sin distorsiones a la vacuidad".

122 *Mahāsuññata Sutta*: **El Discurso mayor sobre la vacuidad**. Al descubrir que los bhikkhus se han aficionado a socializar, el Buda enfatiza la necesidad de reclusión para morar en la vacuidad.

123 *Acchariya-abbhūta Sutta*: **Admirable y maravilloso**. En una reunión de bhikkhus el venerable Ānanda relata los admirables y maravillosos acontecimientos que precedieron y acompañaron el nacimiento de Buda.

124 *Bakkula Sutta*: **Acerca de Bakkula**. El discípulo mayor Bakkula enumera sus prácticas austeras durante sus ochenta años en el Saṅgha y muestra una muerte extraordinaria.

125 *Dantabhūmi Sutta*: **El Grado de los domados**. Por analogía con la domesticación de un elefante, el Buda explica cómo entrena a sus discípulos.

126 *Bhūmija Sutta*: **Bhūmija**. El Buda presenta una serie de símiles para ilustrar la fecundidad natural del Noble Óctuple Sendero.

127 *Anuruddha Sutta*: **Anuruddha**. El venerable Anuruddha aclara la diferencia entre la inmensurable liberación de la mente y la exaltada liberación de la mente.

128 *Upakkilesa Sutta*: **Imperfecciones**. El Buda analiza los diversos impedimentos para el progreso meditativo que encontró durante su búsqueda de la iluminación, con especial referencia al ojo divino.

129 *Bālapaṇḍita Sutta*: **Necios y sabios**. Los sufrimientos del infierno y de la vida animal en los que renace un necio a través de sus malas acciones, y los placeres del cielo que un hombre sabio cosecha a través de sus buenas acciones.

130 *Devadūta Sutta*: **Los mensajeros divinos**. El Buda describe los sufrimientos del infierno que aguardan al malhechor después de la muerte.

131 *Bhaddekaratta Sutta*: **Una noche singular y excelente**.

132 *Ānandabhaddekaratta Sutta*: **Ānanda y una noche singular y excelente**.

133 *Mahākaccānabhaddekaratta Sutta*: **Mahā Kaccāna y una noche singular y excelente**.

134 *Lomasakangiyabhaddekaratta Sutta*: **Lomasakangiya y una noche singular y excelente**. Los cuatro *suttas* anteriores giran en torno a una estrofa pronunciada por el Buda que hace énfasis en la necesidad de un esfuerzo presente para desarrollar una visión de las cosas tal como son.

135 *Cūḷakammavibhanga Sutta*: **La exposición menor acerca del *kamma***. El Buda explica cómo el *kamma* representa la fortuna y la desgracia de los seres.

136 *Mahākammavibhanga Sutta*: **La exposición mayor acerca del *kamma***. El Buda revela sutiles complejidades en el funcionamiento del *kamma* que anulan dogmas simplistas y generalizaciones radicales.

137 *Saḷāyatanavibhanga Sutta*: **La exposición de la base séxtuple**. El Buda expone las seis bases de los sentidos internos y externos y otros temas relacionados.

138 *Uddesavibhanga Sutta*: **La exposición de un resumen**. El venerable Mahā Kaccāna elabora un breve dicho del Buda sobre el entrenamiento de la conciencia y la superación de la agitación.

139 *Araṇavibhanga Sutta*: **La exposición sobre el no conflicto**. El Buda ofrece un discurso detallado sobre las cosas que conducen al conflicto y las que alejan del conflicto.

140 *Dhātuvibhanga Sutta*: **La exposición de los elementos**. Al pasar la noche en un taller de alfarería, el Buda se encuentra con un monje llamado Pukkusāti y le da un profundo discurso sobre los elementos que culmina en los cuatro fundamentos del logro del *arahant*.

141 *Saccavibhanga Sutta*: **La exposición de las verdades**. El venerable Sāriputta ofrece un análisis detallado de las Cuatro Nobles Verdades.

142 *Dakkhiṇāvibhanga Sutta*: **La exposición de las ofrendas**. El Buda enumera catorce tipos de ofrendas personales y siete tipos de ofrendas hechas al Saṅgha.

143 *Anāthapiṇḍikovāda Sutta*: **Consejo a Anāthapiṇḍika**. El venerable Sāriputta es llamado al lecho de muerte de Anāthapiṇḍika y le da un conmovedor sermón sobre el desapego.

144 *Channovāda Sutta*: **Consejo a Channa**. El venerable Channa, gravemente enfermo, se quita la vida a pesar de los intentos de dos hermanos bhikkhus de disuadirlo.

145 *Puṇṇovāda Sutta*: **Consejo a Puṇṇa**. El bhikkhu Puṇṇa recibe una breve exhortación del Buda y decide ir a vivir entre la gente feroz de un territorio remoto.

146 *Nandakovāda Sutta*: **Consejos de Nandaka**. El venerable Nandaka les da a las bhikkhunīs un discurso sobre la transitoriedad.

147 *Cūḷarāhulovāda Sutta*: **El Discurso menor del consejo a Rāhula**. El Buda le da a Rāhula un discurso que lo lleva al logro del estado de *arahant*.

148 *Chachakka Sutta*: **Los seis conjuntos de seis**. Un discurso especialmente profundo y penetrante sobre la contemplación de todos los factores de la experiencia sensorial como *no yo*.

149 *Mahāsaḷāyatanika Sutta*: **La gran base séxtuple**. De cómo una noción errónea acerca de los seis tipos de experiencia sensorial conduce a una esclavitud futura, mientras que una noción correcta acerca de ellos conduce a la liberación.

150 *Nagaravindeyya Sutta*: **Para la gente de Nagaravinda**. El Buda explica a un grupo de brahmanes jefes de familia qué clase de *samaṇas* y brahmanes deben ser venerados y cuáles no.

151 *Piṇḍapātapārisuddhi Sutta*: **La purificación de la comida de ofrenda**. El Buda le enseña a Sāriputta cómo un bhikkhu debe revisarse a sí mismo para hacerse digno de recibir dádivas de alimento.

152 *Indriyabhāvanā Sutta*: **El Desarrollo de las facultades**. El Buda explica el desarrollo supremo del control sobre las facultades sensoriales y el dominio del *arahant* sobre sus percepciones.

MAJJHIMA NIKĀYA

Los DISCURSOS DE EXTENSIÓN MEDIA DEL BUDA

NAMO TASSA BHAGAVATO
ARAHATO SAMMĀSAMBUDDHASSA

HOMENAJE AL BIENAVENTURADO,
AL CONSUMADO Y PLENAMENTE ILUMINADO

Segunda parte

Los cincuenta discursos de la parte media

(*Majjhimapaṇṇāsapāḷi*)

3

La división de los ascetas errantes

(*Paribbājakavagga*)

71. *Tevijjavacchagotta Sutta* A Vacchagotta sobre el triple conocimiento verdadero

1. Esto he escuchado. En una ocasión, el Bienaventurado estaba residiendo en Vesālī en el gran bosque, en el salón con el techo de dos aguas.

2. Ahora bien, en esa ocasión, el asceta errante (*paribbājaka*) Vacchagotta se alojaba en el parque de los errantes del árbol de mango del único loto blanco.[1]

3. Entonces, cuando era de mañana, el Bienaventurado se vistió, y tomando su cuenco y su túnica exterior, fue a Vesālī por ofrendas de alimento. Entonces el Bienaventurado pensó: "Todavía es muy temprano para vagar por alimento en Vesālī. Supongamos que fuera a donde se encuentra el paribbājaka Vacchagotta en el parque de los errantes del árbol de mango del único loto blanco".

4. Entonces el Bienaventurado fue a donde se encontraba el paribbājaka Vacchagotta en el parque de los errantes del árbol de mango del único loto blanco. El paribbājaka Vacchagotta vio venir al Bienaventurado a lo lejos y le dijo: —¡Que venga el Bienaventurado, venerable señor! ¡Bienvenido el Bienaventurado! Hace mucho tiempo que el Bienaventurado no encontró la oportunidad de venir aquí. Que se siente el Bienaventurado; este asiento está listo. El Bienaventurado se sentó en el asiento preparado, y el paribbājaka Vacchagotta tomó un asiento bajo, se sentó a un lado y dijo al Bienaventurado:

5. Venerable señor, he oído que el samaṇa Gautama afirma ser omnisciente y quien todo lo ve, teniendo conocimiento y visión completos, de la siguiente manera: "Ya sea que esté caminando, de pie, dormido o despierto, el conocimiento y visión están presentes en mí de manera continua e ininterrumpida".[2] Venerable señor, ¿acaso los que así hablan dicen lo dicho por el Bienaventurado, y no lo tergiversan con lo que es contrario a los hechos? ¿Explican, de acuerdo con el Dhamma [lo dicho por el Bienaventurado], de tal manera que no se pueda deducir legítimamente alguna razón para censurar su afirmación?

—Vaccha, aquellos que dicen esto no dicen lo que yo he dicho, sino que me tergiversan con lo que es falso y contrario a los hechos.[3]

6. —Venerable señor, ¿cómo debo responder, qué puedo decir acerca de lo que ha sido dicho por el Bienaventurado, y no tergiversarlo con lo que es contrario a los hechos? ¿Cómo puedo explicarlo, de acuerdo con el Dhamma, de tal manera que no pueda deducirse genuinamente alguna razón para criticar mi afirmación?

—Vaccha, si respondes así: "El samaṇa Gautama tiene el triple conocimiento verdadero (*tevijjā*)", estarás diciendo lo que yo he dicho, y no me tergiversarás con lo que es contrario a los hechos. Así explicarás de acuerdo con el Dhamma, de tal manera que no se pueda deducir legítimamente alguna razón para criticar tu afirmación.

7. Porque en la medida en que deseo, recuerdo mis múltiples vidas pasadas, es decir, un nacimiento, dos nacimientos... (Como en M. 51.24) ... Así, con sus aspectos y detalles, recuerdo mis múltiples vidas pasadas.

8. Y en cuanto quiero, con el ojo divino, que se purifica y supera al humano, veo morir y reaparecer a seres, inferiores y superiores, bellos y feos, afortunados y desafortunados, y entiendo cómo renacen los seres según sus acciones... (Como en M. 51.25) ...

9. Y al darme cuenta por mí mismo, con conocimiento directo, aquí y ahora entro y permanezco en la liberación de la mente (*cetovimutti*) y la liberación por medio de la sabiduría (*paññāvimutti*), liberaciones que no tienen mancha debido a la destrucción de las corrupciones.

10. Si respondes así: el samaṇa Gautama tiene el triple conocimiento verdadero, estarás diciendo lo que ha sido dicho por mí y no me tergiversarás con lo que es contrario a los hechos. De esta manera, lo explicarás de acuerdo con el Dhamma de tal manera que no se podrá deducir legítimamente alguna razón para criticar tu afirmación.

11. Dicho esto, el renunciante Vacchagotta preguntó al Bienaventurado: —Maestro Gautama, ¿hay algún jefe de familia que, sin abandonar las cadenas de la vida hogareña (*gihisaṁyojana*), al disolverse el cuerpo haya puesto fin al sufrimiento [logrado el estado de *arahant*]?

—Vaccha, no hay jefe de familia que, sin abandonar las cadenas de la vida hogareña, al disolverse el cuerpo haya puesto fin al sufrimiento.[4]

12. —Maestro Gautama, ¿hay algún jefe de familia que, sin abandonar las cadenas de la vida hogareña, al disolverse el cuerpo haya ido a la región celestial (*saggaloka*)?

—Vaccha, no sólo hay cien o doscientos o trescientos o cuatrocientos o quinientos, sino muchos más jefes de familia que, sin abandonar la cadena de ser cabezas de familia, al disolverse el cuerpo han ido a la región celestial.

13. —Maestro Gautama, ¿hay algún Ājīvaka que, al disolverse el cuerpo, haya puesto fin al sufrimiento?[5]

—Vaccha, no hay Ājīvaka que, al disolverse el cuerpo, haya puesto fin al sufrimiento.

14. —Maestro Gautama, ¿hay algún Ājīvaka que, al disolverse el cuerpo, haya ido a la región celestial?

—Cuando recuerdo los últimos noventa y un eones, Vaccha, no recuerdo a ningún Ājīvaka que, al disolverse el cuerpo, fuera a la región celestial, con una excepción; pero esa persona sostuvo las doctrinas de la eficacia moral de la acción y de la eficacia moral de los hechos.[6]

15. —Siendo así, Maestro Gautama, ese redil sectario [de los Ājīvakas] está vacío incluso de alguien que fuera a la región celestial.

—Siendo así, Vaccha, ese redil sectario está vacío incluso de alguien que haya ido a la región celestial.

Eso es lo que dijo el Bienaventurado. El paribbājaka Vacchagotta estuvo satisfecho y deleitado con las palabras del Bienaventurado.

NOTAS M.71

1. BB: Este *sutta* y los dos siguientes parecen presentar un relato cronológico de la evolución espiritual de Vacchagotta. El Saṁyutta Nikāya contiene una sección completa de breves discusiones entre el Buda y Vacchagotta, SN 33/iii.257–62. Véase también SN 44:7–11/iv.391–402.
2. BB: Éste es el tipo de omnisciencia que afirma el maestro jainista Nigaṇṭha Nātaputta en M. 14.17.
3. MA explica que, aunque parte de la declaración es válida, el Buda rechaza la declaración completa debido a la parte que no es válida. La parte válida de la afirmación es la afirmación de que Buda es omnisciente y todo lo ve; la parte excesiva es la afirmación de que el conocimiento y visión están continuamente presentes en él. Según la tradición exegética Theravāda, el Buda es omnisciente en el sentido de que todas las cosas cognoscibles le son potencialmente accesibles. Sin embargo, no puede saberlo todo simultáneamente y debe exponer todo lo que desee saber. En M. 90.8 el Buda dice que es posible conocer y ver todo, aunque no simultáneamente, y en AN 4:24 / ii.24 afirma conocer todo lo que se puede ver, oír, sentir y ser conocido. Esto es entendido por los comentaristas Theravāda como una afirmación de omnisciencia en el sentido calificado. Ver también a este respecto Miln 102–7.

   NT: El "sentido calificado" se refiere a la forma limitada o específica de entender un concepto; en el presente caso debe entenderse entonces que la omnisciencia del Buda no debe considerarse como abarcadora de todo o de naturaleza absoluta. Por otra parte, dicha calificación, más específicamente, se refiere a que su conocimiento es profundo y completo en relación con el Dhamma y con la naturaleza de la realidad, pero no necesariamente de todo detalle o hecho trivial mundano. Esta interpretación da una idea más realista y práctica del conocimiento y alcance de un Buda, sin atribuirle niveles de conocimiento y capacidades que no son reales en cualquier ámbito.
4. MA explica "la traba de ser cabeza de familia" (*gihisaṁyojana*) como el apego a los requisitos de una cabeza de familia, que MṬ detalla como tierra, adornos, riqueza, grano, etcétera. MA dice que, aunque los textos mencionan a algunos individuos que alcanzaron la condición de *arahant* como laicos, mediante la vía del *arahant* destruyeron todo apego a las cosas mundanas y, por lo tanto, salieron [de la vida hogareña a la vida sin hogar] como

bhikkhus o fallecieron inmediatamente después de su logro. La cuestión de los *arahants* laicos se analiza en Miln 264.

5. BB: Los Ājīvakas, o Ājīvikas, eran una secta rival cuyas enseñanzas enfatizaban severas austeridades basadas en una filosofía que raya en el fatalismo. Ver: Basham, *History and Doctrines of the Ājīvikas*.
6. BB: Dado que este Ājīvaka creía en la eficacia moral de la acción, no podría haberse adherido al fatalismo filosófico ortodoxo de los Ājīvakas, que negaban el papel efectivo del *kamma* y los actos volitivos en la modificación del destino humano. MA identifica a este Ājīvaka con el *bodhisatta* de un nacimiento anterior.

72. *Aggivacchagotta Sutta*
A Vacchagotta acerca del fuego

1. Esto he escuchado. En una ocasión, el Bienaventurado residía en Sāvatthī, en el Bosquecillo de Jeta, el parque de Anāthapiṇḍika.

2. Entonces, el asceta errante (*paribbājaka*) Vacchagotta se acercó al Bienaventurado e intercambió saludos con él. Terminada esta cortés y amable charla, se sentó a un lado y preguntó al Bienaventurado:

3. —¿Cómo es entonces, Maestro Gautama? ¿Acaso el Maestro Gautama sostiene la siguiente noción?: "El mundo es eterno: solo esto es verdad, cualquier otra aseveración está equivocada".

—Vaccha, no sostengo la noción de que: "El mundo es eterno, solo esto es verdad, todo lo demás está equivocado".

4. —¿Cómo es entonces, el Maestro Gautama sostiene la siguiente noción?: "El mundo no es eterno: solo esto es verdad, todo lo demás está equivocado".

—Vaccha, no sostengo la noción: "El mundo no es eterno: solo esto es verdad, todo lo demás está equivocado".

5. —¿Cómo es entonces, Maestro Gautama?, ¿el Maestro Gautama sostiene la siguiente noción?: "El mundo es finito: sólo esto es verdad, todo lo demás está equivocado".

Vaccha, no sostengo la noción: El mundo es finito: solo esto es verdad, todo lo demás está equivocado.

6. —¿Cómo es entonces, el Maestro Gautama sostiene la siguiente noción?: "El mundo es infinito: solo esto es verdad, cualquier otra aseveración está equivocada".

—Vaccha, no sostengo la noción: "El mundo es infinito: solo esto es verdad, todo lo demás está equivocado".

7. —¿Cómo es entonces, Maestro Gautama?, ¿el Maestro Gautama sostiene la siguiente noción?: "El alma y el cuerpo son lo mismo: solo esto es verdad, todo lo demás está equivocado".[1]

—Vaccha, no sostengo la noción: "El alma y el cuerpo son lo mismo: solo esto es verdad, todo lo demás está equivocado".

8. —¿Cómo es entonces, el Maestro Gautama sostiene la siguiente noción?: "El alma es una cosa y el cuerpo otra: solo esto es verdad, todo lo demás está equivocado".

—Vaccha, no sostengo la noción: "El alma es una cosa y el cuerpo otra: solo esto es verdad, todo lo demás está equivocado".

9. —¿Cómo es entonces, Maestro Gautama? ¿El Maestro Gautama sostiene la siguiente noción?: "Después de la muerte existe un Tathāgata: solo esto es verdad, todo lo demás está equivocado".[2]

—Vaccha, no sostengo la noción: "Después de la muerte existe un Tathāgata: solo esto es verdad, todo lo demás está equivocado".

10. —¿Cómo es entonces, el Maestro Gautama sostiene la siguiente noción?: "Después de la muerte no existe un Tathāgata: solo esto es verdad, todo lo demás está equivocado".

—Vaccha, no sostengo la noción: "Después de la muerte no existe un Tathāgata: solo esto es verdad, todo lo demás está equivocado".

11. —¿Cómo es entonces, Maestro Gautama?, ¿el Maestro Gautama sostiene la siguiente noción?: "Después de la muerte, un Tathāgata existe y no existe: solo esto es verdad, todo lo demás está equivocado".

—Vaccha, no sostengo la noción: "Después de la muerte, un Tathāgata existe y no existe: solo esto es verdad, todo lo demás está equivocado".

12. —¿Cómo es entonces, el Maestro Gautama sostiene la siguiente noción?: "Después de la muerte, un Tathāgata ni existe ni no existe: solo esto es verdad, todo lo demás está equivocado".

—Vaccha, no sostengo la noción: "Después de la muerte, un Tathāgata ni existe ni no existe: solo esto es verdad, todo lo demás está equivocado".

13. —¿Cómo es entonces, Maestro Gautama? Cuando se le hace al Maestro Gautama cada una de estas diez preguntas, él responde: "Yo no sostengo ese punto de vista". ¿Qué peligro ve el Maestro Gautama que no adopta ninguno de estos puntos de vista especulativos?

14. —Vaccha, la noción especulativa de que el mundo es eterno es un marañal de nociones, un desierto de nociones, una contorsión de nociones, una vacilación de nociones, un encadenamiento de nociones. El mundo está acosado por el sufrimiento, la aflicción, la desesperanza y la fiebre, y esa noción no conduce al desencanto, al desapasionamiento, al cese, a la paz, al conocimiento directo, a la iluminación, al Nibbāna.

La noción especulativa de que el mundo no es eterno... que el mundo es finito... que el mundo es infinito... que el alma y el cuerpo son lo mismo... que el alma es una cosa y el cuerpo otra... que después de la muerte existe un Tathāgata... que después de la muerte un Tathāgata no existe... que después de la muerte un Tathāgata existe y no existe... que después de la muerte un Tathāgata ni existe ni no existe es un marañal de nociones, un desierto de nociones, una contorsión de nociones, una vacilación de nociones, un encadenamiento de nociones. El mundo está acosado por el sufrimiento, la aflicción, la desesperanza y la fiebre, y [esa noción] no conduce al desencanto, al desapasionamiento, al cese, a la paz, al conocimiento directo, a la iluminación, al Nibbāna. Al ver este peligro, no tomo ninguna de estas nociones especulativas.

15. —Entonces, ¿el Maestro Gautama tiene alguna noción especulativa?

—Vaccha, "noción especulativa" es algo que el Tathāgata ha dejado de lado. Porque el Tathāgata, Vaccha, ha visto[3] esto: "Tal es la forma material, tal su origen, tal su desaparición; tal es la sensación, tal su origen, tal su desaparición; tal es la percepción, tal su origen, tal su desaparición; tales son las formaciones mentales, tal es su origen, tal es su desaparición; tal es la conciencia, tal es su origen, tal es su desaparición". Por eso digo que el Tathāgata está liberado mediante el no apego, mediante la destrucción, el desvanecimiento, el cese, la renuncia y el abandono de todas las concepciones, de todas las fabricaciones, todo el hacer referencia a un *yo*, el hacer referencia a *lo mío* y de la tendencia subyacente al engreimiento.

16. —Cuando la mente de un bhikkhu se libera así, Maestro Gautama, ¿dónde reaparece después de la muerte?

—El término "reaparece" no se aplica, Vaccha.[4]

—¿Entonces no reaparece, Maestro Gautama?

—El término "no reaparece" no se aplica, Vaccha.

—¿Entonces reaparece y no reaparece, Maestro Gautama?

—El término "tanto reaparece como no reaparece" no se aplica, Vaccha.

—¿Entonces ni reaparece ni no reaparece, Maestro Gautama?

—El término "ni reaparece ni no reaparece" no se aplica, Vaccha.

17. —Cuando al Maestro Gautama se le hacen estas cuatro preguntas, responde: el término "reaparece" no se aplica, Vaccha; el término "no reaparece" no se aplica, Vaccha; el término "tanto reaparece como no reaparece" no se aplica, Vaccha; el término "ni reaparece ni no reaparece" no se aplica, Vaccha. Aquí he caído en el desconcierto, Maestro Gautama, aquí he caído en la confusión, y la medida de confianza que había ganado a través de la conversación anterior con el Maestro Gautama ahora ha desaparecido.

18. —Es suficiente para causarte desconcierto, Vaccha, suficiente para causarte confusión. Ya que este Dhamma, Vaccha, es profundo, difícil de ver y difícil de entender, pacífico y sublime, inalcanzable por mero razonamiento, sutil, *solo* para ser experimentado por los sabios. Es difícil para ti entenderlo cuando tienes otro punto de vista, aceptas otra enseñanza, apruebas otra enseñanza, cuando buscas un entrenamiento diferente y sigues a un maestro diferente. Así

que, a cambio, te preguntaré sobre esto, Vaccha. Respóndeme como consideres.

19. ¿Qué piensas, Vaccha? Supongamos que un fuego arde frente a ti. ¿Sabrías: "Este fuego está ardiendo delante de mí"?

—Yo lo sabría, Maestro Gautama.

—Si alguien te preguntara, Vaccha: ¿de qué depende que este fuego que arde ante ti arda? Al ser preguntado así, ¿qué responderías?

—Siendo preguntado así, Maestro Gautama, respondería: este fuego arde dependiendo del combustible de hierba y palos.

—Si ese fuego ante ti fuera extinguido, ¿sabrías: "Este fuego ante mí se ha extinguido?"

—Yo lo sabría, Maestro Gautama.

Si alguien te preguntara, Vaccha: cuando se extinguió ese fuego ante ti, ¿hacia dónde se dirigió dicho fuego? —¿hacia el este, al oeste, al norte o al sur?

—Eso no se aplica, Maestro Gautama. El fuego ardía dependiendo de su combustible de hierba y palos. Cuando este se agota, si no recibe más combustible, estando sin combustible, se cuenta como extinguido.

20. —Así también, Vaccha, el Tathāgata ha abandonado esa forma material por la cual alguien que describe al Tathāgata podría describirlo;[5] la ha cortado de raíz, la ha hecho como un tocón de palma, la ha eliminado para que ya no esté sujeta a un surgimiento futuro. El Tathāgata está liberado de estimarse en términos de forma material, Vaccha, es profundo, inmensurable, difícil de sondear como el océano. "Reaparece" no se aplica; "no reaparece" no se aplica; "reaparece y no reaparece" no se aplica; "ni reaparece ni no reaparece" no se aplica.[6] El Tathāgata ha abandonado esa sensación por la cual alguien que describe al Tathāgata podría describirlo... ha abandonado esa percepción por la cual alguien que describe al Tathāgata podría describirlo... ha abandonado esas formaciones por las cuales alguien que describe al Tathāgata podría describirlo... ha abandonado esa conciencia por la cual alguien que describe al Tathāgata podría describirlo; la ha cortado de raíz, la ha hecho como un tocón de palma, la ha eliminado para que ya no esté sujeta a un surgimiento futuro. El Tathāgata está liberado de estimarse en términos de conciencia, Vaccha; es profundo, inmensurable, difícil de sondear como el océano. "Reaparece" no se aplica; "no reaparece" no se aplica; "reaparece y no reaparece" no se aplica; "ni reaparece, ni no reaparece" no se aplica.

21. Cuando esto fue dicho, el asceta errante Vacchagotta le dijo al Bienaventurado: —Maestro Gautama, supongamos que hubiera un gran árbol *sāla* no lejos de un pueblo o ciudad, y la erosión desgastara sus ramas y follaje, su corteza y albura, de modo que en una ocasión

posterior, siendo despojado de ramas y follaje, despojado de corteza y albura, se volviera puro, consistiendo enteramente en duramen; así también, este discurso del Maestro Gautama está despojado de ramas y follaje, despojado de corteza y albura, y es puro, compuesto enteramente de duramen.

22. ¡Magnífico, Maestro Gautama! ¡Magnífico, Maestro Gautama! El Maestro Gautama ha aclarado el Dhamma de muchas maneras, como si estuviera poniendo en pie lo que había sido derribado, revelando lo que estaba oculto, mostrando el camino a quien estaba perdido, o levantando una lámpara en la oscuridad para que aquellos con vista puedan ver formas visibles. Voy al Maestro Gautama en busca de refugio, y al Dhamma, y al Saṅgha de los bhikkhus. A partir de hoy, que el Maestro Gautama me recuerde como un seguidor laico que ha ido a él en busca de refugio de por vida.

NOTAS M.72

1. BB: La noción de que el alma (*jīva*) y el cuerpo son lo mismo es materialismo, que reduce el alma al cuerpo. La siguiente noción de que el alma y el cuerpo son diferentes es una noción de eternidad, que considera al alma como un principio espiritual que persiste y que puede existir independientemente del cuerpo.
2. BB: La noción de que un Tathāgata existe después de la muerte es una forma de noción de eternidad que considera que el Tathāgata, o individuo espiritualmente perfecto, posee un *yo* que alcanza la liberación eterna después de la muerte del cuerpo. La noción de que un Tathāgata no existe después de la muerte también identifica al Tathāgata como un *yo*, pero sostiene que este *yo* es aniquilado con la muerte del cuerpo. La tercera noción intenta una síntesis de estos dos, la cual el Buda rechaza porque ambos componentes implican una noción errónea. La cuarta noción parece ser un intento escéptico de rechazar ambas alternativas o evitar adoptar una postura definitiva.
3. BB: En el pāli hay un juego de palabras entre *diṭṭhigata*, "noción especulativa", que el Tathāgata ha descartado, y *diṭṭha*, lo que ha sido "visto" por el Tathāgata con visión directa, es decir, el surgimiento y el cese de los cinco agregados.
4. MA dice que "no reaparece" en realidad se aplica, en el sentido de que el *arahant* no experimenta una nueva existencia. Pero si Vacchagotta escuchara esto, lo malinterpretaría como una noción de aniquilación y, por lo tanto, el Buda niega que se aplique en ese sentido, ya que la aniquilación no es una posición sostenible.
5. MA dice que esta es la forma material mediante la cual uno describiría al Tathāgata como un ser (o un *yo*) que posee una forma material. MṬ añade que la forma material ha sido abandonada por el abandono de las cadenas conectadas con ella y, por lo tanto, se ha vuelto incapaz de surgir nuevamente en el futuro.
6. BB: Conviene conectar este pasaje con el símil del fuego extinguido. Así como no se puede decir que el fuego extinguido haya ido en ninguna dirección, tampoco se puede describir al Tathāgata que ha alcanzado el Nibbāna final en términos de las cuatro alternativas [del lema cuádruple: "reaparece", "no reaparece", "ambos, reaparece y no reaparece" y "ni reaparece ni no reaparece"]. El símil se refiere únicamente a la legitimidad del uso conceptual y lingüístico, y no pretende sugerir, como

algunos eruditos han sostenido, que el Tathāgata alcanza cierta absorción mística en el Absoluto. Las palabras "profundo, inmensurable, difícil de sondear" apuntan a la dimensión trascendental de la liberación alcanzada por el Realizado, su inaccesibilidad al pensamiento discursivo.

Parece ser que, en este punto del diálogo, el Buda recurre a imágenes para sugerir lo que los conceptos no pueden transmitir. Las dos imágenes —la del fuego extinguido y la del fondo del océano— establecen entre sí una tensión dialéctica, por lo que ambas deben ser tenidas en cuenta para no caer en visiones unilaterales. La imagen del fuego extinguido, tomada sola, se desvía hacia la extinción total y, por lo tanto, debe ser equilibrada por la imagen del océano; la imagen del océano, tomada sola, sugiere algún modo eterno de ser y, por lo tanto, debe ser equilibrada por la imagen del fuego extinguido. Una vez más, la verdad se encuentra en el medio que trasciende los extremos insostenibles.

73. *Mahāvacchagotta Sutta*
El gran discurso a Vacchagotta

1. Esto he escuchado. En una ocasión, el Bienaventurado residía en Rājagaha, en el bosque de bambúes, en el santuario de las ardillas.

2. Entonces, el asceta errante (*paribbājaka*) Vacchagotta se acercó al Bienaventurado e intercambió saludos con él. Terminada esta cortés y amable charla, se sentó a un lado y dijo al Bienaventurado:

3. —He tenido conversaciones con el Maestro Gautama durante mucho tiempo. Sería apropiado si el Maestro Gautama me enseñara brevemente lo sano y lo malsano.

—Puedo enseñarte lo sano y lo malsano en breve, Vaccha, y puedo enseñarte lo sano y lo malsano en detalle. Aun así, te enseñaré lo sano y lo malsano en pocas palabras. Escucha y atiende atentamente a lo que voy a decir.

—Sí, señor —respondió. El Bienaventurado dijo esto:

4. —Vaccha, el deseo es malsano, el no deseo es sano; la aversión es malsana, la no aversión es sana; la ofuscación es malsana, la no ofuscación es sana. De esta manera, tres cosas son malsanas y las otras tres cosas son sanas.

5. Matar seres vivos es malsano, abstenerse de matar seres vivos es sano; tomar lo que no es dado es malsano, abstenerse de tomar lo que no es dado es sano; la mala conducta en los placeres sensoriales es malsana, la abstención de la mala conducta en los placeres sensoriales es sana; las palabras falsas son malsanas, la abstención de palabras falsas es sana; el lenguaje malicioso es malsano, la abstención del lenguaje malicioso es sana; el lenguaje rudo es malsano, la abstención del lenguaje rudo es sana; el lenguaje frívolo es malsano, la abstención del lenguaje frívolo es sana; la codicia es malsana, la no codicia es sana; la mala voluntad es malsana, la no mala voluntad es sana; la comprensión incorrecta es malsana, la comprensión correcta es sana. De esta manera, diez cosas son malsanas y las otras diez cosas son sanas.[1]

6. Cuando un bhikkhu ha abandonado el anhelo, lo corta de raíz, lo hace como un tocón de palma, lo elimina para que ya no esté sujeto a un surgimiento futuro, entonces ese bhikkhu es un *arahant*

con las corrupciones (*āsava*) destruidas, uno que ha vivido la vida santa, ha hecho lo que se tenía que hacer, ha dejado la carga, ha alcanzado la verdadera meta, ha destruido las cadenas del ser y está completamente liberado a través del conocimiento final.

7. —Además del Maestro Gautama, ¿hay algún bhikkhu, discípulo del Maestro Gautama, que, al darse cuenta por sí mismo con conocimiento directo aquí y ahora, entre y permanezca en la liberación de la mente y la liberación por medio de la sabiduría que no tienen mancha debido a la destrucción de las corrupciones?[2]

—No solo hay cien, Vaccha, o doscientos, trescientos, cuatrocientos o quinientos, sino muchos más bhikkhus, mis discípulos, quienes, al darse cuenta por sí mismos con conocimiento directo aquí y ahora, entran y permanecen en la liberación de la mente y la liberación mediante sabiduría que no tienen mancha debido a la destrucción de las corrupciones.

8. —Además del Maestro Gautama y los bhikkhus, ¿hay alguna bhikkhunī, discípula del Maestro Gautama, que al darse cuenta por sí misma con conocimiento directo aquí y ahora entra y permanece en la liberación de la mente y la liberación por medio de la sabiduría que no tienen mancha debido a la destrucción de las corrupciones?

—No solo hay cien... o quinientas, sino muchas más bhikkhunīs, mis discípulas, que al darse cuenta por ellas mismas con conocimiento directo aquí y ahora entran y permanecen en la liberación de la mente y la liberación por medio de la sabiduría que no tienen mancha debido a la destrucción de las corrupciones.

9. —Aparte del Maestro Gautama y los bhikkhus y bhikkhunīs, ¿hay algún seguidor laico, discípulo del Maestro Gautama, vestido de blanco, que lleva una vida de celibato, que, con la destrucción de los cinco encadenamientos inferiores, reaparecerá espontáneamente [en las *Moradas Puras*] y allí alcanzará Nibbāna final sin volver jamás de ese mundo?[3]

—No sólo hay cien... o quinientos, sino muchos más hombres seguidores laicos, mis discípulos, vestidos de blanco que llevan una vida de celibato que, con la destrucción de las cinco cadenas inferiores, reaparecerán espontáneamente [en las *Moradas Puras*] y allí alcanzan Nibbāna final sin regresar jamás de ese mundo.

10. —Aparte del Maestro Gautama, los bhikkhus, bhikkhunīs y los hombres seguidores laicos vestidos de blanco, que llevan una vida de celibato, ¿hay algún seguidor laico, discípulo del Maestro Gautama, vestido de blanco disfrutando de los placeres sensoriales, que lleva a cabo su instrucción, responde a su consejo, ha ido más allá de toda duda, se ha liberado de la perplejidad, ha ganado intrepidez, y se ha vuelto independiente de los demás en la dispensa del Maestro?[4]

—No son solamente cien... o quinientos, sino muchos más hombres seguidores laicos, mis discípulos, vestidos de blanco disfrutando de los placeres sensoriales, que llevan a cabo mi instrucción, responden a mis consejos, y han ido más allá de la duda, se han liberado de la perplejidad, han ganado intrepidez, y han logrado ser independientes de los demás en la dispensa del Maestro.

11. —Aparte del Maestro Gautama, los bhikkhus, bhikkhunīs, y los hombres seguidores laicos vestidos de blanco, tanto los que llevan una vida de celibato como los que disfrutan de los placeres sensoriales, ¿hay alguna mujer seguidora laica, discípula del Maestro Gautama, vestida de blanco, que lleve una vida de celibato, que, con la destrucción de las cinco cadenas inferiores, reaparecerá espontáneamente [en las *Moradas Puras*] y allí alcanzará Nibbāna final sin regresar jamás de ese mundo?

—No solo hay cien... o quinientas, sino muchas más mujeres seguidoras laicas, mis discípulas, vestidas de blanco, que llevan una vida de celibato, que, con la destrucción de las cinco cadenas inferiores, reaparecerán espontáneamente [en las *Moradas Puras*] y allí alcanzan Nibbāna final sin regresar jamás de ese mundo.

12. —Aparte del Maestro Gautama, los bhikkhus, bhikkhunīs y los hombres seguidores laicos vestidos de blanco, tanto los que llevan una vida de celibato como los que disfrutan de los placeres sensoriales, y las mujeres seguidoras laicas vestidas de blanco que llevan una vida de celibato, ¿hay alguna una seguidora laica, discípula del Maestro Gautama, vestida de blanco disfrutando de los placeres sensoriales, que lleva a cabo su instrucción, responde a su consejo, ha ido más allá de la duda, se ha liberado de la perplejidad, ha ganado intrepidez y se ha vuelto independiente de los demás en la dispensa del Maestro?

—No son solo cien... o quinientas, sino muchas más mujeres seguidoras laicas, mis discípulas vestidas de blanco, disfrutando de los placeres sensoriales, que llevan a cabo mi instrucción, responden a mi consejo, que han ido más allá de la duda, se han liberado de la perplejidad, ganan intrepidez y son independientes de los demás en la dispensa del Maestro.

13. —Maestro Gautama, si tan solo el Maestro Gautama fuera consumado en este Dhamma, pero ningún bhikkhu lo fuera, entonces esta vida santa sería deficiente en ese aspecto; pero, debido a que el Maestro Gautama y los bhikkhus están completos en este Dhamma, esta vida santa es completa en ese sentido.

Si solo el Maestro Gautama y los bhikkhus lograran este Dhamma, pero no las bhikkhunīs, entonces esta vida santa sería deficiente en ese aspecto; pero, debido a que el Maestro Gautama, los bhikkhus y las bhikkhunīs se han realizado en este Dhamma, esta vida santa es completa en ese sentido.

Si solo el Maestro Gautama, los bhikkhus y las bhikkhunīs culminaran en este Dhamma, pero ningún seguidor laico vestido de blanco que llevara una vida de celibato lo hiciera, entonces esta vida santa sería deficiente en ese sentido; pero, debido a que el Maestro Gautama, los bhikkhus, las bhikkhunīs, y los seguidores laicos vestidos de blanco que llevan una vida de celibato se realizan en este Dhamma, esta vida santa es completa en ese sentido.

Si solo el Maestro Gautama, los bhikkhus, las bhikkhunīs, y los hombres seguidores laicos vestidos de blanco que llevan una vida de celibato se lograran en este Dhamma —pero no se lograran los hombres seguidores laicos vestidos de blanco que disfrutan de los placeres sensoriales— entonces esta vida santa sería deficiente en ese sentido; pero, debido a que el Maestro Gautama, los bhikkhus, las bhikkhunīs y los seguidores laicos vestidos de blanco —tanto los que llevan una vida de celibato como los que disfrutan de los placeres sensoriales— se logran en este Dhamma, esta vida santa es así completa en ese sentido.

Si solo el Maestro Gautama, los bhikkhus, las bhikkhunīs, y los hombres seguidores laicos vestidos de blanco... se lograran en este Dhamma —pero ninguna mujer seguidora laica vestida de blanco que llevara una vida de celibato— entonces esta vida santa sería deficiente en ese sentido; pero, debido a que el Maestro Gautama, los bhikkhus, las bhikkhunīs, los hombres seguidores laicos vestidos de blanco... y las mujeres seguidoras laicas vestidas de blanco que llevan una vida de celibato se logran en este Dhamma, esta vida santa es completa en ese sentido.

Si solo el Maestro Gautama, los bhikkhus, las bhikkhunīs, los hombres seguidores laicos vestidos de blanco... y las mujeres seguidoras laicas vestidas de blanco que llevan una vida de celibato se lograran en este Dhamma —pero no se lograra ninguna mujer seguidora laica vestida de blanco disfrutando de los placeres sensoriales—, entonces esta vida santa sería deficiente en ese respecto; pero, debido a que el Maestro Gautama, los bhikkhus, las bhikkhunīs, los hombres seguidores laicos vestidos de blanco — tanto los que llevan una vida de celibato como los que disfrutan de los placeres sensoriales— y las mujeres seguidoras laicas vestidas de blanco —tanto las que llevan una vida de celibato como las que disfrutan de los placeres sensoriales— están consumados en este Dhamma, esta vida santa está así completa en ese sentido.

14. —Así como el río Ganges se inclina hacia el mar, desciende hacia el mar, fluye hacia el mar y llega al mar, así también la asamblea

[cuádruple] del Maestro Gautama, con sus *samaṇas* y sus jefes de familia, se inclina hacia Nibbāna, desciende hacia Nibbāna, fluye hacia Nibbāna y llega a Nibbāna.

15. —¡Magnífico, Maestro Gautama! ¡Magnífico, Maestro Gautama! El Maestro Gautama ha aclarado el Dhamma de muchas maneras, como si estuviera poniendo en pie lo que había sido derribado, revelando lo que estaba oculto, mostrando el camino a quien estaba perdido o levantando una lámpara en la oscuridad para que aquellos con vista vean formas visibles. Voy al Maestro Gautama en busca de refugio y al Dhamma y al Saṅgha de los bhikkhus. Recibiría la salida [a la vida sin hogar] bajo el Maestro Gautama; recibiría la admisión completa.

16. —Vaccha, uno que antes pertenecía a otra secta y desea la salida y la plena admisión en este Dhamma y Disciplina vive en período de prueba durante cuatro meses. Al cabo de cuatro meses, si los bhikkhus están satisfechos con él, le dan la salida y la plena admisión al estado de bhikkhu. Pero reconozco diferencias individuales en este asunto.

—Venerable señor, si aquellos que anteriormente pertenecieron a otra secta, y desean avanzar con la plena admisión en este Dhamma y Disciplina, viven un período de prueba de cuatro meses, y si al final de los cuatro meses los bhikkhus están satisfechos con ellos, les dan la salida y la plena admisión al estado de bhikkhu, entonces viviré en prueba durante cuatro años. Al final de los cuatro años, si los bhikkhus están satisfechos conmigo, que me den la salida y la plena admisión al estado de bhikkhu.

17. Entonces el paribbājaka Vacchagotta recibió la salida [de la vida hogareña a la vida sin hogar] bajo el Bienaventurado, y recibió la admisión completa. No mucho después de su plena admisión —medio mes después—, el venerable Vacchagotta fue a donde se encontraba el Bienaventurado, y después de rendirle homenaje, se sentó a un lado y le dijo al Bienaventurado: —Venerable señor, he logrado cualquier cosa que pueda ser lograda por el conocimiento de un discípulo en formación superior, mediante el conocimiento verdadero de un discípulo en entrenamiento superior. Que el Bienaventurado me enseñe más el Dhamma.[5]

18. —En ese caso, Vaccha, desarrolla dos cosas más: serenidad y conocimiento introspectivo. Cuando estas dos cosas —la serenidad y la introspección— se desarrollan más, conducirán a la penetración de muchos elementos.

19. En la medida en que desees: "Que pueda ejercer los diversos tipos de poderes sobrenaturales: habiendo sido uno, que pueda llegar a ser muchos; habiendo sido muchos, que me convierta en uno; que aparezca y desaparezca; que pueda atravesar sin obstáculos un

muro, un recinto, una montaña, como si atravesara el espacio; que pueda sumergirme dentro y fuera de la tierra como si fuera agua; que camine sobre el agua sin hundirme como si fuera tierra; sentado con las piernas cruzadas, que viaje en el espacio como un pájaro; con mi mano pueda tocar y acariciar la luna y el sol tan poderosos y grandiosos; que pueda ejercer el dominio corporal incluso hasta el mundo de Brahmā", obtendrás la capacidad de presenciar cualquier aspecto allí, si existe una base (*āyatana*) adecuada.[6]

20. En la medida en que desees: "Que yo, con el elemento del oído divino, que se purifica y supera al humano, escuche ambas clases de sonidos, el divino y el humano, tanto los que están lejos como los que están cerca", obtendrás la capacidad de presenciar cualquier aspecto en ellos, si hay una base adecuada.

21. En la medida en que lo desees: "Que yo comprenda las mentes de otros seres, de otras personas, habiéndolas abarcado con mi propia mente. Que pueda entender una mente afectada por la lujuria como afectada por la lujuria, y una mente no afectada por la lujuria como no afectada por la lujuria; que pueda entender una mente afectada por el odio como afectada por el odio, y una mente no afectada por el odio como no afectada por el odio; que pueda entender una mente afectada por la ofuscación como afectada por la ofuscación, y una mente no afectada por la ofuscación como no afectada por la ofuscación; que pueda entender una mente contraída como contraída, y una mente distraída como distraída; que pueda entender una mente exaltada como exaltada, y una mente no exaltada como no exaltada; que pueda entender una mente superable como superable, y una mente insuperable como insuperable; que pueda entender una mente concentrada como concentrada, y una mente no concentrada como no concentrada; que pueda entender una mente liberada como liberada, y una mente no liberada como no liberada", obtendrás la capacidad de presenciar cualquier aspecto allí, si existe una base adecuada.

22. En la medida en que lo desees: "Que pueda recordar mis múltiples vidas pasadas, es decir, un nacimiento, dos nacimientos... (Como en M. 51.24) ... Así, con sus aspectos y detalles, que pueda recordar mis múltiples vidas pasadas", obtendrás la capacidad de presenciar cualquier aspecto de estas, siempre que haya una base adecuada.

23. En la medida en que lo desees: "Que yo, con el ojo divino, que es purificado y supera al humano, vea morir y reaparecer a los seres, inferiores y superiores, hermosos y feos, afortunados y desafortunados... (Como en M. 51.25) ... y que pueda comprender cómo los seres renacen de acuerdo con sus acciones", obtendrás la capacidad de presenciar cualquier aspecto en ello, si existe una base adecuada.

24. En la medida en que lo desees: "Que yo, al darme cuenta por mí mismo con conocimiento directo, entre aquí y ahora y permanezca en la liberación de la mente y la liberación por medio de la sabiduría que no tiene mancha con la destrucción de las corrupciones", obtendrás la capacidad de presenciar cualquier aspecto en ello, si hay una base adecuada.

25. Entonces el venerable Vacchagotta, habiéndose deleitado y regocijado con las palabras del Bienaventurado, se levantó de su asiento, y después de rendir homenaje al Bienaventurado, manteniéndolo a su derecha, se fue.

26. En poco tiempo, morando solo, recluido, diligente, enérgico y resuelto, el venerable Vacchagotta, al darse cuenta por sí mismo con conocimiento directo, aquí y ahora entró y permaneció en esa meta suprema de la vida santa por el bien de la cual los miembros del clan salen correctamente de la vida hogareña a la vida sin hogar. Él supo directamente: "El nacimiento ha sido destruido, la vida santa se ha vivido, lo que se tenía que hacerse se ha hecho, y ya no hay retorno a ningún estado de ser". Y el venerable Vacchagotta se convirtió en uno de los *arahants*.

27. Ahora bien, en esa ocasión un número de bhikkhus iban a ver al Bienaventurado. El venerable Vacchagotta los vio venir en la distancia. Al verlos, se acercó a ellos y les preguntó: —¿Adónde van los venerables?

—Vamos a ver al Bienaventurado, amigo.

—En ese caso, que los venerables rindan en mi nombre homenaje con la cabeza a los pies del Bienaventurado, diciendo: "Venerable señor, el bhikkhu Vacchagotta rinde homenaje con la cabeza a los pies del Bienaventurado. Luego díganle de mi parte: el Bienaventurado ha sido venerado por mí, el Sublime ha sido venerado por mí".[7]

—Sí, amigo, respondieron esos bhikkhus. Luego fueron a donde se encontraba el Bienaventurado, y después de rendirle homenaje, se sentaron a un lado y le dijeron al Bienaventurado: Venerable señor, el venerable Vacchagotta rinde homenaje con su cabeza a los pies del Bienaventurado, y dice: "El Bienaventurado ha sido venerado por mí, el Sublime ha sido venerado por mí".

28. —Bhikkhus, habiendo abarcado su mente con mi propia mente, ya sabía del bhikkhu Vacchagotta: "El bhikkhu Vacchagotta ha alcanzado el triple conocimiento verdadero y tiene una gran potencia y poder sobrenatural". Y los *devas* también me dijeron esto: "El bhikkhu Vacchagotta ha alcanzado el triple conocimiento verdadero y tiene una gran potencia y poder sobrenaturales".

Eso es lo que dijo el Bienaventurado. Esos bhikkhus estuvieron satisfechos y deleitados con las palabras del Bienaventurado.

NOTAS M.73

1. NT: Para un análisis de lo sano y lo malsano desde el punto de vista de la comprensión correcta, ver: *Sammādiṭṭhi Sutta*, M.9, §§ 3-8.
2. BB: Esta pregunta y la siguiente se refieren al logro del *arahant*, que (según MA) Vacchagotta pensaba que podría haber sido una prerrogativa exclusiva del Buda.

   NT: En el sistema de los *suttas* las tres corrupciones se definen como: la corrupción del deseo sensorial (*kāmāsava*), la corrupción del devenir [o de la existencia] (*bhavāsava*) y la corrupción de la ignorancia (*avijjāsava*).
3. BB: Esta pregunta se refiere al que *no regresa*. Aunque un no-retornado pueda permanecer en la vida laica, necesariamente observa el celibato porque ha cortado las cadenas del deseo sensorial.
4. BB: Esta pregunta se refiere al que entra en la corriente y al que regresa una vez, [los cuales son individuos que] aún pueden entregarse a los placeres sensoriales si permanecen en la vida laica.
5. MA: Había obtenido el fruto del que *no regresa* y vino a preguntarle al Buda sobre la práctica de la introspección para alcanzar el camino del *arahant*. Sin embargo, el Buda vio que tenía las condiciones que sustentaban los seis conocimientos directos. Así que le enseñó la vía de la serenidad para producir los cinco conocimientos directos mundanos y la vía introspectiva para alcanzar el estado de *arahant*.
6. BB: La base adecuada (*āyatana*) es el cuarto *jhāna* para los cinco conocimientos directos, y el conocimiento introspectivo para el estado de *arahant*.
7. BB: *Pariciṇṇo me Bhagavā, pariciṇṇo me Sugato*. Esta es una forma indirecta de informar al Buda de su logro del estado de *arahant*. Los bhikkhus no comprendieron esto y, por lo tanto, el Buda interpreta su significado para ellos.

74. *Dīghanakha Sutta*
A Dīghanakha

1. Esto he escuchado. En una ocasión, el Bienaventurado residía en Rājagaha, en la cueva del jabalí, en la montaña Pico del Buitre.

2. Entonces, el asceta errante (*paribbājaka*) Dīghanakha fue a donde se encontraba el Bienaventurado e intercambió saludos con él.[1] Cuando terminó esta conversación cortés y amable, se paró a un lado y le dijo al Bienaventurado: —Maestro Gautama, mi doctrina y punto de vista es este: —Nada es aceptable para mí (*sabbaṁ me na khamati*).[2]

—Esta noción tuya, Aggivessana, "Nada es aceptable para mí", ¿no es al menos una noción aceptable para ti?

—Si esta opinión mía me fuera aceptable, Maestro Gautama, entonces también sería lo mismo, también sería lo mismo.[3]

3. —Bueno, Aggivessana, hay muchos en el mundo que dicen: "También sería lo mismo, también sería lo mismo", pero no abandonan esa noción al tiempo en que adoptan otra noción. Son pocos en el mundo los que dicen: "También sería lo mismo, también sería lo mismo", y que abandonan esa noción y no adoptan algún otro punto de vista.[4]

4. Aggivessana, hay algunos *samaṇas* y brahmanes cuya doctrina y punto de vista es este: "Todo es aceptable para mí". Hay algunos *samaṇas* y brahmanes cuya doctrina y punto de vista es este: "Nada es aceptable para mí". Y hay algunos *samaṇas* y brahmanes cuya doctrina y punto de vista es este: "Algo es aceptable para mí, algo no es aceptable para mí".[5] Entre estas nociones, la noción de aquellos *samaṇas* y brahmanes que sostienen la noción y doctrina de que "Todo es aceptable para mí" está cerca de la lujuria, cerca de la esclavitud, cerca del deleite, cerca del apego, cerca del aferramiento. La noción de esos *samaṇas* y brahmanes que sostienen la doctrina y noción de que "Nada es aceptable para mí" está cerca del no deseo, cerca de la no esclavitud, cerca del no deleite, cerca del no apego, cerca del no aferramiento.

5. Cuando se dijo esto, el paribbājaka Dīghanakha comentó: —El Maestro Gautama elogia mi noción, el Maestro Gautama recomienda mi punto de vista.

—Aggivessana, en cuanto a esos *samaṇas* y brahmanes que sostienen la doctrina y noción de que "Algo es aceptable para mí, y algo no es aceptable para mí": la opinión de ellos en cuanto a lo que es aceptable está cerca de la lujuria, cerca de la esclavitud, cerca del deleite, cerca del apego, cerca del aferramiento, mientras que la visión de ellos en lo que respecta a lo que no es aceptable, está cerca del no deseo, cerca de la no esclavitud, cerca del no deleite, cerca del no apego, cerca del no aferramiento.

6. Ahora, Aggivessana, un hombre sabio entre esos *samaṇas* y brahmanes que sostienen la doctrina y el punto de vista "Todo es aceptable para mí" considera lo siguiente:[6] "Si me adhiero obstinadamente a mi punto de vista 'Todo es aceptable para mí' y declaro: 'Solo esto es verdad, todo lo demás está equivocado', entonces puedo chocar con los otros dos: con un *samaṇa* o brahmán que sostiene la doctrina y considera que 'Nada es aceptable para mí', y con un *samaṇa* o brahmán que sostiene la doctrina y punto de vista 'Algo es aceptable para mí, algo no es aceptable para mí'".

Puedo entonces chocar con estos dos, y cuando hay un choque, hay disputas; cuando hay disputas, hay peleas; cuando hay querellas, hay vejaciones. Así, previendo por sí mismo choques, disputas, querellas y vejaciones, abandona ese punto de vista y no adopta otro punto de vista. Así es como llega a haber el abandono de estos puntos de vista; así es como se llega a renunciar a estos puntos de vista.

7. Un hombre sabio entre esos *samaṇas* y brahmanes que sostienen la doctrina y el punto de vista "Nada es aceptable para mí" considera así: "Si me adhiero obstinadamente a mi punto de vista 'Nada es aceptable para mí' y declaro: 'Sólo esto es verdad, cualquier otra cosa está equivocada', entonces puedo chocar con los otros dos: con un *samaṇa* o un brahmán que sostiene la doctrina y noción de que 'Todo es aceptable para mí', y con un *samaṇa* o brahmán que sostiene la doctrina y noción de que 'Algo es aceptable para mí, y algo no es aceptable para mí'".

Puedo entonces chocar con estos dos, y cuando hay un choque, hay disputas; cuando hay disputas, hay peleas; cuando hay querellas, hay vejaciones. Así, previendo por sí mismo choques, disputas, querellas y vejaciones, abandona ese punto de vista y no adopta otro punto de vista. Así es como llega a haber el abandono de estos puntos de vista; así es como se llega a renunciar a estos puntos de vista.

8. Un hombre sabio entre esos *samaṇas* y brahmanes que sostienen la doctrina y el punto de vista "Algo es aceptable para mí, y algo no es aceptable para mí" considera así: "Si me adhiero obstinadamente a mi noción de que 'Algo es aceptable para mí, y algo no es aceptable para mí' y declaro: 'Solo esto es verdad, todo lo demás

está equivocado', entonces puedo chocar con los otros dos: con un *samaṇa* o brahmán que sostiene la doctrina y noción de que 'Todo es aceptable para mí', y con un *samaṇa* o brahmán que tiene la doctrina y noción de que 'Nada es aceptable para mí'".

Puedo entonces chocar con estos dos, y cuando hay un choque, hay disputas; cuando hay disputas, hay peleas; cuando hay querellas, hay vejaciones. Así, previendo por sí mismo choques, disputas, querellas y vejaciones, abandona ese punto de vista y no adopta otro punto de vista. Así es como llega a haber el abandono de estos puntos de vista; así es como se llega a renunciar a estos puntos de vista.

9. Ahora, Aggivessana,[7] este cuerpo hecho de forma material, que consta de los cuatro grandes elementos, procreado por una madre y un padre, y construido a partir de arroz hervido y gachas, está sujeto a la transitoriedad, a ser desgastado y erosionado, a disolución y desintegración. Debe ser considerado como transitorio, como sufrimiento, como enfermedad, como un tumor, como un dardo, como una calamidad, como una aflicción, como algo ajeno, como desintegrándose, como vacío, como *no yo*. Cuando uno mira este cuerpo así, uno abandona el deseo por el cuerpo, el afecto por el cuerpo, y la sumisión al cuerpo.

10. Hay, Aggivessana, tres tipos de sensaciones: sensación placentera, sensación dolorosa y sensación *ni dolorosa ni placentera*. En la ocasión en que se siente una sensación placentera, uno no siente una sensación dolorosa ni una sensación *ni dolorosa ni placentera*; en esa ocasión uno siente solo una sensación placentera. En la ocasión en que uno siente una sensación dolorosa, no siente sensación placentera ni sensación *ni dolorosa ni placentera*; en esa ocasión, uno siente solo una sensación dolorosa. En la ocasión en que uno siente una sensación *ni dolorosa ni placentera*, uno no siente una sensación placentera ni una sensación dolorosa; en esa ocasión, uno siente solo una sensación *ni dolorosa ni placentera*.

11. La sensación placentera, Aggivessana, es transitoria, condicionada, surge de manera dependiente, está sujeta a la destrucción, se desvanece, desaparece y cesa. La sensación dolorosa también es transitoria, está condicionada, surge de manera dependiente, está sujeta a la destrucción, se desvanece, desaparece y cesa. La sensación *ni dolorosa ni placentera* es transitoria, condicionada, surge de manera dependiente, está sujeta a destrucción, a desaparición, al desvanecimiento y cese.

12. Viendo así, un noble discípulo bien instruido se desencanta con la sensación placentera, se desencanta con la sensación dolorosa y se desencanta con la sensación *ni dolorosa ni placentera*. Estando desencantado, se vuelve desapasionado. A través del desapasiona-

miento, [su mente] se libera. Cuando se libera, llega el conocimiento: "Está liberada". Él comprende: "El nacimiento ha sido destruido, la vida santa se ha vivido, lo que se tenía que hacer ha sido hecho, y ya no hay retorno a ningún estado de ser".

13. Un bhikkhu cuya mente se libera así, Aggivessana, no se pone del lado de nadie ni discute con nadie; emplea el lenguaje comúnmente usado en el mundo, sin adherirse a él.[8]

14. Ahora bien, en esa ocasión, el venerable Sāriputta estaba de pie detrás del Bienaventurado, abanicándolo. Entonces pensó: "El Bienaventurado, en verdad, nos habla del abandono de estas cosas a través del conocimiento directo; el Sublime, en verdad, nos habla del abandono de estas cosas a través del conocimiento directo". Mientras el venerable Sāriputta consideraba esto, al no apegarse, su mente se liberó de las corrupciones.[9]

15. Pero en el paribbājaka Dīghanakha surgió la visión inmaculada y sin mancha del Dhamma (*dhammacakkhu*): "Todo lo que está sujeto a surgir está sujeto a cesar". El paribbājaka Dīghanakha vio el Dhamma, alcanzó el Dhamma, entendió el Dhamma, comprendió el Dhamma [las Cuatro Nobles Verdades]; cruzó más allá de toda duda, acabó con la perplejidad, ganó intrepidez y se independizó de los demás en la dispensación del Maestro.[10]

16. Luego le dijo al Bienaventurado: —¡Magnífico, Maestro Gautama! ¡Magnífico, Maestro Gautama! El Maestro Gautama ha aclarado el Dhamma de muchas maneras, como si estuviera poniendo en pie lo que había sido derribado, revelando lo que estaba oculto, mostrando el camino a quien estaba perdido, o levantando una lámpara en la oscuridad para que aquellos con vista puedan ver formas visibles.

Voy al Maestro Gautama en busca de refugio y al Dhamma y al Saṅgha de los bhikkhus. A partir de hoy, que el Maestro Gautama me recuerde como un seguidor laico que ha ido a él en busca de refugio de por vida.

NOTAS M.74

1. BB: Dīghanakha era el sobrino del Ven. Sāriputta. En el momento en que se acercó al Buda, Sāriputta había sido bhikkhu sólo durante dos semanas y era aún alguien que solo había entrado en la corriente.
2. MA sostiene que Dīghanakha es uno que sostenía la noción de aniquilación (*ucchedavādin*) y explica que esta afirmación significa que, "Ningún [modo de] renacimiento es aceptable para mí". Sin embargo, el texto en sí no proporciona ninguna evidencia concreta que respalde esta interpretación. Parece mucho más probable que la afirmación de Dīghanakha, "Nada es aceptable para mí" (*sabbaṁ me na khamati*), pretenda aplicarse específicamente a otros puntos de vista filosóficos y, por lo tanto, muestre que Dīghanakha es un escéptico radical de la clase caracterizada satíricamente en M. 76.30 como "revoloteadores de anguilas". Su afirmación sería entonces equivalente a un repudio total de todos los puntos de vista filosóficos.
3. BB: Este intercambio, tal como lo interpretan MA y MṬ, debe entenderse de la siguiente manera: El Buda sugiere, con su pregunta, que la afirmación de Dīghanakha implica una contradicción inherente. Porque no puede rechazar todo sin rechazar también su propio punto de vista, y esto implicaría la posición opuesta, es decir, que algo le es aceptable. Sin embargo, aunque Dīghanakha reconoce las implicaciones de la pregunta del Buda, continúa insistiendo en su opinión de que nada es aceptable para él.
4. MA dice que la primera oración se refiere a aquellos que primero adoptan una visión de eternidad o de aniquilación básica y luego adoptan variaciones secundarias de esa noción; la segunda frase se refiere a quienes abandonan su noción básica sin adoptar una alternativa. Pero si, como parece plausible, Dīghanakha era un escéptico radical, entonces podría entenderse que la declaración del Buda señala una insatisfacción inherente a la posición del escéptico: es psicológicamente incómodo insistir en permanecer en la oscuridad. Así, la mayoría de los escépticos, aunque profesan un rechazo de todos los puntos de vista, adoptan subrepticiamente algún punto de vista definido, mientras que unos pocos abandonan su escepticismo para buscar un camino hacia el conocimiento personal.
5. MA identifica aquí las tres nociones como la noción de eternidad, de aniquilación y de eternidad parcial. La noción de eternidad

está cerca de la lujuria (*sārāgāya santike*), etcétera, porque afirma y se deleita en la existencia, aunque sea en una forma sublimada; la noción de aniquilación está cerca de la no lujuria, etcétera, porque, aunque implica una concepción errónea de uno mismo, conduce al desencanto con la existencia. Si el segundo punto de vista se entiende como escepticismo radical, también podría considerarse cercano a la no lujuria en el sentido de que expresa desilusión con el intento de apuntalar el apego a la existencia con una base teórica y, por lo tanto, representa un paso tentativo, aunque erróneo, hacia la dirección del desapasionamiento respecto de la existencia.

NT: Para una breve discusión del uso del término 'lujuria' en algunos contextos en los *suttas*, ver: n.25, M.43.

6. MA: Esta enseñanza tiene como objetivo mostrarle a Dīghanakha el peligro que él considera y así animarlo a descartarlo.
7. MA: Llegados a este punto, Dīghanakha ha descartado su noción de aniquilación. Así, el Buda se propone ahora enseñarle la meditación introspectiva, primero mediante [la investigación de] la transitoriedad del cuerpo y luego mediante [el de] la transitoriedad de los factores mentales bajo el título de sensación.
8. MA cita un verso que dice que un *arahant* puede usar las palabras "yo" y "mío" sin dar lugar a engreimiento o malinterpretarlas como referencias a un yo o ego (SN 1:5/i.14). Véase también DN 9.53/i.202, donde el Buda dice sobre las expresiones que emplean la palabra "yo": —Estos son simplemente nombres, expresiones, formas de hablar, designaciones de uso común en el mundo, que el Tathāgata usa sin malinterpretarlos.
9. MA: Habiendo reflexionado sobre el discurso pronunciado a su sobrino, el Ven. Sāriputta desarrolló conocimiento introspectivo y alcanzó el estado de *arahant*. Dīghanakha obtuvo a su vez el fruto de la entrada a la corriente.
10. MA: La visión del Dhamma (*dhammacakkhu*) es el camino de entrada a la corriente. La frase "Todo lo que está sujeto a surgir está sujeto a cesar" muestra el modo en que surge el camino. El sendero tiene como objeto el cese (Nibbāna), pero su función es penetrar todos los estados condicionados como sujetos al surgimiento y cese. BB: El "Dhamma" al que nos referimos aquí son las Cuatro Nobles Verdades. Habiendo visto estas verdades por sí mismo, ha cortado las cadenas de la duda y ahora posee la "visión que es noble y emancipadora y (que) conduce a quien practica de acuerdo con ella a la completa destrucción del sufrimiento" (M. 48.7).

75. Māgandiya Sutta
A Māgandiya

1. Esto he escuchado. En una ocasión, el Bienaventurado residía en el país de Kuru, donde había un pueblo de los Kurus llamado Kammāsadhamma, sobre una extensión de hierba en la cámara de fuego de un brahmán perteneciente al clan Bhāradvāja.

2. Entonces, cuando llegó la mañana, el Bienaventurado se vistió, y tomando su cuenco y su túnica exterior, fue a Kammāsadhamma por alimento de dádivas. Cuando hubo caminado en busca de alimento en Kammāsadhamma y hubo regresado de su ronda, después de su comida se fue a cierta arboleda para pasar el día. Habiendo entrado en la arboleda, se sentó a la raíz de un árbol para pasar el día.

3. Luego, el asceta errante (*paribbājjaka*) Māgandiya, mientras caminaba y deambulaba para hacer ejercicio, fue a la cámara de fuego del brahmán perteneciente al clan Bhāradvāja. Allí vio una extensión de hierba preparada y le preguntó al brahmán: —¿Para quién se ha preparado esta extensión de hierba en la cámara de fuego del Maestro Bhāradvāja? Parece que podría ser la cama de un *samaṇa.*

4. —Maestro Māgandiya, está aquí el samaṇa Gautama, el hijo de los Sakya, que salió de un clan Sakya. Ahora se ha difundido un buen informe del Maestro Gautama en este sentido: "Ese Bienaventurado es Consumado, plenamente iluminado, perfecto en verdadero conocimiento y conducta, sublime, conocedor de los mundos, líder incomparable de personas entrenables, maestro de *devas* y humanos, iluminado, bendito". Esta cama ha sido preparada para ese Maestro Gautama.

5. —Ciertamente, Maestro Bhāradvāja, es un mal espectáculo lo que vemos cuando vemos la cama de ese destructor del crecimiento[1] (*bhūnahuno*), el Maestro Gautama.

—¡Ten cuidado con lo que dices, Māgandiya, ten cuidado con lo que dices! Muchos nobles eruditos, brahmanes eruditos, jefes de familia eruditos y *samaṇas* eruditos tienen plena confianza en el Maestro Gautama, y han sido disciplinados por él en el camino noble y verdadero, en el Dhamma que es saludable.

—Maestro Bhāradvāja, incluso si viéramos a ese Maestro Gautama cara a cara, le diríamos a la cara: el samaṇa Gautama es un destructor del crecimiento. ¿Por qué? Porque eso se ha legado en nuestro discurso.

—Si el Maestro Māgandiya no tiene objeciones, ¿puedo decirle esto al Maestro Gautama?

—Que el Maestro Bhāradvāja esté tranquilo. Dígale exactamente lo que he dicho.

6. Mientras tanto, con el oído divino, que está purificado y supera al humano, el Bienaventurado escuchó esta conversación entre el brahmán del clan Bhāradvāja y el errante Māgandiya. Luego, cuando llegó la tarde, el Bienaventurado se levantó de la meditación, fue a la cámara de fuego del brahmán y se sentó en la extensión de hierba preparada. Luego, el brahmán del clan Bhāradvāja fue a donde se encontraba el Bienaventurado e intercambió saludos con él. Cuando terminó esta cortés y amable charla, se sentó a un lado.

El Bienaventurado le preguntó:

—Bhāradvāja, ¿tuviste alguna conversación con el mendicante Māgandiya sobre esta misma extensión de hierba?

Cuando esto fue dicho, el brahmán, asombrado y con los cabellos de punta, respondió:

—Queríamos decirle al Maestro Gautama sobre eso mismo, pero el Maestro Gautama se nos ha adelantado.

7. Pero esta discusión entre el Bienaventurado y el brahmán del clan Bhāradvāja quedó inconclusa, porque entonces el mendicante Māgandiya, mientras caminaba y deambulaba para hacer ejercicio, llegó a la cámara de fuego del brahmán y se acercó al Bienaventurado. Intercambió saludos con el Bienaventurado, y cuando terminó esta cortés y amable charla, se sentó a un lado. El Bienaventurado le dijo:

8. —Māgandiya, el ojo se deleita en las formas visibles, toma su deleite en las formas, se regocija en las formas; eso ha sido domado por el Tathāgata, vigilado, protegido y restringido, y él enseña el Dhamma para su restricción. ¿Fue con referencia a esto que dijiste: "El samaṇa Gautama es un destructor del crecimiento"?

—Fue con referencia a esto, Maestro Gautama, que dije: el samaṇa Gautama es un destructor del crecimiento. ¿Por qué es eso? Porque eso está registrado en nuestras escrituras.

—El oído se deleita en los sonidos... La nariz se deleita en los olores... La lengua se deleita en los sabores... El cuerpo se deleita en lo tangible... La mente se deleita en los objetos mentales, se regocija en los objetos mentales; eso ha sido domado por el Tathāgata, vigilado, protegido y restringido, y él enseña el Dhamma para su restricción. ¿Fue con referencia a esto que tú dijiste: el samaṇa Gautama es un destructor del crecimiento?

—Fue con referencia a esto, Maestro Gautama, que dije: el samaṇa Gautama es un destructor del crecimiento. ¿Por qué es eso? Porque eso está registrado en nuestras escrituras.

9. —¿Qué piensas, Māgandiya? Aquí alguien puede haber disfrutado anteriormente con formas cognoscibles por el ojo que son deseadas, queridas, agradables y atractivas, conectadas con el deseo sensorial y provocadoras de lujuria. En una ocasión posterior, habiendo comprendido cómo son en realidad el origen (*samudaya*), el cese (*atthaṅgama*), la satisfacción (*assāda*), el peligro (*ādīnava;* [la desventaja]) y el escape (*nissaraṇa*) en el caso de las formas materiales, podría entonces abandonar el anhelo de las formas, eliminar la fiebre por las formas y permanecer sin sed, con una mente interiormente en paz.

¿Qué le dirías, Māgandiya?

— Nada, Maestro Gautama.

—¿Qué piensas, Māgandiya? Aquí alguien puede haber disfrutado anteriormente con sonidos cognoscibles por el oído... con olores cognoscibles por la nariz... con sabores cognoscibles por la lengua... con objetos tangibles cognoscibles por el cuerpo que son deseados, anhelados, agradables y aceptables, conectados con el deseo sensorial y provocadores de lujuria. En una ocasión posterior, habiendo entendido tal como son en realidad el origen, el cese, la satisfacción, el peligro y el escape en el caso de los objetos tangibles, podría abandonar el anhelo de objetos tangibles, eliminar la fiebre por los objetos tangibles y permanecer sin sed, con una mente interiormente en paz.

¿Qué le dirías, Māgandiya?

—Nada, Maestro Gautama.

10. —Māgandiya, anteriormente, cuando vivía la vida hogareña, me divertía, provisto y dotado de las cinco ramas del placer sensorial: de formas cognoscibles por el ojo... de sonidos cognoscibles por el oído... de olores cognoscibles por la nariz... de sabores cognoscibles por la lengua... de objetos tangibles cognoscibles por el cuerpo que se desean, se anhelan, son agradables y atractivos, relacionados con el deseo sensorial y provocadores de lujuria.

Tenía tres palacios, uno para la temporada de lluvias, uno para el invierno y otro para el verano. Viví en el palacio de las lluvias durante los cuatro meses de la temporada de lluvias, divirtiéndome con músicos, ninguno de los cuales era hombre (*nippurisa*), y no bajé al palacio bajo.[2]

En una ocasión posterior, habiendo entendido cómo son en realidad el origen, el cese, la satisfacción, el peligro y el escape en el caso de los placeres sensoriales, abandoné el anhelo por los placeres sensoriales, quité la fiebre para con los placeres sensoriales, y permanecí sin sed, con la mente interiormente en paz.

Veo a otros seres que no están libres de la lujuria por los placeres sensoriales, siendo devorados por el ansia de los placeres sensoriales, ardiendo en fiebre por los placeres sensoriales, complaciéndose en los placeres sensoriales, y no los envidio, ni me deleito en dichos placeres. ¿Por qué es eso? Porque hay, Māgandiya, un deleite aparte de los placeres sensoriales, aparte de los estados malsanos, que supera incluso la bienaventuranza divina.[3] Puesto que me deleito en eso, no envidio lo que es inferior, ni me deleito en ello.

11. Supongamos, Māgandiya, que un jefe de familia o el hijo de un jefe de familia fuera rico, con gran riqueza y propiedad, y estando provisto y dotado con las cinco ramas del placer sensorial, podría divertirse con formas cognoscibles por el ojo... con sonidos cognoscibles por el oído... con olores cognoscibles por la nariz... con sabores cognoscibles por la lengua... con objetos tangibles cognoscibles por el cuerpo que son deseados, anhelados, agradables y atractivos, conectados con deseo sensorial y provocadores de lujuria. Habiéndose conducido bien en cuerpo, palabra y mente, al disolverse el cuerpo, después de la muerte, podría reaparecer en un destino feliz, en el mundo celestial en la comitiva de los *devas* de los Treinta y Tres [el cielo de *Tāvatiṁsa*]; y allí, rodeado de un grupo de ninfas en la arboleda de Nandana, gozaría, provisto y dotado de las cinco ramas del placer sensorial divino.

Supongamos que viera a un jefe de familia o al hijo de un jefe de familia divirtiéndose, provisto y dotado de las cinco ramas de placer sensorial.

¿Qué opinas, Māgandiya? ¿Ese joven dios rodeado por el grupo de ninfas en la arboleda de Nandana, disfrutando de sí mismo, provisto y dotado de las cinco ramas del placer sensorial divino, envidiaría a ese jefe de familia o al hijo del jefe de familia por [disfrutar de] las cinco ramas del placer sensorial humano, o ese joven dios sería seducido por los placeres sensoriales humanos?

—No, Maestro Gautama. ¿Por qué no? Porque los placeres sensoriales divinos son más excelentes y sublimes que los placeres sensoriales humanos.

12. —Así también, Māgandiya, anteriormente cuando vivía la vida hogareña, me divertía, provisto y dotado de las cinco ramas del placer sensorial: con formas cognoscibles por el ojo... con objetos tangibles cognoscibles por el cuerpo que son deseados, anhelados, agradables y atractivos, conectados con el deseo sensorial y provocadores de lujuria.

En una ocasión posterior, habiendo entendido cómo realmente son la satisfacción, el peligro y el escape en el caso de los placeres sensoriales, abandoné el anhelo de los placeres sensoriales, me deshice de la fiebre por los placeres sensoriales, y permanecí sin sed, con una mente interiormente en paz. Veo a otros seres que no están libres de la lujuria por los placeres sensoriales, siendo devorados por el ansia de los placeres sensoriales, ardiendo en fiebre por los placeres sensoriales, complaciéndose con los placeres sensoriales, y no los envidio ni me deleito en dichos placeres.

¿Por qué es eso? Porque existe, Māgandiya, un deleite aparte de los placeres sensoriales, aparte de los estados malsanos, que supera incluso la dicha divina. Puesto que me deleito en eso, no envidio lo que es inferior, ni me deleito en ello.

13. Supón, Māgandiya, que hubiera un leproso con llagas y ampollas en sus extremidades, siendo devorado por gusanos, rascándose las costras de sus heridas abiertas con sus uñas, cauterizando su cuerpo sobre un pozo de carbón ardiendo. Entonces, sus amigos y compañeros, sus parientes y conocidos, traerían un médico para que lo tratara. El médico le daría medicina, y por medio de esa medicina el hombre se curaría de su lepra y quedaría sano y feliz, independiente, dueño de sí mismo, capaz de ir a donde quisiera. Entonces podría ver a otro leproso con llagas y ampollas en sus extremidades, siendo devorado por gusanos, rascando las costras de sus heridas abiertas con sus uñas, cauterizando su cuerpo sobre un pozo de carbón ardiendo.

¿Qué opinas, Māgandiya? ¿Envidiaría ese hombre a ese otro leproso por su cauterización con carbón, o por el uso de medicina?

—No, Maestro Gautama. ¿Por qué es eso? Porque cuando hay enfermedad, hay necesidad de medicina, y cuando no hay enfermedad, no hay necesidad de medicina.

14. —Así también, Māgandiya, anteriormente cuando vivía la vida hogareña... (Como en §12) ... Dado que me deleito en eso, no envidio lo que es inferior, ni me deleito en ello.

15. Supón, Māgandiya, que hubiera un leproso con llagas y ampollas en sus extremidades, siendo devorado por gusanos, rascándose las costras de sus heridas abiertas con sus uñas, cauterizando su cuerpo sobre un pozo de carbón ardiendo. Entonces, sus amigos y compañeros, sus parientes y conocidos, trajeran un médico para que lo atendiera. El médico le daría la medicina, y por medio de esa medicina el hombre se curaría de su lepra y se tornaría sano y feliz, independiente, dueño de sí mismo, capaz de ir a donde quisiera. Luego, si dos hombres fuertes lo agarraran de ambos brazos y lo arrastraran hacia un pozo de carbón ardiendo.

¿Qué opinas, Māgandiya? ¿Ese hombre retorcería su cuerpo de esta manera y de aquella?

—Sí, Maestro Gautama. ¿Por qué es eso? Porque ese fuego es realmente doloroso al tacto, caliente y abrasador.

—¿Qué piensas, Māgandiya? ¿Es solo ahora que ese fuego es doloroso al tacto, caliente y abrasador, o antes también ese fuego era doloroso al tacto, caliente y abrasador?

—Maestro Gautama, ese fuego ahora es doloroso al tacto, caliente y abrasador, y antes también ese fuego era doloroso al tacto, caliente y abrasador. Porque cuando ese hombre era un leproso con llagas y ampollas en sus miembros, siendo devorado por gusanos, rascándose las costras de las aperturas de sus heridas con sus uñas, sus facultades estaban dañadas; por lo tanto, aunque el fuego era en realidad doloroso al tacto, adquirió una percepción errónea de que era agradable.

16. —Así también, Māgandiya, en el pasado los placeres sensoriales eran dolorosos al tacto, calientes y abrasadores; en el futuro los placeres sensoriales serán dolorosos al tacto, calientes y abrasadores; y ahora, en la actualidad, los placeres sensoriales son dolorosos al tacto, calientes y abrasadores. Pero estos seres que no están libres de la lujuria por los placeres sensoriales, que son devorados por el ansia de los placeres sensoriales, que arden en fiebre por los placeres sensoriales, tienen facultades que están dañadas; por lo tanto, aunque los placeres sensoriales son realmente dolorosos al contacto, adquieren una percepción equivocada de ellos como agradables.[4]

17. Supón, Māgandiya, que hubiera un leproso con llagas y ampollas en sus extremidades, siendo devorado por gusanos, rascándose las costras de las aperturas de sus heridas con sus uñas, cauterizando su cuerpo sobre un pozo de carbón ardiendo; cuanto más se rasca las costras y cauteriza su cuerpo, más asquerosas, más malolientes e infectadas se volverán las aberturas de sus heridas, sin embargo, encontraría cierta satisfacción y placer en rascarse las aberturas de sus heridas. Así también, Māgandiya, los seres que no están libres de la lujuria por los placeres sensoriales, que son devorados por el anhelo de los placeres sensoriales, que arden con fiebre por los placeres sensoriales, todavía se entregan a los placeres sensoriales; cuanto tales seres se entregan más a los placeres sensoriales, más aumenta su ansia por los placeres sensoriales y más los quema la fiebre por los placeres sensoriales, sin embargo, encuentran cierta medida de satisfacción y disfrute en dependencia de las cinco ramas del placer sensorial.

18. ¿Qué piensas, Māgandiya? ¿Has visto u oído alguna vez de un rey o un ministro del rey gozando, provisto y dotado de las cinco ramas del placer sensorial que, sin abandonar el ansia de los placeres sensoriales, sin quitar la fiebre por los placeres sensoriales, pueda

permanecer libre de sed, con una mente interiormente en paz, o alguien que pueda o alguien que podrá permanecer así?

—No, Maestro Gautama.

—Bien, Māgandiya. Yo tampoco he visto ni he oído hablar nunca de un rey o de un ministro de rey disfrutando, provisto y dotado de las cinco ramas del placer sensorial quien, sin abandonar el anhelo de los placeres sensoriales, sin quitar la fiebre por los placeres sensoriales, pueda permanecer libre de sed, con la mente interiormente en paz, o alguien que pueda o que pueda permanecer así. Por el contrario, Māgandiya, esos *samaṇas* o brahmanes que moraron, o moran, o morarán libres de sed, con una mente interiormente en paz, todos lo hacen después de haber entendido cómo realmente son el origen, el cese, la satisfacción, el peligro, y el escape respecto a los placeres sensoriales, y es después de abandonar el anhelo por los placeres sensoriales y quitar la fiebre por los placeres sensoriales que permanecieron o permanecen o permanecerán libres de sed, con una mente interiormente en paz.

19. Entonces, en ese momento, el Bienaventurado pronunció esta exclamación:

"La mayor de todas las ganancias es la salud,
Nibbāna es la mayor dicha,
el Noble Óctuple Sendero es el mejor de los caminos.
Porque conduce a la seguridad, a lo Inmortal".

Dicho esto, el errante Māgandiya dijo al Bienaventurado:

—Es maravilloso, Maestro Gautama, es maravilloso lo bien que lo ha expresado el Maestro Gautama:

"La mayor de todas las ganancias es la salud,
Nibbāna es la mayor dicha".

Nosotros también hemos escuchado a mendicantes anteriores que fueron maestros y maestros de maestros diciendo esto, y está de acuerdo con lo dicho, Maestro Gautama.

—Pero, Māgandiya, cuando escuchaste a los primeros mendicantes que eran maestros y maestros de maestros decir esto, ¿qué es esa salud? ¿qué es ese Nibbāna?

Cuando se dijo esto, el asceta errante Māgandiya se frotó los miembros con las manos y dijo: —Esta es esta salud, Maestro Gautama, este es ese Nibbāna; porque ahora estoy sano y feliz y nada me aflige.[5]

20. —Māgandiya, supongamos que hubiera un hombre ciego de nacimiento que no pudiera ver las formas oscuras y claras, que no pudiera ver las formas azules, amarillas, rojas o rosadas, que

no pudiera ver lo que era uniforme ni lo que era irregular, que no pudiera ver las estrellas el sol y la luna. Podría oír a un hombre con buena vista decir: "¡Qué bueno, señores, es un paño blanco, hermoso, sin mancha y limpio!" y él iría en busca de un paño blanco. Entonces un hombre lo engañara con un paño sucio y manchado diciéndole: "Buen hombre, aquí tienes un paño blanco, hermoso, sin mancha y limpio". Y entonces, el hombre ciego lo aceptara y se lo pusiera, y estando satisfecho con él, pronunciaría palabras de satisfacción de la siguiente manera: "¡Qué bien, señores, es una tela blanca, hermosa, sin mancha y limpia!"

¿Qué piensas, Māgandiya? Cuando ese hombre ciego de nacimiento aceptó esa prenda sucia y manchada, se la puso y, estando satisfecho con ella, pronunció palabras de satisfacción de esta manera: "¡Bueno, en verdad, señores, es una tela blanca, hermosa, sin mancha y limpia!", ¿lo hizo así sabiendo y viendo, o por la fe en el hombre con buena vista?

—Venerable Señor, lo habría hecho sin saber y sin ver, conducido por la fe en el hombre con buena vista.

21. —Así también, Māgandiya, los mendicantes de otras sectas son ciegos y sin visión. No conocen la salud, no ven el Nibbāna, pero pronuncian esta estrofa así:

"La mayor de todas las ganancias es la salud,
Nibbāna es la mayor bienaventuranza".

Esta estrofa fue pronunciada por los primeros consumados, los plenamente iluminados, así:

"La mayor de todas las ganancias es la salud,
Nibbāna es la mayor dicha,
el Noble Óctuple sendero es el mejor de los caminos.
Porque conduce a la seguridad, a lo Inmortal".

Ahora se ha vuelto gradualmente común entre la gente común.[6] Y aunque este cuerpo, Māgandiya, es una enfermedad, un tumor, un dardo, una calamidad y una aflicción, refiriéndote a este cuerpo dices: "Esta es esa salud, Maestro Gautama, esto es ese Nibbāna". No tienes esa noble visión, Māgandiya, por medio de la cual puedes conocer la salud y ver el Nibbāna.

22. —Tengo confianza en el Maestro Gautama y ahora pienso así: "El Maestro Gautama es capaz de enseñarme el Dhamma de tal manera que pueda llegar a conocer la salud y ver el Nibbāna".

—Māgandiya, supongamos que hubiera un hombre ciego de nacimiento que no pudiera ver formas oscuras y claras... o el sol y la luna. Entonces sus amigos y compañeros, sus parientes y conocidos, traerían un médico para que lo tratara. El médico haría una medicina para él, pero por medio de esa medicina la visión del hombre no surgiría ni se purificaría.

¿Qué piensas, Māgandiya, ese doctor cosecharía cansancio y decepción?

—Sí, Maestro Gautama.

—Así también, Māgandiya, si tuviera que enseñarte el Dhamma de esta manera: "Esta es esa salud, este es ese Nibbāna", es posible que no conozcas la salud ni veas el Nibbāna, y eso sería molesto y problemático para mí.

23. —Tengo confianza en el Maestro Gautama así: "El Maestro Gautama es capaz de enseñarme el Dhamma de tal manera que pueda llegar a conocer la salud y ver el Nibbāna".

—Māgandiya, supongamos que hubiera un hombre ciego de nacimiento que no pudiera ver formas oscuras y claras... o el sol y la luna. Podría oír a un hombre con buena vista decir: "¡Bueno en verdad, señores, es una tela blanca, hermosa, sin mancha y un paño hermoso, sin mancha y limpio!", y él iría en busca de un paño blanco. Entonces un hombre lo engañara con una prenda sucia y manchada de esta manera: "Buen hombre, aquí tienes un paño blanco, hermoso, sin mancha y limpio". Y él lo aceptaría, y se lo pondría.

Entonces, sus amigos y compañeros, sus parientes y conocidos, traerían un médico para que lo tratara. El médico haría la medicina —eméticos y purgantes, ungüentos y contraungüentos y tratamiento nasal— y por medio de esa medicina la visión del hombre surgiría y se purificaría.

Junto con el surgimiento de su visión, su deseo y gusto por esa prenda sucia y manchada sería abandonado; entonces podría arder de indignación y enemistad hacia ese hombre [que lo había engañado, a tal grado que] podría pensar que debería incluso ser asesinado tras exclamar: ¡Ciertamente, durante mucho tiempo he sido engañado y defraudado por este hombre con esta prenda sucia y manchada cuando él me dijo: buen hombre, aquí tienes un paño blanco, hermoso, sin mancha y limpio!

24. Así también, Māgandiya, si te enseñara el Dhamma así: "Esta es esa salud, este es ese Nibbāna", podrías conocer la salud y ver el Nibbāna. Junto con el surgimiento de tu visión, tu deseo y lujuria por los cinco agregados afectados por el apego pueden ser abandonados. Entonces tal vez podrías pensar: "Ciertamente, he sido engañado, estafado y defraudado por mucho tiempo por esta mente. Porque cuando me aferré, me había estado aferrando solo a la forma material, me había estado aferrando solo a la sensación, me había estado aferrando solo a la percepción, me había estado aferrando

solo a las formaciones mentales, me había estado aferrando solo a la conciencia.[7] Con mi aferramiento como condición, surge el devenir; con el devenir como condición, se da el nacimiento; con el nacimiento como condición, el envejecimiento y la muerte, la tristeza, el lamento, el dolor, la pena y la desesperanza llegan a ser. Tal es el origen de toda esta masa de sufrimiento".

25. —Tengo confianza en el Maestro Gautama así: "El Maestro Gautama es capaz de enseñarme el Dhamma de tal manera que pueda levantarme de este asiento curado de mi ceguera".

—Entonces, Māgandiya, asóciate con personas auténticas. Cuando te asocies con personas auténticas, escucharás el verdadero Dhamma.

Cuando escuches el verdadero Dhamma, practicarás de acuerdo con el verdadero Dhamma.

Cuando practiques de acuerdo con el Dhamma verdadero, sabrás y verás por ti mismo lo siguiente: "Estas son enfermedades, tumores y dardos; pero aquí, estas enfermedades, tumores y dardos cesan sin remanente.[8]

Con el cese de mi apego, viene el cese del devenir [o existencia]; con el cese del devenir, cesa el nacimiento; con el cese del nacimiento, cesan la vejez y la muerte, cesan la tristeza, el lamento, el dolor, la aflicción y la desesperanza. Tal es el cese de toda esta masa de sufrimiento".

26. Cuando se dijo esto, el mendicante Māgandiya dijo: —¡Magnífico, Maestro Gautama! ¡Magnífico, Maestro Gautama! El Maestro Gautama ha aclarado el Dhamma de muchas maneras, como si estuviera poniendo en pie lo que había sido derribado, revelando lo que estaba oculto, mostrando el camino a quien estaba perdido, o levantando una lámpara en la oscuridad para que aquellos con vista vean formas visibles.

Voy al Maestro Gautama en busca de refugio y al Dhamma y al Saṅgha de los bhikkhus. Recibiría la salida [de la vida hogareña a la vida sin hogar] bajo el Maestro Gautama. Recibiría la admisión completa [al estatus de bhikkhu].

27. —Māgandiya, aquel que anteriormente perteneció a otra secta y desea salir (*pabbajjā*) y ser admitido plenamente en este Dhamma y Disciplina (*dhamma vinaya*) tiene que pasar un período de prueba de cuatro meses. Al cabo de los cuatro meses, si los bhikkhus están satisfechos con él, le dan la salida y la plena admisión al estado de bhikkhu. Pero reconozco diferencias individuales en este asunto.

—Venerable Señor, si aquellos que anteriormente pertenecieron a otra secta y desean salir y [posteriormente] acceder a la plena admisión en este Dhamma y Disciplina viven un período de prueba durante cuatro meses, y si al final de los cuatro meses los bhikkhus, estando satisfechos con ellos, les dan la salida y la plena admisión al estado de bhikkhu, entonces estoy dispuesto a vivir en prueba durante cuatro años. Al final de los cuatro años, si los bhikkhus están satisfechos conmigo, que me den la salida y la plena admisión al estado de bhikkhu.

28. Entonces el mendicante Māgandiya recibió la salida bajo el Bienaventurado, y recibió la admisión completa.

Y pronto, no mucho después de su plena admisión, morando solo, recluido, diligente, enérgico y resuelto, el venerable Māgandiya, al darse cuenta por sí mismo con conocimiento directo, aquí y ahora entró y permaneció en esa meta suprema de la vida santa en aras de la cual los miembros del clan salen correctamente de la vida hogareña a la vida sin hogar.

Él supo directamente:

"El nacimiento ha sido destruido, la vida santa se ha vivido, lo que se tenía que hacer se ha hecho, y ya no hay retorno a ningún estado de ser".

Y el venerable Māgandiya se convirtió en uno de los *arahants*.

NOTAS M.75

1. *Bhūnahuno*. En Ms, Ñm había traducido esta enigmática expresión como "un destructor del ser". Sigo a Horner en su traducción de la aclaración al margen del comentario *hatavaḍḍhino mariyāda-kārakassa*. MA explica que sostenía la opinión de que el "crecimiento" debería lograrse en los seis sentidos experimentando cualquier objeto sensorial que uno nunca haya experimentado antes, sin aferrarse a aquellos que ya le resultan familiares. Por lo tanto, su visión parece cercana a la actitud contemporánea de que la intensidad y variedad de la experiencia es el bien supremo y debe perseguirse sin inhibiciones ni restricciones. La razón de la desaprobación del Buda quedará clara en el párrafo §8.
2. MA aclara el término *nippurisa*, lit. "No hombres," en el sentido de que todas eran mujeres. No sólo los puestos de músicos, sino todos los puestos del palacio, incluidos los de la portería, estaban ocupados por mujeres. Su padre, el rey, le había proporcionado tres palacios y un séquito de mujeres con la esperanza de mantenerlo confinado a la vida laica y distraerlo de pensamientos de renuncia.
3. MA: Esto se dice refiriéndose al logro del fruto del estado de *arahant* basado en el cuarto *jhāna*.
4. BB: La expresión *viparītasaññā* alude a la "percepción pervertida" (*saññāvipallāsa*) de percibir placer en lo que es realmente doloroso. MṬ dice que los placeres sensoriales son dolorosos porque despiertan impurezas dolorosas y porque producen frutos dolorosos en el futuro. Horner no entiende el punto al traducir la línea "(pueden) recibir un cambio de sensación y considerarlo placentero" (MLS 2:187).
5. BB: Māgandiya evidentemente entiende el verso de acuerdo con la quincuagésima octava noción errónea del Brahmajāla Sutta, según la cual, "Cuando este "yo", dotado y provisto de las cinco ramas de los placeres de los sentidos, se deleita en ellos, en este punto, el "yo" alcanza el Nibbāna supremo aquí y ahora (DN 1.3.20 / i.36)".
6. MA: El verso completo había sido recitado por los Budas anteriores sentados en medio de sus cuatro asambleas. La multitud lo aprendió como "un versículo que trata del bien". Después de la muerte del último Buda, se extendió entre los mendicantes, quienes solo pudieron conservar las dos primeras líneas en sus libros.

7. BB: El enfático *yeva*, "justo", implica que él se estaba aferrando a la forma material, sensación, etcétera, concebido erróneamente como "yo", "mío" y "mi yo". Con el surgimiento de la visión —una expresión metafórica para el camino de entrada a la corriente— la noción de la identidad es erradicada y entiende que los agregados son meros fenómenos vacíos, desprovistos de la identidad que antes él les había atribuido.
8. BB: "Estos" se refiere a los cinco agregados.

76. *Sandaka Sutta*
A Sandaka

1. Esto he escuchado. En una ocasión el Bienaventurado residía en Kosambī, en el parque de Ghosita.

2. Ahora bien, en esa ocasión, el paribbājaka Sandaka se alojaba en la cueva del árbol de *pilakkha* con una gran asamblea de mendicantes.

3. Entonces, cuando se hizo de noche, el venerable Ānanda se levantó de la meditación y se dirigió a los bhikkhus así: —Vengan, amigos, vayamos al estanque *Devakaṭa* para ver la cueva. —Sí, amigo, respondieron esos bhikkhus. Entonces el venerable Ānanda fue al estanque *Devakaṭa* junto con varios bhikkhus.

4. Ahora, en esa ocasión, el paribbājaka Sandaka estaba sentado con una gran asamblea de mendicantes que estaban haciendo un alboroto, hablando en voz alta y ruidosamente acerca de muchas clases de charlas sin sentido (*tiracchānakathā*),[1] tales como hablar de reyes, ladrones, ministros, ejércitos, peligros, batallas, comida, bebida, ropa, lechos, guirnaldas, perfumes, parientes, vehículos, pueblos, villas, ciudades, países, mujeres, héroes, calles, pozos, muertos, menudencias, el origen del mundo, el origen del mar, si las cosas son así o no son así.

Entonces, el paribbājaka Sandaka vio al venerable Ānanda acercándose en la distancia. Al verlo, hizo callar a su propia asamblea así: —Señores, cállense; señores, no hagan ruido. Aquí viene el samaṇa Ānanda, un discípulo del samaṇa Gautama, uno de los discípulos del samaṇa Gautama que se quedan en Kosambī. A estos venerables les gusta el silencio; son disciplinados en silencio; elogian el silencio. Tal vez, si encuentra a nuestra asamblea tranquila, pensará en unirse con nosotros. Entonces los mendicantes se quedaron en silencio.

5. El venerable Ānanda fue hacia el paribbājaka Sandaka que le dijo: —¡Venga el Maestro Ānanda! ¡Bienvenido sea el Maestro Ānanda! Hace mucho desde que el Maestro Ānanda encontró la oportunidad de venir aquí. Que se siente el Maestro Ānanda; este asiento está listo. El venerable Ānanda se sentó en el asiento preparado, y el paribbājaka Sandaka tomó un asiento bajo y se sentó a un lado.

Cuando lo hizo, el Venerable Ānanda le preguntó:

—¿Para qué discusión están sentados aquí juntos, Sandaka? ¿Y cuál fue tu discusión que quedó sin terminar?

—Maestro Ānanda, dejemos de lado la discusión por la cual estamos aquí sentados. El Maestro Ānanda bien puede oírla más tarde. Sería bueno que el Maestro Ānanda diera una plática sobre el Dhamma de su propio maestro.

—Entonces, Sandaka, escucha y atiende de cerca lo que diré.

—Sí, señor —contestó. El venerable Ānanda dijo esto:

6. —Sandaka, estos cuatro caminos que niegan la vida santa (*abrahmacariyavāsā*) han sido declarados por el Bienaventurado que conoce y ve, Consumado y plenamente iluminado, y también estos cuatro tipos de vida santa sin consuelo han sido declarados, donde un hombre sabio ciertamente no viviría la vida santa, o si la viviera, no alcanzaría el verdadero camino, el Dhamma que es sano.[2]

—Pero, Maestro Ānanda, ¿cuáles son esos cuatro caminos que niegan la vida santa que han sido declarados por el Bienaventurado que conoce y ve, Consumado y plenamente iluminado, en donde el hombre sabio ciertamente no viviría la vida santa, o si la viviera, no alcanzaría el verdadero camino, el Dhamma que es saludable?

7. —Aquí, Sandaka, algún maestro tiene una doctrina y el punto de vista siguiente: "No hay nada dado, nada ofrecido, nada sacrificado; no hay fruto o resultado de buenas y malas acciones; no hay este mundo, ni algún otro mundo; no hay madre, no hay padre; no hay seres que renacen espontáneamente; no hay *samaṇas* y brahmanes buenos y virtuosos en el mundo que se hayan realizado mediante conocimiento directo y declaren este mundo y el otro mundo.[3]

Una persona consta de los cuatro grandes elementos.[4] Cuando muere, la tierra regresa y va de nuevo al cuerpo de la tierra, el agua regresa y va de nuevo al cuerpo de agua, el fuego regresa y va de nuevo al cuerpo de fuego, el aire regresa y va de nuevo al cuerpo de aire; las facultades pasan al espacio. [Cuatro] hombres con el féretro como quinto [asistente] se llevan el cadáver. Las oraciones fúnebres duran hasta el terreno de cremación; los huesos blanquean; las ofrendas quemadas terminan en cenizas.

Dar es una doctrina de tontos. Cuando alguien afirma la doctrina de que hay [el dar y cosas por el estilo], es un parloteo vacío y falso. Los tontos y los sabios son igualmente cortados y aniquilados con la disolución del cuerpo; después de la muerte, no existen".

8. De esto, un hombre sabio considera así: "Este buen maestro sostiene la siguiente doctrina y punto de vista: no hay nada dado... después de la muerte no existen". Si las palabras de este buen maestro son verdaderas, entonces ambos somos exactamente iguales aquí,

estamos en el mismo nivel: yo que no he practicado [esta enseñanza] aquí, y él que la ha practicado; yo que no he vivido [esa vida santa] aquí, y él que la ha vivido.[5]

Sin embargo, no digo que ambos estamos cortados y aniquilados con la disolución del cuerpo, que después de la muerte no existiremos.

Pero es superfluo que este buen maestro vaya desnudo, se afeite, se esfuerce en la postura en cuclillas, y que se tire del cabello y de la barba, ya que yo, que vivo en una casa llena de niños, que uso sándalo de Benarés, que uso guirnaldas, aromas y ungüentos, y acepto oro y plata, cosecharé exactamente el mismo destino, el mismo curso futuro, que este buen maestro.

¿Qué sé y qué veo que deba llevar la vida santa bajo este maestro?

Entonces, cuando descubre que de esta manera niega la vida santa, se aparta de ella y la deja.

9. Esta es la primera forma que niega la vida santa que ha sido declarada por el Bienaventurado que conoce y ve, Consumado y plenamente iluminado, en la que un hombre sabio ciertamente no viviría la vida santa, o, si la viviera, no alcanzaría el verdadero camino, el Dhamma que es saludable.

10. De nuevo, Sandaka, aquí algún maestro tiene una doctrina y una noción como la siguiente: "Cuando uno actúa o hace que otros actúen, cuando uno mutila o hace que otros mutilen, cuando tortura o hace que otros inflijan tortura, cuando uno inflige dolor o hace que otros inflijan dolor, cuando uno oprime o hace que otros inflijan opresión, cuando uno intimida o hace que otros inflijan intimidación, cuando uno mata a los seres vivientes, toma lo que no se da, irrumpe en las casas, saquea la riqueza, comete robos, embosca las carreteras, seduce a la esposa de otro, [tal maestro] pronuncia falsamente: 'Eso no hace ningún mal, e incluso, si con una rueda afilada como una navaja, se convirtiera a los seres vivientes de esta tierra en una masa de carne, en un montón de carne, por eso no habría mal ni consecuencia de ese mal.

Si uno fuera por la orilla sur del Ganges matando y asesinando, mutilando y haciendo que otros mutilen, torturando y haciendo que otros inflijan torturas, por eso no habría mal ni resultado del mal. Si uno fuera por la orilla norte del Ganges dando regalos y dando dádivas, haciendo ofrendas y haciendo regalos a otros, debido a eso allí no habría ningún mérito y ningún resultado de mérito.

Dando, domándose a uno mismo, con autorestricción, diciendo la verdad, no hay mérito ni resultado de mérito'".

11. Sobre esto, un hombre sabio considera así: "Este buen maestro que sostiene la siguiente doctrina y punto de vista: 'Cuando uno actúa... no hay mérito ni resultado de mérito'.

Si las palabras de este buen maestro son verdaderas, entonces ambos somos exactamente iguales aquí, estamos en el mismo nivel: yo que no he practicado [esta enseñanza] aquí, y él que la ha practicado; yo que no he vivido [esa vida santa] aquí, y él que la ha vivido. Sin embargo, no digo que, hagamos lo que hagamos los dos, no se hace el mal.

Pero eso es superfluo para este buen maestro...

¿Qué sé y qué veo que deba llevar la vida santa bajo este maestro?"

Entonces, cuando descubre que de esta manera niega el vivir la [verdadera] vida santa, se aparta de ella y la deja.

12. Esta es la segunda forma que niega el vivir la vida santa que ha sido declarada por el Bienaventurado que conoce y ve, Consumado y plenamente iluminado...

13. De nuevo, Sandaka, aquí algún maestro tiene una doctrina y una noción como esta: "No hay causa o condición para la profanación de los seres; los seres están contaminados sin causa o condición. No hay causa o condición para la purificación de los seres. Los seres se purifican sin causa o condición. No hay poder, ni energía, ni fuerza viril, ni resistencia viril. Todos los seres, todos los seres vivos, todas las criaturas, todas las almas están sin dominio, poder y energía; moldeados por el destino, las circunstancias y la naturaleza, ellos experimentan el placer y el dolor en las seis clases".

14. De esto, un hombre sabio hace la siguiente consideración: "Este buen maestro tiene esta doctrina y punto de vista: 'No hay causa... en las seis clases'. Si las palabras de este buen maestro son verdaderas, entonces ambos somos exactamente iguales aquí, estamos en el mismo nivel: yo que no he practicado [esta enseñanza] aquí, y él que la ha practicado; yo que no he vivido [esa vida santa] aquí, y él que la ha vivido. Sin embargo, no digo que ambos seremos purificados sin causa o condición.

Pero esto es superfluo para este buen maestro...

¿Qué sé y qué veo que deba llevar esa vida santa bajo este maestro?" Entonces, cuando descubre que de esta manera se niega la vida santa, se aparta de ella y la deja.

15. Esta es la tercera vía que niega la vida santa que ha sido declarada por el bendito que conoce y ve, Consumado y plenamente iluminado.

16. De nuevo, Sandaka, aquí algún maestro tiene una doctrina y una noción como la siguiente:[6] "Hay estos siete cuerpos que están sin crear, sin creador, estéril, de pie como picos de montaña, de pie como pilares. No se mueven ni se cambian ni se obstruyen entre sí. Ninguno es capaz [de despertar] placer o dolor o placer y dolor en otro.

¿Qué son los siete? Ellos son el cuerpo de la tierra, el cuerpo de agua, el cuerpo de fuego, el cuerpo de aire, el placer, el dolor y el alma como séptimo. Estos siete cuerpos están no compuestos... Aquí no hay asesino, no hay matadero, ni oyente, ni hablante, ni cognoscente, ni íntimo. Incluso aquellos que le cortan la cabeza a alguien con una espada afilada no privan a nadie de la vida; la espada simplemente pasa por el espacio entre los siete cuerpos.

Hay estos cuatrocientos mil tipos principales de generación, y seis mil tipos; hay quinientos tipos de acción, y cinco tipos de acción, y tres tipos de acción, y acción, y semiacción; hay sesenta y dos caminos, sesenta y dos subeones, seis clases, ocho planos para el hombre, cuarenta y nueve mil tipos de sustento, cuatro mil novecientas clases de mendicantes, cuarenta y nueve mil moradas de serpientes, dos mil facultades, tres mil infiernos, treinta y seis elementos de polvo, siete razas percipientes, siete razas no percipientes, siete razas sin vaina, siete tipos de *devas*, siete tipos de hombres, siete tipos de demonios, siete lagos, siete nudos, siete tipos de abismos, setecientos tipos de abismos, siete tipos de sueños, setecientos tipos de sueños; y hay ocho mil cuatrocientos grandes eones en los que, al correr y deambular por la ronda de renacimientos, los necios y los sabios terminarán con el sufrimiento. No hay nada de lo siguiente: por esta virtud u observancia o ascetismo o vida santa, haré que la acción no madura madure o aniquilaré la acción madurada a medida que llegue.

El placer y el dolor se resuelven. La ronda de renacimientos es limitada, no hay acortamiento ni extensión, no aumenta ni disminuye. Así como una bola de cuerda cuando se lanza, llega hasta donde se desenrolla la cuerda, también, corriendo y deambulando por los renacimientos, los tontos y los sabios terminarán con el sufrimiento".

17. Acerca de esto, un hombre sabio considera lo siguiente: "Este buen maestro sostiene la doctrina y punto de vista en el sentido de que, hay estos siete cuerpos... los tontos y los sabios acabarán con el sufrimiento".

Si las palabras de este buen maestro son verdaderas, entonces ambos somos exactamente iguales aquí, estamos en el mismo nivel: yo que no he practicado [esta enseñanza] aquí y él que la ha practicado; yo que no he vivido [esa vida santa] aquí, y él que la ha vivido. Sin embargo, no digo que ambos terminemos el sufrimiento corriendo y deambulando por la ronda de renacimientos.

Pero es superfluo que este buen maestro vaya desnudo, que se afeite, se esfuerce en la posición en cuclillas, y se tire del cabello y la barba, ya que yo, que vivo en una casa llena de niños, que uso sándalo de Benarés, que llevo guirnaldas, uso aromas y ungüentos, y acepto oro y plata, cosecharé exactamente el mismo destino, el mismo curso futuro que el de este buen Maestro.

¿Qué sé y qué veo que deba llevar la vida santa bajo este maestro? Entonces, cuando [el hombre sabio] descubre que de esta manera se niega la vida santa, se aleja de ella y la deja.

18. Esta es la cuarta vía que niega la vida santa que ha sido declarada por el Bienaventurado que conoce y ve, Consumado y plenamente iluminado...

19. Estos, Sandaka, son los cuatro caminos que niegan la vida santa, que han sido declarados por el Bienaventurado que conoce y ve, Consumado y plenamente iluminado, en el que un hombre sabio ciertamente no viviría la vida santa, o si la viviera, no alcanzaría el verdadero camino, el Dhamma que es sano.

20. —Es maravilloso, Maestro Ānanda, es maravilloso, cómo han sido declarados los cuatro caminos que niegan la vida santa por el Bienaventurado que conoce y ve, Consumado y plenamente iluminado...

Pero, Maestro Ānanda, ¿cuáles son esos cuatro tipos de vida santa sin consuelo que han sido declarados por el Bienaventurado que conoce y ve, Consumado y plenamente iluminado, en donde un hombre sabio ciertamente no viviría la vida santa, o si la viviera, no alcanzaría el verdadero camino, el Dhamma que es saludable?

21. —Aquí, Sandaka, algún maestro dice ser omnisciente y verlo todo, declarando tener conocimiento y visión completos de la siguiente manera: "Ya sea que esté caminando, o de pie, o durmiendo, o despierto, el conocimiento y la visión están continuamente presentes en mí".[7]

Entonces, entra en una casa vacía, no recibe comida de dádiva, un perro lo muerde, se encuentra con un elefante salvaje, con un caballo salvaje, con un toro salvaje, pregunta el nombre y el clan de una mujer o un hombre, pregunta el nombre de una villa o un pueblo, y el camino para ir allí.

Y cuando se le pregunta: ¿cómo es esto?, responde: —Tuve que entrar en una casa vacía, por eso entré en ella. No tenía que conseguir comida de dádiva, por eso no conseguí ninguna. Tuve que ser mordido por un perro, por eso me mordieron. Tuve que encontrarme con un elefante salvaje, un caballo salvaje, un toro salvaje, por eso me topé con ellos. Tuve que preguntar el nombre y el clan de una mujer o un hombre, por eso pregunté. Tuve que preguntar el nombre de una villa o un pueblo y el camino para ir allí, por eso pregunté.

22. Sobre esto, un hombre sabio considera lo siguiente: "Este buen maestro dice ser omnisciente y ver todo, tener conocimiento y visión completos...". Cuando se le pregunta: ¿cómo es esto? Él responde: —Tenía que... por eso yo pregunté. Entonces, cuando descubre que esta vida santa no tiene consuelo, se aleja de ella y la deja.

23. Este es el primer tipo de vida santa sin consuelo que ha sido declarado por el Bienaventurado que conoce y ve, consumado y plenamente iluminado, en la que un hombre sabio ciertamente no viviría la vida santa, o, si la viviera, no alcanzaría la vía verdadera, el Dhamma que es saludable.

24. Nuevamente, Sandaka, aquí un maestro es un tradicionalista, uno que considera la tradición oral como verdad; enseña un Dhamma por tradición oral, por leyendas dictadas, por la autoridad de las colecciones. Pero cuando un maestro es un tradicionalista, uno que considera la tradición oral como verdad, parte de ella está bien transmitida y otra mal transmitida,[8] algo de ello es cierto y lo otro no lo es.

25. Acerca de esto, un hombre sabio considera lo siguiente: "Este buen maestro es un tradicionalista... algo de ello es cierto y lo otro no lo es". Entonces, cuando descubre que esta vida santa no tiene consuelo, se aparta de ella y la deja.

26. Este es el segundo tipo de vida santa sin consuelo que ha sido declarado por el Bienaventurado que conoce y ve, Consumado y plenamente iluminado...

27. De nuevo, Sandaka, aquí cierto maestro es un razonador, un indagador. Enseña un Dhamma moldeado exclusivamente por el razonamiento, siguiendo una línea de investigación a medida que se le ocurre. Pero cuando un maestro es un razonador, un investigador, algunas cosas están bien razonadas y otras están mal razonadas, algunas cosas son ciertas y otras no lo son.

28. Sobre esto, un hombre sabio considera lo siguiente: "Este buen maestro es un razonador... algunas cosas son verdaderas y otras no lo son". Entonces, cuando descubre que esta vida santa no tiene consuelo, se aleja de ella y la deja.

29. Este es el tercer tipo de vida santa sin consuelo que ha sido declarado por el Bienaventurado que conoce y ve, Consumado y plenamente iluminado...

30. Nuevamente, Sandaka, aquí cierto maestro es un tonto y está confundido, cuando se le hace tal o cual pregunta, se involucra en el retorcimiento verbal, escurridizo como una anguila, responde: — No digo que sea así. Y no digo que sea como eso. Y no digo que sea diferente. Y no digo que no sea así. Y no digo que no sea diferente.[9]

31. Acerca de esto, un hombre sabio considera lo siguiente: "Este buen maestro es un tonto y está confundido...por lo tanto, se retuerce verbalmente, es escurridizo como anguila...". Entonces, cuando descubre que esta vida santa no tiene consuelo, se aparta de ella y la deja.

32. Este es el cuarto tipo de vida santa sin consuelo que ha sido declarado por el Bienaventurado que conoce y ve, Consumado y plenamente iluminado...

33. Estos, Sandaka, son los cuatro tipos de vida santa sin consuelo que han sido declarados por el Bienaventurado, que sabe y ve, Consumado y plenamente iluminado, en los cuales un hombre sabio ciertamente no viviría la vida santa, o si él la viviera, no alcanzaría el verdadero camino, el Dhamma que es sano.

34. —Es maravilloso, Maestro Ānanda, es maravilloso, cómo los cuatro tipos de vida santa sin consuelo han sido declarados por el Bienaventurado que conoce y ve, Consumado y plenamente Iluminado...

Pero, Maestro Ānanda, ¿qué afirma ese maestro?, ¿qué declara respecto a que, un hombre sabio ciertamente viva la vida santa, y que, mientras viva la misma, alcanzaría el verdadero camino, el Dhamma que es sano?

35-42. —Aquí, Sandaka, un Tathāgata aparece en el mundo, Consumado, plenamente iluminado... (Como en M.51, §§12-19) ... Él purifica su mente de la duda.

43. Habiendo abandonado así estos cinco impedimentos, imperfecciones de la mente que debilitan la sabiduría, muy recluido respecto de los placeres sensoriales, recluido de los estados malsanos, entra y permanece en el primer *jhāna*, acompañado de aplicación inicial (*vitakka*) y aplicación sostenida de la mente (*vicara*), con gozo y placer nacidos de la reclusión.

Un hombre sabio ciertamente viviría la vida santa con un maestro bajo el cual un discípulo alcanzara una distinción tan elevada, y, mientras la vive, alcanzaría el verdadero camino, el Dhamma que es saludable.

44-46. Nuevamente, con el aquietamiento de la aplicación inicial y la aplicación sostenida de la mente, entra y permanece en el segundo *jhāna*... con el desvanecimiento también del gozo... entra y permanece en el tercer *jhāna*... con el abandono del placer y el dolor... entra y permanece en el cuarto *jhāna*. Un hombre sabio ciertamente viviría la vida santa con un maestro bajo el cual un discípulo alcanza una distinción tan elevada...

47. Cuando su mente concentrada es así purificada, brillante, intachable, librada de la imperfección, maleable, manejable, firme y habiendo alcanzado la imperturbabilidad, la dirige hacia el conocimiento del recuerdo de sus vidas pasadas. Él recuerda sus múltiples vidas pasadas, es decir, un nacimiento, dos nacimientos... (Como en M. 51.24) ... así, con sus aspectos y detalles recuerda sus múltiples vidas pasadas.

Un hombre sabio ciertamente viviría la vida santa con un maestro bajo el cual un discípulo alcanza una distinción tan elevada...

48. Cuando su mente concentrada es así purificada, brillante, intachable, libre de imperfección, maleable, manejable, firme y habiendo alcanzado la imperturbabilidad, la dirige al conocimiento del fallecimiento y la reaparición de los seres... (Como en M. 51.25) ... así con el ojo divino, que es purificado y supera al humano, ve a los seres muriendo y reapareciendo, inferiores y superiores, hermosos y feos, afortunados y desafortunados, y entiende cómo los seres renacen de acuerdo con sus acciones.

Un hombre sabio ciertamente viviría la vida santa con un maestro bajo el cual un discípulo logra una distinción tan elevada...

49. Cuando su mente concentrada es así purificada, brillante, inmaculada, librada de la imperfección, maleable, manejable, estable y habiendo alcanzado la imperturbabilidad, la dirige al conocimiento de la destrucción de las corrupciones. Él entiende como en realidad es: "Esto es sufrimiento" ... (Como en M. 51.26) ... Él entiende como en realidad es: "Este es el camino que lleva al cese de las corrupciones".

50. Cuando conoce y ve así, su mente se libera de la corrupción del deseo sensorial, de la corrupción del devenir [o de la existencia], y de la corrupción de la ignorancia. Cuando se libera, viene el conocimiento: "Se ha liberado". Él entiende: "El nacimiento ha sido destruido, se ha vivido la vida santa, se ha hecho lo que se tenía que hacer, y ya no hay más llegar a ningún estado de ser".

Un hombre sabio ciertamente viviría la vida santa con un maestro bajo el cual un discípulo alcanza una distinción tan elevada, y, mientras la vive, alcanzaría el verdadero camino, el Dhamma que es saludable.

51. —Pero, Maestro Ānanda, cuando un bhikkhu es un *arahant* con corrupciones destruidas, que ha vivido la vida santa, ha hecho lo que tenía que hacerse, dejó la carga, alcanzó su propia meta, destruyó los encadenamientos del devenir, y es completamente liberado mediante el conocimiento final, ¿podría acaso disfrutar de los placeres sensoriales?

—Sandaka, cuando un bhikkhu es un *arahant* con corrupciones destruidas... y es completamente liberado a través del conocimiento final, es incapaz de transgredir en los siguientes cinco casos. Un bhikkhu cuyas corrupciones son destruidas es incapaz de privar deliberadamente a un ser vivo de vida; es incapaz de tomar lo que no se da, es decir, de robar; es incapaz de disfrutar de las relaciones sexuales; es incapaz de hablar, a sabiendas, falsedad; es incapaz de disfrutar de [objetos de] placer sensorial al almacenarlos como lo hacía anteriormente en la vida laica.[10] Cuando un bhikkhu es un *arahant* con corrupciones destruidas... es incapaz de transgredir en estos cinco casos.[11]

52. —Pero, Maestro Ānanda, cuando un bhikkhu es un *arahant* con corrupciones destruidas... ¿es su conocimiento y visión de que sus corrupciones han sido destruidas *presente* en forma continua y sin interrupciones, ya sea que esté caminando o de pie, durmiendo o despierto?

—En cuanto a eso, Sandaka, te daré un símil, porque algunos sabios aquí entienden el significado de una declaración por medio de un símil. Supongamos que las manos y los pies de un hombre fueron cortados. Ya sea que esté caminando o de pie, durmiendo o despierto, sus manos y pies están cortados continua e ininterrumpidamente, pero lo sabría solo cuando revise el hecho.

Así también, Sandaka, cuando un bhikkhu es un *arahant* con corrupciones destruidas... su conocimiento y visión sobre la destrucción de sus corrupciones, no está presente de forma continua e ininterrumpida, ya sea que esté caminando o de pie, durmiendo o despierto; más bien, él sabe que "mis corrupciones han sido destruidas" sólo cuando revisa este hecho.[12]

53. —¿Cuántos emancipados (*niyyātāro*)[13] hay en este Dhamma y Disciplina, Maestro Ānanda?

—No solo hay cien, Sandaka, o doscientos, trescientos, cuatrocientos o quinientos, sino muchos más emancipados que eso en este Dhamma y Disciplina.

—¡Es maravilloso! Maestro Ānanda, ¡es maravilloso! No hay elogios del propio Dhamma, ni el denigrar el Dhamma de los demás; existe la enseñanza del Dhamma en su rango completo, y hay tantos emancipados. Pero estos Ājīvakas, los hijos muertos de esas madres se alaban y menosprecian a los demás, y solo reconocen tres emancipadores, a saber, Nanda Vaccha, Kisa Sankicca y Makkhali Gosāla.[14]

54. Entonces el paribbājaka Sandaka se dirigió a su propia asamblea: —Vayan, señores. La vida santa debe ser vivida bajo el recluso Gautama. No es fácil para nosotros ahora renunciar a la ganancia, el honor y el renombre.

Así es como el paribbājaka Sandaka exhortó a su propia asamblea para vivir la vida santa bajo el Bienaventurado.

NOTAS M.76

1. BB: *Tiracchānakathā*. Muchos traductores traducen esta expresión como "charla animal". Sin embargo, *tiracchāna* significa literalmente "ir horizontalmente", y aunque este término se usa como designación para animales, MA explica que en el contexto actual significa hablar de que va "horizontalmente" o "perpendicularmente" al camino que conduce al cielo y la liberación.
2. BB: Las "cuatro maneras que niegan vivir la vida santa" (*abrahmacariyavāsā*, lit., "maneras que no son vivir la vida santa") son enseñanzas que en principio anulan la perspectiva de alcanzar los frutos últimos de la disciplina espiritual. Como mostrará el *sutta*, sus defensores —inconsistentemente con sus propios principios— observaron el celibato y practicaron austeridades. Los "cuatro tipos de santos. La "vida sin consuelo" (*anassāsikāni brahmacariyāni*) no socava los principios de la vida santa, pero no ofrece la perspectiva de alcanzar los frutos supremos de la disciplina espiritual.
3. BB: El siguiente pasaje hace explícitas las premisas materialistas de la noción nihilista ya expuestas en M. 60.7. El *Sāmaññaphala Sutta* atribuye esta visión a Ajita Kesakambalin (DN 2.23 / i.55).
4. NT: El fragmento inicial del párrafo §7 es una de las expresiones que definen el entendimiento incorrecto; la expresión correspondiente de su opuesto puede leerse en el *Mahācattārīsaka Sutta*, M. 117.7.
5. BB: El punto parece ser que incluso si uno no vive la vida santa, en última instancia obtiene las mismas recompensas que quien la vive, como dejará claro el resto del pasaje.
6. BB: En el *Sāmaññaphala Sutta*, la noción que sigue, en cuanto a "el espacio entre los siete cuerpos", se atribuye a Pakudha Kaccāyana (DN 2.26 / i.56). Sin embargo, en ese *sutta*, el siguiente pasaje sobre el elaborado sistema de clasificaciones, hasta "tanto los tontos como los sabios pondrán fin al sufrimiento", está conectado con la noción de la no causalidad y sigue inmediatamente a la afirmación de la doctrina de la no causalidad establecida en este *sutta* en el párrafo §13. Allí toda la noción está asignada a Makkhali Gosāla. Dado que existen conexiones evidentes entre la doctrina de la no causalidad y los elementos del sistema de clasificaciones (por ejemplo, la referencia a las "seis clases"), y dado que se sabe que ambos fueron típicos del movimiento Ājīvaka encabezado por Makkhali Gosāla, parece que la inclusión de este sistema de clasificaciones

aquí bajo la doctrina de los siete cuerpos se produjo por un error de transmisión oral. La versión correcta sería, pues, la conservada por el Dīgha Nikāya. Para el comentario sobre el sistema de clasificación, véase Bodhi, *The Discourse on the Fruits of Recluseship*, pp. 72–77.

7. BB: Ésta es la afirmación hecha por el maestro jainista Nigaṇṭha Nātaputta en M. 14.17, y tanto este último como Pūraṇa Kassapa [la repiten también] en AN 9:38/iv.428–29. El hecho de que [el Nigaṇṭha] haga malos juicios y deba hacer preguntas desmiente su pretensión de omnisciencia.
8. BB: Con BBS y SBJ deberíamos leer *sussutaṁ* y *dussutaṁ*. PTS *sussataṁ* y *dussataṁ* están claramente equivocados.
9. MA: Esta posición se llama "revoloteo de anguila" (*amarāvikkhepa*) porque la doctrina deambula aquí y allá, como una anguila que entra y sale del agua, [es muy resbaladiza] y por lo tanto es imposible agarrarla. En el *Sāmaññaphala Sutta* esta posición se atribuye a Sañjaya Belaṭṭhiputta (DN 2.32/1.58–59). Es muy posible que los "revoloteadores de anguilas" fueran una clase de escépticos radicales que cuestionaron toda la perspectiva del conocimiento más allá de toda duda sobre cuestiones fundamentales.
10. MA: Es incapaz de almacenar provisiones de alimentos y otros bienes placenteros y posteriormente disfrutarlos.
11. BB: En DN 29.26 / iii.133 se mencionan otras cuatro cosas que el *arahant* no puede hacer: no puede tomar un curso de acción incorrecto debido al deseo, el odio, el miedo o la ofuscación.
12. BB: La traducción de este pasaje sigue SBJ y PTS. La versión BBS es más elaborada.
13. BB: *Niyyātāro*: Ñm había traducido esto como "guías", Horner como "grandes líderes". Evidentemente ambos siguieron PED, que considera *niyyātar* como un sustantivo agente relacionado con *niyyāma(ka)*, piloto o timonel. Pero *niyyātar* debe ser un sustantivo agente del verbo *niyyāti*, "salir (hacia la emancipación final)", y así, se ha traducido aquí como "emancipador". Este puede ser el único lugar en los Nikāyas donde aparece esta palabra.
14. BB: Sobre estos tres mentores de los Ājīvakas, ver: M. 36.5 y n.4, M.36. MA explica la frase *puttamatāya puttā*, "hijos muertos de la madre", es decir: Se le ocurrió la idea: "Los Ājīvakas están muertos; su madre tenía hijos muertos".

77. *Mahāsakuludāyi Sutta*
El discurso mayor a Sakuludāyin

1. Esto he escuchado. En una ocasión el Bienaventurado residía en Rājagaha, en el Bosquecillo de Bambúes, en el santuario de las ardillas.

2. Ahora, en esa ocasión, varios ascetas errantes (*paribbājakā*) conocidos se hospedaban en el santuario de los pavos reales, el parque de los mendicantes, es decir, Annabhāra, Varadhara y el paribbājaka Sakuludāyin, así como otros ascetas errantes conocidos.

3. Luego, cuando llegó la mañana, el Bienaventurado se vistió y, tomando su cuenco y túnica exterior, fue a Rājagaha para su ronda de recolección de alimento de ofrendas. Entonces pensó: "Todavía es temprano para deambular por la comida en Rājagaha. Supongamos que vaya a donde se encuentra el paribbājaka Sakuludāyin, en el santuario de los pavos reales, en el parque de los mendicantes".

4. Luego, el Bienaventurado fue al santuario de los pavos reales, en el parque de los mendicantes. Ahora bien, en esa ocasión, el paribbājaka Sakuludāyin estaba sentado con una gran asamblea de mendicantes que estaban haciendo un alboroto, hablando en voz alta y ruidosamente de muchos tipos de charlas sin sentido, como hablar de reyes... (Como en M. 76.4) ... si las cosas son así o no. Entonces el paribbājaka Sakuludāyin vio al Bienaventurado venir a lo lejos. Al verlo, aquietó a su propia asamblea así: —Señores, estén callados; señores, no hagan ruido. Aquí viene el samaṇa Gautama. A este venerable le gusta la tranquilidad y elogia la tranquilidad. Tal vez si encuentra a nuestra asamblea tranquila, pensará en unirse a nosotros. Entonces los mendicantes se quedaron en silencio.

5. El Bienaventurado fue a donde se encontraba el paribbājaka Sakuludāyin, quien le dijo: —¡Venga aquí el Bienaventurado! ¡Bienvenido sea el Bienaventurado! Hace mucho que el Bienaventurado encontró la oportunidad de venir aquí. Que el Bienaventurado tome asiento; este asiento está listo.

El Bienaventurado se sentó en el asiento preparado, y el paribbājaka Sakuludāyin tomó un asiento bajo y se sentó a un lado. Cuando lo hizo, el Bienaventurado le preguntó: —¿Con relación a qué discusión están ahora sentados juntos aquí, Udāyin? ¿Cuál fue la discusión que fue interrumpida?

6. —Venerable señor, dejemos de lado la discusión por la cual estamos ahora sentados aquí. El Bienaventurado bien puede oírlo más tarde. En los últimos días, venerable señor, cuando los *samaṇas* y brahmanes de varias sectas se han estado reuniendo y sentado en la sala de debate, este tema ha surgido: Es una ganancia para la gente de Aṅga y Magadha, es una gran fortuna para la gente de Aṅga y Magadha que estos *samaṇas* y brahmanes, jefes de órdenes, jefes de grupos, maestros de grupos, conocidos y famosos fundadores de sectas considerados por muchos como santos, han venido a pasar las lluvias en Rājagaha. Aquí está Pūraṇa Kassapa, el jefe de una orden, el jefe de un grupo, el maestro de un grupo, el conocido y famoso fundador de una secta considerada por muchos como un santo: ha venido a pasar las lluvias en Rājagaha. También está aquí Makkhali Gosāla... está Ajita Kesakambalin... está Pakudha Kaccāyana... está Sañjaya Belaṭṭhiputta... está Nigaṇṭha Nātaputta, el jefe de una orden, el jefe de un grupo, el maestro de un grupo, el famoso y conocido fundador de una secta considerada por muchos como un santo: él también ha venido a pasar las lluvias en Rājagaha. También está este samaṇa Gautama, el jefe de una orden, el jefe de un grupo, el maestro de un grupo, el conocido y famoso fundador de una secta considerada por muchos como un santo: él también ha venido a pasar las lluvias en Rājagaha.

Ahora bien, entre estos dignos *samaṇas* y brahmanes, jefes de órdenes, ¿quiénes son honrados, respetados, reverenciados y venerados por sus discípulos? ¿Y cómo permanecen leales tras honrar y respetarlos?

Entonces, algunos dijeron lo siguiente: —Este Pūraṇa Kassapa es la cabeza de una orden... considerado por muchos como un santo, pero no es honrado, respetado, reverenciado ni venerado por sus discípulos, y sus discípulos no viven leales a él, ni honrándolo ni respetándolo.

En una ocasión Pūraṇa Kassapa estaba enseñando su Dhamma a una asamblea de varios cientos de seguidores. Entonces cierto discípulo suyo lo interrumpió diciendo así: —Señores, no hagan esta pregunta a Pūraṇa Kassapa. Él no sabe eso. Yo sé eso. Háganme esa pregunta. Responderé eso para ustedes, señores.

Sucedió entonces que Pūraṇa Kassapa no se salió con la suya, aunque agitó los brazos y se lamentó diciendo: —Cállense, señores, no hagan ruido, señores. No te preguntan a ti. Me están preguntando a mí. Les responderé.

De hecho, muchos de sus discípulos lo dejaron después de refutar su doctrina de la siguiente manera: "Tú no entiendes este Dhamma y Disciplina. Yo entiendo este Dhamma y Disciplina. ¿Cómo podrías acaso entender este Dhamma y Disciplina? Tu camino está mal. Mi camino es correcto. Soy consistente. Tú eres inconsistente. Lo que debería haberse dicho primero, lo dijiste al final. Lo que debería haberse dicho al último, lo dijiste primero. Lo que habías pensado con tanto cuidado se ha dado la vuelta al revés. Tu doctrina es refutada. Se demuestra que estás equivocado. ¡Ve y aprende mejor o desenrédate si puedes!"

Por lo tanto, Pūraṇa Kassapa no es honrado, respetado, reverenciado y venerado por sus discípulos, y sus discípulos no viven en dependencia de él ni honrándolo ni respetándolo. De hecho, es despreciado con el desprecio que se le muestra a su Dhamma.

Y algunos dijeron esto: —Este Makkhali Gosāla... este Ajita Kesakambalin... este Pakudha Kaccāyana... este Sañjaya Belaṭṭhiputta... Este Nigaṇṭha Nātaputta es el jefe de una orden... [Pero él] no es honrado, respetado, reverenciado y venerado por sus discípulos, ni sus discípulos viven leales a él, honrándolo y respetándolo. De hecho, es despreciado por el desprecio que se le muestra a su Dhamma.

Y algunos decían esto: —Este samaṇa Gautama es el jefe de una orden, el jefe de un grupo, el maestro de un grupo, el conocido y famoso fundador de una secta considerada por muchos como un santo. Es honrado, respetado, reverenciado y venerado por sus discípulos, y sus discípulos viven leales a él, honrándolo y respetándolo. En una ocasión en que el samaṇa Gautama estaba enseñando su Dhamma a una asamblea de varios cientos de seguidores, un cierto discípulo suyo se aclaró la garganta, carraspeando. Por lo tanto, uno de sus compañeros en la vida santa le empujó con la rodilla [para indicarle]: —Cállese, venerable señor, no haga ruido; el Bienaventurado, el Maestro, nos está enseñando el Dhamma.

Cuando el samaṇa Gautama le está enseñando al Dhamma a una asamblea de varios cientos de seguidores, en esa ocasión no hay sonido de sus discípulos tosiendo o despejando sus gargantas. Porque entonces esa gran asamblea está preparada con la expectación: "Escuchemos el Dhamma que el Bienaventurado está a punto de enseñar".

Es como si un hombre estuviera en una encrucijada presionando [el panal para extraer] la miel pura y un gran grupo de personas estuvieran en expectación, así también, cuando el samaṇa Gautama está enseñando el Dhamma a una asamblea de varios cientos de seguidores, en esa ocasión no hay sonido de sus discípulos tosiendo o limpiando sus gargantas. Porque entonces esa gran asamblea está preparada de manera expectante: "Escuchemos el Dhamma que el Bienaventurado está a punto de enseñar".

E incluso aquellos discípulos suyos que abandonan a sus compañeros en la vida santa y abandonan el entrenamiento para volver a la vida inferior, incluso ellos alaban al Maestro y al Dhamma y al Saṅgha; se culpan a sí mismos en lugar de a los demás, diciendo: "Tuvimos mala suerte, tenemos poco mérito; porque, aunque fuimos a la vida sin hogar en un Dhamma tan bien proclamado, no pudimos vivir la vida santa perfecta y pura por el resto de nuestras vidas". Habiéndose convertido en asistentes del monasterio o seguidores laicos, se comprometen y observan los cinco preceptos.

Por lo tanto, el samaṇa Gautama es honrado, respetado, reverenciado y venerado por sus discípulos, y sus discípulos viven leales a él, honrándolo y respetándolo.

7. —Pero, Udāyin, ¿cuántas cualidades ves en mí por las que mis discípulos me honran, respetan, reverencian y veneran, y viven leales a mí, honrándome y respetándome?

8. —Venerable señor, veo cinco cualidades en el Bienaventurado por las que sus discípulos lo honran, respetan, reverencian y veneran, y viven leales a Él, honrándolo y respetándolo.

¿Cuáles son las cinco? Primero, venerable Señor, el Bienaventurado come poco y elogia comer poco; esto lo veo como la primera cualidad del Bienaventurado por la cual sus discípulos lo honran, respetan, reverencian y veneran, y viven leales a él, honrándolo y respetándolo.

De nuevo, venerable señor, el Bienaventurado se contenta con cualquier tipo de túnica y elogia el contento con cualquier tipo de túnica; esto lo veo como la segunda cualidad del Bienaventurado...

Nuevamente, venerable Señor, el Bienaventurado se contenta con cualquier tipo de comida ofrecida y elogia el contento con cualquier tipo de comida ofrecida; esto lo veo como la tercera cualidad del Bienaventurado...

Nuevamente, venerable Señor, el Bienaventurado se contenta con cualquier tipo de lugar de descanso y elogia el contento con cualquier tipo de lugar de descanso; esto lo veo como la cuarta cualidad del Bienaventurado...

De nuevo, venerable Señor, el Bienaventurado está recluido y alaba la reclusión; esto lo veo como la quinta cualidad del Bienaventurado...

Venerable señor, estas son las cinco cualidades que veo en el Bienaventurado por las cuales sus discípulos lo honran, reverencian y veneran, y viven leales a Él, honrándolo y respetándolo.

9. —Supongamos, Udāyin, que mis discípulos me honran, respetan, reverencian y veneran, y viven leales a mí, honrándome y respetándome, con el siguiente pensamiento: "El samaṇa Gautama

come poco y elogia comer poco". Sin embargo, hay discípulos míos que viven de una taza o media taza de comida, una fruta de bilva o la mitad de la cantidad de comida de una fruta de bilva, mientras que a veces yo como el contenido completo de mi cuenco o incluso más. Por lo tanto, si mis discípulos me honraran... con el siguiente pensamiento: "El recluso Gautama come poco y elogia comer poco", entonces esos discípulos míos que viven de una taza de comida... no deberían honrarme, respetarme, reverenciarme y venerarme por esta cualidad, ni deberían vivir leales a mí, honrándome y respetándome.

Supongamos, Udāyin, que mis discípulos me honraran, respetaran, reverenciaran, veneraran, y vivieran leales a mí, honrándome y respetándome, con el siguiente pensamiento: "El samaṇa Gautama está contento con cualquier tipo de túnica y elogia el contento con cualquier tipo de túnica". Ahora bien, hay discípulos míos que visten túnicas hechas de trapos arrojados a la basura, portadores de túnicas burdas; recogen harapos del suelo de los lugares de cremación, de montones de basura o tiendas, los convierten en túnicas parchadas y las usan. Pero yo a veces uso túnicas dadas por los jefes de familia, túnicas tan finas que el pelo de calabaza es áspero en comparación. Por lo tanto, si mis discípulos me honraran... con el siguiente pensamiento: "El samaṇa Gautama se contenta con cualquier tipo de túnica y elogia el contentamiento con cualquier tipo de túnica", entonces esos discípulos míos que usan trapos de desecho, portadores de túnicas burdas... no deberían honrarme, respetarme, reverenciarme y venerarme por esta cualidad, ni deberían vivir leales a mí, honrándome y respetándome.

Supongamos, Udāyin, que mis discípulos me honraran, respetaran, reverenciaran y veneraran, viviendo leales a mí, honrándome y respetándome con el siguiente pensamiento: "El samaṇa Gautama está contento con cualquier tipo de comida ofrecida y recomienda el contento con cualquier tipo de comida de dádiva". Ahora bien, hay discípulos míos que comen alimento, que van colectando de ofrendas de casa en casa sin evitar una sola, que se deleitan en colectar su comida; cuando se les invita a entrar en las casas no dan su consentimiento, incluso cuando se les invita a sentarse. Pero yo a veces como en comidas por invitación de arroz selecto con muchas salsas y guisados. Por lo tanto, si mis discípulos me honraran... con el siguiente pensamiento: "El samaṇa Gautama está contento con cualquier tipo de comida ofrecida y elogia el contento con cualquier tipo de comida de dádiva", entonces esos discípulos míos que comen comida de dádiva... no deberían honrarme, respetarme, reverenciarme y venerarme por esta cualidad, ni deberían vivir leales a mí, honrándome y respetándome.

Supongamos, Udāyin, que mis discípulos me honraran, respetaran, reverenciaran y veneraran, y me fueran leales, honrándome y respetándome, con el siguiente pensamiento: "El recluso Gautama se contenta con cualquier tipo de lugar de descanso y recomienda el contento con cualquier tipo de lugar de descanso". Ahora bien, hay discípulos míos que son habitantes de raíces de árboles y habitantes al aire libre, que no usan un techo durante ocho meses [del año], mientras que yo a veces vivo en mansiones de dos aguas, recubiertas por dentro y por fuera, protegidas contra el viento, aseguradas con pernos de puerta, con ventanas cerradas. Por lo tanto, si mis discípulos me honraran... con el siguiente pensamiento: "El samaṇa Gautama se contenta con cualquier tipo de lugar de descanso y elogia el contento con cualquier tipo de lugar de descanso", entonces esos discípulos míos que son habitantes de raíces de árboles y habitantes al aire libre no deberían honrarme, respetarme, reverenciarme ni venerarme por esta cualidad, ni tampoco deberían vivir leales a mí, honrándome ni respetándome.

Supongamos, Udāyin, que mis discípulos me honraran, me respetaran, me reverenciaran y me veneraran, y vivieran leales a mí, honrándome y respetándome, con el siguiente pensamiento: "El samaṇa Gautama está recluido y elogia la reclusión". Ahora bien, hay discípulos míos que son habitantes del bosque, habitantes en lugares de descanso remotos, que viven recluidos en junglas remotas y regresan al seno del Saṅgha una vez cada medio mes para la recitación del *Pātimokkha*. Pero yo a veces vivo rodeado de bhikkhus y bhikkhunīs, de hombres y mujeres seguidores laicos, de reyes y ministros de reyes, de otros sectarios y sus discípulos. Por lo tanto, si mis discípulos me honraran... con el siguiente pensamiento: "El samaṇa Gautama está recluido y elogia la reclusión", entonces esos discípulos míos que son habitantes del bosque... no deberían honrarme, respetarme, reverenciarme ni venerarme por esta cualidad, ni deberían vivir leales a mí, honrándome y respetándome.

Por lo tanto, Udāyin, no es debido a estas cinco cualidades que mis discípulos me honran, respetan, reverencian y veneran, y viven leales a mí, honrándome y respetándome.

10. Sin embargo, Udāyin, hay otras cinco cualidades por las que mis discípulos me honran, respetan, reverencian y veneran, y viven leales a mí, honrándome y respetándome. ¿Cuáles son los cinco?

(I. La virtud más elevada)

11. Aquí, Udāyin, mis discípulos me estiman por la virtud más alta diciendo así: —El samaṇa Gautama es virtuoso, posee el agregado supremo de virtud. Esta es la primera cualidad por la cual mis discípulos me honran, respetan, reverencian y veneran, y viven leales a mí, honrándome y respetándome.

(II. Conocimiento y visión)

12. Una vez más, Udāyin, mis discípulos me estiman por mi excelente conocimiento y visión diciendo así: —Cuando el samaṇa Gautama dice: "Yo lo sé", realmente lo sabe; cuando dice: "Yo veo", realmente ve. El samaṇa Gautama enseña el Dhamma a través del conocimiento directo, no lo hace sin conocimiento directo; enseña el Dhamma con una base sólida, no lo hace sin una base sólida; enseña el Dhamma de manera convincente, no lo hace de forma poco convincente. Esta es la segunda cualidad por la cual mis discípulos me honran...

(III. La Sabiduría Superior)

13. Nuevamente, Udāyin, mis discípulos me estiman debido a la sabiduría superior diciendo así: —El samaṇa Gautama es sabio; posee el agregado supremo de sabiduría. Es imposible que no prevea las implicaciones de una afirmación,[1] o que no pueda confutar con razones las doctrinas actuales de los demás.

¿Qué piensas, Udāyin? ¿Intervendrían mis discípulos, sabiendo y viendo así, y me interrumpirían? —No, venerable señor. —No espero instrucción de mis discípulos; invariablemente, son mis discípulos quienes esperan de mí la instrucción. Esta es la tercera cualidad por la cual mis discípulos me honran...

(IV. Las Cuatro Nobles Verdades)

14. Nuevamente, Udāyin, cuando mis discípulos han reconocido el sufrimiento del que son víctimas, y del cual son presa, vienen a mí y me preguntan acerca de la noble verdad del sufrimiento. Al preguntarme, les explico la noble verdad del sufrimiento, y satisfago sus mentes con mi explicación. Me preguntan acerca de la noble verdad del origen del sufrimiento... sobre la noble verdad del cese del sufrimiento... sobre la noble verdad de la vía que conduce al cese del sufrimiento. Cuando me preguntan, les explico la noble verdad del camino que conduce al cese del sufrimiento, y satisfago sus mentes con mi explicación. Esta es la cuarta cualidad por la cual mis discípulos me honran...

(V. El Camino de desarrollar estados sanos)

1. Los cuatro fundamentos de la atención plena

15. Nuevamente, Udāyin, he proclamado a mis discípulos la vía para el desarrollo de los cuatro fundamentos de la atención plena (*satipaṭṭhāna*).[2] Aquí, un bhikkhu contempla el cuerpo como cuerpo, enérgico, plenamente consciente y atento, habiendo abandonado la codicia y el dolor por el mundo. Él permanece contemplando las sensaciones como sensaciones... Él permanece contemplando la mente como mente... Él permanece contemplando los fenómenos experienciales como fenómenos experienciales, enérgico, plenamente consciente y atento, habiendo abandonado la codicia y el dolor por el mundo. Y así muchos discípulos míos viven habiendo alcanzado la consumación y perfección del conocimiento directo.[3]

2. Los cuatro tipos de esfuerzo.

16. Nuevamente, Udāyin, he proclamado a mis discípulos la vía para desarrollar los cuatro tipos de esfuerzo (*cattāro sammappadhāna*). Aquí un bhikkhu despierta el entusiasmo respecto al no surgimiento de los estados mentales malsanos no surgidos, y hace un esfuerzo, despierta energía, ejerce su mente y se esfuerza. Despierta el entusiasmo por el abandono de los estados malsanos surgidos... Despierta el entusiasmo por promover el surgimiento de estados sanos no surgidos... Despierta el entusiasmo respecto a la continuidad, la no desaparición, el fortalecimiento, el aumento y el cumplimiento del desarrollo de estados sanos surgidos, y hace un esfuerzo, despierta energía, ejerce su mente y se esfuerza. Y así muchos discípulos míos viven habiendo alcanzado la consumación y perfección del conocimiento directo.

3. Las cuatro bases para el poder espiritual

17. Y de nuevo, Udāyin, he proclamado a mis discípulos la vía para desarrollar las cuatro bases [o vías] para el poder espiritual (*cattāro iddhipāda*). Aquí un bhikkhu desarrolla la base del poder espiritual que consiste en la concentración debida a la aspiración (*chandasamādhi*) y el esfuerzo con determinación. Desarrolla la base del poder espiritual que consiste en la concentración debido a la energía (*vīriyasamādhi*) y el esfuerzo con determinación. Desarrolla la base del poder espiritual que consiste en la concentración debido a la [pureza de] la mente (*cittasamādhi*) y el esfuerzo con determinación. Desarrolla la base del poder espiritual que consiste en la concentración debido a la investigación (*vimaṃsāsamadhi*) y el esfuerzo con determinación. Y así, muchos discípulos míos viven habiendo alcanzado la consumación y perfección del conocimiento directo.

4. Las cinco facultades espirituales

18. Y de nuevo, Udāyin, he proclamado a mis discípulos el camino para desarrollar las cinco facultades espirituales (*pañcindriya*). Aquí, un bhikkhu desarrolla la facultad de fe (*saddhindriya*), que conduce a la paz, y conduce a la iluminación. Desarrolla la facultad de energía (*vīriyindriya*)... La facultad de atención plena (*satindriya*)... La facultad de concentración (*samādhindriya*)... La facultad de sabiduría (*paññindriya*), que conduce a la paz y lleva a la iluminación. Y así, muchos discípulos míos viven habiendo alcanzado la consumación y perfección del conocimiento directo.

5. Los cinco poderes espirituales

19. De nuevo, Udāyin, he proclamado a mis discípulos la vía para desarrollar los cinco poderes. Aquí un bhikkhu desarrolla el poder de la fe (*saddhābala*), que conduce a la paz, y conduce a la iluminación. Desarrolla el poder de la energía (*vīriyabala*)... el poder de la atención plena (*satibala*)... El poder de la concentración (*samādhibala*)... el poder de la sabiduría (*paññābala*), que conduce a la paz, conduce a la iluminación. Y así, muchos discípulos míos viven habiendo alcanzado la consumación y perfección del conocimiento directo.

6. Los siete factores de la iluminación

20. De nuevo, Udāyin, he proclamado a mis discípulos la vía para desarrollar los siete factores de la iluminación. Aquí, un bhikkhu desarrolla el factor de la iluminación de la atención plena (*satisambojjhaṅga*), que se sustenta en la reclusión, el desapasionamiento y el cese, y da como resultado la renuncia. Desarrolla el factor de la iluminación de la investigación de estados (*dhammavicayasambojjhaṅga*)... el factor de la iluminación de la energía (*vīriyasambojjhaṅga*)... el factor de la iluminación del gozo (*pītisambojjhaṅga*)... el factor de la iluminación de tranquilidad (*passaddhisambojjhaṅga*)... el factor de la iluminación de concentración (*samādhisambojjhaṅga*)... el factor de la iluminación de ecuanimidad (*upekkhāsambojjhaṅga*), que es apoyado por la reclusión, el desapasionamiento y el cese, y resulta en la renuncia. Y así muchos discípulos míos viven habiendo alcanzado la consumación y perfección del conocimiento directo.

7. El Noble Óctuple Sendero

21. Nuevamente, Udāyin, he proclamado a mis discípulos el camino para desarrollar el Noble Óctuple Sendero. Aquí un bhikkhu desarrolla la comprensión correcta, la intención correcta, el lenguaje correcto, la acción correcta, el modo de sustento correcto, el esfuerzo

correcto, la atención plena correcta y la concentración correcta. Y así muchos discípulos míos viven habiendo alcanzado la consumación y perfección del conocimiento directo.

8. Las ocho liberaciones

22. Una vez más, Udāyin, he proclamado a mis discípulos el camino para desarrollar las ocho liberaciones (*vimokkha*).[4] Poseyendo forma material, uno ve formas [mediante *jhāna*]: esta es la primera liberación.

No poseyendo forma internamente, uno ve formas externamente: esta es la segunda liberación.

Uno es resuelto solo en lo hermoso [un *kasiṇa* hermoso o *brahmavihāra*]: esta es la tercera liberación.

Con la completa superación de las percepciones de la forma, con la desaparición de las percepciones del impacto sensorial, con la no atención a las percepciones de diversidad, consciente de que el "espacio es ilimitado", uno entra y permanece en la base del *espacio ilimitado*: esta es la cuarta liberación.

Al superar completamente la base del *espacio ilimitado*, consciente de que la "conciencia es ilimitada", uno entra y permanece en la base de la *conciencia ilimitada*: esta es la quinta liberación.

Al superar completamente la base de la *conciencia ilimitada*, consciente de que "no hay nada", uno entra y permanece en la base de la *nada*: esta es la sexta liberación.

Al superar completamente la base de la *nada*, uno entra y permanece en la base de la *ni percepción ni no-percepción*: esta es la séptima liberación.

Al superar por completo la base de la *ni percepción ni no-percepción*, uno entra y permanece en el *cese de la percepción y la sensación*: esta es la octava liberación.

Y así, muchos discípulos míos viven habiendo alcanzado la consumación y perfección del conocimiento directo.

9. Las ocho bases para la trascendencia

23. De nuevo, Udāyin, he proclamado a mis discípulos la forma de desarrollar las ocho bases para la trascendencia (*abhibhāyatana*).[5]

Percibiendo la forma internamente, uno ve formas externamente, limitadas, atractivas y no atractivas; al trascenderlas, uno percibe así: "Yo sé, yo veo".

Esta es la primera base para la trascendencia.[6]

Percibiendo la forma internamente, uno ve las formas externamente, inmensurables, atractivas y no atractivas; al trascenderlas, uno percibe así: "Yo sé, yo veo".

Esta es la segunda base para la trascendencia.

Sin percibir la forma internamente, uno ve las formas externamente, limitadas, atractivas y no atractivas; al trascenderlas, uno percibe así: "Yo sé, yo veo".

Esta es la tercera base para la trascendencia.[7]

Sin percibir la forma internamente, uno ve formas externamente, inmensurables, atractivas y no atractivas; al trascenderlas, uno percibe así: "Yo sé, yo veo".

Esta es la cuarta base para la trascendencia.

No percibiendo la forma internamente, uno ve formas externamente, azules, de color azul, de apariencia azul, con luminosidad azul.

Al igual que una flor de lino, que es azul, de color azul, azul en apariencia, con luminosidad azul, o como paño de Benarés suavizado en ambos lados, que es azul, de color azul, de apariencia azul, con luminosidad azul; así también, al no percibir la forma internamente, uno ve las formas externamente... con luminosidad azul; al trascenderlas, uno percibe así: "Yo sé, yo veo".

Esta es la quinta base para la trascendencia.

Sin percibir la forma internamente, uno ve formas externas, amarillas, de color amarillo, de apariencia amarilla, con luminosidad amarilla.

Al igual que una flor de Kaṇṇikāra, que es amarilla, de color amarillo, de apariencia amarilla, con luminosidad amarilla, o como paño de Benarés alisado por ambos lados, amarillo, de color amarillo, de apariencia amarilla, con luminosidad amarilla; así también, al no percibir la forma internamente, uno ve las formas externamente... con luminosidad amarilla; al trascenderlas, uno percibe así: "Yo sé, yo veo".

Esta es la sexta base para la trascendencia.

Sin percibir la forma internamente, uno ve formas externas, rojas, de color rojo, de apariencia roja, con luminosidad roja.

Justo como una flor de hibisco, que es roja, de color rojo, de aspecto rojo, con luminosidad roja, o como paño de Benarés alisado por ambos lados, que es rojo, de color rojo, de apariencia roja, con luminosidad roja; así también, al no percibir la forma internamente, uno ve las formas externamente... con luminosidad roja; al trascenderlas, uno percibe así: "Yo sé, yo veo".

Esta es la séptima base para la trascendencia.

Sin percibir la forma internamente, uno ve formas externas, blancas, de color blanco, de apariencia blanca, con luminosidad blanca.

Al igual que la estrella de la mañana, que es blanca, de color blanco, de apariencia blanca, con luminosidad blanca, o simplemente como paño de Benarés suavizado en ambos lados, que es blanco, de color blanco, de apariencia blanca, con luminosidad blanca; así también, al no percibir la forma internamente, uno ve las formas externamente... con luminosidad blanca; al trascenderlas, uno percibe así: "Yo sé, yo veo".

Esta es la octava base de la trascendencia.

Y así muchos discípulos míos viven habiendo alcanzado la consumación y perfección del conocimiento directo.

10. Los diez kasiṇas

24. De nuevo, Udāyin, he proclamado a mis discípulos el camino para desarrollar los diez *kasiṇas*.[8] Uno contempla el *kasiṇa* de la tierra arriba, abajo y en derredor [en todas las direcciones] (*uddhamadho tiriyaṁ*), en forma unificada e inmensurable. Otro contempla el *kasiṇa* del agua... Otro contempla el *kasiṇa* del fuego... Otro contempla el *kasiṇa* del aire... otro contempla el *kasiṇa* azul... otro contempla el *kasiṇa* amarilla... otro contempla el *kasiṇa* roja... otro contempla el *kasiṇa* blanca... otro contempla el *kasiṇa* del espacio... otro contempla el *kasiṇa* de la conciencia arriba, abajo y en derredor, en forma unificada e inmensurable.

Y así, muchos discípulos míos permanecen habiendo alcanzado la perfección y consumación del conocimiento directo.

11. Los cuatro jhānas

25. De nuevo, Udāyin, he proclamado a mis discípulos la forma de desarrollar los cuatro *jhānas*. Aquí, muy aislado de los placeres sensoriales, aislado de los estados malsanos, un bhikkhu entra y permanece en el primer *jhāna*, que va acompañado de aplicación inicial y aplicación sostenida de la mente, con gozo y placer nacidos de la reclusión.[9] Hace que el gozo y el placer nacidos de la reclusión permeen, llenen e invadan el cuerpo, de modo que no haya parte de todo su cuerpo que no esté impregnada de gozo y el placer nacidos de la reclusión.

Así como un asistente de baño o su aprendiz amontona limaduras de jabón en un lavabo de metal y, salpicándolas gradualmente con agua, lo amasa hasta que la humedad satura las limaduras de jabón, las permeen y las impregna por dentro y por fuera, pero la bola [formada de esta manera] en sí no exuda: así también, un bhikkhu hace que el gozo y el placer nacidos de la reclusión empapen, llenen e invadan su cuerpo, de modo que no haya ninguna parte de todo el cuerpo que no esté impregnada de gozo y del placer nacidos de la reclusión.

26. De nuevo, con el aquietamiento de la aplicación inicial y la aplicación sostenida de la mente, un bhikkhu entra y permanece en el segundo *jhāna*, que posee autoconfianza y unificación mental, sin aplicación inicial ni aplicación sostenida de la mente, con gozo y placer nacidos de la concentración. Hace que el gozo y el placer nazcan de la concentración empapando, llenado e impregnado ese cuerpo, de modo que no hay ninguna parte de todo el cuerpo que no esté impregnada de gozo y placer nacidos de la concentración.

Como si hubiera un lago cuyas aguas brotaran desde el fondo y no fluyeran del este, oeste, norte o sur, y no se rellenaran de vez en cuando con chubascos de lluvia, entonces la fresca fuente de agua que brotaría en el lago haría que el agua fresca empapara, llenara e impregnara el lago, de modo que no haya parte de todo el lago que no esté impregnada de agua fresca; así también, un bhikkhu hace que el gozo y el placer nacidos de la concentración empapen, llenen e impregnen su cuerpo, de modo que no haya ninguna parte de todo el cuerpo que no esté impregnada de gozo y placer nacidos de la concentración.

27. De nuevo, con el desvanecimiento también del gozo, un bhikkhu permanece en la ecuanimidad, y plenamente atento y consciente, aun sintiendo placer con el cuerpo, entra y permanece en el tercer *jhāna*, debido a lo cual los nobles anuncian: "Aquel que tiene ecuanimidad y es plenamente atento tiene una morada placentera". Hace que el placer despojado de gozo empape, llene e impregne ese cuerpo, de modo que no hay ninguna parte de todo el cuerpo que no esté impregnada de placer libre de gozo.

Al igual que en un estanque de lotos azules o rojos o blancos, algunos lotos que nacen y crecen en el agua prosperan inmersos en el agua sin salir de él, y el agua fresca empapa, satura, los llena y los impregna hasta sus puntas y sus raíces, de modo que no hay parte de todos esos lotos que no esté impregnada de agua fresca.

Así también, un bhikkhu hace que el placer libre de gozo sature, empape, llene e impregne su cuerpo, de modo que no hay parte de todo el cuerpo que no esté impregnada de placer libre de gozo.

28. De nuevo, con el abandono del placer y el dolor, y con la anterior desaparición de la alegría y el pesar, un bhikkhu entra y permanece en el cuarto *jhāna*, que tiene ni-dolor ni-placer y pureza de atención plena debido a la ecuanimidad. Se sienta impregnando su cuerpo con una mente pura y brillante, de modo que no hay ninguna parte de todo su cuerpo que no esté impregnada de la mente pura y brillante.

Es como si un hombre estuviera sentado cubierto de la cabeza hacia abajo con una tela blanca, de modo que no haya parte de todo su cuerpo que no esté cubierta por la tela blanca.

Así también, un bhikkhu se sienta impregnando su cuerpo con una mente pura y brillante, de modo que no haya ninguna parte de todo el cuerpo que no esté impregnada de la mente pura y brillante.

Y así muchos discípulos míos viven habiendo alcanzado la consumación y perfección del conocimiento directo.

12. Conocimiento introspectivo

29. De nuevo, Udāyin, he proclamado a mis discípulos la siguiente manera de entender lo siguiente:[10] "Este cuerpo mío, hecho de forma material, que consta de los cuatro grandes elementos, procreado por una madre y un padre, y edificado de arroz hervido y papilla, está sujeto a la transitoriedad, a ser desgastado y erosionado, a la disolución y la desintegración, y esta conciencia mía, es sostenida por él y atada a él".

Supongamos que hubiera una hermosa gema de berilo clara como agua cristalina, de ocho facetas, bien cortada, clara y límpida, poseída de todas las buenas cualidades, y a través de ella se ensartaría un hilo azul, amarillo, rojo, blanco o marrón. Entonces, un hombre con buena vista, tomándola en su mano, podría revisarla diciendo así: "Esta es una hermosa gema de berilo clara como agua cristalina, de ocho facetas, bien cortada, clara y límpida, poseída de todas las buenas cualidades, y a través de ella se ensartara un hilo azul, amarillo, rojo, blanco o marrón".

Así también he proclamado a mis discípulos la manera de entender lo siguiente: "Este cuerpo mío... está sujeto a la transitoriedad, a ser desgastado y erosionado, a la disolución y la desintegración y esta conciencia mía es sostenida por él y atada a él".

Por lo tanto, muchos discípulos míos permanecen habiendo alcanzado la consumación y perfección del conocimiento directo.

13. El cuerpo formado por la mente

30. De nuevo, Udāyin, he proclamado a mis discípulos la forma de crear, a partir de este cuerpo, otro cuerpo que tiene forma, confeccionado mentalmente, con todas sus extremidades, sin carecer de alguna facultad.

Tal como si un hombre sacara el contenido de la cáscara de una caña y pensara así: "Este es el contenido, esta es la caña; el contenido es uno, la caña es otra; es de la caña que se ha sacado el contenido"; o como si un hombre sacara una espada de su funda y pensara así: "Esta es la espada, esta es la funda; la espada es una, la funda es otra"; es de la funda que se ha sacado la espada; o como si un hombre fuera a sacar a una serpiente de su madriguera y pensara así: "Esta es la serpiente, esta es la madriguera; la serpiente es una, la madriguera es otra"; es de la madriguera que la serpiente ha sido extraída.

Así también, he proclamado a mis discípulos la forma de crear a partir de este cuerpo otro cuerpo que tiene forma, confeccionado mentalmente, con todas sus extremidades, y facultades.

Y así, muchos discípulos míos permanecen habiendo alcanzado la consumación y perfección del conocimiento directo.

14. Los tipos de poderes supernormales

31. De nuevo, Udāyin, he proclamado a mis discípulos el camino para ejercer los diversos tipos de poderes sobrenaturales: Habiendo sido uno, se convierte en muchos [individuos]; habiendo sido muchos, se convierten en uno; aparecen y desaparecen; pasan sin impedimento a través de muros, a través de recintos, a través de las montañas, como si pasaran meramente a través del espacio; se sumergen dentro y fuera de la tierra como si fuera agua; caminan sobre el agua sin hundirse, como si fuera tierra; sentados con las piernas cruzadas, viajan por el espacio como pájaros; con sus manos tocan y acarician la luna y el sol, tan majestuosos y poderosos; manejan el dominio corporal incluso hasta el mundo de Brahmā.

Así como un habilidoso alfarero o su aprendiz podrían crear y formar de arcilla bien preparada cualquier forma de olla que desearan; o tal como un hábil trabajador de marfil o su aprendiz podría crear y formar a partir de marfil bien preparado cualquier obra de arte de marfil que deseara; o tal como un hábil orfebre o su aprendiz podría crear y formar con oro bien preparado cualquier obra de arte de oro que deseara; así también, he proclamado a mis discípulos la forma de ejercer los diversos tipos de poderes sobrenaturales... ejerciendo dominio corporal incluso hasta el mundo de Brahmā.

Y así muchos discípulos míos permanecen habiendo alcanzado la consumación y perfección del conocimiento directo.

15. El elemento del oído divino

32. De nuevo, Udāyin, he proclamado a mis discípulos el camino mediante el cual, con el elemento del oído divino, que es purificado y supera al humano, oyen ambos tipos de sonidos, los divinos y los humanos, los que están lejos, así como los cercanos.

Así como un vigoroso trompetista podría hacerse oír sin dificultad en los cuatro cuartos [direcciones cardinales]; así también, he proclamado a mis discípulos el camino por el que, con el elemento del oído divino, oyen los sonidos divinos y humanos, los que están lejos, así como los cercanos.

Y así muchos discípulos míos permanecen habiendo alcanzado la consumación y perfección del conocimiento directo.

16. El entendiendo las mentes de los demás

33. De nuevo, Udāyin, he proclamado a mis discípulos el camino para entender las mentes de otros seres, de otras personas, habiéndolas abarcado con sus propias mentes. Entienden una mente afectada por la lujuria,[11] como afectada por la lujuria, y una mente no afectada por la lujuria, como no afectada por la lujuria; entienden una mente afectada por el odio, como afectada por el odio, y una mente no afectada por el odio como no afectada por el odio; entienden una mente afectada por la ofuscación, como afectada por la ofuscación, y una mente no afectada por la ofuscación, como no afectada por la ofuscación; entienden una mente contraída como contraída, y una mente distraída como distraída; entienden una mente exaltada como exaltada [o sublime], y una mente no exaltada como no exaltada; entienden una mente superable como superable, y una mente insuperable como insuperable; entienden una mente concentrada como concentrada, y una mente no concentrada como no concentrada; entienden una mente liberada como liberada, y una mente no liberada como no liberada.

Así como un hombre o una mujer, joven, juvenil y aficionado a los adornos, al ver la imagen de su propia cara en un espejo limpio y brillante o en un recipiente con agua limpia, sabría si hubiera una mancha diciendo: "Hay una mancha", o sabría si no hubiera mancha diciendo: "No hay mancha".

Así también, he proclamado a mis discípulos la forma de entender... una mente no liberada como no liberada.

Y así, muchos discípulos míos permanecen habiendo alcanzado la consumación y perfección del conocimiento directo.

17. El recuerdo de vidas pasadas

34. De nuevo, Udāyin, he proclamado a mis discípulos la forma de recordar sus múltiples vidas pasadas, es decir, un nacimiento, dos nacimientos, tres nacimientos, cuatro nacimientos, cinco nacimientos, diez nacimientos, veinte nacimientos, treinta nacimientos, cuarenta nacimientos, cincuenta nacimientos, cien nacimientos, mil nacimientos, cien mil nacimientos, muchos eones de contracción universal [con sus incontables renacimientos], muchos eones de expansión universal, muchos eones de contracción y expansión mundial, a saber: allí me llamé así, de tal clan, con tal apariencia, tal fue mi nutrición, tal mi experiencia de placer y dolor, tal mi vida; y

al fallecer allí, reaparecí en otro lugar; y allí también me llamé así... y partiendo de allí, reaparecí aquí. Así, con sus aspectos y detalles, recuerdan sus múltiples vidas pasadas.

Así, como un hombre podría ir de su propio pueblo a otro pueblo, y luego regresar a su propio pueblo. Podría pensar así: "Pasé de mi propio pueblo a ese pueblo, y allí me quedé de tal manera, me senté de tal manera, hablé de tal manera, guardé silencio de tal manera; y desde ese pueblo fui a ese otro pueblo y allí me quedé de tal manera... guardé silencio de tal manera; y de ese pueblo volví a mi propio pueblo"; así también, he proclamado a mis discípulos la forma de recordar sus múltiples vidas... así con sus aspectos y detalles recuerdan sus múltiples vidas pasadas.

Y así muchos discípulos míos permanecen habiendo alcanzado la consumación y perfección del conocimiento directo.

18. El ojo divino

35. De nuevo, Udāyin, he proclamado a mis discípulos el camino mediante el cual, con el ojo divino, que es purificado y supera al humano, ven a los seres morir y reaparecer, inferiores y superiores, hermosos y feos, afortunados y desafortunados. Entienden [de la siguiente manera] cómo los seres renacen de acuerdo con sus acciones: "Estos seres dignos, que se condujeron mal en el cuerpo, el habla y la mente, agresores de los nobles, equivocados en sus nociones, haciendo efectivas las nociones erróneas en sus acciones, tras la disolución del cuerpo, después de la muerte, reaparecen en un estado de privación, en un mal destino, en la perdición, incluso en el infierno; pero estos seres dignos, que estaban bien conducidos en cuerpo, habla y mente, no agresores de los nobles, de noción correcta, haciendo efectiva la noción correcta en sus acciones, tras la disolución del cuerpo, después de la muerte, han reaparecido en un buen destino, incluso en el mundo celestial". Así, con el ojo divino, que es purificado y supera al humano, ven a los seres que se van y reaparecen, inferiores y superiores, hermosos y feos, afortunados y desafortunados, y entienden cómo los seres renacen de acuerdo con sus acciones.

Es como si hubiera dos casas con dos puertas y un hombre con buena vista, viera a gente entrando por una puerta y saliendo de la otra.

Así también, he proclamado a mis discípulos el camino por el que, con el ojo divino entienden cómo los seres renacen de acuerdo con sus acciones.

Y así muchos discípulos míos permanecen habiendo alcanzado la consumación y perfección del conocimiento directo.

19. La destrucción de las corrupciones

36. Una vez más, Udāyin, he proclamado a mis discípulos el camino mediante el cual, al darse cuenta por sí mismos con conocimiento directo, ellos entran y aquí y ahora permanecen en la liberación de la mente y la liberación por sabiduría que no tiene manchas debido a la destrucción de las corrupciones (*āsava*).

Es como si hubiera un lago en un receso de montaña, despejado, límpido e intacto, para que un hombre con buena vista en la orilla pudiera ver conchas, grava y guijarros, y también cardúmenes de peces nadando y descansando. Él podría pensar: "Hay en este lago, claro, límpido y sin perturbaciones, conchas, grava y guijarros, y también estos cardúmenes de peces nadando y descansando".

Así también, he proclamado a mis discípulos el camino mediante el que, al darse cuenta por sí mismos con conocimiento directo, aquí y ahora entran y permanecen en la liberación de la mente y la liberación por sabiduría que no tienen manchas debido a la destrucción de las corrupciones.

Y así, muchos discípulos míos permanecen habiendo alcanzado la consumación y perfección del conocimiento directo.

37. Esta, Udāyin, es la quinta cualidad por la cual mis discípulos me honran, respetan, reverencian y veneran, y viven en dependencia de mí, honrándome y respetándome.

38. Estas, Udāyin, son las cinco cualidades[12] por las que mis discípulos me honran, respetan, reverencian y veneran, y viven en dependencia de mí, honrándome y respetándome.

Eso es lo que dijo el Bienaventurado. El paribbājaka Udāyin quedó satisfecho y deleitado con las palabras del Bienaventurado.

NOTAS M.77

1. BB: *Anāgataṁ vādapathaṁ.* Ñm había traducido: "una consecuencia lógica futura de una afirmación". El significado parece ser que el Buda comprende todas las implicaciones no expresadas de su propia doctrina, así como de las doctrinas de sus oponentes.
2. BB: Explicado en su totalidad en M.10. Los primeros siete grupos de "estados saludables" (§§15-21) constituyen los treinta y siete requisitos de la iluminación (*bodhipakkhiyā dhammā*).
3. *Abhiññāvosānapāramippatta.* MA explica como el logro del estado de *arahant.* Éste puede ser el único sentido que tiene la palabra *pāramī* en los cuatro Nikāyas. En la literatura Theravāda posterior, comenzando quizás con obras como el Buddhavaṁsa, esta palabra pasa a significar las virtudes perfeccionadas que un *bodhisatta* debe cumplir durante muchas vidas para alcanzar la Budeidad. En ese contexto corresponde a la *pāramitā* de la literatura Mahāyāna, aunque las listas numéricas de virtudes se superponen sólo en parte.
4. MA explica aquí que la liberación (*vimokkha*) significa la liberación total (pero temporal) de la mente de los estados opuestos y su liberación total (pero temporal) al deleitarse en el objeto. La primera liberación es el logro de los cuatro *jhānas* usando un *kasiṇa* (ver §24 y n.8) derivado de un objeto coloreado en el propio cuerpo; el segundo es el logro de los *jhānas* utilizando un *kasiṇa* derivado de un objeto externo; el tercero puede entenderse como el logro de los *jhānas* a través de un *kasiṇa* de colores muy puro y hermoso o de los cuatro *brahmavihāras.* Las liberaciones restantes son los logros inmateriales y el logro del *cese de la percepción y la sensación.*
5. MA explica que éstas se llaman bases de trascendencia (*abhibhāyatana*) porque trascienden (*abhibhavati,* superan) los estados y objetos opuestos: los primeros mediante la aplicación del antídoto apropiado, los segundos mediante el surgimiento del conocimiento.
6. MA: El meditador hace el trabajo preliminar sobre una forma interna, por ejemplo, el azul de los ojos para un *kasiṇa* azul, la piel para un *kasiṇa* amarillo, la sangre para un *kasiṇa* rojo, los dientes para un *kasiṇa* blanco, pero el signo de concentración (*nimitta*) surge externamente. La "trascendencia" de las formas es el logro de la absorción junto con el surgimiento del signo. La percepción "Lo sé, veo" es el pensamiento (*ābhoga*) que ocurre

después de emerger del logro —no dentro del logro. La segunda base de trascendencia difiere de la primera sólo por la extensión del signo de dimensiones limitadas a ilimitadas.

7. MA: Las bases tercera y cuarta implican un trabajo preliminar realizado sobre una forma externa y el surgimiento del signo ocurre también externamente. Las bases quinta a octava se diferencian de la tercera y cuarta por la mayor pureza y luminosidad de sus colores.
8. BB: El *kasiṇa* es un objeto de meditación derivado de un dispositivo físico que proporciona un apoyo para adquirir el signo visualizado interiormente. Así, por ejemplo, se puede utilizar un disco hecho de arcilla como objeto preliminar para practicar el *kasiṇa* de la tierra, y un cuenco de agua para practicar el *kasiṇa* del agua. Los *kasiṇas* se explican en detalle en Vsm IV y V. Sin embargo, allí el *kasiṇa* espacial está restringido a un espacio limitado, y el *kasiṇa* de la conciencia es reemplazado por el *kasiṇa* de luz.
9. BB: Los símiles de los *jhānas* también aparecen en M.39, al igual que los símiles de los últimos tres tipos de conocimiento en los párrafos §§34-36.
10. BB: Los párrafos §§29–36 describen ocho variedades de conocimiento superior que, en el *Sāmaññaphala Sutta*, se denominan frutos superiores de la reclusión.
11. NT: Con referencia al uso del término "lujuria", ver: n.25, M.43.
12. NT: Las últimas cinco cualidades (cuyos subtítulos están numerados del 10 al 14) se refieren a las siguientes categorías: Las diez kasiṇas, los cuatro jhānas, el conocimiento introspectivo, el cuerpo formado por la mente y los tipos de poderes supernormales.

78. *Samaṇamaṇḍikā Sutta*
El *Paribbājaka* Samaṇamaṇḍikāputta

1. Esto he escuchado. En una ocasión el Bienaventurado residía en Sāvatthī, en el Bosquecillo de Jeta, el parque de Anāthapiṇḍika. Ahora, en esa ocasión, el paribbājaka Uggāhamāna Samaṇamaṇḍikāputta se hospedaba en el parque de Mallikā, la plantación de *Tinduka* con una sala para los debates filosóficos,[1] junto con un gran número de seguidores de mendicantes, con hasta trescientos mendicantes.

2. El carpintero Pañcakanga salió de Sāvatthī al mediodía para ver al Bienaventurado. Entonces pensó: "No es el momento adecuado para ver al Bienaventurado; aún se encuentra en retiro. Y no es el momento adecuado para ver a bhikkhus dignos de estima, ya que aún están en retiro. Supongamos que fuera al parque de Mallikā, a ver al paribbājaka Uggāhamāna Samaṇamaṇḍikāputta". Considerando así fue al parque de Mallikā.

3. Ahora bien, en esa ocasión, el paribbājaka Uggāhamāna estaba sentado con una gran asamblea de mendicantes que estaban haciendo un alboroto, hablando en voz alta y ruidosa de muchos tipos de charlas sin sentido, como hablar de reyes... (Como en M. 76.4) ... si las cosas son así o no así. El paribbājaka Uggāhamāna Samaṇamaṇḍikāputta vio venir al carpintero Pañcakanga a la distancia. Al verlo, calmó su propia asamblea así: —Señores, mantengan silencio señores, no hagan ruido. Aquí viene el carpintero Pañcakanga, un discípulo del recluso Gautama, uno de los discípulos laicos vestidos de blanco del recluso Gautama que se alojan en Sāvatthī. A estos venerables les gusta el silencio; son disciplinados en silencio; elogian el silencio. Tal vez si encuentra a nuestra asamblea tranquila, pensará en unirse a nosotros. Entonces los mendicantes se quedaron en silencio.

4. El carpintero Pañcakanga fue a donde se encontraba el paribbājaka Uggāhamāna e intercambió saludos con él. Cuando terminó esta charla cortés y amable, se sentó a un lado. El paribbājaka Uggāhamāna entonces le dijo:

5. —Carpintero, cuando un hombre posee cuatro cualidades, lo describo como consumado en cuanto a lo sano, perfeccionado en

lo sano, un asceta invencible habiendo alcanzado el logro supremo. ¿Cuáles son los cuatro? Propiamente no hace malas acciones corporales, no pronuncia malas palabras, no tiene malas intenciones, y no se gana la vida mediante modo de vida malsano alguno. Cuando un hombre posee estas cuatro cualidades, lo describo como realizado en lo sano, perfeccionado en lo que es sano, un asceta invencible habiendo alcanzado el logro supremo.

6. Entonces el carpintero Pañcakanga no aprobó ni desaprobó las palabras del paribbājaka Uggāhamāna. Sin hacerlo, se levantó de su asiento y se fue, pensando: "Aprenderé el significado de esta declaración en presencia del Bienaventurado".

7. Luego fue a donde se encontraba el Bienaventurado, y después de rendirle homenaje, se sentó a un lado e informó al Bienaventurado toda su conversación con el paribbājaka Uggāhamāna. Acto seguido el Bienaventurado dijo:

8. —Si eso fuese así, Carpintero, entonces, de acuerdo con la declaración del paribbājaka Uggāhamāna un niño tierno y delicado que yace postrado boca abajo es consumado en lo sano, perfeccionado en lo sano, un asceta invencible habiendo alcanzado al logro supremo. Ya que un bebé tierno y delicado que yace postrado boca abajo, ni siquiera tiene la noción de "cuerpo", entonces, ¿cómo haría una acción corporal malsana más allá del mero retorcerse? Un bebé tierno y delicado que yace postrado boca abajo ni siquiera tiene la noción de "lenguaje", entonces, ¿cómo pronunciaría lenguaje malsano más allá de sus lloriqueos? Un bebé tierno y delicado que yace postrado boca abajo ni siquiera tiene la idea de "intención", entonces, ¿cómo podría tener malas intenciones más allá de un mero enfurruñarse? Un bebé tierno y delicado que yace postrado boca abajo ni siquiera tiene la noción de "modo de subsistencia", entonces, ¿cómo se ganaría la vida malsanamente más allá de ser amamantado en el pecho de su madre? Si eso fuera así, carpintero, entonces un bebé tierno y delicado que yace postrado boca abajo sería consumado en lo sano... según la declaración del paribbājaka Uggāhamāna.

Carpintero, cuando un hombre posee cuatro cualidades, lo describo, no consumado en lo sano, ni perfeccionado en lo sano, ni como un asceta invencible habiendo alcanzado el logro supremo, sino como alguien que se encuentra en la misma categoría que el niño tierno que yace postrado. ¿Cuáles son las cuatro? Aquí no hace malas acciones corporales, no pronuncia malas palabras, no tiene malas intenciones, y no se gana la vida mediante ningún modo de vida malsano. Cuando un hombre posee estas cuatro cualidades, lo describo, no como consumado... sino como alguien que se encuentra en la misma categoría que el bebé tierno y delicado acostado boca abajo.

9. Cuando un hombre posee diez cualidades, Carpintero, lo describo como realizado en lo sano, perfeccionado en lo sano, un asceta invencible habiendo alcanzado el logro supremo. Pero, en primer lugar, digo que debe entenderse así: "Estos son hábitos malsanos", y también digo que: "Los hábitos malsanos se originan de esto", y también:[2] "Los hábitos malsanos cesan sin remanente (*aparisesā nirujjhanti*) aquí"; y adicionalmente digo: "Uno que practica de esta manera practica el camino hacia el cese de hábitos malsanos".

Asimismo, digo que debe entenderse de la siguiente manera: "Estos son hábitos saludables", y también digo: "Los hábitos saludables se originan de esto"; y también: "Los hábitos saludables cesan sin residuo aquí"; y adicionalmente digo: "Uno practicando de esta manera practica el camino hacia el cese de los hábitos saludables".

Por otra parte, digo que debe entenderse así: "Estas son intenciones malsanas"; y también digo: "Las intenciones malsanas se originan de esto"; y también: "Las intenciones malsanas cesan sin residuo aquí"; y adicionalmente digo: "Uno que practica de esta manera está practicando el camino al cese de las intenciones malsanas".

Finalmente, digo que debe entenderse así: "Estas son intenciones sanas"; y también digo: "Las intenciones sanas se originan de esto"; y también: "Las intenciones sanas cesan sin resto aquí"; y finalmente digo: "Uno que practica de esta manera practica el camino hacia el cese de las intenciones sanas".

10. ¿Y cuáles son los hábitos malsanos? Son las acciones corporales malsanas, las acciones verbales malsanas y el modo de vida malsano. Estos se llaman hábitos malsanos.

¿Y de dónde provienen estos hábitos malsanos? Su procedencia se declara de la siguiente manera: se dice que se originan en la mente. ¿Qué mente? Aunque la mente es múltiple, variada y de diferentes aspectos, hay una mente afectada por la avidez, el odio y la ofuscación. Los hábitos malsanos se originan en esa mente.

¿Y dónde cesan estos hábitos malsanos sin remanente? Su cese se declara de la siguiente manera: aquí, un bhikkhu abandona la mala conducta corporal y desarrolla una buena conducta corporal; abandona la mala conducta verbal y desarrolla una buena conducta verbal; abandona la mala conducta mental y desarrolla una buena conducta mental; abandona el sustento incorrecto y se gana la vida con el modo de vida correcto.[3] Es aquí donde los hábitos malsanos cesan sin remanente.

¿Y cómo se practica el camino hacia el cese de hábitos malsanos? Aquí un bhikkhu despierta entusiasmo [genera la aspiración, el esmero] (*chandaṁ janeti*) por el no surgimiento de los estados malsanos no surgidos y hace un esfuerzo, despierta energía, ejerce su mente y se aplica. Despierta entusiasmo por el abandono de los estados malsanos surgidos... Despierta entusiasmo por el surgimiento de estados saludables que aún no han surgido... Despierta entusiasmo por la continuidad, la no desaparición, el fortalecimiento, el aumento y la culminación mediante el desarrollo de estados sanos surgidos, y hace un esfuerzo, despierta energía, ejerce su mente y se aplica. Uno que así practica, practica el camino hacia el cese de los hábitos malsanos.[4]

11. ¿Y cuáles son los hábitos saludables? Son las acciones corporales sanas, las acciones verbales sanas y la pureza del modo de sustento para la vida. Estos se llaman hábitos saludables.

¿Y de dónde se originan estos hábitos saludables? Su origen se declara de la siguiente manera: Se dice que se originan en la mente. ¿Qué mente? Aunque la mente es múltiple, variada y de diferentes aspectos, es una mente que no se ve afectada por la avidez, el odio ni la ofuscación. Los hábitos saludables se originan en esa mente.

¿Y dónde cesan estos hábitos saludables sin remanente? Su cese se declara de la siguiente manera: aquí, un bhikkhu es virtuoso, pero no se identifica con su virtud, y entiende como es en realidad esa liberación de la mente y liberación por la sabiduría en donde estos hábitos saludables cesan sin remanente.[5]

¿Y cómo practica de modo tal que practique el camino hacia el cese de hábitos saludables? Aquí un bhikkhu despierta entusiasmo por el no surgimiento de los estados malsanos no surgidos... por la continuidad, la no desaparición, el fortalecimiento, el aumento y la consumación del desarrollo de estados sanos surgidos, y hace un esfuerzo, despierta energía, ejerce su mente y se aplica. Uno que practica así, practica el camino hacia el cese de los hábitos saludables.[6]

12. ¿Y cuáles son las intenciones malsanas? Son la intención de deseo sensorial, la intención de mala voluntad y la intención de crueldad. Estas se llaman intenciones malsanas.

¿Y de qué se originan estas intenciones malsanas? Su origen se declara de la siguiente manera: se dice que se originan en la percepción. ¿Qué percepción? Aunque la percepción es múltiple, variada y de diferentes aspectos, existe la percepción del deseo sensorial, la percepción de la mala voluntad y la percepción de la crueldad. Las intenciones malsanas se originan en esto.

¿Y dónde cesan estas malas intenciones sin remanente? Su cese se declara de la siguiente manera: aquí, recluido respecto a los placeres sensoriales, recluido de estados malsanos, un bhikkhu entra y permanece en el primer *jhāna*, que está acompañado de aplicación inicial y aplicación sostenida de la mente, con gozo y placer nacidos de la reclusión. Es aquí donde las intenciones malsanas cesan sin remanente.[7]

¿Y cómo se practica el camino hacia el cese de las intenciones malsanas? Aquí un bhikkhu despierta entusiasmo por el no surgimiento de los estados malsanos aún no surgidos... por la continuidad, la no desaparición, el fortalecimiento, el aumento y la consumación mediante el desarrollo de estados sanos surgidos, y hace un esfuerzo, despierta energía, ejerce su mente y se aplica. Uno que practica así, practica el camino hacia el cese de las intenciones malsanas.[8]

13. ¿Y cuáles son las intenciones sanas? Son la intención de renuncia, la intención de *no mala voluntad* (*abyāpāda*), y la intención de *no crueldad* (*avihiṁsā*) Estas se llaman intenciones sanas.

¿Y de qué se originan estas intenciones sanas? Su origen se declara de la siguiente manera: se dice que se originan en la percepción. ¿Qué percepción? Aunque la percepción es múltiple, variada y de diferentes aspectos, existe la percepción de la renuncia, la percepción de la *no mala voluntad* y la percepción de la *no crueldad*. Las intenciones sanas se originan en esto.

¿Y dónde cesan estas intenciones sanas sin remanente? Su cese se declara de la siguiente manera: aquí, con el aquietamiento de la aplicación inicial y aplicación sostenida de la mente, un bhikkhu entra y permanece en el segundo *jhāna* [MA: propio del logro del fruto del estado del *arahant*], que posee confianza en sí mismo y unificación mental, sin aplicación inicial ni aplicación sostenida de la mente, con gozo y placer nacidos de la concentración. Es aquí donde estas intenciones sanas cesan sin remanente.[9]

¿Y cómo se practica el camino hacia el cese de las intenciones sanas? Aquí un bhikkhu despierta entusiasmo por el no surgimiento de estados malsanos no surgidos... Por la continuidad, la no desaparición, el fortalecimiento, el aumento y la consumación mediante el desarrollo de estados sanos surgidos, y hace esfuerzo, despierta energía, ejerce su mente y se aplica. Uno que practica así, practica el camino conducente hacia el cese de las intenciones sanas.[10]

14. Ahora bien, Carpintero, cuando una persona posee diez cualidades la describo como consumada en lo sano, perfeccionado en lo sano, un asceta invencible que ha alcanzado el logro supremo, a saber: aquí un bhikkhu posee la noción correcta de uno que ha ido más allá del entrenamiento,[11] la intención correcta de uno que ha ido más allá del entrenamiento, el lenguaje correcto de uno que ha ido más allá del entrenamiento, la acción correcta de uno que ha ido más allá del entrenamiento, el modo de sustento correcto de uno que ha ido más allá del entrenamiento, el esfuerzo correcto de uno que ha ido más allá del entrenamiento, la atención correcta de uno que

ha ido más allá del entrenamiento, la concentración correcta de uno que ha ido más allá del entrenamiento, el conocimiento correcto de uno que ha ido más allá del entrenamiento, y la liberación correcta de uno que ha ido más allá del entrenamiento. Cuando una persona posee estas diez cualidades, la describo como consumada en lo sano, perfeccionada en lo sano, un asceta invencible habiendo alcanzado el logro supremo.

Eso es lo que dijo el Bienaventurado. El carpintero Pañcakanga quedó satisfecho y deleitado con las palabras del Bienaventurado.

NOTAS M.78

1. MA: El parque fue construido por la reina Mallikā, esposa del rey Pasenadi de Kosala, y embellecido con árboles de flores y frutales. Al principio sólo se construyó una sala, de ahí su nombre, pero luego se construyeron muchas salas. Varias compañías de brahmanes y *samaṇas* se reunían aquí para exponer y discutir sus doctrinas.
2. MA: Primero, el Buda muestra el plano del *arahant*, el que está más allá del entrenamiento (es decir, mencionando las diez cualidades), luego establece un esquema aplicable al *sekha*, el discípulo en entrenamiento superior. La palabra traducida como "hábitos" es *sīla*, que en algunos contextos puede asumir un rango de significado más amplio que el de "virtud".
3. MA explica que esto se refiere al fruto de la entrada a la corriente, porque es en ese punto que se cumple la virtud de la restricción por parte del *Pātimokkha* (y, para un budista laico, la observancia de los cinco preceptos). MA también interpreta los pasajes posteriores haciendo referencia a las otras vías y frutos supramundanos. Aunque el texto del *sutta* no menciona expresamente estos logros, la interpretación comentada parece estar justificada por la expresión "cesan sin resto [o remanente]" (*aparisesā nirujjhanti*), pues sólo con el logro de las respectivas vías y frutos se puede lograr el cese total de una impureza particular. La visión del comentario se ve respaldada aún más por la culminación de todo el discurso en la figura del *arahant*.
4. MA: En cuanto al camino de entrada a la corriente, se dice que se está practicando para su cese; cuando ha obtenido el fruto de la entrada en la corriente, se dice que han cesado.

   NT: La práctica de la vía hacia el cese de los hábitos malsanos es una expresión del esfuerzo correcto, el sexto factor de la vía en el Noble Óctuple Sendero. Cuando se completa la vía de la entrada en la corriente cesan en forma irreversible los tres encadenamientos inferiores y —de acuerdo con los comentarios— las siguientes seis impurezas (*kilesa*): envidia, celos, hipocresía, fraudulencia, denigración y actitud dominadora.
5. BB: Este pasaje muestra al *arahant*, que mantiene una conducta virtuosa pero ya no se identifica con su virtud al concebirla como "yo" y "mío". Dado que sus hábitos virtuosos ya no generan *kamma*, no pueden describirse como "*sanos*" [o "saludables"].

6. MA: En cuanto al camino del *arahant*, se dice que está practicando para el cese de los hábitos saludables; cuando ha obtenido el fruto del *arahant*, se dice que éstos han cesado.
7. MA: Esto se refiere al primer *jhāna* perteneciente al fruto del no retorno. El camino del no retorno erradica el deseo sensorial y la mala voluntad, y así previene cualquier surgimiento futuro de las tres intenciones nocivas: el deseo sensual, la mala voluntad y la crueldad.
8. MA: En cuanto al camino del no retorno, se dice que el *sekha* está practicando para el cese de las intenciones malsanas; cuando ha obtenido el fruto del no retorno, se dice que éstas han cesado.
9. MA: Esto se refiere al segundo *jhāna* perteneciente al fruto del *arahant*.
10. MA: En cuanto a la vía del *arahant*, se dice que está practicando para el cese de las intenciones sanas; cuando ha obtenido el fruto del *arahant*, se dice que éstas han cesado. Las intenciones virtuosas del *arahant* no se describen como "saludables" [o "sanas", son meros actos funcionales, ya que carecen de las correspondientes raíces].
11. Ver: M. 65.34.

79. *Cūḷasakuludāyi Sutta*
El discurso menor a Sakuludāyin

1. Esto he escuchado. En una ocasión el Bienaventurado vivía en Rājagaha, en el bosque de bambúes, en el santuario de las ardillas. Ahora bien, en esa ocasión, el asceta errante (*paribbājaka*) Sakuludāyin se estaba quedando en el santuario de los pavorreales, en el parque de los mendicantes, con una gran asamblea de mendicantes.

2. Entonces, cuando era de mañana, el Bienaventurado se vistió, y tomando su cuenco y su túnica exterior, fue a Rājagaha por la comida de ofrenda. Entonces pensó: "Todavía es demasiado pronto para deambular por comida en Rājagaha. Supongamos que voy a donde se encuentra el paribbājaka Sakuludāyin en el santuario de los pavorreales, en el parque de los mendicantes".

3-4. Luego, el Bienaventurado fue al santuario de los pavorreales, en el parque de los mendicantes. Ahora bien, en esa ocasión, el paribbājaka Sakuludāyin estaba sentado con una gran asamblea de mendicantes que estaban haciendo un alboroto... (Como en M.77, §§4-5) ... —¿A propósito de qué discusión están sentados juntos aquí, Udāyin? ¿Y cuál fue tu discusión que fue interrumpida?

5. —Venerable señor, dejemos de lado la discusión por la cual ahora estamos sentados aquí, el Bienaventurado bien puede oírla más tarde. Venerable señor, cuando yo no vengo a esta asamblea, entonces se sientan hablando de muchas clases de charlas sin sentido. Pero cuando yo vengo a esta asamblea, entonces ellos se sientan ante mí con la expectativa: "Oiremos el Dhamma que el recluso Udāyin nos expondrá". Sin embargo, cuando el Bienaventurado viene, entonces tanto yo como la asamblea nos sentamos ante el Bienaventurado con la expectativa: "Oiremos el Dhamma que el Bienaventurado nos expondrá".

6. —Entonces, Udāyin, sugiere algo de lo que debería hablar.

—Venerable señor, en los últimos días hubo uno que afirma ser omnisciente y verlo todo, teniendo conocimiento y visión completos, a saber: "Ya sea que esté caminando o de pie o durmiendo o despierto, el conocimiento y visión están continuamente presentes en mí". Cuando le hice una pregunta acerca del pasado, se tornó evasivo, dejó la conversación a un lado y mostró ira, odio y amargura. Entonces, el gozo con respecto al Bienaventurado surgió en mí así: "Ah, ciertamente es el Bienaventurado, ciertamente es el Sublime el que es hábil en estas cosas".

—Pero, Udāyin, ¿quién es el que declara ser omnisciente y con visión total... y que, sin embargo, cuando le hiciste una pregunta acerca del pasado, eludió [la respuesta], dejó la conversación a un lado y mostró ira, odio y amargura?

—Fue el Nigaṇṭha Nātaputta, venerable señor.

7. —Udāyin, si alguien recuerda sus múltiples vidas pasadas, es decir, un nacimiento, dos nacimientos... Así, con sus aspectos y detalles, si recordara sus múltiples vidas pasadas, entonces podría hacerme una pregunta sobre el pasado o yo podría hacerle una pregunta acerca del pasado, y podría satisfacer mi mente con su respuesta a mi pregunta o yo podría satisfacer su mente con mi respuesta a su pregunta. Si alguien con el ojo divino, que es purificado y supera al humano, viera morir y reaparecer a los seres, inferiores y superiores, hermosos y feos, afortunados y desdichados... y comprendiera cómo los seres renacen según sus acciones, entonces, o bien podría hacerme una pregunta sobre el futuro o yo podría hacerle una pregunta sobre el futuro, y él podría satisfacer mi mente con su respuesta a mi pregunta o yo podría satisfacer su mente con mi respuesta a su pregunta. Pero deja a un lado el pasado, Udāyin, deja a un lado el futuro.

Te enseñaré el Dhamma: "Cuando esto existe, [entonces] eso llega a ser; con el surgimiento de esto, eso surge. Cuando esto no existe, aquello no llega a ser; con el cese de esto, eso cesa".[1]

8. —Venerable señor, ni siquiera puedo recordar con sus aspectos y particularidades todo lo que he experimentado dentro de esta existencia presente; entonces, ¿cómo podría recordar mis múltiples vidas pasadas, es decir, un nacimiento, dos nacimientos... con sus aspectos y detalles, como lo hace el Bienaventurado? Y ahora ni siquiera puedo ver a un duende del barro; entonces, ¿cómo podría yo, con el ojo divino, que es purificado y supera al humano, ver morir y reaparecer a los seres, inferiores y superiores, hermosos y feos, afortunados y desdichados... y comprender cómo los seres renacen de acuerdo con sus acciones, tal como lo hace el Bienaventurado? Pero, venerable señor, cuando el Bienaventurado me dijo: —"Pero deja a un lado el pasado, Udāyin, deja que sea el futuro. Te enseñaré el Dhamma, a saber: 'Cuando esto existe, eso llega a ser; con el surgimiento de esto, eso surge. Cuando esto no existe, aquello no llega a ser; con el cese de esto, aquello cesa'", eso es aún menos claro

para mí. Tal vez, venerable señor, yo podría satisfacer la mente del Bienaventurado respondiendo una pregunta sobre la doctrina de nuestros propios maestros.

9. —Bueno, Udāyin, ¿qué se enseña en la doctrina de tus propios maestros?

—Venerable señor, se enseña en la doctrina de nuestros propios maestros: ¡*Este es el esplendor perfecto, este es el esplendor perfecto*!

—Pero, Udāyin, dado que se enseña en la doctrina de tus propios maestros: ¡*Este es el esplendor perfecto, este es el esplendor perfecto*! ¿cuál es ese esplendor perfecto?

—Venerable señor, ese esplendor es el esplendor perfecto que no es superado por ningún otro esplendor superior, más alto o sublime.

—Pero, Udāyin, ¿qué es ese esplendor que no es superado por ningún otro esplendor superior, más alto o sublime?

—Venerable señor, ese esplendor es el esplendor perfecto que no es superado por ningún otro esplendor superior, más alto o sublime.

10. —Udāyin, podrías continuar así durante mucho tiempo. Dices: "*Venerable señor, ese esplendor es el esplendor perfecto que no es superado por ningún otro esplendor más alto o sublime*", pero no indicas cuál es ese esplendor.

Supongamos que un hombre dijera: —Estoy enamorado de la chica más hermosa de este país, entonces le preguntarían: —Buen hombre, en cuanto a esa chica más hermosa de este país de la que estás enamorado, ¿sabes si ella es de la clase noble o de la clase brahmán o de la clase de los comerciantes o de la clase de los trabajadores? y ese hombre respondiera: —No. Entonces le preguntarían: —Buen hombre, respecto a esa chica más hermosa de este país de la que estás enamorado, ¿sabes su nombre y clan?... ¿si es alta o baja o de mediana estatura?... ¿si es negra, o morena, o de piel dorada?... ¿en qué pueblo o ciudad vive? Y él respondiera: —No. Y luego le preguntarían: —Buen hombre, ¿entonces amas a una chica que nunca has conocido ni visto? Y él respondiera: —Sí.

¿Qué piensas, Udāyin, que siendo así, las palabras de ese hombre equivaldrían a una tontería?

—Ciertamente, venerable señor, siendo así, la charla de ese hombre equivaldría a una tontería.

—Pero de la misma manera, Udāyin, dices así: —"*Ese esplendor es el esplendor perfecto que no es superado por ningún otro esplendor más alto o sublime*, pero no indicas cuál es ese esplendor".

11. —Venerable señor, así como una hermosa gema de berilo clara como agua cristalina, de ocho facetas, bien cortada, reposando sobre brocado rojo, resplandece, irradia y brilla, de tal esplendor es el yo [sobreviviente] íntegro después de la muerte.[2]

12. —¿Qué piensas, Udāyin? Entre esta hermosa gema de berilo, clara como agua cristalina, de ocho facetas, bien cortada, reposando sobre brocado rojo, que brilla, irradia y resplandece, y una luciérnaga en la espesa oscuridad de la noche, ¿cuál de estas dos emite el esplendor que es más excelente y sublime?

—La luciérnaga en la espesa oscuridad de la noche, venerable señor.

13. —¿Qué piensas, Udāyin? Entre esta luciérnaga en la espesa oscuridad de la noche y una lámpara de aceite en la espesa oscuridad de la noche, ¿cuál emite el esplendor que es más excelente y sublime?

—La lámpara de aceite, venerable señor.

14. —¿Qué piensas, Udāyin? Entre esta lámpara de aceite en la espesa oscuridad de la noche y una gran hoguera en la espesa oscuridad de la noche, ¿cuál de estas dos emite el esplendor que es más excelente y sublime?

—La gran hoguera, venerable señor.

15. —¿Qué piensas, Udāyin? Entre esta gran hoguera en la espesa oscuridad de la noche y la estrella de la mañana, hacia el amanecer, en un cielo claro y sin nubes, ¿cuál de estas dos emite el esplendor que es más excelente y sublime?

—La estrella de la mañana, hacia el amanecer, en un cielo claro y sin nubes, venerable señor.

16. —¿Qué piensas, Udāyin? Entre la estrella de la mañana, hacia el amanecer, en un cielo claro y sin nubes, y la luna llena a medianoche en un cielo claro y sin nubes, en el día de Uposatha del decimoquinto día, ¿cuál de estas dos emite el esplendor que es más excelente y sublime?

—La luna llena a la medianoche, en un cielo claro y sin nubes, en el día de Uposatha del decimoquinto día, venerable señor.

17. —¿Qué piensas, Udāyin? Entre la luna llena a medianoche, en un cielo despejado y sin nubes, en el día de Uposatha del decimoquinto día, o el disco solar lleno al mediodía, en un cielo despejado y sin nubes, en otoño, en el último mes de la estación lluviosa, ¿cuál de estas dos emite el esplendor que es más excelente y sublime?

—El disco lleno del sol al mediodía en un cielo claro y sin nubes en otoño en el último mes de la estación lluviosa, venerable señor.

18. —Más allá de esto, Udāyin, conozco muchos *devas* [cuyo esplendor] no es igualado por el resplandor del sol y la luna, y sin embargo, no digo que no haya otro esplendor más alto o sublime que ese esplendor. Pero tú, Udāyin, dices de ese esplendor que es más bajo e insignificante que el de una luciérnaga:

—Este es el esplendor perfecto, pero no indicas qué es ese esplendor.

19. Entonces, Udāyin dijo: —El Bienaventurado ha terminado la discusión; el Sublime ha terminado la discusión.

—Pero, Udāyin, ¿por qué dices eso?

—Venerable señor, se enseña en la doctrina de nuestros propios maestros: "Este es el esplendor perfecto, este es el esplendor perfecto". Pero al ser presionados, cuestionados, y contrainterrogados sobre la doctrina de nuestros propios maestros por el Bienaventurado, nos encontramos vacíos, huecos y equivocados.

20. —¿Cómo es eso, Udāyin?, ¿Existe un mundo exclusivamente placentero? ¿Existe una forma práctica de realizar un mundo exclusivamente placentero?

—Venerable señor, se enseña en la doctrina de nuestros propios maestros: "Hay un mundo exclusivamente placentero; hay una manera práctica de realizar un mundo exclusivamente placentero".

21. —Pero, Udāyin, ¿cuál es esa forma práctica de realizar un mundo exclusivamente placentero?

—Aquí, venerable señor, abandonando la matanza de seres vivos, alguien se abstiene de matar seres vivos; abandonando el tomar lo que no se le da, se abstiene de tomar lo que no es dado; abandonando la mala conducta en los placeres sensoriales, se abstiene de la mala conducta en los placeres sensoriales; abandonando el lenguaje falso, se abstiene de lenguaje falso; o bien emprende y practica algún tipo de ascetismo. Esta es la forma práctica de realizar un mundo exclusivamente placentero.

22. —¿Qué piensas, Udāyin? En una ocasión en que alguien abandona la matanza de seres vivos y se abstiene de matar seres vivos, ¿siente entonces él mismo sólo placer o tanto placer como dolor?

—Tanto placer como dolor, venerable señor.

—¿Qué piensas, Udāyin? En una ocasión en que deja de tomar lo que no se le da y se abstiene de tomar lo que no es dado... cuando abandona la mala conducta en los placeres sensoriales y se abstiene de la mala conducta en los placeres sensoriales... cuando abandona el hablar falsamente y se abstiene del lenguaje falso, ¿entonces su ser siente solo placer o placer y dolor a la vez?

—Tanto el placer como el dolor, venerable señor.

—¿Qué piensas, Udāyin? En una ocasión en que emprende y practica algún tipo de ascetismo, ¿siente entonces él mismo solo placer o tanto placer como dolor?

—Tanto el placer como el dolor, venerable señor.

—¿Qué piensas, Udāyin? ¿Se produce la realización de un mundo exclusivamente placentero siguiendo un camino de placer y dolor mixtos?

23. —El Bienaventurado ha terminado la discusión; el Sublime ha terminado la discusión.

—Pero, Udāyin, ¿por qué dices eso?

—Venerable señor, se enseña en la doctrina de nuestros propios maestros: "*Hay un mundo exclusivamente placentero; hay una manera práctica de realizar un mundo exclusivamente placentero*". Pero al ser presionados, cuestionados y contrainterrogados por el Bienaventurado acerca de la doctrina de nuestros propios maestros, nos encontramos vacíos, huecos y equivocados. Pero ¿cómo es que, venerable señor, existe un mundo exclusivamente placentero? ¿Existe una forma práctica de realizar un mundo exclusivamente placentero?

24. —Hay un mundo exclusivamente placentero, Udāyin; hay una manera práctica de realizar un mundo exclusivamente placentero.

—Venerable señor, ¿cuál es esa práctica de realizar un mundo exclusivamente placentero?

25. —Aquí, Udāyin, completamente apartado de los placeres sensoriales, apartado de los estados malsanos, un bhikkhu entra y permanece en el primer *jhāna*... Con el aquietamiento de la aplicación inicial y aplicación sostenida de la mente, entra y permanece en el segundo *jhāna*... en el tercer *jhāna*... Esta es la manera práctica de realizar un mundo exclusivamente placentero.

—Venerable señor, esa no es la manera práctica para realizar un mundo exclusivamente placentero; de hecho, en ese punto ya se ha realizado un mundo exclusivamente placentero.

—Udāyin, en ese punto aún no se ha realizado un mundo exclusivamente placentero; esa es solo la manera práctica de realizar un mundo exclusivamente placentero.

26. Cuando se dijo esto, la asamblea del asceta errante Sakuludāyin hizo un alboroto, diciendo muy fuerte y ruidosamente: —¡Estamos perdidos junto con las doctrinas de nuestros propios maestros! ¡Estamos perdidos junto con las doctrinas de nuestros propios maestros! ¡No sabemos nada más alto que eso![3]

Entonces el paribbājjaka Sakuludāyin tranquilizó a esos mendicantes y le preguntó al Bienaventurado:

27. —Venerable señor, ¿en qué momento se realiza un mundo exclusivamente placentero?

—Aquí, Udāyin, ese se realiza con el abandono del placer y el dolor, y con la desaparición previa del gozo y el pesar, un bhikkhu entra y permanece en el cuarto *jhāna*, el cual tiene *ni dolor ni placer* y posee pureza de atención plena debido a la ecuanimidad. Así permanece él con aquellos *devas*, los cuales han surgido en un mundo enteramente placentero, y habla con ellos y entra en conversación con ellos.[4] Es en este punto que se ha realizado un mundo exclusivamente placentero.

28. —Venerable señor, seguramente es por el bien de realizar ese mundo exclusivamente placentero que los bhikkhus llevan la vida santa bajo el Bienaventurado.

—No es con el fin de realizar ese mundo exclusivamente placentero que los bhikkhus se conducen en la vida santa bajo mi dirección. Hay otros estados, Udāyin, más elevados y sublimes [que ese] y es por el bien de realizarlos que los bhikkhus llevan la vida santa bajo mi dirección.

—¿Cuáles son esos estados más elevados y sublimes, venerable señor, en aras de realizarlos que los bhikkhus llevan la vida santa bajo la dirección del Bienaventurado?

29–36. —Aquí, Udāyin, un Tathāgata aparece en el mundo, Consumado, totalmente iluminado... (Como en M. 51, §§12–19) ... él purifica su mente de la duda.

37. Habiendo así abandonado estos cinco impedimentos, las imperfecciones de la mente que debilitan la sabiduría, completamente apartado de los placeres sensoriales, apartado de los estados malsanos, un bhikkhu entra y permanece en el primer *jhāna*... Este, Udāyin, es un estado más elevado y sublime en aras de realizarse para el cual los bhikkhus llevan la vida santa bajo mi dirección.

38–40. Nuevamente, con el aquietamiento de la aplicación inicial y aplicación sostenida de la mente, un bhikkhu entra y permanece en el segundo *jhāna*... el tercer *jhāna*... el cuarto *jhāna*. Esto también, Udāyin, es un estado más elevado y sublime en aras del cual los bhikkhus llevan la vida santa bajo mi dirección.

41. Cuando su mente concentrada está así purificada, brillante, sin mancha, libre de imperfecciones, maleable, manejable, estable y habiendo alcanzado la imperturbabilidad, la dirige al conocimiento del recuerdo de vidas pasadas. Recuerda sus múltiples vidas pasadas, es decir, un nacimiento, dos nacimientos... (Como en M. 51.24) ... Así, con sus aspectos y detalles, recuerda sus múltiples vidas pasadas. Esto también, Udāyin, es un estado superior y más sublime por el bien del cual los bhikkhus llevan la vida santa bajo mi dirección.

42. Cuando su mente concentrada está así purificada, brillante, sin mancha, libre de imperfecciones, maleable, manejable, estable y habiendo alcanzado la imperturbabilidad, la dirige al conocimiento de la muerte y reaparición de los seres... (Como M. 51.25) ... Así, con el ojo divino, que se purifica y supera al humano, ve morir y reaparecer a los seres, inferiores y superiores, hermosos y feos, afortunados y desdichados, y comprende cómo los seres renacen según sus acciones. Esto también, Udāyin, es un estado más elevado y sublime en aras del cual los bhikkhus llevan la vida santa bajo mi dirección.

43. Cuando su mente concentrada está así purificada, brillante, sin mancha, libre de imperfecciones, maleable, manejable, estable y habiendo alcanzado la imperturbabilidad, la dirige al conocimiento de la destrucción de las corrupciones (*āsava*). Entiende cómo es en realidad: "Esto es sufrimiento" ... (Como en M. 51.26) ... Entiende cómo es en realidad: "Este es el camino que conduce al cese de las corrupciones".

44. Cuando él conoce y ve así, su mente se libera de la corrupción del deseo sensorial, de la corrupción del devenir [o existencia] y de la corrupción de la ignorancia. Cuando se libera, llega el conocimiento: "Está liberada". Él comprende: "El nacimiento ha sido destruido, la vida santa se ha vivido, lo que se tenía que hacer se ha hecho, y ya no hay retorno a ningún estado de ser".

Esto también, Udāyin, es un estado más elevado y sublime en aras del cual los bhikkhus llevan la vida santa bajo mi dirección. Éstos, Udāyin, son esos estados más elevados y sublimes en aras de los cuales los bhikkhus llevan la vida santa bajo mi dirección.

45. Cuando esto fue dicho, el paribbājaka Sakuludāyin dijo al Bienaventurado: —¡Magnífico, venerable señor! ¡Magnífico, venerable señor! El Bienaventurado ha aclarado el Dhamma de muchas maneras, como si estuviera poniendo en pie lo que había sido derribado, revelando lo que estaba oculto, mostrando el camino a quien estaba perdido, o levantando una lámpara en la oscuridad para que aquellos con vista pudieran ver formas visibles. Voy al Bienaventurado en busca de refugio y al Dhamma y al Saṅgha de los bhikkhus. Yo recibiría la salida de la vida hogareña a la vida sin hogar bajo el Bienaventurado, venerable señor, recibiría la plena admisión.

46. Cuando esto fue dicho, la asamblea del paribbājaka Sakuludāyin se dirigió a él así: —No lleve la vida santa bajo el samaṇa Gautama, Maestro Udāyin. Habiendo sido maestro, Maestro Udāyin, no viva como un alumno. Para el Maestro Udāyin, hacerlo sería como si una jarra de agua se convirtiera en un cántaro. No lleve la vida santa bajo el samaṇa Gautama, Maestro Udāyin. Habiendo sido maestro, Maestro Udāyin, no viva como un alumno.

Así es como la asamblea del asceta errante Sakuludāyin le impidió llevar una vida santa bajo la dirección del Bienaventurado.[5]

NOTAS M.79

1. BB: Ver: n.7, M.38.
2. BB: *Evaṁvaṇṇo attā hoti arogo param maraṇā.* La palabra *arogo,* que normalmente significa sano, aquí debe entenderse como permanente. MA dice que habla con referencia al renacimiento en el mundo celestial de *gloria refulgente,* la contraparte objetiva del tercer *jhāna,* del cual ha oído hablar sin alcanzarlo realmente. Su punto de vista parecería caer en la clase descrita en M. 102.3.
3. BB: Los traductores anteriores parecen haberse quedado perplejos ante el verbo *anassāma.* Así, Ñm en Ms traduce la frase: —No renunciamos a las doctrinas de nuestros maestros por este motivo. Y Horner: —Hemos escuchado esto de nuestros propios profesores. Pero *anassāma* es un aoristo [tiempo pretérito que indica una acción puntual] en primera persona del plural de *nassati,* "perecer, perderse". La misma forma ocurre en M. 27.7. MA explica que sabían que en el pasado los meditadores harían el trabajo preparatorio en el *kasiṇa,* alcanzarían el tercer *jhāna* y renacerían en el mundo de la *gloria refulgente.* Pero a medida que pasó el tiempo, el trabajo preparatorio del *kasiṇa* ya no se entendía y los meditadores no podían alcanzar el tercer *jhāna.* Los ascetas errantes sólo aprendieron que existe "un mundo enteramente placentero" y que las cinco cualidades mencionadas en el párrafo §21 eran la "forma práctica" de lograrlo. No conocían ningún mundo enteramente placentero superior al tercer *jhāna,* ni ningún camino práctico superior a las cinco cualidades.
4. MA: Habiendo alcanzado el cuarto *jhāna,* por poder supernormal va al mundo de la *gloria refulgente* y conversa con los *devas* allí.
5. MA explica que, en una vida anterior, como bhikkhu durante la época del Buda Kassapa, Sakuludāyin había persuadido a otro monje a regresar a la vida laica para obtener sus túnicas y su cuenco, y este *kamma* obstructivo le impidió seguir adelante bajo el Buda en esta vida. Pero el Buda le enseñó dos largos *suttas* para proporcionarle una condición para logros futuros. Fue entonces que, durante el reinado del rey Asoka, Sakuludāyin alcanzó el estado de *arahant* como el *Thera* Assagutta, quien se destacó en la práctica de la benevolencia amorosa.

80. *Vekhanassa Sutta*
A Vekhanassa

1. Esto he escuchado. En una ocasión, el Bienaventurado residía en Sāvatthī, en el Bosquecillo de Jeta, el parque de Anāthapiṇḍika.

2. Entonces el asceta errante (*paribbājaka*) Vekhanassa fue hacia donde se encontraba el Bienaventurado e intercambió saludos con él.[1] Cuando terminó esta conversación cortés y amable, se colocó a un lado y en presencia del Bienaventurado pronunció esta exclamación:

—¡Este es el esplendor perfecto, este es el esplendor perfecto!

—Pero, Kaccāna, ¿por qué dices: "Este es el esplendor perfecto, este es el esplendor perfecto"? ¿Qué es ese esplendor perfecto?

—Maestro Gautama, ese esplendor es el esplendor perfecto que no es superado por ningún otro esplendor más alto o sublime.

—Pero, Kaccāna, ¿qué es ese esplendor que no es superado por ningún otro esplendor superior o más sublime?

—Maestro Gautama, ese esplendor es el esplendor perfecto que no es superado por ningún otro esplendor superior o más sublime.

3-11. —Kaccāna, podrías continuar por mucho tiempo de esta manera... (Como en M.79, §§10-18) ... sin embargo, no indicas cuál es ese esplendor.

12. Kaccāna, existen estas cinco ramas de placer sensorial.[2] ¿Cuáles cinco? Formas cognoscibles por los ojos que son anheladas, deseadas, agradables y atractivas, conectadas con el deseo sensorial, y provocadoras de lujuria. Sonidos cognoscibles por el oído... Olores cognoscibles por la nariz... Sabores cognoscibles por la lengua... Objetos tangibles cognoscibles por el cuerpo que son anhelados, deseados, agradables y atractivos, conectados con el deseo sensorial y provocadores de lujuria. Estas son las cinco ramas del placer sensorial.

13. Ahora, Kaccāna, el placer y el gozo que surgen dependiendo de estas cinco ramas de placer sensorial se llaman placer sensorial. Así, el placer sensorial [surge] a través de los placeres sensoriales, pero más allá del placer sensorial hay un placer en la cima de lo sensorial, y se declara que es el más alto entre ellos.[3]

14. Cuando se dijo esto, el paribbājaka Vekhanassa dijo: —Es maravilloso, Maestro Gautama, es maravilloso, cuán bien lo ha expresado el Maestro Gautama: "Así el placer sensorial [surge] a través de los placeres sensoriales, pero más allá del placer sensorial hay un placer en la cima de lo sensorial, y eso se declara ser el más alto entre ellos".

—Kaccāna, para ti que eres de otro punto de vista, que aceptas otra enseñanza, que apruebas otra enseñanza, que buscas un entrenamiento diferente, que sigues a un maestro diferente, es difícil saber qué es la sensualidad, o qué es el placer sensorial, o qué es el placer en la cumbre de lo sensorial. Pero aquellos bhikkhus que son *arahants* con las corrupciones destruidas, que han vivido la vida santa, han hecho lo que tenían que hacer, dejaron la carga, alcanzaron la verdadera meta, destruyeron las ataduras del ser y están completamente liberados mediante el conocimiento final, ellos son los que saben lo que es la sensualidad, lo que es el placer sensorial, o lo que es el placer en la cima de lo sensorial.

15. Cuando se dijo esto, el paribbājaka Vekhanassa se tornó enojado y disgustado, e injurió, menospreció y censuró al Bienaventurado, diciendo: —El samaṇa Gautama será derrotado. Luego le dijo al Bienaventurado: —Entonces, hay algunos *samaṇas* y brahmanes aquí que, sin conocer el pasado y sin ver el futuro, inclusive afirman que: "El nacimiento ha sido destruido, la vida santa ha sido vivida, lo que había que hacerse se ha hecho, ya no se llega a ningún estado de ser". Lo que dicen resulta ser ridículo; resultan ser meras palabras, vacías y huecas.

16. [Entonces, el Bienaventurado le dijo:] —Si algunos *samaṇas* y brahmanes, sin conocer el pasado y sin ver el futuro, sin embargo, afirman: "El nacimiento ha sido destruido, la vida santa ha sido vivida, lo que tenía que ser hecho ha sido hecho, ya no se llega a ningún estado de ser", pueden ser razonablemente refutados.

Más bien, deja que el pasado haya pasado, Kaccāna, y deja que el futuro venga. Que venga una persona sabia, honesta y sincera, una persona de rectitud, y yo le instruyo, le enseño el Dhamma de tal manera que al practicar como se le instruyó, pronto sabrá y verá por sí misma que así, en verdad, llega a haber una liberación correcta respecto a la atadura, es decir, respecto a la atadura de la ignorancia.

Supongamos, Kaccāna, que hubiera un niño pequeño y tierno acostado boca abajo, atado con fuertes ligaduras [en las cuatro extremidades] con la quinta en el cuello; y más adelante, como consecuencia de su crecimiento y de la maduración de sus facultades, esas ataduras se aflojarían, entonces sabría: "Soy libre", y no habría más ataduras. Así también, que venga una persona sabia... "Así, en verdad, se llega a liberar correctamente de la atadura, es decir, de la atadura de la ignorancia".

17. Cuando esto fue dicho, el paribbājaka Vekhanassa dijo al Bienaventurado: —¡Magnífico, Maestro Gautama! ¡Magnífico, Maestro Gautama! El Maestro Gautama ha aclarado el Dhamma... (Como en M. 74.19) ... para aquellos con vista para ver formas visibles. Voy al Maestro Gautama en busca de refugio, y al Dhamma y al Saṅgha de los bhikkhus. A partir de hoy, que el Bienaventurado me considere como un seguidor laico que ha ido a él en busca de refugio de por vida.

NOTAS M.80

1. MA identifica a Vekhanassa como el maestro de Sakuludāyin.
2. MA: Aunque era un asceta errante, estaba muy concentrado en los placeres sensoriales. El Buda emprendió esta enseñanza para hacerle reconocer su gran preocupación por los placeres sensoriales y, por lo tanto, el discurso sería beneficioso para él.
3. BB: En pāli esta frase toma la forma de un acertijo, y la traducción aquí es conjetural. MA explica que el "placer en la cima de lo sensorial" (o "el placer sensorial más elevado", *kāmaggasukhaṁ*), es Nibbāna.

4

La división de los reyes

(*Rājavagga*)

81. *Ghaṭīkāra Sutta*
Ghaṭīkāra, el alfarero

1. Esto he escuchado. En una ocasión, el Bienaventurado se encontraba viajando de manera itinerante en la región de Kosala junto con un gran Saṅgha de bhikkhus.

2. Entonces el Bienaventurado salió del camino principal y, en cierto lugar, sonrió. Al venerable Ānanda se le ocurrió: "¿Cuál es la razón?, ¿cuál es la causa de la sonrisa del Bienaventurado? Los Tathāgatas no sonríen sin razón". Así que se arregló la túnica superior sobre un hombro, y extendiendo las manos en saludo reverencial hacia el Bienaventurado le preguntó: —Venerable señor, ¿cuál es el motivo?, ¿cuál es la causa, de la sonrisa del Bienaventurado? Los Tathāgatas no sonríen sin razón.

3. —En una ocasión, Ānanda, en este lugar había un mercado próspero y concurrido llamado Vebhalinga, con muchos habitantes y lleno de gente. Ahora bien, el Bienaventurado Kassapa, Consumado y plenamente iluminado, vivía cerca de la ciudad comercial de Vebhalinga. Fue aquí, de hecho, donde el Bienaventurado Kassapa, Consumado y plenamente iluminado, tuvo su monasterio; fue aquí, de hecho, donde el Bienaventurado Kassapa, Consumado y totalmente iluminado, se sentó y aconsejó al Saṅgha de los bhikkhus.

4. Entonces el venerable Ānanda dobló su túnica de retazos en cuatro, y extendiéndola, dijo al Bienaventurado: —Entonces, venerable señor, permita que el Bienaventurado se siente. De manera que, este lugar habrá sido utilizado por dos seres Consumados, dos seres plenamente Iluminados.

El Bienaventurado se sentó en el asiento que había sido preparado y se dirigió al venerable Ānanda así:

5. —En una ocasión, Ānanda, en este lugar había un mercado próspero y concurrido llamado Vebhalinga, con muchos habitantes y lleno de gente. Ahora bien, el Bienaventurado Kassapa, Consumado y plenamente iluminado, vivía cerca de la ciudad comercial de Vebhalinga. Fue aquí, de hecho, donde el Bienaventurado Kassapa, Consumado y plenamente iluminado, tuvo su monasterio; fue aquí, de

hecho, donde el Bienaventurado Kassapa, Consumado y plenamente iluminado, se sentó y aconsejó al Saṅgha de bhikkhus.

6. En Vebhalinga, el Bienaventurado Kassapa, Consumado y plenamente iluminado, tenía un seguidor, como seguidor principal, a un alfarero llamado Ghaṭīkāra. Ghaṭīkāra el alfarero tenía como amigo, como su amigo cercano, a un estudiante brahmán llamado Jotipāla.[1]

Un día, el alfarero Ghaṭīkāra se dirigió así al estudiante brahmán Jotipāla: —Mi querido Jotipāla, vayamos a ver al Bienaventurado Kassapa, Consumado y plenamente iluminado. Sostengo que es bueno ver a ese Bienaventurado, Consumado y plenamente iluminado. El estudiante brahmán Jotipāla respondió: —Suficiente, mi querido Ghaṭīkāra, ¿de qué sirve ver a ese *samaṇa* calvo?[2]

Por segunda y tercera vez, el alfarero Ghaṭīkāra dijo: —Mi querido Jotipāla, vayamos y veamos al Bienaventurado Kassapa, Consumado y plenamente iluminado. Sostengo que es bueno ver a ese Bienaventurado, Consumado y plenamente iluminado. Y una segunda y tercera vez el estudiante brahmán Jotipāla respondió: —Suficiente, mi querido Ghaṭīkāra, ¿de qué sirve ver a ese *samaṇa* calvo? —Entonces, mi querido Jotipāla, tomemos una esponja vegetal y polvos de baño, vayamos al río a bañarnos. —Muy bien, respondió Jotipāla.

7. Así que el alfarero Ghaṭīkāra y el estudiante brahmán Jotipāla tomaron una esponja vegetal y polvos de baño y fueron al río a bañarse. Entonces Ghaṭīkāra le dijo a Jotipāla: —Mi querido Jotipāla, allí está muy cerca el monasterio del Bienaventurado Kassapa, Consumado y plenamente iluminado. Vayamos y veamos al Bienaventurado Kassapa, Consumado y plenamente iluminado. Sostengo que es bueno ver a ese Bienaventurado, Consumado y plenamente iluminado. Jotipāla respondió: —Suficiente, mi querido Ghaṭīkāra, ¿de qué sirve ver a ese *samaṇa* calvo?

Una segunda y una tercera vez, Ghaṭīkāra dijo: —Mi querido Jotipāla, allí está el monasterio del Bienaventurado Kassapa... Y una segunda y una tercera vez, el estudiante brahmán Jotipāla respondió: 'Suficiente, mi querido Ghaṭīkāra, ¿de qué sirve de ver a ese recluso, ese *samaṇa* calvo?

8. Entonces el alfarero Ghaṭīkāra agarró al estudiante brahmán Jotipāla por el cinturón y dijo: —Mi querido Jotipāla, allí está el monasterio del Bienaventurado Kassapa, Consumado y plenamente iluminado, muy cerca. Vayamos y veamos al Bienaventurado Kassapa, Consumado y plenamente iluminado. Sostengo que es bueno ver a ese Bienaventurado, Consumado y penamente plenamente. Entonces el estudiante brahmán Jotipāla se desabrochó el cinturón y dijo:

—Suficiente, mi querido Ghaṭīkāra, ¿de qué sirve ver a ese *samaṇa* calvo?

9. Entonces, cuando el estudiante brahmán Jotipāla se hubo lavado la cabeza, el alfarero Ghaṭīkāra lo agarró por el cabello[3] y le dijo: —Mi querido Jotipāla, allí está el monasterio del Bienaventurado Kassapa, Consumado y plenamente iluminado, muy cerca. Vayamos y veamos al Bienaventurado Kassapa, Consumado y plenamente iluminado. Sostengo que es bueno ver a ese Bienaventurado, Consumado y plenamente iluminado.

Entonces el estudiante brahmán Jotipāla pensó: "¡Es maravilloso, es maravilloso que este alfarero Ghaṭīkāra, que es de un nacimiento inferior, se atreva a agarrarme del cabello cuando nos hemos lavado la cabeza! Ciertamente esto no puede ser un asunto simple". Y le dijo al alfarero Ghaṭīkāra: —¿Llegas hasta este extremo, mi querido Ghaṭīkāra? —Hasta este extremo llego, mi querido Jotipāla; ¡por lo tanto sostengo que es bueno ver a ese Bienaventurado, Consumado y plenamente iluminado! —Entonces, mi querido Ghaṭīkāra, suéltame. Visitémoslo.

10. Así que Ghaṭīkāra el alfarero y Jotipāla el estudiante brahmán fueron a donde se encontraba el Bienaventurado Kassapa, Consumado y plenamente iluminado. Ghaṭīkāra, después de rendirle homenaje, se sentó a un lado, mientras Jotipāla intercambió saludos con él, y cuando terminó esta conversación cortés y amable, también se sentó a un lado. Ghaṭīkāra dijo entonces al Bienaventurado Kassapa, Consumado y plenamente iluminado: —Venerable señor, este es el estudiante brahmán Jotipāla, mi amigo, mi amigo cercano. Que el Bienaventurado le enseñe el Dhamma.

Entonces el Bienaventurado Kassapa, Consumado y plenamente iluminado, instruyó, instó, incitó y alegró a Ghaṭīkāra el alfarero y a Jotipāla el brahmán estudiante con una exposición del Dhamma. Al concluir la exposición, habiéndose deleitado y regocijado con las palabras del Bienaventurado Kassapa, se levantaron de sus asientos y después de rendir homenaje al Bienaventurado Kassapa, Consumado y plenamente iluminado, manteniéndolo a su derecha, partieron.

11. Entonces Jotipāla le preguntó a Ghaṭīkāra: —Ahora que has escuchado este Dhamma, mi querido Ghaṭīkāra, ¿por qué no te vas de la vida hogareña a la vida sin hogar?

—Mi querido Jotipāla, ¿no sabes que sostengo a mis padres ciegos y ancianos?

—Entonces, querido Ghaṭīkāra, seré yo quien salga de la vida hogareña hacia la vida sin hogar.

12. Así que Ghaṭīkāra el alfarero y Jotipāla el estudiante brahmán fueron al Bienaventurado Kassapa, Consumado y plenamente

iluminado. Después de rendirle homenaje, se sentaron a un lado, y Ghaṭīkāra el alfarero dijo al Bienaventurado Kassapa, Consumado y plenamente iluminado: —Venerable señor, este es el estudiante brahmán Jotipāla, mi amigo, mi amigo cercano. Que el Bienaventurado le dé la admisión a la orden.

Y el estudiante brahmán Jotipāla recibió la admisión a la orden por parte del Bienaventurado Kassapa, Consumado y plenamente iluminado, y así recibió la admisión completa.[4]

13. Entonces, no mucho después de que Jotipāla, el estudiante brahmán había recibido la admisión completa —medio mes después de haberla recibido—, el Bienaventurado Kassapa, Consumado y plenamente iluminado, habiendo permanecido en Vebhalinga todo el tiempo que quiso, se dispuso a vagar hacia Benarés. Viajando por etapas, finalmente llegó a Benarés, y allí se fue a vivir al parque de los ciervos en Isipatana.

14. Ahora bien, el rey Kikī de Kāsi escuchó: "parece que el Bienaventurado Kassapa, Consumado y plenamente iluminado, ha llegado a Benarés y está viviendo en el parque de los ciervos en Isipatana". Así que hizo preparar varios carruajes del reino y, montando un carruaje real, partió de Benarés con toda la pompa de la realeza para ver al Bienaventurado Kassapa, Consumado y plenamente iluminado.

Fue así hasta donde el camino era transitable para los carruajes y, luego se bajó de su carruaje y avanzó a pie hacia el Bienaventurado Kassapa, Consumado y plenamente iluminado. Después de rendirle homenaje, se sentó a un lado y el Bienaventurado Kassapa, Consumado y plenamente iluminado, instruyó, instó, despertó y alegró al Rey Kikī de Kāsi con una exposición del Dhamma.

15. Al concluir la exposición, el rey Kikī de Kāsi dijo: —Venerable señor, permita que el Bienaventurado junto con el Saṅgha de bhikkhus consientan en aceptar de mí la comida de mañana. Y el Bienaventurado Kassapa, Consumado y plenamente iluminado, aceptó en silencio. Entonces, sabiendo que el Bienaventurado Kassapa, Consumado y plenamente iluminado, había aceptado su invitación, se levantó de su asiento y después de rendirle homenaje, manteniéndolo a su derecha, partió.

16. Luego, cuando terminó la noche, el rey Kikī de Kāsi hizo preparar buena comida de varios tipos —preparada en su propia vivienda— con arroz rojo almacenado en gavillas con los granos oscuros seleccionados, junto con muchas salsas y curries, e hizo anunciar el tiempo al Bienaventurado Kassapa, Consumado y plenamente iluminado, así: —Es el momento, venerable señor, la comida está lista.

17. Entonces, siendo de mañana, el Bienaventurado Kassapa, Consumado y plenamente iluminado, vestido y tomando su cuenco y túnica exterior, fue con el Saṅgha de bhikkhus a la morada del rey Kikī de Kāsi y se sentó en el asiento previamente preparado.

Entonces, con sus propias manos, el rey Kikī de Kāsi sirvió y satisfizo al Saṅgha de bhikkhus encabezada por el Bienaventurado con varios tipos de buena comida. Cuando el Bienaventurado Kassapa, Consumado y plenamente iluminado, hubo comido y dejado su cuenco a un lado, el rey Kikī de Kāsi tomó un asiento bajo, se sentó a un lado y dijo: —Venerable señor, que el Bienaventurado acepte de mí una residencia para el periodo de lluvias en Benarés; habrá tal servicio para el Saṅgha.

—Suficiente, rey, mi residencia para las lluvias ya ha sido provista.

Una segunda y una tercera vez el rey Kikī de Kāsi dijo: —Venerable señor, que el Bienaventurado acepte de mí una residencia para las Lluvias en Benarés; eso será de ayuda para el Saṅgha.

—Suficiente, rey, mi residencia para las Lluvias ya ha sido provista.

El rey pensó: —El Bienaventurado Kassapa, Consumado y plenamente iluminado, no acepta de mí una residencia para el retiro de las lluvias en Benarés, y se sintió muy desilusionado y triste.

18. Entonces dijo: —Venerable señor, ¿tiene usted un mejor partidario que yo?

—Lo tengo, gran rey. Hay una ciudad comercial llamada Vebhalinga donde vive un alfarero llamado Ghaṭīkāra. Es mi partidario, mi principal seguidor.

Ahora tú, gran rey, pensaste: "El Bienaventurado Kassapa, Consumado y plenamente iluminado, no acepta de mí una residencia para las lluvias en Benarés", y estabas muy desilusionado y triste al respecto; pero el alfarero Ghaṭīkāra no es ni será así.

El alfarero Ghaṭīkāra se ha refugiado en el Buda, el Dhamma y el Saṅgha. Se abstiene de matar seres vivientes, de tomar lo que no se le da, de la mala conducta en los placeres sensoriales, de la palabra falsa y del vino, licor y embriagantes, que son la base de la negligencia. Tiene una confianza inquebrantable en el Buda, el Dhamma y el Saṅgha, y posee las virtudes amadas por los nobles. Está libre de dudas sobre el sufrimiento, sobre el origen del sufrimiento, sobre el cese del sufrimiento y sobre el camino que conduce al cese del sufrimiento.

Come una sola comida al día, observa el celibato, es virtuoso, de buen carácter. Ha dejado a un lado las piedras preciosas, la plata y el oro. No cava la tierra en busca de arcilla con un pico o con sus propias manos; lo que se ha desprendido de las orillas de los ríos o lo arrojan las ratas, lo trae a casa en un transportador; cuando ha hecho una olla dice: —Que el que quiera ponga arroz o frijoles o lentejas selectos, y que se lleve lo que quiera.[5] Mantiene a sus padres ciegos y ancianos. Habiendo destruido los cinco encadenamientos inferiores, él es uno que reaparecerá espontáneamente [en las *Moradas Puras*] y allí alcanzará el Nibbāna final sin regresar jamás de ese mundo.

19. En una ocasión, cuando vivía en Vebhalinga, siendo de mañana, me vestí y, tomando mi cuenco y mi túnica exterior, fui a donde residían los padres del alfarero Ghaṭīkāra y les pregunté: —¿Adónde ha ido el alfarero, por favor?

—Venerable señor, su seguidor ha salido; pero tome arroz del caldero y salsa de la cacerola y coma.

Así lo hice, y me fui.

Entonces, el alfarero Ghaṭīkāra fue a donde se encontraban sus padres y preguntó: —¿Quién tomó arroz del caldero y salsa de la cacerola, comió y se fue?

—Querido mío, el Bienaventurado Kassapa, Consumado y plenamente iluminado, fue quien lo hizo.

Entonces, el alfarero Ghaṭīkāra pensó: "¡Es una gran ganancia para mí que el Bienaventurado Kassapa, Consumado y plenamente iluminado, tenga tanta confianza en mí!"

Y el gozo y la felicidad nunca lo abandonaron durante medio mes ni a sus padres durante una semana.

20. En otra ocasión cuando estaba viviendo en Vebhalinga, siendo de mañana, me vestí, y tomando mi cuenco y túnica exterior, fui a donde residían los padres del alfarero Ghaṭīkāra y les pregunté: —¿Adónde ha ido el alfarero, por favor?

—Venerable señor, su seguidor ha salido; pero tome un poco de papilla de la vasija y salsa de la cacerola y coma.

Así lo hice y me fui.

Luego, el alfarero Ghaṭīkāra fue a ver a sus padres y les preguntó: —¿Quién tomó papilla de la vasija y salsa de la cacerola, comió y se fue?

—Mi querido, el Bienaventurado Kassapa, Consumado y plenamente iluminado fue quien lo hizo.

Entonces el alfarero Ghaṭīkāra pensó: "¡Es una ganancia para mí, es una gran ganancia para mí que el Bienaventurado Kassapa, Consumado y plenamente iluminado, tenga tanta confianza en mí!"

Y el éxtasis y la felicidad nunca lo abandonaron durante medio mes ni a sus padres durante una semana.

21. En otra ocasión, cuando vivía en Vebhalinga, mi choza tenía una gotera. Entonces me dirigí a los bhikkhus así: —Vayan, bhikkhus, y averigüen si hay hierba en la casa del alfarero Ghaṭīkāra.

—Venerable señor, no hay hierba en la casa del alfarero Ghaṭīkāra; solo está la paja de hierba sobre el techo de su taller.

—Vayan, bhikkhus, y quiten la paja de hierba del techo del taller del alfarero Ghaṭīkāra.

Así lo hicieron.

Entonces, los padres del alfarero Ghaṭīkāra preguntaron a los bhikkhus: —¿Quién está quitando la hierba del techo del taller?

—Hermana, la choza del Bienaventurado Kassapa, Consumado y plenamente iluminado, está goteando.

—¡Tómenlo entonces, venerables señores, tómenlo, queridos!

Entonces, el alfarero Ghaṭīkāra fue a donde se encontraban sus padres y les preguntó: —¿Quién ha quitado la paja de hierba del techo del taller?

—Los bhikkhus lo hicieron, querido; la choza del Bienaventurado Kassapa, Consumado y plenamente iluminado está goteando.

Entonces, el alfarero Ghaṭīkāra pensó: "¡Es una ganancia para mí, es una gran ganancia para mí que el Bienaventurado Kassapa, Consumado y plenamente iluminado, tenga tanta confianza en mí!"

Y el gozo y la felicidad nunca lo abandonaron durante medio mes ni a sus padres durante una semana.

Luego ese taller permaneció tres meses enteramente "con el cielo por techo", y sin embargo no llovió.

Tal es el alfarero Ghaṭīkāra.

—Es una ganancia para el alfarero Ghaṭīkāra, es una gran ganancia para él que el Bienaventurado Kassapa, Consumado y plenamente iluminado, confíe en él así.

22. Entonces, el rey Kikī de Kāsi envió al alfarero Ghaṭīkāra quinientas carretas de arroz rojo almacenadas en la gavilla, y también materiales para salsa para acompañarlo. Entonces los hombres del rey fueron a donde se encontraba el alfarero Ghaṭīkāra y le dijeron: —Venerable señor, hay quinientas carretas de arroz rojo almacenadas en la gavilla, y también materiales de salsa para acompañarlo, enviados a usted por el rey Kikī de Kāsi; por favor, acéptelos.

—El rey está muy ocupado y tiene mucho que hacer. Tengo suficiente. Que esto sea para el rey mismo.[6]

23. —Ahora, Ānanda, podrías pensar lo siguiente: "Ciertamente, alguien más era el estudiante brahmán Jotipāla en esa ocasión". Pero no debe considerarse así. Yo era el estudiante brahmán Jotipāla en esa ocasión.

Eso es lo que dijo el Bienaventurado. El venerable Ānanda quedó satisfecho y deleitado con las palabras del Bienaventurado.

NOTAS M.81

1. BB: Al final de este sutta, el Buda afirmará que en aquel momento él mismo era Jotipāla. En SN 1:50 / i,35–36 la deidad Ghaṭīkāra visita al Buda Gautama y recuerda su antigua amistad.

   NT: En el tiempo del Buda Kassapa, el brahmán Jotipāla era el *bodhisatta* que, vidas después, se convertiría en el Buda Sakyamuni. El patrón narrativo de este *sutta* es similar al de muchas historias Jātaka y al de historias del origen de los versos del Dhammapada. En estos casos, el Buda hace la conexión entre personajes y eventos del presente con los correspondientes eventos y personajes de alguna de sus vidas pasadas. El objetivo de esto es casi siempre esclarecer causas pasadas en relación con eventos presentes, y así enfatizar las realidades del *kamma* y el renacimiento.
2. BB: Esta parece haber sido una expresión peyorativa común utilizada por los jefes de familia brahmanes con referencia a aquellos que llevaban una vida de renuncia de tiempo completo [es decir, la vida del *samaṇā*], contraria a su propio ideal de mantener el linaje familiar.
3. BB: En Oriente se considera, en circunstancias normales, una grave violación de la etiqueta que una persona de nacimiento inferior toque la cabeza a alguien de nacimiento superior. MA explica que Ghaṭīkāra estaba dispuesto a arriesgarse a esa violación para persuadir a Jotipāla de encontrarse con el Buda.
4. MA afirma que los *bodhisattas* avanzan bajo la dirección de los Budas, purifican su virtud, aprenden las enseñanzas del Buda, practican la vida meditativa y desarrollan la intuición hasta el conocimiento de la conformidad (*anulomañāṇa*). Pero no se esfuerzan por alcanzar las vías y los frutos (lo que pondría fin a su carrera de *bodhisatta*).
5. BB: Su conducta se aproxima lo más posible a la de un *samaṇa*, hasta lo posible para alguien que todavía lleva una vida familiar. MA explica que no comercia con la cerámica que fabrica, sino que simplemente realiza un libre intercambio de servicios con sus vecinos.
6. MA explica que se negó debido a sus pocos deseos (*appicchatā*). Se dio cuenta de que el rey había enviado los alimentos porque había oído el informe del Buda sobre sus propias virtudes, pero pensó: "No necesito esto. Con lo que adquiero a través de mi trabajo puedo mantener a mis padres y hacer ofrendas al Buda".

82. *Raṭṭhapāla Sutta*
Discurso acerca de Raṭṭhapāla

1. Esto he escuchado. En una ocasión, el Bienaventurado estaba viajando de manera itinerante por el país de los Kurus con un gran Saṅgha de bhikkhus, y finalmente llegó a un pueblo de Kuru llamado Thullakoṭṭhita.

2. Los jefes de familia brahmanes de Thullakoṭṭhita escucharon: "El *samaṇa* Gautama, el hijo de los Sakya que salió de un clan Sakya, ha estado deambulando por el país de Kuru con un gran Saṅgha de bhikkhus y ha venido a Thullakoṭṭhita. Ahora bien, se ha difundido un buen informe del Maestro Gautama en este sentido: 'Ese Bienaventurado es Consumado, plenamente iluminado, perfecto en verdadero conocimiento y conducta, sublime, conocedor de los mundos, líder incomparable de personas a ser entrenadas, maestro de *devas* y humanos, iluminado, bendito. Él declara este mundo con sus *devas*, sus Māras y sus Brahmās, esta generación con sus reclusos y brahmanes, sus príncipes y su gente, que él mismo ha comprendido con conocimiento directo. Enseña el Dhamma que es bueno en el inicio, bueno en la parte media y bueno en el final, con el significado y fraseo correctos, y revela una vida santa que es completamente perfecta y pura. Ahora bien, es bueno ver tales *arahants*'".

3. Entonces los jefes de familia brahmanes de Thullakoṭṭhita fueron a donde se encontraba el Bienaventurado. Algunos rindieron homenaje al Bienaventurado y se sentaron a un lado; algunos intercambiaron saludos con él, y cuando terminó esta cortés y amable conversación, se sentaron a un lado; algunos extendieron sus manos en saludo reverencial hacia el Bienaventurado y se sentaron a un lado; algunos pronunciaron su nombre y clan en presencia del Bienaventurado y se sentaron a un lado; y algunos guardaron silencio y se sentaron a un lado. Cuando estuvieron sentados, el Bienaventurado los instruyó, instó, despertó y alegró con una plática sobre el Dhamma.

4. Ahora bien, en ese momento, un miembro del clan llamado Raṭṭhapāla, el hijo del líder del clan en esa misma Thullakoṭṭhita, estaba sentado en la asamblea.[1] Entonces se le ocurrió: "Tal como entiendo el

Dhamma enseñado por el Bienaventurado, no es fácil vivir en un hogar llevando una vida santa, totalmente perfecta y pura como una concha pulida. Supongamos que me afeito el cabello y la barba, me pongo la túnica amarilla y salgo de la vida hogareña a la vida sin hogar".

5. Luego, los brahmanes cabeza de familia de Thullakoṭṭhita, habiendo sido instruidos, instados, despertados y alegrados por el Bienaventurado con plática sobre el Dhamma, se deleitaron y regocijaron con sus palabras. Entonces se levantaron de sus asientos, y después de rendirle homenaje, partieron, manteniéndolo a su derecha mientras se retiraban.[2]

6. Poco después de que se fueran, el miembro del clan Raṭṭhapāla fue a donde se encontraba el Bienaventurado, y después de rendirle homenaje, se sentó a un lado y le dijo: —Venerable señor, según entiendo el Dhamma enseñado por el Bienaventurado, mientras se vive en un hogar no es fácil llevar una vida santa, absolutamente perfecta y pura como una concha pulida. Venerable señor, quiero afeitarme el cabello y la barba, ponerme la túnica amarilla y salir de la vida hogareña hacia la vida sin hogar. Recibiría la salida bajo el Bienaventurado, y, así, recibiría la plena admisión.

—¿Tus padres, Raṭṭhapāla, te han permitido salir de la vida hogareña para vivir sin hogar?

—No, venerable señor, mis padres no me lo han permitido.

—Raṭṭhapāla, los Tathāgatas no dan ordenación a nadie que no tenga el permiso de sus padres.

—Venerable señor, me aseguraré de que mis padres me permitan salir de la vida hogareña y pasar a la vida sin hogar.

7. Entonces el miembro del clan Raṭṭhapāla se levantó de su asiento y, después de rendir homenaje al Bienaventurado, partió, manteniéndolo a su derecha.

Fue a ver a sus padres y les dijo: —Madre y padre, según entiendo el Dhamma enseñado por el Bienaventurado, no es fácil vivir en el hogar una vida santa, absolutamente perfecta y pura como una concha pulida. Deseo afeitarme el cabello y la barba, ponerme la túnica amarilla y salir de la vida hogareña y pasar a la vida sin hogar. Denme permiso para salir de la vida hogareña y pasar a la vida sin hogar.

Cuando hubo dicho esto, sus padres respondieron: —Querido Raṭṭhapāla, eres nuestro único hijo, querido y amado. Has sido criado en comodidad, educado en comodidad; no sabes nada del sufrimiento, querido Raṭṭhapāla.[3] Incluso en el caso de tu muerte, te perderíamos de mala gana, entonces ¿cómo podríamos darte nuestro permiso para salir de la vida hogareña y vivir sin hogar mientras aún vives?

Por segunda vez... Por tercera vez, el miembro del clan Raṭṭhapāla dijo a sus padres: —Madre y padre... denme permiso para salir de la vida hogareña y vivir sin hogar.

Por tercera vez, sus padres respondieron: —Querido Raṭṭhapāla... ¿cómo podríamos darte nuestro permiso para salir de la vida hogareña y vivir sin hogar mientras aún vives?

Entonces, al no recibir el permiso de sus padres para salir, el miembro del clan Raṭṭhapāla se acostó en el suelo desnudo y dijo: —Aquí mismo moriré o recibiré la salida.

8. Entonces, los padres del miembro del clan Raṭṭhapāla le dijeron: —Querido Raṭṭhapāla, tú eres nuestro único hijo, querido y amado. Has sido criado en comodidad, educado en comodidad; no sabes nada del sufrimiento, querido Raṭṭhapāla. Levántate, querido Raṭṭhapāla, come, bebe y diviértete. Mientras comes, bebes y te diviertes, puedes ser feliz disfrutando de los placeres sensoriales y hacer méritos. No te permitimos salir de la vida hogareña y quedarte sin hogar. Incluso en el caso de tu muerte, te perderíamos de mala gana, entonces ¿cómo podríamos darte nuestro permiso para salir de la vida hogareña y vivir sin hogar mientras aún vives?

Cuando se dijo esto, el miembro del clan Raṭṭhapāla guardó silencio.

Por segunda vez...

Por tercera vez, sus padres le dijeron: —Querido Raṭṭhapāla... ¿cómo podríamos darte nuestro permiso para salir de la vida hogareña y vivir sin hogar mientras aún vives?

Por tercera vez, el miembro del clan Raṭṭhapāla guardó silencio.

9. Entonces los padres del miembro del clan Raṭṭhapāla fueron a donde se encontraban sus amigos y les dijeron: —Queridos, el miembro del clan Raṭṭhapāla se ha acostado en el suelo desnudo, habiendo dicho: "Aquí mismo moriré o recibiré la salida".

Vengan, queridos, vayan a donde se encuentra el miembro del clan Raṭṭhapāla y díganle: —Amigo Raṭṭhapāla, eres el único hijo de tus padres... Levántate, amigo Raṭṭhapāla, come, bebe y diviértete... ¿Cómo podrían tus padres darte permiso para salir de la vida hogareña y vivir sin hogar mientras tú sigas viviendo?

10. Entonces los amigos del miembro del clan Raṭṭhapāla fueron hacia él y le dijeron: —Amigo Raṭṭhapāla, tú eres el único hijo de tus padres, querido y amado. Has sido criado en comodidad, educado en comodidad; no sabes nada del sufrimiento, amigo Raṭṭhapāla. Levántate, amigo Raṭṭhapāla, come, bebe y diviértete. Mientras comes, bebes y te diviertes puedes ser feliz disfrutando de los placeres sensoriales y hacer méritos. Tus padres no te permiten salir de la vida hogareña y vivir sin hogar. Incluso en el caso de tu muerte,

te perderían de mala gana, así que, ¿cómo podrían darte su permiso para salir de la vida hogareña y vivir sin hogar mientras aún vives? Cuando se dijo esto, el miembro del clan Raṭṭhapāla guardó silencio.

Por segunda vez...

Por tercera vez, sus amigos le dijeron: —Amigo Raṭṭhapāla... ¿cómo podrían darte permiso para salir de la vida hogareña y vivir sin hogar mientras aún vives?

Por tercera vez, el miembro del clan Raṭṭhapāla guardó silencio.

11. Entonces los amigos del miembro del clan Raṭṭhapāla fueron a sus padres y les dijeron: —Madre y padre, el miembro del clan Raṭṭhapāla está acostado en el suelo desnudo, habiendo dicho: "Aquí mismo moriré o recibiré la salida".

Ahora bien, si ustedes no le dan su permiso para salir de la vida hogareña a la vida sin hogar, morirá allí. Pero si le dan su permiso, lo verán después de que haya sido admitido. Y en caso de que no disfrute de la salida a la vida sin hogar ¿qué otra cosa puede hacer sino volver aquí? Así que denle su permiso para salir de la vida hogareña y vivir sin hogar.

—Entonces, queridos, le daremos permiso al miembro del clan Raṭṭhapāla para salir de la vida hogareña y vivir sin hogar. Pero cuando haya salido, debe visitar a sus padres.

Entonces los amigos del miembro del clan Raṭṭhapāla fueron hacia él y le dijeron: —Levántate, amigo Raṭṭhapāla. Tus padres te permiten pasar de la vida hogareña a la vida sin hogar. Pero cuando hayas sido admitido, debes visitar a tus padres.

12. El miembro del clan Raṭṭhapāla entonces se levantó y, cuando hubo recobrado sus fuerzas, fue a donde se encontraba el Bienaventurado y, después de rendirle homenaje, se sentó a un lado y le dijo: —Venerable señor, tengo de mis padres permiso para salir de la vida hogareña a la vida sin hogar. Que el Bienaventurado me conceda la salida (*pabbajjā*).

Luego, el miembro del clan Raṭṭhapāla recibió la salida bajo el Bienaventurado y, posteriormente, la admisión completa (*upasampadā*).

13. Posteriormente, no mucho después de que el venerable Raṭṭhapāla hubiera recibido la admisión completa, medio mes más tarde, el Bienaventurado, habiendo permanecido en Thullakoṭṭhita todo el tiempo que quiso, partió con destino a Sāvatthī. Viajando de manera itinerante, finalmente llegó a Sāvatthī, y allí residió en el Bosquecillo de Jeta, el parque de Anāthapiṇḍika.

14. En poco tiempo, morando solo, en reclusión, diligente, enérgico y resuelto, el venerable Raṭṭhapāla, al darse cuenta por sí mismo con conocimiento directo, aquí y ahora entró y permaneció en

esa meta suprema de la vida santa por la cual los miembros del clan salen correctamente de la vida hogareña a la vida sin hogar.[4]

Él supo directamente: "El nacimiento ha sido destruido, la vida santa se ha vivido, lo que se tenía que hacer se ha hecho, y ya no hay retorno a ningún estado del ser".

Y el venerable Raṭṭhapāla se convirtió en uno de los *arahants*.

15. Entonces el venerable Raṭṭhapāla fue a donde se encontraba el Bienaventurado, y después de rendirle homenaje, se sentó a un lado y le dijo: —Venerable señor, deseo visitar a mis padres, si tuviera el permiso del Bienaventurado.

Entonces el Bienaventurado penetró mentalmente en los pensamientos en la mente del venerable Raṭṭhapāla. Cuando supo que el miembro del clan Raṭṭhapāla era incapaz de abandonar el entrenamiento y regresar a la vida inferior, le dijo: —Puedes ir, Raṭṭhapāla, cuando te convenga.

16. Entonces el venerable Raṭṭhapāla se levantó de su asiento y, después de rendir homenaje al Bienaventurado, partió, manteniéndolo a su derecha. Luego ordenó su alojamiento y, tomando su cuenco y su túnica exterior, partió hacia Thullakoṭṭhita. Viajando en forma itinerante, finalmente llegó a Thullakoṭṭhita. Allí residió en Thullakoṭṭhita en el jardín Migācīra del rey Koravya.

Entonces, cuando llegó la mañana, se vistió y tomó su cuenco y su túnica exterior, y fue a Thullakoṭṭhita por ofrendas de comida. Mientras caminaba por comida de casa en casa en Thullakoṭṭhita, llegó a la casa de su propio padre.

17. Ahora bien, en esa ocasión el padre del venerable Raṭṭhapāla estaba sentado en el vestíbulo de la puerta central, mientras le arreglaban el cabello.

Cuando vio venir al venerable Raṭṭhapāla a lo lejos, dijo: —A nuestro único hijo, querido y amado, lo hicieron salir del hogar estos *samaṇas* calvos.

Entonces, en la casa de su propio padre, el venerable Raṭṭhapāla no recibió ni comida ni un cortés rechazo; en cambio, recibió solo malos tratos.

18. Justo en ese momento una esclava perteneciente a uno de sus parientes estaba a punto de tirar unas gachas viejas de avena. Al ver esto, el venerable Raṭṭhapāla le dijo: —Hermana, si vas a tirar esa cosa, entonces viértela aquí, en mi cuenco.

Y mientras lo hacía, reconoció los rasgos característicos de sus manos, de sus pies y de su voz. Luego la esclava fue a donde se encontraba la madre de Raṭṭhapāla y le dijo: —Por favor, mi señora, sepa que Raṭṭhapāla, el hijo de mi señor ha llegado.

—¡Válgame! ¡Si lo que dices es verdad, ya no eres una esclava!

Entonces, la madre del venerable Raṭṭhapāla fue a ver a su padre y le dijo: —Por favor, mi jefe de familia sepa que dicen que el miembro del clan Raṭṭhapāla ha llegado.

19. En ese momento, el venerable Raṭṭhapāla estaba comiendo las viejas gachas junto a la pared de cierto refugio. Su padre fue hacia él y le dijo: —Raṭṭhapāla, querido, seguro que hay... ¡y estás comiendo gachas viejas de avena![5] ¿No tienes tu propia casa a la que acudir?

—¿Cómo podríamos tener una casa, jefe de familia, cuando hemos pasado de la vida hogareña a la vida sin hogar? Estamos sin hogar. Fuimos a tu casa, pero allí no recibimos ofrendas de alimento ni una cortés negativa; en cambio, solo recibimos malos tratos.

—Ven, querido Raṭṭhapāla, vayamos a la casa.

—Suficiente, jefe de familia, mi comida de hoy ha terminado.

—Entonces, querido Raṭṭhapāla, consiente en aceptar la comida de mañana.

El venerable Raṭṭhapāla consintió en silencio.

20. Entonces, sabiendo que el venerable Raṭṭhapāla había consentido, su padre regresó a su propia casa donde hizo un gran montón con monedas de oro y lingotes y lo cubrió con esteras.

Luego les dijo a las ex esposas del venerable Raṭṭhapāla:

—Vengan, nueras, adórnense con adornos de la forma en que Raṭṭhapāla las encontraba más queridas y adorables.

21. Cuando hubo terminado la noche, el padre del venerable Raṭṭhapāla hizo preparar buena comida de varias clases en su propia casa, e hizo anunciar la hora al venerable Raṭṭhapāla: —Es hora, querido Raṭṭhapāla, la comida está lista.

22. Entonces, siendo por la mañana, el venerable Raṭṭhapāla se vistió, y tomando su cuenco y túnica exterior, fue a la casa de su propio padre y se sentó en el asiento que había sido preparado. Entonces su padre hizo descubrir la pila de monedas de oro y lingotes y dijo: —Querido Raṭṭhapāla, esta es tu fortuna materna; tu fortuna paterna es otra y tu fortuna ancestral es otra más. Querido Raṭṭhapāla, puedes disfrutar de la riqueza y hacer méritos. Ven pues, querido, abandona el entrenamiento y vuelve a la vida inferior; disfruta de la riqueza y haz méritos.

—Jefe de familia, si sigues mi consejo, haz que este montón de monedas de oro y lingotes se cargue en carros y se lleve para ser arrojado a la mitad del río Ganges. ¿Por qué es eso? Porque, jefe de familia, a causa de esto te sobrevendrán tristeza, lamentación, dolor, pena y desesperanza.

23. Entonces, las ex esposas del venerable Raṭṭhapāla le asieron los pies y le dijeron: —¿Cómo son, mi señor, las ninfas por causa de las cuales lleva la vida santa?

—No llevamos la vida santa en aras de ninfas, hermanas.

—Raṭṭhapāla, el hijo de nuestro señor nos llama "hermanas" —gritaron y allí mismo se desmayaron.

24. Entonces el venerable Raṭṭhapāla le dijo a su padre: —jefe de familia, si hay que dar una comida, entonces dala, pero no nos acoses.

—Come entonces, querido Raṭṭhapāla, la comida está lista.

Luego, con sus propias manos, el padre del venerable Raṭṭhapāla le sirvió y lo satisfizo con las diversas clases de buena comida. Cuando el venerable Raṭṭhapāla hubo comido y dejado su cuenco a un lado, se puso de pie y pronunció estas estrofas:

25. "He aquí un títere, vestido ostentosamente,[6]
un cuerpo hecho de llagas,
enfermo, un objeto de preocupación,
donde no hay estabilidad.

He aquí una figura que han adornado,
con joyas y pendientes también,
un esqueleto envuelto en piel,
hecho atractivo por su ropa.

Sus pies, adornados con tinte de henna,
y polvo untado en su cara:
puede seducir a un tonto, pero no
a un buscador de la otra orilla.

Su cabello está vestido con ocho trenzas
y ungüento untado sobre sus ojos:
puede seducir a un tonto, pero no
a un buscador de la otra orilla.

Un cuerpo sucio, bien adornado
como un tarro de ungüento recién pintado:
puede seducir a un tonto, pero no
a un buscador de la otra orilla.

El cazador de ciervos dispuso la trampa,
pero el ciervo no hizo activar la trampa;
comimos solo del anzuelo y ahora partimos
dejando a los cazadores para que se lamenten".

26. Después de que el venerable Raṭṭhapāla se puso de pie y recitó estas estrofas, fue al jardín Migācīra del rey Koravya y se sentó al pie de un árbol para pasar el día.

27. Entonces el rey Koravya se dirigió así a su guardabosques: —Buen guardabosques, ordena el jardín de Migācīra para que podamos ir al jardín del placer y ver un lugar agradable. —Sí, señor —respondió.

Ahora, mientras limpiaba el jardín de Migācīra, el guardabosque vio al venerable Raṭṭhapāla sentado al pie de un árbol para pasar el día. Cuando lo vio, fue a donde se encontraba el rey Koravya y le dijo: —Señor, el Jardín Migācīra ha sido arreglado. El miembro del clan Raṭṭhapāla está allí, el hijo del líder del clan en este mismo Thullakoṭṭhita, de quien siempre ha hablado muy bien;[7] está sentado a la raíz de un árbol para permanecer durante el día.

—Entonces, buen guardabosques, basta del jardín del placer por hoy. Ahora iremos a presentar nuestros respetos a ese Maestro Raṭṭhapāla.

28. Entonces, diciendo: "Regalen toda la comida que se ha preparado allí", el rey Koravya hizo preparar una serie de carruajes reales, y montando en uno de ellos, acompañado por los otros carruajes, salió de Thullakoṭṭhita con toda la pompa de la realeza para ver al venerable Raṭṭhapāla. Condujo hasta donde el camino era transitable para los carruajes, y luego bajó de su carruaje y avanzó a pie seguido de los funcionarios más eminentes hasta donde estaba el venerable Raṭṭhapāla. Intercambió saludos con el venerable Raṭṭhapāla, y cuando terminó esta conversación cortés y amable, se paró a un lado y dijo: —Aquí hay una alfombra de elefante. Que el Maestro Raṭṭhapāla se siente en ella.

—No hay necesidad, gran rey. Siéntate. Estoy sentado en mi propia estera.

El rey Koravya se sentó en un asiento preparado y dijo:

29. —Maestro Raṭṭhapāla, hay cuatro clases de pérdida. Debido a que han experimentado estos cuatro tipos de pérdida, algunas personas aquí se afeitan el cabello y la barba, se ponen la túnica amarilla y abandonan la vida hogareña para vivir sin hogar. ¿Cuáles son los cuatro? Son pérdida por envejecimiento, pérdida por enfermedad, pérdida de riqueza y pérdida de familiares.

30. ¿Y qué es la pérdida por envejecimiento? Aquí, Maestro Raṭṭhapāla, alguien es viejo, anciano, cargado de años, avanzado en la vida, ha llegado a la última etapa. Y se considera así: soy viejo, envejecido, cargado de años, avanzado en la vida, he llegado a la última etapa. Ya no me es fácil adquirir riquezas no adquiridas previamente o aumentar las ya adquiridas. Supongamos que me afeito el cabello y la barba, me pongo la túnica amarilla y salgo de la vida hogareña a la vida sin hogar.

Entonces, debido a que él ha sufrido esa pérdida a través del envejecimiento, se afeita el cabello y la barba, se pone la túnica amarilla y sale de la vida hogareña hacia la vida sin hogar.

A esto se llama pérdida por envejecimiento.

Pero el Maestro Raṭṭhapāla todavía es joven, un joven de cabello negro dotado con la bendición de la juventud, en la flor de la vida. El Maestro Raṭṭhapāla no ha sufrido ninguna pérdida a causa del envejecimiento. ¿Qué ha sabido, visto u oído de tal manera que ha pasado de la vida hogareña a la vida sin hogar?

31. ¿Y qué es la pérdida por enfermedad? Aquí, Maestro Raṭṭhapāla, alguien está afligido, sufriendo y gravemente enfermo. Esa persona considera así: "estoy afligida, sufriendo y gravemente enferma. Ya no es fácil para mí adquirir riquezas no adquiridas previamente... sale a la vida sin hogar. Debido a que ha sufrido esa pérdida a través de la enfermedad... sale de la vida hogareña a la vida sin hogar".

A esto se le llama pérdida por enfermedad.

Pero el Maestro Raṭṭhapāla ahora está libre de enfermedades y aflicciones; posee una buena digestión que no es ni demasiado fría ni demasiado caliente sino moderada. El Maestro Raṭṭhapāla no ha sufrido ninguna pérdida por enfermedad. ¿Qué ha sabido, visto u oído de tal manera que ha pasado de la vida hogareña a la vida sin hogar?

32. ¿Y qué es la pérdida de riqueza? Aquí, Maestro Raṭṭhapāla, alguien es rico, de gran riqueza, de grandes posesiones. Gradualmente, su riqueza se desvanece. Considera así: "Antes yo era rico, de muchas riquezas, de grandes posesiones. Gradualmente mi riqueza ha disminuido. Ya no es fácil para mí adquirir riqueza no adquirida previamente... sale a la vida sin hogar". Debido a que él ha sufrido esa pérdida de riqueza... sale de la vida hogareña a la vida sin hogar.

A esto se llama pérdida de riqueza.

Pero el Maestro Raṭṭhapāla es el hijo del líder del clan en esta misma Thullakoṭṭhita. El Maestro Raṭṭhapāla no ha sufrido ninguna pérdida de riqueza. ¿Qué ha sabido, visto u oído de tal manera que ha pasado de la vida hogareña a la vida sin hogar?

33. ¿Y qué es la pérdida de familiares? Aquí, Maestro Raṭṭhapāla, alguien tiene muchos amigos y compañeros, parientes y conocidos. Poco a poco esos parientes suyos van desapareciendo. Considera así: "Antes tenía muchos amigos y compañeros, parientes y conocidos. Gradualmente esos parientes míos han disminuido. Ya no es fácil para mí adquirir riquezas no adquiridas previamente... sale a la vida sin hogar". Debido a que él ha sufrido esa pérdida de parientes... sale de la vida hogareña a la vida sin hogar. Esto se llama pérdida de familiares.

Pero el Maestro Raṭṭhapāla tiene muchos amigos y compañeros, parientes y conocidos en esta misma Thullakoṭṭhita. El Maestro Raṭṭhapāla no ha sufrido ninguna pérdida de parientes. ¿Qué ha sabido, visto u oído de tal manera que ha pasado de la vida hogareña a la vida sin hogar?

34. Maestro Raṭṭhapāla, estos son los cuatro tipos de pérdida. Debido a que han experimentado estos cuatro tipos de pérdida, algunas personas aquí se afeitan el cabello y la barba, se ponen la túnica amarilla y dejan la vida hogareña para vivir sin hogar. El Maestro Raṭṭhapāla no ha pasado por ninguna de estas pérdidas. ¿Qué ha sabido, visto u oído de tal manera que ha pasado de la vida hogareña a la vida sin hogar?

35. —Gran rey, hay cuatro resúmenes del Dhamma que han sido enseñados por el Bienaventurado que sabe y ve, Consumado y plenamente iluminado. Conociéndolos, viéndolos y escuchándolos, pasé de la vida hogareña a la vida sin hogar. ¿Cuáles son los cuatro?

36. (1) "[La vida en] cualquier mundo es inestable, es arrasada":[8] este es el primer resumen del Dhamma enseñado por el Bienaventurado que sabe y ve, Consumado y plenamente iluminado. Sabiendo, viendo y oyendo esto, salí de la vida hogareña a la vida sin hogar.

(2) "[La vida en] cualquier mundo no tiene refugio ni protector":[9] este es el segundo resumen del Dhamma enseñado por el Bienaventurado que sabe y ve, Consumado y plenamente iluminado...

(3) "[La vida en] cualquier mundo no tiene nada [intrínsecamente] propio; uno tiene que dejar todo y morir:"[10] este es el tercer resumen del Dhamma enseñado por el Bienaventurado que sabe y ve, Consumado y plenamente iluminado...

(4) "[La vida en] cualquier mundo es incompleta, insaciable, esclava del deseo":[11] este es el cuarto resumen del Dhamma enseñado por el Bienaventurado que sabe y ve, Consumado y plenamente iluminado...

37. Gran rey, estos son los cuatro resúmenes del Dhamma que han sido enseñados por el Bienaventurado que sabe y ve, Consumado y plenamente iluminado. Al saberlos, verlos y escucharlos, salí de la vida hogareña a la vida sin hogar.

38. —El Maestro Raṭṭhapāla dijo: "La vida en cualquier mundo es inestable, es arrasada". ¿Cómo debe entenderse el significado de esa declaración?"

—¿Qué te parece, gran rey? Cuando tenías veinte o veinticinco años, ¿eras un experto jinete de elefantes, un experto jinete de caballos, un experto conductor de carros, un experto arquero, un experto espadachín, fuerte en muslos y brazos, robusto, capaz en la batalla?

—Cuando tenía veinte o veinticinco años, Maestro Raṭṭhapāla, era un experto jinete de elefantes... fuerte en muslos y brazos, robusto, capaz en la batalla. A veces me pregunto si entonces tenía poderes sobrenaturales. No veía a nadie que pudiera igualarme en fuerza.

—¿Qué te parece, gran rey? ¿Eres ahora tan fuerte en muslos y brazos, tan robusto y capaz en la batalla?

—No, Maestro Raṭṭhapāla. Ahora soy viejo, envejecido, cargado de años, avanzado en la vida, he llegado a la última etapa; mis años han cumplido ochenta. A veces quiero poner mi pie aquí y lo pongo en otro lugar.

—Gran rey, fue por esto por lo que el Bienaventurado, que sabe y ve, Consumado y plenamente iluminado, dijo: "La vida en cualquier mundo es inestable, es arrasada"; y cuando supe, vi y oí esto, salí de la vida hogareña a la vida sin hogar.

—Es maravilloso, Maestro Raṭṭhapāla, es maravilloso lo bien que ha sido expresado por el Bienaventurado que sabe y ve, Consumado y plenamente iluminado: "La vida en cualquier mundo es inestable, es arrasada". ¡Ciertamente es así!

39. Maestro Raṭṭhapāla, existen en esta corte tropas de elefantes y caballería, y tropas de carros e infantería, que servirán para someter cualquier amenaza hacia nosotros. Ahora bien, el Maestro Raṭṭhapāla dijo: "La vida en cualquier mundo no tiene refugio ni protector". ¿Cómo debe entenderse el significado de esa afirmación?

—¿Qué te parece, gran rey? ¿Tienes alguna dolencia crónica?

—Tengo una dolencia crónica de viento, Maestro Raṭṭhapāla. A veces, mis amigos y compañeros, parientes y conocidos, se paran a mi alrededor, pensando: "¡Ahora el rey Koravya está a punto de morir, ahora el rey Koravya está a punto de morir!"

—¿Qué te parece, gran rey? ¿Acaso puedes ordenar a tus amigos y compañeros, tus parientes y conocidos: "Vengan, mis buenos amigos y compañeros, mis parientes y conocidos; todos los presentes compartan esta sensación dolorosa para que yo sienta menos dolor"? ¿O tienes que sentir ese dolor tú solo?

—No puedo mandar así a mis amigos y compañeros, ni a mis parientes, Maestro Raṭṭhapāla. Tengo que sentir ese dolor solo.

—Gran rey, fue por esto por lo que el Bienaventurado, que sabe y ve, Consumado y plenamente iluminado, dijo: "La vida en cualquier mundo no tiene refugio ni protector"; y cuando supe, vi y oí esto, salí de la vida hogareña a la vida sin hogar.

—Es maravilloso, Maestro Raṭṭhapāla, es maravilloso lo bien que ha sido expresado por el Bienaventurado que sabe y ve, Consumado y plenamente iluminado: "La vida en cualquier mundo no tiene refugio ni protector". ¡De hecho es así!

40. Maestro Raṭṭhapāla, existen en esta corte abundantes monedas de oro y lingotes almacenados en bóvedas y desvanes. Ahora bien, el Maestro Raṭṭhapāla dijo: "La vida en cualquier mundo no tiene nada propio; uno tiene que dejarlo todo y morir". ¿Cómo debe entenderse el significado de esa afirmación?

—¿Qué te parece, gran rey? Ahora que gozas provisto y dotado de las cinco ramas del placer sensorial, ¿acaso podrás tener [esas mismas fuentes de deseo sensorial] en la vida venidera, de modo que pudieras decir: "déjame gozar igualmente provisto y dotado de estas mismas cinco ramas del placer sensorial?" ¿O otros se harán cargo de esta propiedad, mientras que tú tendrás que pasar a la otra vida de acuerdo con tus acciones?

—No puedo tenerlo así en la vida venidera, Maestro Raṭṭhapāla. Por el contrario, otros se harán cargo de esta propiedad mientras que yo tendré que pasar a la otra vida de acuerdo con mis acciones.

—Gran rey, fue por esto por lo que el Bienaventurado, que sabe y ve, Consumado y plenamente iluminado, dijo: "La vida en cualquier mundo no tiene nada propio; uno tiene que dejarlo todo y morir; y cuando supe, vi y oí esto, salí de la vida hogareña a la vida sin hogar".

—Es maravilloso, Maestro Raṭṭhapāla, es maravilloso lo bien que lo ha expresado el Bienaventurado que sabe y ve, Consumado y plenamente iluminado: "La vida en cualquier mundo no tiene nada propio"; uno tiene que dejarlo todo y seguir adelante. ¡Ciertamente es así!

41. Ahora el Maestro Raṭṭhapāla dijo: "La vida en cualquier mundo es incompleta, insaciable, esclava del deseo". ¿Cómo debe entenderse el significado de esa declaración?

—¿Qué te parece, gran rey? ¿Reinas sobre el rico país de Kuru?

—Sí, Maestro Raṭṭhapāla, lo hago.

—¿Qué te parece, gran rey? Supongamos que un hombre confiable, digno de confianza viniera a ti desde el este y te dijera: —Por favor, sepa, gran rey, que he venido del este, y allí vi un gran país, poderoso y rico, muy poblado y lleno de gente. Hay muchas tropas de elefantes allí, mucha caballería, tropas de carros e infantería; allí hay mucho marfil, y muchas monedas de oro y lingotes, tanto en bruto como trabajados, y muchas mujeres por esposas. Con sus fuerzas presentes podrías conquistarlo. Entonces, gran rey. ¿Qué harías?

—Lo conquistaríamos, Maestro Raṭṭhapāla, y reinaríamos sobre él.

—¿Qué te parece, gran rey? Supongamos que un hombre digno de confianza y confiable viniera a ti desde el oeste... desde el norte... desde el sur... desde el otro lado del mar y te dijera: —Le ruego que sepa, gran rey, que he venido del otro lado del mar, y allí vi una gran país, poderoso y rico... podría conquistarlo. Entonces, gran rey. ¿Qué harías?

—Nosotros también lo conquistaríamos y reinaríamos sobre él Maestro Raṭṭhapāla.

—Gran rey, fue por esto por lo que el Bienaventurado, que sabe y ve, Consumado y plenamente iluminado, dijo: "La vida en cualquier mundo es incompleta, insaciable, esclava del deseo; y cuando supe, vi y escuché esto, salí de la vida hogareña a la vida sin hogar".

—Es maravilloso, Maestro Raṭṭhapāla, es maravilloso lo bien que ha expresado el Bienaventurado que sabe y ve, Consumado y plenamente iluminado: "La vida en cualquier mundo es incompleta, insaciable, esclava del deseo". ¡De hecho es así!

42. Eso es lo que dijo el venerable Raṭṭhapāla. Y habiendo dicho esto, dijo, además:

"Veo hombres ricos en el mundo, que aún
por ignorancia no dan su riqueza acumulada.
Con avidez atesoran sus riquezas,
anhelando aún más placeres sensoriales.

Un rey que ha conquistado la tierra por la fuerza
y gobierna sobre la tierra limitada por el océano
aún está insatisfecho con la orilla cercana del mar
y tiene hambre de la otra orilla también.

La mayoría de las otras personas también —no solo un rey—
encuentran la muerte aún sujetos al anhelo sin cesar;
[con los planes] aún incompletos dejan el cadáver;
los deseos quedan insatisfechos en el mundo.

Sus parientes se lamentan y se arrancan el cabello,
llorando, "¡Ay de mí! ¡Pobre de mí! ¡Nuestro amado está muerto!"
Se llevan el cuerpo envuelto en sudarios
para colocarlo en una pira y quemarlo allí.

Envuelto en un sudario, él deja atrás su riqueza,
pinchado con estacas, él arde [sobre la pira].
Y mientras muere, no hay parientes ni amigos
que puedan ofrecerle cobijo ni refugio aquí.

Mientras sus herederos se apoderan de sus riquezas, este ser
debe pasar [a la otra vida] de acuerdo con sus acciones;
y mientras muere, nada puede seguirlo;
ni hijo, ni esposa, ni riqueza, ni propiedad real.

La longevidad no se adquiere con la riqueza
ni la prosperidad puede desterrar la vejez;
corta es esta vida, como dicen todos los sabios,
la eternidad [es algo que la vida] no conoce, solo el cambio.

El rico y el pobre por igual sentirán el toque [de la muerte],
el tonto y el sabio también lo sentirán;
pero mientras el necio yace afligido por su necedad,
ningún sabio temblará al ser tocado [por la muerte].

Mejor es aquí la sabiduría que cualquier riqueza,
ya que por la sabiduría se gana la meta final.
Porque la gente por ignorancia comete malas acciones
mientras fracasan en alcanzar la meta, así vida tras vida.

Así como un ser va al útero y al otro mundo,
renovando la sucesiva ronda de nacimientos,
otro ser más, de poca sabiduría, confiando en aquel,
va también al útero y al otro mundo.

Así como a un ladrón atrapado en un robo
se le hace sufrir por su mala acción,
así a la gente después de la muerte, en el otro mundo,
se le hace sufrir por sus malas acciones.

Placeres sensoriales, variados, dulces, deliciosos,
de muchas maneras diferentes perturban la mente:
viendo el peligro en estos lazos sensuales
elegí llevar una vida sin hogar, oh rey.

Tal como caen los frutos del árbol, así también la gente,
tanto jóvenes como viejos caen cuando este cuerpo se rompe.
Viendo esto también, oh rey, he salido [de la vida hogareña]:
mejor es la vida asegurada del *samaṇa*".

NOTAS M.82

1. BB: Debido a su disposición a correr el riesgo de morir para obtener el permiso de sus padres para salir de la vida hogareña, más tarde el Buda lo declaró el más destacado de los que habían salido a la vida sin hogar por fe. Sus versos se encuentran en Thag, 769–93.
2. NT: Esta es una práctica que puede encontrarse en la vida monástica y que manifiesta respeto hacia alguien. En lo posible, cuando un bhikkhu se retira de la presencia de su maestro, se mantiene de manera que el maestro quede a la derecha del bhikkhu que se retira. Esta es la razón por la cual los bhikkhus y bhikkhunīs visten en los monasterios la túnica de forma que el hombro derecho quede descubierto y siempre se sientan con otro bhikkhu o bhikkhunī de mayor antigüedad manteniéndolo(a) a su derecha. También es la razón por la cual las circunvalaciones para rendir respeto a las estupas se llevan a cabo siempre caminando en el sentido de las manecillas del reloj.
3. BB: Omito aquí las líneas que comienzan con *ehi tvaṁ Raṭṭhapāla*, que se encuentran en SBJ pero que se encuentran entre paréntesis en PTS y en una nota de BBS. Las líneas parecen encajar mejor en el párrafo §8 siguiente, con el verbo *uṭṭhehi* en lugar de *ehi*.
4. BB: Aunque aquí se utiliza la frase común "en poco tiempo", MA dice que a Raṭṭhapāla le tomó doce años de esforzarse para alcanzar el estado de *arahant*. Esta afirmación parece correcta teniendo en cuenta que en su viaje de regreso a casa de sus padres su padre no lo reconoció inmediatamente.
5. MA explica que su padre quiso decir: "Raṭṭhapāla, querido mío, ahí está nuestra riqueza, no se nos puede llamar pobres, ¡pero tú te sientas en un lugar así comiendo papilla de avena vieja!" Sin embargo, el padre de familia estaba tan afligido por tal dolor que no pudo completar su declaración.
6. BB: Los versos se refieren evidentemente a sus antiguas esposas, adornadas para incitarlo a volver a la vida laica. Curiosamente, no se menciona a las esposas en la porción del *sutta* relacionada con sus días previos a la ordenación.
7. MA: Recordando al *Thera*, el rey lo elogiaba en medio de su ejército o de su harén: "Ese joven ha hecho algo difícil: habiendo abandonado una gran riqueza, salió sin volverse atrás ni mirar a un lado".
8. *Upanīyati loko addhuvo*. MA: "Es arrastrado hacia el envejecimiento y la muerte".

9. *Attāṇo loko anabhissaro.* MA: "No hay nadie capaz de ofrecerle cobijo ni de consolarlo con un refugio". Esta afirmación, por supuesto, no niega un refugio respecto al mundo, que es precisamente lo que ofrece el Dhamma.
10. BB: *Assako loko sabbaṁ pahāya gamanīyaṁ.* NT: "El mundo no pertenece a nadie; al final todo debe ser abandonado y uno debe partir".
11. BB: *Ūno loko atitto taṇhādāso.* NT: "El mundo es deficiente, insaciable y esclavo de la sed del deseo".

83. *Makhādeva Sutta*
El rey Makhādeva

1. Esto he escuchado.[1] En una ocasión, el Bienaventurado residía en Mithilā, en el Bosquecillo de Mangos de Makhādeva.[2]

2. Entonces, estando en cierto lugar, el Bienaventurado sonrió. Al venerable Ānanda se le ocurrió: "¿Cuál es la razón?, ¿cuál es la causa de la sonrisa del Bienaventurado? Los Tathāgatas no sonríen sin razón". Entonces se arregló la túnica superior sobre un hombro, y extendiendo sus manos en saludo reverencial hacia el Bienaventurado, le preguntó: —Venerable señor, ¿cuál es la razón?, ¿cuál es la causa de la sonrisa del Bienaventurado? Los Tathāgatas no sonríen sin razón.

3. —En una ocasión, Ānanda, en este mismo Mithilā había un rey llamado Makhādeva. Fue un rey justo que gobernó de acuerdo con el Dhamma, un gran rey que se estableció en el Dhamma.[3] Se condujo por el Dhamma entre los brahmanes y los jefes de familia, entre los habitantes de las ciudades y la gente del campo, y observó los días de Uposatha en los días catorce, quince y octavo de la quincena.[4]

4. Ahora bien, al final de muchos años, muchos cientos de años, muchos miles de años, el rey Makhādeva se dirigió a su peluquero de esta manera: —Buen peluquero, cuando veas que me crecen canas en la cabeza, entonces dímelo: —Sí, señor —respondió. Y después de muchos años, muchos cientos de años, muchos miles de años, el peluquero vio crecer canas en el cabello del rey Makhādeva.[5] Cuando las vio, le dijo al rey: —Los mensajeros divinos han aparecido, señor; en la cabeza de su Majestad se ven crecer canas. —Entonces, buen peluquero, saca con cuidado esas canas con unas pinzas y ponlas en mi palma. —Sí, señor, contestó, y arrancó esas canas cuidadosamente con pinzas y las puso en la palma del rey.

Entonces el rey Makhādeva le dio la bendición de una aldea a su peluquero, y llamando al príncipe, su hijo mayor, dijo: —Querido príncipe, los mensajeros divinos han aparecido;[6] se ven canas creciendo en mi cabeza. He disfrutado de los placeres sensoriales humanos; ahora es el momento de buscar los placeres sensoriales divinos. Ven, querido príncipe, toma el control de la realeza. Me afeitaré el cabello y la barba, me pondré la túnica amarilla y saldré de la vida hogareña a la vida sin hogar. Y ahora, querido príncipe, cuando tú también veas crecer canas en tu cabeza, entonces, después de darle la bendición de un pueblo a tu peluquero, y después de instruir cuidadosamente al príncipe, tu hijo mayor, en la realeza, aféitate el cabello y la barba, ponte la túnica amarilla y sal de la vida hogareña hacia la vida sin hogar. Continúa esta buena práctica instituida por mí y no seas el último hombre. Querido príncipe, cuando hay dos hombres viviendo, aquel bajo el cual se produce una infracción de esta buena práctica, es el último hombre entre ellos. Por lo tanto, querido príncipe, te digo: continúa con esta buena práctica instituida por mí y no seas el último hombre.

5. Luego, después de dar la bendición de una aldea a su peluquero y después de instruir cuidadosamente al príncipe, su hijo mayor, en la realeza, en la arboleda de mangos de Makhādeva, se afeitó el cabello y la barba, se puso la túnica amarilla y salió de la vida hogareña hacia la vida sin hogar.

Permaneció impregnando un cuadrante [o dirección cardinal] con una mente imbuida de benevolencia amorosa, asimismo el segundo, asimismo el tercero, asimismo el cuarto; así arriba, abajo, alrededor y en todas partes, y para todos como para sí mismo, permaneció impregnando el mundo que todo lo abarca con una mente imbuida de benevolencia amorosa, abundante, exaltada, inmensurable, sin hostilidad y sin mala voluntad.

Permaneció impregnando un cuadrante con una mente imbuida de compasión... con una mente imbuida de alegría apreciativa... con una mente imbuida de ecuanimidad, asimismo el segundo, asimismo el tercero, asimismo el cuarto; así arriba, abajo, alrededor y en todas partes, y para todos como para sí mismo, permaneció impregnando el mundo que todo lo abarca con una mente imbuida de ecuanimidad, abundante, exaltada, inmensurable, sin hostilidad y sin mala voluntad.

6. Durante ochenta y cuatro mil años, el rey Makhādeva jugó juegos infantiles; durante ochenta y cuatro mil años actuó como vice regente; durante ochenta y cuatro mil años gobernó el reino; durante ochenta y cuatro mil años llevó la vida santa en este Bosquecillo de mangos de Makhādeva después de afeitarse el cabello y la barba, ponerse la túnica amarilla y salir de la vida hogareña hacia la vida sin hogar. Al desarrollar las cuatro moradas divinas (*brahmavihārā*), al disolverse el cuerpo, después de la muerte, pasó al mundo de Brahmā.

7–9. Ahora bien, al final de muchos años, muchos cientos de años, muchos miles de años, el hijo del rey Makhādeva se dirigió a su peluquero de la siguiente manera: ... (Como arriba, §§4–6, sustituyendo "El hijo del rey Makhādeva" en las partes pertinentes)

... Al desarrollar las cuatro moradas divinas, tras la disolución del cuerpo, después de la muerte, pasó al mundo de Brahmā.

10. Los descendientes del hijo del rey Makhādeva en número de ochenta y cuatro mil reyes en sucesión, después de afeitarse el cabello y la barba y ponerse la túnica amarilla, y salieron de la vida hogareña a la vida sin hogar en este Bosquecillo de Mangos de Makhādeva. Permanecieron impregnando un cuadrante con una mente imbuida de benevolencia amorosa... con compasión... con alegría apreciativa... con ecuanimidad... sin mala voluntad.

11. Durante ochenta y cuatro mil años jugaron juegos infantiles; durante ochenta y cuatro mil años ejercieron como virreyes; por ochenta y cuatro mil años gobernaron el reino; durante ochenta y cuatro mil años llevaron la vida santa en este Bosquecillo de Mangos de Makhādeva después de afeitarse el cabello y la barba, ponerse la túnica amarilla y salir de la vida hogareña a la vida sin hogar. Al desarrollar las cuatro moradas divinas, al disolverse el cuerpo, después de la muerte, pasaron al mundo de Brahmā.

12. Nimi fue el último de esos reyes. Fue un rey justo que gobernó de acuerdo con el Dhamma, un gran rey que se estableció en el Dhamma. Se condujo por el Dhamma entre los brahmanes y los jefes de familia, entre los habitantes de las ciudades y la gente del campo, y observó los días de Uposatha en los días catorce, quince y octavo de la quincena.

13. En una ocasión, Ānanda, cuando los *devas* de Tāvatiṃsa se habían reunido y estaban sentados en la asamblea Sudhamma, esta discusión surgió entre ellos: —Es una ganancia, señores, para la gente de Videha, es una gran ganancia para la gente de Videha que su Rey Nimi sea un rey justo que gobierna de acuerdo con el Dhamma, un gran rey que está establecido en el Dhamma. Se conduce por el Dhamma entre los brahmanes y los jefes de familia, entre los habitantes de las ciudades y la gente del campo, y observa los días de Uposatha en los días catorce, quince y octavo de la quincena.

Entonces Sakka, soberano de los *devas*, se dirigió a los *devas* de Tāvatiṃsa: —Buenos señores, ¿quieren ver al rey Nimi? Entonces, los *devas* dijeron: —Buen señor, queremos ver al rey Nimi.

Ahora bien, en esa ocasión, siendo el día de Uposatha del día quince, el rey Nimi se había lavado la cabeza y ascendido a la cámara superior del palacio, en donde estaba sentado para la observancia del Uposatha. Entonces, tan rápido como un hombre fuerte podría extender su brazo flexionado o flexionar su brazo extendido, Sakka, soberano de los *devas*, desapareció de entre los *devas* de Tāvatiṃsa y apareció en presencia del rey Nimi, y dijo: —Es una ganancia para ti, gran rey, es una gran ganancia para ti, gran rey. Cuando los *devas* de Tāvatiṃsa se reunieron y se sentaron en la asamblea Sudhamma, surgió esta discusión entre ellos: "Es una ganancia, señores, para la gente de Videha... el octavo de la quincena". Gran rey, los *devas* quieren verte. Enviaré un carro enjaezado a mil purasangres para ti, gran rey. Gran rey, súbete al carro divino sin dudar.

El rey Nimi consintió en silencio. Entonces, tan rápido como un hombre fuerte podría extender su brazo flexionado o flexionar su brazo extendido, Sakka, soberano de los *devas* desapareció en presencia del rey Nimi y apareció entre los *devas* de Tāvatiṃsa.

14. Entonces Sakka, soberano de los *devas*, se dirigió al auriga Mātali de esta manera: —Ven, buen Mātali, prepara una carroza enganchada a mil purasangres, y ve a donde el rey Nimi y dile: "Gran rey, este carro enganchado a mil purasangres ha sido enviado por Sakka, soberano de los *devas*, para llevarlo a usted. Gran rey, suba al carro divino sin dudar".

—Sí, su señoría, respondió el auriga Mātali. Y habiendo preparado un carro enjaezado a mil purasangres, fue al rey Nimi y le dijo: —Gran rey, este carro enjaezado a mil purasangres ha sido enviado por Sakka, soberano de los *devas*. Gran rey, monte el carro divino sin dudar. Pero, gran rey, ¿por qué ruta le conduciré? ¿Por aquella en la que los hacedores del mal experimentan los resultados de las malas acciones, o por aquella en la que los hacedores del bien experimentan los resultados de las buenas acciones? —Llévame por ambas rutas, Mātali.[7]

15. Así Mātali trajo al Rey Nimi a la asamblea Sudhamma. Sakka, soberano de los *devas*, vio venir al rey Nimi a lo lejos y le dijo: —¡Ven, gran rey! ¡Bienvenido, gran rey! Los *devas* de Tāvatiṃsa, gran rey, sentados en la asamblea Sudhamma, se han expresado así: "Es una ganancia, señores, para la gente de Videha... el octavo de la quincena". Gran rey, los *devas* de Tāvatiṃsa quieren verte. Gran rey, disfruta del poder divino entre los *devas*.

—Suficiente, buen señor. Deja que el auriga me lleve de vuelta a Mithilā. Allí me conduciré por el Dhamma entre brahmanes y jefes de familia, entre habitantes de la ciudad y gente del campo; allí observaré los días de Uposatha los días catorce, quince y ocho de la quincena.

16. Entonces Sakka, soberano de los *devas*, le dijo al auriga Mātali: —Ven, buen Mātali, prepara el carro enganchado a mil purasangres y lleva al rey Nimi de regreso a Mithilā.

—Sí, su señoría, respondió el auriga Mātali. Y habiendo preparado el carro enganchado a mil purasangres, condujo al rey Nimi de regreso a Mithilā. Y allí, de hecho, el rey Nimi se condujo de acuerdo con el Dhamma entre los brahmanes y los jefes de familia, entre los habitantes de las ciudades y la gente del campo; y allí observó los días de Uposatha los días catorce, quince y ocho de la quincena.

17–19. Luego, al final de muchos años, muchos cientos de años, muchos miles de años, el rey Nimi se dirigió a su peluquero de esta manera: ... (Como arriba, §§4–6, sustituyendo "Rey Nimi" en las partes pertinentes) ... Al haber desarrollado las cuatro moradas divinas, al disolverse el cuerpo, después de la muerte, renació en el mundo de Brahmā.

20. Ahora bien, el rey Nimi tenía un hijo llamado Kaḷārajanaka. No salió de la vida hogareña a la vida sin hogar. Rompió esa buena práctica. Fue el último hombre entre ellos.

21. Ahora, Ānanda, puede ser que pienses así: "Ciertamente, en esa ocasión alguien más fue el rey Makhādeva, quien instituyó esa buena práctica". Pero no debe considerarse así. Yo era el rey Makhādeva en esa ocasión. Yo instituí esa buena práctica y las generaciones posteriores continuaron esa buena práctica instituida por mí. Pero ese tipo de buena práctica no conduce al desencanto, al desapasionamiento, al cese, a la paz, al conocimiento directo, a la iluminación, al Nibbāna, sino solo a la reaparición en el mundo de Brahmā. Pero existe este tipo de buena práctica que he instituido ahora, que conduce al desencanto completo, al desapasionamiento, al cese, a la paz, al conocimiento directo, a la iluminación, al Nibbāna. ¿Y cuál es esa buena práctica? Es este Noble Óctuple Sendero; es decir, comprensión correcta, intención correcta, lenguaje correcto, acción correcta, modo de sustento correcto, esfuerzo correcto, atención correcta y concentración correcta. Esta es la buena práctica instituida por mí ahora, que lleva a completar el desencanto, el desapasionamiento, el cese, la paz, el conocimiento directo, la iluminación, al Nibbāna.

Ānanda, te digo: continúa esta buena práctica instituida por mí y no seas el último hombre. Ānanda, cuando hay dos hombres viviendo, aquél bajo el cual se produce una infracción de esta buena práctica es el último hombre entre ellos. Por lo tanto, Ānanda, te digo: continúa esta buena práctica instituida por mí y no seas el último hombre.[8]

Eso es lo que dijo el Bienaventurado. El venerable Ānanda quedó satisfecho y deleitado con las palabras del Bienaventurado.

NOTAS M.83

1. BB: Véase *Makhādeva Jātaka* (Núm. 9) y *Nimi Jātaka* (Núm. 541). El rey Makhādeva y el rey Nimi fueron nacimientos anteriores del Buda Gautama.
2. BB: La arboleda fue plantada originalmente por Makhādeva y por eso todavía lleva su nombre.
3. MA: Se estableció en los diez cursos de acción saludables.
4. BB: El Uposatha es el día de observancia religiosa de la antigua India, también absorbido como tal por el budismo. Ver: n.4, M.4.
5. BB: Según la cosmología budista, la esperanza de vida de los seres humanos oscila entre un mínimo de diez años y un máximo de muchos miles de años. Makhādeva vivió en una época en la que la esperanza de vida estaba en el extremo más largo del espectro.
6. BB: Sobre los "mensajeros divinos" —los presagios de la vejez, la enfermedad y la muerte— ver M.130.
7. MA: Mātali lo condujo primero a través de los infiernos, luego regresó y lo condujo a través del mundo celestial.
8. MA: Un bhikkhu virtuoso está rompiendo la buena práctica cuando piensa: "No puedo obtener el estado de *arahant*", y no ejerce energía. [La práctica] ha sido rota por un bhikkhu corrupto. La continúan los siete *sekhas*. [Luego] ha sido continuada por el *arahant*.

84. *Madhurā Sutta*
En Madhurā

1. Esto he escuchado. En una ocasión, el venerable Mahā Kaccāna residía en Madhurā en el Bosquecillo de Gundā.[1]

2. El rey Avantiputta de Madhurā escuchó: "El recluso Kaccāna vive en Madhurā en el Bosquecillo de Gundā. Ahora se ha difundido un buen informe del Maestro Kaccāna en este sentido: él es sabio, con discernimiento, sagaz, erudito, elocuente y perspicaz; es un *thera* y es un *arahant*. Es bueno ver tales *arahants*".

3. Luego, el rey Avantiputta de Madhurā hizo preparar una serie de carrozas reales y, montando una carroza real, salió de Madhurā con toda la pompa de la realeza para ver al venerable Mahā Kaccāna. Fue así hasta donde el camino era transitable para los carruajes, y luego se apeó de su carruaje y se dirigió a pie hacia el venerable Mahā Kaccāna. Intercambió saludos con él, y acabada esta cortés y amable charla, se sentó a un lado y dijo:

4. —Maestro Kaccāna, los brahmanes dicen así: "Los brahmanes son la casta más alta, los de cualquier otra casta son inferiores; los brahmanes son la casta más hermosa, los de cualquier otra casta son oscuros; sólo los brahmanes son purificados, no los que no son brahmanes; los brahmanes son los hijos de Brahmā, los descendientes de Brahmā, nacidos de su boca, nacidos de Brahmā, creados por Brahmā, herederos de Brahmā". ¿Qué dice el Maestro Kaccāna al respecto?

5. —Es solo un dicho en el mundo, gran rey, decir que "los brahmanes son la casta más alta... herederos de Brahmā". Y hay una manera por la cual se puede entender cómo esa declaración de los brahmanes es solo un dicho en el mundo.

¿Qué te parece, gran rey? Si un noble prospera en riquezas, grano, plata u oro, ¿habrá nobles que se levanten delante de él y se retiren después de él, que estén deseosos de servirle, que busquen agradarle y le hablen con dulzura, y habrá también brahmanes, comerciantes y trabajadores que hagan lo mismo?

—Los habrá, Maestro Kaccāna.

—¿Qué te parece, gran rey? Si un brahmán prospera en riqueza, grano, plata u oro, ¿habrá brahmanes que se levanten ante él y se retiren tras él, que estén ansiosos por servirle, que busquen complacerle y le hablen con dulzura, y habrá también mercaderes, trabajadores, y nobles que hagan lo mismo?

—Los habrá, Maestro Kaccāna.

—¿Qué te parece, gran rey? Si un mercader prospera en riquezas, cereales, plata u oro, ¿habrá mercaderes que se levanten delante de él y se retiren después de él, que estén deseosos de servirle, que busquen complacerle y le hablen con dulzura, y habrá también trabajadores, nobles y brahmanes que hagan lo mismo?

—Los habrá, Maestro Kaccāna.

—¿Qué te parece, gran rey? ¿Si un trabajador prospera en riquezas, grano, plata u oro, habrá trabajadores que se levanten delante de él y se retiren después de él, que estén ansiosos por servirle, que busquen complacerlo y hablarle con dulzura, y habrá también nobles, brahmanes y comerciantes que hagan lo mismo?[2]

—Los habrá, Maestro Kaccāna.

—¿Qué te parece, gran rey? Si es así, entonces estas cuatro castas son todas iguales, o no lo son, o ¿cómo te parece a ti en este caso?

—Sin duda, si eso es así, Maestro Kaccāna, entonces estas cuatro castas son todas iguales: no hay ninguna diferencia entre ellas en lo que veo.

—Esa es una forma, gran rey, por la cual se puede entender cómo esa declaración de los brahmanes es solo un dicho en el mundo.

6. ¿Qué te parece, gran rey? Supongamos que un noble matara a los seres vivos, tomara lo que no se le da, se comportara mal en los placeres sensoriales, hablara falsamente, hablara maliciosamente, hablara con dureza, chismorreara, fuera codicioso, tuviera una mente de mala voluntad y mantuviera una noción errónea. Al disolverse el cuerpo, después de la muerte, ¿reaparecería en un estado de privación, en un destino infeliz, en la perdición, incluso en el infierno, o no sería así, o cómo te parece en este caso?

—Si un noble fuera así, Maestro Kaccāna, probablemente reaparecería en un estado de privación, en un destino infeliz, en la perdición, incluso en el infierno. Así es como me parece en este caso, y así lo he oído de los *arahants*.

—¡Bien, bien, gran rey! Lo que crees que es bueno, gran rey, y lo que has oído de los *arahants* es bueno. ¿Qué opinas, gran rey? Supongamos que un brahmán... un comerciante... un trabajador matara a seres vivos... y tuviera una noción equivocada. Al disolverse el cuerpo, después de la muerte, ¿reaparecería en un estado de privación, en un destino infeliz, en la perdición, incluso en el infierno, o no sería así, o cómo te parece en este caso?

—Si un brahmán... un comerciante... un trabajador fuera tal, Maestro Kaccāna, probablemente reaparecería en un estado de privación, en un destino infeliz, en la perdición, incluso en el infierno. Así es como me parece en este caso, y así lo he oído de los *arahants*.

—¡Bien, bien, gran rey! Lo que crees que es bueno, gran rey, y lo que has oído de los *arahants* es bueno. ¿Qué opinas, gran rey? Si es así, ¿entonces estas cuatro castas son todas iguales, o no lo son, o cómo te parece a ti en este caso?

—Sin duda, si eso es así, Maestro Kaccāna, entonces estas cuatro castas son todas iguales: no hay ninguna diferencia entre ellas en lo que veo.

—Esa también es una forma, gran rey, por la cual se puede entender cómo esa declaración de los brahmanes es solo un dicho en el mundo.

7. ¿Qué te parece, gran rey? Supongamos que un noble se abstuviera de matar seres vivientes, de tomar lo que no se le da, de la mala conducta en los placeres sensoriales, del lenguaje falso, del lenguaje malicioso, del lenguaje áspero y del chismorreo, y que no fuera codicioso, con una mente sin mala voluntad, y mantuviera una noción correcta. Al disolverse el cuerpo, después de la muerte, ¿sería probable que él reapareciera en un destino feliz, incluso en el mundo celestial, o no sería así, o cómo te parece a ti en este caso?

—Si un noble fuera así, Maestro Kaccāna, [probablemente] reaparecería en un destino feliz, incluso en el mundo celestial. Así es como me parece en este caso, y así lo he oído de los *arahants*.

—¡Bien, bien, gran rey! Lo que crees que es bueno, gran rey, y lo que has oído de los *arahants* es bueno. ¿Qué opinas, gran rey? Supongamos que un brahmán... un comerciante... un trabajador se abstuviera de matar seres vivos... y mantuviera una noción correcta. Al disolverse el cuerpo, después de la muerte, ¿sería probable que reapareciera en un destino feliz, incluso en el mundo celestial, o no sería así, o cómo te parece en este caso?

—Si un brahmán... un comerciante... un trabajador fuera tal, Maestro Kaccāna, [probablemente] reaparecería en un destino feliz, incluso en el mundo celestial. Así es como me parece en este caso, y así lo he oído de los *arahants*.

—¡Bien, bien, gran rey! Lo que crees que es bueno, gran rey, y lo que has oído de los *arahants* es bueno. ¿Qué opinas, gran rey? Si es así, entonces, ¿estas cuatro castas son todas iguales, o no lo son, o cómo te parece a ti en este caso?

—Sin duda, si eso es así, Maestro Kaccāna, entonces estas cuatro castas son todas iguales: no hay ninguna diferencia entre ellas en lo que veo.

—Esa también es una forma, gran rey, por la cual se puede entender cómo esa declaración de los brahmanes es solo un dicho en el mundo.

8. ¿Qué te parece, gran rey? Supongamos que un noble irrumpiera en casas, saqueara riquezas, cometiera actos de bandidaje, emboscara carreteras o sedujera a la esposa de otro, y si tus hombres lo arrestaran y lo presentaran ante ti, diciendo: —Señor, este es el culpable; ordene qué castigo desea para él. ¿Cómo tratarías a ese noble?

—Lo haríamos ejecutar, Maestro Kaccāna, o lo multaríamos, o lo exiliaríamos, o haríamos con él como se merece. ¿Por qué es eso? Porque ha perdido su antiguo estatus de noble y simplemente se le considera un ladrón.

—¿Qué te parece, gran rey? Supongamos que un brahmán... un comerciante... un trabajador entrara en las casas... o sedujera a la esposa de otro, y si tus hombres lo arrestaran y lo presentaran ante ti, diciendo: —Señor, este es el culpable; ordene qué castigo desea para él. ¿Cómo tratarías a esa persona?

—La haríamos ejecutar, Maestro Kaccāna, o lo multaríamos, o la exiliaríamos, o haríamos con ella como se merece. ¿Por qué es eso? Porque ha perdido su antiguo estatus de brahmán... comerciante... trabajador, y simplemente se le considera un ladrón.

—¿Qué te parece, gran rey? Si es así, entonces, ¿estas cuatro castas son todas iguales, o no lo son, o cómo te parece a ti en este caso?

—Ciertamente, si eso es así, Maestro Kaccāna, entonces estas cuatro castas son todas iguales; no hay diferencia entre ellos en absoluto en todo lo que veo.

—Esa también es una forma, gran rey, por la cual se puede entender cómo esa declaración de los brahmanes es solo un dicho en el mundo.

9. ¿Qué te parece, gran rey? Supongamos que un noble, después de afeitarse el pelo y la barba, ponerse la túnica amarilla y salir de la vida hogareña a la vida sin hogar, se abstuviera de matar seres vivos, de tomar lo que no se le da y de hablar falsamente. Absteniéndose de comer por la noche, comería sólo en una parte del día, y sería célibe, virtuoso, de buen carácter. ¿Cómo lo tratarías?

—Le rendiríamos homenaje, Maestro Kaccāna, o nos levantaríamos delante de él, o lo invitaríamos a sentarse; o lo invitaríamos a aceptar túnicas, dádivas, comida, lugar de descanso y requisitos medicinales; o dispondríamos para él una custodia, defensa y protección legítimas. ¿Por qué es eso? Porque ha perdido su antiguo estatus de noble, y simplemente se le considera un *samaṇa*.

—¿Qué te parece, gran rey? Supongamos que un brahmán... un comerciante... un trabajador, habiéndose afeitado el cabello y la barba... y fuera célibe, virtuoso, de buen carácter. ¿Cómo lo tratarías?

—Le rendíamos homenaje, Maestro Kaccāna, o nos levantaríamos delante de él, o lo invitaríamos a sentarse; o lo invitaríamos a aceptar túnicas, dádivas, comida, lugar de descanso y requisitos medicinales; o dispondríamos para él una custodia, defensa y protección legítimas. ¿Por qué es eso? Porque ha perdido su estatus anterior de brahmán... comerciante... trabajador, y es simplemente considerado como un *samaṇa*.

—¿Qué te parece, gran rey? Si es así, entonces ¿estas cuatro castas son todas iguales, o no lo son, o ¿cómo te parece a ti en este caso?

—Ciertamente, si eso es así, Maestro Kaccāna, entonces estas cuatro castas son todas iguales; no hay diferencia entre ellos en absoluto que yo vea.

—Esa también es una forma, gran rey, por la cual se puede entender cómo esa declaración de los brahmanes es solo un dicho en el mundo.

10. Cuando se dijo esto, el rey Avantiputta de Madhurā le dijo al venerable Mahā Kaccāna: —¡Magnífico, Maestro Kaccāna! ¡Magnífico, Maestro Kaccāna! El Maestro Kaccāna ha aclarado el Dhamma de muchas maneras, como si se estuviera poniendo de pie lo que había sido derribado, revelando lo que estaba escondido, mostrando el camino a quien se había perdido, o alzando una lámpara en la oscuridad para que aquellos con vista vean las formas visibles. Voy al Maestro Kaccāna en busca de refugio y al Dhamma y al Saṅgha de los bhikkhus. A partir de hoy, que el Maestro Kaccāna me recuerde como un seguidor laico que ha acudido a él en busca de refugio de por vida.

—No acudas a mí en busca de refugio, gran rey. Ve por refugio a ese mismo Bienaventurado a quien yo he ido por refugio.

—¿Dónde vive ahora, Maestro Kaccāna, ese Bienaventurado, Consumado y plenamente iluminado?

—Ese Bienaventurado, Consumado y plenamente iluminado, ha alcanzado Nibbāna final, gran rey.

11. —Si supiéramos que ese Bienaventurado estaba dentro de diez leguas, caminaríamos diez leguas para ver a ese Bienaventurado, Consumado y plenamente iluminado. Si supiéramos que ese Bienaventurado estaba a veinte leguas... treinta leguas... cuarenta leguas... cincuenta leguas... cien leguas, caminaríamos cien leguas para ver a ese Bienaventurado, Consumado y plenamente iluminado. Pero como ese Bienaventurado ha alcanzado Nibbāna final, vamos a ese Bienaventurado en busca de refugio y al Dhamma y al Saṅgha de los bhikkhus. A partir de hoy, que el Maestro Kaccāna me recuerde como un seguidor laico que se ha refugiado de por vida.

NOTAS M.84

1. BB: El Ven. Mahā Kaccāna fue declarado por el Buda como el discípulo más eminente en exponer el significado detallado de un breve dicho. Los *suttas* M.133 y M.138 también fueron pronunciados por él en circunstancias similares.
2. BB: De este pasaje parece que, a pesar de una tendencia a la rigidez, el sistema de clases indio era en ese momento considerablemente más flexible que el sistema de castas posterior que evolucionó a partir de él.

85. *Bodhirājakumāra Sutta* Discurso al príncipe Bodhi

1. Esto he escuchado. En una ocasión, el Bienaventurado residía en el país de Bhagga, en Suṁsumāragira, en la arboleda Bhesakaḷā, en el parque de los venados.

2. Ahora bien, en esa ocasión se había construido recientemente un palacio llamado Kokanada para el príncipe Bodhi, y aún no había sido habitado por ningún *samaṇa* o brahmán, o por cualquier ser humano en absoluto.[1]

3. Entonces el príncipe Bodhi se dirigió al estudiante brahmán Sañjikāputta así: —Ven, mi querido Sañjikāputta, ve al Bienaventurado y rinde homenaje en mi nombre con tu cabeza a sus pies, y pregúntale si está libre de enfermedades y aflicciones y si está saludable, fuerte y cómodo, y dile esto: —Venerable señor, el Príncipe Bodhi rinde homenaje con la cabeza a los pies del Bienaventurado, y pregunta si el Bienaventurado está libre de enfermedades... y morando en comodidad. Luego dile esto: —Venerable señor, permita que el Bienaventurado se reúna con el consentimiento del Saṅgha de bhikkhus para aceptar la comida de mañana por parte del Príncipe Bodhi.

—Sí, señor —respondió Sañjikāputta, y fue a donde se encontraba el Bienaventurado e intercambió saludos con él. Cuando terminó esta cortés y amable charla, se sentó a un lado y dijo: —Maestro Gautama, el Príncipe Bodhi rinde homenaje con la cabeza a los pies del Maestro Gautama y pregunta si está libre de enfermedades... y morando en comodidad. Y dice esto: —Que el Maestro Gautama, junto con el Saṅgha de los bhikkhus, consientan en aceptar la comida de mañana por parte del príncipe Bodhi.

4. El Bienaventurado consintió en silencio. Entonces, sabiendo que el Bienaventurado había consentido, Sañjikāputta se levantó de su asiento, fue a donde se encontraba el príncipe Bodhi y le contó lo que había sucedido, añadiendo: —El samaṇa Gautama ha consentido.

5. Luego, cuando terminó la noche, el príncipe Bodhi hizo preparar buena comida de varios tipos en su propia residencia, e hizo cubrir el palacio Kokanada con tela blanca hasta el último escalón

de la escalinata. Luego se dirigió al estudiante brahmán Sañjikāputta así: —Ven, mi querido Sañjikāputta, ve a donde se encuentra el Bienaventurado y anúnciale que es la hora diciendo: —Es hora, venerable señor, la comida está lista.

—Sí, señor —respondió Sañjikāputta, y fue a donde se encontraba el Bienaventurado y anunció que era el momento diciendo: —Es el momento, Maestro Gautama, la comida está lista.

6. Entonces, siendo de mañana, el Bienaventurado se vistió, y tomando su cuenco y su túnica exterior, fue a la residencia del príncipe Bodhi.

7. Ahora, en esa ocasión, el príncipe Bodhi estaba de pie en el pórtico exterior esperando al Bienaventurado. Cuando vio venir al Bienaventurado de lejos, salió a su encuentro y le rindió homenaje; y luego, permitiendo que el Bienaventurado lo precediera, se dirigió al palacio Kokanada. Pero el Bienaventurado se detuvo en el escalón más bajo de la escalinata. El príncipe Bodhi le dijo: —Venerable señor, que el Bienaventurado pise la tela, que el Sublime pise la tela, para que ello pueda conducirme a mi bienestar y felicidad por mucho tiempo. Cuando esto fue dicho, el Bienaventurado guardó silencio.[2]

Una segunda vez... Una tercera vez, el príncipe Bodhi le dijo: —Venerable señor, que el Bienaventurado pise la tela, que el Sublime pise la tela, para que pueda conducirme a mi bienestar y felicidad durante mucho tiempo.

El Bienaventurado miró al venerable Ānanda. El venerable Ānanda le dijo al príncipe Bodhi: —Príncipe, deja que se quite la tela. El Bienaventurado no pisará una tira de tela; el Tathāgata tiene respeto por las generaciones futuras.[3]

8. Así que el príncipe Bodhi hizo quitar la tela y preparó asientos en los aposentos superiores del palacio Kokanada. El Bienaventurado y el Saṅgha de los bhikkhus ascendieron al palacio Kokanada y se sentaron en los asientos que habían sido preparados.

9. Entonces, con sus propias manos, el príncipe Bodhi sirvió y satisfizo al Saṅgha de bhikkhus encabezado por el Buda con varios tipos de buena comida. Cuando el Bienaventurado hubo comido y dejado su cuenco a un lado, el príncipe Bodhi tomó un asiento bajo, se sentó a un lado y le dijo al Bienaventurado: —Venerable señor, hemos pensado así: "El placer no se obtiene a través del placer; el placer se obtiene a través del dolor".[4]

10. —Príncipe, antes de mi iluminación, cuando todavía era solo un *bodhisatta* no iluminado, yo también pensaba así: "El placer no se obtiene a través del placer; el placer se obtiene a través del dolor".

11–14. Más tarde, príncipe, cuando aún era joven, un joven de cabello negro, hombre dotado con la bendición de la juventud, en la flor de la vida... (Como en M.26, §§15-17) ... Y me senté allí pensando: "Esto servirá para esforzarse".

15-42. Ahora bien, se me ocurrieron espontáneamente tres símiles, nunca escuchados... (Como en M.36, §§17-44, pero en el presente sutta en §§18-23 —correspondiente a §§20-25 de M.36— la oración *"Pero tal sensación dolorosa que surgió en mí no invadió mi mente y permaneció"* no ocurre; y en el presente sutta en §§37, 39 y 42 —correspondiente a §§39, 41 y 44 de M.36— la oración *"Pero tan agradable sensación que surgió en mí no invadió mi mente y quedó"* no ocurre) ... como sucede en quien permanece diligente, enérgico y resuelto.

43-53. Consideré: "Este Dhamma que he alcanzado es profundo" ... (Como en M.26, §§19-29) ... y los seis vivíamos de lo que esos dos bhikkhus trajeron de su ronda de ofrendas de comida.

54. Entonces los bhikkhus del grupo de cinco, no mucho después de haber sido enseñados e instruidos por mí, al darse cuenta por sí mismos con conocimiento directo, aquí y ahora entraron y permanecieron en esa meta suprema de la vida santa, por el bien de la cual los miembros del clan salen correctamente de la vida hogareña a la vida sin hogar.

55. Cuando se dijo esto, el príncipe Bodhi le dijo al Bienaventurado: —Venerable señor, cuando un bhikkhu encuentra al Tathāgata para que lo discipline, ¿cuánto tiempo pasa hasta que se da cuenta por sí mismo con conocimiento directo, aquí y ahora entra y permanece en esa meta suprema de la vida santa por el cual los miembros del clan han salido correctamente de la vida hogareña a la vida sin hogar?

—En cuanto a eso, príncipe, te haré una pregunta a cambio. Responde como elijas. ¿Qué opinas, príncipe? ¿Eres hábil en el arte de empuñar un gancho [puntiagudo, de entrenamiento] mientras montas en elefante?

—Sí, venerable señor, lo soy.

56. —¿Qué opinas, príncipe? Supongamos que un hombre viniera aquí pensando: "El príncipe Bodhi conoce el arte de empuñar un gancho de entrenamiento mientras monta un elefante; me entrenaré en ese arte con él". Si no tuviera fe, no podría lograr lo que logra alguien que tiene fe; si tuviera mucha enfermedad, no podría lograr lo que logra uno que está libre de enfermedad; si fuera fraudulento y engañoso, no podría lograr lo que logra uno que es honesto y sincero; si fuera perezoso, no podría lograr lo que logra uno que es enérgico; si no fuera sabio, no podría lograr lo que logra uno que es sabio. ¿Qué opinas, príncipe? ¿Podría ese hombre entrenarse contigo en el arte de empuñar un gancho de entrenamiento mientras monta un elefante?

—Venerable señor, incluso si tuviera una de esas deficiencias, no podría entrenarse conmigo, entonces, ¿qué hay de los cinco?

57. —¿Qué te parece, príncipe? Supongamos que un hombre viniera aquí pensando: "El príncipe Bodhi conoce el arte de empuñar un gancho mientras monta un elefante; me entrenaré en ese arte con él". Si tuviera fe, podría lograr lo que puede lograr alguien que tiene fe; si estuviera libre de enfermedad, podría lograr lo que puede lograr alguien que está libre de enfermedad; si fuera honesto y sincero, podría lograr lo que puede lograr alguien que es honesto y sincero; si tuviera energía, podría lograr lo que puede lograr alguien que es enérgico; si fuera sabio, podría lograr lo que puede lograr alguien que es sabio. ¿Qué opinas, príncipe? ¿podría ese hombre entrenarse contigo en el arte de empuñar un gancho de entrenamiento mientras monta un elefante?

—Venerable señor, incluso si tuviera una sola de esas cualidades, podría entrenarse conmigo, entonces, ¿qué hay de los cinco?

58. —Así también, príncipe, existen estos cinco factores de esfuerzo. ¿Cuáles cinco? Aquí un bhikkhu tiene fe, pone su fe en la iluminación del Tathāgata, así: "Ese Bienaventurado es Consumado, plenamente iluminado, perfecto en conocimiento y conducta verdaderos, sublime, conocedor de mundos, líder incomparable de personas a ser entrenadas, maestro de *devas* y los humanos, iluminado, bienaventurado".

—Entonces está libre de enfermedades y aflicciones, posee una buena digestión que no es ni demasiado fría ni demasiado caliente, sino moderada y capaz de soportar la tensión del esfuerzo. Entonces es honesto y sincero, y se muestra tal como es al Maestro y a sus compañeros en la vida santa. Entonces es enérgico en abandonar estados malsanos y en emprender estados sanos, firme, aplicando su esfuerzo con determinación y perseverante en cultivar estados saludables. Entonces es sabio; posee una sabiduría sobre el surgimiento y el cese que es noble y penetrante y conduce a la destrucción completa del sufrimiento. Estos son los cinco factores del esfuerzo.

59. Príncipe, cuando un bhikkhu que posee estos cinco factores de esfuerzo encuentra a un Tathāgata para disciplinarlo, podría permanecer durante siete años, hasta que, al darse cuenta por sí mismo con conocimiento directo, aquí y ahora entrara y permaneciera en esa meta suprema de la vida santa, por el bien de la cual los miembros del clan salen correctamente de la vida hogareña a la vida sin hogar.

Y con mayor razón en menos siete años, príncipe. Cuando un bhikkhu que posee estos cinco factores de esfuerzo encuentra un Tathāgata para disciplinarlo, podría permanecer seis años... cinco años... cuatro años... tres años... dos años... un año... y con mayor razón en menos de un año, príncipe... podría permanecer siete meses... seis meses... cinco meses... cuatro meses... tres meses... dos meses... un mes... medio mes... y mucho menos de medio mes, príncipe,... podría permanecer siete días y noches... seis días y noches... cinco días y noches ... cuatro días cinco días y noches... cuatro días y noches... tres días y noches... dos días y noches... un día y una noche.

Y con mayor razón en menos de un día y una noche, príncipe. Cuando un bhikkhu que posee estos cinco factores de esfuerzo encuentra un Tathāgata para disciplinarlo, luego de ser instruido por la noche, puede llegar a la excelencia en la mañana; siendo instruido por la mañana, podría llegar a la excelencia por la noche.

60. Cuando esto fue dicho, el príncipe Bodhi le dijo al Bienaventurado: —¡Oh, el Buda! ¡Oh, el Dhamma! ¡Oh, qué bien proclamado está el Dhamma! Porque alguien instruido por la noche podría llegar a la excelencia en la mañana, y alguien instruido en la mañana podría llegar a la excelencia en la noche.

61. Cuando se dijo esto, el estudiante brahmán Sañjikāputta dijo al príncipe Bodhi: —El Maestro Bodhi dice: "¡Oh, el Buda! ¡Oh el Dhamma! ¡Oh, qué bien proclamado está el Dhamma!" Pero no ha dicho: "Voy al Maestro Gautama en busca de refugio y al Dhamma y al Saṅgha de los bhikkhus".

—No digas eso, mi querido Sañjikāputta, no digas eso. Escuché y aprendí esto de labios de mi madre: Hubo una ocasión en que el Bienaventurado vivía en Kosambī en el parque de Ghosita. Entonces mi madre, que estaba encinta, se dirigió al Bienaventurado, y después de rendirle homenaje, se sentó a un lado y le dijo: —Venerable señor, el príncipe o princesa en mi vientre, quienquiera que sea, va al Bienaventurado por refugio y al Dhamma y al Saṅgha de bhikkhus. Que el Bienaventurado se acuerde [del niño] como un laico seguidor que ha ido a él en busca de refugio de por vida. También hubo una ocasión en que el Bienaventurado vivía aquí, en el país de los Bhaggas en Suṁsumāragira, en la arboleda Bhesakaḷā, en el parque de los venados. Entonces, mi nodriza, llevándome en su cadera, fue hacia el Bienaventurado y, después de rendirle homenaje, se paró a un lado y le dijo: —Venerable señor, este príncipe Bodhi va al Bienaventurado por refugio y al Dhamma y al Saṅgha de bhikkhus. Que el Bienaventurado lo recuerde como un seguidor laico que ha acudido a él en busca de refugio de por la vida.

Ahora, mi querido Sañjikāputta, por tercera vez voy al Bienaventurado en busca de refugio y al Dhamma y al Saṅgha de bhikkhus. Que el Bienaventurado me recuerde como un seguidor laico que ha ido a él en busca de refugio de por vida.

NOTAS M.85

1. BB: El príncipe Bodhi era hijo del rey Udena de Kosambī; su madre era hija del rey Caṇḍappajjota de Avantī. La porción del *sutta* de los párrafos §2–§8 también se encuentra en Vin Cv Kh 5 / ii.127-29, donde conduce a la formulación de la regla mencionada en la siguiente nota.
2. MA explica que el príncipe Bodhi no tenía hijos y deseaba un hijo. Había oído que la gente podía cumplir sus deseos haciendo ofrendas especiales al Buda, así que extendió la tela blanca con la idea: "Si voy a tener un hijo, el Buda pisará la tela; si no voy a tener un hijo, él no pisará la tela". El Buda sabía que debido al mal *kamma* pasado, él y su esposa estaban destinados a no tener hijos. Por eso no pisó la tela. Más tarde estableció una regla disciplinaria que prohibía a los bhikkhus pisar una tela blanca, pero posteriormente modificó la regla para permitir a los bhikkhus pisar una tela como una bendición para los jefes de familia.
3. BB: *Pacchimaṁ janataṁ Tathāgato apaloketi.* La versión del Vinaya aquí dice *anukampati*, "tiene compasión", que es preferible. MA explica que el venerable. Ānanda dijo esto con el pensamiento en mente: "En épocas posteriores la gente llegará a considerar el honor a los bhikkhus como una manera de asegurar el cumplimiento de sus deseos mundanos y perderán la fe en el Saṅgha si sus demostraciones de honor no les traen el éxito que ellos desean".
4. BB: Este es el principio básico de los jainistas, como en M. 14.20.

86. *Aṅgulimāla Sutta*
Acerca de Aṅgulimāla

1. Esto he escuchado. En una ocasión, el Bienaventurado vivía en Sāvatthī, en el Bosquecillo de Jeta, el parque de Anāthapiṇḍika.

2. Ahora bien, en esa ocasión había un bandido en el reino del rey Pasenadi de Kosala llamado Aṅgulimāla, que era un asesino sanguinario, dado a los golpes y la violencia, despiadado con los seres vivos. Pueblos, ciudades y distritos fueron devastados por él. Asesinaba constantemente a la gente y usaba sus dedos como guirnalda.[1]

3. Luego, cuando llegó la mañana, el Bienaventurado se vistió y, tomando su cuenco y su túnica exterior, fue a Sāvatthī a buscar ofrendas de alimento. Cuando anduvo por Sāvatthī en busca de alimento y regresó de su ronda, después de comer ordenó su lugar de descanso y, tomando su cuenco y su túnica exterior, partió por el camino que conducía a donde se encontraba Aṅgulimāla. Vaqueros, pastores, labradores y viajeros vieron al Bienaventurado caminando por el camino que conducía a donde estaba Aṅgulimāla y le dijeron: —No tomes este camino, *samaṇa*. En este camino está el bandido Aṅgulimāla, que es asesino, sanguinario, dado a los golpes y a la violencia, despiadado con los seres vivos. Pueblos, ciudades y distritos han sido devastados por él. Constantemente está asesinando personas y usa sus dedos como una guirnalda. Los hombres han venido a lo largo de este camino en grupos de diez, veinte, treinta e incluso cuarenta, pero aun así han caído en manos de Aṅgulimāla. Dicho esto, el Bienaventurado prosiguió en silencio.

Por segunda vez... Por tercera vez, los vaqueros, pastores y labradores que pasaban por allí le dijeron esto al Bienaventurado, pero el Bienaventurado permanecía en silencio.

4. El bandido Aṅgulimāla vio venir al Bienaventurado a la distancia. Cuando lo vio, pensó: "¡Es maravilloso, es asombroso! Los hombres han venido por este camino en grupos de diez, veinte, treinta y hasta cuarenta, pero aun así han caído en mis manos. Pero ahora este *samaṇa* viene solo, sin compañía, como si se abriera paso a la fuerza.

¿Por qué no debería tomar la vida de este *samaṇa*?" Aṅgulimāla tomó entonces su espada y su escudo, se abrochó el arco y la carcasa y lo siguió.

5. Entonces el Bienaventurado realizó tal hazaña de poder sobrenatural que el bandido Aṅgulimāla, aunque corrió tan rápido como pudo, no pudo alcanzar al Bienaventurado, que caminaba a su paso normal. Entonces el bandido Aṅgulimāla pensó: "¡Es maravilloso, es asombroso! Antes podía alcanzar incluso a un elefante veloz y apoderarme de él; podía alcanzar incluso a un caballo veloz y apoderarme de él; podía alcanzar incluso a un carro veloz y apoderarme de él; podía alcanzar incluso a un venado veloz y apoderarme de él; pero ahora, aunque estoy corriendo tan rápido como puedo, ¡no puedo alcanzar a este *samaṇa* que camina a su paso normal!" Se detuvo y llamó al Bienaventurado: —¡Detente, *samaṇa*! ¡Detente, *samaṇa*!

—Yo me he detenido, Aṅgulimāla, tú también debes detenerte.

Entonces el bandido Aṅgulimāla pensó: "Estos *samaṇas*, hijos de los Sakya, dicen la verdad, afirman la verdad; pero, aunque este *samaṇa* sigue caminando, dice: *me he detenido, Aṅgulimāla, tú también debes detenerte*". Supongamos que interrogo a este *samaṇa*.

6. Entonces el bandido Aṅgulimāla se dirigió al Bienaventurado en estrofas así:

"Mientras caminas, *samaṇa*, me dices que te has detenido;
pero ahora, cuando me he parado, dices que no he parado.
Te pregunto ahora, oh *samaṇa*, sobre el significado:
¿Cómo es que tú te has detenido y yo no?

[El Buda le responde:]

"Aṅgulimāla, me he detenido para siempre,
me abstengo de la violencia hacia los seres vivos;
pero tú no tienes freno respecto a las cosas que viven:
por eso me he detenido y tú no".

[Aṅgulimāla:]

"Oh, por fin este *samaṇa*, un sabio venerado,
ha venido a este gran bosque por mi bien.[2]
Habiendo escuchado tu estrofa enseñando el Dhamma,
en verdad, renunciaré al mal para siempre.

Diciendo esto, el bandido tomó su espada y sus armas,
y las arrojó en la hondonada de un abismo abierto;

entonces el bandido adoró los pies del Sublime,
y allí mismo, pidió la salida [a la vida sin hogar].

El Iluminado, el Sabio de la Gran Compasión,
el Maestro del mundo con todos sus *devas*,
se dirigió a él con estas palabras: "Ven, bhikkhu".
Y así fue como Aṅgulimāla llegó a ser un bhikkhu.

7. Entonces el Bienaventurado emprendió el viaje de regreso a Sāvatthī con Aṅgulimāla como su asistente. Caminando de manera itinerante, finalmente llegó a Sāvatthī, y allí residió en Sāvatthī en el Bosquecillo de Jeta, el parque de Anāthapiṇḍika.

8. Ahora bien, en esa ocasión, grandes multitudes de personas se estaban reuniendo a las puertas del palacio interior del rey Pasenadi, muy estruendosas y ruidosas, gritando: —Señor, el bandido Aṅgulimāla está en tu reino; ¡es un asesino, con las manos ensangrentadas, dado a los golpes y la violencia, sin piedad con los seres vivos! ¡Pueblos, ciudades y distritos han sido devastados por él! ¡Constantemente asesina gente y usa sus dedos como una guirnalda! ¡El rey debe acabar con él!

9. Entonces, a la mitad del día, el rey Pasenadi de Kosala salió de Sāvatthī con una caballería de quinientos hombres y partió hacia el parque. Transitó hasta donde el camino era transitable para los carruajes, y luego se apeó de su carruaje y se dirigió a pie hacia el Bienaventurado. Después de rendir homenaje al Bienaventurado, se sentó a un lado, y el Bienaventurado le dijo: —¿Qué pasa, gran rey? ¿Te está atacando el rey Seniya Bimbisāra de Magadha, o los Licchavianos de Vesālī, u otros reyes hostiles?

10. —Venerable señor, el rey Seniya Bimbisāra de Magadha no me está atacando, ni tampoco me atacan, ni los Licchavianos de Vesālī, ni otros reyes hostiles. Pero hay un bandido en mi reino llamado Aṅgulimāla, que es asesino, sanguinario, dado a los golpes y la violencia, despiadado con los seres vivos. Pueblos, ciudades y distritos han sido devastados por él. Constantemente asesina personas y usa sus dedos como una guirnalda. Tengo la intención de ejecutarlo, venerable señor.

11. —Gran rey, supongamos que vieras que Aṅgulimāla se ha afeitado el cabello y la barba, que se ha puesto la túnica amarilla y que ha salido de la vida hogareña a la vida sin hogar; que se abstiene de matar seres vivientes, de tomar lo que no se da y de hablar falsamente; que come sólo una comida al día, y que es célibe, virtuoso y de buen carácter. Si fueras a verlo así, ¿cómo lo tratarías?

—Venerable señor, le rendiríamos homenaje, o nos pondríamos de pie por él, o le invitaríamos a sentarse; o lo invitaríamos a aceptar túnicas, dádivas, alimentos, un lugar de descanso y requisitos medicinales; o dispondríamos para él una custodia, defensa y protección legítimas. Pero, venerable señor, ¿cómo podría un hombre tan inmoral, de tan mal carácter, tener tal virtud y moderación?

12. Ahora bien, en esa ocasión el venerable Aṅgulimāla estaba sentado no lejos del Bienaventurado. Entonces el Bienaventurado extendió su brazo derecho y le dijo al rey Pasenadi de Kosala: —Gran rey, este es Aṅgulimāla.

Entonces el rey Pasenadi se asustó, se alarmó y se aterrorizó. Sabiendo esto, el Bienaventurado le dijo: —No tengas miedo, gran rey, no tengas miedo. No hay nada de lo que tengas que temer de él.

Entonces el temor, la alarma y el terror del rey se calmaron. Se acercó al venerable Aṅgulimāla y dijo: —Venerable señor, ¿el noble señor es realmente Aṅgulimāla?

—Sí, gran rey.

—Venerable señor, ¿De qué familia es el padre del noble señor? ¿De qué familia es su madre?

—Mi padre es un Gagga, gran rey; mi madre es una Mantāṇi.

—Que el noble señor Gagga Mantāṇiputta descanse contento. Proporcionaré túnicas, comida de dádiva, lugar de descanso y requisitos medicinales para el noble señor Gagga Mantāṇiputta.

13. Ahora bien, en ese momento el venerable Aṅgulimāla era un habitante del bosque, uno que comía comida de dádivas, un portador de trapos de desecho, y se restringía a sí mismo a tres túnicas. Respondió: —Suficiente, gran rey, mis tres túnicas están completas.

El rey Pasenadi entonces volvió donde el Bienaventurado, y después de rendirle homenaje, se sentó a un lado y dijo: —Es maravilloso, venerable señor, es maravilloso cómo el Bienaventurado domestica a los indómitos, trae paz a los intranquilos, y lleva al Nibbāna a aquellos que no han alcanzado el Nibbāna. Venerable señor, nosotros mismos no pudimos domarlo con la fuerza y las armas, sin embargo, el Bienaventurado lo ha domado sin la fuerza ni las armas. Y ahora, venerable señor, partimos. Estamos ocupados y tenemos mucho que hacer.

—Puedes irte, gran rey, cuando te convenga.

Entonces el rey Pasenadi de Kosala se levantó de su asiento, y después de rendir homenaje al Bienaventurado, manteniéndolo a su derecha, partió.

14. Luego, cuando llegó la mañana, el venerable Aṅgulimāla se vistió y, tomando su cuenco y su túnica exterior, fue a Sāvatthī a buscar ofrendas de alimento. Mientras caminaba por alimento de

casa en casa en Sāvatthī, vio a cierta mujer en trabajo de parto difícil, en trabajo doloroso. Al ver esto, pensó: "¡Cómo se afligen los seres! En verdad, ¡cómo se afligen los seres!"[3]

Cuando caminó por ofrendas de alimento en Sāvatthī y regresó de su ronda, después de su comida fue a donde se encontraba el Bienaventurado, y después de rendirle homenaje, se sentó a un lado y dijo: —Venerable señor, por la mañana me vestí, y tomando mi cuenco y mi túnica exterior, fui a Sāvatthī por comida. Mientras caminaba por las dádivas de alimento de casa en casa en Sāvatthī, vi a cierta mujer en trabajo de parto difícil, en trabajo doloroso. Cuando vi eso pensé: "¡Cómo se afligen los seres! En verdad, ¡cómo se afligen los seres!".

15. —En ese caso, Aṅgulimāla, ve a Sāvatthī y dile a esa mujer: "Hermana, desde que nací, no recuerdo que haya privado intencionalmente de la vida a un ser vivo. ¡Mediante esta verdad, que estés bien y que tu bebé esté bien!"

—Venerable señor, ¿no estaría diciendo una mentira deliberada, porque intencionalmente he privado a muchos seres vivos de la vida?

—Entonces, Aṅgulimāla, ve a Sāvatthī y dile a esa mujer: "Hermana, desde que nací *con el nacimiento noble*, no recuerdo haber privado intencionalmente de la vida a un ser viviente. ¡Mediante esta verdad, que estés bien y que tu niño esté bien!"[4]

—Sí, venerable señor, respondió el venerable Aṅgulimāla, y habiendo ido a Sāvatthī, le dijo a esa mujer: "Hermana, desde que nací *con el nacimiento noble*, no recuerdo que haya privado intencionalmente de la vida a un ser viviente. ¡Mediante esta verdad, que estés bien y que tu bebé esté bien!" Entonces la mujer y el niño se pusieron bien.

16. En poco tiempo, morando solo, en reclusión, diligente, enérgico y resuelto, el venerable Aṅgulimāla, al darse cuenta por sí mismo con conocimiento directo, aquí y ahora entró y permaneció en esa meta suprema de la vida santa por el bien de la cual los miembros del clan salen correctamente de la vida hogareña a la vida sin hogar. Él supo directamente: "El nacimiento ha sido destruido, la vida santa se ha vivido, lo que tenía que hacerse ha sido hecho, y ya no hay retorno a ningún estado de ser". Y el venerable Aṅgulimāla se convirtió en uno de los *arahants*.

17. Entonces, cuando llegó la mañana, el venerable Aṅgulimāla se vistió, y tomando su cuenco y su túnica exterior, fue a Sāvatthī a buscar ofrendas de alimento. Ahora, en esa ocasión, alguien arrojó un terrón y golpeó el cuerpo del venerable Aṅgulimāla, alguien más arrojó un palo y golpeó su cuerpo, y alguien más arrojó un fragmento de cerámica y golpeó su cuerpo. Entonces, con la sangre manando de su cabeza cortada, con su cuenco roto y con su túnica exterior

desgarrada, el venerable Aṅgulimāla fue hacia el Bienaventurado. El Bienaventurado lo vio venir a lo lejos y le dijo: —¡Sopórtalo, brahmán! ¡Sopórtalo, brahmán! Estás experimentando aquí y ahora el resultado de hechos por los cuales podrías haber sido torturado en el infierno durante muchos años, durante muchos cientos de años, durante muchos miles de años.[5]

18. Entonces, mientras el venerable Aṅgulimāla permanecía solo en retiro, experimentando la bienaventuranza de la liberación, pronunció esta exclamación:[6]

"Quien una vez vivió en la negligencia
y después ya no es negligente,
él ilumina este mundo
como la luna libre de una nube.

Quien corrige las malas acciones que hizo
al hacer buenas acciones en su lugar,
él ilumina este mundo
como la luna libre de una nube.

El bhikkhu joven que dedica
sus esfuerzos a las enseñanzas de Buda,
él ilumina este mundo
como la luna libre de una nube

Que mis enemigos escuchen discursos sobre el Dhamma,
que se dediquen a las enseñanzas de Buda,
que mis enemigos atiendan a esa buena gente
que lleva a otros a aceptar el Dhamma.

Que mis enemigos presten atención de vez en cuando
y escuchen el Dhamma de aquellos que predican la paciencia,
de los que hablan también en alabanza de la bondad,
y que los sigan con buenas acciones.

Porque ciertamente entonces no desearían hacerme daño,
ni pensarían en dañar a otros seres.
Entonces, aquellos que protegen a todos, frágiles o fuertes,
que alcancen la paz que todo lo supera.

Quienes hacen canales guían el agua,
los flecheros enderezan las flechas,
los carpinteros tallan la madera,
pero los sabios buscan domarse a sí mismos.

Hay algunos que se doman con golpes,
otros con lanzas y otros con látigos;
pero fui domado por Aquel
que no tiene vara ni arma alguna.

"Inofensivo" es el nombre que llevo,
no obstante, habiendo sido peligroso en el pasado.[7]
El nombre que llevo hoy es verdadero:
no lastimo ahora a ningún ser vivo en absoluto.

Y aunque una vez viví como un bandido
conocido por todos como "Mālā de Dedos",
uno a quien la gran inundación arrasó,
fui por refugio al Buda.

Y aunque una vez tuve las manos ensangrentadas
con el nombre de "Mālā de Dedos",
observen el refugio que he encontrado:
el lazo del devenir ha sido cortado.

Mientras hice muchas acciones que conducen
a renacer en los reinos del mal,
ahora su resultado me ha llegado,
y así como dádivas libre de deudas.[8]

Son tontos y no tienen sentido
quienes se entregan a la negligencia,
pero aquellos con sabiduría guardan la diligencia
y la tratan como su mayor bien.

No le des paso a la negligencia
ni busques el deleite en los placeres sensoriales,
en cambio, medita con diligencia
para alcanzar la dicha perfecta.

Así que bienvenido a esta elección mía
y deja que permanezca así, no estando mal hecha;
de todas las enseñanzas a las que recurrí,
he llegado a la mejor.

Así que bienvenido a esta elección mía
y deja que permanezca así, no estando mal hecha;
he alcanzado el triple conocimiento
y he hecho todo lo que el Buda enseña".

NOTAS M.86

1. BB: El nombre "Aṅgulimāla" es un epíteto que significa "guirnalda (*mālā*) de dedos (*anguli*). Era hijo del brahmán Bhaggava, capellán del rey Pasenadi de Kosala. Su nombre de pila era Ahiṁsaka, que significa "inofensivo". Estudió en Takkasilā, donde se convirtió en el favorito de su maestro. Sus compañeros de estudios, celosos de él, le dijeron al maestro que Ahiṁsaka había cometido adulterio con su esposa. El maestro, decidido a arruinar a Ahiṁsaka, le ordenó que le trajera mil dedos humanos de la mano derecha como honorarios. Ahiṁsaka vivía en el bosque de Jālinī, atacaba a los viajeros, le cortaba un dedo a cada uno y lo llevaba como una guirnalda alrededor de su cuello. En el momento en que se abre el *sutta*, le faltaba un dedo para completar los mil y había tomado la determinación de matar a la siguiente persona que apareciera. El Buda vio que la madre de Aṅgulimāla iba de camino a visitarlo, y consciente de que Aṅgulimāla tenía las condiciones necesarias para ser *arahant*, lo interceptó poco antes de la llegada de su madre. El matricidio es uno de los cinco crímenes abyectos que conducen al renacimiento inmediato en el infierno. De esa manera, el Buda intercede para evitar que Aṅgulimāla cometa dicho crimen.
2. MA explica que Aṅgulimāla acababa de darse cuenta de que el *samaṇa* que tenía ante él era el mismo Buda y que había venido al bosque con el expreso propósito de transformarlo.
3. MṬ explica que la expresión *mūḷhagabbha* significa que el feto se había girado sólo parcialmente en el útero y estaba siendo expulsado horizontalmente, de modo que su salida estaba bloqueada. MA dice que, aunque Aṅgulimāla había matado a casi mil personas, nunca había dado lugar a un pensamiento de compasión. Pero ahora, por el poder de su ordenación, la compasión surgió en él tan pronto como vio a la mujer en trabajo de parto.
4. BB: Incluso hoy en día, los monjes budistas suelen recitar esta expresión como un amuleto protector (*paritta*) para las mujeres embarazadas que se acercan al momento del parto.
5. MA explica que cualquier acción volitiva (*kamma*) es capaz de producir tres tipos de resultados: un resultado que se puede experimentar aquí y ahora, es decir, en la misma vida en la que se comete el acto; un resultado que se experimentará en la próxima existencia; y un resultado que se puede experimentar en cualquier vida posterior a la siguiente, mientras continúe la

estancia en *saṁsāra*. Debido a que había alcanzado el estado de *arahant*, Aṅgulimāla había escapado a los dos últimos tipos de resultados, pero no al primero, ya que incluso los *arahants* son susceptibles de experimentar los resultados de las acciones que realizaron en la vida presente antes de alcanzar el estado de *arahant*.

6. BB: Varios de los versos que siguen también aparecen en el *Dhammapada*. Los versos de Aṅgulimāla se encuentran completos en Thag 866–891.
7. Aunque MA dice que Ahiṁsaka, "inofensivo", era el nombre de pila de Aṅgulimāla, el comentario al Theragāthā dice que su nombre original era Hiṁsaka, que significa "peligroso".
8. BB: Mientras que se dice que los bhikkhus virtuosos, pero que aún no son *arahants*, comen la comida de dádivas del país como herencia del Buda, el *arahant* come "libre de deudas" porque se ha hecho completamente digno de recibir ofrendas de comida. Véase Vsm I, 125–27. NT: Otra posible interpretación de este verso es que —habiendo logrado el estado de *arahant*— su deuda kármica había sido saldada en lo que respecta a vidas venideras y, por otra parte, ya había experimentado todas las resultantes dolorosas de su *kamma* en la vida presente y, por lo tanto, quedaba sin deuda (ver n.5).

87. *Piyajātika Sutta*
Nacido de aquellos que son queridos

1. Esto he escuchado. En una ocasión, el Bienaventurado residía en Sāvatthī, en el Bosquecillo de Jeta, el parque de Anāthapiṇḍika.

2. Ahora bien, en esa ocasión, el querido y amado hijo único de cierto jefe de familia había muerto. Después de la muerte de su hijo, no tenía ganas de trabajar ni de comer. Siguió yendo al cementerio y llorando: "¡Mi único hijo, ¿dónde estás?, mi único hijo, ¿dónde estás?!"

3. Entonces ese padre de familia fue hacia el Bienaventurado, y después de rendirle homenaje, se sentó a un lado. El Bienaventurado le dijo: —Jefe de familia, tus facultades no son las de alguien que tiene el control de su propia mente. Tus facultades están trastornadas.

—¿Cómo podrían no estar trastornadas mis facultades, venerable señor, ya que mi querido y amado único hijo ha muerto? Desde que murió no tengo más ganas de trabajar ni de comer. Sigo yendo al cementerio y llorando: "¡Mi único hijo, ¿dónde estás?, mi único hijo, ¿dónde estás?!"

—¡Así es, jefe de familia, así es! La tristeza, el llanto, el dolor, el pesar y la desesperanza nacen de los que son queridos, surgen de los que son queridos.

—Venerable señor, ¿quién pensaría jamás que la tristeza, el lamento, el dolor, la pena y la desesperanza nacen de los que son queridos, surgen de los que son queridos? Venerable señor, la felicidad y la alegría nacen de los amados, surgen de los que son queridos. Entonces, disgustado con las palabras del Bienaventurado, y desaprobándolas, el padre de familia se levantó de su asiento y se fue.

4. Ahora bien, en esa ocasión, algunos apostadores estaban jugando con dados no lejos del Bienaventurado. Entonces el jefe de familia se dirigió a ellos y les dijo: —Hace un momento, señores, fui a donde se encontraba el samaṇa Gautama, y después de rendirle homenaje, me senté a un lado. Cuando lo hube hecho, el samaṇa Gautama me dijo: —Jefe de familia, tus facultades no son las de quien tiene el control de su propia mente. Tus facultades están trastornadas. [Yo le

dije]: —Venerable señor, la felicidad y la alegría nacen de los que son queridos, surgen de los que son queridos. Entonces, disgustado con las palabras del samaṇa Gautama, desaprobándolas, me levanté de mi asiento y me fui.

—¡Así es, jefe de familia, así es! La felicidad y la alegría nacen de los que son queridos, surgen de los que son queridos.

Entonces el jefe de familia se fue pensando: "Estoy de acuerdo con los apostadores".

5. Finalmente, esta historia llegó al palacio del rey. Entonces el rey Pasenadi de Kosala le dijo a la reina Mallikā: —Esto es lo que ha dicho el samaṇa Gautama, Mallikā: "La tristeza, el lamento, el dolor, el pesar y la desesperanza nacen de aquellos que son queridos, surgen de aquellos que son queridos".

—Si eso ha sido dicho por el Bienaventurado, señor, entonces es así.

—No importa lo que diga el samaṇa Gautama, Mallikā lo aplaude así: "Si eso ha sido dicho por el Bienaventurado, señor, entonces así es". Así como un alumno aplaude todo lo que le dice su maestro, diciendo: "¡Así es, maestro, así es!"; así también, Mallikā, no importa lo que diga el samaṇa Gautama, tú lo aplaudes así: "Si eso ha sido dicho por el Bienaventurado, señor, entonces así es". ¡Vete de aquí, Mallikā, fuera contigo!

6. Entonces la reina Mallikā se dirigió al brahmán Nāḷijangha: —Ven, brahmán, ve al Bienaventurado y rinde homenaje en mi nombre con tu cabeza a sus pies, y pregúntale si está libre de enfermedad y aflicción, si está sano, fuerte y permanece en comodidad, y dile: "Venerable señor, la reina Mallikā rinde homenaje con la cabeza a los pies del Bienaventurado y pregunta si el Bienaventurado está libre de enfermedades... y permanece en comodidad". Luego dile esto: "Venerable señor: ¿Acaso han sido pronunciadas por el Bienaventurado las siguientes palabras?: 'La tristeza, el lamento, el dolor, el pesar y la desesperanza nacen de los que son queridos, surgen de los que son queridos'". Aprende bien lo que el Bienaventurado conteste y repórtamelo a mí, pues los Tathāgatas no dicen mentiras.

—Sí, señora —respondió—, y fue a donde se encontraba el Bienaventurado e intercambió saludos con él. Cuando terminó esta cortés y amable charla, se sentó a un lado y dijo: "Maestro Gautama, la reina Mallikā rinde homenaje con la cabeza a los pies del Maestro Gautama y le pregunta si está libre de enfermedades... y permanece en comodidad". Y ella dice esto: "Venerable señor, ¿ha dicho el Bienaventurado estas palabras?: 'La tristeza, el lamento, el dolor, el pesar y la desesperanza nacen de los que son queridos, surgen de los que son queridos'".

7. —¡Así es, brahmán, así es! La tristeza, el lamento, el dolor, el pesar y la desesperanza nacen de los que son queridos, surgen de los que son queridos.

8. Se puede entender a partir de esto, brahmán, cómo la pena, la lamentación, el dolor, el pesar y la desesperanza nacen de aquellos que son queridos, surgen de aquellos que son queridos. Una vez, en este mismo Sāvatthī, había cierta mujer cuya madre murió. A causa de la muerte de su madre, enloqueció, perdió la razón y anduvo de calle en calle y de encrucijada en encrucijada, diciendo: "¿Han visto a mi madre? ¿Han visto a mi madre?"

9–14. Y también se puede entender a partir de esto cómo la tristeza, el lamento, el dolor, el pesar y la desesperanza nacen de los que son queridos, surgen de los que son queridos. Una vez, en este mismo Sāvatthī, había cierta mujer cuyo padre murió... cuyo hermano murió... cuya hermana murió... cuyo hijo murió... cuya hija murió... cuyo esposo murió. A causa de la muerte de su marido, enloqueció, perdió la razón y anduvo de calle en calle y de encrucijada en encrucijada, diciendo: "¿Han visto a mi marido? ¿Han visto a mi marido?"

15–21. Y también se puede entender a partir de esto cómo la tristeza, el lamento, el dolor, el pesar y la desesperanza nacen de los que son queridos, surgen de los que son queridos. Una vez, en este mismo Sāvatthī, había cierto hombre cuya madre murió... cuyo padre murió... cuyo hermano murió... cuya hermana murió... cuyo hijo murió... cuya hija murió... cuya esposa murió. A causa de la muerte de su esposa, enloqueció, perdió la cabeza y anduvo de calle en calle y de encrucijada en encrucijada, diciendo: "¿Han visto a mi esposa? ¿Han visto a mi esposa?"

22. Y también se puede entender a partir de esto cómo la tristeza, el lamento, el dolor, el pesar y la desesperanza nacen de aquellos que son queridos, surgen de aquellos que son queridos. Una vez, en este mismo Sāvatthī, había cierta mujer que se fue a vivir con la familia de sus parientes. Sus parientes querían divorciarla de su esposo y dársela a otro a quien ella no quería. Entonces la mujer dijo a su marido: —Señor, estos parientes míos quieren divorciarme de ti y darme a otro a quien no quiero. Entonces el hombre cortó a la mujer en dos y la destripó, pensando: "Estaremos juntos en el más allá". También se puede entender a partir de esto cómo la tristeza, el lamento, el dolor, el pesar y la desesperanza nacen de aquellos que son queridos, surgen de aquellos que son queridos.

23. Entonces, deleitándose y regocijándose con las palabras del Bienaventurado, el brahmán Nāḷijangha se levantó de su asiento, fue a ver a la reina Mallikā y le informó toda su conversación con el Bienaventurado.

24. Entonces, la reina Mallikā fue al rey Pasenadi de Kosala y le preguntó: —¿Qué piensa, señor? ¿Es la princesa Vajīrī querida por usted?

—Sí, Mallikā, la princesa Vajīrī me es querida.

—¿Qué le parece, señor? Si el cambio y la alteración[1] tuvieran lugar en la princesa Vajīrī, ¿surgirían en usted la tristeza, la lamentación, el dolor, el pesar y la desesperanza?

—El cambio y la alteración en la Princesa Vajīrī significaría una alteración en mi vida. ¿Cómo podría no surgir en mí la tristeza, el lamento, el dolor, el pesar y la desesperanza?

—Fue con referencia a esto, señor, que el Bienaventurado que sabe y ve, Consumado y plenamente iluminado, dijo: "La tristeza, el lamento, el dolor, el pesar y la desesperanza nacen de aquellos que son queridos, surgen de aquellos que son queridos".

25–28. ¿Qué le parece, señor? ¿Es la noble reina Vāsabhā querida por usted?... ¿Es el general Viḍūḍabha querido por usted?... ¿Soy yo querida por usted?... ¿Kāsi y Kosala son queridos por usted?[2]

—Sí, Mallikā, Kāsi y Kosala son queridos por mí. Les debemos a Kāsi y Kosala que usemos sándalo de Kāsi y usemos guirnaldas, esencias y ungüentos.

—¿Qué le parece, señor? Si el cambio y la alteración tuvieran lugar en Kāsi y Kosala, ¿La tristeza, la lamentación, el dolor, el pesar y la desesperanza surgirían en usted?

—El cambio y la alteración en Kāsi y Kosala significarían una alteración en mi vida. ¿Cómo podría no surgir en mí la tristeza, el lamento, el dolor, el pesar y la desesperanza?

—Fue con referencia a esto, señor, que el Bienaventurado que sabe y ve, Consumado y plenamente iluminado, dijo: "La tristeza, el lamento, el dolor, el pesar y la desesperanza nacen de aquellos que son queridos, surgen de aquellos que son queridos".

29. —¡Es maravilloso, Mallikā, es maravilloso hasta dónde el Bienaventurado penetra con sabiduría y ve con sabiduría! Ven, Mallikā, dame el agua de la ablución.[3]

Entonces el rey Pasenadi de Kosala se levantó de su asiento y, arreglándose la túnica superior sobre un hombro, extendió sus manos en un saludo reverencial hacia el Bienaventurado y pronunció esta exclamación tres veces: "¡Honor al Bienaventurado, Consumado y plenamente iluminado! ¡Honor al Bienaventurado, Consumado y plenamente iluminado! ¡Honor al Bienaventurado, Consumado y plenamente iluminado!"

NOTAS M.87

1. BB: La expresión se utiliza a menudo para referirse a enfermedades graves o la muerte.
2. BB: Viḍūḍabha era el hijo del rey, quien finalmente lo derrocó. Kāsi y Kosala son tierras sobre las que gobernó el rey.
3. MA: Usó esto para lavarse las manos, los pies y limpiarse la boca antes de reverenciar al Buda.

88. *Bāhitika Sutta*
La capa

1. Esto he escuchado. En una ocasión, el Bienaventurado residía en Sāvatthī, en el Bosquecillo de Jeta, el parque de Anāthapiṇḍika.

2. Entonces, cuando llegó la mañana, el venerable Ānanda se vistió y, tomando su cuenco y su túnica exterior, fue a Sāvatthī a buscar ofrendas de alimento. Cuando hubo vagado por alimento en Sāvatthī y regresó de su ronda, después de su comida fue al parque del este, al palacio de la madre de Migāra, para pasar el día.

3. Ahora bien, en esa ocasión, el rey Pasenadi de Kosala había montado el elefante Ekapuṇḍarīka y salía cabalgando de Sāvatthī al mediodía. Vio al venerable Ānanda venir a lo lejos y le preguntó al ministro Sirivaḍḍha: —Ese es el venerable Ānanda, ¿no es así? —Sí, señor, ese es el venerable Ānanda.

4. Entonces el rey Pasenadi de Kosala le dijo a un hombre: —Ven, buen hombre, ve al venerable Ānanda y rinde homenaje en mi nombre con tu cabeza a sus pies, diciendo: "Venerable señor, el rey Pasenadi de Kosala rinde homenaje con su cabeza a los pies del venerable Ānanda". Luego di esto: "Venerable señor, si el venerable Ānanda no tiene asuntos urgentes, tal vez el venerable Ānanda esperaría un momento, por compasión".

5. —Sí, señor —respondió el hombre—, y se dirigió al venerable Ānanda, y después de rendirle homenaje, se puso de pie a un lado y le dijo al venerable Ānanda: "Venerable señor, el rey Pasenadi de Kosala rinde homenaje con su cabeza a los pies del venerable Ānanda y dice esto: 'Venerable señor, si el venerable Ānanda no tiene asuntos urgentes, tal vez el venerable Ānanda esperaría un momento, por compasión'".

6. El venerable Ānanda consintió en silencio. Luego, el rey Pasenadi fue en elefante hasta donde el elefante podía llegar, y luego desmontó y se dirigió al venerable Ānanda a pie. Después de rendirle homenaje, se colocó a un lado y le dijo al venerable Ānanda: —Venerable señor, si el venerable Ānanda no tiene asuntos urgentes, sería bueno que fuera a la orilla del río Aciravatī, por compasión.

7. El venerable Ānanda consintió en silencio. Fue a la orilla del río Aciravatī y se sentó a la raíz de un árbol en un asiento preparado. Luego, el rey Pasenadi fue en elefante hasta donde el elefante podía llegar, y luego desmontó y se dirigió al venerable Ānanda a pie. Después de rendirle homenaje, se paró a un lado y le dijo al venerable Ānanda: —Aquí, venerable señor, hay una alfombra de elefante. Que el venerable Ānanda se siente en ella.

—No hay necesidad, gran rey. Siéntate. Estoy sentado en mi propia estera.

8. El rey Pasenadi de Kosala se sentó en un asiento preparado y dijo: —Venerable Ānanda, ¿se comportaría el Bienaventurado con el cuerpo de tal manera que pudiera ser censurado por *samaṇas* y brahmanes?[1]

—Gran rey, el Bienaventurado no se comportaría con el cuerpo de tal manera que pudiera ser censurado por *samaṇas* y brahmanes sabios.

—¿Se comportaría el Bienaventurado, venerable Ānanda, con el lenguaje... se comportaría con la mente de tal manera que pudiera ser censurado por *samaṇas* y brahmanes?

—Gran rey, el Bienaventurado no se comportaría con el lenguaje... no se comportaría con la mente de tal manera que pudiera ser censurado por sabios *samaṇas* y brahmanes.

9. —¡Es maravilloso, venerable señor, es maravilloso! Porque lo que no pudimos lograr con una pregunta, el venerable Ānanda lo logró con la respuesta a la pregunta. No reconocemos nada de valor en los elogios y reproches de otros, dichos por personas insensatas e ignorantes, que hablan sin haber investigado y evaluado; pero reconocemos como valiosas las alabanzas y reproches de otros dichas por personas sabias, inteligentes y sagaces que hablan después de haber investigado y evaluado.

10. Ahora, venerable Ānanda, ¿qué tipo de comportamiento corporal censuran los sabios *samaṇas* y brahmanes?

—Cualquier comportamiento corporal que no sea sano, gran rey.

—Ahora, venerable Ānanda, ¿qué tipo de comportamiento corporal es perjudicial?

—Cualquier comportamiento corporal que sea censurable, gran rey.

—Ahora, venerable Ānanda, ¿qué tipo de comportamiento corporal es censurable?

—Cualquier comportamiento corporal que traiga aflicción, gran rey.

—Ahora, venerable Ānanda, ¿qué tipo de comportamiento corporal trae aflicción?

—Cualquier comportamiento corporal que tenga resultados dolorosos, gran rey.

—Ahora, venerable Ānanda, ¿qué tipo de comportamiento corporal tiene resultados dolorosos?

—Cualquier comportamiento corporal, gran rey, que conduzca a la propia aflicción, o a la aflicción de otros, o a la aflicción de ambos, y debido al cual los estados malsanos aumentan y los estados sanos disminuyen. Tal comportamiento corporal es censurado por sabios *samaṇas* y brahmanes, gran rey.[2]

11. —Ahora, venerable Ānanda, ¿qué tipo de comportamiento verbal censuran los sabios *samaṇas* y los brahmanes?

—Cualquier comportamiento verbal que sea malsano... (Completo como en §10, sustituyendo "comportamiento verbal" por "comportamiento corporal") ...

12. —Ahora, venerable Ānanda, ¿qué tipo de comportamiento mental es censurado por sabios samaṇas y brahmanes?

—Cualquier comportamiento mental que sea malsano... (Completo como en §10, sustituyendo "comportamiento mental" por "comportamiento corporal") ...

13. —Ahora, venerable Ānanda, ¿el Bienaventurado alaba solo el abandono de todos los estados malsanos?

—El Tathāgata, gran rey, ha abandonado todos los estados malsanos y posee estados sanos.[3]

14. —Ahora, venerable Ānanda, ¿qué tipo de comportamiento corporal no es censurado por sabios *samaṇas* y brahmanes?

—Cualquier comportamiento corporal que sea sano, gran rey.

—Ahora, venerable Ānanda, ¿qué tipo de comportamiento corporal es sano?

—Cualquier comportamiento corporal que sea irreprochable, gran rey.

—Ahora, venerable Ānanda, ¿qué tipo de comportamiento corporal es irreprochable?

—Cualquier comportamiento corporal que no traiga aflicción, gran rey.

—Ahora, venerable Ānanda, ¿qué tipo de comportamiento corporal no trae aflicción?

—Cualquier comportamiento corporal que tenga resultados agradables, gran rey.

—Ahora, venerable Ānanda, ¿qué tipo de comportamiento corporal tiene resultados agradables?

—Cualquier comportamiento corporal, gran rey, que no conduzca a la propia aflicción, o a la aflicción de otros, o a la aflicción de ambos, y debido al cual los estados malsanos disminuyen y los estados sanos aumentan. Tal comportamiento corporal, gran rey, no es censurado por sabios *samaṇas* y brahmanes.

15. —Ahora, venerable Ānanda, ¿qué tipo de comportamiento verbal no es censurado por sabios *samaṇas* y brahmanes?

—Cualquier comportamiento verbal que sea sano... (Completo como en §14, sustituyendo "comportamiento verbal" por "comportamiento corporal") ...

16. —Ahora, venerable Ānanda, ¿qué tipo de comportamiento mental no es censurado por *samaṇas* y brahmanes sabios?

—Cualquier comportamiento mental que sea sano... (Completo como en §14, sustituyendo "comportamiento mental" por "comportamiento corporal") ...

17. —Ahora, venerable Ānanda, ¿el Bienaventurado alaba solo la realización de todos los estados sanos?

—El Tathāgata, gran rey, ha abandonado todos los estados malsanos y posee estados sanos.

18. —¡Es maravilloso, venerable señor, es maravilloso lo bien que ha sido expresado por el venerable Ānanda! Y estamos satisfechos y complacidos por lo bien expresado por él. Venerable señor, estamos tan satisfechos y complacidos con lo que ha sido tan bien expresado por el venerable Ānanda que, si se le permitiera el tesoro del elefante, se lo daríamos; si se le permitiera el tesoro del caballo, se lo daríamos; si se le permitiera el favor de un pueblo, se lo daríamos. Pero sabemos, venerable señor, que estos no están permitidos para el venerable Ānanda. Pero está esta capa mía,[4] venerable señor, que me fue enviada envuelta en un estuche de parasol real por el rey Ajātasattu de Magadha, de dieciséis manos de largo y ocho manos de ancho. Que el venerable Ānanda la acepte por compasión.

—No es necesario, gran rey. Mi túnica triple está completa.

19. —Venerable señor, este río Aciravatī ha sido visto tanto por el venerable Ānanda como por nosotros mismos cuando una gran nube ha llovido fuertemente sobre las montañas; entonces este río Aciravatī se desborda en sus dos orillas. Así también, venerable señor, el venerable Ānanda puede hacerse una túnica triple con esta capa, y puede repartir su vieja túnica triple entre sus compañeros en la vida santa. De esta manera, nuestra ofrenda se desbordará. Venerable señor, que el venerable Ānanda acepte el manto.

20. El venerable Ānanda aceptó el manto. Entonces el rey Pasenadi de Kosala dijo: —Y ahora, venerable señor, partimos. Estamos ocupados y tenemos mucho que hacer.

—Puedes irte, gran rey, cuando te convenga.

Luego, el rey Pasenadi de Kosala, habiéndose deleitado y regocijado con las palabras del venerable Ānanda, se levantó de su asiento y, después de rendir homenaje al venerable Ānanda, manteniéndolo a su derecha, partió.

21. Luego, poco después de que se hubo ido, el venerable Ānanda fue a donde se encontraba el Bienaventurado, y después de rendirle homenaje, se sentó a un lado, le contó toda su conversación con el rey Pasenadi de Kosala, y le entregó el manto al Bienaventurado.

22. Entonces el Bienaventurado se dirigió a los bhikkhus: —Es una ganancia, bhikkhus, para el rey Pasenadi de Kosala, es una gran ganancia para el rey Pasenadi de Kosala que ha tenido la oportunidad de ver y respetar a Ānanda.

Eso es lo que dijo el Bienaventurado. Los bhikkhus estuvieron satisfechos y deleitados con las palabras del Bienaventurado.

NOTAS M.88

1. MA explica que el rey hizo esta pregunta con referencia al caso que involucraba a la asceta errante Sundarī, que estaba pendiente de investigación en ese momento. Con el deseo de desacreditar al Buda, algunos ascetas errantes persuadieron a Sundarī para que visitara la arboleda de Jeta por la noche y luego se dejara ver regresar al amanecer, para que la gente sospechara. Después de un tiempo, la asesinaron y la enterraron cerca del Bosquecillo de Jeta, y cuando su cuerpo fue descubierto allí, señalaron con un dedo acusador al Buda. Después de una semana, el informe falso salió a la luz cuando los espías del rey descubrieron la verdadera historia detrás del asesinato. Véase Ud 4:8 / 42–45.

   Sigo aquí a BBS y SBJ, que añaden la calificación "sabio" a la frase "*samaṇas* y brahmanes" (*samaṇehi brāhmaṇehi viññūhi*). La respuesta de Ānanda implica, por lo tanto, que lo que se debe evitar es su censura y no la de los ascetas comunes. Que esta lectura es correcta está respaldada por la declaración del rey justo debajo, de que Ānanda ha hecho con su respuesta lo que él mismo no pudo hacer con la pregunta, es decir, distinguir entre los sabios y los tontos.
2. BB: Brevemente, este pasaje ofrece cinco criterios de acciones malas: lo malsano subraya la calidad psicológica de la acción, su efecto nocivo sobre la mente; el hecho de que sea censurable subraya su naturaleza moralmente perjudicial; su capacidad de producir resultados dolorosos llama la atención sobre su potencial kármico indeseable; y la última afirmación llama la atención tanto sobre su mala motivación como sobre las dañinas consecuencias a largo plazo que dicha acción conlleva tanto para uno mismo como para los demás. La explicación opuesta se aplica a la buena acción, analizada en el párrafo §14.
3. MA: La respuesta del venerable Ānanda va más allá de la pregunta, porque muestra no sólo que el Buda elogia el abandono de todos los estados malsanos, sino que actúa de acuerdo con su palabra al haber abandonado también todos los estados malsanos.
4. MA explica la palabra *bāhitikā*, que da nombre al *sutta*, como una capa producida en un país extranjero.

   NT: *Bāhitikā* también se traduce como "externa(o)"; "paño importado"; "manto"; "capa"; "tela extranjera". Lit. lo que mantiene (el frío) fuera.

89. *Dhammacetiya Sutta*
Monumentos al Dhamma

1. Esto he escuchado. En una ocasión, el Bienaventurado residía en el país de los Sakya, donde había un pueblo Sakya llamado Medaḷumpa.

2. Ahora bien, en esa ocasión, el rey Pasenadi de Kosala había llegado a Nagaraka por algún negocio u otro. Luego se dirigió a Dīgha Kārāyaṇa:[1] —Querido Kārāyaṇa, prepara los carruajes reales. Vayamos al jardín del placer para ver un lugar agradable.

—Sí, señor —respondió Dīgha Kārāyaṇa—. Cuando los carruajes reales estuvieron preparados, le informó al rey: —Señor, los carruajes estatales están listos para usted. Puede partir a su conveniencia.

3. Entonces el rey Pasenadi montó un carruaje real y, acompañado por los otros carruajes, salió de Nagaraka con toda la pompa de la realeza y se dirigió hacia el parque. Así fue hasta donde el camino era transitable para carruajes y luego desmontó de su carruaje y entró al parque a pie.

4. Mientras caminaba y deambulaba por el parque para hacer ejercicio, el rey Pasenadi vio raíces de árboles que eran encantadoras e inspiradoras, silenciosas y sin disturbios a causa de voces, con una atmósfera de reclusión, alejadas de la gente, favorables para el retiro. La vista de estas le recordó al Bienaventurado así: "Estas raíces de árboles son hermosas e inspiradoras, tranquilas e imperturbables por las voces, con una atmósfera de recogimiento, alejadas de la gente, propicias para el retiro, como los lugares donde solíamos rendir respeto al Bienaventurado, Consumado y plenamente iluminado". Luego le dijo a Dīgha Kārāyaṇa lo que había pensado y preguntó: —¿Dónde vive ahora el Bienaventurado, Consumado y plenamente iluminado?

5. —Hay, señor, un pueblo de los Sakya llamado Medaḷumpa. El Bienaventurado, Consumado y plenamente iluminado, reside ahora allí.

—¿Qué distancia hay de Nagaraka a Medaḷumpa?

—No está lejos, señor, tres leguas (*yojana*).[2] Todavía hay luz suficiente para ir allí.

—Entonces, querido Kārāyaṇa, prepara los carruajes reales. Vayamos y veamos al Bienaventurado, Consumado y plenamente iluminado.

—Sí, señor —respondió—. Cuando los carruajes reales estuvieron preparados, le informó al rey: señor, los carruajes reales están listos para usted. Puede ir a su conveniencia.

6. Entonces el rey Pasenadi montó en un carruaje real y, acompañado por los demás carruajes, partió de Nagaraka hacia la ciudad Sakya de Medaḷumpa. Llegó allí cuando aún era de día y se dirigió hacia el parque. Así fue hasta donde el camino era transitable para los carruajes, y luego desmontó de su carruaje y entró al parque a pie.

7. Ahora bien, en esa ocasión, un cierto número de bhikkhus estaba caminando de un lado a otro al aire libre. Entonces el rey Pasenadi se acercó a ellos y les preguntó: —Venerables señores, ¿dónde vive ahora el Bienaventurado, Consumado y plenamente iluminado? Queremos ver al Bienaventurado, Consumado y plenamente iluminado.

8. —Esa es su morada, gran rey, con la puerta cerrada. Sube a ella en silencio, sin prisas, entra en el porche, aclara tu garganta y toca en el panel. El Bienaventurado te abrirá la puerta. El rey Pasenadi entregó su espada y su turbante a Dīgha Kārāyaṇa en ese mismo momento. Entonces Dīgha Kārāyaṇa pensó: "¡Así que el rey va ahora a una sesión secreta! ¡Y tengo que esperar aquí solo ahora!"[3] Sin prisa, el rey Pasenadi subió en silencio a la vivienda con la puerta cerrada, entró en el pórtico, se aclaró la garganta y golpeó el panel. El Bienaventurado abrió la puerta.

9. Entonces el rey Pasenadi entró en la morada. Postrándose con la cabeza a los pies del Bienaventurado, cubrió de besos los pies del Bienaventurado y los acarició con las manos, pronunciando su nombre: —Soy el rey Pasenadi de Kosala, venerable señor; soy el rey Pasenadi de Kosala, venerable señor.

—Pero, gran rey, ¿qué razón ves para hacer tan supremo honor a este cuerpo y para mostrar tal amistad?

10. —Venerable señor, infiero de acuerdo con el Dhamma sobre el Bienaventurado: "El Bienaventurado está plenamente iluminado, el Dhamma está bien proclamado por el Bienaventurado, el Saṅgha de los discípulos del Bienaventurado está practicando el buen camino". Ahora bien, venerable señor, veo algunos *samaṇas* y brahmanes llevando una vida santa limitada durante diez años, veinte años, treinta años o cuarenta años, y luego, en una ocasión posterior los veo bien arreglados y ungidos, con el cabello y la barba recortados, disfrutando, provistos y dotados de las cinco ramas del placer sensorial. Pero aquí veo a bhikkhus que llevan una vida santa, pura y perfecta mientras dura la vida y el aliento. De hecho, no veo

ninguna otra vida santa en otro lugar tan perfecta y pura como esta. Por eso, venerable señor, infiero de acuerdo con el Dhamma sobre el Bienaventurado: El Bienaventurado está plenamente iluminado, el Dhamma está bien proclamado por el Bienaventurado, el Saṅgha de los discípulos del Bienaventurado está practicando el buen camino.

11. Nuevamente, venerable señor, los reyes pelean con los reyes, los nobles con los nobles, los brahmanes con los brahmanes, los padres de familia con los padres de familia; la madre pelea con el hijo, el hijo con la madre, el padre con el hijo, el hijo con el padre; el hermano pelea con el hermano, la hermana con la hermana, la hermana con el hermano, y el amigo con el amigo.[4] Pero aquí veo a bhikkhus viviendo en concordia, con aprecio mutuo, sin disputas, mezclándose como la leche y el agua, mirándose unos a otros con ojos bondadosos. No veo ninguna otra asamblea en otro lugar con tanta concordia. Esto también, venerable señor, es por lo que infiero de acuerdo con el Dhamma sobre el Bienaventurado: El Bienaventurado está plenamente iluminado, el Dhamma está bien proclamado por el Bienaventurado, el Saṅgha de los discípulos del Bienaventurado está practicando el buen camino.

12. Nuevamente, venerable señor, he caminado y vagado de parque en parque y de jardín en jardín. Allí he visto algunos *samaṇas* y brahmanes que son flacos, miserables, antiestéticos, ictéricos, con venas que sobresalen en sus extremidades, de tal manera que la gente no querría volver a mirarlos. He pensado: "Ciertamente estos venerables están llevando la vida santa en descontento, o han hecho alguna mala acción y la están ocultando, tan flacos y miserables son... tanto que la gente no los querría volver a mirar". Me acerqué a ellos y les pregunté: —¿Por qué ustedes, venerables, son tan flacos y miserables... de tal manera que la gente no querría volver a mirarlos? Su respuesta fue: —Es nuestra enfermedad familiar, gran rey.

Sin embargo, aquí veo a los bhikkhus sonrientes y alegres, en verdad alegres, claramente deleitados, sus facultades frescas, viviendo a gusto, serenos, subsistiendo con lo que otros dan, permaneciendo con la mente [tan recluida] como la de un ciervo salvaje. He pensado: "Ciertamente estos venerables perciben sucesivos estados de excelsa distinción en la dispensación del Bienaventurado, ya que ellos moran así sonrientes y alegres... con la mente [tan recluida] como la de un ciervo salvaje".

Esto también, venerable señor, es la razón por la que infiero de acuerdo con el Dhamma sobre el Bienaventurado: "El Bienaventurado está plenamente iluminado, el Dhamma está bien proclamado por el Bienaventurado, el Saṅgha de los discípulos del Bienaventurado está practicando el buen camino".

13. Además, venerable señor, siendo un noble rey ungido en la cabeza, puedo ejecutar a los que deben ser ejecutados, multar a los que deben ser multados, exiliar a los que deben ser exiliados. Sin embargo, cuando estoy sentado en el consejo, irrumpen y me interrumpen. Aunque digo: —Señores, no irrumpan ni me interrumpan cuando estoy sentado en el consejo; esperen hasta el final de mi discurso—, aun así, todavía irrumpen y me interrumpen.

Pero aquí veo a los bhikkhus, mientras el Bienaventurado está enseñando el Dhamma[5] a una asamblea de varios cientos de seguidores, de forma que ni siquiera se escucha el sonido de un discípulo del Bienaventurado tosiendo o carraspeando.

En una ocasión, el Bienaventurado estaba enseñando el Dhamma a una asamblea de varios cientos de seguidores y allí un discípulo suyo se aclaró la garganta. Entonces uno de sus compañeros de la vida santa le dio un codazo para indicarle: —Cállate, venerable señor, no hagas ruido; el Bienaventurado, el Maestro, nos está enseñando el Dhamma. Pensé: "¡Es maravilloso, es maravilloso cómo una asamblea puede ser tan bien disciplinada sin necesidad de fuerza o arma! De hecho, no veo ninguna otra asamblea en otro lugar tan bien disciplinada".

Esto también, venerable señor, es la razón por la que infiero de acuerdo con el Dhamma acerca del Bienaventurado: "El Bienaventurado está plenamente iluminado, el Dhamma es bien proclamado por el Bienaventurado, el Saṅgha de los discípulos del Bienaventurado está practicando el buen camino".

14. Además, venerable señor, he visto aquí a ciertos sabios nobles que eran inteligentes, conocedores de las doctrinas de otros, tan diestros como tiradores que podrían partir un cabello con una flecha,[6] y que vagan, por decirlo así, como derribando las opiniones de otros con sus agudos ingenios.

Cuando escuchan: "El samaṇa Gautama visitará tal o cual pueblo o ciudad", formulan una pregunta así: "Iremos a donde está el samaṇa Gautama y le haremos esta pregunta. Si se le pregunta así, responderá así, y así refutaremos su doctrina de esta manera; y si se le pregunta así, responderá así, y así refutaremos su doctrina de esa manera". Ellos escuchan: "El samaṇa Gautama ha venido a visitar tal o cual pueblo o ciudad". Entonces, van a donde se encuentra el Bienaventurado, y el Bienaventurado los instruye, insta, despierta, y los alegra con una plática sobre el Dhamma.

Después de haber sido instruidos, instados, despertados y alegrados por el Bienaventurado con una plática sobre el Dhamma, ni siquiera le hacen la pregunta, entonces, ¿cómo deberían refutar su doctrina? De hecho, se convierten en sus discípulos.

Esto también, venerable señor, es por lo que infiero de acuerdo con el Dhamma sobre el Bienaventurado: "El Bienaventurado está plenamente iluminado, el Dhamma está bien proclamado por el Bienaventurado, el Saṅgha de los discípulos del Bienaventurado está practicando el buen camino".

15. Nuevamente, venerable señor, he visto aquí a ciertos brahmanes eruditos...

16. Nuevamente, venerable señor, he visto aquí a ciertos sabios jefes de familia...

17. Nuevamente, venerable señor, he visto aquí a ciertos *samaṇas* eruditos ... Ni siquiera le hacen la pregunta; entonces, ¿cómo deberían refutar su doctrina? De hecho, le piden al Bienaventurado que les permita salir de la vida hogareña para ir a la vida sin hogar, y él les da la admisión.

No mucho tiempo después de haber partido así, morando solos, retraídos, diligentes, enérgicos y resueltos, al darse cuenta por sí mismos con conocimiento directo, aquí y ahora entran y moran en esa meta suprema de la vida santa por el bien de la cual los miembros del clan salen correctamente de la vida hogareña a la vida sin hogar. Dicen así: "Casi nos perdemos, casi perecemos, porque antes decíamos que éramos *samaṇās*, aunque en realidad no éramos *samaṇās*; afirmábamos que éramos brahmanes, aunque en realidad no éramos brahmanes; afirmábamos que éramos *arahants,* aunque en realidad no éramos *arahants*. Pero ahora somos *samaṇās*, ahora somos brahmanes, ahora somos *arahants*".

Esto también, venerable señor, es la razón por la que infiero de acuerdo con el Dhamma sobre el Bienaventurado: "El Bienaventurado está plenamente iluminado, el Dhamma está bien proclamado por el Bienaventurado, el Saṅgha de los discípulos del Bienaventurado está practicando el buen camino".

18. Por otra parte, venerable señor, Isidatta y Purāṇa,[7] mis dos inspectores, comen mi comida y usan mis carruajes; les doy un sustento y les doy fama. Sin embargo, a pesar de esto, no me hacen tanto honor como le hacen al Bienaventurado. En una ocasión, cuando había salido al frente de un ejército y estaba probando a estos inspectores, Isidatta y Purāṇa, me alojé en un lugar muy estrecho. Entonces estos dos inspectores, Isidatta y Purāṇa, después de pasar gran parte de la noche hablando sobre el Dhamma, se acostaron con la cabeza en la dirección donde habían oído que el Bienaventurado estaba y con los pies hacia mí. Pensé: "¡Es maravilloso, es maravilloso! Estos dos inspectores, Isidatta y Purāṇa, comen mi comida y usan mis carruajes; les doy un sustento y les doy fama. Sin embargo, a pesar de esto, son menos respetuosos conmigo que con el Bienaventurado.

Ciertamente estas buenas personas perciben estados sucesivos de elevada distinción en la dispensación del Bienaventurado".

Esto también, venerable señor, es la razón por la que infiero de acuerdo con el Dhamma sobre el Bienaventurado: "El Bienaventurado está plenamente iluminado, el Dhamma está bien proclamado por el Bienaventurado, el Saṅgha de los discípulos del Bienaventurado está practicando el buen camino".

19. Además, venerable señor, el Bienaventurado es un noble y yo soy un noble; el Bienaventurado es un Kosalí y yo soy un Kosalí; el Bienaventurado tiene ochenta años y yo tengo ochenta años.[8] Siendo así, me parece adecuado hacer tan supremo honor al Bienaventurado y mostrarle tal amistad.

20. Y ahora, venerable señor, partimos. Estamos ocupados y tenemos mucho que hacer.

—Puedes irte, gran rey, cuando te convenga.

Entonces el rey Pasenadi de Kosala se levantó de su asiento, y después de rendir homenaje al Bienaventurado, manteniéndolo a su derecha, partió.[9]

21. Luego, poco después de que se hubiera ido, el Bienaventurado se dirigió a los bhikkhus diciendo: —Bhikkhus, antes de levantarse de su asiento y marcharse, este rey Pasenadi pronunció monumentos al Dhamma (*dhammacetiyāni*).[10] Aprendan los monumentos al Dhamma, bhikkhus; dominen los monumentos al Dhamma; recuerden los monumentos al Dhamma. Bhikkhus, los monumentos al Dhamma son beneficiosos y pertenecen a los fundamentos de la vida santa.

Eso es lo que dijo el Bienaventurado. Los bhikkhus estuvieron satisfechos y deleitados con las palabras del Bienaventurado.

NOTAS M.89

1. BB: Dīgha Kārāyaṇa era el comandante en jefe de las fuerzas del rey Pasenadi. Era sobrino de Bandhula, jefe de los Mallas y antiguo amigo del rey Pasenadi, a quien el rey había matado junto con sus treinta y dos hijos debido a la traición de sus ministros corruptos. Kārāyaṇa estaba en connivencia secreta con el príncipe Viḍūḍabha, hijo de Pasenadi, para ayudarlo a usurpar el trono de su padre.
2. BB: Tres leguas (*yojana*) serían veinte millas [treinta y dos kilómetros] aproximadamente.
3. MA dice que pensó: "Anteriormente, después de consultar en privado con el samaṇa Gautama, el rey arrestó a mi tío y a sus treinta y dos hijos. Quizás esta vez me arreste". Las insignias reales confiadas a Dīgha Kārāyaṇa también incluían el abanico, la sombrilla y las sandalias. Dīgha Kārāyaṇa se apresuró a regresar a la capital con la insignia real y coronó rey a Viḍūḍabha.
4. En M. 13.11 se dice que estas disputas surgen a causa de los placeres sensoriales.
5. Como en M. 77.6.
6. Como en M.27, §§4–7.
7. BB: En el momento de su muerte, el Buda declaró que ambos tenían el logro del que retorna una sola vez. Ver: AN 6:44 / iii.348.
8. BB: Esta afirmación indica que este *sutta* puede asignarse al último año de la vida del Buda.
9. BB: Cuando el rey Pasenadi regresó al lugar donde había dejado a Dīgha Kārāyaṇa, sólo encontró a una sirvienta que le informó de la noticia. Luego se apresuró a viajar a Rājagaha para conseguir la ayuda de su sobrino, el rey Ajātasattu. Pero como llegó tarde, encontró las puertas de la ciudad cerradas. Agotado por el viaje, se acostó en un salón fuera de la ciudad y murió durante la noche.
10. MA: Monumentos al Dhamma significa palabras que expresan reverencia al Dhamma. Siempre que se muestra reverencia hacia cualquiera de las Tres Joyas, también se muestra hacia las demás.

90. *Kaṇṇakatthala Sutta*
En Kaṇṇakatthala

1. Esto he escuchado. En una ocasión, el Bienaventurado estaba residiendo en Ujuññā, en el parque de ciervos Kaṇṇakatthala.

2. Ahora bien, en esa ocasión, el rey Pasenadi de Kosala había llegado a Ujuññā por algún negocio u otro. Luego le dijo a un hombre: —Ven, buen hombre, ve al Bienaventurado y rinde homenaje en mi nombre con tu cabeza a sus pies, y pregúntale si está libre de enfermedad y aflicción, y si está saludable, fuerte y morando confortablemente, diciéndole: venerable señor, el rey Pasenadi de Kosala rinde homenaje con la cabeza a los pies del Bienaventurado, y pregunta si el Bienaventurado está libre de enfermedades... y morando en comodidad. Y luego dile esto: venerable señor, hoy el rey Pasenadi de Kosala vendrá a ver al Bienaventurado después de haber desayunado.

—Sí, señor —respondió el hombre, y fue a donde se encontraba el Bienaventurado, y después de rendirle homenaje, se sentó a un lado y le entregó su mensaje.

3. Las hermanas Somā y Sakulā escucharon:[1] "Hoy el rey Pasenadi de Kosala irá a ver al Bienaventurado después de que haya desayunado".

Entonces, mientras se servía la comida, las dos hermanas se acercaron al rey y le dijeron: —Señor, rinda homenaje en nuestro nombre con su cabeza a los pies del Bienaventurado, y pregúntele si está libre de enfermedades... y morando en comodidad, diciéndole: venerable señor, las hermanas Somā y Sakulā rinden homenaje con sus cabezas a los pies del Bienaventurado, y preguntan si está libre de enfermedades... y morando en comodidad.

4. Luego, cuando hubo terminado su desayuno, el rey Pasenadi de Kosala fue a donde se encontraba el Bienaventurado, y después de rendirle homenaje, se sentó a un lado y le hizo saber el mensaje de las hermanas Somā y Sakulā.

—Pero, gran rey, ¿las hermanas Somā y Sakulā no pudieron encontrar otro mensajero?

—Venerable señor, las hermanas Somā y Sakulā escucharon: "Hoy el rey Pasenadi de Kosala irá a ver al Bienaventurado después de que haya desayunado". Entonces, mientras se servía la comida, las hermanas Somā y Sakulā vinieron a mí y dijeron: —Señor, rinda homenaje en nuestro nombre con la cabeza a los pies del Bienaventurado, y pregúntele si está libre de enfermedad... y morando en comodidad.

—Que las hermanas Somā y Sakulā sean felices, gran rey.

5. Entonces el rey Pasenadi de Kosala dijo al Bienaventurado: —Venerable señor, he oído esto: "El samaṇa Gautama dice: 'No hay *samaṇa* o brahmán que sea omnisciente y que todo lo vea, que pueda pretender tener un conocimiento completo y visión; eso no es posible'". Venerable señor, ¿los que así hablan dicen lo que ha sido dicho por el Bienaventurado, y no lo tergiversan con lo que es contrario a los hechos? ¿Explican de acuerdo con el Dhamma de tal manera que nada que proporcione un motivo de censura pueda deducirse legítimamente de sus afirmaciones?

—Gran Rey, los que hablan así no dicen lo que ha sido dicho por mí, sino que tergiversan con lo que es falso y contrario a los hechos.

6. Entonces el rey Pasenadi de Kosala se dirigió al general Viḍūḍabha: —General, ¿quién introdujo esta historia en el palacio?

—Fue Sañjaya, señor, el brahmán del clan Ākāsa.

7. Entonces el rey Pasenadi de Kosala le dijo a un hombre: —Ven, buen hombre, en mi nombre dile a Sañjaya, el brahmán del clan Ākāsa: venerable señor, el rey Pasenadi de Kosala te llama.

—Sí, señor —respondió el hombre—. Fue a donde estaba Sañjaya, el brahmán del clan Ākāsa, y le dijo: —Venerable señor, el rey Pasenadi de Kosala te llama.

8. Mientras tanto, el rey Pasenadi de Kosala dijo al Bienaventurado: —Venerable señor, ¿podría haber sido dicho otra cosa por el Bienaventurado en referencia a eso, y la persona lo entendió mal? ¿De qué manera recuerda el Bienaventurado haber hecho esa declaración?

—Recuerdo haber hecho la declaración de esta manera, gran rey: "No hay *samaṇa* o brahmán que sepa todo, que vea todo, simultáneamente; eso no es posible".[2]

—Lo que ha dicho el Bienaventurado parece razonable, lo que ha dicho el Bienaventurado parece estar respaldado por la razón: "No hay *samaṇa* o brahmán que sepa todo, que vea todo, simultáneamente; eso no es posible".

9. Existen estas cuatro castas, venerable señor: los nobles, los brahmanes, los comerciantes y los trabajadores. ¿Hay alguna distinción o diferencia entre ellos?

—Existen estas cuatro castas, gran rey: los nobles, los brahmanes, los comerciantes y los trabajadores. Dos de ellos, es decir, los nobles y los brahmanes, se consideran superiores porque los hombres les rinden homenaje, se levantan por ellos y les brindan saludos reverenciales y servicios corteses.

10. —Venerable señor, no preguntaba por esta vida presente; estaba preguntando acerca de la vida venidera.[3] Existen estas cuatro castas, venerable señor: los nobles, los brahmanes, los comerciantes y los trabajadores. ¿Hay alguna distinción o diferencia entre ellos?

—Gran rey, existen estos cinco factores de esfuerzo.[4] ¿Cuáles cinco? Aquí un bhikkhu tiene fe, él pone su fe en la iluminación del Tathāgata así: "El Bienaventurado es Consumado, plenamente iluminado, perfecto en verdadero conocimiento y conducta, sublime, conocedor de los mundos, líder incomparable de personas para ser entrenadas, maestro de *devas* y humanos, iluminado, bendito". Por otra parte, él está libre de enfermedades y aflicciones, poseyendo una buena digestión que no es ni demasiado fría ni demasiado caliente, sino mediana y capaz de soportar la tensión del esfuerzo. Por otra parte, es honesto y sincero, y se muestra como realmente es a su maestro y a sus compañeros en la vida santa. Por otra parte, es enérgico en abandonar estados malsanos y en emprender estados sanos, firme, aplicando su esfuerzo con firmeza y perseverante en cultivar estados sanos. Finalmente, es sabio; él posee una sabiduría sobre el surgimiento y el cese que es noble y penetrante y conduce a la destrucción completa del sufrimiento. Estos son los cinco factores del esfuerzo.

Existen estas cuatro castas, gran rey: los nobles, los brahmanes, los comerciantes y los trabajadores. Ahora bien, si poseyeran estos cinco factores de esfuerzo, eso los conduciría a su bienestar y felicidad durante mucho tiempo.

11. —Venerable señor, existen estas cuatro castas: los nobles, los brahmanes, los comerciantes y los trabajadores. Ahora bien, si poseyeran estos cinco factores de esfuerzo, ¿habría alguna diferencia entre ellos aquí en ese sentido?

—Aquí, gran rey, digo que la diferencia entre ellos radicaría en la diversidad de sus esfuerzos. Supongamos que hubiera dos elefantes domesticables, o caballos domesticables, o bueyes domesticables que estuvieran bien domados y disciplinados, y dos elefantes domesticables, o caballos domesticables, o bueyes domesticables que estuvieran indomados e indisciplinados. ¿Qué opinas, gran rey? Los dos elefantes domesticables, o caballos domesticables, o bueyes domesticables que estuvieran bien domados y disciplinados, al ser domados ¿adquirirían el comportamiento de los domados? ¿Llegarían al grado de los domados?

—Sí, venerable señor.

—¿Y si los dos elefantes domesticables, o caballos domesticables, o bueyes domesticables que estuvieran indomados e indisciplinados, sin ser domados, adquirirían el comportamiento de los domados, llegarían al grado de los domados, como los dos elefantes, o caballos, o bueyes que estaban bien domados y disciplinados?

—No, venerable señor.

—Así también, gran rey, no es posible que lo que pueda lograr quien tiene fe, quien está libre de enfermedades, quien es honesto y sincero, quien es enérgico y sabio, pueda ser alcanzado por alguien que no tiene fe, que tiene muchas enfermedades, que es fraudulento y engañoso, que es perezoso y que no es sabio.

12. —Lo que ha dicho el Bienaventurado parece razonable, lo que ha dicho el Bienaventurado parece estar respaldado por la razón. Existen estas cuatro castas, venerable señor: los nobles, los brahmanes, los comerciantes y los trabajadores. Ahora bien, si poseyeran estos cinco factores de esfuerzo, y si su esfuerzo fuera correcto, ¿habría alguna diferencia entre ellos a ese respecto?

—Aquí, gran rey, a este respecto digo que entre ellos no hay diferencia, es decir, entre la liberación de uno y la liberación de los otros. Supongamos que un hombre toma madera de *sāka* seca, enciende un fuego y produce calor; y luego otro hombre toma leña de *sāla* seca, enciende un fuego y produce calor; y luego otro hombre toma leña seca de mango, enciende un fuego y produce calor; y luego otro hombre toma leña de higuera seca, enciende un fuego y produce calor. ¿Qué opinas, gran rey? ¿Habría alguna diferencia entre estos fuegos encendidos con diferentes clases de leña, es decir, entre la llama de uno y las llamas de los otros, o entre el color de uno y los colores de los otros, o entre el resplandor de uno y los resplandores de los otros?

—No, venerable señor.

—Así también, gran rey, cuando el fuego [espiritual] es encendido por la energía, encendido por el esfuerzo, digo que no hay diferencia, es decir, entre la liberación de uno y la liberación de los otros.

13. —Lo que ha dicho el Bienaventurado parece razonable, lo que ha dicho el Bienaventurado parece estar respaldado por la razón. Pero, venerable señor, ¿cómo es esto? ¿Hay *devas*?

—¿Por qué preguntas eso, gran rey?

—Venerable señor, estaba preguntando si esos *devas* vuelven a este estado [humano] o si no lo hacen.

—Gran rey, esos *devas* que todavía están sujetos a la mala voluntad vuelven a este estado [humano], esos *devas* que ya no están sujetos a la mala voluntad no vuelven a este estado [humano].[5]

14. Cuando se dijo esto, el General Viḍūḍabha preguntó al Bienaventurado: —Venerable señor, ¿pueden esos *devas* que todavía están sujetos a la mala voluntad y que regresan a este estado [humano] derrocar o desterrar de ese lugar a esos *devas* que ya no están sujetos a la mala voluntad y que no vuelven a este estado [humano]?

Entonces el venerable Ānanda pensó: "Este general Viḍūḍabha es el hijo del rey Pasenadi de Kosala, y yo soy el hijo del Bienaventurado. Este es el momento de que un hijo hable con el otro". Le dijo al general Viḍūḍabha: —General, le haré una pregunta a cambio. Responda como usted elija. ¿Qué opina usted, general? Está toda la extensión del reino del rey Pasenadi de Kosala, donde ejerce señorío y soberanía; ahora bien, ¿puede el rey Pasenadi de Kosala derrocar o desterrar de ese lugar a cualquier *samaṇa* o brahmán, independientemente de si ese *samaṇa* o brahmán tiene méritos o no, y si lleva la vida santa o no?

—Él puede hacerlo, señor.

—¿Qué opina usted, general? Está toda la extensión que no es del rey Pasenadi de Kosala, donde no ejerce señorío y soberanía; ahora bien, ¿puede el rey Pasenadi de Kosala derrocar o desterrar de ese lugar a cualquier *samaṇa* o brahmán, independientemente de si ese *samaṇa* o brahmán tiene méritos o no, y si lleva la vida santa o no?

—Él no puede hacerlo, señor.

—¿Qué opina, General? ¿Ha oído hablar de los *devas* de Tāvatiṃsa?

—Sí, señor, he oído hablar de ellos. Y el rey Pasenadi de Kosala también ha oído hablar de ellos.

—General, ¿qué opina? ¿Puede el rey Pasenadi de Kosala derrocar a los *devas* de Tāvatiṃsa o desterrarlos de ese lugar?

—Señor, el rey Pasenadi de Kosala ni siquiera puede ver a los *devas* de Tāvatiṃsa, entonces, ¿cómo podría él derrocarlos o desterrarlos de ese lugar?

—Así también, general, aquellos *devas* que todavía están sujetos a la mala voluntad y que regresan a este estado [humano] ni siquiera pueden ver a aquellos *devas* que ya no están sujetos a la mala voluntad y que no regresan a este estado [humano]; entonces, ¿cómo podrían derrocarlos o desterrarlos de ese lugar?

15. Entonces el rey Pasenadi de Kosala preguntó al Bienaventurado: —Venerable señor, ¿cuál es el nombre de este bhikkhu?

—Su nombre es Ānanda, gran rey.

—Ānanda [alegría] él es, de hecho, venerable señor, y Ānanda así parece. Lo que ha dicho el venerable Ānanda parece razonable, lo que ha dicho parece estar respaldado por la razón. Pero, venerable señor, ¿existe Brahmā?

—¿Por qué preguntas eso, gran rey?

—Venerable señor, estaba preguntando si ese Brahmā vuelve a este estado [humano] o si no lo hace.

—Gran rey, cualquier Brahmā que todavía esté sujeto a la mala voluntad regresa a este estado [humano], cualquier Brahmā que ya no esté sujeto a la mala voluntad no regresa a este estado [humano].

16. Entonces un hombre anunció al rey Pasenadi de Kosala: —Ha venido, gran rey, Sañjaya, el brahmán del clan Ākāsa. El rey Pasenadi de Kosala le preguntó a Sañjaya, el brahmán del clan Ākāsa: —Brahmán, ¿quién introdujo esta historia en el palacio?

—Señor, fue el general Viḍūḍabha.

El general Viḍūḍabha dijo: —Señor, fue Sañjaya, el brahmán del clan Ākāsa.

17. Entonces un hombre anunció al rey Pasenadi de Kosala: —Señor, es hora de partir.

El rey Pasenadi de Kosala le dijo al Bienaventurado: —Venerable señor, le hemos preguntado al Bienaventurado acerca de la omnisciencia, y el Bienaventurado ha respondido acerca de la omnisciencia; aprobamos y aceptamos esa respuesta, por lo que estamos satisfechos. Hemos preguntado al Bienaventurado sobre la purificación en las cuatro castas, y el Bienaventurado ha respondido sobre la purificación en las cuatro castas; aprobamos y aceptamos esa respuesta, por lo que estamos satisfechos. Le hemos preguntado al Bienaventurado acerca de los *devas*, y el Bienaventurado ha respondido acerca de los *devas*; aprobamos y aceptamos esa respuesta, por lo que estamos satisfechos. Le hemos preguntado al Bienaventurado acerca de los Brahmās, y el Bienaventurado ha respondido acerca de los Brahmās; aprobamos y aceptamos esa respuesta, por lo que estamos satisfechos. Cualquier cosa que le preguntamos al Bienaventurado, eso el Bienaventurado ha respondido; aprobamos y aceptamos esas respuestas, por lo que estamos satisfechos. Y ahora, venerable señor, partimos. Estamos ocupados y tenemos mucho que hacer.

—Puedes irte, gran rey, cuando te convenga.

18. Entonces el rey Pasenadi de Kosala, habiéndose deleitado y regocijado con las palabras del Bienaventurado, se levantó de su asiento y después de rendir homenaje al Bienaventurado, manteniéndolo a su derecha, partió.

NOTAS M.90

1. MA: Estas dos hermanas eran las esposas del rey (no sus hermanas).
2. MA: No hay nadie que pueda conocer y ver todo –pasado, presente y futuro– con un solo acto de apercibimiento mental, con un acto de conciencia; por lo tanto, este problema se analiza en términos de un solo acto de conciencia (*ekacitta*). Sobre la cuestión del tipo de omnisciencia que la tradición Theravāda atribuye al Buda, ver: n.3, M.71.
3. BB: Es decir, no pregunta sobre su estatus social, sino sobre sus perspectivas de progreso y logros espirituales.
4. BB: Como en M. 85.58.
5. MA explica que regresar y no regresar se refiere al renacimiento, lo que sugiere que los *devas* que no regresan no regresan, mientras que aquellos que regresan siguen siendo "mundanos". La misma distinción se aplicaría a la discusión sobre Brahmās en el párrafo §15. Los dos términos clave que aquí distinguen los dos tipos de *devas* aparecen en la PTS ed. como *savyāpajjhā* y *abyāpajjhā*, "sujeto a mala voluntad" y "libre de mala voluntad", respectivamente; en SBJ, como *sabyāpajjhā* y *abyāpajjhā* (que efectivamente tiene el mismo significado): en BBS, aparecen como *sabyābajjhā* y *abyābajjhā*, "sujetos a aflicción" y "no sujetos a aflicción". Esta última lectura cuenta con el apoyo de MA, lo que explica la distinción a través del sufrimiento mental. En ediciones anteriores de esta traducción traduje de acuerdo con la lectura BBS, pero ahora la lectura PTS-SBJ me parece más probable. Después de todo, es más probable que un príncipe se preocupara por la malevolencia de los *devas* que por su sufrimiento.

   Téngase en cuenta que la palabra *itthatta*, que en la declaración común del estado de *arahant* significa cualquier estado de existencia manifiesta, aquí MA la glosa como *manussaloka*, el mundo humano.

   K.R. Norman, en un interesante artículo, ha propuesto una reedición radical de esta parte del *sutta*, lo que implicaría importantes diferencias en la traducción, pero como sus propuestas no están respaldadas por ninguna edición, dudo en seguirlo. Ver: Norman, *Collected Papers*, 2:162–71.

5

La división sobre los Brahmanes

(*Brāhmaṇavagga*)

91. *Brahmāyu Sutta*
Brahmāyu

1. Esto he escuchado. En una ocasión, el Bienaventurado caminaba de manera itinerante por el país de los Videhas, con un gran Saṅgha de bhikkhus, con quinientos bhikkhus.

2. Ahora bien, en esa ocasión, el brahmán Brahmāyu vivía en Mithilā. Era viejo, anciano, cargado de años, avanzado en la vida y llegado a la última etapa; tenía ciento veinte años. Era un maestro de los Tres Vedas con sus vocabularios, liturgia, fonología y etimología, y las historias como quinta división; hábil en filología y gramática, estaba completamente versado en filosofía natural y en las marcas de un Gran Hombre.[1]

3. El brahmán Brahmāyu escuchó: "El samaṇa Gautama, el hijo de los Sakya, que salió de un clan Sakya, ha estado caminando por el país de los Videhas con un gran Saṅgha de bhikkhus, con quinientos bhikkhus. Ahora se ha difundido un buen informe del Maestro Gautama en este sentido: "El Bienaventurado es Consumado y plenamente iluminado, perfecto en verdadero conocimiento y conducta, sublime, conocedor de los mundos, líder incomparable de personas a ser entrenadas, maestro de *devas* y humanos, iluminado, bendito. Él declara este mundo con sus *devas*, sus Māras y sus Brahmās, esta generación con sus *samaṇas* y brahmanes, con sus príncipes y su gente, que él mismo ha entendido con conocimiento directo. Enseña el Dhamma que es bueno al principio, bueno en el medio y bueno al final, con el significado y fraseo correctos, y revela una vida santa que es completamente perfecta y pura. Ahora bien, es bueno ver a tales *arahants*".

4. Ahora bien, en ese momento, el brahmán Brahmāyu tenía un joven estudiante brahmán llamado Uttara, que era un maestro de los Tres Vedas... completamente versado en filosofía natural y en las marcas de un Gran Hombre. Le dijo a su estudiante: —Mi querido Uttara, el samaṇa Gautama, el hijo de los Sakya, que salió de un clan Sakya, ha estado caminando de manera itinerante por el país de los Videhas con un gran Saṅgha de bhikkhus, con quinientos bhikkhus... Ahora bien, es bueno ver a tales *arahants*. Ven, mi querido Uttara, ve

a donde se encuentra el samaṇa Gautama y averigua si es cierto o no lo que se ha difundido sobre él, y si el Maestro Gautama es alguien así o no. Así sabremos del Maestro Gautama a través de ti.

5. —Pero ¿cómo sabré, señor, si el informe difundido sobre el Maestro Gautama es cierto o no, y si el Maestro Gautama es alguien así o no?

—Mi querido Uttara, las treinta y dos marcas de un Gran Hombre se han transmitido en nuestros himnos, y el Gran Hombre que está dotado de ellas tiene solo dos destinos posibles, ningún otro.[2] Si vive la vida hogareña, se convierte en un Monarca que hace girar la Rueda de la Ley, un rey justo que gobierna de acuerdo con el Dhamma, maestro de los cuatro cuartos, todo victorioso, que ha estabilizado su país y posee los siete tesoros. Tiene estos siete tesoros: el tesoro de la rueda, el tesoro del elefante, el tesoro del caballo, el tesoro de la joya, el tesoro de la mujer, el tesoro del mayordomo, y el tesoro del consejero como el séptimo.[3] Sus hijos, que superan los mil, son valientes y heroicos, y aplastan los ejércitos de otros; sobre esta tierra limitada por el océano, gobierna sin vara, sin arma, por medio del Dhamma. Pero si sale de la vida hogareña y adopta la vida sin hogar, se convierte en un Consumado y plenamente Iluminado, que descorre el velo en el mundo.[4] Pero yo, mi querido Uttara, soy el dador de los himnos; tú eres el receptor de ellos.

6. —Sí, señor —respondió. Se levantó de su asiento y, después de rendir homenaje al brahmán Brahmāyu, y manteniéndolo a su derecha, partió hacia el país de los Videhas, por donde ambulaba el Bienaventurado. Viajando por etapas, se acercó al Bienaventurado e intercambió saludos con él. Cuando terminó esta conversación cortés y amable, se sentó a un lado y buscó las treinta y dos marcas de un Gran Hombre en el cuerpo del Bienaventurado. Vio, más o menos, las treinta y dos marcas de un Gran Hombre en el cuerpo del Bienaventurado, excepto dos; estaba dudoso e inseguro acerca de dos de las marcas, y no podía decidirse y asegurarse acerca de ellas: sobre el órgano masculino encerrado en una vaina y sobre el tamaño de la lengua.

Entonces se le ocurrió al Bienaventurado: "Este brahmán estudiante Uttara ve, más o menos, las treinta y dos marcas de un Gran Hombre en mí, excepto dos; tiene dudas e incertidumbre sobre dos de las marcas, y no puede decidir y asegurarse sobre ellas: sobre el órgano masculino que está encerrado en una vaina y sobre el tamaño de la lengua".

7. Entonces el Bienaventurado realizó una proeza de poder sobrenatural tal que, el estudiante brahmán Uttara vio que el órgano masculino del Bienaventurado estaba encerrado en una vaina.[5] Acto seguido, el Bienaventurado sacó su lengua y repetidamente tocó tanto

sus orificios auriculares como los nasales y cubrió toda su frente con su lengua.

8. Entonces el estudiante brahmán Uttara pensó: "El samaṇa Gautama está dotado con las treinta y dos marcas de un Gran Hombre". ¿Y si siguiera al samaṇa Gautama y observara su comportamiento?

Luego siguió al Bienaventurado durante siete meses como una sombra, sin dejarlo nunca. Al final de los siete meses, en el país de los Videhas, partió para viajar a Mithilā, en donde se encontraba el brahmán Brahmāyu. Cuando llegó, le rindió homenaje y se sentó a un lado. Acto seguido, el brahmán Brahmāyu le preguntó: —Bueno, mi querido Uttara, ¿es cierto o no el informe que se ha difundido sobre el Maestro Gautama? ¿Y el Maestro Gautama es así o no?

9. —La noticia que se ha difundido sobre el Maestro Gautama es verdad, señor, y no otra cosa; y el Maestro Gautama es así y no de otro modo. Posee las treinta y dos marcas de un Gran Hombre.

El Maestro Gautama pone su pie en el suelo de lleno: esta es una marca de un Gran Hombre en el Maestro Gautama...

En las plantas de sus pies hay ruedas con mil radios, nervaduras y fulcros, todo completo...

Tiene talones salientes...

Tiene los dedos de las manos y de los pies largos...

Sus manos y pies son suaves y tiernos...

Tiene las manos y los pies con membranas [entre los dedos]...

Sus pies están arqueados...

Tiene piernas como las de un antílope...

Cuando está de pie sin agacharse, las palmas de ambas manos tocan y rozan sus rodillas...

Su órgano masculino está encerrado en una vaina...

Él es del color del oro, su piel tiene un brillo dorado...

Es de piel fina, y debido a la finura de su piel, el polvo y la suciedad no se pegan a su cuerpo...

Su vello corporal crece individualmente, cada vello creciendo solo en un folículo...

Las puntas de sus vellos corporales se curvan hacia arriba; los vellos curvados hacia arriba son de color azul-negro, del color del colirio, rizados y girados hacia la derecha...

Tiene los miembros rectos de un Brahmā...

Tiene siete convexidades...[6]

Tiene el torso de un león...

El surco entre sus hombros está relleno...

Él tiene la extensión de un árbol de higuera de Bengala; la envergadura de sus brazos es igual a la altura de su cuerpo, y la altura de su cuerpo es igual a la envergadura de sus brazos...

Su cuello y sus hombros son parejos...

Su sentido del gusto es supremamente agudo (*rasaggasaggī*)...[7]

Tiene mandíbula de león...

Tiene cuarenta dientes [*32 en un ser humano normal*] ...

Sus dientes son parejos...

Sus dientes no tienen huecos...

Sus dientes son bastante blancos...

Tiene una lengua grande...

Tiene una voz divina, como el canto del pájaro *Karavīka*...

Sus ojos son de un azul profundo...

Tiene pestañas de buey...

Tiene cabello creciendo en el espacio entre sus cejas, que es blanco con el brillo del algodón suave...

Su cabeza tiene forma de turbante (*uṇhīsa*): esta es una marca de un Gran Hombre en el Maestro Gautama.[8]

El Maestro Gautama está dotado de estas treinta y dos marcas de un Gran Hombre.

10. Cuando camina, da el paso con el pie derecho primero. No extiende demasiado el pie, ni lo apoya demasiado cerca. Camina ni demasiado rápido ni demasiado lento. Camina sin que sus rodillas entrechoquen. Camina sin que sus tobillos choquen entre sí. Camina sin levantar ni bajar los muslos, ni juntarlos ni separarlos. Cuando camina, solo oscila la parte inferior de su cuerpo, y no camina con esfuerzo corporal. Cuando se vuelve para mirar, lo hace con todo el cuerpo. No mira hacia arriba; no mira directamente hacia abajo. No camina mirando a su alrededor. Mira delante de él la longitud de un yugo de arado; más allá de eso, tiene conocimiento y visión sin trabas.

11. Cuando entra en un recinto, no sube ni baja el cuerpo, ni lo inclina hacia delante ni hacia atrás. No se vuelve ni demasiado lejos ni demasiado cerca de su asiento. No se apoya en el asiento con la mano. No arroja su cuerpo sobre el asiento.

12. Cuando está sentado en un recinto, no mueve las manos. No se mueve con los pies. No se sienta con las rodillas cruzadas. No se sienta con los tobillos cruzados. No se sienta con la mano sujetando la barbilla. Cuando está sentado en el interior, no tiene miedo, no se estremece ni tiembla, no está nervioso. Al no tener miedo, no tiritar ni temblar ni estar nervioso, su cabello no se eriza y tiene la tendencia a recluirse.

13. Cuando recibe el agua para el cuenco, no levanta ni baja el cuenco, ni lo inclina hacia adelante ni hacia atrás. No recibe ni muy poca ni demasiada agua para el cuenco. Lava el cuenco sin hacer ruido de salpicaduras. Lava el cuenco sin darle la vuelta. No pone el cuenco en el suelo para lavarse las manos: cuando sus manos son lavadas, su cuenco es lavado, y cuando el cuenco es lavado, sus manos son

lavadas. Él vierte el agua para el cuenco, ni muy lejos ni muy cerca, y no la derrama.

14. Cuando recibe arroz, no sube ni baja el cuenco, ni lo inclina hacia delante ni hacia atrás. No recibe ni muy poco arroz ni demasiado arroz. Agrega salsas en la proporción adecuada; no excede la cantidad justa de salsa en el bocado. Da vuelta el bocado dos o tres veces en su boca y luego lo traga, y ningún grano de arroz entra en su cuerpo sin masticar, y ningún grano de arroz permanece en su boca; luego toma otro bocado. Toma su comida experimentando el sabor, aunque no experimentando avidez por el sabor. La comida que ingiere tiene ocho factores: no es por diversión ni por embriaguez [con el placer] ni por el bien de la belleza física y el atractivo, sino sólo por la resistencia y continuación de su cuerpo, para el fin de la incomodidad, y como soporte en la vida santa; él considera lo siguiente: "Así acabaré con las viejas sensaciones [de hambre] sin despertar nuevas sensaciones [debidas a la ingestión excesiva] y estaré sano e intachable y viviré con comodidad".[9]

15. Cuando ha comido y recibe agua para el cuenco, no levanta ni baja el cuenco, ni lo inclina hacia delante ni hacia atrás. No recibe ni muy poca ni demasiada agua para el cuenco. Lava el cuenco sin hacer ruido de salpicaduras. Lava el cuenco sin darle la vuelta. No pone el cuenco en el suelo para lavarse las manos: cuando se lavan las manos, se lava el cuenco; y cuando se lava el cuenco, se lavan sus manos. No vierte el agua para el cuenco ni demasiado lejos ni demasiado cerca y no la derrama.

16. Cuando ha comido, no pone el cuenco en el suelo ni demasiado lejos ni demasiado cerca; y no es descuidado con el cuenco ni demasiado preocupado al respecto.

17. Cuando ha comido, se sienta un rato en silencio, pero no deja pasar el tiempo de la bendición (*anumodanā*).[10] Cuando ha comido y da la bendición, no lo hace criticando la comida ni esperando otra comida; él instruye, insta, despierta y alegra a esa audiencia con pláticas puramente sobre el Dhamma. Cuando lo ha hecho, se levanta de su asiento y se va.

18. Él no camina ni demasiado rápido ni demasiado lento, y no va como quien quiere escapar.

19. Su túnica no la usa ni demasiado alta ni demasiado baja en su cuerpo, ni demasiado apretada contra su cuerpo, ni demasiado suelta en su cuerpo, ni el viento se lleva su túnica de su cuerpo. El polvo y la suciedad no ensucian su cuerpo.

20. Cuando ha ido al monasterio, se sienta en un asiento preparado. Habiéndose sentado, se lava los pies, aunque no se preocupa por acicalarlos. Después de lavarse los pies, se sienta con las piernas

cruzadas, endereza el cuerpo y establece la atención plena frente a él. No ocupa su mente con la aflicción propia, ni la aflicción de otros, ni la aflicción de ambos; se sienta con la mente puesta en su propio bienestar, en el bienestar de los demás y en el bienestar de ambos, incluso en el bienestar del mundo entero.

21. Cuando ha ido al monasterio, enseña el Dhamma a una audiencia. Él ni halaga ni reprende a esa audiencia; la instruye, insta, despierta y alienta hablando puramente sobre el Dhamma. El discurso que sale de su boca tiene ocho cualidades: es claro, inteligible, melodioso, audible, resonante, eufónico, profundo y sonoro. Pero mientras su voz es inteligible hasta donde se extiende la audiencia, su discurso no sale más allá de la audiencia. Cuando el pueblo ha sido instruido, exhortado, animado y regocijado por él, se levantan de sus asientos y se van mirándolo sólo a él y sin preocuparse de nada más.

22. Hemos visto al Maestro Gautama caminando, señor, lo hemos visto de pie, lo hemos visto ingresar a un recinto, lo hemos visto adentro, sentado en silencio, lo hemos visto comer en un recinto, lo hemos visto sentado en silencio después de comer, lo hemos visto dando la bendición después de comer, lo hemos visto yendo al monasterio, lo hemos visto en el monasterio, sentado en silencio, lo hemos visto en el monasterio enseñando el Dhamma a una audiencia. Así es el Maestro Gautama; tal es, y más que eso.[11]

23. Cuando se dijo esto, el brahmán Brahmāyu se levantó de su asiento y, después de arreglarse la túnica superior sobre un hombro, extendió sus manos en saludo reverencial hacia el Bienaventurado y pronunció esta exclamación tres veces: —¡Honor al Bienaventurado, Consumado y plenamente iluminado! ¡Honor al Bienaventurado, Consumado y plenamente iluminado! ¡Honor al Bienaventurado, Consumado y plenamente iluminado! Tal vez en algún momento nos encontremos con el Maestro Gautama, tal vez podamos tener alguna conversación con él.

24. Luego, en el curso de su peregrinaje, el Bienaventurado finalmente llegó a Mithilā. Allí residió el Bienaventurado en la arboleda de mangos de Makhādeva. Los jefes de familia brahmanes de Mithilā escucharon: "El samaṇa Gautama, el hijo de los Sakya, que salió de un clan Sakya, ha estado caminando por el país de los Videhas con un gran Saṅgha de bhikkhus, con quinientos bhikkhus, y ahora ha venido a Mithilā y vive en la arboleda de mangos de Makhādeva. Ahora bien, se ha difundido un buen informe del Maestro Gautama en este sentido... (Como en §3 arriba) ... Ahora bien, es bueno ver a tales *arahants*".

25. Entonces los brahmanes jefes de familia de Mithilā fueron a donde se encontraba el Bienaventurado. Algunos rindieron homenaje

al Bienaventurado y se sentaron a un lado; algunos intercambiaron saludos con él, y cuando terminó esta cortés y amable charla, se sentaron a un lado; algunos extendieron sus manos en saludo reverencial hacia él y se sentaron a un lado; algunos pronunciaron su nombre y clan en presencia del Bienaventurado y se sentaron a un lado; algunos guardaron silencio y se sentaron a un lado.

26. El brahmán Brahmāyu escuchó: "El samaṇa Gautama, el hijo de los Sakya, que salió de un clan Sakya, ha llegado a Mithilā y está viviendo en la arboleda de mangos de Makhādeva en Mithilā".

Luego, el brahmán Brahmāyu fue a la arboleda de mangos de Makhādeva con varios estudiantes brahmanes. Cuando llegó a la arboleda de mangos, pensó: "No es correcto que deba ir al samaṇa Gautama sin que primero me anuncien". Luego se dirigió a cierto estudiante brahmán: —Ven, estudiante brahmán, ve al samaṇa Gautama y pregunta en mi nombre si el samaṇa Gautama está libre de enfermedad y aflicción, y está saludable, fuerte y morando en comodidad, diciéndole: "Maestro Gautama, el brahmán Brahmāyu pregunta si el Maestro Gautama está libre de enfermedad... morando en comodidad", y dile esto: "El brahmán Brahmāyu, Maestro Gautama, está viejo, anciano, cargado de años, avanzado en la vida y llegado a la última etapa; él está en sus ciento veinte años. Es un maestro de los Tres Vedas con sus vocabularios, liturgia, fonología y etimología, y las historias como quinta división; experto en filología y gramática, está completamente versado en filosofía natural y en las marcas de un Gran Hombre. De todos los jefes de familia brahmanes que viven en Mithilā, el brahmán Brahmāyu es declarado el más destacado de ellos en riqueza, en conocimiento de los himnos, y en edad y fama". Él desea ver al Maestro Gautama.

—Sí, señor —respondió el estudiante brahmán. Entonces se acercó al Bienaventurado e intercambió saludos con él, y cuando terminó esta conversación cortés y amable, se paró a un lado y entregó su mensaje. [*El Bienaventurado dijo*:]

—Estudiante, deja que el brahmán Brahmāyu venga cuando le convenga.

27. Entonces el estudiante brahmán fue a donde se encontraba el brahmán Brahmāyu y le dijo: —El samaṇa Gautama ha concedido el permiso. Puede venir, señor, cuando le convenga.

Así que el brahmán Brahmāyu fue a donde se encontraba el Bienaventurado. La asamblea lo vio venir de lejos, y de inmediato le dieron paso como a alguien muy conocido y famoso. Entonces el brahmán Brahmāyu dijo a la asamblea: —Basta, señores, que cada uno se siente en su propio asiento. Me sentaré aquí al lado del samaṇa Gautama.

28. Entonces fue a donde se encontraba el Bienaventurado e intercambió saludos con él, y cuando terminó esta cortés y amable charla, se sentó a un lado y buscó las treinta y dos marcas de un Gran Hombre en el cuerpo del Bienaventurado. Vio, más o menos, las treinta y dos marcas de un Gran Hombre en el cuerpo del Bienaventurado, excepto dos; tenía dudas sobre dos de las marcas, y no podía establecerse y decidirse sobre ellas: sobre el órgano masculino encerrado en una vaina y sobre el tamaño de la lengua.

29. Entonces el brahmán Brahmāyu se dirigió al Bienaventurado en estrofas:

"Las dos y treinta marcas que aprendí
esos son los signos de un Gran Hombre:
aun no veo dos de estos
sobre tu cuerpo, Gautama.
¿Está lo que debe estar oculto por la tela
encerrado en una vaina,
tal como corresponde al más grande de los hombres?
Aunque llamado por una palabra de género femenino [*jivhā, la* lengua],[12]
¿quizás su lengua es varonil?
Tal vez su lengua también sea grande,
¿según lo que nos han enseñado?
Por favor, sácala un poco
y así, oh vidente, cura nuestra duda,
para el bienestar en esta misma vida
y la felicidad en las vidas por venir.
Y ahora anhelamos dejar de preguntar
algo que aspiramos a saber".

30. Entonces se le ocurrió al Bienaventurado: "Este brahmán Brahmāyu ve, más o menos, las treinta y dos marcas de un Gran Hombre en mí, excepto dos; tiene dudas e incertidumbre sobre dos de las marcas, y no puede establecerse y decidirse sobre ellas: sobre el órgano masculino encerrado en una vaina y sobre el tamaño de la lengua".

Entonces el Bienaventurado realizó una hazaña de poder sobrenatural de tal manera que el brahmán Brahmāyu vio que el órgano masculino del Bienaventurado estaba encerrado en una vaina. A continuación, el Bienaventurado sacó la lengua, y repetidamente se tocó los dos orificios de las orejas y las dos fosas nasales, y cubrió toda su frente con la lengua.

31. Entonces el Bienaventurado pronunció estas estrofas en respuesta al brahmán Brahmāyu:

"Las dos y treinta marcas que aprendiste,
esos son los signos de un Gran Hombre:
todo en mi cuerpo se puede encontrar:
entonces, brahmán, no dudes más de eso.

Lo que debe saberse (*abhiññeyya*; [las Cuatro Nobles Verdades]) lo he sabido directamente,
lo que debe ser desarrollado (*bhāvetabba*; [el Noble Óctuple Sendero]) lo he desarrollado,
lo que debe ser abandonado (*pahātabba*; [las corrupciones]) lo he abandonado,
por lo tanto, brahmán, soy un Buda.[13] Para el bienestar en esta misma vida
y la felicidad en las vidas por venir,
ya que se te da licencia, adelante, pregunta
lo que sea que aspires a saber".

32. Entonces el brahmán Brahmāyu pensó: "El samaṇa Gautama me ha concedido permiso. ¿Sobre qué debo preguntarle: lo bueno en esta vida o lo bueno en las vidas venideras?" Entonces pensó: "Soy hábil en el bien de esta vida, y otros también me preguntan sobre el bien en esta vida. ¿Por qué no debería preguntarle solo sobre el bien en las vidas venideras?" Luego se dirigió al Bienaventurado en estrofas:

"¿Cómo se convierte uno en brahmán?
¿Cómo se llega al conocimiento (*vedagū*)?[14]
¿Cómo se tiene el triple conocimiento?
¿Cómo se llama a uno un erudito santo?
¿Cómo se convierte uno en *arahant*?
¿Cómo se alcanza la consumación?
¿Cómo es uno un sabio silencioso?
¿Y cómo se le llama a uno un Buda?"[15]

33. Entonces el Bienaventurado pronunció estas estrofas en respuesta:

"Quién sabe de sus vidas anteriores,
ve el cielo y los estados de privación,
y ha llegado a la destrucción del nacimiento,
un sabio que conoce por conocimiento directo,

quien sabe que su mente se purifica,
completamente libre de toda lujuria,
quien ha abandonado el nacimiento y la muerte,
quien es completo en la vida santa,
quien ha trascendido todo...
–uno como este se llama un Buda".[16]

34. Cuando esto fue dicho, el brahmán Brahmāyu se levantó de su asiento, y después de arreglar su túnica superior sobre un hombro, se postró con su cabeza a los pies del Bienaventurado, y cubrió los pies del Bienaventurado con besos y los acarició con sus manos, pronunciando su nombre: —Yo soy el brahmán Brahmāyu, Maestro Gautama; yo soy el brahmán Brahmāyu, Maestro Gautama.

35. Los de la asamblea se asombraron y maravillaron, y dijeron: —¡Es maravilloso, señores, es maravilloso, qué gran poder y fuerza tiene el samaṇa Gautama, para que el bien conocido y famoso brahmán Brahmāyu haga tal demostración de humildad!

Entonces el Bienaventurado dijo al brahmán Brahmāyu: —Basta, brahmán, levántate; siéntate en tu propio asiento, ya que tu mente tiene confianza en mí.

Entonces el brahmán Brahmāyu se levantó y se sentó en su propio asiento.

36. El Bienaventurado le dio entonces la instrucción progresiva,[17] es decir, habló sobre el dar, habló sobre la virtud, habló sobre los cielos; explicó el peligro, la degradación y la corrupción de los placeres sensoriales, y la bendición de la renuncia. Cuando supo que la mente del brahmán Brahmāyu estuvo lista, receptiva, libre de obstáculos, exaltada y confiada, le expuso la enseñanza especial de los Budas: el sufrimiento, su origen, su cese y el camino. Así como un paño limpio al que se le quitaron todas las marcas tomaría el tinte uniformemente, así también, mientras el brahmán Brahmāyu estaba sentado allí, la visión pura e inmaculada del Dhamma surgió en él: "Todo lo que está sujeto a surgir está sujeto a cesar". Entonces el brahmán Brahmāyu vio el Dhamma, alcanzó el Dhamma, entendió el Dhamma, comprendió el Dhamma; cruzó más allá de toda duda, eliminó la perplejidad, ganó intrepidez y se independizó de los demás en la dispensación del Maestro.

37. Entonces dijo al Bienaventurado: —¡Magnífico, Maestro Gautama! ¡Magnífico, Maestro Gautama! El Maestro Gautama ha aclarado el Dhamma de muchas formas, como si fuera a poner de pie lo que había sido derribado, revelar lo que estaba escondido, mostrar el camino a quien estaba perdido, o sostener una lámpara en la oscuridad para que los que tienen vista vean las formas visibles. Voy

al Maestro Gautama en busca de refugio y al Dhamma y al Saṅgha de los bhikkhus. Que el Maestro Gautama me recuerde desde hoy como un seguidor laico que ha ido a él en busca de refugio de por vida. Que el Bienaventurado, junto con el Saṅgha de los bhikkhus, consienta en aceptar de mí la comida de mañana.

El Bienaventurado consintió en silencio. Luego, sabiendo que el Bienaventurado había consentido, el brahmán Brahmāyu se levantó de su asiento y, después de rendir homenaje al Bienaventurado, y manteniéndolo a su lado derecho, partió.

38. Entonces, cuando terminó la noche, el brahmán Brahmāyu hizo preparar buena comida de varios tipos en su residencia, y entonces anunció la hora apropiada al Bienaventurado: —Ya es hora, Maestro Gautama, la comida está lista.

Entonces, siendo de mañana, el Bienaventurado se vistió, y tomando su tazón y su túnica exterior, fue con el Saṅgha de bhikkhus a la residencia del brahmán Brahmāyu y se sentó en el asiento preparado. Luego, durante una semana, con sus propias manos, el brahmán Brahmāyu sirvió y satisfizo al Saṅgha de bhikkhus encabezados por el Buda con varios tipos de buena comida.

39. Al final de esa semana, el Bienaventurado salió a caminar [por etapas] por el país de los Videhas. Poco después de su partida, murió el brahmán Brahmāyu. Luego, varios bhikkhus se acercaron al Bienaventurado y, después de rendirle homenaje, se sentaron a un lado y dijeron: —Venerable señor, el brahmán Brahmāyu ha muerto. ¿Cuál es su destino? ¿Cuál es su curso futuro?

—Bhikkhus, el brahmán Brahmāyu era sabio, entró en el camino del Dhamma y no me molestó en la interpretación del Dhamma. Con la destrucción de las cinco ataduras inferiores, ha reaparecido espontáneamente [en las *Moradas Puras*] y allí alcanzará el Nibbāna final, sin regresar jamás de ese mundo.

Eso es lo que dijo el Bienaventurado. Los bhikkhus estuvieron satisfechos y deleitados con las palabras del Bienaventurado.

NOTAS M.91

1. BB: Esta es una descripción común de un brahmán erudito. Según MA, los Tres Vedas son Iru, Yaju y Sāma (= Rig, Yajur y Sāman). El cuarto Veda, el Atharva, no se menciona, pero MA dice que su existencia está implícita cuando las historias (*Itihāsa*) le llaman "el quinto", es decir, de las obras consideradas autorizadas por los brahmanes. Es más probable, sin embargo, que estas historias sean llamadas "el quinto" en relación con las cuatro ramas de estudio auxiliares de los Vedas que las preceden en la descripción. La traducción de términos técnicos aquí sigue a MA, con la ayuda del *Sanscrit-English Dictionary* de Monier-Williams (Oxford, 1899). Sobre las marcas de un Gran Hombre, MA dice que esta era una ciencia basada en doce mil trabajos que explicaban las características de los grandes hombres, como Budas, *paccekabuddhas*, discípulos principales, grandes discípulos, Monarcas que hacen girar la Rueda, etcétera. Estas obras incluían dieciséis mil versos llamados "El mantra del Buda".
2. BB: Las treinta y dos marcas, enumeradas en el párrafo (§9), más adelante, son el tema de un *sutta* completo en el *Dīgha Nikāya*, DN 30, *Lakkhaṇa Sutta*. Allí cada una de las marcas se explica como la consecuencia kármica de una virtud particular perfeccionada por el Buda durante sus existencias anteriores como *bodhisatta*.

   NT: las 32 marcas de un gran hombre aparecen completas en el Tathāgata solo después de la iluminación, es probable que por esta razón —mientras era aún el príncipe Siddhartha— solo mostrara algunas de estas marcas. Una vez lograda la budeidad es fácil imaginar que, siendo el Buda un ser único y particular, no causaría extrañeza que mostrara una morfología inusual. Sin embargo, aún como Buda, en muchas partes del Canon se ensalza su hermosura física. Hay que tomar en cuenta que las iconografías tempranas —particularmente la escultura— tuvieron una fuerte influencia grecorromana (el caso del arte de Gandhāra), por lo que siempre se muestra allí el Buda de acuerdo con el ideal griego de perfección física y belleza. En este sentido es curioso como en el arte tailandés del periodo Sukhotai, por ejemplo, se muestra al Buda con varias de las 32 marcas —incluyendo la de la gran longitud de los brazos— arregladas de una forma que podríamos considerar, a lo más, "armoniosa" desde la perspectiva de nuestra mentalidad occidental, la cual ha sido fuertemente influenciada por el ideal griego. Hay otro detalle que de mi parte es meramente especulativo: el Buda tenía una capacidad total de cambiar su apariencia a voluntad. Pienso que en muchos casos utilizaba este poder para presentarse ante ciertas personas o grupos, mostrando cierta apariencia que fuera conducente a infundir estados mentales propicios para poder enseñarles el Dhamma. Consideremos que un Buda va más allá de lo humano con el objeto de ejercer su Gran Compasión (*mahākaruṇā*) para ayudar a los demás, esta es una cualidad única que caracteriza a los *sammāsambuddhas.*

3. BB: Los siete tesoros se analizan en M.129, §§34–41. La adquisición del tesoro de la rueda explica por qué se le llama "Monarca que hace girar la Rueda".
4. BB: *Loke vivattacchaddo.* Para hipótesis sobre la forma original y el significado de esta expresión, véase Norman, *Group of Discourses II*, n. a 372, pp. 217-18. MA: El mundo, envuelto en la oscuridad de las impurezas, está cubierto por siete velos: lujuria, odio, ofuscación, engreimiento, opiniones [erróneas], ignorancia y conducta inmoral. Habiendo quitado estos velos, el Buda permanece generando luz a su alrededor. Por lo tanto, es aquel que descorre el velo en el mundo. O bien, *vivattacchaddo* puede resolverse en *vivatto* y *vicchaddo*; es decir, está desprovisto de lo redondo (*vaṭṭarahito*) y desprovisto de velos (*chadanarahito*). Por la ausencia de la Ronda (es decir, *saṁsāra*), él es un *arahant*; por la ausencia de velos, un ser plenamente iluminado.
5. MA explica que el Buda logró esta hazaña después de determinar primero que el maestro de Uttara, Brahmāyu, tenía el potencial para lograr el fruto del no-retorno, y que el logro de este fruto dependía de la disipación de las dudas de Uttara.
6. BB: Las siete convexidades son la parte posterior de los cuatro miembros, los dos hombros y el tronco.
7. BB: *Rasaggasaggī.* El *Lakkhaṇa Sutta* (DN 30.2.7/iii.166) amplía: "Todo lo que toca con la punta de la lengua lo saborea en la garganta y el sabor se dispersa por todas partes". Sin embargo, es difícil entender cómo esta cualidad podría considerarse una característica física o cómo podría ser percibida por otros.
8. BB: Esta marca, la *uṇhīsa*, explica la protuberancia que se ve comúnmente en la parte superior de la cabeza de las imágenes de Buda.
9. BB: Esta es la reflexión estándar sobre el uso adecuado de la comida de dádiva, como en M. 2.14.
10. BB: La bendición (*anumodanā*) es un breve discurso después de la comida, en la que se instruye a los donantes en algún aspecto

del Dhamma y se expresa el deseo de que su meritorio *kamma* les traiga abundantes frutos.

11. BB: Aquí sigo a BBS, que es más completo que SBJ y PTS. MA: Esta es la intención: "Las excelentes cualidades que no he descrito son mucho más numerosas que las que sí he descrito. Las excelentes cualidades del Maestro Gautama son como la gran tierra y el gran océano; expuestos en detalle, son infinitos e inmensurables, como el espacio".
12. BB: La palabra pāli para lengua, *jivhā*, es de género femenino.
13. BB: Lo que debe conocerse directamente (*abhiññeyya*) son las Cuatro Nobles Verdades, lo que debe desarrollarse (*bhāvetabba*) es el Noble Óctuple Sendero, y lo que debe abandonarse (*pahātabba*) son las impurezas encabezadas por el anhelo. Aquí el contexto requiere que la palabra "Buda" se entienda en el sentido específico de ser plenamente iluminado (*sammāsambuddha*).
14. BB: *Vedagū*. Este término y los dos siguientes (*tevijja* y *sotthiya*) parecen haber representado tipos ideales entre los brahmanes; véase también M. 39.24, 26 y 27. Los términos sexto y séptimo (*kevalī* y *munī*) eran probablemente tipos ideales entre las órdenes ascéticas no védicas. En su respuesta, el Buda dota a estos términos de nuevos significados derivados de su propio sistema espiritual.
15. BB: Aquí y en la respuesta, la palabra "Buda" puede significar simplemente alguien que está iluminado o despierto, en un sentido aplicable a cualquier *arahant*, aunque la respuesta de Brahmāyu también sugiere que puede estar destinada en el sentido más estricto de ser plenamente iluminado [*sammāsambuddha*].
16. MA ofrece una explicación complicada de cómo la respuesta del Buda responde a las ocho preguntas de Brahmāyu.
17. BB: Como en M. 56.18.

92. *Sela Sutta*
A Sela

1. Esto he escuchado.[1] En una ocasión, el Bienaventurado estaba ambulando por el país de los Anguttarāpanos, con un gran Saṅgha de bhikkhus, con mil doscientos cincuenta bhikkhus, y finalmente llegó a un pueblo de los Anguttarāpanos llamado Āpaṇa.

2. El asceta Keṇiya, de pelo enmarañado, escuchó: "El samaṇa Gautama, el hijo de los Sakya, que salió de un clan Sakya, ha estado ambulando por el país de los Anguttarāpanos con un gran Saṅgha de bhikkhus, con mil doscientos cincuenta bhikkhus, y ha venido a Āpaṇa. Se ha difundido un buen informe del Maestro Gautama en este sentido "... (Como en M. 91.3) ... Ahora bien, es bueno ver a tales *arahants*".

3. Entonces el asceta Keṇiya, de pelo enmarañado, fue hacia el Bienaventurado e intercambió saludos con él, y cuando terminó esta conversación cortés y amable, se sentó a un lado. El Bienaventurado lo instruyó, instó, despertó y alegró con una plática sobre el Dhamma. Luego, habiendo sido instruido, instado, despertado y alegrado por el Bienaventurado con una plática sobre el Dhamma, el asceta Keṇiya, de pelo enmarañado, le dijo al Bienaventurado: —Que el Maestro Gautama junto con el Saṅgha de los bhikkhus consientan en aceptar la comida de mañana de mi parte.

Cuando se dijo esto, el Bienaventurado le dijo: —El Saṅgha de bhikkhus es grande, Keṇiya, consta de mil doscientos cincuenta bhikkhus, y tú tienes plena confianza en los brahmanes.

Por segunda vez, el asceta Keṇiya, de pelo enmarañado, le dijo al Bienaventurado: —Aunque el Saṅgha de los bhikkhus es grande, el Maestro Gautama, consta de mil doscientos cincuenta bhikkhus, y aunque yo confío plenamente en los brahmanes, permita que el Maestro Gautama, junto con el Saṅgha de los bhikkhus, consientan en aceptar de mí la comida de mañana. Una segunda vez el Bienaventurado le dijo: —El Saṅgha de los bhikkhus es grande, Keṇiya...

Por tercera vez, el asceta Keṇiya, de pelo enmarañado, le dijo al Bienaventurado: —Aunque el Saṅgha es grande, el Maestro Gautama... aun así, permítase que el Maestro Gautama se reúna con el Saṅgha de los bhikkhus dando su consentimiento para aceptar la comida de mañana por parte mía. El Bienaventurado consintió en silencio.

4. Entonces, sabiendo que el Bienaventurado había consentido, Keṇiya se levantó de su asiento y fue a su propia ermita, donde se dirigió a sus amigos y compañeros, sus parientes y conocidos, así: —Escuchen, señores, mis amigos y compañeros, mis parientes. El samaṇa Gautama ha sido invitado por mí para la comida de mañana junto con el Saṅgha de bhikkhus. Hagan las compras y los preparativos necesarios para mí.

—Sí, señor, respondieron, y algunos excavaron hornos, algunos cortaron leña, algunos lavaron platos, algunos colocaron jarras de agua, algunos prepararon asientos, mientras que el mismo Keṇiya, el asceta de pelo enmarañado instaló un pabellón.

5. Ahora bien, en esa ocasión, el brahmán Sela se estaba quedando en Āpaṇa. Era un maestro de los Tres Vedas con sus vocabularios, liturgia, fonología y etimología, y las historias como quinta división; experto en filología y gramática, estaba completamente versado en filosofía natural y en las marcas de un Gran Hombre, y estaba enseñando la recitación de los himnos a trescientos estudiantes brahmanes.

6. En ese momento, el asceta de pelo enmarañado, Keṇiya, había depositado plena confianza en el brahmán Sela. Luego, el brahmán Sela, mientras caminaba y deambulaba para hacer ejercicio acompañado por sus trescientos estudiantes brahmanes, llegó a la ermita de Keṇiya, el asceta de pelo enmarañado. Allí vio a algunos hombres excavando hornos, algunos cortando leña, algunos lavando platos, algunos colocando una olla de agua, algunos preparando asientos, mientras Keṇiya preparaba el pabellón.

7. Cuando vio esto, le preguntó al asceta de pelo enmarañado Keṇiya: —¿Qué sucede? ¿El Maestro Keṇiya va a celebrar un matrimonio o una entrega en matrimonio? ¿O hay algún gran sacrificio? ¿O el rey Seniya Bimbisāra de Magadha ha sido invitado con un gran séquito para la comida de mañana?

8. —No voy a celebrar un matrimonio o una entrega en matrimonio, maestro Sela, ni el rey Seniya Bimbisāra de Magadha ha sido invitado con un gran séquito para la comida de mañana, pero estoy planeando un gran sacrificio. El samaṇa Gautama, el hijo de los Sakya, que salió de un clan Sakya, ha estado ambulando por el país de los Anguttarāpanos con un gran Saṅgha de bhikkhus, con mil doscientos cincuenta bhikkhus, y ha venido a Āpaṇa. Ahora bien, se ha difundido un buen informe del Maestro Gautama en este sentido:

"Ese Bienaventurado es Consumado y plenamente iluminado, perfecto en verdadero conocimiento y conducta, sublime, conocedor de los mundos, líder incomparable de personas a ser entrenadas, maestro de *devas* y humanos, iluminado, bendito". Él ha sido invitado por mí para la comida de mañana junto con el Saṅgha de bhikkhus.

9. —¿Dijiste "Buda", Keṇiya?

—Dije "Buda", Sela.

—¿Dijiste "Buda", Keṇiya?

—Dije "Buda", Sela.

10. Entonces se le ocurrió al brahmán Sela: "Incluso este sonido 'Buda' es difícil de encontrar en este mundo. Ahora las treinta y dos marcas de un Gran Hombre se han transmitido en nuestros himnos, y el Gran Hombre que está dotado de ellos tiene solo dos destinos posibles, ningún otro. Si vive la vida hogareña, se convierte en un Monarca que hace girar la Rueda de la Ley, un rey justo que gobierna por el Dhamma, maestro de los cuatro cuartos, todo victorioso, que ha estabilizado su país y posee los siete tesoros. Él tiene estos siete tesoros: el tesoro de la rueda, el tesoro del elefante, el tesoro del caballo, el tesoro de la joya, el tesoro de la mujer, el tesoro del mayordomo y el tesoro del consejero como el séptimo. Sus hijos, que superan el millar, son valientes y heroicos y aplastan los ejércitos de los demás; sobre esta tierra limitada por el océano gobierna sin vara, sin arma, por medio del Dhamma. Pero si sale de la vida del hogar y se va a la vida sin hogar, se convierte en un Consumado, el plenamente iluminado, que descorre el velo en el mundo".

11. [Sela dijo]: —Mi buen Keṇiya, ¿dónde está viviendo ahora el Maestro Gautama, el Consumado y plenamente iluminado?

Cuando se dijo esto, el asceta de pelo enmarañado, Keṇiya, extendió su brazo derecho y dijo: —Allí, donde está esa línea verde del bosque, Maestro Sela.

12. Entonces el brahmán Ṣela fue con los trescientos estudiantes brahmanes a donde se encontraba el Bienaventurado. Se dirigió a los estudiantes brahmanes diciendo: —Vengan en silencio, señores, anden con cuidado, porque estos Bienaventurados son difíciles de abordar, como leones que vagan solos. Cuando esté hablando con el samaṇa Gautama, no entren ni me interrumpan; esperen hasta que termine nuestra conversación.

13. Entonces el brahmán Sela fue a donde se encontraba el Bienaventurado e intercambió saludos con él. Cuando terminó esta conversación cortés y amable, se sentó a un lado y buscó las treinta y dos marcas de un Gran Hombre en el cuerpo del Bienaventurado. Vio, más o menos, las treinta y dos marcas de un Gran Hombre en el cuerpo del Bienaventurado, excepto dos; estaba dudoso e inseguro

acerca de dos de las marcas, y no podía establecerse y decidirse acerca de ellas: sobre el órgano masculino encerrado en una vaina y sobre el tamaño de la lengua.

Entonces se le ocurrió al Bienaventurado: "Este brahmán Sela ve en mí las treinta y dos marcas de un Gran Hombre, excepto dos; tiene dudas e incertidumbre sobre dos de las marcas, y no puede decidir ni decidirse sobre ellas: sobre el órgano masculino que está encerrado en una vaina y sobre el tamaño de la lengua"

14. Entonces el Bienaventurado realizó una proeza de poder sobrenatural tal, que el brahmán Sela vio que el órgano masculino del Bienaventurado estaba encerrado en una vaina. A continuación, el Bienaventurado sacó la lengua y se tocó repetidamente los dos orificios de las orejas y las dos fosas nasales, y se cubrió toda la frente con la lengua.

15. Entonces el brahmán Sela pensó: "El samaṇa Gautama está dotado con las treinta y dos marcas de un Gran Hombre; están completas, no incompletas. Pero no sé si es un Buda o no. Sin embargo, he oído de brahmanes mayores que hablan de acuerdo con el linaje de los maestros que aquellos que son consumados, plenamente iluminados, se revelan como tales cuando se habla en su alabanza. Supongamos que elogio al samaṇa Gautama en su presencia con estrofas apropiadas".

Luego elogió al Bienaventurado en su presencia con estrofas apropiadas:

16. [Sela]

"Oh perfecto en cuerpo, bien favorecido,
bien formado y hermoso de contemplar;
oh Bienaventurado, dorado es tu color,
y blancos tus dientes; tú eres fuerte.
Las características se ven todas y cada una
que distinguen a un hombre tan bien nacido;
todas ellas se encuentran en tu cuerpo,
estas marcas que revelan a un Gran Hombre.
Con ojos claros, con semblante brillante,
majestuoso, erguido como una llama,
en medio de este cuerpo de *samaṇās*
brillas como el sol abrasador.
Un bhikkhu tan encantador de mirar
con una piel de un brillo tan dorado
–con una belleza tan rara,
¿por qué debería estar contento con la vida de un *samaṇa*?
Eres digno de ser un rey, un señor de aurigas,

un monarca que hace girar la rueda,
un vencedor en los cuatro cuartos
y señor de la arboleda de árboles Jambu.[2]
Con guerreros y grandes príncipes
todos dedicados a su servicio,
oh, Gautama, usted debe reinar
como soberano de los hombres,
rey sobre todos los reyes".

17. [Buda]

"Yo ya soy rey, oh Sela,
soy el rey supremo del Dhamma;
por medio del Dhamma hago girar la rueda,
la rueda que nadie puede detener".

18. [Sela]

"Usted reclama la iluminación completa,
usted me dice, oh, Gautama,
'Soy el rey supremo del Dhamma;
por medio del Dhamma hago girar la rueda'.

¿Quién es su general?, ese discípulo
que sigue la vía propia del Maestro,
¿quién es el que le ayuda a girar La Rueda del Dhamma
puesta en movimiento por usted?"

19. [Buda]

"La rueda puesta en movimiento por mí,
esa misma rueda suprema del Dhamma,
Sāriputta el hijo del Tathāgata
me ayuda a girar esta rueda.
Lo que se debe saber se sabe directamente,
lo que se debe desarrollar ha sido desarrollado,
lo que debe ser abandonado ha sido abandonado,
por lo tanto, brahmán, soy un Buda.

Así que guarda todas tus dudas sobre mí
y deja que la resolución tome su lugar,
porque siempre es difícil lograr
el ver a los Iluminados.

Yo soy aquel cuya presencia en el mundo
muy rara vez se encuentra,
soy el plenamente iluminado,
yo, oh brahmán, soy el médico supremo.

Yo soy el Santo, sin igual,
quien ha aplastado a todas las hordas repletas de Māra;
habiendo derrotado a todos mis enemigos,
me regocijo libre de temor".

20. [Sela]

"Oh señores, escuchen esto, escuchen lo que dice,
el hombre de visión, el médico,
el héroe poderoso que ruge
como un león en el bosque.

¿Quién, aunque sea de nacimiento paria,
no le creería cuando viera
que es el santo, sin igual,
el que ha aplastado a todas las hordas repletas de Māra?
Ahora que me siga el que quiera
y el que no quiera, que se vaya.
Porque yo saldré [de la vida hogareña...] bajo él,
este hombre de gran sabiduría".

21. [Alumnos]

"Si ahora apruebas, oh, señor,
esta enseñanza del Iluminado,
nosotros también saldremos bajo la dispensa,
de este hombre de gran sabiduría".

22. [Sela]

"Hay trescientos brahmanes aquí
que con las manos en alto imploran:
'Oh, que vivamos la vida santa
bajo su dispensa, oh Bienaventurado'".

23. [Buda]

"La vida santa es bien proclamada, oh, Sela,
para ser vista aquí y no ser retrasada;

el que entrena con diligencia
encontrará una salida fructífera".

24. Entonces el brahmán Sela y su asamblea recibieron la salida [de la vida hogareña a la vida sin hogar] bajo el Bienaventurado, y recibieron la admisión completa.

25. Luego, cuando terminó la noche, el asceta de pelo enmarañado, Keṇiya, hizo preparar buena comida de varios tipos en su propia ermita, e hizo anunciar el tiempo al Bienaventurado: —Es hora, Maestro Gautama, la comida está lista.

Entonces, siendo de mañana, el Bienaventurado se vistió, y tomando su cuenco y su túnica exterior, fue con el Saṅgha de bhikkhus a la ermita del asceta de cabello enmarañado, Keṇiya, y se sentó en el asiento preparado. Luego, con sus propias manos, el asceta Keṇiya sirvió y satisfizo al Saṅgha de bhikkhus encabezado por el Buda con varios tipos de buena comida. Cuando el Bienaventurado hubo comido y dejado su cuenco a un lado, el asceta de pelo enmarañado Keṇiya tomó un asiento bajo y se sentó a un lado. Entonces el Bienaventurado le dio su bendición con estas estrofas:

26. "Las ofrendas incineradas son la gloria de los fuegos,
Sāvitrī la gloria de los himnos védicos,
gloria de los seres humanos, un rey,
gloria de los ríos que fluyen, el mar;
la luna es la gloria de las estrellas,
el sol es la gloria de todo lo que brilla;
el mérito es la gloria de todos los que aspiran;
el Saṅgha, la gloria de los que dan".

Cuando el Bienaventurado hubo dado su bendición con estas estrofas, se levantó de su asiento y partió.

27. Entonces, no mucho después de su plena admisión, morando solos, recluidos, diligentes, enérgicos y resueltos, el venerable Sela y su asamblea, al darse cuenta por sí mismos con conocimiento directo, aquí y ahora entraron y permanecieron en ese objetivo supremo de la vida santa por el cual los miembros de un clan salen correctamente de la vida hogareña a la vida sin hogar. Supieron directamente: "El nacimiento ha sido destruido, se ha vivido la vida santa, lo que tenía que hacerse se ha hecho, y ya no hay retorno a ningún estado de ser". Y el venerable Sela junto con su asamblea, todos se convirtieron en *arahants*.

28. Entonces el venerable Sela, junto con su asamblea, fue al Bienaventurado. Habiéndose acomodado su túnica superior sobre

un hombro, extendiendo sus manos en saludo reverencial hacia el Bienaventurado, se dirigió a él con estas estrofas:

"Han pasado ocho días, ¡oh, Vidente de Todo!,
desde que fuimos a ti por refugio.
En estas siete noches, oh Bienaventurado,
hemos sido entrenados en tu enseñanza.

Usted es el Buda, usted es el Maestro,
Usted es el Sabio, el conquistador de Māra.
Habiendo cortado todas las malas tendencias,
ha cruzado y guiado a la humanidad.

Ha superado todas las adquisiciones,
ha eliminado todas las manchas.
Es un león libre de aferramientos,
ha abandonado el miedo y el pavor.

Aquí están estos trescientos bhikkhus,
con las manos extendidas en adoración.
Oh héroe, extiende tus pies,
y que estos grandes seres adoren al Maestro".

NOTAS M.92

1. BB: El texto de este *sutta* no ha sido incluido en la PTS ed. del *Majjhima Nikāya*, ya que es idéntico al *sutta* del mismo nombre en el *Sutta Nipāta*, publicado en dos versiones diferentes por el PTS y editado por Dines Anderson y Helmer Smith.
2. BB: Es decir, *Jambudīpa*, el subcontinente indio.

93. *Assalāyana Sutta*
A Assalāyana

1. Esto he escuchado. En una ocasión, el Bienaventurado residía en Sāvatthī, en el Bosquecillo de Jeta, el parque de Anāthapiṇḍika.

2. Ahora bien, en ese momento, quinientos brahmanes de diversas provincias se estaban quedando en Sāvatthī por algún negocio u otro. Entonces esos brahmanes pensaron: "Este samaṇa Gautama describe la purificación para las cuatro castas.[1] ¿Quién puede discutir con él acerca de esta afirmación?"

3. Ahora, en esa ocasión, un estudiante brahmán llamado Assalāyana se hospedaba en Sāvatthī. Joven, con la cabeza rapada, de dieciséis años, era un maestro de los Tres Vedas, con sus vocabularios, liturgia, fonología y etimología, y las historias como quinta división; experto en filología y gramática, estaba completamente versado en filosofía natural y en las marcas de un Gran Hombre. Entonces los brahmanes pensaron: "Este joven estudiante brahmán llamado Assalāyana se queda en Sāvatthī. Joven... completamente versado en filosofía natural y en las marcas de un Gran Hombre. Él podrá disputar con el samaṇa Gautama sobre esta afirmación".

4. Así que los brahmanes fueron a donde se encontraba el estudiante brahmán Assalāyana y le dijeron: —Maestro Assalāyana, este samaṇa Gautama describe la purificación para las cuatro castas. Que el Maestro Assalāyana venga y discuta con el samaṇa Gautama sobre esta afirmación.

Cuando se dijo esto, el estudiante brahmán Assalāyana respondió: —Señores, el samaṇa Gautama es uno que habla del Dhamma. Ahora bien, es difícil discutir con aquellos que hablan del Dhamma. No soy capaz de discutir con el samaṇa Gautama sobre esta afirmación.

Por segunda vez los brahmanes le dijeron: —Maestro Assalāyana, este samaṇa Gautama describe la purificación para las cuatro castas. Que venga el Maestro Assalāyana y discuta con el samaṇa Gautama sobre esta afirmación. Pues el entrenamiento de un renunciante ha sido completado por el Maestro Assalāyana.[2]

Por segunda vez, el estudiante brahmán Assalāyana respondió: —Señores, el samaṇa Gautama es uno que habla del Dhamma. Ahora bien, es difícil discutir con aquellos que hablan del Dhamma. No soy capaz de discutir con el samaṇa Gautama sobre esta afirmación.

Los brahmanes le dijeron por tercera vez: —Maestro Assalāyana, este samaṇa Gautama describe la purificación para las cuatro castas. Que el Maestro Assalāyana venga y discuta con el samaṇa Gautama sobre esta afirmación. Pues el entrenamiento de un renunciante ha sido completado por el Maestro Assalāyana. Que el Maestro Assalāyana no sea derrotado sin siquiera haber peleado la batalla.

Cuando se dijo esto, el estudiante brahmán Assalāyana respondió: —Sin duda, señores, no me están entendiendo cuando digo: "El samaṇa Gautama es alguien que habla del Dhamma. Ahora bien, es difícil discutir con aquellos que hablan del Dhamma. No soy capaz de discutir con el samaṇa Gautama sobre esta afirmación". Aun así, señores, a su orden iré.

5. Luego, el estudiante brahmán Assalāyana fue con un gran número de brahmanes a donde se encontraba el Bienaventurado, e intercambió saludos con él. Cuando terminó esta cortés y amable charla, se sentó a un lado y le dijo al Bienaventurado: —Maestro Gautama, los brahmanes dicen así: "Los brahmanes son la casta más alta, los de cualquier otra casta son inferiores; los brahmanes son la casta más hermosa, los de cualquier otra casta son oscuros; solo los brahmanes son purificados, no los no brahmanes; solo los brahmanes son los hijos de Brahmā, la descendencia de Brahmā, nacidos de su boca, nacidos de Brahmā, creados por Brahmā, herederos de Brahmā". ¿Qué dice el Maestro Gautama sobre eso?

—Ahora, Assalāyana, se ve a las mujeres brahmanes teniendo sus períodos, quedando embarazadas, dando a luz y amamantando.[3] Y, sin embargo, esos brahmanes, aunque nacidos del útero, dicen esto: "Los brahmanes son la casta más alta... solo los brahmanes son los hijos de Brahmā, la descendencia de Brahmā, nacidos de su boca, nacidos de Brahmā, creados por Brahmā, herederos de Brahmā".

6. —Aunque el Maestro Gautama dice esto, los brahmanes todavía piensan así: "Los brahmanes son la casta más alta... herederos de Brahmā".

—¿Qué piensas, Assalāyana? ¿Has oído que en Yona y Kamboja[4] y en otros países del exterior sólo hay dos castas, amos y esclavos, y que los amos se convierten en esclavos y los esclavos en amos?

—Eso he oído, señor.

—Entonces, ¿sobre la base de qué [argumento] o con el apoyo de qué [autoridad] los brahmanes en este caso dicen así: "Los brahmanes son la casta más alta... herederos de Brahmā?"

7. —Aunque el Maestro Gautama dice esto, los brahmanes todavía piensan así: "Los brahmanes son la casta más alta... herederos de Brahmā".

—¿Qué piensas, Assalāyana?[5] Supón que un noble matara seres vivos, tomara lo que no se le da, se comportara mal en los placeres sensoriales, hablara falsamente, hablara maliciosamente, hablara con rudeza, chismorreara, fuera codicioso, tuviera una mente de mala voluntad, y mantuviera nociones incorrectas. Al disolverse el cuerpo, después de la muerte, ¿tal vez aparecería solamente él —y no un brahmán— en un estado de privación, en un destino infeliz, en la perdición, incluso en el infierno? Supongamos que un comerciante... un trabajador matara seres vivos... y tuviera una noción equivocada. Al disolverse el cuerpo después de la muerte, ¿sólo él —y no un brahmán— [podría] reaparecer en un estado de privación, en un destino infeliz, en la perdición, incluso en el infierno?

—No, Maestro Gautama. Ya sea un noble, un brahmán, un comerciante o un trabajador, aquellos de las cuatro castas que matan seres vivos... y tienen una noción equivocada, tras la disolución del cuerpo, después de la muerte, [es probable que] reaparezcan en un estado de privación, en un destino infeliz, en la perdición, incluso en el infierno.

—Entonces, ¿sobre la base de qué [argumento] o con el apoyo de qué [autoridad] los brahmanes en este caso dicen: "Los brahmanes son la casta más alta... herederos de Brahmā"?

8. —Aunque el Maestro Gautama dice esto, los brahmanes todavía piensan así: "Los brahmanes son la casta más alta... herederos de Brahmā".

—¿Qué piensas, Assalāyana? Supongamos que un brahmán se abstuviera de matar seres vivientes, de tomar lo que no es dado, de la mala conducta en los placeres sensoriales, del lenguaje falso, del lenguaje malicioso, del lenguaje rudo y del chisme, y no fuera codicioso, teniendo una mente sin mala voluntad, y manteniendo una noción correcta. Al disolverse el cuerpo, después de la muerte, ¿acaso reaparecería en un destino feliz, incluso en el mundo celestial, y no así si se tratara de un noble, un comerciante o un trabajador?

—No, Maestro Gautama. Ya sea un noble, un brahmán, un comerciante o un trabajador, aquellos de las cuatro castas que se abstienen de matar seres vivos... y tienen una noción correcta, tras la disolución del cuerpo, después de la muerte, [es probable que] reaparezcan en un destino feliz, incluso en el mundo celestial.

Entonces, ¿sobre la base de qué [argumento] o con el apoyo de qué [autoridad] los brahmanes en este caso dicen: "Los brahmanes son la casta más alta... herederos de Brahmā"?

9. —Aunque el Maestro Gautama dice esto, los brahmanes todavía piensan así: "Los brahmanes son la casta más alta... herederos de Brahmā".

—¿Qué piensas, Assalāyana? ¿Solo un brahmán es capaz de desarrollar una mente de benevolencia amorosa hacia esta región, sin hostilidad y sin mala voluntad, pero no así un noble, un comerciante o un trabajador?

—No, Maestro Gautama. Ya sea un noble, un brahmán, un comerciante o un trabajador, las personas de las cuatro castas son capaces de desarrollar una mente de benevolencia amorosa hacia esta región, sin hostilidad y sin mala voluntad.

—Entonces, ¿sobre la base de qué [argumento] o con el apoyo de qué [autoridad] los brahmanes en este caso dicen: "Los brahmanes son la casta más alta... herederos de Brahmā"?

10. —Aunque el Maestro Gautama dice esto, los brahmanes todavía piensan así: "Los brahmanes son la casta más alta... herederos de Brahmā".

—¿Qué piensas, Assalāyana? ¿Solo un brahmán es capaz de tomar una esponja vegetal y polvos de baño, ir al río y lavarse el polvo y la suciedad, pero no así un noble, un comerciante o un trabajador?

—No, Maestro Gautama. Ya sea un noble, un brahmán, un comerciante o un trabajador, las personas de las cuatro castas son capaces de tomar una esponja vegetal y polvos de baño, e ir al río y lavarse el polvo y la suciedad.

—Entonces, ¿sobre la base de qué [argumento] o con el apoyo de qué [autoridad] los brahmanes en este caso dicen: "Los brahmanes son la casta más alta... herederos de Brahmā"?

11. —Aunque el Maestro Gautama dice esto, los brahmanes todavía piensan así: "Los brahmanes son la casta más alta... herederos de Brahmā".

—¿Qué piensas, Assalāyana? Supongamos que un rey noble con la cabeza ungida reuniera aquí a cien hombres de diferente nacimiento y les dijera: "Vengan, señores, que cualquiera que haya nacido en un clan noble o un clan brahmán o un clan real tome una antorcha con un palo de madera de un árbol *sāla*, o *salala*, o de sándalo o de madera de *padumaka* y entonces encienda un fuego y produzca calor. Y también que cualquiera que haya nacido en un clan de marginados, un clan de tramperos, un clan de trabajadores de mimbre, un clan de carreteros o un clan de carroñeros tome una antorcha hecha de un palo hecho de un abrevadero para perros, de un abrevadero para cerdos, de un cubo de basura o de madera de ricino y entonces encienda un fuego y produzca calor".

¿Qué piensas, Assalāyana? Cuando se enciende un fuego y alguien del primer grupo produce calor, ¿tendría ese fuego una llama, un color y un resplandor, y sería posible utilizarlo para propósitos de fuego, mientras que cuando se enciende un fuego y el calor es producido por alguien del segundo grupo, ese fuego no tendría llama, ni color, ni resplandor, y no sería posible usarlo para los propósitos del fuego?

—No, Maestro Gautama. Cuando se enciende un fuego y alguien del primer grupo produce calor, ese fuego tendría una llama, un color y un resplandor, y sería posible usarlo para los propósitos del fuego. Y cuando se enciende un fuego y se produce calor por alguien del segundo grupo, ese fuego también tendría una llama, un color y un resplandor, y sería posible usarlo para los propósitos del fuego. Porque todo fuego tiene una llama, un color y un resplandor, y es posible usar todo fuego para los propósitos del fuego.

—Entonces, ¿sobre la base de qué [argumento] o con el apoyo de qué [autoridad] los brahmanes en este caso dicen: "Los brahmanes son la casta más alta... herederos de Brahmā"?

12. —Aunque el Maestro Gautama dice esto, los brahmanes todavía piensan así: "Los brahmanes son la casta más alta... herederos de Brahmā".

—¿Qué piensas, Assalāyana? Supongamos que un joven noble fuera a cohabitar con una joven brahmán, y de su cohabitación naciera un hijo. ¿Debería llamarse noble a ese hijo nacido por el lado del padre y brahmán por el lado de la madre?

—Podría llamarse ambos, Maestro Gautama.

13. —¿Qué piensas, Assalāyana? Supongamos que un joven brahmán cohabitara con una chica noble, y un hijo naciera de su cohabitación. ¿Debe llamarse brahmán al hijo nacido por parte del padre y noble por parte de la madre?

—Podría llamarse ambos, Maestro Gautama.

14. —¿Qué piensas, Assalāyana? Supongamos que una yegua se apareara con un asno macho, y como resultado naciera una mula. ¿Se debe llamar a la mula caballo por parte de la madre o burro por parte del padre?

—Es una mula, Maestro Gautama, ya que no es de ninguna [de las otras especies]. Veo la diferencia en este último caso, pero no veo diferencia en ninguno de los casos anteriores.

15. —¿Qué piensas, Assalāyana? Supongamos que hubiera dos estudiantes brahmanes que fueran hermanos, nacidos de la misma madre, uno estudioso y perspicaz, y otro ni estudioso ni perspicaz. ¿A cuál de ellos los brahmanes alimentarían primero en un banquete funerario, o en una ofrenda ceremonial de arroz con leche, o en un banquete de sacrificio, o en un banquete para invitados?

—En tales ocasiones, los brahmanes alimentarían primero al que fuera estudioso y perspicaz, Maestro Gautama; porque ¿cómo podría dar gran fruto lo que se le da a alguien que no es estudioso ni perspicaz?

16. —¿Qué piensas, Assalāyana? Supongamos que hubiera dos estudiantes brahmanes que fueran hermanos, nacidos de la misma madre, uno estudioso y perspicaz, pero inmoral y de mal carácter, y uno no estudioso ni perspicaz, pero virtuoso y de buen carácter. ¿A cuál de ellos los brahmanes alimentarían primero en un banquete funerario, o en una ofrenda ceremonial de arroz con leche, o en un banquete de sacrificio, o en un banquete para invitados?

—En tales ocasiones, los brahmanes alimentarían primero al que no era ni estudioso ni agudo, sino virtuoso y de buen carácter, Maestro Gautama; porque ¿cómo podría dar gran fruto lo que se le da a uno que es inmoral y de mal carácter?

17. —Assalāyana, primero tomaste tu posición sobre el nacimiento, y después de eso tomaste tu posición sobre el aprendizaje de las escrituras, y después de eso has llegado a tomar tu posición sobre la base misma de que la purificación es para las cuatro castas, tal como yo lo describo.

Cuando se dijo esto, el estudiante brahmán Assalāyana se sentó silencioso y consternado, con los hombros caídos y la cabeza gacha, sombrío y sin respuesta. Sabiendo esto, el Bienaventurado le dijo:

18. —En una ocasión, Assalāyana, cuando siete videntes brahmanes estaban consultando juntos en cabañas de hojas en el bosque, esta noción perniciosa surgió en ellos: "Los brahmanes son la casta más alta... herederos de Brahmā". Ahora el vidente Devala el Oscuro escuchó esto.[6] Luego se arregló el cabello y la barba, se vistió con prendas de color ocre, se puso sandalias gruesas y, tomando un bastón hecho de oro, apareció en el patio de los siete brahmanes videntes. Luego, mientras caminaba de un lado a otro del patio de los siete videntes brahmanes, el vidente Devala el Oscuro habló así: —¿Adónde han ido esos dignos videntes brahmanes? ¿Adónde han ido esos dignos brahmanes videntes? Entonces los siete videntes brahmanes pensaron: "¿Quién está caminando de un lado a otro en el patio de los siete videntes brahmanes como un patán de pueblo hablando así?: '¿Adónde han ido esos dignos videntes brahmanes? ¿Adónde han ido esos dignos videntes brahmanes?' ¡Maldigámoslo!" Entonces los siete brahmanes videntes maldijeron al vidente Devala el Oscuro así: —¡Tórnate en cenizas, vil! ¡Tórnate en cenizas, vil! Pero cuanto más lo maldecían los siete videntes brahmanes, más atractivo, hermoso y apuesto se volvía el vidente Devala el Oscuro. Entonces los siete videntes brahmanes pensaron: "Nuestro ascetismo es

en vano, nuestra vida santa es infructuosa; porque antiguamente cuando maldecíamos a alguien exclamando: —¡Tórnate en ceniza, vil! ¡Tórnate en cenizas, vil! siempre se convertía en cenizas; pero cuanto más maldecimos a este, más apuesto, hermoso y atractivo se vuelve".

—Su ascetismo no es en vano, señores, su vida santa no es estéril. Pero, señores, abandonen su odio hacia mí.

—Hemos desechado nuestro odio hacia usted, señor. ¿Quién es usted?

—¿Han oído hablar del vidente Devala el Oscuro, señores?

—Sí, señor

—Yo soy él, señores.

Entonces los siete videntes brahmanes fueron al vidente Devala el Oscuro y le rindieron homenaje. Luego les dijo: —Señores, escuché que mientras los siete videntes brahmanes habitaban en cabañas de hojas en el bosque, surgió en ellos esta noción perniciosa: "Los brahmanes son la casta más alta... herederos de Brahmā". —Así es, señor.

—Pero, señores, ¿saben si la madre que los dio a luz se fue solo con un brahmán y nunca con un no brahmán? —No, señor.

—Pero, señores, ¿saben si las madres de su madre, hasta la séptima generación, fueron solo con brahmanes y nunca con no brahmanes? —No, señor.

—Pero, señores, ¿saben si el padre que los engendró se fue solo con una mujer brahmán y nunca con una mujer que no fuera brahmán? —No, señor.

—Pero, señores, ¿saben si los padres de su padre hasta la séptima generación fueron solo con mujeres brahmanes y nunca con mujeres no brahmanes? —No, señor.

—Pero, señores, ¿saben cómo se produce el descenso de un embrión?

—Señor, sabemos cómo se produce el descenso de un embrión. Aquí, existe la unión de padre y madre, la madre está en su periodo fértil, y el *gandhabba* está presente.[7] De este modo el descenso de un embrión se produce por la unión de estas tres cosas.

—Entonces, señores, ¿saben con certeza si ese *gandhabba* es un noble, un brahmán, un comerciante o un trabajador?

—Señor, no sabemos con seguridad si ese *gandhabba* es un noble, un brahmán, un comerciante o un trabajador.

—Siendo así, señores, ¿entonces qué son ustedes?

—Siendo así, señor, no sabemos lo que somos.

—Ahora, Assalāyana, incluso esos siete videntes brahmanes, al ser presionados e interrogados por el vidente Devala el Oscuro sobre su propia afirmación sobre el nacimiento, no pudieron respaldarla. Pero

¿cómo podrás, al ser presionado, interrogado y contrainterrogado por mí ahora sobre tu afirmación sobre el nacimiento, poder apoyarla? Tú, que confías en las doctrinas de los maestros, no eres ni siquiera apto para ser su Puṇṇa porta cucharas.[8]

19. Cuando se dijo esto, el estudiante brahmán Assalāyana dijo al Bienaventurado: —¡Magnífico, Maestro Gautama! ¡Magnífico, Maestro Gautama!... (Como en M. 91.37) ... A partir de hoy, que el Maestro Gautama me recuerde como un seguidor laico que ha acudido a él en busca de refugio de por vida.

NOTAS M.93

1. BB: El argumento a favor de esta tesis se expone en M. 90, §§10-12.
2. MA: Hablan así con la intención de decir: —Habiendo estudiado los Tres Vedas, te has entrenado en los mantras mediante los cuales aquellos que salen emprenden su salida y los mantras que recitan después de haber salido. Has practicado su modo de conducta. Por lo tanto, no serán derrotados. La victoria será tuya.
3. BB: Esta afirmación pretende mostrar que los brahmanes nacen de mujeres, al igual que otros seres humanos, y por lo tanto no tiene fundamento su afirmación de que nacieron de la boca de Brahmā.
4. BB: *Yona* es la transliteración pāli de Jonia. Kamboja es una región al noroeste del "País Medio" de la India.
5. BB: El argumento de los párrafos §§7-8 aquí es sustancialmente idéntico al de M.84.
6. MA identifica a Devala el Oscuro, Asita Devala, con el Buda en una vida anterior. El Buda emprende esta enseñanza para mostrar: —En el pasado, cuando tú eras de nacimiento superior y yo era de nacimiento inferior, no podías responder una pregunta que te hice acerca de una afirmación relativa al nacimiento. Entonces, ¿cómo puedes hacerlo ahora que eres inferior y yo me he convertido en un Buda?
7. BB: Como en n.10, M.38 y M. 38.26. Tenga en cuenta que el diálogo justo debajo establece el significado de *gandhabba* como el difunto que está a punto de renacer.
8. MA: Puṇṇa era el nombre de un sirviente de los siete videntes; tomaba una cuchara, cocinaba hojas y las servía

94. *Ghoṭamukha Sutta*
A Ghoṭamukha

1. Esto he escuchado. En una ocasión, el venerable Udena residía en Benarés, en la arboleda de mangos de Khemiya.

2. Ahora bien, en esa ocasión el brahmán Ghoṭamukha había llegado a Benarés por algún negocio u otro. Mientras caminaba y deambulaba para hacer ejercicio, llegó a la arboleda de mangos de Khemiya. En ese momento, el venerable Udena caminaba de un lado a otro al aire libre. Luego, el brahmán Ghoṭamukha se acercó al venerable Udena e intercambió saludos con él. Cuando terminó esta conversación cortés y afable, todavía caminando de un lado a otro con el venerable Udena, dijo esto: —Digno *samaṇa*, no hay vida de renunciante que concuerde con el Dhamma: así me parece aquí, y eso puede deberse a que no he visto a seres tan venerables como usted o porque no he visto el Dhamma aquí.

3. Cuando se dijo esto, el venerable Udena se apartó del camino, entró en su morada y se sentó en un asiento preparado.[1] Y Ghoṭamukha también se apartó del camino, entró en la morada y se quedó a un lado. Entonces, el venerable Udena le dijo: —Hay asientos, brahmán, siéntate si lo deseas.

—No nos sentamos porque estábamos esperando que el Maestro Udena [hablara]. ¿Cómo podría alguien como yo tomarse la libertad de sentarse sin haber sido invitado a hacerlo?

4. Entonces, el brahmán Ghoṭamukha tomó un asiento bajo, se sentó a un lado y le dijo al venerable Udena: —Digno *samaṇa*, no hay vida de renunciante que concuerde con el Dhamma: así me parece aquí, y eso puede ser porque no he visto a seres tan venerables como usted o porque no he visto el Dhamma aquí.

—Brahmán, si crees que hay que estar de acuerdo con alguna afirmación mía, entonces concuerda con ella; si crees que se puede argumentar en contra de alguna declaración mía, entonces argumenta en contra de ella; y si no entiendes el significado de alguna declaración mía, pídeme que te lo aclare así: —¿Cómo es esto, Maestro Udena?

¿Cuál es el significado de esto? De esta manera podemos discutir este asunto.

—Maestro Udena, si creo que hay que estar de acuerdo con alguna declaración del Maestro Udena, estaré de acuerdo con ella; si creo que se puede argumentar en contra de alguna declaración suya, lo haré; y si no entiendo el significado de alguna declaración del Maestro Udena, entonces le pediré al Maestro Udena que lo aclare así: —¿Cómo es esto, Maestro Udena? ¿Cuál es el significado de esto? De esta manera discutamos este asunto.

5-6. —Brahmán, hay cuatro tipos de personas que se encuentran en el mundo. ¿Cuáles cuatro? ... (Como en M.51, §§5-6) ...

—Pero, Maestro Udena, el tipo de persona que no se atormenta a sí mismo ni persigue la práctica de torturarse a sí mismo y que no atormenta a otros ni persigue la práctica de torturar a otros; quien, puesto que no se atormenta ni a sí mismo ni a los demás, está aquí y ahora sin hambre, extinguido y tranquilo, y permanece experimentando bienaventuranza, habiéndose convertido él mismo en santo. Tal persona no atormenta ni tortura —ni a sí mismo ni a los demás—, siendo que ambos desean el placer y retroceden ante el dolor. Es por eso por lo que este tipo de persona satisface mi mente.

7. —Brahmán, hay dos clases de asambleas. ¿Cuáles dos? Aquí cierta asamblea codicia joyas y aretes y busca esposas e hijos, hombres y mujeres esclavos, campos y tierras, oro y plata. Pero aquí cierta congregación no codicia joyas y aretes, y habiendo abandonado esposas e hijos, hombres y mujeres esclavos, campos y tierras, oro y plata, se ha ido de la vida hogareña a la vida sin hogar. Ahora bien, existe este tipo de persona que no se atormenta a sí misma ni persigue la práctica de torturarse a sí misma y que no atormenta a otros ni persigue la práctica de torturar a otros; quien, ya que no se atormenta ni a sí misma ni a los demás, está aquí y ahora sin hambre, extinguida y tranquila, y permanece experimentando bienaventuranza, habiéndose tornado en santa ella misma. ¿En cuál de las dos clases de asamblea sueles ver a esta persona, brahmán? ¿En la asamblea que codicia las joyas y los aretes y busca esposas e hijos, esclavos hombres y mujeres, campos y tierra, oro y plata?; ¿o en la asamblea que no codicia las joyas y los aretes, sino que habiendo abandonado a esposas e hijos... ha salido de la vida hogareña a la vida sin hogar?

—Usualmente veo a este tipo de persona, Maestro Udena, en la congregación que no codicia joyas y aretes, pero que ha abandonado esposas e hijos...

8. —Pero recién ahora, brahmán, entendimos que dijiste: "Digno *samaṇa*, no hay vida de renunciante que concuerde con el Dhamma:

así me parece aquí, y eso puede deberse a que no he visto a alguien tan venerable como tú mismo o porque no he visto el Dhamma aquí".

—Ciertamente, Maestro Udena, fue para aprender que dije esas palabras. Hay una vida de *samaṇa* que concuerda con el Dhamma; así me parece aquí, y que el Maestro Udena me recuerde como habiéndolo dicho así. Sería bueno si, por compasión, el Maestro Udena me expusiera en detalle esos cuatro tipos de personas que mencionó brevemente.

9. —Entonces, brahmán, escucha y presta mucha atención a lo que voy a decir.

—Sí, señor —respondió el brahmán Ghoṭamukha. El venerable Udena dijo esto:

10–30. —Brahmán, ¿qué tipo de persona se atormenta a sí misma y persigue la práctica de torturarse a sí misma? Aquí cierta persona va desnuda... (Como M.51, §§8–28) ... y mora experimentando bienaventuranza, habiéndose tornado en santa ella misma.

31. Cuando se dijo esto, el brahmán Ghoṭamukha dijo al venerable Udena: —¡Magnífico, Maestro Udena! ¡Magnífico, Maestro Udena! El Maestro Udena ha aclarado el Dhamma de muchas maneras, como si estuviera poniendo en pie lo que había sido derribado, revelando lo que estaba oculto, mostrando el camino a alguien que estaba perdido, o levantando una lámpara en la oscuridad para que aquellos con vista vean formas visibles. Voy al Maestro Udena en busca de refugio y al Dhamma y al Saṅgha de bhikkhus. A partir de hoy, que el Maestro Udena me recuerde como un seguidor laico que ha acudido a él en busca de refugio de por vida.

32. —No vayas a mí en busca de refugio, brahmán. Ve por refugio a ese mismo Bienaventurado a quien yo he ido por refugio.

—¿Dónde vive ahora el Maestro Gautama, Consumado y plenamente iluminado, Maestro Udena?

—Ese Bienaventurado, Consumado y plenamente iluminado, ha alcanzado el Nibbāna final, brahmán.

—Si supiéramos que el Maestro Gautama estaba a diez leguas, recorreríamos diez leguas para ver a ese Maestro Gautama, Consumado y plenamente iluminado. Si supiéramos que el Maestro Gautama estaba a veinte leguas... treinta leguas... cuarenta leguas... cincuenta leguas... a cien leguas, andaríamos cien leguas para ver a ese Maestro Gautama, Consumado y plenamente iluminado. Pero como ese Maestro Gautama ha alcanzado el Nibbāna final, vamos a ese Maestro Gautama en busca de refugio y al Dhamma y al Saṅgha de los bhikkhus. A partir de hoy, que el Maestro Udena me recuerde como un seguidor laico que se ha refugiado de por vida.

33. Ahora, Maestro Udena, el rey de Aṅga me da una donación diaria. Permítame darle al Maestro Udena una donación regular de eso.

—¿Qué tipo de donación diaria regular te da el rey de Aṅga, brahmán?

—Quinientos *kahāpaṇas*, Maestro Udena.[2]

—No está permitido que aceptemos oro y plata, brahmán.

—Si no está permitido para el Maestro Udena, haré que se construya un monasterio para el Maestro Udena.

—Si deseas que se construya un monasterio para mí, brahmán, haz que se construya un salón de asambleas para el Saṅgha en Pāṭaliputta.[3]

—Todavía estoy más satisfecho y complacido de que el Maestro Udena me sugiera que le dé un regalo al Saṅgha. Entonces, con esta donación regular y otra donación regular, construiré un salón de asambleas para el Saṅgha en Pāṭaliputta.

Luego, con esa donación regular que le ofreció al Maestro Udena y otra donación regular añadida, el brahmán Ghoṭamukha hizo construir un salón de asambleas para el Saṅgha en Pāṭaliputta, el cual ahora se conoce como Ghoṭamukhī.

NOTAS M.94

1. MA: Lo hizo después de reconocer que sería necesaria una prolongada discusión.
2. BB: El *kahāpaṇa* era la principal unidad monetaria de la época.
3. BB: Durante los últimos días del Buda, esta ciudad era todavía un pequeño pueblo conocido como Pāṭaligāma. En DN 16.1.28 / iii.87, el Buda predice su grandeza futura. Con el tiempo, se convirtió en la capital de Magadha. Su actual descendiente es la ciudad de Patna, capital del estado de Bihar.

95. *Cankī Sutta*
Con Cankī

1. Esto he escuchado.[1] En una ocasión, el Bienaventurado estaba viajando de manera itinerante por el país de Kosala, con una gran Saṅgha de bhikkhus, y finalmente llegó a una aldea de brahmanes de Kosala llamada Opasāda. Allí, el Bienaventurado se quedó en la arboleda de los *devas*,[2] el bosquecillo de árboles *sāla* al norte de Opasāda.

2. Ahora bien, en esa ocasión, el brahmán Cankī estaba gobernando sobre Opasāda, una propiedad de la corona abundante en seres vivos, rica en praderas, bosques, canales de agua y cereales: una dotación real, una concesión sagrada que le dio el rey Pasenadi de Kosala.

3. Los jefes de familia brahmanes de Opasāda escucharon: "El samaṇa Gautama, el hijo de los Sakya que salió de un clan Sakya, ha estado caminando por el país de los Videhas con un gran Saṅgha de bhikkhus, con quinientos bhikkhus.

Ahora se ha difundido un buen informe del Maestro Gautama en este sentido: "El Bienaventurado es Consumado, plenamente iluminado, perfecto en verdadero conocimiento y conducta, sublime, conocedor de los mundos, líder incomparable de personas a ser entrenadas, maestro de *devas* y humanos, iluminado, bendito. Él declara este mundo con sus *devas*, sus Māras y sus Brahmās, esta generación con sus *samaṇas* y brahmanes, con sus príncipes y su gente, que él mismo ha entendido con conocimiento directo. Enseña el Dhamma que es bueno al principio, bueno en el medio y bueno al final, con el significado y el fraseo correctos, y revela una vida santa que es completamente perfecta y pura. Ahora bien, es bueno ver a tales *arahants*".

4. Luego, los brahmanes jefes de familia de Opasāda partieron de Opasāda en grupos y bandas y se dirigieron hacia el norte, hacia la arboleda de los *devas*, el bosquecillo de árboles *sāla*.

5. Ahora bien, en esa ocasión el brahmán Cankī se había retirado al piso superior de su palacio para descansar al mediodía. Luego vio a los brahmanes jefes de familia de Opasāda partir de Opasāda

en grupos y bandas y dirigirse hacia el norte, a la arboleda de los *devas*, la arboleda de los árboles *sāla*. Cuando los vio, le preguntó a su ministro: —Buen ministro, ¿por qué los brahmanes jefes de familia de Opasāda parten de Opasāda en grupos y bandas y se dirigen hacia el norte a la arboleda de los *devas*, el bosquecillo de árboles *sāla*?

6. —Señor, está el samaṇa Gautama, el hijo de los Sakya que salió a la vida sin hogar procedente de un clan Sakya, que ha estado caminando en forma itinerante por el país de Kosala... (Como en el Sutta 91, §3) ... Ellos van a ver a ese Maestro Gautama.

—Entonces, buen ministro, diríjase a los brahmanes jefes de familia de Opasāda y dígales: —Señores, el brahmán Cankī dice esto: —Por favor, esperen, señores. El brahmán Cankī también irá a ver al samaṇa Gautama.

—Sí, señor —respondió el ministro, y se dirigió a los jefes de familia brahmanes de Opasāda y les dio el mensaje.

7. Ahora, en esa ocasión, quinientos brahmanes de varios estados se estaban quedando en Opasāda por algún negocio u otro. Oyeron: "Se dice que el brahmán Cankī va a ver al samaṇa Gautama". Entonces fueron a donde se encontraba el brahmán Cankī y le preguntaron: —Señor, ¿es verdad que va a ver al samaṇa Gautama?

—Así es, señores. Voy a ver al samaṇa Gautama.

8. —Señor, no vaya a ver al samaṇa Gautama. No es correcto, Maestro Cankī, que vaya a ver al samaṇa Gautama; más bien, es propio que el samaṇa Gautama venga a verlo. Porque usted, señor, es bien nacido por ambos lados, de descendencia materna y paterna pura durante siete generaciones, incontestable e impecable en cuanto al nacimiento. Siendo así, Maestro Cankī, no es correcto que vaya a ver al samaṇa Gautama; más bien, es propio que el samaṇa Gautama venga a verlo. Usted, señor, es rico, con grandes riquezas y posesiones. Usted, señor, es un maestro de los Tres Vedas con sus vocabularios, liturgia, fonología[3] y etimología, y las historias como quinta división; hábil en filología y gramática, está completamente versado en filosofía natural y en las marcas de un Gran Hombre. Usted, señor, es apuesto, agraciado y elegante, posee una suprema belleza de tez, con una belleza y una presencia sublimes, notables a la vista. Usted, señor, es virtuoso, maduro en virtud, poseedor de virtud madura. Usted, señor, es un buen orador con una buena elocución; pronuncia palabras corteses, claras, impecables y comunica el significado. Usted, señor, enseña a los maestros de muchos, y enseña la recitación de los himnos a trescientos estudiantes brahmanes. Usted, señor, es honrado, respetado, reverenciado, venerado y estimado por el rey Pasenadi de Kosala. Usted, señor, es honrado, respetado, reverenciado, venerado y estimado por el brahmán Pokkharasāti.[4] Usted, señor, gobierna sobre

Opasāda, una propiedad de la corona que abunda en seres vivos... una concesión sagrada que le ha dado el rey Pasenadi de Kosala. Siendo así, Maestro Cankī, no es propio que vaya a ver al samaṇa Gautama; más bien, es propio que el samaṇa Gautama venga a verle.

9. Cuando se dijo esto, el brahmán Cankī dijo a esos brahmanes: —Ahora, señores, escúchenme por qué es apropiado que yo vaya a ver al Maestro Gautama, y por qué no es apropiado que el Maestro Gautama venga a verme. Señores, el samaṇa Gautama es bien nacido por ambos lados, de pura ascendencia materna y paterna durante siete generaciones, incontestable e impecable en cuanto al nacimiento. Siendo así, señores, no es propio que el Maestro Gautama venga a verme; más bien, me corresponde a mí ir a ver al Maestro Gautama. Señores, el samaṇa Gautama salió dejando mucho oro y lingotes guardados en bóvedas y desvanes. Señores, el samaṇa Gautama salió de la vida hogareña a la vida sin hogar cuando aún era joven, un joven de cabello negro dotado con la bendición de la juventud, en la flor de la vida. Señores, el samaṇa Gautama se afeitó el cabello y la barba, se puso la túnica amarilla y salió de la vida hogareña a la vida sin hogar, aunque su madre y su padre deseaban lo contrario y lloraban con lágrimas en los ojos. Señores, el samaṇa Gautama es hermoso, bien parecido y agraciado, poseedor de una belleza suprema de tez, con una belleza y una presencia sublimes, notable a la vista. Señores, el samaṇa Gautama es virtuoso, de noble virtud, de sana virtud que posee virtud sana. Señores, el samaṇa Gautama es un buen orador con una buena elocución; habla palabras que son corteses, claras, impecables y comunican el significado. Señores, el samaṇa Gautama es un maestro de los maestros de muchos. Señores, el samaṇa Gautama está libre de lujuria sensual y sin vanidad personal. Señores, el samaṇa Gautama sostiene la doctrina de la eficacia moral de la acción, la doctrina de la eficacia moral de los hechos; él no busca ningún daño para la línea de brahmanes. Señores, el samaṇa Gautama salió de una familia aristocrática, de una de las familias nobles originales. Señores, el samaṇa Gautama salió de una familia rica, de una familia de gran riqueza y grandes posesiones. Señores, la gente viene de reinos y distritos remotos para interrogar al samaṇa Gautama. Señores, muchos miles de *devas* han ido en busca de refugio de por vida al samaṇa Gautama. Señores, se ha difundido un buen informe del samaṇa Gautama en este sentido: "Ese Bienaventurado es Consumado, plenamente iluminado, perfecto en verdadero conocimiento y conducta, sublime, conocedor de los mundos, líder incomparable de personas para ser entrenadas, maestro de *devas* y humanos, iluminado, bendito". Señores, el samaṇa Gautama posee las treinta y dos marcas de un Gran Hombre. Señores, el rey Seniya

Bimbisāra de Magadha y su esposa e hijos se han refugiado de por vida en el samaṇa Gautama. Señores, el rey Pasenadi de Kosala y su esposa e hijos se han refugiado de por vida en el samaṇa Gautama. Señores, el brahmán Pokkharasāti y su esposa e hijos han ido en busca de refugio de por vida al samaṇa Gautama. Señores, el samaṇa Gautama ha llegado a Opasāda y vive en Opasāda en la arboleda de los *devas*, la arboleda de árboles *sāla*, al norte de Opasāda.

Ahora bien, todos los *samaṇas* o brahmanes que vienen a nuestra ciudad son nuestros invitados, y los invitados deben ser honrados, respetados, reverenciados y venerados por nosotros. Desde que el samaṇa Gautama ha llegado a Opasāda, él es nuestro invitado, y como nuestro invitado debe ser honrado, respetado, reverenciado y venerado por nosotros. Siendo así, señores, no conviene que el Maestro Gautama venga a verme; más bien, me corresponde a mí ir a ver al Maestro Gautama.

Señores, esta es la alabanza del Maestro Gautama que he aprendido, pero la alabanza del Maestro Gautama no se limita a eso, porque la alabanza del Maestro Gautama es inmensurable. Como el Maestro Gautama posee cada uno de estos factores, no es propio que venga a verme; más bien es correcto para mí ir a ver al Maestro Gautama. Por lo tanto, señores, vayamos todos a ver al samaṇa Gautama.

10. Entonces el brahmán Cankī, junto con una gran compañía de brahmanes, fue a donde se encontraba el Bienaventurado e intercambiaron saludos con él. Cuando terminó esta charla cortés y amable, se sentó a un lado.

11. Ahora bien, en esa ocasión, el Bienaventurado estaba sentado terminando una charla amable con algunos brahmanes muy importantes. En ese momento, sentado en la asamblea, estaba un estudiante brahmán llamado Kāpaṭhika. Joven, con la cabeza rapada, de dieciséis años, era un maestro de los Tres Vedas con sus vocabularios, liturgia, fonología y etimología, y las historias como quinta división; hábil en filología y gramática, estaba completamente versado en filosofía natural y en las marcas de un Gran Hombre.

Mientras los brahmanes más ancianos estaban conversando con el Bienaventurado, él repetidamente irrumpía e interrumpía su conversación. Entonces el Bienaventurado reprendió al brahmán estudiante Kāpaṭhika de esta manera: —No se permita que el venerable Bhāradvāja entre e interrumpa la charla de los brahmanes más importantes mientras conversan. Que el venerable Bhāradvāja espere hasta que termine la charla. Cuando se dijo esto, el brahmán Cankī le dijo al Bienaventurado: —Que el Maestro Gautama no reprenda al estudiante brahmán Kāpaṭhika. El estudiante brahmán Kāpaṭhika es miembro de un clan, es muy erudito, tiene buena entrega, es sabio; él es capaz de tomar parte en esta discusión con el Maestro Gautama.

12. Entonces el Bienaventurado pensó: "Ciertamente, ya que los brahmanes lo honran así, el estudiante brahmán Kāpaṭhika debe ser experto en las escrituras de los Tres Vedas".

Entonces, el estudiante brahmán Kāpaṭhika pensó: "Cuando el samaṇa Gautama me mire, le haré una pregunta".

Entonces, sabiendo con su propia mente el pensamiento en la mente del estudiante brahmán Kāpaṭhika, el Bienaventurado volvió su mirada hacia él. Entonces el estudiante brahmán Kāpaṭhika pensó: "El samaṇa Gautama se ha vuelto hacia mí. Supongamos que le hago una pregunta". Luego le dijo al Bienaventurado: —Maestro Gautama, con respecto a los antiguos himnos brahmánicos que han llegado a través de la transmisión oral, preservados en las colecciones, los brahmanes llegan a la conclusión definitiva: "Sólo esto es verdad, todo lo demás está equivocado". ¿Qué dice el Maestro Gautama sobre esto?

13. —Entonces, Bhāradvāja, entre los brahmanes ¿hay acaso un solo brahmán que diga así?: —*Sé esto, veo esto*: "Solo esto es verdad; todo lo demás está equivocado".

—No, Maestro Gautama.

—Entonces, Bhāradvāja, entre los brahmanes, ¿hay un solo maestro o un solo maestro de maestros de la séptima generación de maestros que diga así: —*Sé esto, veo esto*: "Solo esto es verdad; todo lo demás está equivocado"?

—No, Maestro Gautama.

—Entonces, Bhāradvāja, los antiguos brahmanes videntes, los creadores de los himnos, los compositores de los himnos, cuyos antiguos himnos que antes se cantaban, pronunciaban y compilaban, los brahmanes de hoy en día todavía cantan y repiten, repitiendo lo que se dijo y recitando lo que se recitó, es decir, Aṭṭhaka, Vāmaka, Vāmadeva, Vessāmitta, Yamataggi, Angirasa, Bhāradvāja, Vāseṭṭha, Kassapa y Bhagu,[5] ¿dijeron incluso estos antiguos brahmanes videntes: —*Sabemos esto, vemos esto*: "Solo esto es verdad; todo lo demás está equivocado"?

—No, Maestro Gautama.

—Entonces, Bhāradvāja, parece que entre los brahmanes no hay ni un solo brahmán que diga así: —*Sé esto, veo esto*: "solo esto es verdad; todo lo demás está equivocado". Y entre los brahmanes no hay ni siquiera un solo maestro o el maestro de un solo maestro que se remonte a la séptima generación de maestros, que diga así: —*Sé esto, veo esto*: "Solo esto es verdad; todo lo demás está equivocado". Y los antiguos videntes brahmanes, los creadores de los himnos, los compositores de los himnos... incluso estos antiguos brahmanes videntes no dijeron así: —*Sabemos esto, vemos esto*: "Solo esto es verdad; todo lo demás está equivocado".

Supongamos que hubiera una fila de ciegos, cada uno en contacto con el siguiente: el primero no ve, el de en medio no ve y el último no ve. Así también, Bhāradvāja, con respecto a tu declaración, los brahmanes parecen ser como una fila de ciegos: el primero no ve, el de en medio no ve y el último no ve. ¿Qué piensas, Bhāradvāja? Siendo así, ¿acaso la fe de los brahmanes resulta no tener fundamento?

14. —Los brahmanes honran esto no sólo por la fe, Maestro Gautama. También lo honran como tradición oral.

—Bhāradvāja, primero tomaste tu posición en la fe, ahora hablas de la tradición oral. Hay cinco cosas, Bhāradvāja, que pueden resultar de dos maneras diferentes aquí y ahora. ¿Cuáles cinco? Fe (*saddhā*), aprobación (*ruci*), tradición oral (*anussava*), reflexión razonada (*ākūraparivitakka*) y aceptación reflexiva de una noción[6] (*diṭṭhinijjhānakkhanti*). Estas cinco cosas pueden resultar de dos maneras diferentes aquí y ahora. Ahora bien, algo puede aceptarse plenamente por la fe, pero puede ser vacío, hueco y falso; pero alguna otra cosa puede no ser completamente aceptada por fe, sin embargo, puede ser basada en hechos, verdadera y sin errores. Una vez más, algo puede estar plenamente aprobado... bien transmitido... bien meditado... bien reflexionado y sin embargo puede estar vacío, hueco y falso; pero alguna otra cosa pudiera no ser bien reflexionada, y sin embargo puede ser basada en hechos, verdadera y sin errores.

Por lo tanto, bajo estas condiciones, no es propio que un hombre sabio que preserva la verdad llegue a la siguiente conclusión definitiva: "Sólo esto es verdad; todo lo demás está equivocado".[7]

15. —Pero, Maestro Gautama, ¿de qué manera se preserva [protege] la verdad[8] (*saccānurakkhana*)? ¿Cómo preserva uno la verdad? Entonces le preguntamos al Maestro Gautama sobre la preservación de la verdad.

—Si una persona tiene fe, Bhāradvāja, preserva la verdad cuando dice: "Mi fe es así"; pero todavía no llega a la conclusión definitiva: "Sólo esto es verdad; todo lo demás está equivocado". De esta manera, Bhāradvāja, se preserva la verdad; así protege la verdad; de esta manera describimos la preservación de la verdad. Pero hasta este punto aún no se ha descubierto la verdad[9] (*saccānubodha*).

Si una persona aprueba algo... si recibe una tradición oral... si [llega a una conclusión basada en] una reflexión razonada... si obtiene la aceptación reflexiva de una noción, conserva la verdad cuando dice: "Mi aceptación reflexiva de una noción es así"; pero aún no llega a la conclusión definitiva: "Solo esto es verdad; todo lo demás está equivocado". De esta manera también, Bhāradvāja, existe la preservación de la verdad; así se conserva la verdad; de esta manera describimos la preservación de la verdad. Pero hasta ahora no se ha descubierto la verdad.

16. —Así, Maestro Gautama, se preserva la verdad; así se conserva la verdad; así reconocemos la preservación de la verdad.

Pero ¿de qué manera —Maestro Gautama— existe el descubrimiento de la verdad? ¿De qué manera se descubre la verdad? Entonces le preguntamos al Maestro Gautama sobre el descubrimiento de la verdad.

17. —Aquí, Bhāradvāja, un bhikkhu puede estar viviendo en dependencia de algún pueblo o ciudad.[10] Entonces, un jefe de familia o el hijo de un jefe de familia va a donde se encuentre ese bhikkhu y lo investiga con respecto a tres tipos de estados: aquellos basados en el deseo, a los basados en la aversión, y aquellos estados basados en la ofuscación, preguntándose: "¿Hay en este venerable algún estado basado en el deseo tal que, con su mente obsesionada por ese estado, pudiera decir —sin realmente saber—, "*Yo sé*"; o mientras no viera, pudiera decir, "*Yo veo*"; o podría instar a otros a actuar de una manera que los lleve a sufrir daño y sufrimiento durante mucho tiempo?"

Mientras lo investiga, llega a saber: "No existen tales estados basados en el deseo en este venerable. El comportamiento corporal y el comportamiento verbal de este venerable no son los de uno afectado por el deseo. Y el Dhamma que enseña este venerable es profundo, difícil de ver y difícil de entender, pacífico y sublime, inalcanzable por el mero razonamiento, sutil, para ser experimentado por los sabios. Este Dhamma no puede ser enseñado fácilmente por alguien afectado por el deseo".

18. Cuando ha investigado a tal bhikkhu y ha visto que él está purificado de los estados basados en el deseo, lo investiga a continuación con respecto a aquellos basados en la aversión: "¿Hay en este venerable algunos estados basados en la aversión tales que, con su mente obsesionada por esos estados... podría instar a otros a actuar de una manera que los lleve a daño y sufrimiento durante mucho tiempo?" Mientras lo investiga, llega a saber: "No existen tales estados basados en la aversión en este venerable. La conducta corporal y la conducta verbal de este venerable no son las de uno afectado por la aversión. Y el Dhamma que enseña este venerable es profundo... para ser experimentado por los sabios. Este Dhamma no puede ser enseñado fácilmente por alguien afectado por la aversión".

19. Cuando lo haya investigado y haya visto que está purificado de los estados basados en la aversión, lo investiga a continuación con respecto a los estados basados en la ofuscación: "¿Hay en este venerable algún estado basado en la ofuscación tal que, con su mente

obsesionada por esos estados... podría instar a otros a actuar de una manera que los lleve a daño y sufrimiento durante mucho tiempo?"

Mientras lo investiga, llega a saber: "No existen tales estados basados en la ofuscación en este venerable. El comportamiento corporal y el comportamiento verbal de este venerable no son los de uno afectado por la ofuscación. Y el Dhamma que enseña este venerable es profundo... para ser experimentado por los sabios. Este Dhamma no puede ser enseñado fácilmente por alguien afectado por la ofuscación".

20. Cuando lo ha investigado y ha visto que está purificado de estados basados en la ofuscación, entonces nace fe en él (*saddhājāto*); lleno de fe lo visita y le rinde homenaje (*parirupāsati*); después de rendirle respeto, presta oído (*sotaṁ odahati*); cuando presta oído, escucha el Dhamma (*dhammaṁ suṇāti*); habiendo escuchado el Dhamma, lo memoriza para examinar el significado de las enseñanzas (*dhatānaṁ dhammānaṁ atthaṁ upaparikkhati*) que ha memorizado; cuando examina su significado, obtiene una aceptación reflexiva de esas enseñanzas (*dhammā nijjhānaṁ khamanti*); cuando ha ganado una aceptación reflexiva de esas enseñanzas, brota el entusiasmo (*chanda*); cuando ha brotado el entusiasmo, aplica su voluntad (*ussahati*); habiendo aplicado su voluntad, escudriña[11] (*tūleti*); habiendo escudriñado, se esfuerza[12] (*padhāna*); esforzándose resueltamente, realiza con el cuerpo mental la verdad suprema y la ve al penetrarla con sabiduría[13] (*kāyena ceva paramasaccaṁ sachikaroti paññāya ca naṁ ativijjha passati*).

De esta manera, Bhāradvāja, se da el descubrimiento de la verdad; así se descubre la verdad; de esta manera describimos el descubrimiento de la verdad. Pero hasta ahora, no hay llegada final a la verdad[14] (*saccānuppatti*).

21. —En ese camino, Maestro Gautama, está el descubrimiento de la verdad; así reconocemos el descubrimiento de la verdad. Pero Maestro Gautama ¿de qué manera se llega finalmente a la verdad? Así que preguntamos al Maestro Gautama acerca de lo que sea de mayor ayuda para la llegada final a la verdad.

—La llegada final a la verdad, Bhāradvāja, radica en la repetición, el desarrollo y el cultivo de esas mismas cosas. De esta manera, Bhāradvāja, es la llegada final a la verdad; así se llega finalmente a la verdad; de esta manera describimos la llegada final a la verdad.

22. —Así, Maestro Gautama, está la llegada final a la verdad; así se llega finalmente a la verdad; de esa manera reconocemos la llegada final a la verdad. Pero, Maestro Gautama, ¿qué es lo que más ayuda a la llegada final a la verdad? Así que preguntamos al Maestro Gautama qué es lo más útil para la llegada definitiva a la verdad.

—Esforzarse (*padhāna*) es de gran ayuda para llegar finalmente a la verdad, Bhāradvāja. Si uno no se esfuerza, no se llega finalmente a la verdad; pero debido a que uno se esfuerza, finalmente llega a la verdad. Es por eso por lo que esforzarse es lo más útil para llegar finalmente a la verdad.

23. —Pero, Maestro Gautama, ¿qué es lo más útil para esforzarse? Así que preguntamos al Maestro Gautama qué es lo más útil para esforzarse.

—El escrutinio (*tulanāya*) es de gran ayuda para esforzarse, Bhāradvāja. Si no se escudriña, no se lucha; pero porque uno escudriña, uno se esfuerza. Es por eso por lo que el escrutinio es lo más útil para esforzarse.

24. —Pero, Maestro Gautama, ¿qué es lo más útil para el escrutinio? Así que preguntamos al Maestro Gautama sobre lo que es más útil para el escrutinio.

—La aplicación de la voluntad (*ussāha*) es de gran ayuda para el escrutinio, Bhāradvāja. Si uno no aplica la voluntad, uno no escudriñará; pero debido a que uno aplica su voluntad, uno escudriña. Es por eso por lo que la aplicación de la voluntad es lo más útil para el escrutinio.

25. —Pero, Maestro Gautama, ¿qué es de mayor ayuda para la aplicación de la voluntad? Así que preguntamos al Maestro Gautama sobre lo que más ayuda para la aplicación de la voluntad.

—El entusiasmo (*chanda*) es de gran ayuda para la aplicación de la voluntad, Bhāradvāja. Si uno no despierta entusiasmo, no aplicará su voluntad; pero debido a que uno despierta el entusiasmo, uno aplica su voluntad. Por eso el entusiasmo es lo más útil para la aplicación de la voluntad.

26. —Pero, Maestro Gautama, ¿qué es lo que más ayuda al entusiasmo? Así que preguntamos al Maestro Gautama sobre lo que más ayuda al entusiasmo.

—Una aceptación reflexiva de las enseñanzas es de gran ayuda para el entusiasmo, Bhāradvāja. Si uno no logra una aceptación reflexiva de las enseñanzas, el entusiasmo no brotará; pero debido a que uno gana una aceptación reflexiva de las enseñanzas, brota el entusiasmo. Es por eso por lo que una aceptación reflexiva de las enseñanzas es de gran ayuda para el entusiasmo.

27. —Pero, Maestro Gautama, ¿qué es lo que más ayuda a una aceptación reflexiva de las enseñanzas? Así que preguntamos al Maestro Gautama qué es lo más útil para una aceptación reflexiva de las enseñanzas.

—La examinación del significado es de gran ayuda para una aceptación reflexiva de las enseñanzas, Bhāradvāja. Si uno no examina el significado, no obtendrá una aceptación reflexiva de las enseñanzas; pero debido a que uno examina su significado, se gana una aceptación reflexiva de las enseñanzas. Es por eso por lo que la examinación del significado es de gran ayuda para lograr una aceptación reflexiva de las enseñanzas.

28. —Pero, Maestro Gautama, ¿qué es de mayor ayuda para examinar el significado? Así que preguntamos al Maestro Gautama qué cosa es más útil para el examen del significado.

—Memorizar las enseñanzas es de gran ayuda para examinar el significado, Bhāradvāja. Si uno no memoriza una enseñanza, no examinará su significado; pero debido a que uno memoriza una enseñanza, uno examina su significado.

29. —Pero, Maestro Gautama, ¿qué es de mayor ayuda para memorizar las enseñanzas? Así que preguntamos al Maestro Gautama qué es lo más útil para memorizar las enseñanzas.

—Escuchar el Dhamma es de gran ayuda para memorizar las enseñanzas, Bhāradvāja. Si uno no escucha el Dhamma, no memorizará las enseñanzas; pero debido a que uno escucha el Dhamma, uno memoriza las enseñanzas. Es por eso por lo que escuchar el Dhamma es de gran ayuda para memorizar las enseñanzas.

30. —Pero, Maestro Gautama, ¿qué es lo más útil para escuchar el Dhamma? Así que preguntamos al Maestro Gautama qué es lo más útil para escuchar el Dhamma.

—Prestar atención es de gran ayuda para escuchar el Dhamma, Bhāradvāja. Si uno no presta atención, no escuchará el Dhamma; pero debido a que uno presta oído, uno escucha el Dhamma. Es por eso por lo que prestar atención es de gran ayuda para escuchar el Dhamma.

31. —Pero Maestro Gautama, ¿qué es de mayor ayuda para prestar oído? Así que preguntamos al Maestro Gautama qué es lo más útil para prestar atención.

—Mostrar respeto es de gran ayuda para escuchar, Bhāradvāja. Si no se respeta, no se presta oído; pero como se respeta, se presta oído. Es por eso por lo que mostrar respeto es lo más útil para escuchar [las enseñanzas].

32. —Pero, Maestro Gautama, ¿qué es lo que más ayuda a rendir respeto? Así que preguntamos al Maestro Gautama qué es lo más útil para rendir respeto.

—Visitar es de lo más útil para mostrar respeto, Bhāradvāja. Si uno no visita [a un maestro], no le rendirá respeto; pero debido a que uno visita [a un maestro], uno le rinde respeto. Es por eso por lo que visitar es lo más útil para mostrar respeto.

33. —Pero Maestro Gautama, ¿qué es de mayor ayuda para visitar? [Finalmente] le preguntamos al Maestro Gautama qué es lo más útil para visitar.

—La fe es de gran ayuda para visitar, Bhāradvāja. Si la fe [en un maestro] no surge, uno no lo visitará; pero debido a que surge la fe [en un maestro], uno lo visita. Por eso la fe es de gran ayuda para visitar.

34. —Le hemos preguntado al Maestro Gautama sobre la preservación de la verdad, y el Maestro Gautama respondió sobre la preservación de la verdad; aprobamos y aceptamos esa respuesta, por lo que estamos satisfechos. Le preguntamos al Maestro Gautama sobre el descubrimiento de la verdad, y el Maestro Gautama respondió sobre el descubrimiento de la verdad; aprobamos y aceptamos esa respuesta, por lo que estamos satisfechos. Le preguntamos al Maestro Gautama sobre la llegada final a la verdad, y el Maestro Gautama respondió sobre la llegada final a la verdad; aprobamos y aceptamos esa respuesta, por lo que estamos satisfechos. Le preguntamos al Maestro Gautama sobre lo que más ayuda para la llegada final a la verdad, y el Maestro Gautama respondió sobre lo que más ayuda para la llegada final a la verdad; aprobamos y aceptamos esa respuesta, por lo que estamos satisfechos.

Todo lo que le preguntamos al Maestro Gautama, eso nos ha respondido; aprobamos y aceptamos esas respuestas, por lo que estamos satisfechos. Antiguamente, Maestro Gautama, pensábamos: "¿Quiénes son estos *samaṇas* calvos, estos oscuros descendientes inferiores de los pies del Pariente, para que entiendan el Dhamma?"[15] Pero el Maestro Gautama ciertamente me ha inspirado amor por los *samaṇas*, confianza en los *samaṇas*, reverencia por los *samaṇas*.

35. ¡Magnífico, Maestro Gautama! ¡Magnífico, Maestro Gautama!... (Como en M. 91.37) ... A partir de hoy, que el Maestro Gautama me recuerde como un seguidor laico que ha acudido a él en busca de refugio de por vida.

NOTAS M.95

1. BB: El pasaje inicial de este *sutta*, hasta el párrafo §10, es prácticamente idéntico al comienzo del *Sonadaṇḍa Sutta* (DN 4).
2. MA: Se llamaba así porque allí se hacían ofrendas a los *devas*.
3. NT: La fonología estudia el sistema mental y social de signos propios de un lenguaje; dicho sistema asocia signos a sonidos determinados. Por otra parte, la fonética o fonemática estudia la manera en que se realizan específicamente esos signos mediante el aparato fonador.
4. BB: Otro brahmán acomodado que residía en Ukkhaṭṭhā, una propiedad real que le dió el rey Pasenadi. En DN 2.21 / i110 escucha un discurso del Buda, logra la entrada en la corriente, y toma refugio junto con su familia y sus seguidores.
5. BB: Estos son los antiguos *rishis* a quienes los brahmanes consideraban los autores divinamente inspirados de los himnos védicos.
6. BB: En pāli: *saddhā, ruci, anussava, ākāraparivitakka, diṭṭhinijjhānakkhanti*. De estos cinco motivos para llegar a una convicción, los dos primeros parecen ser principalmente emotivos, el tercero una aceptación ciega de la tradición, y los dos últimos, principalmente racionales o cognitivos. Las "dos maneras diferentes" en que cada uno de estos motivos puede resultar son: verdaderas o falsas.
7. BB: No le corresponde llegar a esta conclusión porque no ha comprobado personalmente la verdad de su convicción, sino que sólo la acepta sobre una base que no puede proporcionar certeza.
8. BB: *Saccānurakkhana*: La salvaguardia de la verdad, la protección de la verdad.
9. BB: *Saccānubodha*: o el despertar a la verdad.
10. BB: El procedimiento para el descubrimiento de la verdad recomendado en este *sutta* parece ser una elaboración del enfoque descrito en M.47.
11. *Tūleti*. MA: Él investiga las cosas en términos de transitoriedad, etcétera. Por lo tanto, esta etapa parece ser la de la contemplación introspectiva.
12. BB: Aunque aplicar la voluntad (*ussahati*) parece similar al esfuerzo (*padahati*), el primero puede entenderse como el esfuerzo realizado antes de la contemplación introspectiva, el segundo como el esfuerzo que lleva la introspección al nivel de la vía supramundana.

13. MA: Logra el Nibbāna con el cuerpo mental (de la vía de entrada a la corriente), y habiendo penetrado las impurezas, ve el Nibbāna con sabiduría, haciéndolo claro y evidente.
14. BB: Mientras que el descubrimiento de la verdad en este contexto parece significar el logro de la entrada en la corriente, la llegada final a la verdad (*saccānuppatti*) parece significar el logro pleno del estado de *arahant*.
15. BB: "El Pariente" (*bandhu*) es Brahmā, a quien los brahmanes llamaban así porque lo consideraban su ancestro primordial. MA explica que entre los brahmanes existía la creencia de que ellos mismos eran descendientes de la boca de Brahmā, los *khattiyas* de su pecho, los *vessas* de su vientre, los *suddas* de sus piernas, y los *samaṇas* de las plantas de sus pies.

96. *Esukārī Sutta*
A Esukārī

1. Esto he escuchado. En una ocasión, el Bienaventurado residía en Sāvatthī, en el Bosquecillo de Jeta, el parque de Anāthapiṇḍika.

2. Entonces el brahmán Esukārī fue a donde se encontraba el Bienaventurado e intercambió saludos con él. Terminada esta cortés y amable charla, se sentó a un lado y dijo:

3. —Maestro Gautama, los brahmanes prescriben cuatro niveles de servicio. Prescriben el nivel de servicio hacia un brahmán, el nivel de servicio hacia un noble, el nivel de servicio hacia un comerciante y el nivel de servicio hacia un trabajador. Allí, Maestro Gautama, los brahmanes prescriben lo siguiente como el nivel de servicio hacia un brahmán: un brahmán puede servir a un brahmán, un noble puede servir a un brahmán, un comerciante puede servir a un brahmán y un trabajador puede servir a un brahmán. Ese es el nivel de servicio hacia un brahmán que prescriben los brahmanes. Maestro Gautama, los brahmanes prescriben lo siguiente como el nivel de servicio hacia un noble: un noble puede servir a un noble, un comerciante puede servir a un noble y un trabajador puede servir a un noble. Ese es el nivel de servicio hacia un noble que prescriben los brahmanes. Maestro Gautama, los brahmanes prescriben lo siguiente como el nivel de servicio hacia un comerciante: un comerciante puede servir a un comerciante y un trabajador puede servir a un comerciante. Ese es el nivel de servicio hacia un comerciante que prescriben los brahmanes. Maestro Gautama, los brahmanes prescriben lo siguiente como el nivel de servicio hacia un trabajador: solo un trabajador puede servir a un trabajador; porque, ¿quién más podría servir a un obrero? Ese es el nivel de servicio hacia un trabajador que prescriben los brahmanes. ¿Qué dice el Maestro Gautama sobre esto?

4. —Bueno, brahmán, ¿acaso todo el mundo ha autorizado a los brahmanes a prescribir estos cuatro niveles de servicio? —No, Maestro Gautama.

—Supongamos, brahmán, que le obligan a comer un trozo de carne a un hombre pobre, sin dinero y sin recursos, y le dijeran:

"Buen hombre, debes comer esta carne y pagarla"; así también, sin el consentimiento de esos otros *samaṇas* y brahmanes, los brahmanes, no obstante, prescriben esos cuatro niveles de servicio.

5. Yo no digo, brahmán, que todos deben ser servidos, ni digo que nadie debe ser servido. Porque si, al servir a alguien, uno empeora y no mejora a causa de ese servicio, entonces digo que no debe ser servido. Y si, al servir a alguien, uno se vuelve mejor y no peor por ese servicio, entonces digo que debe ser servido.

6. Si le preguntaran a un noble así: ¿a cuál de estos debes servir; a uno en cuyo servicio te vuelves peor y no mejor cuando le sirves, o a aquel en cuyo servicio te vuelves mejor y no peor cuando le sirves?, respondiendo correctamente, un noble respondería así: "No debo servir a aquel en cuyo servicio me vuelvo peor y no mejor al servirlo; debo servir a aquel en cuyo servicio me vuelvo mejor y no peor cuando le sirvo".

Si le preguntaran a un brahmán... si le preguntaran a un comerciante... si le preguntaran a un trabajador... respondiendo correctamente, un trabajador respondería así: "No debo servir a aquel en cuyo servicio me vuelvo peor y no mejor cuando lo sirvo; debo servir a aquel en cuyo servicio me vuelvo mejor y no peor cuando le sirvo".

7. Yo no digo, brahmán, que uno es mejor porque proviene de una familia aristocrática, ni digo que uno es peor porque proviene de una familia aristocrática. No digo que uno sea mejor porque sea de gran belleza, ni digo que sea peor porque sea de gran belleza. No digo que uno sea mejor porque tenga mucha riqueza, ni digo que sea peor porque tenga mucha riqueza.

8. Porque aquí, brahmán, uno de una familia aristocrática puede matar seres vivos, tomar lo que no le ha sido dado, comportarse mal en los placeres sensoriales, hablar con falsedad, hablar maliciosamente, hablar rudamente, chismorrear, ser avaro, tener una mente de mala voluntad y tener una noción errónea. Por lo tanto, no digo que uno es mejor porque uno es de una familia aristocrática. Pero también, brahmán, alguien de una familia aristocrática puede abstenerse de matar seres vivos, de tomar lo que no le ha sido dado, de la mala conducta en los placeres sensoriales, de lenguaje falso, del lenguaje malicioso, del lenguaje rudo y del chismorreo, y puede no tener codicia, tener una mente sin mala voluntad y tener una noción correcta. Por eso no digo que uno sea peor por ser de familia aristocrática.

Aquí, brahmán, uno de gran belleza... uno de gran riqueza puede matar seres vivos... y tener una noción errónea. Por eso no digo que uno es mejor porque uno es de gran belleza... de gran riqueza. Pero también, brahmán, uno de gran belleza... de gran riqueza puede abstenerse de matar seres vivos... y tener una noción correcta. Por lo tanto, no digo que uno sea peor porque uno es de gran belleza... de gran riqueza.

9. Yo no digo, brahmán, que todos deben ser servidos, ni digo que nadie debe ser servido. Porque si, al servir a alguien, la fe, la virtud, el aprendizaje, la generosidad y la sabiduría aumentan en su servicio, entonces digo que debe ser servido.

10. Cuando se dijo esto, el brahmán Esukārī le dijo al Bienaventurado:

—Maestro Gautama, los brahmanes prescriben cuatro tipos de riqueza. Prescriben la riqueza de un brahmán, la riqueza de un noble, la riqueza de un comerciante y la riqueza de un trabajador.

Allí, Maestro Gautama, los brahmanes prescriben la riqueza de un brahmán, como el hecho de vagar por ofrendas de alimento;[1] un brahmán que desdeña su propia riqueza, es decir, el vagar por ofrendas de alimento, abusa de su deber como un guardia que toma lo que no se le ha dado. Esa es la riqueza de un brahmán que prescriben los brahmanes.

Maestro Gautama, los brahmanes prescriben lo siguiente como la riqueza de un noble: el arco y el carcaj; un noble que desdeña su propia riqueza, es decir, el arco y el carcaj, abusa de su deber como un guardia que toma lo que no se le ha dado. Esa es la riqueza de un noble que prescriben los brahmanes.

Maestro Gautama, los brahmanes prescriben lo siguiente como la riqueza de un comerciante: la agricultura y la ganadería;[2] un comerciante que desdeña su propia riqueza, es decir, la agricultura y la ganadería, abusa de su deber como un guardia que toma lo que no se le ha dado. Esa es la riqueza de un comerciante que prescriben los brahmanes.

Maestro Gautama, los brahmanes prescriben lo siguiente como la riqueza de un trabajador: la hoz y la pértiga de transporte; un trabajador que desdeña su propia riqueza, es decir, la hoz y la pértiga, abusa de su deber como un guardia que toma lo que no se le ha dado. Esa es la riqueza de un trabajador que prescriben los brahmanes. ¿Qué dice el Maestro Gautama sobre esto?

11. —Bueno, brahmán, ¿acaso todo el mundo ha autorizado a los brahmanes a prescribir estos cuatro tipos de riqueza? —No, Maestro Gautama.

—Supongamos, brahmán, que le obligaran a comer un trozo de carne a un hombre pobre, sin dinero y sin recursos, y le dijeran: "Buen hombre, debes comer esta carne y pagarla"; así también, sin el consentimiento de esos otros *samaṇas* y brahmanes, los brahmanes sin embargo prescriben estos cuatro tipos de riqueza.

12. Yo, brahmán, declaro el noble Dhamma supramundano como la riqueza propia de una persona[3]. Pero recordando su antiguo linaje familiar materno y paterno, se le considera según el lugar donde renace (*attabhāvassa abhinibbatti*). Si renace en un clan de nobles, se le considera noble; si renace en un clan de brahmanes, se le considera brahmán; si renace en un clan de mercaderes, se le considera mercader; si renace en un clan de trabajadores, se le considera trabajador.

Así como el fuego se cuenta por la condición particular que depende de la que arde, cuando el fuego arde dependiendo de los leños, se lo considera como un fuego de leños; cuando el fuego arde dependiendo de carrizos, se considera como fuego de carrizos; cuando el fuego arde dependiendo de la hierba, se considera como un fuego de hierba; cuando el fuego quema dependiente del estiércol de vaca, se considera como un fuego de estiércol de vaca; así también, brahmán, declaro el noble Dhamma supramundano como la riqueza propia de una persona. Pero recordando su antiguo linaje materno y paterno, se le considera según el lugar donde renace.[4] Si renace... en un clan de trabajadores, se le considera trabajador.

13. Si, brahmán, alguien de un clan de nobles sale de la vida hogareña a la vida sin hogar, y después de encontrar el Dhamma y la Disciplina proclamados por el Tathāgata, se abstiene de matar seres vivos, de tomar lo que no se le da, de actividad sexual, de palabras falsas, de palabras maliciosas, de palabras rudas y de chismes, y no es codicioso, no tiene una mente de mala voluntad y tiene una noción correcta, es uno que está cumpliendo el camino verdadero, el Dhamma que es sano.

Si, brahmán, alguien de un clan de brahmanes sale... Si alguien de un clan de mercaderes sale... Si alguien de un clan de trabajadores sale de la vida hogareña a la vida sin hogar, y después de encontrar el Dhamma y la Disciplina proclamados por el Tathāgata, se abstiene de matar seres vivos... y tiene la noción correcta, es alguien que está logrando el camino verdadero, el Dhamma que es sano.

14. ¿Qué piensas, brahmán? ¿Solo un brahmán es capaz de desarrollar una mente de benevolencia amorosa hacia cierta región, sin hostilidad y sin mala voluntad, y no un noble, un comerciante o un trabajador?

—No, Maestro Gautama. Ya sea un noble, un brahmán, un mercader o un trabajador: los de las cuatro castas son capaces de desarrollar una mente de benevolencia amorosa hacia una determinada región, sin hostilidad y sin mala voluntad.

—Así también, brahmán, si alguien de un clan de nobles sale... (Repetir §13) ... es alguien que está logrando el camino verdadero, el Dhamma que es sano.

15. ¿Qué piensas, brahmán? ¿Solo un brahmán es capaz de tomar una esponja vegetal y polvos de baño, ir al río y lavarse el polvo y la suciedad, y no un noble, un comerciante o un trabajador?

—No, Maestro Gautama. Ya sea un noble, un brahmán, un mercader, o un trabajador, los de las cuatro castas son capaces de tomar una esponja vegetal y polvos de baño, ir al río y lavarse el polvo y la suciedad.

—Así también, brahmán, si alguien de un clan de nobles sale... (Repetir §13) ... es alguien que está logrando el camino verdadero, el Dhamma que es sano.

16. ¿Qué piensas, brahmán? Supongamos que un noble rey ungido en la cabeza reuniera aquí a cien hombres de diferente nacimiento... (Como en M. 93.11) ... Porque todo fuego tiene una llama, un color y un resplandor, y es posible usar todo el fuego para los propósitos del fuego.

Así también, brahmán, si alguien de un clan de nobles sale... (Repetir §13) ... es alguien que está logrando el camino verdadero, el Dhamma que es sano.

17. Cuando se dijo esto, el brahmán Esukārī dijo al Bienaventurado: —¡Magnífico, Maestro Gautama! ¡Magnífico, Maestro Gautama!... Que desde hoy el Maestro Gautama me recuerde como un seguidor laico que ha ido a él en busca de refugio de por vida.

NOTAS M.96

1. MA: Había sido una práctica antigua entre los brahmanes vagar en busca de ofrendas de comida, incluso cuando poseían grandes riquezas.
2. BB: Aunque la agricultura puede parecer una ocupación extraña para alguien descrito como mercader, debe entenderse que los *vessas* no sólo dirigían proyectos comerciales urbanas, sino que también poseían y supervisaban proyectos agrarios.
3. BB: *Ariyaṁ kho ahaṁ brāhmaṇa lokuttaraṁ dhammaṁ purisassa sandhanaṁ paññāpemi*. [Brahmán, enseño el Dhamma noble, supramundano, que conduce al hombre a la liberación].
4. BB: *Attabhāvassa abhinibbatti*: literalmente, "dondequiera que tenga lugar la reconcepción de su individualidad".

97. *Dhānañjāni Sutta* A Dhānañjāni

1. Esto he escuchado. En una ocasión, el Bienaventurado residía en Rājagaha, en la arboleda de bambúes, en el santuario de las ardillas.

2. Ahora, en esa ocasión, el venerable Sāriputta caminaba por las Colinas del Sur con un gran Saṅgha de bhikkhus. Entonces, cierto bhikkhu que había pasado las lluvias en Rājagaha fue al venerable Sāriputta en las Colinas del Sur e intercambió saludos con él. Cuando terminó esta conversación cortés y amable, se sentó a un lado, y el venerable Sāriputta le preguntó: —¿Está el Bienaventurado fuerte y bien, amigo?

—El Bienaventurado está bien y fuerte, amigo.

—¿El Saṅgha de los bhikkhus está bien y fuerte, amigo?

—El Saṅgha de los bhikkhus también está bien y fuerte, amigo.

—Amigo, hay un brahmán llamado Dhānañjāni que vive en la puerta de Taṇḍulapāla. ¿Ese brahmán Dhānañjāni está bien y fuerte?

—Ese brahmán Dhānañjāni también está bien y fuerte, amigo.

—¿Es diligente (*appamādo*),[1] amigo?

—¿Cómo podría ser diligente, amigo? Saquea a los jefes de familia brahmanes en nombre del rey, y saquea al rey en nombre de los jefes de familia brahmanes. Ha muerto su esposa, que tenía fe y procedía de un clan con fe, y él se ha casado con otra mujer, una mujer sin fe que viene de un clan sin fe.

—Estas son malas noticias que escuchamos, amigo. De hecho, es una mala noticia escuchar que el brahmán Dhānañjāni se ha vuelto negligente (*pamatta*), Tal vez en algún momento nos encontremos con el brahmán Dhānañjāni y tengamos una conversación con él.

3. Entonces, habiendo permanecido en las Colinas del Sur todo el tiempo que quiso, el venerable Sāriputta se dispuso a vagar hacia Rājagaha. Caminando en forma itinerante, finalmente llegó a Rājagaha, y allí vivió en la arboleda de bambúes, en el santuario de las ardillas.

4. Entonces, cuando llegó la mañana, el venerable Sāriputta se vistió y, tomando su cuenco y su túnica exterior, fue a Rājagaha

a buscar ofrendas de alimento. Ahora bien, en ese momento, el brahmán Dhānañjāni estaba ordeñando sus vacas en un establo fuera de la ciudad. Así que, cuando el venerable Sāriputta había vagado por alimento en Rājagaha y había regresado de su ronda, después de su comida fue a donde se encontraba el brahmán Dhānañjāni. El brahmán Dhānañjāni vio al venerable Sāriputta acercándose a lo lejos, se acercó a él y le dijo: —Bebe un poco de esta leche fresca, Maestro Sāriputta, hasta que sea la hora de la comida.

—Suficiente, brahmán, he terminado mi comida por hoy. Yo estaré en la raíz de ese árbol para la permanencia del día. Puedes venir allí.

—Sí, señor —respondió.

5. Y luego, después de haber comido su comida de la mañana, el brahmán Dhānañjāni fue a donde se encontraba el venerable Sāriputta e intercambió saludos con él. Cuando terminó esta charla cortés y amable, se sentó a un lado, y el venerable Sāriputta le preguntó: —¿Eres diligente, Dhānañjāni?

—¿Cómo podría ser diligente, Maestro Sāriputta, cuando tenemos que mantener a nuestros padres, nuestra esposa e hijos, y nuestros esclavos, sirvientes y trabajadores; cuando tenemos que cumplir con nuestro deber hacia nuestros amigos y compañeros, hacia nuestros parientes y conocidos, hacia nuestros invitados, hacia nuestros antepasados difuntos, hacia los *devas* y hacia el rey; y cuando este cuerpo también debe ser revitalizado y nutrido?

6. —¿Qué piensas, Dhānañjāni? Supongamos que alguien aquí fuera a comportarse en contra del Dhamma, a comportarse de forma malsana por el bien de sus padres, y luego, debido a tal comportamiento, los guardianes del infierno fueran a arrastrarlo al infierno. ¿Sería capaz de liberarse suplicando, diciendo así?: —Fue por el bien de mis padres que me comporté en contra del Dhamma, que yo, contrariamente al Dhamma, me comporté de forma malsana, así que no permitan que los guardianes del infierno me arrastren al infierno. ¿O podrían sus padres liberarlo suplicando así?: —Fue por nuestro bien que se comportó en contra del Dhamma, que se comportó de forma malsana, así que no permitan que los guardianes del infierno lo arrastren al infierno.

—No, Maestro Sāriputta. Incluso mientras gritara, los guardianes del infierno lo arrojarían al infierno.

7-15. —¿Qué piensas, Dhānañjāni? Supongamos que alguien aquí fuera a comportarse en contra del Dhamma, a comportarse de forma malsana por el bien de su esposa e hijos... por el bien de sus esclavos, sirvientes y trabajadores... por el bien de sus amigos y compañeros... por el bien de sus parientes y conocidos... por el bien de sus invitados... por el bien de sus antepasados difuntos... por el bien de los *devas*... por el bien del rey... por el bien de revitalizar y nutrir su cuerpo, y, debido a tal comportamiento los guardianes del infierno lo arrastraran al infierno. ¿Sería capaz de liberarse a sí mismo suplicando así?: —Fue por revitalizar y nutrir este cuerpo, que me comporté en contra del Dhamma, que me comporté de forma malsana, así que no permitan que los guardianes del infierno me arrastren al infierno. ¿O podrían otros liberarlo suplicando así?: —Fue por el bien de... revitalizar y nutrir su cuerpo, que se comportó en contra del Dhamma, que se comportó de forma malsana, así que no permitan que los guardianes del infierno lo arrastren al infierno.

—No, Maestro Sāriputta. Incluso mientras estuviera gritando, los guardianes del infierno lo arrojarían al infierno.

16. —¿Qué piensas, Dhānañjāni? ¿Quién es mejor, el que, por el bien de sus padres se comporta en contra del Dhamma, se comporta de forma malsana, o el que, por el bien de sus padres se comporta de acuerdo con el Dhamma, se comporta con rectitud?

—Maestro Sāriputta, aquel que por el bien de sus padres se comporta en contra del Dhamma, se comporta de forma malsana, no es mejor; el que por el bien de sus padres se comporta de acuerdo con el Dhamma, se comporta con rectitud, es mejor. El comportamiento de acuerdo con el Dhamma, el comportamiento recto, es mejor que el comportamiento contrario al Dhamma, que el comportamiento malsano.

—Dhānañjāni, hay otros tipos de trabajo, rentables y de acuerdo con el Dhamma, por medio de los cuales uno puede sustentarse, medios por los cuales uno puede mantener a sus padres y, al mismo tiempo evitar hacer el mal y practicar el mérito.

17-25. ¿Qué piensas, Dhānañjāni? ¿Quién es mejor, el que, por su esposa e hijos... por sus esclavos, sirvientes y trabajadores... por sus amigos y compañeros... por sus parientes y conocidos... por el bien de sus invitados... por el bien de sus antepasados fallecidos... por el bien de los *devas*... por el bien del rey... por el bien de revitalizar y nutrir su cuerpo se comporta en contra del Dhamma, se comporta de forma malsana, o alguien que, por el bien de... revitalizar y nutrir este cuerpo, se comporta de acuerdo con el Dhamma, se comporta con rectitud?

—Maestro Sāriputta, el que por el bien de revitalizar y nutrir este cuerpo se comporta en contra del Dhamma, se comporta de forma malsana, no es mejor; el que por el bien de revitalizar y nutrir este cuerpo se comporta de acuerdo con el Dhamma, se comporta con rectitud, es mejor. El comportamiento de acuerdo con el Dhamma, el comportamiento recto, es mejor que el comportamiento contrario al Dhamma, que el comportamiento malsano.

—Dhānañjāni, hay otros tipos de trabajo, rentables y de acuerdo con el Dhamma, por medio de los cuales uno puede revitalizar y nutrir este cuerpo y, al mismo tiempo evitar hacer el mal y practicar el mérito.

26. Entonces, el brahmán Dhānañjāni, habiéndose deleitado y regocijado con las palabras del venerable Sāriputta, se levantó de su asiento y partió.

27. En una ocasión posterior, el brahmán Dhānañjāni se sintió afligido, sufriendo y gravemente enfermo. Entonces le dijo a un hombre: —Ven, buen hombre, ve al Bienaventurado, rinde homenaje en mi nombre con tu cabeza a sus pies, y dile: "Venerable señor, el brahmán Dhānañjāni está afligido, sufre y está gravemente enfermo; él rinde homenaje con su cabeza a los pies del Bienaventurado". Luego, ve donde el venerable Sāriputta, rinde homenaje en mi nombre con tu cabeza a sus pies, y dile: "Venerable señor, el brahmán Dhānañjāni está afligido, sufre y está gravemente enfermo; él rinde homenaje con su cabeza a los pies del venerable Sāriputta". Luego dile así: "Sería bueno, venerable señor, si el venerable Sāriputta viniera a la casa del brahmán Dhānañjāni, por compasión".

—Sí, venerable señor, respondió, y fue a donde se encontraba el Bienaventurado, y, después de rendir homenaje al Bienaventurado, se sentó a un lado y entregó su mensaje. Luego fue al venerable Sāriputta y después de rendir homenaje al venerable Sāriputta, entregó su mensaje, diciéndole: —Sería bueno, venerable señor, si el venerable Sāriputta viniera a la residencia del brahmán Dhānañjāni, por compasión. El venerable Sāriputta consintió en silencio.

28. Entonces el venerable Sāriputta se vistió, y tomando su cuenco y su túnica exterior, fue a la residencia del brahmán Dhānañjāni, se sentó en un asiento preparado y le dijo al brahmán Dhānañjāni: —Espero que estés bien, brahmán, espero que estés cómodo. Espero que tus sensaciones dolorosas estén disminuyendo y no aumentando, y que su disminución, no su aumento, sea evidente.

29. —Maestro Sāriputta, no estoy mejorando, no estoy cómodo. Mis sensaciones dolorosas aumentan, no disminuyen; su aumento, y no su disminución es aparente. Así como si un hombre fuerte me abriera la cabeza con una espada afilada, así también, vientos violentos atraviesan mi cabeza. No estoy mejorando... Así como si un hombre fuerte estuviera apretando una correa de cuero resistente alrededor de mi cabeza como una banda para la cabeza, también tengo dolores violentos en la cabeza. No me estoy mejorando... Así como un carnicero hábil o su aprendiz fueran a rebanar el vientre de un buey con un cuchillo de carnicero afilado, así también, los vientos violentos están rebanando mi vientre. No me estoy mejorando... Como

si dos hombres fuertes agarraran a un hombre más débil por ambos brazos y lo asaran sobre un pozo de brasas, así también, hay un ardor violento en mi cuerpo. No estoy mejorando. No estoy cómodo. Mis sensaciones dolorosas aumentan, no disminuyen; su aumento, y no su disminución es aparente.

30. —¿Qué piensas, Dhānañjāni? ¿Qué es mejor, el infierno o el reino animal? —El reino animal, Maestro Sāriputta. —¿Qué es mejor, el reino de los animales o el reino de los espíritus hambrientos (*petaloka*)? —El reino de los espíritus hambrientos, Maestro Sāriputta. —¿Qué es mejor, el reino de los espíritus hambrientos o el reino de los seres humanos? —El de los seres humanos, Maestro Sāriputta. —¿Qué es mejor: el de los seres humanos o el de los *devas* del cielo de los Cuatro Grandes Reyes? —El de los *devas* del cielo de los Cuatro Grandes Reyes, Maestro Sāriputta. —¿Qué es mejor: el de los *devas* del cielo de los Cuatro Grandes Reyes o el de los *devas* del cielo de Tāvatiṃsa? —El de los *devas* del cielo de Tāvatiṃsa, Maestro Sāriputta. —¿Qué es mejor, el de los *devas* del cielo de Tāvatiṃsa o el de los *devas* de Yāma? —El de los devas de Yāma, Maestro Sāriputta. —¿Qué es mejor: el de los *devas* de Yāma o el de los *devas* del cielo Tusita? —El de los *devas* del cielo Tusita, Maestro Sāriputta. —¿Qué es mejor, el de los *devas* del cielo de Tusita o el de los *devas que se deleitan en crear*? —El de los *devas que se deleitan en crear*, Maestro Sāriputta. —¿Qué es mejor: el de los *devas que se deleitan en crear* o el de los *devas que ejercen poder sobre las creaciones de otros*? —El de los *devas que ejercen poder sobre las creaciones de otros*, Maestro Sāriputta.

31. —¿Qué piensas, Dhānañjāni? ¿Qué es mejor: el reino de los *devas que ejercen poder sobre las creaciones de otros* o el mundo de Brahmā? —El mundo de Brahmā, Maestro Sāriputta.

Entonces el venerable Sāriputta pensó: "Estos brahmanes son devotos del mundo de Brahmā. Supongamos que le enseño al brahmán Dhānañjāni el camino a la compañía de Brahmā". [Y dijo:] —Dhānañjāni, te enseñaré el camino a la compañía de Brahmā. Escucha y atiende atentamente lo que voy a decir. —Sí, señor —respondió. El venerable Sāriputta dijo esto:

32. —¿Cuál es el camino a la compañía de Brahmā? Aquí, Dhānañjāni, un bhikkhu mora impregnando un cuarto [cuadrante o dirección cardinal] con una mente imbuida de benevolencia amorosa, asimismo el segundo, asimismo el tercero, asimismo el cuarto; así arriba, abajo, alrededor y en todas partes, y para todos como para sí mismo, mora impregnando el mundo que todo lo abarca con una mente imbuida de benevolencia amorosa (*mettāsahagatena*), abundante, exaltada, inmensurable, sin hostilidad y sin mala voluntad. Este es el camino a la compañía de Brahmā.

33–35. Una vez más, Dhānañjāni, un bhikkhu mora impregnando un cuarto con una mente imbuida de compasión (*karuṇāsahagatena*) ... con una mente imbuida de alegría apreciativa (*muditāsahagatena*)... con una mente imbuida de ecuanimidad (*upekkhāsahagatena*), asimismo el segundo, asimismo el tercero, asimismo el cuarto; así arriba, abajo, alrededor y en todas partes, y para todos como para sí mismo, permanece impregnando el mundo que todo lo abarca con una mente imbuida de ecuanimidad, abundante, exaltada, inmensurable, sin hostilidad y sin mala voluntad. Este también es el camino hacia la compañía de Brahmā.

36. —Entonces, Maestro Sāriputta, rinda homenaje en mi nombre con su cabeza a los pies del Bienaventurado, y diga: —Venerable señor, el brahmán Dhānañjāni que está afligido, sufre y está gravemente enfermo; rinde homenaje con la cabeza a los pies del Bienaventurado.

Luego, el venerable Sāriputta, habiendo establecido al brahmán Dhānañjāni en el mundo inferior (*hīna*) de Brahmā, se levantó de su asiento y partió mientras aún quedaba más por hacer.[2]

37. Entonces el Bienaventurado se dirigió a los bhikkhus así: —Bhikkhus, Sāriputta, habiendo establecido al brahmán Dhānañjāni en el mundo inferior de Brahmā, se levantó de su asiento y partió mientras aún quedaba más por hacer.

38. Entonces, el venerable Sāriputta fue a donde se encontraba el Bienaventurado, y, después de rendirle homenaje, se sentó a un lado y le dijo: —Venerable señor, el brahmán Dhānañjāni está afligido, sufre y está gravemente enfermo; le rinde homenaje con la cabeza a los pies del Bienaventurado.

—Sāriputta, habiendo establecido al brahmán Dhānañjāni en el mundo inferior de Brahmā, ¿por qué te levantaste de tu asiento y te fuiste cuando aún había más por hacer?

—Venerable señor, pensé así: "Estos brahmanes son devotos del mundo de Brahmā. Supongamos que le enseñe al brahmán Dhānañjāni el camino a la compañía de Brahmā".

—Sāriputta, el brahmán Dhānañjāni ha muerto y ha reaparecido en el mundo de Brahmā.[3]

NOTAS M.97

1. NT: El término *appamāda* es discutido en el Buddhist Dictionary. Manual of Buddhist Terms and Doctrines de Nyanatiloka Thera. A continuación ofrezco la traducción al español de la definición correspondiente al término: "'Diligencia', celo, no laxitud, seriedad; se considera —en la doctrina y disciplina del Buda— como la base de todo progreso.

   "Así como todas las huellas de los seres vivos son superadas por la huella del elefante, y la huella del elefante es considerada como la más poderosa entre ellas, así todas las cualidades meritorias tienen la diligencia como base, y la diligencia es considerada como la más poderosa de estas cualidades". (AN 10:15.)

   Ver también el capítulo sobre la Diligencia (*Appamāda Vagga*) en Dhp. y la última exhortación del Buda: "Todas las formaciones son transitorias. ¡Hagan esfuerzo con diligencia!" (*appamādena sampādetha*: DN 16). En los comentarios a menudo se explica como la presencia (lit., 'no ausencia') de atención plena (*satiyā avippavāsa*).
2. BB: *Sati uttarakaraṇīye*. El Ven. Sāriputta se había ido sin darle una enseñanza que le hubiera permitido llegar a la vía supramundana y fijar su destino para la iluminación. Comparado con esto, incluso el renacimiento en el mundo de Brahmā se describe como "inferior" (*hīna*).
3. BB: Esta observación tiene la fuerza de un suave reproche. El Buda debe haber visto que Dhānañjāni tenía el potencial para alcanzar la vía supramundana, ya que en otros lugares (por ejemplo, M.99, §§24-27) él mismo enseña el camino al mundo de Brahmā sólo cuando ese potencial falta en su oyente.

   NT: Debido a que el venerable Sāriputta no poseía el poder de un Buda para determinar si una persona tiene —en un momento dado— el potencial para acceder a las vías supramundanas falló en establecer a Dhānañjāni en alguna de dichas vías, tal vez considerando que, para los brahmanes, el destino ideal es el mundo de Brahmā.

98. *Vāseṭṭha Sutta*
A Vāseṭṭha

1. Esto he escuchado.[1] En una ocasión el Bienaventurado estaba viviendo en Icchānangala, en el bosque cerca de Icchānangala.

2. Ahora bien, en esa ocasión, varios brahmanes bien conocidos y acomodados se alojaban en Icchānangala, es decir, el brahmán Cankī, el brahmán Tārukkha, el brahmán Pokkharasāti, el brahmán Jāṇussoṇi, el brahmán Todeyya, y otros brahmanes muy conocidos y acomodados.

3. Entonces, mientras los estudiantes brahmanes Vāseṭṭha y Bhāradvāja caminaban y deambulaban para hacer ejercicio, surgió esta discusión entre ellos: ¿cómo es uno un brahmán? El estudiante brahmán Bhāradvāja dijo: —Cuando uno nace bien en ambos lados, de pura ascendencia materna y paterna siete generaciones atrás, incontestable e impecable con respecto al nacimiento, entonces uno es un brahmán. El estudiante brahmán Vāseṭṭha dijo: —Cuando uno es virtuoso y cumple con las observancias, entonces uno es un brahmán.

4. Pero el brahmán estudiante Bhāradvāja no pudo convencer al brahmán estudiante Vāseṭṭha, ni el brahmán estudiante Vāseṭṭha pudo convencer al brahmán estudiante Bhāradvāja.

5. Entonces el estudiante brahmán Vāseṭṭha se dirigió al estudiante brahmán Bhāradvāja: —Señor, el samaṇa Gautama, el hijo de los Sakya que salió de un clan Sakya, vive en Icchānangala, en el bosque cerca de Icchānangala. Ahora se ha difundido un buen informe del Maestro Gautama en este sentido: Ese Bienaventurado es Consumado, plenamente iluminado, perfecto en verdadero conocimiento y conducta, sublime, conocedor de los mundos, líder incomparable de personas a ser entrenadas, maestro de *devas* y humanos, iluminado, bendito. Ven, Bhāradvāja, vayamos al samaṇa Gautama y preguntémosle sobre este asunto. Tal como responda, lo recordaremos. —Sí, señor —respondió el estudiante brahmán Bhāradvāja.

6. Luego, los dos estudiantes brahmanes, Vāseṭṭha y Bhāradvāja, fueron a donde se encontraba el Bienaventurado e intercambiaron

saludos con él. Cuando terminó esta conversación cortés y amable, se sentaron a un lado y el estudiante brahmán Vāseṭṭha se dirigió al Bienaventurado en estrofas así:

7. [Vāseṭṭha]

1. "Ambos somos reconocidos por poseer el conocimiento que reclamamos del Triple Veda,
porque soy alumno de Pokkharasāti
y él es alumno de Tārukkha.

2. Hemos alcanzado la maestría total
por encima de todo aquello que enseñan los expertos védicos;
expertos en filología y gramática.
Igualamos a nuestros maestros en recitación.

3. Ha surgido una disputa entre nosotros, Gautama,
en cuanto a la cuestión del nacimiento y la clase:
Bhāradvāja dice que uno es un brahmán de nacimiento,
mientras yo sostengo que uno es un brahmán por acción.[2]
Conoce esto, oh Vidente, como nuestro debate.

4. Como ninguno de los dos pudo convencer al otro,
ni hacerle ver su punto de vista
hemos venido a preguntarle, Señor,
ampliamente famoso por ser un Buda.

5. Así como la gente se vuelve con las palmas
hacia la luna cuando empieza a crecer,
así en el mundo le veneran
y le rinden homenaje, Gautama.

6. Así que ahora le pedimos, Gautama,
el ojo surgido en el mundo:
¿Es uno un brahmán por nacimiento o por acción?
Explique a los que no sabemos
cómo debemos reconocer a un brahmán".

8. [Buda]

7. "Te enseño en orden como realmente son,
Vāseṭṭha —dijo el Bienaventurado—,
las divisiones genéricas de los seres vivos;
porque muchas son las clases de nacimiento.

8. Conoce primero la hierba y los árboles:
aunque carecen de autoconciencia,
su nacimiento es su marca distintiva;
porque muchas son las clases de nacimiento.

9. Luego vienen las polillas y las mariposas,
y así hasta hormigas y termitas:
su nacimiento es su marca distintiva;
porque muchas son las clases de nacimiento.

10. Entonces conoce las clases de cuadrúpedos
[de varios tipos] tanto pequeños como grandes:
su nacimiento es su marca distintiva;
porque muchas son las clases de nacimiento.

11. Conoce a aquellos cuyo vientre son sus pies,
a saber, la clase de serpientes de espalda larga:
su nacimiento es su marca distintiva;
porque muchas son las clases de nacimiento.

12. Conoce también a los peces habitantes del agua
que pastan en el mundo líquido:
su nacimiento es su marca distintiva;
porque muchas son las clases de nacimiento.

13. A continuación, conoce a los pájaros que alzan el vuelo
mientras surcan los cielos abiertos:
su nacimiento es su marca distintiva;
porque muchas son las clases de nacimiento.

9.

14. Mientras en estos nacimientos las diferencias
de nacimiento hacen su marca distintiva,
con los humanos, ninguna diferencia de nacimiento
hace una marca distintiva en ellos.

15. Ni en los cabellos ni en la cabeza
ni en los oídos ni en los ojos,
ni en la boca ni en la nariz,
ni en los labios ni en las cejas;

16. Ni en los hombros ni en el cuello
ni en el vientre ni en la espalda,
ni en las nalgas ni en el pecho,
ni en los genitales ni en las formas de apareamiento;

17. Ni en las manos ni en los pies,
ni en los dedos ni en las uñas,
ni en las rodillas ni en los muslos,
ni en su color ni en su voz:
aquí el nacimiento no hace ninguna marca distintiva,
como en el caso de los otros tipos de nacimiento.

18. En los cuerpos humanos en sí mismos
no se puede encontrar nada distintivo.
La distinción entre los seres humanos
es meramente designación verbal (*sāmañña*).[3]

10.

19. Quien se gana la vida entre los hombres[4]
mediante agricultura, debes saber,
es llamado agricultor, Vāseṭṭha;
él no es un brahmán.

20. Quien se gana la vida entre los hombres
mediante oficios variados, debes saber
que es llamado un artesano, Vāseṭṭha;
él no es un brahmán.

21. Quien se gana la vida entre los hombres
mediante mercancía, debes saber
que es llamado un comerciante, Vāseṭṭha;
él no es un brahmán.

22. Quien se gana la vida entre los hombres
al servir a los demás, debes saber
que es llamado un sirviente, Vāseṭṭha;
él no es un brahmán.

23. Quien se gana la vida entre los hombres
al robar, debes saber
que es llamado ladrón, Vāseṭṭha;
él no es un brahmán.

24. Quien se gana la vida entre los hombres
mediante el tiro con arco, debes saber
que es llamado soldado, Vāseṭṭha;
él no es un brahmán.

25. Quien se gana la vida entre los hombres
mediante oficio sacerdotal, debes saber

que es llamado capellán, Vāseṭṭha;
él no es un brahmán.

26. El que gobierna entre los hombres
la ciudad y el reino, debes saber
que es llamado gobernante, Vāseṭṭha;
él no es un brahmán.

11.

27. Yo no lo llamo un brahmán
por su origen y linaje,
si aún le acechan impedimentos;
es sólo alguien al que llaman 'Señor'.[5]
Quien está libre de impedimentos y no se aferra más:
él es a quien yo llamo un brahmán.

28. Quien ha cortado todas las cadenas
y ya no es sacudido por la angustia,
quien ha superado todas las ataduras, desapegado:
él es a quien yo llamo un brahmán.

29. Quien ha cortado cada correa y atadura,
las riendas y la brida también,
cuyo travesaño se ha levantado, el despierto:
él es a quien yo llamo un brahmán.

30. Quien resiste sin rastro de odio
abuso, violencia y esclavitud también,
con la fuerza de la paciencia bien dispuesta:
él es a quien yo llamo un brahmán.

31. Quien no se enciende de ira,
obediente, virtuoso y humilde,
controlado, portando su cuerpo final:
él es a quien yo llamo un brahmán.

32. Quien, como la lluvia sobre las hojas de loto
o semilla de mostaza en la punta de un punzón,
no se aferra en absoluto a los placeres sensoriales:
él es a quien yo llamo un brahmán.

33. Quien sabe aquí mismo, dentro de sí mismo,
la destrucción de todo sufrimiento,
con la carga dejada y desprendida:
él es a quien yo llamo un brahmán.

34. Quien, con profundo entendimiento, sabio,
puede distinguir el camino del no-camino
y ha alcanzado la meta suprema:
él es a quien yo llamo un brahmán.

35. Distante por igual de los amos de casa
y de los que han salido a la vida sin hogar,
quien vaga sin hogar ni deseo:
él es a quien yo llamo un brahmán.

36. Quién ha dejado a un lado la vara
contra todos los seres, frágiles o audaces,
quien no mata ni los hace matar:
él es a quien yo llamo un brahmán.

37. Quien no tiene oposición entre los oponentes,
pacífico entre los dados a la violencia,
quien no se aferra entre los que se aferran:
él es a quien yo llamo un brahmán.

38. Quien ha abandonado toda lujuria y odio,
abandonado el engreimiento y el desprecio,
como semilla de mostaza en la punta de un punzón:
él es a quien yo llamo un brahmán.

39. Quien habla sin asperezas,
lleno de significado, siempre veraz,
y coyas palabras no ofenden a nadie:
él es a quien yo llamo un brahmán.

40. Quién en el mundo nunca tomará
lo que no se le da, largo o corto,
pequeño o grande, hermoso o repulsivo:
él es a quien yo llamo un brahmán.

41. Quien no tiene más anhelos interiores
en cuanto a este mundo y el próximo,
quien vive sin anhelo y desapegado:
él es a quien yo llamo un brahmán.

42. Quien no tiene más desenfrenos,
no más perplejidad puesto que sabe;
quien ha ganado una posición firme en lo Inmortal:
él es a quien yo llamo un brahmán.

43. Quien ha trascendido todos los lazos aquí,
tanto del mérito como de las malas acciones,

está sin tristeza, inmaculado y puro:
él es a quien yo llamo un brahmán.

44. Quien, puro como la luna sin mancha,
es claro y límpido, y en quien
el deleite y el devenir han sido destruidos:
él es a quien yo llamo un brahmán.

45. Quién ha pasado más allá del pantano,
el fango, *saṃsāra*, todo engaño,
quién ha cruzado a la otra orilla
y medita dentro de los *jhānas*,
está imperturbable y sin perplejidad,
Nibbāna obtenido mediante el no apego:
él es a quien yo llamo un brahmán.

46. Quien ha abandonado los placeres sensoriales
y deambula aquí sin hogar,
con deseos sensoriales y el devenir ambos destruidos:
él es a quien yo llamo un brahmán.

47. Quien ha abandonado también el anhelo,
y deambula aquí sin hogar,
con deseo y devenir ambos destruidos:
él es a quien yo llamo un brahmán.

48. Quien deja atrás todos los lazos humanos
y ha desechado las ataduras del cielo,
desapegado de todos los lazos en todas partes:
él es a quien yo llamo un brahmán.

49. Quien deja atrás el deleite y el descontento,
quien es sereno y sin adquisiciones,
el héroe que ha trascendido el mundo entero:
él es a quien yo llamo un brahmán.

50. Quién sabe cómo mueren los seres
y reaparecen en muchos modos,
sin aferrarse, sublime, despierto:
él es a quien yo llamo un brahmán.

51. Aquel cuyo destino es desconocido
para los *devas*, los espíritus y los hombres,
un *arahant* con corrupciones destruidas:
él es a quien yo llamo un brahmán.

52. Quien no tiene impedimento alguno,
delante, detrás o en el medio,
quien está libre y no se aferra más:
él es a quien yo llamo un brahmán.

53. El líder de la manada, el héroe perfecto,
el gran vidente cuya victoria se gana,
imperturbable, limpio, despierto:
él es a quien yo llamo un brahmán.

54. Quien conoce sus múltiples vidas pasadas
y ve los cielos y los estados de aflicción,
quien ha llegado a la destrucción del nacimiento:
él es a quien yo llamo un brahmán.

12.

55. Porque 'nombre y clan' son asignados
como meras designaciones en el mundo;
originándose en convenciones,
se les asignan aquí y allá.

56. Para aquellos que no conocen este hecho,
las nociones erróneas han sido la base de sus corazones
durante mucho tiempo;
sin saberlo, ellos declaran:
'Uno es un brahmán por nacimiento'.

57. Uno no es un brahmán por nacimiento,
ni por nacimiento es un no-brahmán.
Sin embargo, por la acción uno es un brahmán,
por la acción uno es un no-brahmán.

58. Porque los hombres son labradores por sus acciones,[6]
y por sus actos son artesanos también;
y los hombres son mercaderes por sus actos,
y por sus actos son siervos también.

59. Y los hombres son ladrones por sus actos,
y por sus actos son también soldados;
y los hombres son capellanes por sus actos,
y por sus actos son gobernantes también.

13.

60. Así es como el verdaderamente sabio
ve la acción como realmente es,
videntes del origen dependiente,
hábiles en la acción y sus resultados.[7]

61. La acción hace girar el mundo,
la acción hace girar a esta generación.
Los seres vivos están ligados por la acción,
como la rueda del carro por el eje.

62. El ascetismo, la vida santa,
el autocontrol y el entrenamiento interior:
mediante esto uno se convierte en un brahmán,
y en este supremo brahmanismo él reside.[8]

63. Uno que posee el triple conocimiento,
pacífico, con el devenir todo destruido:
Así puedes conocerlo, oh Vāseṭṭha,
como Brahmā y Sakka para aquellos que entienden".

14. Cuando se dijo esto, los estudiantes brahmanes Vāseṭṭha y Bhāradvāja dijeron al Bienaventurado: —¡Magnífico, Maestro Gautama! ¡Magnífico, Maestro Gautama!... Que el Maestro Gautama nos recuerde desde hoy como seguidores laicos que hemos acudido a él en busca de refugio para el resto de la vida.

NOTAS M.98

1. BB: El texto de este *sutta* no ha sido incluido en la PTS ed. del *Majjhima Nikāya*, ya que es idéntico al *sutta* del mismo nombre en el *Sutta Nipāta*, publicado en dos versiones diferentes por la PTS y editado por Dines Anderson y Helmer Smith.
2. BB: Aquí la palabra *kamma* debe entenderse como acción o hecho presente, y no acción pasada que produce sus consecuencias presentes.
3. *Sāmaññā*. MA: Entre los animales, la diversidad en la forma de sus partes corporales está determinada por su especie (*yoni*), pero eso (la diferenciación de especies) no se encuentra en los cuerpos individuales de los brahmanes y otras clases de humanos. Siendo tal el caso, la distinción entre brahmanes, khattiyas, etcétera, es puramente una designación verbal; se habla de ella como mera expresión convencional.
4. MA: Hasta este punto, el Buda ha criticado la afirmación de Bhāradvāja de que el nacimiento convierte a uno en brahmán. Ahora defenderá la afirmación de Vāseṭṭha de que la acción convierte a uno en brahmán. Porque los antiguos brahmanes y otras personas sabias del mundo no reconocerían la condición de brahmán de alguien deficiente en sustento, virtud y conducta.
5. BB: *Bhovādi*. *Bho*, "señor", era un modo de dirigirse a los brahmanes. A partir de este momento, el Buda identificará al verdadero brahmán con el *arahant*. Los versículos 27–54 aquí son idénticos a Dhp 396–423, excepto por una copla adicional en Dhp 423.
6. MA: Por la acción volitiva presente que realiza el trabajo agrícola, etcétera.
7. BB: Con este verso, la palabra *kamma* sufre un cambio de significado señalado por el término "origen dependiente". *Kamma* aquí ya no significa simplemente una acción presente que determina el estatus social de uno, sino una acción en el sentido especial de una fuerza que une a los seres al ciclo de la existencia. Esta misma línea de pensamiento se vuelve aún más clara en el siguiente versículo.
8. BB: Este verso y el siguiente nuevamente se refieren al *arahant*. Aquí, sin embargo, el contraste no es entre el *arahant* como aquel que se santificó por sus acciones y el brahmán nacido indigno de su designación, sino entre el *arahant* como aquel que se liberó de la esclavitud de la acción y el resultado, y todos los demás seres que permanecen atados por sus acciones a la rueda del nacimiento y la muerte.

99. *Subha Sutta*
A Subha

1. Esto he escuchado. En una ocasión, el Bienaventurado residía en Sāvatthī, en el Bosquecillo de Jeta, el parque de Anāthapiṇḍika.

2. Ahora bien, en esa ocasión, el estudiante brahmán Subha, el hijo de Todeyya, se estaba quedando en la residencia de cierto jefe de familia en Sāvatthī, por algún negocio.[1] Entonces el estudiante brahmán Subha, el hijo de Todeyya, le preguntó al jefe de familia en cuya residencia se hospedaba: —jefe de familia, he oído que Sāvatthī no carece de *arahants*. ¿A qué *samaṇa* o brahmán podemos ir hoy para presentar nuestros respetos?

—Venerable señor, este Bienaventurado vive en Sāvatthī en el Bosquecillo de Jeta, en el parque de Anāthapiṇḍika. Puede ir a presentar sus respetos a ese Bienaventurado, venerable señor.

3. Luego, habiendo asentido al jefe de familia, el estudiante brahmán Subha, el hijo de Todeyya, fue a donde se encontraba el Bienaventurado e intercambió saludos con él. Terminada esta cortés y amable charla, se sentó a un lado y preguntó al Bienaventurado:

4. —Maestro Gautama, los brahmanes dicen esto: "El jefe de familia está logrando el verdadero camino, el Dhamma que es saludable. El que salió [a la vida sin hogar] no está logrando el verdadero camino, el Dhamma que es saludable". ¿Qué dice el Maestro Gautama sobre esto?

—Estudiante, hablo de esto después de hacer un análisis;[2] no hablo de esto unilateralmente. No alabo la manera incorrecta de practicar por parte de un jefe de familia o de alguien que ha salido a la vida sin hogar; porque, ya sea un jefe de familia o uno que ha salido a la vida sin hogar, alguien que ha entrado en el camino equivocado de la práctica, debido a su camino equivocado de práctica, no está logrando el camino verdadero, el Dhamma que es saludable. Alabo la manera correcta de practicar por parte de un jefe de familia o de uno que sale a la vida sin hogar; porque, ya sea un jefe de familia o uno que ha salido a la vida sin hogar, aquel que ha entrado en el camino correcto de la práctica, en virtud de su camino correcto de práctica, está logrando el camino verdadero, el Dhamma que es saludable.

5. —Maestro Gautama, los brahmanes dicen esto: "Ya que el trabajo de la vida doméstica implica mucha actividad, grandes funciones, grandes compromisos y proyectos, es de gran fruto. Dado que el trabajo de los que partieron implica una pequeña cantidad de actividad, pequeñas funciones, pequeños compromisos y pequeñas empresas, es de poco fruto". ¿Qué dice el Maestro Gautama sobre esto?

—Nuevamente, estudiante, hablo de esto después de hacer un análisis; no hablo de esto unilateralmente. Hay trabajo que implica mucha actividad, grandes funciones, grandes compromisos y proyectos, que, cuando fracasa, es de escaso fruto. Hay trabajo que implica mucha actividad, grandes funciones, grandes compromisos y proyectos, que, cuando tiene éxito, es de gran fruto. Hay un trabajo que implica poca actividad, pequeñas funciones, pequeños compromisos y pequeñas empresas, que, cuando falla, es de poco fruto. Hay trabajo que implica una pequeña cantidad de actividad, pequeñas funciones, pequeños compromisos y pequeñas empresas, que, cuando tiene éxito, es de gran fruto.

6. ¿Y cuál, estudiante, es ese trabajo de mucha actividad... que, cuando fracasa, es de escaso fruto? La agricultura es ese trabajo de mucha actividad... que, cuando falla, es de escaso fruto. ¿Y cuál es, estudiante, ese trabajo de mucha actividad... que, cuando tiene éxito, da grandes frutos? La agricultura es de nuevo ese trabajo que implica mucha actividad... que, cuando tiene éxito, es de gran fruto. ¿Y cuál es, estudiante, ese trabajo de poca actividad... que, cuando fracasa, es de escaso fruto? El comercio es ese trabajo de poca actividad... que, cuando fracasa, es de poco fruto.[3] ¿Y cuál, estudiante, es ese trabajo de poca actividad... que cuando tiene éxito da mucho fruto? El comercio es, de nuevo ese trabajo que implica una pequeña cantidad de actividad... que, cuando tiene éxito, es de gran fruto.

7. Así como la agricultura, estudiante, es un trabajo que involucra mucha actividad... pero es de poco fruto cuando fracasa, así el trabajo de la vida familiar involucra mucha actividad, grandes funciones, grandes compromisos y proyectos, pero es de poco fruto cuando falla. Así como la agricultura es un trabajo que involucra mucha actividad... y es de gran fruto cuando tiene éxito, así el trabajo de la vida familiar involucra mucha actividad, grandes funciones, grandes compromisos y proyectos, y es de gran fruto cuando tiene éxito. Así como el comercio es un trabajo que implica una pequeña cantidad de actividad... y es de escaso fruto cuando fracasa, así el trabajo de los que salen a la vida sin hogar implica una pequeña cantidad de actividad, pequeñas funciones, pequeños compromisos y proyectos, y es de poco fruto cuando falla. Así como el comercio es un trabajo que involucra

una pequeña cantidad de actividad... pero es de gran fruto cuando tiene éxito, así el trabajo de los que salen a la vida sin hogar involucra una pequeña cantidad de actividad, pequeñas funciones, pequeños compromisos y proyectos, pero es de gran fruto cuando tiene éxito.

8. —Maestro Gautama, los brahmanes prescriben cinco cosas para el desempeño del mérito, para lograr lo saludable.

—Si no es un problema para ti, estudiante, por favor indica en esta asamblea las cinco cosas que los brahmanes prescriben para el desempeño del mérito, para lograr lo saludable.

—No es un problema para mí, Maestro Gautama, cuando venerables como usted y otros están sentados [en la asamblea].

—Entonces dilo, estudiante.

9. —Maestro Gautama, la verdad es lo primero que prescriben los brahmanes para la realización del mérito, para lograr lo saludable. El ascetismo es la segunda cosa... El celibato es la tercera cosa... El estudio es la cuarta cosa... La generosidad es la quinta cosa que los brahmanes prescriben para el desempeño del mérito, para lograr lo saludable. Estas son las cinco cosas que los brahmanes prescriben para el desempeño del mérito, para lograr lo saludable. ¿Qué dice el Maestro Gautama sobre esto?

—¿Cómo es entonces, estudiante,[4] acaso entre los brahmanes hay incluso un solo brahmán que diga así: "Declaro el resultado de estas cinco cosas habiéndolas realizado yo mismo con conocimiento directo"? —No, Maestro Gautama.

—¿Cómo es entonces, estudiante, acaso entre los brahmanes hay incluso un solo maestro o maestro de maestros que se remonte a la séptima generación de maestros que haya dicho así: "Declaro el resultado de estas cinco cosas habiéndolas entendido yo mismo con conocimiento directo"? —No, Maestro Gautama.

—¿Cómo es entonces, estudiante, acaso los antiguos videntes brahmanes, los creadores de los himnos, los compositores de los himnos, cuyos antiguos himnos fueron antiguamente cantados, pronunciados y compilados, que los brahmanes de hoy en día todavía cantan y repiten, repitiendo lo que se dijo, recitando lo que fue recitado —es decir, Aṭṭhaka, Vāmaka, Vāmadeva, Vessāmitta, Yamataggi, Angirasa, Bhāradvāja, Vāseṭṭha, Kassapa y Bhagu—, incluso estos antiguos videntes brahmanes dijeron así: "Declaramos el resultado de estas cinco cosas habiéndolas entendido nosotros mismos con conocimiento directo"? —No, Maestro Gautama.

—Entonces, estudiante, parece que entre los brahmanes no hay ni un solo brahmán que diga así: "Declaro el resultado de estas cinco cosas habiéndolas entendido yo mismo con conocimiento directo". Y entre los brahmanes no hay ni un solo maestro o maestro de un solo maestro hasta la séptima generación de maestros, que diga así: "Declaro el resultado de estas cinco cosas habiéndolas entendido yo mismo con conocimiento directo". Y los antiguos videntes brahmanes, los creadores de los himnos, los compositores de los himnos... incluso estos antiguos videntes brahmanes no dijeron así: "Declaramos el resultado de estas cinco cosas, habiéndolas entendido nosotros mismos con conocimiento directo". Supongamos que hubiera una fila de ciegos cada uno en contacto con el siguiente: el primero no ve, el de en medio no ve, y el último no ve. Así también, estudiante, con respecto a su declaración, los brahmanes parecen ser como una fila de ciegos: el primero no ve, el de en medio no ve y el último no ve.

10. Cuando se dijo esto, el estudiante brahmán Subha, el hijo de Todeyya, se enojó y se disgustó con el símil de la fila de ciegos, e injurió, menospreció y censuró al Bienaventurado, diciendo: —El samaṇa Gautama será refutado. Entonces le dijo al Bienaventurado: —Maestro Gautama, el brahmán Pokkharasāti del clan Upamaññā, señor de la arboleda Subhaga, dice así:[5] "Algunos *samaṇas* y brahmanes aquí reclaman estados sobrehumanos, distinciones en conocimiento y visión dignos de los nobles. Pero lo que dicen resulta ridículo; resultan ser meras palabras, vacías y huecas. Porque, ¿cómo podría un ser humano conocer o ver o realizar un estado sobrehumano, una distinción en conocimiento y visión digna de los nobles? Eso es imposible".

11. —¿Cómo es entonces, estudiante, acaso el brahmán Pokkharasāti entiende las mentes de todos los *samaṇas* y brahmanes, habiéndolos abarcado con su propia mente?

—Maestro Gautama, el brahmán Pokkharasāti ni siquiera entiende la mente de su esclava Puṇṇikā, habiéndola abarcado con su propia mente. Entonces, ¿cómo podría él entender así las mentes de todos los *samaṇas* y brahmanes?

12. —Estudiante, supongamos que hubiera un hombre ciego de nacimiento que no pudiera ver las formas claras y oscuras, que no pudiera ver las formas azules, amarillas, rojas o carmín, que no pudiera ver lo que era uniforme ni lo que era irregular, que no pudiera ver las estrellas, el sol y la luna. Él podría decir así: "No hay formas oscuras y claras, ni nadie que vea formas oscuras y claras; no hay formas azules, amarillas, rojas o carmín, y nadie que vea formas azules, amarillas, rojas o carmín; no hay nada uniforme o irregular, y nadie que vea algo uniforme o irregular; no hay estrellas, ni el sol ni luna, y nadie que vea las estrellas, el sol y la luna. No conozco estos, no veo estos, por lo tanto, estos no existen". Hablando así, estudiante, ¿estaría hablando correctamente?

—No, Maestro Gautama. Hay formas oscuras y claras, y aquellos que ven formas oscuras y claras... hay las estrellas, el sol y la luna, y aquellos que ven las estrellas, el sol y la luna. Si dijera: "Esto no los conozco, esto no lo veo, por lo tanto, esto no existe", no estaría hablando correctamente.

13. —Así también, estudiante, el brahmán Pokkharasāti es ciego y sin visión. Que él pudiera saber o ver o realizar un estado sobrehumano, una distinción en conocimiento y visión digna de los nobles, eso sería imposible. ¿Qué opinas, estudiante? ¿Qué es mejor para los brahmanes acomodados de Kosala —como el brahmán Cankī, el brahmán Tārukkha, el brahmán Pokkharasāti, el brahmán Jāṇussoṇi, o su padre, el brahmán Todeyya—: que las declaraciones que hacen estén de acuerdo con las convenciones mundanas o que sean tales que descarten las convenciones mundanas? —Que estén de acuerdo con las convenciones mundanas, Maestro Gautama.

—¿Qué es mejor para ellos: que las declaraciones que hacen sean reflexivas o irreflexivas? —Reflexivas, Maestro Gautama. —¿Qué es mejor para ellos, que hagan sus declaraciones después de reflexionar, o sin reflexionar? —Después de reflexionar, Maestro Gautama. —¿Qué es mejor para ellos: que las declaraciones que hacen sean beneficiosas o no beneficiosas? —Beneficiosas, Maestro Gautama.

14. —¿Qué opinas, estudiante? Si es así, ¿la declaración hecha por el brahmán Pokkharasāti estaba de acuerdo con las convenciones mundanas o las descartaba? —Las descartaba, Maestro Gautama. —¿La declaración fue hecha reflexiva o irreflexivamente? —Irreflexivamente, Maestro Gautama. —¿La afirmación se hizo después de reflexionar o sin reflexionar? —Sin reflexionar, Maestro Gautama. —¿La declaración hecha fue beneficiosa o no beneficiosa? —No beneficiosa, Maestro Gautama.

15. —Ahora bien, existen estos cinco impedimentos, estudiante. ¿Cuáles son los cinco? El impedimento del deseo sensorial, el impedimento de la aversión, el impedimento de la pereza y el letargo, el impedimento de la agitación y el remordimiento, y el impedimento de la duda. Estos son los cinco impedimentos. El brahmán Pokkharasāti está obstruido, obstaculizado, bloqueado y envuelto por estos cinco impedimentos. Que él pudiera conocer, o ver, o realizar un estado sobrehumano, una distinción en conocimiento y visión digna de los nobles, eso sería imposible.

16. Ahora están estas cinco ramas de placer sensorial, estudiante. ¿Cuáles son las cinco? Formas cognoscibles por el ojo que son deseadas, queridas, agradables y atractivas, conectadas con el deseo sensorial y provocadoras de lujuria. Sonidos cognoscibles por el oído... Olores cognoscibles por la nariz... Sabores cognoscibles por

la lengua... Objetos tangibles cognoscibles por el cuerpo que son deseados, queridos, agradables y atractivos, conectados con el deseo sensorial y provocadores de lujuria. Estas son las cinco ramas del placer sensorial. El brahmán Pokkharasāti está atado a estas cinco ramas de placer sensorial, encaprichado con ellas y completamente entregado a ellas; las disfruta sin ver el peligro en ellas o comprender el escape de ellas. Que pudiera conocer, o ver, o realizar un estado sobrehumano, una distinción en conocimiento y visión digna de los nobles —eso sería imposible.

17. ¿Qué opinas, estudiante? ¿Cuál de estos dos fuegos tendría mejor llama, color y resplandor, un fuego que podría arder dependiendo del combustible, como hierba y madera, o un fuego que podría arder independientemente del combustible, como hierba y madera?

—Si fuera posible, Maestro Gautama, que un fuego ardiera independientemente de combustibles como hierba y madera, ese fuego tendría una mejor llama, color y resplandor.

—Es imposible, estudiante, no puede suceder que un fuego pueda arder independientemente de un combustible como la hierba o la madera, excepto mediante el ejercicio de poderes sobrenaturales. El fuego que arde dependiendo del combustible como la hierba y la madera, digo, es como el gozo que es dependiente de las cinco ramas del placer sensorial. El fuego que arde independientemente del combustible como la hierba y la madera, digo, es el gozo que está separado de los placeres sensoriales, separado de los estados malsanos.

¿Y qué es, estudiante, el gozo que está aparte de los placeres sensoriales, aparte de los estados malsanos? Aquí, completamente apartado de los placeres sensoriales, apartado de los estados malsanos, un bhikkhu entra y permanece en el primer *jhāna*, que va acompañado de aplicación inicial (*vitakka*) y aplicación sostenida de la mente (*vicāra*), con gozo y placer nacidos de la reclusión. Este es un gozo aparte de los placeres sensoriales, aparte de los estados malsanos. Nuevamente, con el aquietamiento de la aplicación inicial y aplicación sostenida de la mente, un bhikkhu entra y permanece en el segundo *jhāna*, que posee confianza en sí mismo y unificación mental, sin aplicación inicial y aplicación sostenida de la mente, con gozo y placer nacidos de la concentración. Esto también es un gozo aparte de los placeres sensoriales, aparte de los estados malsanos.

18. De esas cinco cosas, estudiante, que los brahmanes prescriben para el desempeño del mérito, para lograr lo saludable, ¿cuál de las cinco prescriben como la más fructífera para el desempeño del mérito, para lograr lo saludable?

—De esas cinco cosas, Maestro Gautama, que los brahmanes prescriben para la realización del mérito, para lograr lo saludable, ellos prescriben la generosidad como la más fructífera para la realización del mérito, para lograr lo saludable.

19. —¿Qué opinas, estudiante? Aquí un brahmán podría estar celebrando un gran sacrificio, y otros dos brahmanes irían allí pensando en tomar parte en ese gran sacrificio. Un brahmán entre ellos pensaría: "Oh, que solo yo pueda obtener el mejor asiento, la mejor agua, la mejor comida de dádiva en el refectorio; ¡Que ningún otro brahmán obtenga el mejor asiento, la mejor agua, la mejor comida de dádiva en el refectorio!" Y es posible que el otro brahmán, no ese primero, obtenga el mejor asiento, la mejor agua, la mejor comida de dádiva en el refectorio. Pensando en esto, el primer brahmán podría enfadarse y disgustarse. ¿Qué tipo de resultado describen los brahmanes para esto?

—Maestro Gautama, los brahmanes no dan regalos de tal manera, pensando: "Deja que los demás se enojen y se disgusten por esto". Más bien, los brahmanes dan regalos motivados por la compasión (*anukampā*).

—Siendo así, estudiante, ¿no es esta la sexta base de los brahmanes para el desempeño del mérito, es decir, el motivo de la compasión?[6]

—Siendo así, Maestro Gautama, esta es la sexta base de los brahmanes para la realización del mérito, es decir, el motivo de la compasión.

20. —De esas cinco cosas, estudiante, que los brahmanes prescriben para el desempeño del mérito, para lograr lo saludable, ¿en dónde ves a menudo esas cinco cosas, entre los jefes de familia o entre los que salen de la vida hogareña a la vida sin hogar?

—Esas cinco cosas, Maestro Gautama, que los brahmanes prescriben para la realización del mérito, para lograr lo saludable, las veo a menudo entre los que salen, rara vez entre los jefes de familia. Porque el padre de familia tiene mucha actividad, grandes funciones, grandes compromisos y proyectos: no habla constante e invariablemente con la verdad, ni practica el ascetismo, ni observa el celibato, ni participa en el estudio, ni participa en la generosidad. Pero uno que sale de la vida hogareña a la vida sin hogar tiene una pequeña cantidad de actividad, pequeñas funciones, pequeños compromisos y proyectos: constante e invariablemente habla la verdad, practica el ascetismo, observa el celibato, se dedica al estudio y se dedica a la generosidad. Por lo tanto, esas cinco cosas que los brahmanes prescriben para el desempeño del mérito, para lograr lo saludable, las veo a menudo entre los que salen, rara vez entre los jefes de familia.

21. —Esas cinco cosas, estudiante, que los brahmanes prescriben para el desempeño del mérito, para lograr lo saludable, yo las llamo el equipamiento de la mente, es decir, para desarrollar una mente sin hostilidad y sin mala voluntad. Aquí, estudiante, un bhikkhu es uno que habla con la verdad. Pensando: "Soy alguien que habla con la verdad", y así obtiene inspiración en el significado, obtiene inspiración en el Dhamma, obtiene alegría relacionada con el Dhamma. Es esa alegría conectada con lo saludable, lo que llamo un equipamiento de la mente. Aquí, estudiante, un bhikkhu es un asceta... uno que es célibe... uno que se dedica al estudio... uno que se dedica a la generosidad. Pensando: "Soy alguien que se dedica a la generosidad", y así obtiene inspiración en el significado, obtiene inspiración en el Dhamma, obtiene alegría relacionada con el Dhamma. Es esa alegría conectada con lo saludable lo que llamo un equipamiento de la mente. Por lo tanto, esas cinco cosas que los brahmanes prescriben para el desempeño del mérito, para lograr lo saludable, yo las llamo equipamiento de la mente, es decir, para desarrollar una mente sin hostilidad y sin mala voluntad.

22. Cuando se dijo esto, el estudiante brahmán Subha, el hijo de Todeyya, dijo al Bienaventurado: —Maestro Gautama, he oído que el samaṇa Gautama conoce el camino a la compañía de Brahmā.

—¿Qué te parece, estudiante? ¿Está el pueblo de Naḷakāra cerca de aquí, no lejos de aquí?

—Sí, señor, el pueblo de Naḷakāra está cerca de aquí, no lejos de aquí.

—¿Qué te parece, estudiante? Supongamos que hay un hombre nacido y criado en la aldea de Naḷakāra, y tan pronto como saliera de Naḷakāra le preguntaran sobre el camino a la aldea. ¿Ese hombre sería lento o vacilante en responder?

—No, Maestro Gautama. ¿Por qué es eso? Porque ese hombre nació y se crio en Naḷakāra, y está bien familiarizado con todos los caminos hacia la aldea.

—Aun así, un hombre nacido y criado en la aldea de Naḷakāra pudiera tardar o dudar en responder cuando se le preguntara sobre el camino a la aldea, pero un Tathāgata, cuando se le pregunta sobre el mundo de Brahmā o el camino que conduce al mundo de Brahmā, nunca duda ni vacila en responder. Entiendo a Brahmā, estudiante, y entiendo el mundo de Brahmā, y entiendo el camino que lleva al mundo de Brahmā, y entiendo cómo uno debe practicar para reaparecer en el mundo de Brahmā.[7]

23. —Maestro Gautama, he oído que el samaṇa Gautama enseña el camino a la compañía de Brahmā. Sería bueno que el Maestro Gautama me enseñara el camino a la compañía de Brahmā.

—Entonces, estudiante, escucha y presta atención a lo que voy a decir.

—Sí, señor —respondió. El Bienaventurado dijo esto:

24. —¿Cuál, estudiante, es el camino a la compañía de Brahmā? Aquí un bhikkhu mora impregnando una cuarta parte [un cuadrante o dirección cardinal] con una mente imbuida de benevolencia amorosa, asimismo la segunda, asimismo la tercera, asimismo la cuarta; así arriba, abajo, alrededor y en todas partes, y para todos como para sí mismo, permanece impregnando el mundo que todo lo abarca con una mente imbuida de benevolencia amorosa, abundante, exaltada, inmensurable, sin hostilidad y sin mala voluntad. Cuando la liberación de la mente por medio de la benevolencia amorosa se desarrolla de esta manera, ninguna acción limitante permanece allí, ninguna persiste allí.[8] Así como un trompetista vigoroso podría hacerse oír sin dificultad en las cuatro direcciones, así también, cuando la liberación de la mente por medio de la benevolencia amorosa se desarrolla de esta manera, ninguna acción limitante permanece allí, ninguna persiste allí. Este es el camino hacia la compañía de Brahmā.

25–27. De nuevo, un bhikkhu mora impregnando un cuarto con una mente imbuida de compasión... con una mente imbuida de alegría apreciativa... con una mente imbuida de ecuanimidad, asimismo el segundo, asimismo el tercero, asimismo el cuarto; así arriba, abajo, alrededor y en todas partes, y para todos como para sí mismo, permanece impregnando el mundo que todo lo abarca con una mente imbuida de ecuanimidad, abundante, exaltada, inmensurable, sin hostilidad y sin mala voluntad. Cuando la liberación de la mente por medio de la ecuanimidad se desarrolla de esta manera, no queda ninguna acción limitante allí, ninguna persiste allí. Así como un trompetista vigoroso podría hacerse oír sin dificultad en los cuatro cuartos, así también, cuando la liberación de la mente por medio de la ecuanimidad se desarrolla de esta manera, ninguna acción limitante permanece allí, ninguna persiste allí. Este también es el camino hacia la compañía de Brahmā.

28. Cuando esto fue dicho, el brahmán estudiante Subha, el hijo de Todeyya, dijo al Bienaventurado: —¡Magnífico, Maestro Gautama! ¡Magnífico, Maestro Gautama! El Maestro Gautama ha aclarado el Dhamma de muchas maneras, como si estuviera poniendo en pie lo que se había derribado, revelando lo que estaba oculto, mostrando el camino a alguien que estaba perdido, o levantando una lámpara en la oscuridad para que aquellos con vista vean las formas visibles. Voy al Maestro Gautama en busca de refugio y al Dhamma y al Saṅgha de bhikkhus. Que el Maestro Gautama me recuerde como un seguidor laico que ha acudido a él en busca de refugio de por vida.

29. Y ahora, Maestro Gautama, partimos. Estamos ocupados y tenemos mucho que hacer.

—Puedes irte, estudiante, cuando te convenga.

Luego, el estudiante brahmán Subha, el hijo de Todeyya, se deleitó y se regocijó con las palabras del Bienaventurado, se levantó de su asiento y después de rendir homenaje al Bienaventurado, rodeándolo con el lado derecho (*padakkhiṇa*), partió.

30. Ahora bien, en esa ocasión, el brahmán Jāṇussoṇi salía de Sāvatthī a la mitad del día en un carro completamente blanco tirado por yeguas blancas.[9] Vio al estudiante brahmán Subha, el hijo de Todeyya, que venía a la distancia y le preguntó: —Ahora bien, ¿de dónde viene el Maestro Bhāradvāja en este medio día?

—Señor, vengo de la presencia del samaṇa Gautama.

—¿Qué piensa el Maestro Bhāradvāja de la lucidez de la sabiduría del samaṇa Gautama? ¿Es sabio, no es así?

—Señor, ¿quién soy yo para conocer la lucidez de la sabiduría del samaṇa Gautama? Ciertamente, uno tendría que ser su igual para conocer la lucidez de la sabiduría del samaṇa Gautama.

—El Maestro Bhāradvāja alaba al samaṇa Gautama con grandes elogios.

—Señor, ¿quién soy yo para alabar al samaṇa Gautama? El samaṇa Gautama es alabado por los dignos de alabanza como el mejor entre los *devas* y los humanos. Señor, esas cinco cosas que los brahmanes prescriben para la realización del mérito, para lograr lo saludable, el samaṇa Gautama las llama el equipamiento de la mente, es decir, lo necesario para desarrollar una mente sin hostilidad y sin mala voluntad.

31. Cuando se dijo esto, el brahmán Jāṇussoṇi se bajó de su carruaje completamente blanco tirado por yeguas blancas, y después de arreglar su túnica superior sobre un hombro, extendió sus manos en saludo reverencial hacia el Bienaventurado y pronunció esta exclamación: —¡Es una ganancia para el rey Pasenadi de Kosala, es una gran ganancia para el rey Pasenadi de Kosala que el Tathāgata, Consumado y plenamente iluminado, viva en su reino!

NOTAS M.99

1. BB: Todeyya era un brahmán rico, señor supremo de Tudigāma, una aldea cerca de Sāvatthī. El M.135 también fue dirigido a este mismo Subha.
2. BB: *Vibhajjavādo kho aham ettha.* Tales declaraciones explican la posterior designación del budismo como *vibhajjavāda*, "la doctrina del análisis". Como deja claro el contexto, el Buda se llama a sí mismo *vibhajjavādin*, no porque analice las cosas en sus componentes (como se cree popularmente), sino porque distingue las diferentes implicaciones de una pregunta sin responder unilateralmente.
3. BB: Es evidente que en aquella época el comercio se encontraba todavía en una fase temprana de desarrollo. ¡Difícilmente podría hacerse la misma afirmación hoy!
4. BB: Como en M. 95.13.
5. BB: Esta declaración debe haber sido hecha antes de que Pokkharasāti se convirtiera en seguidor del Buda, como se menciona en M. 95.9.
6. BB: *Anukampājātika.*
7. BB: Este conocimiento pertenece al tercero de los poderes del Tathāgata: conocer los caminos hacia todos los destinos. Ver M. 12.12.
8. MA explica la acción limitante (*pamāṇakataṁ kammaṁ*) como *kamma* perteneciente a la esfera de los sentidos (*kāmāvacara*). Se contrasta con una acción ilimitada o inmensurable, es decir, la de los *jhānas* pertenecientes a la esfera de la materia sutil o a la esfera inmaterial. En este caso se refieren a los *brahmavihāras* desarrollados hasta el nivel jhánico. Cuando se alcanza y domina un *jhāna* perteneciente a la esfera de la materia sutil o a la esfera inmaterial, entonces, un *kamma* perteneciente a la esfera de los sentidos no puede dominarlo y lograr la oportunidad de producir su propio resultado. Más bien, por el contrario, es el *kamma* perteneciente a la esfera de la materia sutil o a la esfera inmaterial el que domina los *kammas* de la esfera de los sentidos y produce sus resultados. Al obstruir el resultado de los *kammas* de la esfera de los sentidos, el *brahmavihāra* que se ha dominado conduce al renacimiento en compañía de Brahmā.
9. BB: Como en M. 27.2.

100. *Saṅgārava Sutta*
A Saṅgārava

1. Esto he escuchado. En una ocasión, el Bienaventurado caminaba en forma itinerante por el país de Kosala con un gran Saṅgha de bhikkhus.

2. Ahora bien, en esa ocasión, una mujer brahmán llamada Dhānañjānī se hospedaba en Caṇḍalakappa, teniendo plena confianza en el Buda, el Dhamma y el Saṅgha.[1] En una ocasión tropezó y, al recuperar el equilibrio, exclamó tres veces: —¡Honor al Bienaventurado, Consumado y plenamente iluminado! ¡Honor al Bienaventurado, Consumado y plenamente iluminado! ¡Honor al Bienaventurado, Consumado y plenamente iluminado!

3. En ese momento había un estudiante brahmán llamado Saṅgārava que se alojaba en Caṇḍalakappa. Era un maestro de los Tres Vedas, con sus vocabularios, liturgia, fonología y etimología, y las historias como quinta división; experto en filología y gramática, estaba completamente versado en filosofía natural y en las marcas de un Gran Hombre. Habiendo escuchado a la mujer brahmán Dhānañjānī pronunciar esas palabras, él le dijo: —Esta mujer brahmán Dhānañjānī debe ser deshonrada y degradada, ya que cuando hay brahmanes alrededor, alaba a ese *samaṇa* calvo.

[Ella respondió:] —Mi querido señor, usted no conoce la virtud y la sabiduría del Bienaventurado. Si supiera la virtud y la sabiduría del Bienaventurado, mi querido señor, nunca pensaría en abusar de él e injuriarlo.

—Entonces, señora, infórmeme cuando el recluso Gautama venga a Caṇḍalakappa.

—Sí, querido señor, respondió la mujer brahmán Dhānañjāni.

4. Luego, después de caminar por etapas en el país de Kosala, el Bienaventurado finalmente llegó a Caṇḍalakappa. Allí, en Caṇḍalakappa, el Bienaventurado residía en la arboleda de mangos, perteneciente a los brahmanes del clan Todeyya.

5. La mujer brahmán Dhānañjānī escuchó que el Bienaventurado había llegado, así que fue a donde se encontraba el estudiante

brahmán Saṅgārava y le dijo: —Mi querido señor, el Bienaventurado ha llegado a Caṇḍalakappa y está viviendo aquí en Caṇḍalakappa, en la arboleda de mangos perteneciente a los brahmanes del clan Todeyya. Ahora, querido señor, puede ir cuando le convenga.

—Sí, señora, respondió. Luego fue a donde se encontraba el Bienaventurado e intercambió saludos con él. Terminada esta cortés y amable charla, se sentó a un lado y dijo:

6. —Maestro Gautama, hay algunos *samaṇas* y brahmanes que afirman [enseñar] los fundamentos de la vida santa después de haber alcanzado la consumación y perfección del conocimiento directo aquí y ahora.[2] ¿Dónde se encuentra el Maestro Gautama entre estos *samaṇas* y brahmanes?

7. —Bhāradvāja,[3] digo que hay una diversidad entre esos *samaṇas* y brahmanes que afirman [enseñar] los fundamentos de la vida santa después de haber alcanzado la consumación y perfección del conocimiento directo aquí y ahora. Hay algunos *samaṇas* y brahmanes que son tradicionalistas, que, sobre la base de la tradición oral afirman [enseñar] los fundamentos de la vida santa después de haber alcanzado la consumación y perfección del conocimiento directo aquí y ahora; tales son los brahmanes de los Tres Vedas. Hay algunos *samaṇas* y brahmanes que, enteramente sobre la base de la mera fe, afirman [enseñar] los fundamentos de la vida santa después de haber alcanzado la consumación y perfección del conocimiento directo aquí y ahora; tales son los razonadores e investigadores.[4] Hay algunos *samaṇas* y brahmanes que, habiendo conocido directamente el Dhamma por sí mismos[5] entre cosas nunca escuchadas antes, afirman [enseñar] los fundamentos de la vida santa después de haber alcanzado la consumación y perfección del conocimiento directo aquí y ahora.

8. Yo, Bhāradvāja, soy uno de esos *samaṇas* y brahmanes que, habiendo conocido directamente el Dhamma por sí mismos entre cosas nunca escuchadas, afirman [enseñar] los fundamentos de la vida santa después de haber alcanzado la consumación y perfección del conocimiento directo aquí y ahora. En cuanto a cómo soy uno de esos *samaṇas* y brahmanes, eso puede entenderse de la siguiente manera.

9. Aquí, Bhāradvāja, antes de mi iluminación, cuando todavía era solo un *bodhisatta* no iluminado, consideré lo siguiente: La vida doméstica está abarrotada y polvorienta; la vida del que ha salido de la vida hogareña está abierta de par en par. Mientras se vive en un hogar, no es fácil llevar una vida santa totalmente perfecta y pura como una concha pulida. Supongamos que me afeito el cabello y la barba, me pongo la túnica amarilla y salgo de la vida hogareña a la vida sin hogar.

10–13. Más tarde, Bhāradvāja, cuando aún era joven... (Como en M.26, §§14–17) ... Y me senté pensando: "Esto servirá para esforzarse".

14–30. Ahora bien, estos tres símiles nunca escuchados se me ocurrieron espontáneamente ... (Como en M.36, §§17–33; pero en el presente sutta, en §§17–22 —correspondientes a §§20–25 de M.36— no aparece la oración *"Pero tal sensación dolorosa que surgió en mí no invadió mi mente ni permaneció"*) ... los cinco bhikkhus se disgustaron y se retiraron de mi presencia, pensando: "El samaṇa Gautama ahora vive lujosamente; ha renunciado a su esfuerzo y ha tornado al lujo".

31–41. Ahora bien, cuando hube comido alimentos sólidos y recobré mi fuerza, posteriormente, completamente aislado de los placeres sensoriales, aislado de los estados malsanos... (Como en M.36, §§34–44; pero en el presente sutta, en §§36, 38 y 41 — correspondientes a §§39, 41 y 44 de M.36– no ocurre la oración *"Pero esa sensación agradable que surgió en mí no invadió mi mente ni permaneció"*) "... tal como sucede en el que permanece diligente, enérgico y resuelto".

42. Cuando se dijo esto, el estudiante brahmán Saṅgārava dijo al Bienaventurado: —El esfuerzo del Maestro Gautama fue inquebrantable, el esfuerzo del Maestro Gautama fue el de un hombre verdadero, como debe ser para un Consumado, un plenamente iluminado. Pero ¿cómo es eso, Maestro Gautama, ¿hay *devas*?

—Sé que es el caso, Bhāradvāja, que hay *devas.*

—Pero ¿cómo es esto, Maestro Gautama, que cuando se le pregunta: "¿Hay *devas*?"; dice: sé que es el caso, Bhāradvāja, que hay *devas.* Si es así, ¿no es vacío y falso lo que dice?[6]

—Bhāradvāja, cuando a uno se le pregunta: "¿Hay *devas*?"; ya sea que uno responda, 'hay *devas*', o 'sé que es el caso [que hay *devas*]', un hombre sabio puede sacar la conclusión definitiva de que hay *devas.*

—¿Pero por qué el Maestro Gautama no me respondió de la primera manera?[7]

—Está ampliamente aceptado en el mundo, Bhāradvāja, que hay *devas.*

43. Cuando se dijo esto, el estudiante brahmán Saṅgārava dijo al Bienaventurado: —¡Magnífico, Maestro Gautama! ¡Magnífico, Maestro Gautama! El Maestro Gautama ha aclarado el Dhamma de muchas maneras, como si estuviera poniendo de pie lo que había sido derribado, revelando lo que estaba oculto, mostrando el camino a alguien que estaba perdido, o levantando una lámpara en la oscuridad para que aquellos con vista vean las formas visibles. Voy al Maestro Gautama en busca de refugio y al Dhamma y al Saṅgha de los bhikkhus. Que el Maestro Gautama me recuerde como un seguidor laico que ha acudido a él en busca de refugio por el resto de mi vida.

NOTAS M.100

1. Dhānañjānī entró en la corriente. MA dice que Saṅgārava era el hermano menor de su marido.
2. *Diṭṭhadhammābhiññāvosānapāramippattā ādibrahmacariyaṁ paṭijānanti.* MA glosa: Ellos afirman ser los originadores, creadores, productores de una vida santa, diciendo: "Habiéndolo conocido directamente aquí y ahora en esta existencia presente y habiendo alcanzado la consumación, hemos alcanzado el Nibbāna, llamado 'perfección' porque es la trascendencia de todo".
3. NT: Al inicio del párrafo, el Buda se refiere en realidad a Saṅgārava, ya que —de acuerdo con la costumbre de la época— era común llamar a las personas por el nombre del clan al que pertenecían, en este caso el clan Bhāradvāja.
4. BB: Es desconcertante que aquí se diga que los razonadores e investigadores (*takkī, vīmaṁsī*) se basan en la mera fe (*saddhāmattakena*). En otros lugares, la fe y el razonamiento se contrastan como dos motivos diferentes de convicción (M. 95.14), y la "mera fe" parece estar más estrechamente relacionada con la confianza en la tradición oral que con el razonamiento y la investigación.
5. BB: *Sāmaṁ yeva dhammaṁ abhiññāya.* Esta frase enfatiza la realización personal directa como fundamento para promulgar una vida santa.
6. MA dice que Saṅgārava tuvo la idea de que el Buda habló así sin conocimiento real, y por lo tanto acusa al Buda del discurso falso. La secuencia de ideas de este pasaje es difícil de seguir y es probable que el texto esté corrupto. K.R. Norman ha propuesto una reconstrucción de esta parte del diálogo, pero es difícil seguirlo en detalle. Ver: Norman, *Collected Papers*, 2:1–8.
7. NT: ¿Tal vez Saṅgārava esperaba una respuesta de tono categórico?

Tercera parte

Los últimos cincuenta discursos

(*Uparipaṇṇāsapāḷi*)

1
La división en Devadaha
(*Devadahavagga*)

101. *Devadaha Sutta*
En Devadaha

1. Esto he escuchado. En una ocasión, el Bienaventurado estaba residiendo en el país Sakya, donde había un pueblo Sakya llamado Devadaha. Allí el Bienaventurado se dirigió a los bhikkhus así: —Bhikkhus. —Venerable señor, respondieron. El Bienaventurado dijo esto:

2. —Bhikkhus, hay algunos *samaṇas* y brahmanes que sostienen la doctrina y la noción siguiente: "Lo que sea que sienta esta persona, ya sea placer o dolor o *ni dolor ni placer* (*adukkham-asukhā*), todo eso es causado por lo que se hizo en el pasado.[1] Así que al eliminar con ascetismo las acciones pasadas,[2] y al no hacer nuevas acciones, no habrá ninguna consecuencia en el futuro. Sin consecuencias en el futuro, está la destrucción de la acción. Con la destrucción de la acción, está la destrucción del sufrimiento. Con la destrucción del sufrimiento, está la destrucción de la sensación. Con la destrucción de la sensación, se agotará todo sufrimiento". Así es como lo proclaman los Nigaṇṭhas, bhikkhus.

3. Me dirijo a los Nigaṇṭhas que hablan así y les digo: —Amigos Nigaṇṭhas, ¿es cierto que sostienen tal doctrina y tal noción como esta: "Lo que sea que sienta esta persona... todo sufrimiento se agotará?" Si, cuando se les pregunta así, los Nigaṇṭhas lo admiten y dicen "sí", les digo:

4. Pero, amigos, ¿saben que existieron en el pasado, y que no es el caso que no existieron? —No, amigo. —Pero, amigos, ¿acaso saben que en el pasado cometieron malas acciones y no se abstuvieron de ellas? —No, amigo. —Pero, amigos, ¿saben que han hecho tales y tales malas acciones? —No, amigo. —Pero, amigos, ¿saben que ya se ha agotado tanto sufrimiento, o que tanto sufrimiento falta por agotar, o que cuando se haya agotado tanto sufrimiento, se habrá agotado todo el sufrimiento? —No, amigo. —Pero, amigos, ¿saben lo que es el abandono de los estados malsanos y lo que es el cultivo de los estados sanos aquí y ahora? —No, amigo.

5. —Entonces, amigos, parece que no saben si realmente existieron en el pasado, ni si no existieron. Tampoco saben si cometieron malas acciones en ese pasado, ni si se abstuvieron de ellas. No saben si llevaron a cabo tales o cuales malas acciones, ni cuánto del sufrimiento resultante ya se ha agotado o cuánto aún les queda por agotar. Desconocen, además, si al agotarse cierta cantidad de sufrimiento, este se habrá extinguido por completo. Tampoco saben qué implica el abandono de los estados malsanos ni el cultivo de los estados sanos aquí y ahora. Siendo así, no es apropiado que los venerables Nigaṇṭhas declaren: "Lo que sea que sienta esta persona, ya sea placer o dolor o *ni dolor ni placer*, todo eso es causado por lo que se hizo en el pasado. Entonces, al eliminar con ascetismo las acciones pasadas y al no realizar acciones nuevas, no habrá consecuencias en el futuro. Sin consecuencias en el futuro... todo sufrimiento se agotará".

6. Amigos Nigaṇṭhas, si supieran con certeza que realmente existieron en el pasado, y que no es el caso que no existieron; o si supieran que en ese pasado cometieron malas acciones y no se abstuvieron de ellas; o si supieran qué tipo de malas acciones realizaron; o si conocieran la cantidad de sufrimiento que ya se ha extinguido, o cuánto sufrimiento aún les queda por extinguir; o si supieran que, al agotarse cierto grado de sufrimiento, todo el sufrimiento se extinguiría por completo; o si comprendieran lo que implica el abandono de los estados malsanos y el cultivo de los estados sanos aquí y ahora; en ese caso, sería razonable que los venerables Nigaṇṭhas declararan: "Cualquier cosa que esta persona sienta... todo sufrimiento se agotará".

7. Amigos Nigaṇṭhas, supongamos que un hombre es herido por una flecha densamente untada con veneno, y que debido a esto sintiera sensaciones dolorosas, atormentadoras y punzantes. Entonces, sus amigos y compañeros, parientes y conocidos, traerían a un cirujano. El cirujano cortaría alrededor de la abertura de la herida con un cuchillo, buscaría la flecha con una sonda, sacaría la flecha y aplicaría un polvo medicinal en la abertura de la herida, y a cada paso el hombre sentiría dolor, angustia, sensaciones penetrantes. Luego, en una ocasión posterior, cuando la herida esté curada y cubierta de piel, el hombre estará bien y feliz, independiente, dueño de sí mismo, capaz de ir a donde quisiera. Él podría pensar: "Anteriormente fui atravesado por una flecha densamente untada con veneno, y debido a esto sentí sensaciones dolorosas, atormentadoras y penetrantes. Entonces mis amigos y compañeros, parientes y conocidos trajeron un cirujano. El cirujano cortó alrededor de la abertura de la herida con un cuchillo, buscó la flecha con una sonda, sacó la flecha y aplicó un polvo medicinal en la abertura de la herida, y en cada paso sentí sensaciones dolorosas, atormentadoras y penetrantes. Pero ahora que la herida

está curada y cubierta con piel, estoy bien y feliz, independiente, dueño de mí mismo, capaz de ir a donde quiera".

8. Así también, amigos Nigaṇṭhas, si ustedes supieran que existieron en el pasado, y que no es el caso que no existieron; ... o si supieran qué es el abandono de estados malsanos y qué es el cultivo de estados sanos aquí y ahora; siendo así, sería apropiado que los venerables Nigaṇṭhas declararan: "Lo que sea que sienta esta persona... todo sufrimiento se agotará".

9. Pero, amigos Nigaṇṭhas, ya que no saben que existieron en el pasado, y que no es el caso que no existieron; ... o lo que implica el abandono de estados malsanos y lo que implica el cultivo de estados sanos aquí y ahora, entonces no es apropiado que los venerables Nigaṇṭhas declaren: "Lo que sea que esta persona sienta... todo sufrimiento se agotará".

10. Cuando se dijo esto, los Nigaṇṭhas me dijeron: —Amigo, el nigaṇṭha Nātaputta es omnisciente y todo lo ve y afirma tener conocimiento y visión completos así: "Ya sea que esté caminando o de pie o dormido o despierto, el conocimiento y visión están continua e ininterrumpidamente presentes para mí". Y él también dice así: "Nigaṇṭhas, han cometido malas acciones en el pasado; agótenlas con la ejecución de austeridades estrictas. Y cuando estén aquí y ahora restringidos en cuerpo, palabra y mente, eso es no hacer malas acciones para el futuro. Así, aniquilando con ascetismo las [malas] acciones pasadas y no realizando nuevas acciones, no habrá consecuencias en el futuro. Sin consecuencias en el futuro... todo sufrimiento se agotará". Esto dicho es aprobado y aceptado por nosotros, por lo que estamos satisfechos.

11. Cuando se dijo esto, les dije a los Nigaṇṭhas:[3] —Hay cinco cosas, amigos Nigaṇṭhas, que pueden resultar de dos maneras diferentes aquí y ahora. ¿Cuáles cinco? Ellas son: la fe, la aprobación, la tradición oral, la reflexión razonada y la aceptación reflexiva de una noción. Estas cinco cosas pueden resultar de dos maneras diferentes aquí y ahora. Aquí, ¿qué tipo de fe tienen los venerables Nigaṇṭhas en un maestro que habla del pasado? ¿Qué tipo de aprobación, qué tipo de tradición oral, qué tipo de reflexión razonada, qué tipo de aceptación reflexiva de una noción? Hablando así, bhikkhus, yo no vi ninguna defensa legítima de su posición por parte de los Nigaṇṭhas.

12. Nuevamente, bhikkhus, les dije a los Nigaṇṭhas: —¿Qué piensan, amigos Nigaṇṭhas? Cuando hay un esfuerzo intenso, una lucha intensa, ¿sienten entonces sensaciones dolorosas, atormentadoras y penetrantes debido al esfuerzo intenso? Pero cuando no hay un esfuerzo intenso, una lucha intensa, ¿acaso esas sensaciones dolorosas, atormentadoras y penetrantes debido al esfuerzo intenso no son

sentidas? —Cuando hay un esfuerzo intenso, amigo Gautama, una lucha intensa, entonces sentimos dolor, sensaciones atormentadoras y penetrantes debido al esfuerzo intenso; pero cuando no hay un esfuerzo intenso, no hay una lucha intensa, entonces no sentimos ninguna sensación dolorosa, atormentadora o punzante debido al esfuerzo intenso.

13. —Así que parece, amigos Nigaṇṭhas, que cuando hay un esfuerzo intenso... sienten sensaciones dolorosas, atormentadoras y penetrantes debido a un esfuerzo intenso; pero cuando no hay un esfuerzo intenso... no sienten ninguna sensación dolorosa, atormentadora o penetrante debido al esfuerzo intenso. Siendo así, no es apropiado que los venerables Nigaṇṭhas declaren:[4] "Todo lo que sienta esta persona, ya sea placer o dolor o *ni dolor ni placer*, todo eso es causado por lo que se hizo en el pasado. Entonces, al aniquilar con ascetismo las acciones pasadas y al no realizar acciones nuevas, no habrá consecuencias en el futuro. Sin consecuencias... todo sufrimiento se agotará".

14. Si, amigos Nigaṇṭhas, cuando hubo un esfuerzo intenso, una lucha intensa, entonces hubo sensaciones dolorosas, atormentadoras y penetrantes debido al esfuerzo intenso, y cuando no hubo un esfuerzo intenso, ni una lucha intensa, entonces aún estuvieron presentes las sensaciones dolorosas, atormentadoras y penetrantes; siendo así, sería apropiado que los venerables Nigaṇṭhas declararan: "Lo que sea que sienta esta persona... todo sufrimiento se agotará".

15. Pero ya que, amigos Nigaṇṭhas, cuando hay un esfuerzo intenso, una lucha intensa, entonces sienten sensaciones dolorosas, atormentadoras y penetrantes debido al esfuerzo intenso, pero cuando no hay un esfuerzo intenso, una lucha intensa, entonces no sienten sensaciones dolorosas, atormentadoras y penetrantes debido a un esfuerzo intenso, por lo tanto, ustedes están sintiendo sólo las sensaciones dolorosas, atormentadoras y penetrantes de su propio esfuerzo autoimpuesto, y es a través de la ignorancia, el desconocimiento y la ofuscación que sostienen erróneamente que: "Cualquier cosa que esta persona siente... todo el sufrimiento será agotado". Hablando así, bhikkhus, no vi ninguna defensa legítima de la posición por parte de los Nigaṇṭhas.

16. Nuevamente, bhikkhus, les dije a los Nigaṇṭhas: —¿Qué piensan, amigos nigaṇṭhas? ¿Es posible que una acción cuyo resultado ha de experimentarse aquí y ahora,[5] pueda, a través del esfuerzo y la lucha, convertirse en una acción cuyo resultado ha de experimentarse en la próxima vida? —No, amigo. —Pero ¿es posible que una acción cuyo resultado ha de experimentarse en la próxima vida pueda, a través del esfuerzo y la lucha, convertirse en una acción cuyo resultado sea experimentado aquí y ahora? —No, amigo.

17. —¿Qué piensan, amigos Nigaṇṭhas, es posible que una acción cuyo resultado ha de experimentarse como agradable pueda, mediante el esfuerzo y la lucha, tornarse en una acción cuyo resultado ha de experimentarse como doloroso? —No, amigo. —Pero ¿acaso es posible que una acción cuyo resultado ha de experimentarse como doloroso pueda, mediante el esfuerzo y la lucha, tornarse en una cuyo resultado ha de ser experimentado como agradable? —No, amigo.

18. —¿Qué piensan, amigos Nigaṇṭhas? ¿Es posible que una acción cuyo resultado ha de experimentarse en una personalidad madura, aquí y ahora, pueda, mediante el esfuerzo y la lucha, convertirse en una acción cuyo resultado ha de experimentarse en una personalidad inmadura, en la próxima vida?[6] —No, amigo —Pero ¿acaso es posible que una acción cuyo resultado ha de experimentarse en una personalidad inmadura pueda, mediante el esfuerzo y la lucha, convertirse en una cuyo resultado ha de experimentarse en una personalidad madura? —No amigo.

19. —¿Qué piensan, amigos Nigaṇṭhas? ¿Es posible que una acción cuyo resultado ha de experimente mucho pueda, a través del esfuerzo y la lucha, convertirse en una acción cuyo resultado ha de experimentarse poco? —No, amigo. —Pero ¿es posible que una acción cuyo resultado ha de experimentarse en poca medida pueda, a través del esfuerzo y la lucha, convertirse en uno cuyo resultado ha de experimentarse mucho? —No, amigo.

20. —¿Qué piensan, amigos Nigaṇṭhas? ¿Es posible que una acción cuyo resultado ha de experimentarse pueda, a través del esfuerzo y la lucha, convertirse en una acción cuyo resultado no ha de experimentarse?[7] —No, amigo. —Pero ¿es posible que una acción cuyo resultado no ha de experimentarse pueda, mediante el esfuerzo y lucha, tornarse en una cuyo resultado ha de experimentarse? —No, amigo.

21. —De modo que parece ser, amigos Nigaṇṭhas, que no es posible que una acción cuyo resultado ha de experimentarse aquí y ahora pueda, mediante el esfuerzo y la lucha, tornarse en una acción cuyo resultado ha de experimentarse en la próxima vida, e imposible que una acción cuyo resultado ha de experimentarse en la próxima vida pueda, a través del esfuerzo y la lucha, convertirse en una cuyo resultado ha de experimentarse aquí y ahora; imposible que una acción cuyo resultado ha de experimentarse como agradable pueda, a través del esfuerzo y la lucha, convertirse en una cuyo resultado ha de experimentarse como doloroso, e imposible que una acción cuyo resultado ha de experimentarse como doloroso pueda, a través del esfuerzo y la lucha, convertirse en una acción cuyo resultado ha de experimentarse como agradable; imposible que una acción cuyo resultado ha de experimentarse en una personalidad madura pueda,

a través del esfuerzo y lucha, convertirse en una cuyo resultado ha de experimentarse en una personalidad inmadura, e imposible que una acción cuyo resultado ha de experimentarse en una personalidad inmadura pueda, a través del esfuerzo y la lucha, convertirse en una cuyo resultado ha de experimentarse en una personalidad madura; imposible que una acción cuyo resultado ha de experimentarse mucho pueda, a través del esfuerzo y la lucha, convertirse en una acción cuyo resultado ha de experimentarse poco, e imposible que una acción cuyo resultado ha de experimentarse poco pueda, a través del esfuerzo y la lucha, convertirse en una cuyo resultado ha de experimentarse mucho; imposible que una acción cuyo resultado ha de experimentarse pueda, a través del esfuerzo y lucha, convertirse en una acción cuyo resultado no ha de experimentarse, e imposible que una acción cuyo resultado no ha de experimentarse pueda, a través del esfuerzo y la lucha, convertirse en una acción cuyo resultado ha de experimentarse. Siendo eso así, entonces el esfuerzo de los venerables Nigaṇṭhas es infructuoso, su lucha es infructuosa.

22. Así es como hablan los Nigaṇṭhas, bhikkhus. Y debido a que los Nigaṇṭhas hablan así, hay diez deducciones legítimas a partir de sus afirmaciones que proporcionan terreno para censurarlos:

1. Si el placer y el dolor que sienten los seres son causados por lo que se hizo en el pasado, entonces los Nigaṇṭhas seguramente deben haber hecho malas acciones en el pasado, ya que ahora sienten tales sensaciones dolorosas, atormentadoras y penetrantes.
2. Si el placer y el dolor que sienten los seres son causados por el acto creativo de un dios supremo (*issaranimmānahetu*),[8] entonces los Nigaṇṭhas deben haber sido creados por un dios supremo malvado, ya que ahora sienten sensaciones tan dolorosas, atormentadoras y penetrantes.
3. Si el placer y el dolor que sienten los seres son causados por las circunstancias y la naturaleza (*sangatibhāvahetu*; [la doctrina de Makkhali Gosāla]),[9] entonces los Nigaṇṭhas seguramente deben tener mala suerte, ya que ahora sienten sensaciones tan dolorosas, atormentadoras y penetrantes.
4. Si el placer y el dolor que sienten los seres son causados por la clase [entre las seis clases de nacimiento] (*abhijātihetu*),[10] entonces los Nigaṇṭhas seguramente deben pertenecer a una mala clase, ya que ahora sienten sensaciones tan dolorosas, atormentadoras y penetrantes.
5. Si el placer y el dolor que sienten los seres son causados por el esfuerzo aquí y ahora, entonces los Nigaṇṭhas deben

esforzarse mal aquí y ahora, ya que ahora sienten sensaciones tan dolorosas, atormentadoras y penetrantes.

6. Si el placer y el dolor que sienten los seres son causados por lo que se hizo en el pasado, entonces los Nigaṇṭhas deben ser censurados; en caso contrario, entonces los Nigaṇṭhas aún deben ser censurados.
7. Si el placer y el dolor que sienten los seres son causados por el acto creativo de un dios supremo, entonces los Nigaṇṭhas deben ser censurados; en caso contrario, aún deben ser censurados.
8. Si el placer y el dolor que sienten los seres son causados por el azar, entonces los Nigaṇṭhas deben ser censurados; en caso contrario, aún deben ser censurados.
9. Si el placer y el dolor que sienten los seres son causados por la clase, entonces los Nigaṇṭhas deben ser censurados; en caso contrario, aún deben ser censurados.
10. Si el placer y el dolor que sienten los seres son causados por el esfuerzo aquí y ahora, entonces los Nigaṇṭhas deben ser censurados; en caso contrario, aún deben ser censurados.

Así hablan los Nigaṇṭhas, bhikkhus. Y debido a que los Nigaṇṭhas hablan así, estas diez deducciones legítimas de sus afirmaciones proporcionan motivos para censurarlos. Por lo tanto, su esfuerzo es infructuoso, su lucha es infructuosa.

23. ¿Y cómo es fructífero el esfuerzo, bhikkhus, cómo es que la lucha es fructífera? Aquí, bhikkhus, un bhikkhu no está abrumado por el sufrimiento, no se agobia con el sufrimiento, y no renuncia al placer que concuerda con el Dhamma, pero no está obsesionado con él.[11] Ese bhikkhu sabe lo siguiente: "Cuando me esfuerzo con determinación, esta fuente particular de sufrimiento se desvanece en mí debido a ese esfuerzo determinado; y cuando miro con ecuanimidad, esta fuente particular de sufrimiento se desvanece en mí mientras desarrollo la ecuanimidad".[12] Se esfuerza con determinación con respecto a esa fuente particular de sufrimiento que se desvanece en él a causa de ese esfuerzo hecho con determinación, desarrolla la ecuanimidad con respecto a esa fuente particular de sufrimiento que se desvanece en él mientras desarrolla la ecuanimidad. Cuando se esfuerza con determinación, tal o cual fuente de sufrimiento se desvanece en él a causa de ese esfuerzo determinado; así, ese sufrimiento se agota en él. Cuando mira con ecuanimidad, tal o cual fuente de sufrimiento se desvanece en él mientras desarrolla la ecuanimidad; así es como ese sufrimiento se agota en él.

24. Supongamos, bhikkhus, que un hombre amara a una mujer con la mente atada a ella por un intenso deseo y pasión. Él podría

ver a esa mujer parada con otro hombre, charlando, bromeando, y riéndose. ¿Qué opinan, bhikkhus? ¿No surgirían en ese hombre la tristeza, la lamentación, el dolor, la congoja y la desesperanza cuando ve a esa mujer de pie con otro hombre, charlando, bromeando y riendo?

—Sí, venerable señor. ¿Por qué es eso? Porque ese hombre ama a esa mujer con su mente atada a ella por un intenso deseo y pasión; por eso surgirían en él la tristeza, la lamentación, el dolor, la congoja y la desesperanza cuando la ve parada con otro hombre, charlando, bromeando y riendo.

25. —Entonces, bhikkhus, el hombre podría pensar: "Amo a esta mujer con la mente atada a ella por el intenso deseo y la pasión; debido a eso, surgen en mí la tristeza, la lamentación, el dolor, la congoja y la desesperanza cuando la veo de pie con otro hombre, charlando, bromeando y riendo. ¿Qué pasaría si abandonara mi deseo y lujuria por esa mujer?" Entonces, él abandonaría su deseo y codicia respecto a esa mujer. En una ocasión posterior podría ver a esa mujer de pie con otro hombre, charlando, bromeando y riendo. ¿Qué opinan, bhikkhus? ¿Aparecería la tristeza, la lamentación, el dolor, la congoja y la desesperanza en ese hombre cuando ve a esa mujer de pie con otro hombre...?

—No, venerable señor. ¿Por qué es eso? Porque ese hombre ya no ama a esa mujer; es por eso por lo que la tristeza, la lamentación, el dolor, la congoja y la desesperanza no surgen en él cuando ve a esa mujer de pie con otro hombre...

26. —Así también, bhikkhus, cuando un bhikkhu que no está abrumado por el sufrimiento no se agobia por el sufrimiento... (Como en §23 arriba) ... Así se agota el sufrimiento en él. Por lo tanto, bhikkhus, el esfuerzo es fructífero, la lucha es fructífera.

27. Nuevamente, bhikkhus, un bhikkhu considera lo siguiente: "Mientras vivo según mi placer, los estados malsanos aumentan en mí y disminuyen los estados sanos; pero cuando me esfuerzo en lo que es doloroso, los estados malsanos disminuyen en mí y los estados sanos aumentan. ¿Qué pasaría si me esfuerzo en lo que es doloroso?" Entonces se esfuerza en lo que es doloroso. Cuando lo hace, los estados malsanos disminuyen en él y los estados sanos aumentan.[13] En un momento posterior no se esfuerza en lo que es doloroso. ¿Por qué es eso? Debido a que se ha logrado el propósito por el cual ese bhikkhu se esforzó en lo doloroso; por eso, en un momento posterior, no requiere esforzarse en lo que es doloroso.

28. Supongamos, bhikkhus, que un flechero estuviera calentando y flameando un eje de flecha entre dos llamas, haciéndolo recto y moldeable. Una vez que el eje de la flecha se hubiera calentado y asado

entre las dos llamas y se hubiera hecho recto y moldeable, entonces, en otro momento, no volvería a calentar y flamear nuevamente ese eje de la flecha para hacerlo recto y moldeable. ¿Por qué es eso? Debido a que se ha logrado el propósito por el cual ese flechero calentó y flameó la flecha y la hizo recta y moldeable; por eso, en un momento posterior, no volvería a calentar y flamear el eje de la flecha para hacerla recta y moldeable.

29. Así también, un bhikkhu considera así... (Como en §27 arriba) ... Por eso, en un momento posterior no se esfuerza en lo que es doloroso. Así también, bhikkhus, el esfuerzo es fructífero, la lucha es fructífera.

30-37. De nuevo, bhikkhus, aquí aparece un Tathāgata en el mundo, Consumado, plenamente iluminado... (Como en M.51, §§12-19) ... Él purifica su mente de la duda.

38. Habiendo abandonado así estos cinco impedimentos, imperfecciones de la mente que debilitan la sabiduría, bastante aislado de los placeres sensoriales, aislado de los estados malsanos, entra y permanece en el primer *jhāna*, que está acompañado de aplicación inicial y aplicación sostenida de la mente, con gozo y placer nacidos de la reclusión. Así también, bhikkhus, el esfuerzo es fructífero, la lucha es fructífera.

39. Nuevamente, bhikkhus, con el aquietamiento de la aplicación inicial y aplicación sostenida de la mente, un bhikkhu entra y permanece en el segundo *jhāna*, que tiene confianza en sí mismo y unificación mental, sin aplicación inicial ni aplicación sostenida de la mente, con gozo y placer nacidos de la concentración. Así también, bhikkhus, el esfuerzo es fructífero, la lucha es fructífera.

40. Nuevamente, bhikkhus, con el desvanecimiento también del gozo, un bhikkhu permanece en la ecuanimidad, y consciente y plenamente atento, aun sintiendo placer con el cuerpo, entra y permanece en el tercer *jhāna*, debido a la cual los nobles declaran: "Aquel que tiene ecuanimidad y es plenamente atento tiene una morada placentera". Así, también, bhikkhus, el esfuerzo es fructífero, la lucha es fructífera.

41. Nuevamente, bhikkhus, con el abandono del placer y del dolor, y con la anterior desaparición de la alegría y el pesar, un bhikkhu entra y permanece en el cuarto *jhāna*, el cual tiene *ni dolor ni placer* y pureza de atención plena debida a la ecuanimidad. Así también, bhikkhus, el esfuerzo es fructífero, la lucha es fructífera.

42. Cuando su mente concentrada es así purificada, brillante, sin mancha, libre de imperfección, maleable, manejable, estable y habiendo alcanzado la imperturbabilidad, la dirige al conocimiento del recuerdo de vidas pasadas. Recuerda sus múltiples vidas pasadas,

es decir, un nacimiento, dos nacimientos... (Como en M. 51.24) ... Así, con sus aspectos y detalles, recuerda sus múltiples vidas pasadas. Así también, bhikkhus, el esfuerzo es fructífero, la lucha es fructífera.

43. Cuando su mente concentrada es así purificada, brillante, sin mancha, libre de imperfección, maleable, manejable, firme y habiendo alcanzado la imperturbabilidad (*aneñjappatte*) la dirige al conocimiento de la muerte y reaparición de los seres... (Como en M. 51.25) ... Así con el ojo divino, que es purificado y supera al humano, ve a los seres falleciendo y reapareciendo, inferiores y superiores, hermosos y feos, afortunados y desafortunados, y entiende cómo los seres pasan a la otra vida de acuerdo con sus acciones. Así también, bhikkhus, el esfuerzo es fructífero, la lucha es fructífera.

44. Cuando su mente concentrada es así purificada, brillante, sin mancha, libre de imperfección, maleable, manejable, firme y habiendo alcanzado la imperturbabilidad, la dirige al conocimiento de la destrucción de las corrupciones. Él entiende, como es en realidad: "Esto es el sufrimiento... Este es el origen del sufrimiento... Este es el cese del sufrimiento... Este es el camino que conduce al cese del sufrimiento. Estas son las corrupciones... Este es el origen de las corrupciones... Este es el cese de las corrupciones... Este es el camino que conduce al cese de las corrupciones".

45. Cuando entiende y ve de esta forma, su mente se libera de la corrupción del deseo sensorial, de la corrupción del deseo de existencia [o no existencia], y de la corrupción de la ignorancia. Cuando se libera, llega el conocimiento: "Está liberada". Él entiende: "El nacimiento ha sido destruido, se ha vivido la vida santa, lo que tenía que hacerse se ha hecho, y ya no hay más llegar a ningún estado del ser". Por lo tanto, aquí también, bhikkhus, el esfuerzo es fructífero, la lucha es fructífera.

46. Así habla el Tathāgata, bhikkhus. Y debido a que el Tathāgata habla así, hay diez motivos legítimos para alabarlo:

1. Si el placer y el dolor que sienten los seres son causados por lo que se hizo en el pasado, entonces el Tathāgata seguramente debe haber hecho buenas acciones en el pasado, ya que ahora siente tales sensaciones agradables y sin mancha.
2. Si el placer y el dolor que sienten los seres son causados por el acto creativo de un Dios Supremo, entonces el Tathāgata seguramente debe haber sido creado por un buen Dios Supremo, ya que ahora siente sensaciones tan agradables y sin mancha.
3. Si el placer y el dolor que sienten los seres son causados por las circunstancias y la naturaleza, entonces el Tathāgata seguramente debe tener buena suerte, ya que ahora siente sensaciones tan agradables y sin mancha.

4. Si el placer y el dolor que sienten los seres son causados por la clase [entre las seis clases de nacimiento], entonces el Tathāgata seguramente debe pertenecer a una buena clase, ya que ahora siente sensaciones tan agradables y sin mancha.
5. Si el placer y el dolor que sienten los seres son causados por el esfuerzo aquí y ahora, entonces el Tathāgata seguramente debe esforzarse bien aquí y ahora, ya que ahora siente sensaciones tan agradables y sin mancha.
6. Si el placer y el dolor que sienten los seres son causados por lo que se hizo en el pasado, entonces el Tathāgata debe ser alabado; en caso contrario, entonces el Tathāgata aún debe ser alabado.
7. Si el placer y el dolor que sienten los seres son causados por el acto creativo de un dios supremo, entonces el Tathāgata debe ser alabado; en caso contrario, entonces el Tathāgata aún debe ser alabado.
8. Si el placer y el dolor que sienten los seres son causados por el azar, entonces el Tathāgata debe ser alabado; en caso contrario, entonces el Tathāgata aún debe ser alabado.
9. Si el placer y el dolor que sienten los seres son causados por la clase, entonces el Tathāgata debe ser alabado; en caso contrario, entonces el Tathāgata aún debe ser alabado.
10. Si el placer y el dolor que sienten los seres son causados por el esfuerzo aquí y ahora, entonces el Tathāgata debe ser alabado; en caso contrario, entonces el Tathāgata aún debe ser alabado.

Así habla el Tathāgata, bhikkhus. Y debido a que el Tathāgata habla así, hay diez motivos legítimos para alabarlo.

Eso es lo que dijo el Bienaventurado. Los bhikkhus estuvieron satisfechos y deleitados con las palabras del Bienaventurado.

NOTAS M.101

1. BB: Esta doctrina, que aquí se atribuye a los jainistas, también es criticada por el Buda en SN 36:21 / iv.230–31 y AN 3:61 / i.173–74. La enseñanza del Buda reconoce la existencia de una sensación que no es el resultado de una acción pasada sino un concomitante de la acción presente, y también admite una sensación que no es ni kármicamente activa ni resultante kármica.
2. BB: Desde aquí hasta el párrafo §5, "Siendo así...", también en M.14, §§17–19. La declaración del nigaṇṭha Nātaputta, que en M. 14.17 introduce la posición de los Nigaṇṭhas, viene aquí después, en el párrafo §10, como la justificación de los Nigaṇṭhas para su afirmación.
3. BB: Como en M. 95.14.
4. BB: No es apropiado que hagan esa declaración porque su "esfuerzo intenso", es decir, su práctica ascética es la causa de sus sensaciones dolorosas, como afirma el Buda en el párrafo §15.
5. BB: Ésta es una expresión técnica para una acción cuyo resultado ha de madurar en esta vida presente.
6. MA: Una acción cuyo resultado debe experimentarse en una personalidad madura es sinónimo de una acción cuyo resultado ha de experimentarse aquí y ahora. Una acción cuyo resultado debe ser experimentada en una personalidad inmadura es sinónimo de acción cuyo resultado ha de experimentarse en la próxima vida. Pero se hace una especificación de la siguiente manera: cualquier acción que produzca su resultado en la misma vida debe ser experimentada aquí y ahora, pero sólo una acción que produce su resultado dentro de siete días se llama algo que debe ser experimentado en una personalidad madura.

   NT: Así pues, "personalidad madura" es el ser (psico-físico) en la vida presente. "Personalidad inmadura" se refiere al ser en la vida por venir. Creo que el Buda usó esos términos debido a que serían mejor entendidos por los Nigaṇṭhas.
7. BB: Ésta es una acción que no tiene la oportunidad de producir su resultado y por lo tanto deja de existir.

   NT: Este sería el caso en el que el esfuerzo y la lucha constituyen un *kamma* destructivo (*upaghātaka kamma*), el cual puede ser de naturaleza sana o malsana, y cuyo efecto es suplantar otro *kamma* más débil, previniendo su fructificación y, por otra parte, produciendo —a cambio— su propio resultado, ver: *Abhidhammattha Saṅgaha. A Comprehensive Manual of Abhidhamma*, Bhikkhu Bodhi, Ed., BPE (2013), Cap. V, §18, pp. 202-3. En este caso, la respuesta negativa del nigaṇṭha representa la noción errónea de la negación de la efectividad de las acciones (*akiriya-diṭṭi*).

8. BB: *Issaranimmānahetu*. Esta doctrina de los teístas es criticada por el Buda en AN 3:61/i.174.
9. BB: *Sangatibhāvahetu*. Esto alude a la doctrina de Makkhali Gosāla, criticada extensamente en M. 60.21 y AN 3:61 / i.175.
10. BB: *Abhijātihetu*. Esto también se refiere a un principio de Makkhali Gosāla.
11. BB: Ésta es una formulación del camino medio del Buda, que evita el extremo de la auto mortificación sin caer en el otro extremo del enamoramiento por el placer sensorial.
12. MA explica que la fuente del sufrimiento es el deseo, llamado así porque es la raíz del sufrimiento comprendido en los cinco agregados. El pasaje muestra dos enfoques alternativos para superar el anhelo: uno que emplea el esfuerzo enérgico y el otro, la ecuanimidad desapegada. MA identifica el "desvanecimiento" de la fuente con la vía supramundana. Se dice que el pasaje ilustra la práctica de quien progresa por un sendero placentero con conocimiento rápido y directo (*sukhapaṭipadā khippābhiññā*).
13. BB: Este pasaje se presenta para mostrar la razón por la que el Buda permitió a sus bhikkhus realizar prácticas ascéticas (*dhutaṅga*): el uso moderado de austeridades es conducente a la superación de las impurezas; sin embargo, no son adoptadas para "desgastar el viejo *kamma* y purificar el alma", como creían los jainistas y otras sectas ascéticas. MA dice que este pasaje ilustra la práctica de alguien que progresa por un camino difícil con un conocimiento directo lento (*dukkhapaṭipadā dandhābhiññā*).

102. *Pañcattaya Sutta*
Las cinco y tres

1. Esto he escuchado.[1] En una ocasión el Bienaventurado residía en Sāvatthī, en el Bosquecillo de Jeta, el parque de Anāthapiṇḍika. Allí se dirigió a los bhikkhus así: —Bhikkhus. —Venerable señor, respondieron. El Bienaventurado dijo esto:

(ESPECULACIONES SOBRE EL FUTURO)

2. —Bhikkhus, hay algunos *samaṇas* y brahmanes que especulan sobre el futuro y tienen nociones sobre el futuro, que afirman varias proposiciones doctrinales sobre el futuro.

I. Algunos afirman así: "El ser es percipiente y permanece intacto después de la muerte".
II. Algunos afirman así: "El ser no es percipiente y permanece intacto después de la muerte".
III. Algunos afirman así: "El ser no es ni percipiente ni no-percipiente y permanece intacto después de la muerte".
IV. O describen la aniquilación, destrucción y exterminio de un ser existente [al morir].
V. O algunos afirman el Nibbāna aquí y ahora.[2]

De esta manera entonces: a) ellos describen un ser existente que no se ve afectado después de la muerte; o b) describen la aniquilación, destrucción y exterminio de un ser existente [al morir]; o c) afirman el Nibbāna aquí y ahora. Por lo tanto, estas [nociones] siendo cinco se convierten en tres, y siendo tres, se convierten en cinco. Este es el resumen de las "cinco y tres".

3. (I) "Allí, bhikkhus, esos *samaṇas* y brahmanes que describen el ser como percipiente e intacto después de la muerte, describen a tal ser, percipiente e intacto después de la muerte, ya sea como:

material;

- inmaterial;
- tanto material como inmaterial;
- ni material ni inmaterial;
- percipiente de unidad;
- percipiente de diversidad;
- percipiente de lo limitado;
- percipiente de lo inmensurable.[3]

O bien, entre los pocos que van más allá de esto, algunos hacen afirmaciones sobre el *kasiṇa* de la conciencia, inmensurable e imperturbable.[4]

4. El Tathāgata, bhikkhus, entiende esto a saber: aquellos buenos *samaṇas* y brahmanes, que describen el ser como percipiente e intacto después de la muerte describen tal ser ya sea como material... o lo describen como percipiente de lo inmensurable. O, de otra forma, algunos hacen aseveraciones acerca de la base de la *nada*, inmensurable e imperturbable; [para ellos] "no hay nada" se declara ser la más pura, suprema, mejor e insuperable de esas percepciones, ya sean percepciones de forma o de aquello sin forma, de unidad o diversidad.[5] Eso es condicionado y burdo; sin embargo, [declaro que] hay cese de formaciones. Habiendo conocido "hay esto", viendo el escape de *eso*, el Tathāgata ha ido más allá de eso —es decir, más allá de lo condicionado.[6]

5. (II) Allí, bhikkhus, aquellos *samaṇas* y brahmanes que describen al ser como no percipiente e intacto después de la muerte, describen a tal ser, no percipiente e intacto después de la muerte, ya sea como:

material;

- inmaterial;
- tanto material como inmaterial;
- ni material ni inmaterial.[7]

6. En eso, bhikkhus, ellos critican a esos *samaṇas* y brahmanes que describen al ser como percipiente e intacto después de la muerte. ¿Por qué es eso? Porque dicen: "La percepción es una enfermedad, la percepción es un tumor, la percepción es un dardo; esto es pacífico, esto es sublime, es decir, la *no percepción*".[8]

7. El Tathāgata, bhikkhus, entiende esto así: "Aquellos buenos *samaṇas* y brahmanes que describen el ser como no-percipiente e intacto después de la muerte describen a tal ser, *no percipiente* y sin deterioro después de la muerte, ya sea como material... o ni material ni inmaterial". Que cualquier *samaṇa* o brahmán pueda decir: "Aparte de la forma material, aparte de la sensación, aparte de la percepción, aparte de las formaciones mentales, describiré el ir y venir de la

conciencia, su desaparición y reaparición, su crecimiento, aumento y maduración" —eso es imposible.[9] Eso es condicionado y burdo; sin embargo, declaro que hay cese de formaciones. Habiendo sabido que "hay esto," al ver el escape de eso, el Tathāgata ha ido más allá de eso.

8. (III) Allí, bhikkhus, aquellos *samaṇas* y brahmanes que describen al ser como *ni percipiente ni no percipiente* e intacto después de la muerte describen a tal ser, como *ni percipiente ni no percipiente* e intacto después de la muerte, ya sea como:

material;

- inmaterial;
- tanto material como inmaterial;
- ni material ni inmaterial.[10]

9. Allí, bhikkhus, ellos critican a esos buenos *samaṇas* y brahmanes que describen al ser como percipiente e intacto después de la muerte, y también critican a esos buenos *samaṇas* y brahmanes que describen el [ser] como no percipiente e intacto después de la muerte. ¿Por qué es eso? Porque dicen: "La percepción es una enfermedad, la percepción es un tumor, la percepción es un dardo, y la *no percepción* es estupefacción (*sammoha*)";[11] afirmando, esto es pacífico, esto es sublime, es decir, la *ni percepción ni no-percepción*.

10. El Tathāgata, bhikkhus, entiende esto así: "Aquellos buenos *samaṇas* y brahmanes que describen al ser como ni percipiente ni no-percipiente e inalterado después de la muerte, describen tal ser, ni percipiente ni no-percipiente e inalterado después de la muerte, como ser ya sea material... o ni material ni inmaterial. Si cualesquiera *samaṇas* o brahmanes describen la entrada en esta base ocurriendo a través de cierta medida de formaciones con respecto a lo que se ve, se escucha, se siente y se conoce, eso se declara un desastre por entrar en esta base.[12] Ya que, para esta base, se declara, no debe ser lograda como un logro con formaciones; esta base, se declara, debe ser alcanzada como un logro con un residuo de formaciones (*sasankhārāvasesasamāpatti*).[13] Eso es condicionado y burdo, sin embargo declaro que hay cese de formaciones". Habiendo sabido, "hay esto", viendo el escape de eso, el Tathāgata ha ido más allá de eso.

11. (IV) Allí, bhikkhus, aquellos *samaṇas* y brahmanes que describen la aniquilación, la destrucción y el exterminio de un ser existente tras la muerte[14] critican a esos buenos *samaṇas* y brahmanes que describen al ser como percipiente e intacto después de la muerte, y critican a esos buenos *samaṇas* y brahmanes que describen al ser como *no percipiente* e intacto después de la muerte, y critican a esos buenos *samaṇas* y brahmanes que describen al ser como *ni*

percipiente ni no percipiente e intacto después de la muerte. ¿Por qué es eso? Todos estos buenos *samaṇas* y brahmanes, precipitándose hacia adelante, afirman su apego así: "Seremos así después de la muerte, así seremos después de la muerte". Así como un comerciante que va al mercado piensa: "A través de esto, eso será mío; con esto, conseguiré eso"; así también, estos buenos *samaṇas* y brahmanes parecen comerciantes cuando declaran: "Seremos así después de la muerte, así seremos después de la muerte".

12. El Tathāgata, bhikkhus, entiende esto así: "Aquellos buenos *samaṇas* y brahmanes que describen la aniquilación, la destrucción y el exterminio de un ser existente al morir, lo hacen por miedo a la identidad y debido al disgusto con la identidad, y de esa manera siguen corriendo y dando vueltas alrededor de esa misma identidad.[15] Tal como un perro atado por una correa a un poste o pilar firme continúa corriendo y dando vueltas alrededor de ese mismo poste o pilar; así también, estos buenos *samaṇas* y brahmanes, por miedo a la identidad y debido al asco con la identidad, continúan corriendo y dando vueltas alrededor de esa misma identidad. Eso está condicionado y es burdo, sin embargo, declaro que hay cese de formaciones". Habiendo sabido, "hay esto", viendo el escape de eso, el Tathāgata ha ido más allá de eso.

13. Bhikkhus, cualesquiera *samaṇas* o brahmanes que especulan sobre el futuro y tienen nociones sobre el futuro, que afirman varias proposiciones doctrinales sobre el futuro, todos afirman las cinco bases mencionadas o una particular entre ellas.[16]

(ESPECULACIONES SOBRE EL PASADO)

14. Bhikkhus, hay algunos *samaṇas* y brahmanes que especulan sobre el pasado y tienen nociones sobre el pasado, que afirman varias proposiciones doctrinales sobre el pasado.

1. Algunos afirman así: "El ser y el mundo son eternos: sólo esto es cierto, todo lo demás está equivocado".[17]
2. Algunos afirman así: "El ser y el mundo no son eternos: solo esto es cierto, todo lo demás está equivocado".[18]
3. Algunos afirman así: "El ser y el mundo ambos son eternos y no eternos: sólo esto es cierto, todo lo demás está equivocado".[19]
4. Algunos afirman así: "El ser y el mundo no son *ni eternos ni no eternos*: sólo esto es cierto, todo lo demás está equivocado".[20]
5. Algunos afirman así: "El ser y el mundo son finitos: sólo esto es cierto, todo lo demás está equivocado".[21]
6. Algunos afirman así: "El ser y el mundo son infinitos: sólo esto es cierto, todo lo demás está equivocado".

7. Algunos afirman así: "El ser y el mundo son finitos e infinitos: sólo esto es cierto, todo lo demás está equivocado".
8. Algunos afirman así: "El ser y el mundo no son *ni finitos ni infinitos*: sólo esto es cierto, todo lo demás está equivocado".
9. Algunos afirman así: "El ser y el mundo son percipientes de unidad: sólo esto es cierto, todo lo demás está equivocado".[22]
10. Algunos afirman así: "El ser y el mundo son percipientes de diversidad: sólo esto es cierto, todo lo demás está equivocado".
11. Algunos afirman así: "El ser y el mundo son percipientes de lo limitado: sólo esto es cierto, todo lo demás está equivocado".
12. Algunos afirman así: "El ser y el mundo son percipientes de lo inmensurable: sólo esto es cierto, todo lo demás está equivocado".
13. Algunos afirman así: "El ser y el mundo experimentan placer exclusivamente: sólo esto es cierto, todo lo demás está equivocado".
14. Algunos afirman así: "El ser y el mundo experimentan dolor exclusivamente: solo esto es cierto, todo lo demás está equivocado".
15. Algunos afirman así: "El ser y el mundo experimentan tanto placer como dolor: sólo esto es cierto, todo lo demás está equivocado".
16. Algunos afirman así: "El ser y el mundo experimentan *ni placer ni dolor*: sólo esto es cierto, todo lo demás está equivocado".

15. (1) Allí, bhikkhus, en cuanto a esos *samaṇas* y brahmanes que sostienen una doctrina y una noción como esta: "El ser y el mundo son eternos: sólo esto es cierto, todo lo demás está equivocado", el que aparte de la fe, aparte de la aprobación, aparte de la tradición oral, aparte de la reflexión razonada, aparte de la aceptación reflexiva de una noción, tengan un conocimiento personal puro y claro de esto —eso es imposible.[23] Ya que ellos carecen de conocimiento personal puro y claro, incluso el mero conocimiento fragmentario que esos buenos *samaṇas* y brahmanes aclaran acerca de su noción se declara como un aferramiento de su parte.[24] Eso está condicionado y es burdo, pero [declaro que] hay cese de formaciones. Habiendo sabido "hay esto", al ver el escape de eso, el Tathāgata ha ido más allá de eso.

16. (2–16) Allí, bhikkhus, en cuanto a aquellos *samaṇas* y brahmanes que tienen tal doctrina y noción como esta: "El ser y el mundo no son eternos... tanto eternos como no eternos... *ni eternos ni no eternos*... finitos... infinitos... ambos finitos e infinitos... no son ni finitos ni infinitos... percipientes de unidad... percipientes de diversidad... percipientes de lo limitado... percipiente de lo inmensurable... [expe-

rimentan] exclusivamente placer... [experimentan] exclusivamente dolor... [experimentan] tanto placer como dolor... [experimentan] *ni placer ni dolor* diciendo: —sólo esto es verdad, todo lo demás está equivocado"; el que aparte de la fe, aparte de la aprobación, aparte de la tradición oral, aparte de la reflexión razonada, aparte de la aceptación reflexiva de una noción, tengan cualquier conocimiento personal puro y claro de esto —eso es imposible. Ya que no tienen conocimiento personal puro y claro, incluso el conocimiento fragmentario que esos *samaṇas* y brahmanes clarifican acerca de su noción se declara un aferramiento de su parte. Eso está condicionado y es burdo, sin embargo declaro que hay cese de formaciones. Habiendo sabido "hay esto", al ver el escape de eso, el Tathāgata ha ido más allá de eso.[25]

(NIBBĀNA AQUÍ Y AHORA)[26]

17. (V) Aquí, bhikkhus,[27] algún *samaṇa* o brahmán, con la renuncia de nociones sobre el pasado y el futuro y mediante la completa falta de resolución sobre los encadenamientos del placer sensorial, entra y permanece en el gozo de la reclusión (*pavivekaṁ pītiṁ*; [primero y segundo *jhāna*]).[28] Él piensa: "Esto es lo pacífico, esto es lo sublime: que uno entre y permanezca en el gozo de la reclusión". Entonces, ese gozo de la reclusión cesa en él. Con el cese del gozo de la reclusión surge el dolor, y con el cese del dolor surge el gozo de la reclusión.[29] Así como la luz del sol impregna el área que deja la sombra, y la sombra impregna el área que deja la luz del sol, así también, con el cese del gozo de la reclusión, surge el dolor, y con el cese del dolor surge el gozo de la reclusión.

18. El Tathāgata, bhikkhus, entiende esto así: este buen *samaṇa* o brahmán, con la renuncia de nociones sobre el pasado y el futuro... y con el cese del dolor, surge el gozo de la reclusión. Eso está condicionado y es burdo, pero [declaro que] hay cese de formaciones. Habiendo sabido, "hay esto", al ver el escape de eso, el Tathāgata ha ido más allá de eso.

19. Aquí, bhikkhus, algún *samaṇa* o brahmán, con la renuncia de nociones sobre el pasado y el futuro, con la falta de resolución sobre los encadenamientos del placer sensorial, y con la superación del gozo de la reclusión, entra y permanece en el placer no mundano (*nirāmisaṁ sukhaṁ*).[30] Él piensa así: "Esto es pacífico, esto es lo sublime: que uno entre y permanezca en el placer no mundano". Ese placer no mundano cesa en él. Con el cese del placer no mundano, surge el gozo de la reclusión, y con el cese del gozo de la reclusión, surge el placer no mundano. Así como la luz del sol impregna el área

que deja la sombra, y la sombra impregna el área que deja la luz del sol, con el cese del placer no mundano, surge el gozo de la reclusión y con el cese del gozo de la reclusión, surge el placer no mundano.

20. El Tathāgata, bhikkhus, entiende esto así: este buen *samaṇa* o brahmán, con la renuncia de nociones sobre el pasado y el futuro... y con el cese del gozo de la reclusión, surge el placer no mundano. Eso está condicionado y es burdo, pero [declaro que] hay cese de formaciones. Habiendo sabido que "hay esto", al ver el escape de eso, el Tathāgata ha ido más allá de eso.

21. Aquí, bhikkhus, algún *samaṇa* o brahmán, con la renuncia de nociones sobre el pasado y el futuro, con la falta total de resolución sobre los encadenamientos del placer sensorial, y con la superación del gozo de la reclusión y del placer no mundano, entra y permanece en una sensación *ni dolorosa ni agradable.*[31] Él piensa: "Esto es pacífico, esto es sublime: que uno entre y permanezca en la sensación *ni dolorosa ni agradable*". Esa sensación *ni dolorosa ni agradable* cesa en él. Con el cese de la sensación *ni dolorosa ni agradable*, surge el placer no mundano, y con el cese del placer no mundano surge la sensación *ni dolorosa ni agradable.* Así como la luz del sol impregna el área que deja la sombra, y la sombra impregna el área que deja la luz del sol, así también, con el cese de la sensación *ni dolorosa ni agradable*, surge el placer no mundano, y con el cese del placer no mundano, surge la sensación *ni dolorosa ni agradable.*

22. El Tathāgata, bhikkhus, entiende esto así: este buen *samaṇa* o brahmán, con la renuncia de nociones sobre el pasado y el futuro... y con el cese del placer no mundano, surge la sensación *ni dolorosa ni agradable.* Eso está condicionado y es burdo, sin embargo, declaro que hay cese de formaciones. Habiendo sabido que "hay esto", al ver el escape de eso, el Tathāgata ha ido más allá de eso.

23. Aquí, bhikkhus, algún *samaṇa* o brahmán, con la renuncia de nociones sobre el pasado y el futuro, con total falta de resolución sobre los encadenamientos del placer sensorial, y con la superación tanto del gozo de la reclusión, como del placer no mundano y de la sensación *ni dolorosa ni agradable*, se considera así: "*Yo* estoy en paz, *yo* he alcanzado Nibbāna, *yo* no estoy aferrado (*santo'haṁ asmi, nibbuto'haṁ asmi, anupādāno'haṁ asmi*)".[32]

24. El Tathāgata, bhikkhus, entiende esto así: este buen recluso o brahmán, con la renuncia de nociones sobre el pasado y el futuro... se considera así: "*Yo* estoy en paz, *yo* he alcanzado Nibbāna, *yo* no estoy aferrado". Ciertamente, este venerable afirma el camino dirigido a Nibbāna. Sin embargo, este buen *samaṇa* o brahmán todavía se apega, aferrándose a una noción sobre el pasado o a una noción sobre el futuro o a un encadenamiento de placer sensorial o al gozo

de la reclusión, o al placer no mundano, o a la sensación *ni dolorosa ni agradable*. Y cuando este venerable se considera así: "*Estoy* en paz, *yo* he alcanzado Nibbāna, no *me* aferro", eso también se declara un aferramiento por parte de este buen *samaṇa* o brahmán.[33] Eso está condicionado y es burdo, sin embargo, declaro que hay cese de formaciones. Habiendo entendido "hay esto", viendo el escape de eso, el Tathāgata ha ido más allá de eso.

25. Bhikkhus, este estado supremo de paz sublime ha sido descubierto por el Tathāgata, es decir, la liberación mediante el no aferramiento (*anupādā vimokkha*),[34] al entender tal como son en realidad el origen, el cese, la gratificación, el peligro y el escape en el caso de las seis bases de contacto. Bhikkhus, ese es el estado supremo de paz sublime descubierto por el Tathāgata, es decir, la liberación mediante el no apego, entendiendo cómo son en realidad el origen, el cese, la gratificación, el peligro y el escape en el caso de las seis bases de contacto.[35]

Eso dijo el Bienaventurado. Los bhikkhus estuvieron satisfechos y deleitados con las palabras del Bienaventurado.

NOTAS M.102

1. BB: Este *sutta* es una contraparte de "longitud media" del *Brahmajāla Sutta* más largo, incluido en el Dīgha Nikāya y publicado en traducción con sus comentarios en Bodhi, *Discourse on the All-Embracing Net of Views*. Se encontrarán explicaciones detalladas de casi todas las nociones mencionadas en este *sutta* en la Introducción y la Segunda Parte de ese trabajo.

   NT: Existe una traducción tibetana del *Paìcatraya Sūtra*, la contraparte de este texto perteneciente a la escuela *Mūlasarvāstivāda*, cuyas colecciones se conservaron en Skt. Peter Skilling analiza este texto en *Mahāsūtras II*, pp. 469–511. Skilling destaca los interesantes contrastes entre esta versión del texto y la versión pāli. Skilling señala que en el *Paìcatraya* tibetano, las afirmaciones sobre el Nirvāṇa aquí y ahora no están comprendidas en nociones sobre el futuro, sino que constituyen una categoría separada. El *Brahmajāla Sutta* coloca afirmaciones sobre el Nibbāna supremo aquí y ahora entre las nociones sobre el futuro, pero la disposición en la contraparte tibetana parece ser más lógica.
2. *Aroga*, "sano", explicado como "permanente" por MA.
3. BB: En el *Brahmajāla Sutta* se mencionan dieciséis variedades de esta noción: las ocho que se dan aquí y otras dos tétradas —el ser como finito, infinito, ambos y ninguno; y el ser experimentando exclusivamente placer, exclusivamente dolor, una mezcla de ambos, y ninguna de estas—. En el presente *sutta*, estas dos tétradas se incorporan bajo especulaciones sobre el pasado en el párrafo §14, pero en SN 24:37-44 / iii.219-20 describen al ser después de la muerte.
4. BB: Evidentemente, en la lista anterior las nociones del ser como inmaterial, perceptor de la unidad y perceptor de lo inmensurable se basan en el logro de la base del *espacio ilimitado*. MṬ explica la conciencia-kasiṇa como la base de la *conciencia ilimitada*, afirmando que estos teóricos declaran que esa base es el ser.
5. BB: La percepción dentro de la tercera meditación inmaterial —la base de la *nada*— es la más sutil y refinada de todas las percepciones mundanas. Aunque todavía existe un tipo de percepción en el cuarto logro inmaterial —la *ni percepción ni no-percepción*—, esta es tan sutil que ya no es apropiado designarla como percepción.
6. MA parafrasea así: todos esos tipos de percepciones junto con las nociones están condicionadas, y debido a que están condicionadas, son burdas. Pero existe el Nibbāna, llamado el

cese de las formaciones, es decir, de lo condicionado. Habiendo conocido "hay esto", —es decir que hay Nibbāna—, al ver el escape respecto a lo condicionado, el Tathāgata ha ido más allá de lo condicionado.

7. BB: La segunda tétrada del párrafo §3 se elimina aquí ya que el ser se concibe como no perceptor. En el *Brahmajāla Sutta* se mencionan ocho variedades de esta noción: estas cuatro más la tétrada finito-infinito.
8. NT: Estos *samaṇas* que, en base al establecimiento de esa noción, renacen en el plano de los seres *no percipientes*, el cual corresponde a la existencia de un solo agregado. Tras el curso kármico de esa existencia —en la cual quedan suspendidos la conciencia y factores mentales— supuestamente renacerían eventualmente en un plano con mayor número de agregados.
9. MA señala que esta afirmación se hace con referencia a aquellos planos de existencia donde existen los cinco agregados. En los planos inmateriales, la conciencia ocurre sin el agregado de forma material, y en el plano no perceptor hay forma material sin conciencia. Pero la conciencia nunca ocurre sin los otros tres agregados mentales.

   NT: A pesar de ser realidades finales en sí mismas, la conciencia y sus concomitantes —los agregados mentales de sensación, percepción y formaciones mentales— no son separables.
10. BB: El *Brahmajāla Sutta* menciona ocho variedades de esta noción; estas cuatro más la tétrada finito-infinito.
11. BB: *Sammoha,* que aquí obviamente tiene un significado diferente al habitual "confusión" u "ofuscación".

    NT: Es decir, es el resultado de una noción que, al buscar un mero cese parcial de la percepción durante cierto tiempo, no tiene efecto benéfico alguno, además de ser una posición totalmente dirigida a un sin sentido.
12. MA explica que el compuesto *diṭṭhasutamutaviññātabba* significa "lo que debe ser conocido como lo visto, oído y sentido" y lo considera una referencia a las cogniciones de la puerta de los sentidos. Sin embargo, también puede comprender todas las cogniciones más densas de la puerta de la mente. Para alcanzar el cuarto logro inmaterial, se deben superar todas las "formaciones mentales" ordinarias involucradas en otros procesos cognitivos, porque su persistencia es un obstáculo para alcanzar este logro. Por eso se le llama "no perceptivo" (*n'eva saññī*).
13. BB: *Sasankhārāvasesasamāpatti.* Dentro del cuarto logro inmaterial queda un residuo de formaciones mentales extremadamente sutiles. Por eso se le llama *no no-perceptivo* (*nāsaññī*).

14. BB: El *Brahmajāla* explica siete tipos de noción de aniquilación, aquí todos reunidos como uno solo.
15. BB: El "miedo y disgusto por la identidad" es un aspecto de *vibhavataṇhā*, el anhelo de no existencia. La noción de aniquilación a la que da lugar todavía implica una identificación con uno mismo —un yo que es aniquilado en el momento de la muerte— y así, a pesar de su negación, vincula al individuo que adopta esa teoría a la ronda de la existencia.
16. BB: Hasta ahora sólo se han analizado cuatro de las cinco clases originales de especulaciones sobre el futuro, pero el Buda habla como si todas fueran explicadas. MA intenta resolver el problema explicando que las afirmaciones de "Nibbāna aquí y ahora" estaban comprendidas por los términos "perceptor de unidad" y "perceptor de diversidad" en el párrafo §3. Esta explicación, sin embargo, no es convincente. Ñm, en Ms, había añadido el título "Nibbāna aquí y ahora" sobre los párrafos §17 y §§17-21 que parecen corresponder con las últimas cuatro de las cinco doctrinas de Nibbāna aquí y ahora en el *Brahmajāla*. Sin embargo, esta interpretación parece contradicha por el párrafo §13 y por la frase utilizada en los párrafos §17, §19 y §21, "con la renuncia a las nociones sobre el pasado y el futuro", lo que excluiría las doctrinas del "Nibbāna aquí y ahora" de las nociones sobre el futuro, (aunque se incluye entre esas nociones en el preámbulo). El problema parece insoluble y levanta la sospecha de que el texto fue hasta cierto punto corrompido en el curso de su transmisión oral. También es problemático insertar las opiniones sobre el pasado justo debajo. No sólo no se mencionan tales nociones en el preámbulo, sino que la colocación del pasado después del futuro invierte la secuencia temporal normal. Skilling sugiere que este pasaje pudo haber sido parte de un comentario oral sobre el *sutta* que, en algún momento, fue absorbido por el texto.
17. BB: Esta noción incluye a los cuatro adeptos a la noción de eternidad que especulan sobre el pasado mencionado en el *Brahmajāla*.
18. BB: Dado que se trata de una noción que se refiere al pasado, se puede interpretar que en algún momento del pasado el ser y el mundo surgieron espontáneamente de la nada. Así comprendería las dos doctrinas del origen fortuito del *Brahmajāla*, tal como lo sostiene MA.
19. BB: Esto incluye los cuatro tipos de noción de eternidad parcial.
20. BB: Esto puede incluir los cuatro tipos de ambigüedad interminable o "retorcimiento de anguila" del *Brahmajāla*.
21. BB: Las nociones 5 a 8 corresponden exactamente a los cuatro extensionistas del *Brahmajāla*.

22. BB: Las ocho nociones (9-16) están, en el *Brahmajāla*, incluidas entre las doctrinas de la inmortalidad perceptible comprendidas entre las especulaciones sobre el futuro.
23. BB: Es decir, deben aceptar su doctrina basándose en algún fundamento distinto del conocimiento, que implique creencia o razonamiento. En M. 95.14, se dice que estos cinco motivos de convicción arrojan conclusiones que pueden resultar verdaderas o falsas.
24. MA: Eso no es realmente conocimiento sino comprensión errónea; por eso se declara que se aferra a sus nociones.
25. MA dice que en este punto se han incorporado los sesenta y dos nociones establecidas en el *Brahmajāla Sutta*; sin embargo, este *sutta* tiene un alcance aún más amplio, ya que incluye una exposición del punto de vista de la identidad (más notablemente implícito en el párrafo §24).
26. BB: El título de esta sección, y el siguiente número romano "V", fueron insertados por Ñm bajo el supuesto de que este pasaje presenta las doctrinas del Nibbāna aquí y ahora, mencionadas, pero no explicadas anteriormente.
27. MA: Esta sección pretende mostrar cómo las sesenta y dos nociones especulativas surgen dominadas por la noción de identidad.
28. BB: *Pavivekaṁ pītiṁ*. Esto se refiere a los dos primeros *jhānas*, que incluyen a *pīti* [gozo].
29. MA explica que este es el dolor causado por la pérdida de *jhāna*. La pena no surge inmediatamente después del cese de *jhāna*, sino sólo después de reflexionar sobre su desaparición.
30. BB: *Nirāmisaṁ sukhaṁ*. Éste es el placer del tercer *jhāna*.
31. BB: El cuarto *jhāna*.
32. BB: *Santo'ham asmi, nibbuto'ham asmi, anupādāno'ham asmi*. En pāli, la expresión *aham asmi*, "yo soy", revela que todavía está involucrado con el apego, como señalará el Buda.
33. MA considera que esto es una alusión a la noción de la identidad. Por eso todavía se aferra a una noción.

    NT: En esa declaración se describe como el *samaṇa* o brahmán, a pesar de lo logrado, aún está sujeto a *saṃsāra* por el engreimiento del "yo" (un encadenamiento superior). Esto distingue claramente al *anāgāmi* ya que, adicionalmente, ha ido más allá del encadenamiento del deseo sensorial y experimenta placer no mundano.
34. MA afirma que en otros lugares la expresión "liberación mediante el no apego" (*anupādā vimokkha*) significa Nibbāna, pero aquí significa el logro del fruto del *arahant*.

35. BB: El *Brahmajāla Sutta* también señala la comprensión del origen, etcétera, de las seis bases de contacto como la manera de trascender todas las nociones.

NT: En SN 35.21 se dice: "Bhikkhus, el surgimiento, continuación, producción, y manifestación [de las bases sensoriales] es el surgimiento de *dukkha*, la continuación de la enfermedad, la manifestación de la vejez y la muerte. El cese, disminución y extinción [de las bases sensoriales] es el cese del sufrimiento, el cese de la enfermedad, la muerte de la vejez y la muerte". Y en (SN 35.13) se dice: "...El placer y gozo que surgen en dependencia [de las bases sensoriales]: esa es la gratificación [en ellas]. Las [bases sensoriales] son transitorias, *dukkha*, y sujetas a cambio: este el peligro [en ellas]. La remoción y abandono del deseo y lujuria por [las bases sensoriales]: este es el escape [con respecto a ellas]...".

103. *Kinti Sutta*
¿Qué piensan de mí?

1. Esto he escuchado. En una ocasión, el Bienaventurado estaba residiendo en Kusinārā, en la arboleda de las ofrendas. Allí se dirigió a los bhikkhus así: —Bhikkhus. —Venerable señor, respondieron. El Bienaventurado dijo esto:

2. —¿Qué piensan de mí, bhikkhus? ¿Que el samaṇa Gautama enseña el Dhamma en aras de las túnicas? ¿O que el samaṇa Gautama enseña el Dhamma en aras de la comida de dádivas? ¿O que el samaṇa Gautama enseña el Dhamma en aras de un lugar de descanso? ¿O que el samaṇa Gautama enseña el Dhamma en aras de un mejor estado del ser (*bhavābhavahetu*)?[1]

—Nosotros no pensamos que el samaṇa Gautama enseña el Dhamma en aras de las túnicas, o en aras de la comida de dádivas, o en aras de un lugar de descanso, o en aras de un mejor estado del ser.

—Entonces, bhikkhus, siendo que no piensan que el samaṇa Gautama enseña el Dhamma en aras de las túnicas… o en aras de un mejor estado del ser, ¿qué piensan de mí?

—Venerable señor, nosotros pensamos que el Bienaventurado es compasivo y busca nuestro bienestar; que él enseña el Dhamma por compasión.

—Entonces, bhikkhus, ustedes piensan así acerca de mí: "El Bienaventurado es compasivo y busca nuestro bienestar; él enseña el Dhamma por compasión".

3. Entonces, bhikkhus, estas cosas que les he enseñado después de conocerlas directamente, es decir, los cuatro fundamentos de la atención plena (*satipaṭṭhāna*), los cuatro esfuerzos correctos (*sammāpadhāna*), las cuatro bases para el poder (*iddhipāda*), las cinco facultades (*pañcindriya*), los cinco poderes (*pañcabala*), los siete factores de la iluminación (*bojjhaṅga*), el Noble Óctuple Sendero (*ariya aṭṭhaṅgika magga*): en estas cosas todos deben entrenarse en concordia, con aprecio mutuo, sin disputas.

4. Mientras están entrenando en concordia, con aprecio mutuo, sin disputar, dos bhikkhus pueden hacer afirmaciones diferentes sobre el Dhamma superior (*abhidhamma*).[2]

5. Ahora bien, si ustedes consideraran de la siguiente manera: "Estos venerables difieren tanto en el significado (*attha*) como en el fraseo (*byañjana*)",[3] entonces, cualquier bhikkhu que ustedes creyeran que es el más razonable debería ser abordado, y se le debería expresar lo siguiente: "Los venerables difieren tanto en el significado como en la frase. Los venerables deben saber que es por esta razón que hay diferencia en el significado y diferencia en el fraseo; que no caigan en una disputa". Entonces, cualquier bhikkhu que ustedes creyeran que es el más razonable de los que están del lado opuesto debería ser abordado, y se le debería plantear lo siguiente: "Los venerables difieren sobre el significado y el fraseo. Los venerables deben saber que es por esta razón que hay diferencia en el significado y diferencia en el fraseo; que no caigan en disputa". De manera que lo que se ha captado erróneamente debe tenerse en cuenta como captado erróneamente. Teniendo presente lo que se ha captado erróneamente como captado erróneamente, se debe exponer qué es Dhamma y qué es la Disciplina.

6. Ahora bien, si ustedes consideraran de la siguiente manera: "Estos venerables difieren en cuanto al significado, pero están de acuerdo en el fraseo", entonces, cualquier bhikkhu que ustedes creyeran que es el más razonable debería ser abordado, y se le debería plantear lo siguiente: "Los venerables difieren en cuanto al significado, pero están de acuerdo en el fraseo. Los venerables deben saber que es por esto por lo que hay diferencia en el significado, pero acuerdo en el fraseo; que no caigan en una disputa". Entonces, cualquier bhikkhu que ustedes creyeran que es el más razonable de los que están del lado opuesto debería ser abordado, y se le debería plantear lo siguiente: "Los venerables difieren en cuanto al significado, pero están de acuerdo en el fraseo. Los venerables deben saber que es por esto por lo que hay diferencia en el significado, pero que hay acuerdo en el fraseo; que no caigan en una disputa". Por lo tanto, lo que se ha captado incorrectamente debe tenerse en cuenta como captado incorrectamente, y lo que se ha captado correctamente debe tenerse en cuenta como captado correctamente. Teniendo en cuenta lo que se ha captado incorrectamente como captado incorrectamente, y teniendo en cuenta lo que se ha captado correctamente como captado con corrección, se debe exponer qué es el Dhamma y qué es la Disciplina.

7. Ahora bien, si ustedes consideraran de la siguiente manera: "Estos venerables están de acuerdo en el significado, pero difieren en cuanto al fraseo", entonces, cualquier bhikkhu que ustedes creyeran que es el más razonable debería ser abordado, y se le debería plantear lo siguiente: "Los venerables están de acuerdo en el significado, pero

difieren en cuanto al fraseo. Los venerables deben saber que es por esta razón que hay acuerdo en el significado, pero diferencia en el fraseo. Pero el fraseo es una mera insignificancia. Que los venerables no caigan en una disputa por una mera insignificancia".[4] Entonces, cualquier bhikkhu que ustedes creyeran que es el más razonable de los que están del lado opuesto debería ser abordado, y se le debería plantear lo siguiente: "Los venerables están de acuerdo en el significado, pero difieren en cuanto al fraseo. Los venerables deben saber que es por esta razón que hay acuerdo en el significado, pero diferencia en el fraseo. Pero el fraseo es una mera insignificancia. Que los venerables no caigan en una disputa por una mera insignificancia". Por lo tanto, lo que se ha entendido correctamente debe tenerse en cuenta como captado correctamente, y lo que se ha captado erróneamente debe tenerse en cuenta como captado erróneamente. Teniendo en cuenta lo que se ha captado correctamente como captado con corrección, y teniendo en cuenta lo que se ha captado incorrectamente como captado incorrectamente, se debe exponer qué es el Dhamma y qué es la Disciplina.

8. Ahora bien, si ustedes consideraran de la siguiente manera: "Estos venerables están de acuerdo tanto en el significado como en el fraseo", entonces, cualquier bhikkhu que ustedes creyeran que es el más razonable debería ser abordado, y se le debería plantear lo siguiente: "Los venerables están de acuerdo tanto en el significado como en el fraseo. Los venerables deben saber que es por esto por lo que hay acuerdo tanto en el significado como en el fraseo; que los venerables no caigan en una disputa". Entonces, el bhikkhu que ustedes creyeran que es el más razonable de los que están del lado opuesto debería ser abordado, y se le debería plantear lo siguiente: "Los venerables están de acuerdo tanto en el significado como en el fraseo. Los venerables deben saber que es por esto por lo que hay acuerdo tanto en el significado como en el fraseo; que los venerables no caigan en una disputa". Así que lo que ha sido correctamente comprendido debe tenerse en cuenta como captado correctamente. Teniendo en cuenta lo que se ha captado correctamente como captado con corrección, se debe exponer qué es el Dhamma y qué es la Disciplina.

9. Mientras están entrenando en concordia, con aprecio mutuo, sin disputas, algún bhikkhu podría cometer una ofensa o una transgresión.[5]

10. Ahora bien, bhikkhus, ustedes no deberían apresurarse a reprenderlo; más bien, la persona debería ser examinada así: "No me alteraré, y la otra persona no será lastimada; porque la otra persona no es dada a la ira y al resentimiento, no está firmemente apegada

a su punto de vista y cede con facilidad, y yo puedo hacer que esa persona emerja de lo malsano y se establezca en lo sano". Si ustedes consideraran de esta manera, bhikkhus, entonces sería correcto hablar.

11. Entonces, bhikkhus, ustedes pueden considerar lo siguiente: "No me alteraré, pero la otra persona será lastimada, porque la otra persona es dada a la ira y al resentimiento. Sin embargo, no está firmemente apegada a su punto de vista y cede con facilidad, y entonces puedo hacer que esa persona emerja de lo malsano y se establezca en lo sano. Es una insignificancia el que la otra persona resulte herida, pero es mucho más importante que yo pueda hacer que esa persona salga de lo malsano". Si ustedes consideraran de esta manera, bhikkhus, entonces sería correcto hablar.

12. Entonces, bhikkhus, ustedes pueden considerar lo siguiente: "Estaré preocupado, pero la otra persona no será lastimada; porque la otra persona no es dada a la ira y al resentimiento, aunque está firmemente apegada a su punto de vista y cede con dificultad; sin embargo, puedo hacer que esa persona emerja de lo malsano y se establezca en lo sano. Es una mera insignificancia que yo esté preocupado, pero es mucho más importante que yo pueda hacer que esa persona emerja de lo malsano y se establezca en lo sano". Si ustedes consideraran de esta manera, bhikkhus, entonces sería correcto hablar.

13. Entonces, bhikkhus, ustedes pueden considerar lo siguiente: "Yo me alteraré y la otra persona será lastimada; porque ella es dada a la ira y al resentimiento, y está firmemente apegada a su punto de vista y lo abandona con dificultad; sin embargo, puedo hacer que esa persona emerja de lo malsano y se establezca en lo sano. Es una mera insignificancia que yo esté preocupado y que la otra persona sea lastimada, pero es mucho más importante que yo pueda hacer que esa persona emerja de lo malsano y se establezca en lo sano". Si ustedes consideraran de esta manera, bhikkhus, entonces sería correcto hablar.

14. Entonces, bhikkhus, ustedes pueden considerar lo siguiente: "Yo me alteraré y la otra persona será lastimada; porque la otra persona es dada a la ira y al resentimiento, y está firmemente apegada a su punto de vista y lo abandona con dificultad; y no puedo hacer que esa persona emerja de lo malsano y se establezca en lo sano". Entonces, bhikkhus, uno no debe subestimar el establecerse en la ecuanimidad hacia tal persona.

15. Mientras entrenan en concordia, con aprecio mutuo, sin disputas, podrían surgir fricciones verbales mutuas, insolencia en la expresión de los puntos de vista, molestia mental, amargura y

abatimiento. Luego, cualquier bhikkhu que ustedes creyeran que es el más razonable de los que están del lado de uno debería ser abordado, y se le debería plantear lo siguiente: "Mientras estábamos entrenando en concordia, amigo, con aprecio mutuo, sin disputas, surgieron fricciones verbales mutuas, insolencia en la expresión de los puntos de vista, molestia mental, amargura y abatimiento. Si el Samaṇa [el Bienaventurado] lo supiera, ¿lo censuraría?"[6]

Respondiendo correctamente, el bhikkhu respondería así: "Mientras estábamos entrenando... Si el Samaṇa lo supiera, lo censuraría".

—Pero, amigo, sin abandonar eso [la disputa], ¿puede uno comprender Nibbāna? Respondiendo correctamente, el bhikkhu respondería así: —Amigo, sin abandonar eso, uno no puede comprender Nibbāna.[7]

16. Entonces cualquier bhikkhu que se ustedes creyeran que es el más razonable de los que están del lado opuesto debería ser abordado, y se le debería plantear lo siguiente: "Mientras estábamos entrenando en concordia, amigo, con aprecio mutuo, sin disputas, surgieron fricciones verbales mutuas, insolencia en los puntos de vista, molestia mental, amargura y abatimiento. Si el Samaṇa lo supiera, ¿lo censuraría?" Respondiendo correctamente, el bhikkhu respondería así: "Mientras estábamos entrenando... Si el Samaṇa lo supiera, lo censuraría".

—Pero, amigo, sin abandonar eso, ¿puede uno comprender Nibbāna? Respondiendo correctamente, el bhikkhu respondería así: —Amigo, sin abandonar eso, uno no puede comprender Nibbāna.

17. Si otros le preguntaran a ese bhikkhu así: "¿Fue el venerable quien hizo que esos bhikkhus emergieran de lo malsano y se establecieran en lo sano?", respondiendo correctamente, el bhikkhu diría así: "Aquí, amigos, fui a donde el Bienaventurado. El Bienaventurado me enseñó el Dhamma. Habiendo escuchado ese Dhamma, hablé con esos bhikkhus. Los bhikkhus escucharon ese Dhamma, y emergieron de lo malsano y se establecieron en lo sano". Respondiendo de esta manera, el bhikkhu no se enaltecería a sí mismo ni despreciaría a los demás. Su respuesta estaría alineada con el Dhamma, de modo que no habría ningún motivo legítimo para censurarlo por lo que afirmara.

Eso es lo que dijo el Bienaventurado. Los bhikkhus estuvieron satisfechos y deleitados con las palabras del Bienaventurado.

NOTAS M.103

1. *Bhavābhavahetu.* MA: ¿Crees que él enseña el Dhamma como un medio para ganar méritos para poder experimentar felicidad en tal o cual estado del ser [superior]?
2. *Abhidhamma.* MA dice que esto se refiere a los treinta y siete requisitos de la iluminación mencionadas en el párrafo anterior. Ver: n.6, M.32.
3. BB: El significado (*attha*) y la frase (*byañjana*) son los dos aspectos del Dhamma enseñados por el Buda. El siguiente pasaje, párrafos §§5–8, debe compararse con DN 29.18–21 / iii.128–29, que también expresa una preocupación por la preservación del significado y de la redacción correctos del Dhamma.
4. BB: Se hace esta afirmación porque ligeras desviaciones de la redacción correcta no son necesariamente un obstáculo para una comprensión adecuada del significado. Pero en otro lugar (por ejemplo, AN 2:20 / i.59) el Buda señala que la expresión incorrecta de la forma y la interpretación incorrecta del significado son dos factores responsables de la distorsión y desaparición del verdadero Dhamma.
5. BB: El principio general que subyace a los párrafos §§ 10-14 es el siguiente: si el monje ofensor puede ser rehabilitado, entonces, a pesar del dolor que haya sufrido y del problema que hubiera causado para sí mismo, uno debe tratar de corregirlo. Pero si no es susceptible de ser rehabilitado, basta con mantener la propia ecuanimidad.
6. MA explica: "El Samaṇa" (*samaṇa*) con *satthā*, el Maestro, refiriéndose al Buda. Un uso similar del término se encuentra en M. 105.18, 21.
7. BB: La "cosa" (*dhamma*) que se pretende, dice MA, es la pelea.

104. *Sāmagāma Sutta*
En Sāmagāma

1. Esto he escuchado. En una ocasión, el Bienaventurado estaba residiendo en el país de los Sakya, en Sāmagāma.

2. Ahora bien, en esa ocasión, el Nigaṇṭha Nātaputta acababa de morir en Pāvā.[1] A su muerte, los Nigaṇṭhas se dividieron, se separaron en dos [facciones], y se habían dado a peleas y reyertas, y estaban metidos en disputas, apuñalándose unos a otros con dagas verbales: —Tú no entiendes este Dhamma y Disciplina. Yo entiendo este Dhamma y Disciplina. ¿Cómo podrías entender este Dhamma y Disciplina? Tu camino está mal. Mi camino es correcto. Soy consistente. Eres inconsistente. Lo que debería haber sido dicho primero lo has dicho al final. Lo que debería haber sido dicho al último lo dijiste primero. Lo que habías pensado con tanto cuidado se ha vuelto al revés. Tu afirmación ha sido refutada. Estás refutado. ¡Ve y aprende mejor, o desenrédate si puedes!

Parecía como si no hubiera nada más que una matanza entre los alumnos del Nigaṇṭha Nātaputta. Y sus discípulos laicos vestidos de blanco estaban disgustados, consternados y decepcionados con los alumnos del Nigaṇṭha Nātaputta, así como con su Dhamma y Disciplina mal proclamado y expuesto, que no era emancipador, no conducente a la paz, expuesto por alguien que no estaba completamente iluminado, y estaban ahora tras la ruptura de su santuario, sin refugio.[2]

3. Entonces el sāmaṇera Cunda,[3] que había pasado el retiro de las lluvias en Pāvā, se dirigió al venerable Ānanda, y después de rendirle homenaje, se sentó a un lado y le contó lo que estaba ocurriendo.

El venerable Ānanda dijo entonces al sāmaṇera Cunda: —Amigo Cunda, esta es una noticia que se le debe comunicar al Bienaventurado. Ven, acerquémonos al Bienaventurado y digámosle esto.

—Sí, venerable señor, respondió el sāmaṇera Cunda.

4. Entonces el venerable Ānanda y el sāmaṇera Cunda fueron juntos al Bienaventurado. Después de rendirle homenaje, se sentaron a un lado, y el venerable Ānanda dijo al Bienaventurado: —Este sāmaṇera Cunda, venerable señor, dice así: —Venerable señor, el

Nigaṇṭha Nātaputta acaba de morir. A su muerte, los Nigaṇṭhas se dividieron, se dividieron en dos... y ahora está con su santuario roto, sin refugio. Pensé, venerable señor: "Que no surja ninguna disputa en el Saṅgha cuando el Bienaventurado se haya ido. Porque tal disputa sería para el daño y la infelicidad de muchos, para la pérdida, el daño y el sufrimiento de *devas* y humanos".

5. —¿Qué piensas, Ānanda? Estas cosas que te he enseñado después de conocerlas directamente, es decir, los cuatro fundamentos de la atención plena (*satipaṭṭhāna*), los cuatro esfuerzos correctos (*sammāpadhāna*), las cuatro bases para el poder (*iddhipāda*), las cinco facultades (*pañcindriya*), los cinco poderes (*pañcabala*), los siete factores de la iluminación (*bojjhaṅga*), el Noble Óctuple Sendero (*ariya aṭṭhaṅgika magga*): ¿acaso ves, Ānanda, incluso dos bhikkhus que hagan afirmaciones diferentes sobre estas cosas?

—No, venerable señor, no veo ni siquiera a dos bhikkhus que hagan afirmaciones diferentes sobre estas cosas. Pero, venerable señor, hay personas que viven con deferencia hacia el Bienaventurado que podrían, cuando se haya ido, crear una disputa en el Saṅgha sobre el sustento y sobre el *Pātimokkha*.[4] Tal disputa sería para el daño y la infelicidad de muchos, para la pérdida, el daño y el sufrimiento de *devas* y humanos.

—Una disputa sobre el sustento o sobre el *Pātimokkha* sería insignificante, Ānanda. Pero si surgiera una disputa en el Saṅgha sobre el Sendero o la Vía,[5] tal disputa sería para el daño y la infelicidad de muchos, para la pérdida, el daño y el sufrimiento de *devas* y humanos.

6. Hay, Ānanda, estas seis raíces de disputas.[6] ¿Cuáles seis? Aquí, Ānanda, un bhikkhu está enojado y resentido. Tal bhikkhu habita irrespetuoso y sin deferencia hacia el Maestro, hacia el Dhamma y hacia el Saṅgha, y no cumple con el entrenamiento. Un bhikkhu que habita irrespetuoso y sin deferencia hacia el Maestro, hacia el Dhamma y hacia el Saṅgha, y que no cumple con el entrenamiento, crea una disputa en el Saṅgha, que sería para el daño y la infelicidad de muchos, para la pérdida, el daño y el sufrimiento de *devas* y humanos. Ahora bien, si ven alguna de esas raíces de disputa, ya sea en ustedes mismos o externamente, deben esforzarse por abandonar esa misma raíz malsana de disputa. Y si no ven tal raíz de disputa ni en ustedes mismos ni externamente, deben practicar de tal manera que esa misma raíz malsana de disputa no estalle en el futuro. Así es el abandono de esa mala raíz de disputa; por lo tanto, existe el no surgimiento de esa raíz malsana de disputa en el futuro.

7–11. Una vez más, un bhikkhu es desdeñoso e insolente... envidioso y avaro... fraudulento y engañoso... tiene deseos malsanos y nociones erróneas... se adhiere a sus propios puntos de vista, se aferra a ellos con tenacidad y los abandona con dificultad. Tal bhikkhu habita irrespetuoso y sin deferencia hacia el Maestro, hacia el Dhamma y hacia el Saṅgha, y no cumple con el entrenamiento. Un bhikkhu que habita irrespetuoso, sin deferencia hacia el Maestro, hacia el Dhamma y hacia el Saṅgha, y que no cumple con el entrenamiento, crea una disputa en el Saṅgha, que sería para el daño y la infelicidad de muchos, para la pérdida, el daño y sufrimiento de *devas* y humanos.

Ahora bien, si ven alguna de esas raíces de disputa, ya sea en ustedes mismos o externamente, deben esforzarse por abandonar esa misma raíz malsana de disputa. Y si no ven tal raíz de disputa ni en ustedes mismos ni externamente, deben practicar de tal manera que esa misma raíz malsana de disputa no surja en el futuro. Así se abandona la raíz malsana de la disputa; por lo tanto, existe el no surgimiento de esa raíz malsana de disputa en el futuro.

Estas son las seis raíces de la disputa.

12. Ānanda, existen estos cuatro tipos de litigio. ¿Cuáles cuatro? Litigio por controversia o disputa (*vivādādhikaraṇa*), litigio por acusación (*anuvādādhikaraṇa*), litigio por delito u ofensa (*āpattādhikaraṇa*) y litigio de proceso (*kiccādhikaraṇa*). Estos son los cuatro tipos de litigio (*adhikaraṇa*).[7]

13. Ānanda, existen estos siete tipos de apaciguamiento [o asentamiento] del litigio (*adhikaraṇasamatha*).[8] Para el arreglo y pacificación de los litigios cuando se produzcan, [debiendo proceder así]: podrá disponerse el desahogo por confrontación, podrá disponerse el desahogo por memoria, podrá disponerse el desahogo por causa de locura pasada, por efecto del reconocimiento de una falta, por la opinión de la mayoría, por el pronunciamiento de mal carácter contra alguien, y mediante el "cubrir el caso con pasto".

14. ¿Y cómo se elimina el litigio mediante la confrontación (*sammukhāvinaya*)[9]? Aquí los bhikkhus están discutiendo: "Es Dhamma", o "No es Dhamma", o "Es Disciplina", o "No es Disciplina". Esos bhikkhus todos deben reunirse en concordia. Luego, habiéndose reunido, se debe trazar la guía del Dhamma (*dhammanetti samanumajjittabbā*).[10] Una vez que se ha trazado la guía del Dhamma, ese litigio debe resolverse de una manera que concuerde con dicho Dhamma.

Tal es la eliminación del litigio mediante la confrontación. Y de esta manera, aquí llega a darse el arreglo de algunos litigios mediante la resolución del litigio por confrontación.

15. ¿Y cómo existe la opinión de una mayoría? Si esos bhikkhus no pueden resolver ese litigio en esa morada, deben ir a una morada donde haya un mayor número de bhikkhus. Allí deben reunirse todos

juntos en concordia. Luego, habiéndose reunido, se debe trazar la guía del Dhamma. Una vez que se ha trazado la guía del Dhamma, ese litigio debe resolverse de una manera que concuerde con dicho Dhamma.

Tal es la resolución por la opinión de una mayoría. Y así aquí llega a ser el arreglo de algunos litigios por la opinión de una mayoría.

16. ¿Y cómo se eliminan los litigios [mediante] o por cuenta de la memoria (*sativinaya*)[11]? Aquí un bhikkhu reprende a otro bhikkhu por tal o cual ofensa grave, una que implica la derrota (*pārājika*) o que raya en la derrota (*saṅghādisesa*)[12]: —¿Recuerda el venerable haber cometido tal y tal ofensa, una falta grave, que implique la derrota o que raye en la derrota? Él dice: —No recuerdo, amigos, haber cometido tal o cual falta grave, que implique la derrota o que raye en la derrota. En su caso, la remoción de los litigios por causa de la memoria debe pronunciarse.

Tal es la supresión del litigio por cuenta de la memoria. Y de esta manera, aquí llega a darse el arreglo de algunos litigios mediante la remoción del litigio por cuenta de la memoria.

17. ¿Y cómo se eliminan los litigios por cuenta de una locura pasada (*amūḷhavinaya*)[13]? Aquí un bhikkhu reprende a otro bhikkhu por tal o cual ofensa grave, una que implica la derrota o que raya en la derrota: —¿Recuerda el venerable haber cometido tal o cual ofensa grave, una que implique la derrota o que raye en la derrota? Él dice: —No recuerdo, amigos, haber cometido tal o cual ofensa grave, una que implique la derrota o que raye en la derrota. A pesar de la negación, el primero presiona más al segundo: —¿Seguramente el venerable debe saber muy bien si recuerda haber cometido tal o cual ofensa grave, de derrota o rayando en la derrota? Él dice: —Me había vuelto loco, amigo, estaba loco, y cuando estaba enojado dije e hice muchas cosas impropias de un *samaṇa*. No recuerdo, estaba loco cuando hice eso. En su caso, debe pronunciarse la eliminación del litigio por cuenta de una locura pasada.

Tal es la eliminación de los litigios por causa de la locura pasada. Y de esta manera, aquí llega a darse el arreglo de algunos litigios mediante la eliminación del litigio por cuenta de la locura pasada.

18. ¿Y cómo se efectúa el reconocimiento de una falta? Aquí un bhikkhu, ya sea que haya sido o no amonestado, recuerda una ofensa, la revela y la expone. Debe entonces acudir a un bhikkhu más sénior y, después de colocarse la túnica sobre un hombro, debe rendir homenaje a sus pies. Luego, sentándose sobre sus talones, debe levantar las manos con las palmas juntas y decir: —Venerable señor, he cometido tal y tal ofensa; lo confieso. El otro dice: —¿Ves tu falta?

—Sí, la veo.

—¿Practicarás la restricción en el futuro?

—Practicaré la restricción en el futuro.

Tal es el efecto del reconocimiento de una falta.[14] Y de esta manera, aquí llega a darse el arreglo de algunos litigios mediante el reconocimiento [formal] de una ofensa.

19. ¿Y cómo se da el pronunciamiento por mal carácter (*pāpiyyāsikā*)[15] contra alguien? Aquí un bhikkhu reprende a otro por tal o cual ofensa grave, una que involucra la derrota o que raya en la derrota: —¿Recuerda el venerable haber cometido tal o cual ofensa grave, una que implique la derrota o que raye en la derrota?

Él contesta: —No recuerdo, amigos, haber cometido tal o cual ofensa grave, una que implique la derrota o que raye en la derrota. A pesar de la negación, el primero presiona más al segundo: —¿Seguramente el venerable debe saber muy bien si recuerda haber cometido tal o cual ofensa grave, que implique la derrota o que raye en la derrota?

Él contesta: —Yo, amigos, no recuerdo haber cometido tal o cual ofensa grave, que implique la derrota o que raye en la derrota. Pero, amigos, yo recuerdo haber cometido tal o cual falta menor.

A pesar de la negación, el primero presiona más al segundo: —¿Seguramente el venerable debe saber muy bien si recuerda haber cometido tal o cual falta grave, alguna que implique derrota o que raye en la derrota?

Él contesta: —Amigos, aun cuando no me lo preguntan, reconozco haber cometido esta falta menor; entonces, cuando me preguntan si cometí una falta grave, ¿por qué no debería reconocer haber cometido tal o cual ofensa grave, que implique la derrota o que raye en la derrota?

El otro dice: —Amigo, si no se te hubiera interrogado, no habrías reconocido haber cometido esta ofensa menor; entonces, ¿por qué, cuando se te interrogó, habrías de reconocer haber cometido tal o cual ofensa grave, que implique la derrota o que raye en la derrota? ¿Seguramente el venerable debe saber muy bien si recuerda haber cometido tal o cual falta grave, que implique derrota o que raye en la derrota?

Él contesta: —Yo recuerdo, amigos, haber cometido tal o cual falta grave, que implique derrota o que raye en la derrota. Estaba bromeando, estaba delirante, cuando dije que no recordaba haber cometido tal o cual ofensa grave, que implicara la derrota o que rayara en la derrota.

Tal es el pronunciamiento de mal carácter contra alguien. Y de esta manera, aquí llega a darse el arreglo de algunos litigios mediante el pronunciamiento de mal carácter en contra de alguien.

20. ¿Y cómo hay que "cubrir con pasto (*tiṇavatthāraka*)"?[16] Aquí, cuando los bhikkhus se han dado a peleas y reyertas y están metidos en disputas, pueden haber dicho y hecho muchas cosas impropias de un *samaṇa*. Todos esos bhikkhus deben reunirse en concordia. Cuando se hayan reunido, un bhikkhu sabio entre los bhikkhus que están del mismo lado debe levantarse de su asiento, y después de arreglarse la túnica sobre un hombro, debe levantar las manos, con las palmas juntas, y pedir una promulgación del Saṅgha así: —Que el venerable Saṅgha me escuche. Cuando empezamos con peleas y reyertas y estábamos metidos en disputas, dijimos e hicimos muchas cosas impropias de un *samaṇa*. Si es aprobado por el Saṅgha, entonces, por el bien del Saṅgha, por el bien de estos venerables y por el mío propio, en medio del Saṅgha confesaré, por el método de *cubrir con pasto*, cualquier ofensa de estos venerables y cualquier ofensa mía, excepto para las que exigen seria censura y las relacionadas con los laicos.[17]

Luego, un bhikkhu sabio entre los bhikkhus que están juntos en la otra parte debe levantarse de su asiento, y después de acomodar su túnica sobre un hombro, debe levantar las manos, con las palmas juntas, y pedir una promulgación del Saṅgha de la siguiente manera: —Que me escuche el venerable Saṅgha. Cuando empezamos con peleas y reyertas y estábamos metidos en disputas, dijimos e hicimos muchas cosas impropias de un *samaṇa*. Si es aprobado por el Saṅgha, entonces, por el bien de estos venerables y por mi propio bien, en medio del Saṅgha confesaré, mediante el método de *cubrir con pasto*, cualquier ofensa de estos venerables y cualquier ofensa mía, excepto aquellas que requieran una seria censura y aquellas relacionadas con los laicos".

Tal es el "cubrir una ofensa con pasto". Y de esta manera, aquí llega a darse la resolución de algunos litigios mediante el *cubrir con pasto*.

21. Ānanda, existen estos seis principios de cordialidad que crean amor y respeto, y conducen a la cohesión, a la no disputa, a la concordia y a la unidad.[18] ¿Cuáles son los seis?

Aquí un bhikkhu mantiene actos corporales de benevolencia amorosa tanto en público como en privado hacia sus compañeros en la vida santa. Este es un principio de cordialidad que crea amor y respeto, y conduce a la cohesión, a la no disputa, a la concordia y a la unidad.

Una vez más, un bhikkhu mantiene actos verbales de benevolencia amorosa tanto en público como en privado hacia sus compañeros en la vida santa. Este también es un principio de cordialidad que crea amor y respeto, y conduce a... la unidad.

Una vez más, un bhikkhu mantiene actos mentales de benevolencia amorosa tanto en público como en privado hacia sus compañeros en la vida santa. Este es también un principio de cordialidad que crea amor y respeto, y conduce a... la unidad.

Una vez más, un bhikkhu disfruta de las cosas en común con sus compañeros virtuosos en la vida santa; sin reservas, comparte con ellos cualquier ganancia de un tipo que concuerde con el Dhamma y que se haya obtenido de una manera que concuerde con el Dhamma, incluso lo que está en su cuenco. Este también es un principio de cordialidad que crea amor y respeto, y conduce a... la unidad.

Una vez más, un bhikkhu mora tanto en público como en privado, poseyendo en común con sus compañeros en la vida santa aquellas virtudes que son intactas, sin rasgaduras, sin manchas, sin mácula, liberadoras, alabadas por los sabios, no malinterpretadas y conducentes a la concentración. Este también es un principio de cordialidad que crea amor y respeto y conduce a... la unidad.

Una vez más, un bhikkhu mora tanto en público como en privado, poseyendo en común con sus compañeros en la vida santa esa noción que es noble y emancipadora, y conduce a quien practica de acuerdo con ella a la destrucción completa del sufrimiento. Este también es un principio de cordialidad que crea amor y respeto, y conduce a la cohesión, a la no disputa, a la concordia y a la unidad.

Estos son los seis principios de cordialidad que crean amor y respeto, y conducen a la cohesión, a la no disputa, a la concordia y a la unidad.

22. Si, Ānanda, se emprenden y mantienen estos seis principios de cordialidad, ¿ves algún curso de lenguaje, trivial o burdo, que no pudieras soportar?[19]

—No, venerable Señor.

—Por lo tanto, Ānanda, emprendan y mantengan estos seis principios de cordialidad. Eso conducirá a su bienestar y felicidad por mucho tiempo.

Eso es lo que dijo el Bienaventurado. El venerable Ānanda quedó satisfecho y deleitado con las palabras del Bienaventurado.

NOTAS M.104

1. BB: El inicio de este sutta es el mismo que el de DN 29, que también se ocupa de preservar la armonía en el Saṅgha después de la muerte del Buda.
2. MA: El "santuario" y el "refugio" son el mismo Nigaṇṭha Nātaputta, que ahora está muerto.
3. El *sāmaṇera* [o novicio] Cunda era el hermano menor de venerable Sāriputta.
4. BB: Incluso cuando el Buda todavía estaba vivo, ya había estallado una disputa de este tipo entre los bhikkhus de Kosambī, a la que se hace referencia en M. 48.2.
5. BB: Esta sería una disputa sobre el Noble Óctuple Sendero o los otros requisitos para la iluminación [*bodhipakkhiya dhammā*].
6. BB: Los primeros cuatro pares están incluidos entre las "imperfecciones que contaminan la mente" mencionados en M. 7.3.
7. BB: *Adhikaraṇa*. Horner traduce "cuestiones legales". Se tratan detalladamente en Vin Cv Kh 4 / Vin ii.88–93; véase Horner, *Book of the Discipline*, 5:117–25. Brevemente, el litigio debido a una disputa (*vivādādhikaraṇa*) surge cuando los bhikkhus disputan sobre el Dhamma y la Disciplina; litigio debido a una acusación (*anuvādādhikaraṇa*) cuando los bhikkhus acusan a un bhikkhu de cometer una transgresión de las reglas monásticas; litigio por una ofensa (*āpattādhikaraṇa*) cuando un bhikkhu que ha cometido una transgresión busca exonerarse de ella; y los litigios sobre procedimientos (*kiccādhikaraṇa*) se ocupan de la promulgación de las funciones formales del Saṅgha.
8. BB: *Adhikaraṇasamatha*. Se tratan en detalle en Vin Cv Kh 4. En Vin ii.93-104 se analiza cómo se deben aplicar los siete medios de solución para la resolución de los cuatro tipos de litigios; véase Horner, *Book of the Discipline*, 5:125–40.

   NT: El vocablo compuesto *adhikaraṇasamatha*, cuyo significado es resolver o asentar una disputa o pleito legal, está relacionado directamente a *samatha*, lo cual significa calmar, serenar, apaciguar en forma muy intencionada y "unificada" — por decirlo así. Por otra parte, hay que notar que el vocablo pāli inicia con la preposición *adhi* (ver hacia arriba, por encima), la cual es la misma que se usa en los vocablos *adhicitta* (mente superior) y *adhisīla* (moral superior o moral más elevada). En este caso el pāli da la idea de "solucionar los problemas en la forma más elevada" es decir, en la forma en que las disputas o diferencias se resuelven entre personas nobles o auténticas.

9. BB: *Sammukhāvinaya*. Horner traduce "veredicto en presencia de". En Vin ii.93, esto se explica como confrontación con (o presencia de) el Saṅgha, el Dhamma, la Disciplina y los individuos que son partes en la disputa. Este tipo de acuerdo se aplica a los cuatro tipos de litigios, con pequeñas diferencias en la formulación.
10. BB: *Dhammanetti samanumajjitabbā*. MA da como ejemplo de *dhammanetti* los diez cursos de conducta saludable y no saludable, pero dice que aquí se refiere al Dhamma y la Disciplina en sí mismos.
11. BB: *Sativinaya*. Horner dicta "veredicto de inocencia". En Vin ii.80, se dice que esto se da cuando un bhikkhu es puro y sin ofensas y se le reprocha una ofensa; debe pedirle al Saṅgha que le dé tal veredicto apelando a su recuerdo completo y preciso de su comportamiento.
12. BB: Una ofensa que implica derrota, una ofensa *pārājika*, requiere la expulsión del *Saṅgha*. Una ofensa que raya en la derrota es una ofensa *sanghādisesa*, que requiere una reunión formal del Saṅgha y un período de penalización temporal, o que requeriría seguir los pasos preliminares [legales] que conducirían al pronunciamiento de una ofensa *pārājika*. Sigo a BBS y SBJ, que tienen un bhikkhu como acusador, en lugar de PTS, que usa una forma plural. Así también a continuación.

    NT: En el argot monástico los bhikkhus siempre se refieren a las ofensas *pārājika* como "ofensas de derrota" u "ofensas que implican derrota" desde que se estableció el *vinaya*. La razón (que tal vez no es evidente) es que en el *vinaya* se da a entender en términos del resultado de la batalla con el enemigo. Hay un símil referente a guerreros que entran en batalla (ver: AN.7.75, 7.76) en donde el Buda explica que cuando un bhikkhu se enfrenta a posibilidades de transgresión, "entra en batalla". Dependiendo de la gravedad de la transgresión el símil indica la gravedad de las heridas sufridas en la batalla. Un ejemplo es cuando un bhikkhu insulta a otro bhikkhu. Esto implica una falta que amerita confesión (*pācittiya*). Si el bhikkhu confiesa la falta, entonces se considera que "ha sido atendido de sus heridas, se ha repuesto y puede continuar en la batalla". En otro caso, un grupo de bhikkhus genera conflicto y desarmonía en la comunidad en la que se agrupan, a tal grado que hay una separación de la comunidad misma, entonces incurren en una falta extremadamente grave (*sanghādisesa*), la cual amerita una reunión del Saṅgha y la exoneración es solamente posible tras la pérdida de su antigüedad (durante el periodo que tardaron los bhikkhus en confesar tal ofensa) y otras medidas disciplinarias que se les imponen para su rehabilitación. En el símil esto es como el guerrero que es herido de gravedad en la batalla y solo se podrá recuperar si sus heridas graves son atendidas con diligencia y cuidado. El caso extremo es cuando un bhikkhu mata intencionalmente a un ser humano. Aquí es donde el término *pārājika* —el calificativo para ese tipo de ofensa— significa derrota. En el símil, el guerrero ha sido herido de tal gravedad que muere en la batalla, y en el caso real eso significa que el agresor ha perdido el estatus de bhikkhu en el momento de haber cometido tal acción y, consecuentemente, ya no podrá ser restablecido como miembro del Saṅgha.

13. BB: *Amūḷhavinaya.* Se da un veredicto de locura pasada cuando un bhikkhu comete delitos durante un período de locura. El criterio para determinar la locura es que no debe tener ningún recuerdo de su conducta durante el período en que se solicita el veredicto.
14. BB: El procedimiento descrito es el método establecido por el cual un bhikkhu obtiene la exoneración de su transgresión cuando ha cometido cualquier delito que pueda ser aclarado mediante la confesión.
15. BB: *Pāpiyyāsikā.* Horner traduce "decisión por depravación específica". Este veredicto se pronuncia contra un bhikkhu que es causante de conflictos y peleas en el Saṅgha, que es ignorante y está lleno de ofensas, o que vive en asociación impropia con jefes de familia.
16. BB: *Tiṇavatthāraka.* Se recurre a este medio de solución cuando el Saṅgha ha sido involucrado en una disputa en el curso de la cual los bhikkhus cometieron muchas ofensas menores. Dado que presentar cargos por estos delitos podría prolongar el conflicto, los delitos se eliminan por los medios descritos en el *sutta.* MA explica que este método es como echar pasto sobre los excrementos para eliminar el mal olor, de ahí el nombre de "cubrir con pasto".
17. BB: Los delitos que requieren una censura grave son los de las clases *pārājika* y *saṅghādisesa.* Aquellos relacionados con los laicos son casos en los que un bhikkhu injuria y menosprecia a los jefes de familia.
18. BB: Como en M. 48.6.
19. BB: En M. 21.21, esto se dice con referencia al símil de la sierra.

105. *Sunakkhatta Sutta*
A Sunakkhatta

1. Esto he escuchado. En una ocasión, el Bienaventurado estaba residiendo en Vesālī, en el Gran Bosque, en el salón con el techo de dos puntas.

2. Ahora bien, en esa ocasión, un número de bhikkhus había declarado el conocimiento final en presencia del Bienaventurado así: —Entendemos que el nacimiento ha sido destruido, la vida santa ha sido vivida, lo que tenía que ser hecho ha sido hecho, y ya no hay retorno a ningún estado de ser.

3. Sunakkhatta, hijo de los Licchavianos,[1] escuchó: un número de bhikkhus, al parecer, han declarado el conocimiento final en presencia del Bienaventurado, así: —Entendemos que el nacimiento ha sido destruido... y ya no hay retorno a ningún estado de ser. Entonces Sunakkhatta, el hijo de los Licchavianos fue a donde se encontraba el Bienaventurado, y después de rendirle homenaje, se sentó a un lado y le dijo al Bienaventurado:

4. —He oído, venerable señor, que varios bhikkhus han declarado el conocimiento final en presencia del Bienaventurado. ¿Lo hicieron correctamente o hay algunos bhikkhus aquí que declaran el conocimiento final porque se sobreestiman a sí mismos?

5. —Cuando esos bhikkhus, Sunakkhatta, declararon el conocimiento final en mi presencia, hubo algunos bhikkhus que declararon el conocimiento final correctamente y hubo algunos que declararon el conocimiento final porque se sobreestimaron a sí mismos (*adhimānena*).[2] En esto, cuando los bhikkhus declaran correctamente el conocimiento final, su declaración es verdadera. Pero cuando los bhikkhus declaran el conocimiento final porque se sobreestiman a sí mismos, el Tathāgata piensa: "Debería enseñarles el Dhamma".[3] Así es en este caso, Sunakkhatta, que el Tathāgata piensa: "Debería enseñarles el Dhamma". Pero algunos hombres equivocados aquí formulan una pregunta, vienen al Tathāgata y se la preguntan. En ese caso, Sunakkhatta, aunque el Tathāgata haya pensado: "Debería enseñarles el Dhamma", cambia de parecer.[4]

6. —Este es el momento, Bienaventurado, este es el momento, Sublime, para que el Bienaventurado enseñe el Dhamma. Habiéndolo oído del Bienaventurado, los bhikkhus lo recordarán.

—Entonces escucha, Sunakkhatta, y presta mucha atención a lo que voy a decir.

—Sí, venerable señor, respondió al Bienaventurado Sunakkhatta, el hijo de los Licchavianos. El Bienaventurado dijo esto:

7. —Existen, Sunakkhatta, estas cinco ramas del placer sensorial. ¿Cuáles son las cinco? Formas cognoscibles por el ojo que son anheladas, deseadas, agradables y atractivas, conectadas con el deseo sensorial y provocadoras de lujuria. Sonidos cognoscibles por el oído... Olores cognoscibles por la nariz... Sabores cognoscibles por la lengua... Objetos tangibles cognoscibles por el cuerpo que son anhelados, deseados, agradables y atractivos, conectados con el deseo sensorial y provocadores de lujuria. Estas son las cinco ramas del placer sensorial.

8. Es posible, Sunakkhatta, que alguna persona aquí tenga la intención puesta en las cosas materiales mundanas (*lokāmisādhimutto*).[5] Cuando una persona tiene la intención puesta en las cosas materiales mundanas, entonces sólo habla de lo que le interesa, su pensamiento y reflexión están en línea con eso, se asocia con ese tipo de persona, y encuentra satisfacción en eso. Pero cuando se está hablando de lo imperturbable (*āneñja*),[6] no lo escuchará ni le prestará atención, ni esforzará su mente para comprenderlo. No se asocia con ese tipo de persona, y no encuentra satisfacción en eso.

9. Supongamos, Sunakkhatta, que un hombre hubiera dejado su propio pueblo o ciudad hace mucho tiempo, y fuera a ver a otro hombre que recientemente había dejado ese pueblo o ciudad. Le preguntaría a ese hombre si la gente de ese pueblo o ciudad estaba segura, próspera y saludable, y ese hombre le diría si la gente de ese pueblo o ciudad estaba segura, próspera y saludable. ¿Qué opinas, Sunakkhatta? ¿Escucharía ese primer hombre, le prestaría atención y esforzaría su mente para comprender?

—Sí, venerable señor.

—Así también, Sunakkhatta, es posible que alguna persona aquí tenga puesta la intención en las cosas materiales mundanas. Cuando una persona tiene la intención puesta en las cosas materiales mundanas... y no encuentra satisfacción en eso. Debe entenderse como alguien que tiene la intención puesta en las cosas materiales mundanas.

10. Es posible, Sunakkhatta, que alguna persona aquí tenga la intención puesta en lo imperturbable. Cuando una persona dirige su intención a lo imperturbable, entonces sólo habla acerca de lo que le

interesa, su pensamiento y reflexión están en línea con eso, se asocia con ese tipo de persona, y encuentra satisfacción en eso. Pero cuando se habla de las cosas materiales mundanas que están sucediendo, él no las escuchará ni les prestará atención, ni esforzará su mente para entenderlas. No se asocia con ese tipo de persona, y no encuentra satisfacción en eso.

11. Así como una hoja amarilla que ha caído de su tallo es incapaz de volverse verde de nuevo, así también, Sunakkhatta, cuando una persona tiene la intención puesta en lo imperturbable, se ha despojado de las ataduras de las cosas materiales mundanas. Debe entenderse como alguien desligado de las ataduras de las cosas materiales mundanas, que tiene la intención puesta en lo imperturbable.

12. Es posible, Sunakkhatta, que alguna persona aquí tenga su intención dirigida a la base de la *nada*. Cuando una persona está con su intención en la base de la *nada*, sólo habla de lo que le interesa, su pensamiento y reflexión están en línea con eso, se asocia con ese tipo de persona y encuentra satisfacción en eso. Pero cuando se habla de lo imperturbable, no lo escucha ni le da oído ni se esfuerza por entenderlo. No se asocia con ese tipo de persona, y no encuentra satisfacción en eso.

13. Así como una piedra gruesa que se ha partido en dos no se puede volver a unir, así también, Sunakkhatta, cuando una persona tiene la intención dirigida a la base de la *nada*, su encadenamiento a lo imperturbable se ha partido. Debe entenderse como alguien desprendido de las cadenas de lo imperturbable, que se concentra en la base de la *nada*.

14. Es posible, Sunakkhatta, que alguna persona aquí dirija su atención a la base de la *ni percepción ni no-percepción*. Cuando una persona dirige su intención hacia la base de la *ni percepción ni no-percepción*, solo habla sobre lo que le interesa, su pensamiento y reflexión están en línea con eso, se asocia con ese tipo de persona y encuentra satisfacción en eso. Pero cuando se está hablando de la base de la *nada*, él no lo escuchará ni le dará atención, ni esforzará su mente para comprenderlo. No se asocia con ese tipo de persona, y no encuentra satisfacción en eso.

15. Supongamos que una persona ha comido algo delicioso y lo ha vomitado. ¿Qué opinas, Sunakkhatta? ¿Podría ese hombre tener algún deseo de comer esa comida otra vez?

—No, venerable señor. ¿Por qué es eso? Porque esa comida se considera repulsiva.

—Así también, Sunakkhatta, cuando una persona está con la intención puesta en la base de la *ni percepción ni no-percepción*, su encadenamiento a la base de la *nada* ha sido rechazado. Debe entenderse como alguien desligado de las cadenas de la base de la *nada* que está atenta a la base de la *ni percepción ni no-percepción*.

16. Es posible, Sunakkhatta, que alguna persona aquí haya puesto su intención completamente en Nibbāna. Cuando una persona dirige su intención completamente hacia Nibbāna, solo habla de lo que le interesa, y su pensamiento y reflexión están en línea con eso, y se asocia con ese tipo de persona, y encuentra satisfacción en eso. Pero cuando se habla de la base de la *ni percepción ni no-percepción*, él no lo escuchará ni prestará atención, ni esforzará su mente para comprenderlo. No se asocia con ese tipo de persona, y no encuentra satisfacción en eso.

17. Así como una palmera a la que se le ha cortado la copa es incapaz de volver a crecer, así también, Sunakkhatta, cuando una persona está con su atención completamente puesta en Nibbāna, su encadenamiento a la base de la *ni percepción ni no-percepción* ha sido cortado: cortado de raíz, hecho como un tocón de palma, eliminado para que ya no esté sujeto a un surgimiento futuro. Debe entenderse como alguien desligado de las ataduras de la base de la *ni percepción ni no-percepción*, que está completamente absorto en Nibbāna.

18. Es posible, Sunakkhatta, que algún bhikkhu aquí presente pueda pensar así: —El anhelo ha sido llamado una flecha por el Samaṇa;[7] el veneno de la ignorancia se esparce por el deseo, la lujuria y la mala voluntad. Esa flecha del anhelo ha sido quitada de mí; el veneno de la ignorancia ha sido expulsado. Soy alguien que está con la atención completamente puesta en el Nibbāna". Dado que él se concibe a sí mismo así, aunque sea contrario a los hechos,[8] podría perseguir aquellas cosas que no son adecuadas para alguien que está con la atención completamente puesta en el Nibbāna. Podría perseguir la visión de formas inadecuadas con el ojo, podría perseguir sonidos inadecuados con el oído, olores inadecuados con la nariz, sabores inadecuados con la lengua, cosas tangibles inadecuadas con el cuerpo u objetos mentales inadecuados con la mente.

Cuando persigue la visión de formas inadecuadas con el ojo... objetos mentales inadecuados con la mente, la lujuria invade su mente. Con su mente invadida por la lujuria, incurriría en la muerte o en un sufrimiento mortal.

19. Supongamos, Sunakkhatta, que un hombre fuera herido por una flecha densamente untada con veneno, y sus amigos y compañeros, sus parientes y conocidos, trajeran un cirujano. El cirujano cortaría alrededor de la abertura de la herida con un cuchillo, luego buscaría la flecha con una sonda, luego sacaría la flecha y expulsaría el humor venenoso, pero dejando trazas de este. Sabiendo que una traza aún quedaba,[9] diría: —Buen hombre, te he arrancado la flecha; el veneno ha sido expulsado dejando una traza, pero es incapaz de hacerte daño.

Come solo alimentos adecuados; no comas alimentos inadecuados o la herida puede supurar. De vez en cuando lava la herida y de vez en cuando unge su abertura, para que el pus y la sangre no cubran la abertura de la herida. No camines con el viento y el sol o el polvo y la suciedad que puedan infectar la abertura de la herida. Cuida tu herida, buen hombre, y procura que la herida cicatrice.

20. El hombre pensaría: "La flecha me ha sido arrancada; el veneno ha sido expulsado sin dejar traza, y no es capaz de hacerme daño". Entonces, él comería alimentos inadecuados y la herida supuraría. No lavaría la herida de vez en cuando ni ungiría la abertura de vez en cuando, y el pus y la sangre cubrirían la abertura de la herida. Caminaría con el viento y el sol, y el polvo y la suciedad infectarían la abertura de la herida. No cuidaría de su herida, ni procuraría que la herida sanara. Entonces, tanto porque hace lo que no conviene como porque quedó un remanente cuando se expulsó el humor fétido y venenoso, la herida se hincharía y con su hinchazón incurriría en la muerte o en un sufrimiento mortal.

21. Así también, Sunakkhatta, es posible que algún bhikkhu aquí pueda pensar así: "El anhelo ha sido llamado una flecha por el *Samaṇa*; el veneno de la ignorancia se esparce por el deseo, la lujuria y la mala voluntad. Me he quitado esa flecha del anhelo; el veneno de la ignorancia ha sido expulsado. Soy alguien que está con la atención completamente puesta en Nibbāna". Debido a que él se concibe a sí mismo así, aunque sea contrario a los hechos, podría perseguir aquellas cosas que no son adecuadas para alguien que está con la atención completamente puesta en Nibbāna... (Como arriba) ... Con su mente invadida por la lujuria, incurriría en la muerte o en un sufrimiento mortal.

22. Porque en la disciplina del Noble, Sunakkhatta, "la muerte" se refiere a cuando uno abandona el entrenamiento y vuelve a la vida inferior; y se designa "sufrimiento mortal" a cuando uno comete alguna ofensa grave (*pārājika* o *saṅghādisesa*).[10]

23. Es posible, Sunakkhatta, que algún bhikkhu aquí pueda pensar así: "El anhelo ha sido llamado una flecha por el Samaṇa; el veneno de la ignorancia se esparce por el deseo, la lujuria y la mala voluntad. Esa flecha del anhelo ha sido quitada de mí; el veneno de la ignorancia ha sido expulsado. Soy alguien que está completamente concentrado en el Nibbāna". Siendo alguien que realmente está con la atención completamente puesta en el Nibbāna, no perseguiría aquellas cosas que no son adecuadas para alguien que está con la atención completamente puesta en el Nibbāna. No perseguiría la vista de formas inapropiadas con el ojo, no perseguiría sonidos inapropiados con el oído, olores inapropiados con la nariz, sabores

inapropiados con la lengua, tangibles inapropiados con el cuerpo, u objetos mentales inapropiados con la mente.

Debido a que no persigue la visión de formas inadecuadas con el ojo... los objetos mentales inadecuados con la mente, la lujuria no invade su mente. Debido a que su mente no está invadida por la lujuria, no incurriría en la muerte o en un sufrimiento mortal.

24. Supongamos, Sunakkhatta, que un hombre fuera herido por una flecha densamente untada con veneno, y sus amigos y compañeros, sus parientes y conocidos trajeran un cirujano. El cirujano cortaría alrededor de la abertura de la herida con un cuchillo, luego buscaría la flecha con una sonda, luego sacaría la flecha y expulsaría el veneno sin dejar traza. Sabiendo que no quedaba rastro, diría: —Buen hombre, te he arrancado la flecha; el veneno ha sido expulsado sin dejar traza, y es incapaz de hacerte daño. Come solo alimentos adecuados; no comas alimentos inadecuados o la herida puede supurar. De vez en cuando lava la herida y de vez en cuando unge su abertura, para que el pus y la sangre no cubran la abertura de la herida. No camines con el viento y el sol, o el polvo y la suciedad podrían infectar la abertura de la herida. Cuida tu herida, buen hombre, y haz que la herida cicatrice.

25. El hombre pensaría: "La flecha me ha sido arrancada; el veneno ha sido expulsado sin dejar traza, y es incapaz de hacerme daño". Él solo comería alimentos adecuados y la herida no supuraría. De vez en cuando lavaría la herida y de vez en cuando ungiría la abertura, y el pus y la sangre no cubrirían la abertura de la herida. No caminaría con el viento y el sol, y el polvo y la suciedad no infectarían la abertura de la herida. Él cuidaría de su herida y se encargaría de que la herida sanara. Entonces, tanto por hacer lo que conviene como por no quedar traza al expulsar el humor fétido venenoso, la herida sanaría, y por haber sanado y estar cubierta de piel, no incurriría en muerte ni en sufrimiento mortal.

26. Así también, Sunakkhatta, es posible que algún bhikkhu aquí pueda pensar así: "El deseo ha sido llamado una flecha por el Samaṇa; el veneno de la ignorancia se esparce por el deseo, la lujuria y la mala voluntad. Esa flecha del anhelo ha sido arrancada de mí; el veneno de la ignorancia ha sido expulsado. Soy alguien que está con la atención completamente puesta en el Nibbāna". Siendo alguien que realmente está completamente concentrado en el Nibbāna, él no perseguiría aquellas cosas que no son adecuadas para alguien que está con la atención completamente puesta en el Nibbāna... (como arriba) ... Debido a que su mente no está invadida por la lujuria, él no incurriría en la muerte o en un sufrimiento mortal.

27. Sunakkhatta, he dado este símil para transmitir un significado. Este es el significado aquí: "Herida" es un término para las seis bases

internas. "Veneno" es un término para la ignorancia. "Flecha" es un término para el deseo. "Sonda" es un término para la atención plena. "Cuchillo" es un término para la sabiduría noble. "Cirujano" es un término para el Tathāgata, el Consumado, el plenamente iluminado.

28. Ese bhikkhu, Sunakkhatta, es alguien que practica la moderación en las seis bases de contacto. Habiendo entendido que la adquisición es la raíz del sufrimiento,[11] estando sin adquisición, liberado en la destrucción de las adquisiciones, no es posible que dirija su cuerpo o despierte su mente hacia ninguna adquisición.

29. Supongamos, Sunakkhatta, que hubiera una copa de bronce con una bebida que poseyera un buen color, olor y sabor, pero que estuviera mezclada con veneno, y viniera un hombre que quisiera vivir, no morir, que quisiera placer y retrocediera ante el dolor.[12]

—¿Qué piensas, Sunakkhatta, crees que ese hombre bebería esa copa de bebida, sabiendo que: "Si bebo esto incurriré en la muerte o en un sufrimiento mortal?"

—No, venerable señor.

—Así también, ese bhikkhu es alguien que practica la moderación en las seis bases de contacto. Habiendo entendido que la adquisición es la raíz del sufrimiento, estando sin adquisición, liberado en la destrucción de las adquisiciones, no es posible que dirija su cuerpo o despierte su mente hacia ninguna adquisición.

30. Supongamos, Sunakkhatta, que hubiera una serpiente venenosa mortal, y viniera un hombre que quisiera vivir, no morir, que quisiera placer y retrocediera ante el dolor.

—¿Qué piensas, Sunakkhatta, ese hombre le daría la mano o el pulgar a esa serpiente venenosa mortal, sabiendo que —si me muerde, incurriré en la muerte o en un sufrimiento mortal?

—No, venerable señor.

—Así también, cuando un bhikkhu practica la moderación en las seis bases del contacto, y habiendo entendido que el apego es la raíz del sufrimiento, está sin apego, liberado por la destrucción del apego, no es posible que él dirija su cuerpo o despierte su mente hacia cualquier objeto de apego.

Eso es lo que dijo el Bienaventurado. Sunakkhatta, hijo de los Licchavianos, quedó satisfecho y deleitado con las palabras del Bienaventurado.

NOTAS M.105

1. BB: Ver: M.12 y n.1 correspondiente.
2. BB: *Adhimānena*. MA: Declaran esto por vanidad, considerando que han alcanzado lo que no han logrado.
3. MA: Para dejarles claro su nivel de logro.
4. MA: Debido a que están motivados por el deseo, entonces el pensamiento que surge en el Tathāgata —de enseñar el Dhamma a los verdaderos practicantes— cambia (es decir, se desvanece).
5. BB: *Lokāmisa*. Estas son las cinco ramas del placer sensorial.
6. BB: *Āneñja* (BBS); *āṇañja* (PTS). Éste es un término técnico para los logros meditativos desde el cuarto *jhāna* hasta los cuatro logros inmateriales. Pero dado que los dos logros inmateriales más elevados se tratan por separado, parece que en este *sutta* sólo el cuarto *jhāna* y los dos logros inmateriales inferiores pretenden ser "lo imperturbable".
7. BB: [Samaṇa]: El Buda.
8. BB: Leyendo con BBS, *evaṁmāni assa atathaṁ samānaṁ*. CPD sugiere que *atathaṁ samānaṁ* puede ser un acusativo absoluto. Este pasaje remite al problema de la autosobreestimación con el que comenzó el discurso.
9. BB: Sigo aquí a PTS, cuya lectura parece compatible con todas las versiones anteriores a BBS. Debido a que más tarde se compara al cirujano con el Tathāgata, y el texto no puede atribuir un error de juicio al Buda, BBS insiste en una aplicación estricta del símil y, por lo tanto, ha "corregido" el texto para que diga *sa-upādiseso ti jānamāno*. Seguí esta lectura en la primera edición, pero ahora creo que fue un error por parte de BBS alterar el texto recibido. No es necesario esperar un paralelismo estricto en la aplicación del símil. SBJ sigue a BBS en la lectura de *sa-upādiseso*, pero conserva *maññamāno*, lo que roza la incoherencia. Todos los editores. tienen *janamāno* como participio en la versión contrastante del símil que se encuentra a continuación. Donde PTS tiene *alañ* justo debajo, deberíamos leer *analañ* con BBS y SBJ, apoyado también por la glosa en MA.
10. BB: Cualquier ofensa de las dos clases, *pārājika* y *saṅghādisesa*; ver: n.12 en M.104. La analogía es difícil de aplicar con total precisión, ya que, si el anhelo y la ignorancia realmente hubieran sido eliminados de él dejando sólo un rastro, el bhikkhu sería un *sekha*; sin embargo, es inconcebible que un *sekha* abandone el entrenamiento o cometa una ofensa impura [grave(?)]. Parece que en este caso la analogía debe ser aplicada libremente, y el

bhikkhu debe entenderse como alguien que imagina falsamente que el anhelo y la ignorancia han sido eliminados en él.

11. BB: Ver: M. 66.17. MA: El *arahant,* liberado en Nibbāna, la destrucción del deseo [al tomarlo] como objeto, nunca desviaría su cuerpo ni despertaría su mente para entregarse a las cinco ramas del placer sensorial.
12. BB: Como en M. 46.19. Sigo a BBS y SBJ, que incluyen *rasasampanno,* término que falta en PTS.

106. Āneñjasappāya Sutta
El camino a lo imperturbable

1. Esto he escuchado.[1] En una ocasión, el Bienaventurado estaba residiendo en el país de Kuru, donde había un pueblo de Kurus llamado Kammāsadhamma. Allí el Bienaventurado se dirigió a los bhikkhus diciendo: —Bhikkhus. —Venerable señor, respondieron. El Bienaventurado dijo esto:

2. —Bhikkhus, los placeres sensoriales,[2] son transitorios, huecos, falsos, engañosos; son ilusorios y son el parloteo de los necios. Los placeres sensoriales aquí y ahora y los placeres sensoriales en las vidas venideras, las percepciones sensoriales aquí y ahora y las percepciones sensoriales en las vidas venideras: ambos son igualmente el reino de Māra, el dominio de Māra, el cebo de Māra, el coto de caza de Māra. A causa de ellos, surgen estos estados mentales malsanos tales como la codicia, la mala voluntad y la presunción, y constituyen una obstrucción para un noble discípulo que se está entrenando aquí.

(LO IMPERTURBABLE)

3. Allí, bhikkhus, un noble discípulo considera lo siguiente: "Los placeres sensoriales aquí y ahora y los placeres sensoriales en las vidas venideras... constituyen una obstrucción para un noble discípulo que se está entrenando aquí. Supongamos que yo fuera a permanecer con una mente plena y exaltada, habiendo trascendido el mundo y habiendo hecho una firme determinación [de lograr *jhāna*] con la mente.[3] Cuando lo haga, no habrá más estados mentales malsanos como la codicia, la mala voluntad y la presunción en mí, y con el abandono de ellos mi mente será ilimitada, inmensurable y bien desarrollada".

Cuando practica de esta manera y permanece así con frecuencia, su mente adquiere confianza en esta base [la del cuarto *jhāna*].[4] Una vez que tiene plena confianza, o alcanza lo imperturbable (*āneñja*) o se torna hacia ello con sabiduría. Al disolverse el cuerpo, después de la muerte, es posible que la conciencia conducente a la continuación [al renacimiento] (*saṁvattanikaṁ viññaṇaṁ*) pueda pasar [a renacer] en lo imperturbable.[5] Bhikkhus, se declara que esta es la primera vía dirigida a lo imperturbable.

4. Nuevamente, bhikkhus, un noble discípulo considera así:[6] "[Hay] placeres sensoriales aquí y ahora y placeres sensoriales en vidas venideras, percepciones sensoriales aquí y ahora y percepciones sensoriales en vidas venideras; cualquiera que sea la forma material [que haya], toda forma material es los cuatro grandes elementos y la forma material que se deriva de los cuatro grandes elementos".

Cuando practica de esta manera y frecuentemente permanece así, su mente adquiere confianza en dicha base. Una vez que hay plena confianza, o alcanza lo imperturbable [la base del *espacio ilimitado*] ahora o se torna [hacia esa base] con sabiduría. Al disolverse el cuerpo, después de la muerte, es posible que la conciencia conducente a la continuación pase [a renacer] en lo imperturbable. Esto, bhikkhus, se declara que es la segunda vía dirigida a lo imperturbable.

5. Nuevamente, bhikkhus, un noble discípulo considera lo siguiente:[7] "Placeres sensoriales aquí y ahora y placeres sensoriales en vidas venideras, percepciones sensoriales aquí y ahora y percepciones sensoriales en vidas venideras, formas materiales aquí y ahora y formas materiales en vidas venideras, percepciones de formas aquí y ahora y percepciones de formas en las vidas venideras, ambos son transitorios. No vale la pena deleitarse en lo que es transitorio, no vale la pena darle la bienvenida, no vale la pena aferrarse a ello".

Cuando practica de esta manera y frecuentemente permanece así, su mente adquiere confianza en esta base. Una vez que hay plena confianza, o alcanza lo imperturbable [la base de la *conciencia ilimitada*] o se torna [hacia la base del *espacio ilimitado*] con sabiduría. Al disolverse el cuerpo, después de la muerte, es posible que la conciencia conducente a la continuación pase [a renacer] en lo imperturbable. Esto, bhikkhus, se declara que es la tercera vía dirigida a lo imperturbable.

(LA BASE DE LA NADA)

6. Nuevamente, bhikkhus, un noble discípulo considera lo siguiente:[8] "Placeres sensoriales aquí y ahora y placeres sensoriales en vidas venideras, percepciones sensoriales aquí y ahora y percepciones sensoriales en vidas venideras, formas materiales aquí y ahora y formas materiales en vidas venideras, percepciones de formas aquí y ahora y percepciones de formas en vidas venideras, y percepciones de

lo imperturbable, todas son percepciones. Donde estas percepciones cesan sin dejar residuo, eso es lo pacífico, eso es lo sublime, es decir, la base de la *nada*".

Cuando practica de esta manera y frecuentemente permanece así, su mente adquiere confianza en esta base. Una vez que hay plena confianza, o alcanza la base de la *nada* ahora o se torna [hacia ella] con sabiduría. Al disolverse el cuerpo, después de la muerte, es posible que la conciencia conducente a la continuación pase [a renacer] en la base de la *nada*. Esto, bhikkhus, se declara que es la primera vía dirigida a la base de la *nada*.

7. Nuevamente, bhikkhus, un discípulo noble, que ha ido al bosque o a la raíz de un árbol o a una choza vacía, considera así: "Esto está vacío de un *yo* o de lo que pertenece a un *yo*".[9]

Cuando practica de esta manera y frecuentemente permanece así, su mente adquiere confianza en esta base. Una vez que hay plena confianza, o alcanza a la base de la *nada* ahora o se torna [hacia ella] con sabiduría. Al disolverse el cuerpo, después de la muerte, es posible que la conciencia conducente a la continuación pueda pasar [a renacer] en la base de la *nada*. Esto, bhikkhus, se declara que es la segunda vía dirigida a la base de la *nada*.

8. Nuevamente, bhikkhus, un noble discípulo considera así: "No soy nada que pertenezca a alguien en ninguna parte, y no hay algo que me pertenezca [como parte de] alguien en ninguna parte".[10]

Cuando practica de esta manera y frecuentemente permanece así, su mente adquiere confianza en esta base. Una vez que hay plena confianza, o alcanza la base de la *nada* ahora o se torna [hacia ella] con sabiduría. Al disolverse el cuerpo, después de la muerte, es posible que la conciencia conducente a la continuación pase [a renacer] en la base de la *nada*. Esto, bhikkhus, se declara que es la tercera vía dirigida a la base de la *nada*.

(LA BASE DE LA *NI PERCEPCIÓN NI NO-PERCEPCIÓN*)

9. Nuevamente, bhikkhus, un noble discípulo considera lo siguiente: "Placeres sensoriales aquí y ahora y placeres sensoriales en vidas venideras, percepciones sensoriales aquí y ahora y percepciones sensoriales en vidas venideras, formas materiales aquí y ahora y formas materiales en vidas venideras, percepciones de formas aquí y ahora y percepciones de formas en vidas venideras, percepciones de lo imperturbable [cuarto *jhāna* y primeros dos logros inmateriales] y percepciones de la base de la *nada*, todas son percepciones. Donde estas percepciones cesan sin dejar residuo, eso es lo pacífico, eso es lo sublime, es decir, la base de la *ni percepción ni no-percepción*".

Cuando practica de esta manera y frecuentemente permanece así, su mente adquiere confianza en esta base. Una vez que hay plena confianza, alcanza la base de la *ni percepción ni no-percepción* ahora o se torna [hacia ella] con sabiduría. Al disolverse el cuerpo, después de la muerte, es posible que la conciencia conducente a la continuación pueda pasar [a renacer] en la base de la *ni percepción ni no-percepción*. Esto, bhikkhus, se declara que es la vía dirigida a la base de la *ni percepción ni no-percepción*.

(NIBBĀNA)

10. Cuando se dijo esto, el venerable Ānanda dijo al Bienaventurado: —Venerable señor, aquí un bhikkhu está practicando así: "Puede que no sea, y puede que no sea mío; no será, y no será mío. Lo que existe, lo que ha llegado a ser [los cinco agregados del apego], lo abandono". Así él obtiene la ecuanimidad.[11] Venerable señor, ¿alcanza tal bhikkhu el Nibbāna?

—Aquí, Ānanda, un bhikkhu podría alcanzar el Nibbāna, aquí otro bhikkhu podría no alcanzar el Nibbāna.

—¿Cuál es la causa y la razón, venerable señor, por la que un bhikkhu aquí puede alcanzar el Nibbāna, mientras que otro bhikkhu aquí puede no alcanzar el Nibbāna?

—Aquí, Ānanda, un bhikkhu está practicando así: "Puede que no sea, y puede que no sea mío; no será, y no será mío. Lo que existe, lo que ha llegado a ser, eso lo abandono". Así obtiene la ecuanimidad. Se deleita en esa ecuanimidad, le da la bienvenida y permanece aferrándose a ella. Mientras lo hace, su conciencia se vuelve dependiente de ella y se aferra a ella. Un bhikkhu con apego, Ānanda, no alcanza el Nibbāna.[12]

11. —Pero, venerable señor, cuando ese bhikkhu se aferra, ¿a qué se aferra?

—A la base de la *ni percepción ni no-percepción*, Ānanda.

—Cuando ese bhikkhu se aferra, venerable señor, parece que se aferra al mejor [objeto de] aferramiento.

—Cuando ese bhikkhu se aferra, Ānanda, se aferra al mejor [objeto de] aferramiento; porque este es el mejor [objeto de] apego, es decir, la base de la *ni percepción ni no-percepción*.[13]

12. —Aquí, Ānanda, un bhikkhu está practicando así: "Puede que no sea, y puede que no sea mío; no será, y no será mío. Lo que existe, lo que ha llegado a ser, eso lo abandono". Así obtiene la ecuanimidad. No se deleita en esa ecuanimidad, ni la acoge, ni permanece aferrándose a ella. Como no lo hace, su conciencia no se vuelve dependiente de ella y no se aferra a ella. Un bhikkhu sin apego, Ānanda, alcanza el Nibbāna.

13. —¡Es maravilloso, venerable señor, es maravilloso! El Bienaventurado, en efecto, nos ha explicado el cruce de la inundación en dependencia de uno u otro apoyo (*nissāya oghassa nittharaṇā*).[14] Pero, venerable señor, ¿qué es la noble liberación?[15]

—Aquí, Ānanda, un noble discípulo considera lo siguiente: "Placeres sensoriales aquí y ahora y placeres sensoriales en vidas venideras, percepciones sensoriales aquí y ahora y percepciones sensoriales en vidas venideras, formas materiales aquí y ahora y formas materiales en vidas venideras , percepciones de formas aquí y ahora y percepciones de formas en vidas venideras, percepciones de lo imperturbable, percepciones de la base de la *nada* y percepciones de la base de la *ni percepción ni no-percepción*: esta es la identidad en la medida en que la identidad se extiende (*esa sakkāyo yāvatā sakkāyo*).[16] Esto es lo Inmortal, es decir, la liberación de la mente a través del desapego".[17]

14. Así, Ānanda, he enseñado el camino dirigido a lo imperturbable, he enseñado el camino dirigido a la base de la *nada*, he enseñado el camino dirigido a la base de la *ni percepción ni no-percepción*, he enseñado el cruce de la inundación en dependencia de uno u otro apoyo, he enseñado la noble liberación.

15. "Lo que debe hacerse por sus discípulos por compasión de parte de un maestro que busca su bienestar y tiene compasión por ellos, eso he hecho por ustedes, Ānanda. Allí están estas raíces de árboles, estas chozas vacías. Mediten, Ānanda, no se demoren, o se arrepentirán más tarde. Esta es nuestra instrucción para ustedes".

Eso es lo que dijo el Bienaventurado. El venerable Ānanda quedó satisfecho y deleitado con las palabras del Bienaventurado.

NOTAS M.106

1. BB: Ver: n.6, M.105. Aquí también el término "imperturbable" parece comprender sólo el cuarto *jhāna* y los dos logros inmateriales inferiores.
2. MA dice que se pretenden tanto los placeres sensoriales objetivos como las impurezas sensuales.
3. MA comenta: "Haber trascendido el mundo de la esfera de los sentidos y haber determinado con una mente que tiene *jhāna* como objetivo".
4. MA explica que la frase "su mente adquiere confianza en esta base" significa que obtiene una visión introspectiva encaminada a alcanzar el estado de *arahant* o el acceso al cuarto *jhāna*. Si obtiene acceso al cuarto *jhāna*, esto se convierte en su base para alcanzar "lo imperturbable", es decir, el cuarto *jhāna* mismo. Pero si obtiene conocimiento, entonces "lo resuelve con sabiduría" profundizando su conocimiento para alcanzar el estado de *arahant*. La expresión "resolución con sabiduría" puede explicar por qué muchas de las siguientes secciones de este *sutta*, aunque culminan en logros a lo largo de la escala de concentración, se expresan en frases apropiadas para el desarrollo del conocimiento introspectivo.
5. MA explica que este pasaje describe el proceso de renacimiento de alguien que no pudo realizar el estado de *arahant* después de alcanzar el cuarto *jhāna*. La "conciencia conducente a la continuación" (*saṁvattanikaṁ viññāṇaṁ*) es la conciencia resultante por la cual esta persona renace, y ésta tiene la misma naturaleza imperturbable que la conciencia kármicamente formativa que alcanzó el cuarto *jhāna*. Dado que la conciencia del cuarto *jhāna* es la que determina el renacimiento, esta persona renacerá en uno de los reinos exaltados correspondientes al cuarto *jhāna*.
6. MA dice que este es el reflejo de quien ha alcanzado el cuarto *jhāna*. Dado que incluye la forma material entre las cosas que deben trascenderse, si alcanza lo imperturbable, alcanza la base del *espacio ilimitado*, y si no alcanza el estado de *arahant*, renace en el plano del *espacio ilimitado*.
7. MA dice que este es el reflejo de alguien que ha alcanzado la base del *espacio ilimitado*. Si alcanza lo imperturbable, alcanza la base de la *conciencia ilimitada* y renace en ese plano si no alcanza el estado de *arahant*.
8. BB: Ésta es la reflexión de quien ha alcanzado la base de la *conciencia ilimitada* y aspira a alcanzar la base de la *nada*.

9. MA llama a esto vacío de dos puntas —la ausencia de "yo" y "mío"— y dice que esta enseñanza de la base de la *nada* se expone a través de la introspección más que de la concentración, lo cual es el enfoque adoptado en la sección anterior. En M. 43.33, se dice que esta contemplación conduce a la liberación de la mente a través de la vacuidad.
10. MA llama a esto vacío de cuatro puntas y explica así: (i) no se ve a sí mismo en ninguna parte; (ii) no ve un yo propio que pueda ser tratado como algo perteneciente a otro, por ejemplo, como un hermano, amigo, asistente, etcétera; (iii) no ve el yo de otro; (iv) no ve el yo de otro que pueda ser tratado como algo que le pertenece a ese otro. Ms tiene una nota de Ñm: —Estas expresiones [en este párrafo y el siguiente] parecen haber sido lemas estereotipados o descripciones de los logros de la *nada* y la *ni percepción ni no-percepción*, [conceptos adoptados] principalmente no budistas, y a veces utilizadas como base para la noción del cuerpo existente [=identidad]. Véase la nota 19 de Ñm a Vsm XXI, 53 para mayor discusión y otras referencias.
11. MA comenta: —Si el ciclo de *kamma* no hubiera sido acumulado por mí, ahora no habría para mí el ciclo de resultados; si no acumulo el ciclo de *kamma* ahora, en el futuro no habrá ciclo de resultados. "Lo que existe, lo que ha llegado a ser" son los cinco agregados. La primera parte de la fórmula parece ser nuevamente una formulación condensada de una noción sostenida por no budistas. Varios *suttas* lo identifican como una expresión de la noción de aniquilación, adaptada por el Buda asignándole nuevos significados. Para otras apariciones de esta fórmula, consulte SN iii.55-56, 99, 183, 206; AN iv.69-72, v.63. MA dice que obtiene la ecuanimidad de la introspección, pero en el párrafo §11 parece que también se pretende la ecuanimidad de la base de *ni percepción ni no-percepción*.

NT: La expresión podría parafrasearse como: "Puede que no sea el resultado de *kamma* pasado, y lo experimentado (por mí) puede no deberse a una resultante kármica. De esta forma, los agregados no serán (debidos a esta causa), ni serán míos (de acuerdo con la doctrina de *anatta*)" —pero esta es solo una interpretación; según el Comentario, la expresión provenía de ciertas sectas y fue adoptada con un sesgo particular que va de acuerdo con la enseñanza del Buda.

12. BB: Aquí hay un juego de palabras que no se puede reproducir con éxito en la traducción. El verbo *parinibbāyati*, traducido como "alcanzar Nibbāna", también se aplica a apagar un fuego. El logro del Nibbāna es, pues, "apagar" los fuegos de la avidez,

el odio y la ofuscación. *Upādāna*, "aferrarse", también designa el combustible que consume el fuego. Así, la conciencia continúa en la ronda de renacimientos mientras sea sostenida por el combustible del apego. Cuando las impurezas se extinguen, no hay más combustible para ser consumido por la conciencia y, por lo tanto, el bhikkhu sin apego "se apaga" al alcanzar el Nibbāna. El objeto más sutil del apego, y por lo tanto el combustible más sutil (como lo demostrará el siguiente intercambio), es la base de la *ni percepción ni no-percepción*.

13. MA: Esto se dice con referencia al renacimiento de aquel que alcanza la base de la *ni percepción ni no-percepción*. El significado es que renace en el mejor y más elevado plano de existencia.
14. *Nissāya oghassa nittharaṇā*. MA: El Buda ha explicado el cruce de la inundación para un bhikkhu que utiliza como base (para alcanzar el estado de *arahant*) cualquiera de los logros, desde el tercer *jhāna* hasta el cuarto logro inmaterial.
15. MA: La pregunta de Ānanda tiene como objetivo obtener del Buda un relato de la práctica del meditador de introspección "seca" (*sukkhavipassaka*), que alcanza el estado de *arahant* sin depender de un logro jhánico.
16. *Esa sakkāyo yāvatā sakkāyo*. MA: Ésta es la identidad personal en su totalidad: la ronda de los tres reinos de la existencia; no hay identidad personal fuera de esto.
17. MA dice que se pretende el estado de *arahant* del meditador de "introspección seca". MṬ agrega que el estado de *arahant* se llama "el Inmortal" porque tiene el sabor de lo *Inmortal*, y se alcanza sobre la base del Nibbāna —lo *Inmortal*.

107. *Gaṇakamoggallāna Sutta*
A Gaṇaka Moggallāna

1. Esto he escuchado. En una ocasión el Bienaventurado estaba residiendo en Sāvatthī, en el parque del este, en el palacio de la madre de Migāra. Luego, el brahmán Gaṇaka Moggallāna fue a donde se encontraba el Bienaventurado e intercambió saludos con él. Terminada esta cortés y amable charla, se sentó a un lado y dijo al Bienaventurado:

2. —Maestro Gautama, en este palacio de la madre de Migāra puede verse el entrenamiento gradual, la práctica y el progreso graduales, es decir, hasta el último peldaño de la escalera.[1] También entre estos brahmanes, puede verse dicho entrenamiento gradual, práctica y progreso graduales, es decir, en cuanto al estudio. Entre los arqueros también se puede ver un entrenamiento gradual... es decir, en el tiro con arco. Y también entre contadores (*gaṇaka*)[2] como nosotros, que nos ganamos la vida con la contabilidad, se ve una formación gradual... es decir, en cuanto a contabilidad. Porque cuando tenemos un aprendiz primero le hacemos contar: un uno, dos doces, tres treses, cuatro cuatros, cinco cincos, seis seises, siete sietes, ocho ochos, nueve nueves, diez dieces; y le hacemos contar cien también. Ahora bien, Maestro Gautama, ¿es posible también describir el entrenamiento gradual, la práctica y el progreso graduales en este Dhamma y Disciplina (*dhamma vinaya*)?

3. —Es posible, brahmán, describir el entrenamiento gradual, la práctica y el progreso graduales en este Dhamma y Disciplina. Así como, brahmán, cuando un adiestrador de caballos inteligente obtiene un potro de *pura sangre*, primero lo acostumbra a usar el bocado y luego lo entrena más.[3] De la misma forma, cuando el Tathāgata obtiene una persona para ser entrenada, primero la disciplina de esta manera: "Ven, bhikkhu, sé virtuoso, restringido con la restricción del Pātimokkha, sé perfecto en conducta y recurso, y viendo el miedo en la más mínima falta, entrena siguiendo los preceptos de entrenamiento".

4. Cuando, brahmán, el bhikkhu es virtuoso... y al ver el miedo en la más mínima falta, entrena siguiendo los preceptos de entrenamiento,

entonces el Tathāgata lo disciplina aún más: "Ven, bhikkhu, protege las puertas de tus facultades sensoriales. Al ver una forma con el ojo, no te aferres a sus signos y características. Ya que, si dejaras la facultad del ojo sin vigilancia, podrían invadirte estados malsanos de codicia y dolor, practica el camino de su restricción, protege la facultad del ojo, emprende la restricción de la facultad del ojo. Al oír un sonido con el oído... Al oler un olor con la nariz... Al saborear un sabor con la lengua... Al tocar algo tangible con el cuerpo... Al reconocer un objeto mental con la mente, no te aferres a sus signos y características. Ya que, si dejaras la facultad de la mente sin protección, estados nocivos y malsanos podrían invadirte, practica el camino de su restricción, protege la facultad de la mente, emprende la restricción de la facultad de la mente".

5. Cuando, brahmán, el monje guarda las puertas de sus facultades sensoriales, entonces el Tathāgata lo disciplina aún más, diciéndole: "Ven, bhikkhu, sé moderado en el comer. Reflexionando sabiamente, usa el alimento [obtenido de ofrendas], no por diversión, ni para intoxicarte [con el deleite en el comer], ni en aras de la belleza ni del atractivo físico, sino solo para el mantenimiento y continuidad del cuerpo, para terminar con la incomodidad [del hambre] y para poder llevar la vida santa, considerando: 'Así pondré fin a las viejas sensaciones [de hambre] sin despertar nuevas sensaciones [debidas a la ingestión excesiva]; y estaré sano y sin culpa, y viviré con comodidad'".

6. Cuando, brahmán, el bhikkhu come con moderación, entonces el Tathāgata lo disciplina aún más: "Ven, bhikkhu, sé devoto de la vigilia. Durante el día, mientras caminas de un lado a otro y te sientas, purifica tu mente de estados obstructivos. En la primera vigilia de la noche, mientras caminas de un lado a otro y te sientas, purifica tu mente de estados obstructivos. En la vigilia intermedia de la noche, debes acostarte sobre el lado derecho, en la postura del león, con un pie superpuesto sobre el otro, atento y plenamente consciente, después de anotar en tu mente el momento de levantarte. Después de levantarte, en la tercera vigilia de la noche, mientras caminas de un lado a otro y te sientas, purifica tu mente de estados obstructivos".

7. Cuando, brahmán, el bhikkhu se dedica a la vigilia, entonces el Tathāgata lo disciplina aún más: "Ven, bhikkhu, sé plenamente atento y consciente [*sati-sampajañña*; atención plena con comprensión clara]. Actúa con plena conciencia al ir hacia adelante y al regresar; actúa con plena conciencia al mirar hacia adelante y al mirar hacia otro lado; actúa con plena conciencia al flexionar y extender las extremidades; actúa con plena conciencia cuando vistes tus túnicas y cargues la túnica exterior y el cuenco; actúa con plena conciencia al comer, beber, consumir alimentos y probar; actúa con plena

conciencia al defecar y orinar; actúa con plena conciencia al caminar, pararte, sentarte, dormirte, despertarte, hablar y guardar silencio".

8. Cuando, brahmán, el bhikkhu posee atención plena y plena conciencia, entonces el Tathāgata lo disciplina aún más: "Ven, bhikkhu, ve a un lugar de descanso apartado: el bosque, la raíz de un árbol, una montaña, un barranco, una cueva en la ladera, un osario, una espesura selvática, un espacio abierto, un montón de paja".

9. Entonces él recurre a un lugar apartado de descanso: el bosque... un montón de paja. Al regresar de su ronda de recolección de alimento, después de la comida, se sienta, cruza las piernas, pone el cuerpo erguido y establece la atención plena ante él. Abandonando la codicia por el mundo, permanece con una mente libre de codicia; purifica su mente de la codicia. Abandonando la mala voluntad y el odio, permanece con una mente libre de mala voluntad, compasivo por el bienestar de todos los seres vivos; purifica su mente de la mala voluntad y el odio. Abandonando la pereza y el letargo, permanece libre de la pereza y letargo, perceptivo de luz, atento y plenamente consciente; purifica su mente de la pereza y el letargo. Abandonando la inquietud y el remordimiento, permanece sin agitación, con una mente interiormente pacífica; purifica su mente de inquietud y remordimiento. Abandonando la duda, permanece habiendo ido más allá de la duda, sin perplejidad acerca de los estados mentales sanos; purifica su mente de la duda.

10. Habiendo abandonado así estos cinco impedimentos —imperfecciones de la mente que debilitan la sabiduría— completamente apartado de los placeres sensoriales, apartado de los estados malsanos, entra y permanece en el primer *jhāna*, que va acompañado de aplicación inicial (*vitakka*) y aplicación sostenida de la mente (*vicāra*), con gozo (*pīti*) y felicidad (*sukha*) nacidos de la reclusión (*viveka*). Con el aquietamiento de la aplicación inicial y la aplicación sostenida de la mente, entra y permanece en el segundo *jhāna*, que tiene confianza interna y unificación mental (*ekaggata*), sin aplicación inicial ni aplicación sostenida de la mente, con gozo y placer nacidos de la concentración.

Con el desvanecimiento del gozo, permanece en la ecuanimidad (*upekkhā*), y plenamente atento y consciente, sintiendo todavía placer con el cuerpo (*kāyena paṭisaṁvedeti*), entra y permanece en el tercer *jhāna*, por lo cual los nobles declaran: "Aquel que tiene ecuanimidad y es plenamente atento tiene una morada placentera". Con el abandono del placer y el dolor, y con la desaparición previa del gozo y la aflicción, entra y permanece en el cuarto *jhāna*, el cual tiene *ni dolor ni placer*, y posee pureza de atención plena debida a la ecuanimidad (*upekkhāsatipārisuddhi*).

11. Esta es mi instrucción, brahmán, para aquellos bhikkhus que están en el entrenamiento superior, cuyas mentes aún no han alcanzado la meta, que permanecen aspirando a la seguridad suprema con respecto a la esclavitud. Pero estas cosas conducen tanto a una morada placentera aquí y ahora como a la atención plena y la plena conciencia de aquellos bhikkhus que son *arahants* con las corrupciones destruidas, que han vivido la vida santa, que han hecho lo que tenían que hacer, que han dejado la carga, que han alcanzado su propia meta, destruido las cadenas del ser y se encuentran completamente liberados mediante el conocimiento final.[4]

12. Cuando se dijo esto, el brahmán Gaṇaka Moggallāna preguntó al Bienaventurado: —Cuando los discípulos del Maestro Gautama son así aconsejados e instruidos por él, ¿alcanzan todos ellos el Nibbāna, la meta última, o algunos no la alcanzan?

—Cuando, brahmán, les aconsejo e instruyo de esta manera, algunos de mis discípulos alcanzan el Nibbāna, la meta última, y otros no lo alcanzan.

13. —Maestro Gautama, ya que existe el Nibbāna y existe el camino que conduce al Nibbāna y el Maestro Gautama está presente como guía, ¿cuál es la causa y la razón por la cual, cuando los discípulos del Maestro Gautama son así aconsejados e instruidos por él, algunos de ellos alcanzan el Nibbāna, el objetivo final, y algunos no lo alcanzan?

14. —En cuanto a eso, brahmán, te haré una pregunta a cambio, contesta como prefieras. ¿Qué opinas, brahmán? ¿Estás familiarizado con el camino que conduce a Rājagaha?

—Sí, Maestro Gautama, estoy familiarizado con el camino que conduce a Rājagaha.

—¿Qué piensas, brahmán? Supongamos que viniera un hombre que quisiera ir a Rājagaha, y se te acercara y te dijera: —Venerable señor, quiero ir a Rājagaha. Muéstrame el camino a Rājagaha. Entonces le dirías: —Ahora, buen hombre, este camino va a Rājagaha. Síguelo por un rato y verás cierta aldea, avanza un poco más y verás cierto pueblo, avanza un poco más y verás Rājagaha con sus hermosos parques, arboledas, prados y estanques.

Entonces, no obstante haber sido aconsejado e instruido así por ti, ese hombre toma un camino equivocado y se va hacia el oeste. Si luego viniera un segundo hombre que quisiera ir a Rājagaha, y se te acercara diciendo: —Venerable señor, quiero ir a Rājagaha. Muéstrame el camino a Rājagaha. Si entonces le dijeras: —Ahora, buen hombre, este camino va a Rājagaha. Síguelo por un tiempo... y verás Rājagaha con sus hermosos parques, arboledas, prados y estanques. Luego, habiendo sido aconsejado e instruido por ti, ese segundo hombre llega a salvo a Rājagaha.

Ahora bien, brahmán, dado que Rājagaha existe y el camino que conduce a Rājagaha existe y tú estás presente como guía, ¿cuál es la causa y la razón por la cual, cuando esos hombres han sido así aconsejados e instruidos por ti, un hombre toma un camino equivocado y se va hacia el oeste y el otro llega sano y salvo a Rājagaha?

—¿Qué puedo hacer al respecto, Maestro Gautama? Yo sólo soy el que muestra el camino.

—Así también, brahmán, el Nibbāna existe y el camino que conduce al Nibbāna [también] existe y yo estoy presente como guía. Sin embargo, cuando mis discípulos han sido así aconsejados e instruidos por mí, algunos de ellos alcanzan el Nibbāna, el objetivo final, y otros no lo alcanzan. ¿Qué puedo hacer al respecto, brahmán? El Tathāgata es aquel que muestra el camino (*maggakkhāyī Tathāgato*).[5]

15. Cuando se dijo esto, el brahmán Gaṇaka Moggallāna le dijo al Bienaventurado:[6] —Hay personas que son incrédulas y han abandonado la vida hogareña y han salido a la vida sin hogar, no por la fe sino buscando un sustento, que son fraudulentas, engañosas, traicioneras, altivas, huecas, personalmente vanidosas, de lenguaje rudo, de lenguaje imprudente, descuidadas en sus facultades sensoriales, inmoderadas en el comer, poco dedicadas a la vigilia, despreocupadas por la reclusión, poco respetuosas del entrenamiento, deseosas de lujos, descuidadas, líderes en reincidencia [de faltas], negligentes en la reclusión, perezosas, faltas de energía, despreocupadas, no plenamente conscientes, desconcentradas, con mentes extraviadas, carentes de sabiduría, habladoras. El Maestro Gautama no mora junto a ellas.

Pero hay miembros de clanes que han salido por la fe de la vida del hogar a la vida sin hogar, que no son fraudulentos, engañosos, traicioneros, altivos, huecos, personalmente vanidosos, de lenguaje rudo o imprudente; que son cuidadosos en sus facultades sensoriales, moderados en el comer, dedicados a la vigilia, preocupados por la reclusión, muy respetuosos del entrenamiento, no deseosos de lujos ni descuidados, que están ansiosos por evitar las recaídas, líderes en la reclusión, enérgicos, resueltos, establecidos en la atención plena, plenamente conscientes, concentrados, con mentes unificadas que poseen sabiduría, no habladores. El Maestro Gautama mora junto con estos.

16 Así como la raíz de lirio negro se considera el mejor de los perfumes de raíz y el sándalo rojo se considera el mejor de los perfumes de madera y el jazmín se considera el mejor de los perfumes de flores, así también, el consejo del Maestro Gautama es supremo entre las enseñanzas de hoy (*paramajjadhammesu*).[7]

17. "¡Magnífico, Maestro Gautama! ¡Magnífico, Maestro Gautama! El Maestro Gautama ha aclarado el Dhamma de muchas maneras, como si estuviera poniendo en pie lo que se había derribado, revelando lo que estaba oculto, mostrando el camino a alguien que estaba perdido, o levantando una lámpara en la oscuridad para que aquellos con vista puedan ver formas visibles. Voy al Maestro Gautama en busca de refugio y al Dhamma y al Saṅgha de los bhikkhus. Que el Maestro Gautama me recuerde como un seguidor laico que ha acudido a él en busca de refugio de por vida.

NOTAS M.107

1. MA: No es posible construir una mansión de siete pisos en un solo día. Una vez que se despeja el sitio, desde que se colocan los cimientos hasta que se termina el trabajo de pintura, hay un progreso gradual.
2. BB: Gaṇaka. Su nombre significa "el Contador" Moggallāna.
3. BB: Ver: M. 65.33.
4. BB: Si bien los pasos anteriores de la práctica son medidas necesarias para que los bhikkhus en entrenamiento alcancen el estado de *arahant*, también son beneficiosos para los *arahants* en el sentido de que conducen a "una morada placentera aquí y ahora". MA identifica esta "morada" con el logro del fruto del *arahant* y explica que algunos *arahants* pueden fructificar fácilmente en cualquier momento, mientras que otros deben aplicarse diligentemente a los pasos de la práctica para lograrlo.
5. BB: *Maggakkhāyī Tathāgato.* Compárese con Dhp 276, "Ustedes mismos deben esforzarse; los Tathāgatas sólo muestran el camino".
6. BB: Lo siguiente es como en M. 5.32.
7. *Paramajjadhammesu.* MA: La doctrina de Gautama es suprema, la más elevada, entre las enseñanzas contemporáneas, es decir, las enseñanzas de los seis maestros externos.

   NT: Los seis maestros externos son los maestros famosos que enseñaron en la India durante el periodo en que enseñó el Buda: Makkhali Gosāla, Nigaṇṭha Nātaputta, etcétera, los cuales se denominan "externos" en el sentido de que sus doctrinas se encontraban muy aparte de la dispensación del Buda. Es preciso hacer la distinción para no confundirlos con otros maestros famosos contemporáneos que eran parte de dicha dispensación, por ejemplo el Venerable Mahā Kaccāna y el Venerable Ananda.

108. *Gopakamoggallāna Sutta* Con Gopaka Moggallāna

1. Esto he escuchado. En una ocasión, el venerable Ānanda residía en Rājagaha en la arboleda de bambúes, en el santuario de las ardillas, no mucho después de que el Bienaventurado hubiera alcanzado el Nibbāna final.[1]

2. Ahora, en esa ocasión, el rey Ajātasattu Vedehiputta de Magadha, sospechando del rey Pajjota, estaba fortificando a Rājagaha.[2]

3. Entonces, cuando llegó la mañana, el venerable Ānanda se vistió y, tomando su cuenco y su túnica exterior, fue a Rājagaha a buscar ofrendas de alimento. Entonces el venerable Ānanda pensó: "Todavía es demasiado pronto para vagar por alimento en Rājagaha. Supongamos que fuera a ver al brahmán Gopaka Moggallāna en su lugar de trabajo".

4. Así que el venerable Ānanda fue a ver al brahmán Gopaka Moggallāna en su lugar de trabajo. El brahmán Gopaka Moggallāna vio venir al venerable Ānanda a lo lejos y le dijo: —¡Permítase que venga el Maestro Ānanda! ¡Bienvenido el Maestro Ānanda! Hace mucho que el Maestro Ānanda no encontraba oportunidad de venir aquí. Que el Maestro Ānanda se siente; este asiento está listo. El venerable Ānanda se sentó en el asiento preparado. El brahmán Gopaka Moggallāna tomó un asiento bajo, se sentó a un lado y le preguntó al venerable Ānanda:

5. Maestro Ānanda, ¿hay algún bhikkhu que posea, en todos y cada uno de los sentidos, todas esas cualidades que poseía el Maestro Gautama, consumado y plenamente iluminado?"

—No hay un solo bhikkhu, brahmán, que posea en todos y cada uno de los sentidos todas esas cualidades que poseía el Bienaventurado, Consumado y plenamente iluminado. Porque el Bienaventurado fue el que activó el camino no surgido, el productor del camino no producido, el declarador del camino no declarado; él fue el conocedor del camino, el buscador del camino, el experto en el camino. Pero sus discípulos ahora siguen ese camino y posteriormente se establecen en posesión de este (*sāvakā viharanti pacchā samannāgata*).

6. Pero esta discusión entre el venerable Ānanda y el brahmán Gopaka Moggallāna fue interrumpida; pues entonces el brahmán

Vassakāra, el principal ministro de Magadha,[3] mientras supervisaba el trabajo en Rājagaha, fue a donde se encontraba el venerable Ānanda, en el lugar de trabajo del brahmán Gopaka Moggallāna. Intercambió saludos con el venerable Ānanda, y cuando terminó esta conversación cortés y amable, se sentó a un lado y le preguntó al venerable Ānanda: —¿Acerca de qué discusión están sentados aquí ahora, Maestro Ānanda? ¿Y cuál fue su discusión que se interrumpió?

—Brahmán, el brahmán Gopaka Moggallāna me preguntó: "Maestro Ānanda, ¿hay algún bhikkhu que posea en todos y cada uno de los sentidos, todas esas cualidades que poseía el Maestro Gautama, Consumado y plenamente iluminado?" Entonces, le respondí al brahmán Gopaka Moggallāna: —No hay un solo bhikkhu, brahmán, que posea en todos y cada uno de los sentidos todas esas cualidades que poseía el Bienaventurado, Consumado y plenamente iluminado. Porque el Bienaventurado fue el que activó el camino no surgido... Pero sus discípulos ahora siguen ese camino y posteriormente se establecen en posesión de este.

Esta fue nuestra discusión que se interrumpió cuando tú llegaste.

7. —Maestro Ānanda, ¿hay algún bhikkhu que haya sido designado por el Maestro Gautama de esta manera?: "Él será su refugio cuando yo me haya ido, y a quien ahora podemos recurrir".

—No hay un solo bhikkhu, brahmán, que haya sido designado por el Bienaventurado que sabe y ve, Consumado y plenamente iluminado, así: "Él será su refugio cuando yo me haya ido, y a quien ahora podemos recurrir".

8. —Pero, Maestro Ānanda, ¿acaso existe algún bhikkhu que haya sido elegido por el Saṅgha y designado por un número de bhikkhus mayores de la siguiente manera?: "Él será nuestro refugio después de que el Bienaventurado se haya ido, y a quien ahora podamos recurrir".

—No hay un solo bhikkhu, brahmán, que haya sido elegido por el Saṅgha y designado por un número de bhikkhus mayores de la siguiente manera: "Él será nuestro refugio después de que el Bienaventurado se haya ido, y a quien ahora podemos recurrir".

9. —Pero si no tienen refugio, Maestro Ānanda, ¿cuál es la causa de su concordia?

—No estamos sin un refugio, brahmán. Tenemos un refugio; tenemos el Dhamma como nuestro refugio.

10. —Pero cuando se le preguntó: "Maestro Ānanda, ¿hay algún bhikkhu que haya sido nombrado por el Maestro Gautama así?: 'Él será su refugio cuando yo me haya ido, y a quien entonces podrán recurrir'", usted respondió: —No existe tal bhikkhu... a quien ahora podamos recurrir.

Cuando se le preguntó: "¿Maestro Ānanda, existe algún bhikkhu que haya sido elegido por el Saṅgha y designado por un número de bhikkhus mayores de la siguiente manera?: —'Él será nuestro refugio después de que el Bienaventurado se haya ido, y a quién ahora tenemos como recurso'", usted respondió: —No existe un solo bhikkhu... a quien recurramos ahora.

Cuando se le preguntó: "Pero si no tienen refugio, Maestro Ānanda, ¿cuál es la causa de su concordia?, usted respondió: —No estamos sin refugio, brahmán. Tenemos un refugio; tenemos el Dhamma como nuestro refugio. Ahora, ¿cómo debe considerarse el significado de estas declaraciones, Maestro Ānanda?

—Brahmán, el Bienaventurado que sabe y ve, Consumado y plenamente iluminado, ha prescrito el curso de entrenamiento para los bhikkhus y ha establecido el *Pātimokkha*. En el día de *Uposatha*, todos los que vivimos en dependencia de un solo distrito de aldeas nos reunimos al unísono, y cuando nos reunimos, le pedimos a alguien que conozca el *Pātimokkha* que lo recite. Si un bhikkhu recuerda una ofensa o una transgresión mientras se recita el *Pātimokkha*, lo hacemos actuar de acuerdo con el Dhamma, de acuerdo con las instrucciones. No son los dignos [venerables] los que nos hacen actuar; es el Dhamma lo que nos hace actuar.[4]

11. —¿Maestro Ānanda, hay algún bhikkhu a quien honren, respeten, rindan reverencia y veneren ahora, y de quien vivan en dependencia honrándolo y respetándolo?

—Hay un bhikkhu, brahmán, a quien ahora honramos, respetamos, reverenciamos y veneramos, y de quien vivimos en dependencia, honrándolo y respetándolo.

12. —Pero cuando se te preguntó: "Maestro Ānanda, ¿existe algún bhikkhu que haya sido designado por el Maestro Gautama...?, usted respondió: —No existe un solo bhikkhu...". Cuando se le preguntó: "¿Maestro Ānanda, existe algún bhikkhu que haya sido elegido por el Saṅgha ...?", usted respondió: —No existe tal bhikkhu...

Cuando se le preguntó: "¿Maestro Ānanda, existe algún bhikkhu en particular a quien honre, respete, reverencie y venere, y de quien viva en dependencia honrándolo y respetándolo?", usted respondió: —Hay un bhikkhu a quien nosotros ahora honramos... y de quien vivimos en dependencia honrándolo y respetándolo. Ahora, ¿cómo debe considerarse el significado de estas declaraciones, Maestro Ānanda?

13. —Hay, brahmán, diez cualidades que inspiran confianza que han sido declaradas por el Bienaventurado que sabe y ve, Consumado y plenamente iluminado. Cuando estas cualidades se encuentran en cualquiera de nosotros, lo honramos, respetamos, reverenciamos

y veneramos, y vivimos en dependencia de él, honrándolo y respetándolo. ¿Cuáles son esas diez?

14. (1) Aquí, brahmán, un bhikkhu es virtuoso, mora restringido con la restricción del *Pātimokkha*, es perfecto en conducta y recurso, y ve el miedo respecto a las faltas más pequeñas; se entrena a sí mismo mediante la adopción de los preceptos de entrenamiento.

15. (2) Ha aprendido mucho, recuerda lo que ha aprendido y consolida lo que ha aprendido. Enseñanzas que son buenas al principio, buenas en el medio y buenas al final, con el significado y el fraseo correctos, y que afirman una vida santa que es absolutamente perfecta y pura: enseñanzas como estas, las ha aprendido, recordado, dominado verbalmente, investigado con la mente y penetrado bien mediante la comprensión [correcta].

16. (3) Está contento con sus túnicas, dádivas, comida, lugar de descanso y requisitos medicinales.

17. (4) Obtiene a voluntad, sin problemas ni dificultades, los cuatro *jhānas* que constituyen la mente superior y proporcionan una permanencia placentera aquí y ahora.

18. (5) Ejerce los diversos tipos de poderes sobrenaturales (*iddhividhaṁ paccanubhoti*): habiendo sido uno, se convierte en muchos; habiendo sido muchos, se vuelve uno; aparece y desaparece; atraviesa sin obstáculos un muro, un recinto, una montaña como si atravesara el espacio; se sumerge dentro y fuera de la tierra como si fuera agua; camina sobre el agua sin hundirse como si fuera sobre la tierra; sentado con las piernas cruzadas, viaja en el espacio como un pájaro; con su mano toca y acaricia la luna y el sol tan majestuosos y poderosos; ejerce el dominio corporal incluso hasta el mundo de Brahmā.

19. (6) Con el elemento del oído divino, que está purificado y supera al humano, escucha ambas clases de sonidos, los divinos y los humanos, tanto los que están lejos como los que están cerca.

20. (7) Entiende las mentes de otros seres, de otras personas, habiéndolas abarcado con su propia mente. Él entiende una mente afectada por la lujuria como afectada por la lujuria, y una mente no afectada por la lujuria[5] como no afectada por la lujuria; entiende una mente afectada por el odio como afectada por el odio y una mente no afectada por el odio como no afectada por el odio; entiende una mente afectada por la ofuscación como afectada por la ofuscación y una mente no afectada por la ofuscación como no afectada por la ofuscación; entiende una mente contraída como contraída y una mente distraída como distraída; entiende una mente exaltada como exaltada y una mente no exaltada como no exaltada; entiende una mente superable como superable y una mente insuperable como insuperable; entiende una mente concentrada como concentrada y

una mente no concentrada como no concentrada; entiende una mente liberada como liberada y una mente no liberada como no liberada.

21. (8) Recuerda sus múltiples vidas pasadas, es decir, un nacimiento, dos nacimientos... (Como en M. 51.24) ... Así, con sus aspectos y detalles, recuerda sus múltiples vidas pasadas.

22. (9) Con el ojo divino, que es purificado y supera al humano, ve morir y reaparecer a los seres, inferiores y superiores, hermosos y feos, afortunados y desafortunados, y comprende cómo los seres renacen según sus acciones.

23. (10) Al darse cuenta por sí mismo, con conocimiento directo, aquí y ahora entra y permanece en la liberación de la mente y la liberación por medio de la sabiduría que no tienen mancha con la destrucción de las corrupciones.

Estas, brahmán, son las diez cualidades que inspiran confianza que han sido declaradas por el Bienaventurado que sabe y ve, Consumado y plenamente iluminado. Cuando estas cualidades se encuentran en cualquiera de nosotros, honramos a ese bhikkhu, lo respetamos, lo reverenciamos y veneramos, y vivimos en dependencia de él, honrándolo y respetándolo.

24. Cuando se dijo esto, el brahmán Vassakāra, el ministro de Magadha, dijo al general Upananda: —¿Qué piensas, general? Cuando estos dignos venerables honran al que debe ser honrado, respetan al que debe ser respetado, reverencian al que debe ser reverenciado y veneran al que debe ser venerado, ciertamente honran al que debe ser honrado... y veneran al que debe ser venerado. Porque si estos dignos no honraran, respetaran, reverenciaran y veneraran a tal persona, entonces ¿a quién podrían honrar, respetar, reverenciar y venerar, y de quién podrían vivir en dependencia honrando y respetando?

25. Entonces el brahmán Vassakāra, el ministro de Magadha, dijo al venerable Ānanda: —¿Dónde vive ahora el Maestro Ānanda?

—Ahora vivo en el Bosquecillo de Bambú, brahmán.

—Espero, Maestro Ānanda, que el Bosquecillo de Bambú sea agradable, tranquilo y sin voces, con una atmósfera de reclusión, alejado de la gente, favorable para el retiro.

—Ciertamente, brahmán, el Bosquecillo de Bambú es placentero... favorable para el retiro gracias a tales guardianes protectores como tú.

—Ciertamente, Maestro Ānanda, que el Bosquecillo de Bambú sea placentero... favorable para el retiro se debe a los dignos venerables que meditan y cultivan la meditación. En una ocasión, Maestro Ānanda, el Maestro Gautama estaba viviendo en Vesālī en el salón con el techo a dos aguas en el Gran Bosque. Entonces fui allí y me acerqué al Maestro Gautama, y de muchas maneras me dio una plática sobre la meditación. El Maestro Gautama era un meditador, cultivó la meditación y elogió todo tipo de meditación.

26. —El Bienaventurado, brahmán, no elogió todo tipo de meditación, ni condenó todo tipo de meditación. ¿Qué clase de meditación no elogió el Bienaventurado? Aquí, brahmán, alguien mora con su mente obsesionada por la lujuria sensorial, presa de la lujuria sensorial, y no comprende cómo es en realidad el escape de la lujuria sensorial que ha surgido. Mientras alberga lujuria sensorial en su interior, medita, premedita, sobremedita y mal medita.[6] Mora con su mente obsesionada por la mala voluntad, presa de la mala voluntad... con su mente obsesionada por la pereza y el letargo, presa de la pereza y el letargo... con su mente obsesionada por la inquietud y el remordimiento, presa de la inquietud y del remordimiento... con su mente obsesionada por la duda, presa de la duda, y no comprende cómo es en realidad el escape de la duda surgida. Mientras alberga dudas en su interior, medita, premedita, sobremedita y mal medita.

El Bienaventurado no elogió ese tipo de meditación.

27. ¿Y qué tipo de meditación elogió el Bienaventurado? Aquí, brahmán, bastante apartado de los placeres sensoriales, apartado de los estados malsanos, un bhikkhu entra y permanece en el primer *jhāna*... Con el aquietamiento de la aplicación inicial y la aplicación sostenida de la mente, entra y permanece en el segundo *jhāna*... Con el desvanecimiento también del gozo... entra y permanece en el tercer *jhāna*... Con el abandono del placer y el dolor... entra y permanece en el cuarto *jhāna*... El Bienaventurado elogió ese tipo de meditación.

28. —Parece, Maestro Ānanda, que el Maestro Gautama censuró ese tipo de meditación que debe ser censurado y elogió ese tipo de meditación que debe ser elogiada. Y ahora, Maestro Ānanda, partimos. Estamos ocupados y tenemos mucho que hacer.

—Puedes irte, brahmán, cuando te convenga.

Entonces el brahmán Vassakāra, ministro de Magadha, habiéndose deleitado y regocijado con las palabras del venerable Ānanda, se levantó de su asiento y partió.

29. Luego, poco después de que se hubo ido, el brahmán Gopaka Moggallāna le dijo al venerable Ānanda: —El Maestro Ānanda aún no ha respondido a lo que le preguntamos.

—¿No te dijimos lo siguiente, brahmán? "No hay un solo bhikkhu, brahmán, que posea, en todos y cada uno de los sentidos, todas esas cualidades que poseía el Bienaventurado, Consumado y plenamente iluminado. Porque el Bienaventurado fue el que activó el camino no surgido, el productor del camino no producido, el declarador del camino no declarado; él era el conocedor del camino, el buscador del camino, el experto en el camino. Pero sus discípulos ahora siguen ese camino y posteriormente se establecen en posesión de este".

NOTAS M.108

1. MA dice que después de que se distribuyeron las reliquias del Buda, el venerable Ānanda había llegado a Rājagaha para la recitación del Dhamma (en el primer Gran Concilio).
2. BB: El rey Pajjota era amigo del rey Bimbisāra de Magadha, a quien había matado su hijo Ajātasattu. Según MA, Ajātasattu pensó que el rey Pajjota podría intentar vengar el asesinato de su amigo.
3. BB: Ver: DN 16.1.2-5 / iii.72-76.
4. BB: La importancia de esta afirmación es que el Saṅgha no se rige por los juicios personales de sus miembros, sino por el Dhamma y el código disciplinario establecidos para la comunidad por el Buda. En esto los bhikkhus siguen el mandato final del Buda: "Lo que les he enseñado y explicado como Dhamma y Disciplina será —cuando yo muera— su maestro". Ver: DN 16.6.1 / ii.154.

   NT: Vivir en dependencia de un distrito se refiere a que los bhikkhus tienen que salir diariamente a colectar su comida (*piṇḍapāta*) en cierta localidad, pueblo o ciudad, y por ende se dice que están "en dependencia" de tal lugar. En el párrafo §11 se dice que el bhikkhu "vive en dependencia de un bhikkhu", esto se refiere a la dependencia que se establece cuando el bhikkhu depende de un preceptor (*upajjhāya*) para que lo asista en sus necesidades materiales y espirituales. Cuando una persona ingresa al Saṅgha, lo hace a través de un procedimiento formal (*upasampadā*, la ordenación), en el que se establece una relación de responsabilidad mutua entre el aspirante a bhikkhu y su preceptor, junto con dos maestros.
5. NT: Respecto al término "lujuria" utilizado aquí, ver: n.25, M.43.
6. BB: Ver: n.9, M.50.

109. *Mahāpuṇṇama Sutta*
El gran discurso en la noche de luna llena

1. Esto he escuchado. En una ocasión, el Bienaventurado estaba residiendo en Sāvatthī, en el parque del este, en el palacio de la madre de Migāra.

2. En esa ocasión, en el día de Uposatha del quinceavo día,[1] en la noche de luna llena, el Bienaventurado estaba sentado al aire libre, rodeado por el Saṅgha de bhikkhus.

3. Entonces cierto bhikkhu se levantó de su asiento,[2] colocó su túnica superior sobre un hombro, y, extendiendo sus manos en saludo reverencial hacia el Bienaventurado, le dijo: —Venerable señor, quisiera preguntarle al Bienaventurado acerca de cierto punto, si el Bienaventurado me diera una respuesta a mi pregunta.

—Siéntate en tu propio asiento, bhikkhu, y pregunta lo que quieras.

Así que el bhikkhu se sentó en su propio asiento y le dijo al Bienaventurado:

4. —¿Acaso no son estos, venerable señor, los cinco agregados afectados por el apego?, es decir: el agregado de forma material afectado por el apego, el agregado de la sensación afectado por el apego, el agregado de la percepción afectado por el apego, el agregado de las formaciones mentales afectado por el apego, y el agregado de la conciencia afectado por el apego.

—Estos, bhikkhus, son los cinco agregados afectados por el apego; es decir: El agregado de forma material afectado por el apego... y el agregado de la conciencia afectado por el apego.

Diciendo: —Bien, venerable señor, el bhikkhu se deleitó y se regocijó con las palabras del Bienaventurado. Luego le hizo otra pregunta:

5. Pero, venerable señor, ¿en qué están enraizados estos cinco agregados afectados por el apego?

—Estos cinco agregados afectados por el apego están enraizados en el deseo (*chandamūlaka*)[3], bhikkhu.

6. —Venerable señor, ¿es ese apego lo mismo que estos cinco agregados afectados por el apego, o es el apego algo distinto de los cinco agregados afectados por el apego?[4]

—Bhikkhu, ese apego no es lo mismo que estos cinco agregados afectados por el apego, ni el apego es algo distinto de los cinco agregados afectados por el apego. Es el deseo y la lujuria[5] con respecto a los cinco agregados afectados por el apego lo que es el apego allí.

7. —Pero, venerable señor, ¿puede haber diversidad en el deseo y la lujuria con respecto a estos cinco agregados afectados por el apego (*chandarāgavemattatā'ti*)?

—Puede haberlo, bhikkhu —dijo el Bienaventurado—. Aquí, bhikkhu, alguien piensa así: "Que mi forma material sea así en el futuro; que mi sensación sea así en el futuro; que mi percepción sea así en el futuro; que mis formaciones mentales sean así en el futuro; que mi conciencia sea así en el futuro". Por lo tanto, hay diversidad en el deseo y la lujuria con respecto a estos cinco agregados afectados por el apego.

8. —Pero, venerable señor, ¿de qué manera el término "agregados" se aplica a los agregados?

—Bhikkhu, cualquier tipo de forma material, ya sea pasada, futura o presente; interna o externa; burda o sutil; inferior o superior; lejana o cercana; este es el agregado de la forma material. Cualquier tipo de sensación, ya sea... lejana o cercana: este es el agregado de la sensación. Cualquier tipo de percepción, ya sea... lejana o cercana: este es el agregado de la percepción. Cualquier tipo de formación mental ya sea... lejana o cercana: este es el agregado de las formaciones mentales. Cualquier tipo de conciencia, ya sea... lejana o cercana: este es el agregado de la conciencia. Es de esta manera, bhikkhu, que el término "agregado" se aplica a los agregados.

9. —¿Cuál es la causa y condición, venerable señor, para la manifestación del agregado de la forma material? ¿Cuál es la causa y condición para la manifestación del agregado de la sensación... del agregado de la percepción... del agregado de las formaciones mentales... del agregado de la conciencia?

—Los cuatro grandes elementos, bhikkhu, son la causa y la condición para la manifestación del agregado de la forma material. El contacto es la causa y la condición para la manifestación del agregado de la sensación. El contacto es la causa y la condición para la manifestación del agregado de la percepción. El contacto es la causa y condición para la manifestación del agregado de las formaciones mentales. La mentalidad-materialidad es la causa y condición para la manifestación del agregado de la conciencia.[6]

10. —Venerable señor, ¿cómo surge la noción de la identidad?[7]

—Aquí, bhikkhu, una persona ordinaria sin instrucción, que no tiene respeto por los nobles y es inexperta e indisciplinada en su Dhamma, que no tiene consideración por las personas auténticas y es inexperta e indisciplinada en su Dhamma, considera la forma material como el yo, o el yo como poseedor de forma material, o la forma material como en el yo, o el yo como en la forma material.

Considera la sensación como el yo... la percepción como el yo... las formaciones mentales como el yo... la conciencia como el yo, o el yo como poseedor de conciencia, o la conciencia como en el yo, o el yo como en la conciencia. Así es como surge la noción de la identidad.

11. —Pero, venerable señor, ¿cómo no surge la noción de la identidad?

—Aquí, bhikkhu, un noble discípulo bien instruido, que tiene respeto por los nobles y es hábil y disciplinado en su Dhamma, que tiene respeto por las personas auténticas y es hábil y disciplinado en su Dhamma, no considera la forma material como el yo, o el yo como posesor de la forma material, o la forma material como en el yo, o el yo como en la forma material.

No considera la sensación como el yo... la percepción como el yo... las formaciones mentales como el yo... la conciencia como el yo, o el yo como poseedor de conciencia, o la conciencia como en el yo, o el yo como en la conciencia.

Así es como la noción de la identidad no llega a ser.

12. —Venerable señor, ¿cuál es la satisfacción?, ¿cuál es el peligro y cuál es el escape en el caso de la forma material? ¿cuál es la satisfacción?, ¿cuál es el peligro y cuál es el escape en el caso de la sensación?... ¿...en el caso de la percepción?... ¿...en el caso de las formaciones mentales?... ¿...en el caso de la conciencia?

—El placer y el gozo, bhikkhu, que surgen en dependencia de la forma material, esta es la gratificación en el caso de la forma material. La forma material es transitoria, insatisfactoria y está sujeta a cambios: este es el peligro en el caso de la forma material. La remoción del deseo y la lujuria, el abandono del deseo y la lujuria por la forma material: este es el escape en el caso de la forma material.

El placer y el gozo que surgen en dependencia de la sensación... en dependencia de la percepción... en dependencia de las formaciones mentales... en dependencia de la conciencia: esta es la gratificación en el caso de la conciencia. La conciencia es transitoria, insatisfactoria y está sujeta a cambios: este es el peligro en el caso de la conciencia. La remoción del deseo y la lujuria, el abandono del deseo y la lujuria por la conciencia: este es el escape en el caso de la conciencia.

13. —Venerable señor, en lo que respecta a este cuerpo con su conciencia y todos los signos externos, ¿cómo puede uno saber y ver (*ñāṇadassana*), de tal manera que no haya el *yo-haciendo* (*ahaṅkāra*), *lo mío-haciendo* (*mamaṅkāra*) ni una tendencia subyacente al engreimiento?

—Bhikkhu, cualquier tipo de forma material, ya sea pasada o presente, interna o externa, burda o sutil, inferior o superior, lejana o cercana, uno ve toda forma material como realmente es con la sabiduría adecuada, así: "Esto no es mío, esto no soy yo, esto no es mi yo".

Cualquier tipo de sensación, ya sea... Cualquier tipo de percepción, ya sea... Cualquier tipo de formación mental, ya sea... Cualquier tipo de conciencia, ya sea... uno ve con sabiduría así: "Esto no es mío, esto no soy yo, esto no es mi yo". Cuando uno sabe y ve de esa manera con respecto a este cuerpo con su conciencia y todo signo externo, entonces es cuando no hay un *yo-haciendo*, un *lo mío-haciendo* y no se da la tendencia subyacente al engreimiento".

14. Entonces, en la mente de cierto bhikkhu surgió este pensamiento: "Entonces, parece que la forma material no es el yo, la sensación no es el yo, la percepción no es el yo, las formaciones mentales no son el yo, la conciencia no es el yo. ¿A qué yo, entonces, afectarán las acciones realizadas por el *no yo*?"[8]

Entonces el Bienaventurado, sabiendo en su mente el pensamiento presente en la mente de ese bhikkhu, se dirigió a los bhikkhus así: —Es posible, bhikkhus, que algún hombre descarriado aquí, obtuso e ignorante, con su mente dominada por el anhelo, pueda pensar que él puede superar la dispensación del Maestro así: "Entonces, parece que la forma material no es el yo... la conciencia no es el yo. Entonces, ¿a qué yo afectarán las acciones hechas por el *no yo*?" Ahora, bhikkhus, ustedes han sido entrenados por mí a través de interrogatorios en varias ocasiones con respecto a varias cosas.[9]

15. Bhikkhus, ¿qué piensan? ¿La forma material es permanente o transitoria?

—Transitoria, venerable señor.

—¿Lo transitorio es sufrimiento o felicidad?

—Sufrimiento, venerable señor.

—Lo que es transitorio, sufrimiento y está sujeto a cambios, ¿acaso es adecuado considerarlo como: —Esto es mío; esto soy yo; esto es mi yo?

—No, venerable señor.

—Bhikkhus, ¿qué opinan? ¿Es la sensación... la percepción... las formaciones mentales... la conciencia, permanente o transitoria?

—Transitoria, venerable señor.

—¿Lo transitorio es sufrimiento o felicidad?

—Sufrimiento, venerable señor.

—Lo que es transitorio, sufrimiento y está sujeto a cambios, ¿acaso es adecuado considerarlo como: —Esto es mío; esto soy yo; esto es mi yo?

—No, venerable señor.

16. —Por lo tanto, bhikkhus, cualquier tipo de forma material, ya sea pasada, futura o presente... toda forma material debe ser vista como realmente es con la sabiduría adecuada, así: "Esto no soy, esto no es mío, esto no es mi yo".

Cualquier tipo de sensación, sea la que sea... Cualquier tipo de percepción, sea la que sea... Cualquier tipo de formación mental, sea la que sea... Cualquier tipo de conciencia, sea la que sea... toda conciencia debe ser vista tal cual es con sabiduría adecuada como: "Esto no soy, esto no es mío, esto no es mi yo".

17. Viendo así, un noble discípulo bien instruido se desencanta con la forma material, se desencanta con la sensación, se desencanta con la percepción, se desencanta con las formaciones mentales, y se desencanta con la conciencia.

18. Estando desencantado, se torna desapasionado. A través del desapasionamiento [su mente] se libera. Cuando se libera, llega el conocimiento: "Está liberada". Comprende: "El nacimiento ha sido destruido, la vida santa se ha vivido, lo que se tenía que hacer se ha hecho, y ya no hay retorno a algún estado de ser".

Eso es lo que dijo el Bienaventurado. Los bhikkhus estuvieron satisfechos y deleitados con las palabras del Bienaventurado.

Ahora, mientras se pronunciaba este discurso, al no apegarse, las mentes de sesenta bhikkhus se liberaron de las corrupciones.[10]

NOTAS M.109

1. BB: El día quinceavo de la "quincena" [se especifica como tal ya que, en la división de cuatro meses en ocho partes en la India del tiempo del Buda, la tercera y la séptima parte constaban de catorce días (NT)]. Ver: n.4, M.4 y n.4, M.83.
2. MA explica que este bhikkhu era él mismo un *arahant* y maestro de otros sesenta bhikkhus que vivían con él en el bosque, esforzándose en la meditación. Con la guía de su maestro, habían desarrollado diversos conocimientos profundos, pero no pudieron alcanzar las vías ni los frutos. Por lo tanto, su maestro los llevó a ver al Buda con la esperanza de que él pudiera guiarlos hacia los logros supramundanos. El maestro hace las preguntas, no porque tenga dudas, sino para disipar las dudas de sus discípulos.
3. *Chandamūlakā*. MA glosa *chanda* por *taṇhā*, anhelo [avidez, sed, deseo], que es el origen del sufrimiento comprendido en los cinco agregados.
4. BB: Como en M. 44.6.
5. NT: Ver: n.25, M.43; por otra parte, en Vim., Cap. 8, Sección I se dice que: "Hay dos clases de lujuria: la primera es lujuria por las cosas; la segunda es lujuria por el placer. La lujuria por mansiones celestiales y formas, sonidos, olores, sabores y tangibles que los hombres aman es llamada lujuria por las cosas. Un hombre se aferra a esta lujuria por las cosas y atiende a ella. La separación de esta lujuria mediante [el ejercicio de] la mente y a través de la supresión —esto es soledad, esto es renuncia, esto es libertad, esto es lo no asociado, esto es llamado la separación con respecto a la lujuria".
6. BB: En el agregado de la forma material, cada uno de los cuatro grandes elementos es una condición para los otros tres y para la forma material derivada. El contacto es una condición para cada uno de los tres agregados intermedios, tal como se dice: "Habiendo hecho contacto uno siente, bhikkhus; tras el contacto uno percibe; mediante el contacto uno desea (SN 35:93 / iv.68)". MA explica que, en el momento de la concepción, los fenómenos materiales y los tres agregados mentales que surgen son la mentalidad-materialidad que es condición para la conciencia de renacimiento. Durante el curso de la vida, las facultades sensoriales físicas y los objetos de los sentidos, junto con los tres agregados mentales, son la mentalidad-materialidad que es una condición para la conciencia sensorial.

7. BB: Como en M.44, §§7–8.
8. BB: Parece que este bhikkhu tuvo dificultades para comprender cómo el *kamma* puede producir resultados sin un yo que los reciba.
9. BB: Las lecturas de esta frase son muy divergentes en las distintas ediciones. El mismo *sutta* aparece en SN 22:82 / iii.104, y la lectura allí (*paṭipucchā vinītā*) parece preferible a la lectura aquí (en PTS, *paṭicca vinītā*; en BBS, *paṭivinītā*). La traducción aquí sigue el texto del Saṁyutta. La traducción de Ñm, basada en el texto PTS Majjhima, dice: —Ahora, bhikkhus, han sido entrenados por mí en [condicionalidad] dependiente en varias instancias. Ninguna de las versiones es idiomática pāli, y los comentarios de ambos Nikāyas guardan silencio.
10. MA: Los sesenta bhikkhus descartaron sus temas de meditación originales e investigaron un nuevo tema (basado en el discurso del Buda, MṬ). Sin romper sus posturas, justo en sus asientos, alcanzaron el estado de *arahant.*

110. *Cūḷapuṇṇama Sutta* El discurso menor sobre la noche de luna llena

1. Esto he escuchado. En una ocasión, el Bienaventurado estaba residiendo en Sāvatthī, en el parque del este, en el palacio de la madre de Migāra.

2. En esa ocasión, el día de Uposatha del quinceavo día,[1] en la noche de luna llena, el Bienaventurado estaba sentado al aire libre, rodeado por el Saṅgha de bhikkhus. Luego, examinando al Saṅgha silencioso de bhikkhus, se dirigió a ellos así:

3. —Bhikkhus, ¿sabría una persona falsa (*asappurisa*)[2] de una persona falsa: "esta persona es una persona falsa"?

—No, venerable señor.

—Bien, bhikkhus. Es imposible, no puede ser, que una persona falsa sepa de otra persona falsa: "esta persona es una persona falsa". Pero ¿sabría una persona falsa de una persona auténtica: "esta persona es una persona auténtica"?

—No, venerable señor.

—Bien, bhikkhus. Es imposible, no puede ser, que una persona falsa sepa de una persona auténtica: "esta persona es una persona auténtica".

4. Bhikkhus, una persona falsa está poseída de malas cualidades; se asocia como una persona falsa, quiere como una persona falsa, aconseja como una persona falsa, habla como una persona falsa, actúa como una persona falsa, tiene opiniones como una persona falsa, y da dádivas como una persona falsa.

5. ¿Y cómo es que una persona falsa posee malas cualidades? Aquí, una persona falsa no tiene fe, ni vergüenza, ni miedo de hacer el mal; es ignorante, perezosa, olvidadiza e insensata.

Así es como una persona falsa está poseída de malas cualidades.

6. ¿Y cómo es que una persona falsa se asocia como una persona falsa? Aquí, una persona falsa tiene por amigos y compañeros a esos *samaṇas* y brahmanes que no tienen fe, ni vergüenza, ni miedo de hacer el mal; los ignorantes, los perezosos, los olvidadizos y los necios.

Así es como una persona falsa se asocia como una persona falsa.

7. ¿Y cómo desea la persona falsa como una persona falsa? Aquí, una persona falsa desea aquello que conduce a su propia aflicción, a la aflicción de otros, y a la aflicción de ambos.

Así es como una persona falsa desea como una persona falsa.

8. ¿Y cómo aconseja una persona falsa como una persona falsa? Aquí, una persona falsa aconseja para su propia aflicción, para la aflicción de los demás y para la aflicción de ambos.

Así es como una persona falsa aconseja como una persona falsa.

9. ¿Y cómo habla una persona falsa como una persona falsa? Aquí, una persona falsa habla palabras falsas, palabras maliciosas, palabras groseras y chismes.

Así es como una persona falsa habla como una persona falsa.

10. ¿Y cómo es que una persona falsa actúa como una persona falsa? Aquí, una persona falsa mata a los seres vivos, toma lo que no se le da y se comporta incorrectamente respecto a los placeres sensoriales.

Así es como una persona falsa actúa como una persona falsa.

11. ¿Y cómo es que una persona falsa tiene nociones como una persona falsa? Aquí, una persona falsa sostiene una noción como esta: "No hay nada dado, nada ofrecido, nada sacrificado; ningún fruto o resultado de buenas y malas acciones; no existe este mundo, no existe el otro mundo; no hay madre, no hay padre;[3] no hay ningún ser que renazca espontáneamente; no hay *samaṇas* ni brahmanes buenos y virtuosos en el mundo que se hayan dado cuenta por sí mismos mediante el conocimiento directo y declaren este mundo y el otro mundo".[4]

Así es como una persona falsa mantiene nociones como una persona falsa.

12. ¿Y cómo es que una persona falsa da regalos como una persona falsa? Aquí, una persona falsa da un regalo descuidadamente, no lo da con su propia mano, lo da sin mostrar respeto, da lo que debe descartarse, lo da con la idea de que nada saldrá de ello.

Así es como una persona falsa da regalos como una persona falsa.

13. Esa persona falsa, así poseída de malas cualidades, que así se asocia como una persona falsa, que desea como una persona falsa, que aconseja como una persona falsa, que habla como una persona falsa, que actúa como una persona falsa, que tiene nociones como una persona falsa y que da regalos como una persona falsa —tras la disolución del cuerpo, después de la muerte— reaparece en el destino de las personas falsas. ¿Y cuál es el destino de las personas falsas? Es el infierno o el mundo animal.

14. Bhikkhus, ¿sabría una persona auténtica de una persona auténtica: "esta persona es una persona auténtica"?

—Sí, venerable señor.

—Bien, bhikkhus. Es posible que una persona auténtica sepa de una persona auténtica: "esta persona es una persona auténtica". Pero ¿sabría una persona auténtica de una persona falsa: "esta persona es una persona falsa"?

—Sí, venerable señor.

—Bien, bhikkhus. Es posible que una persona auténtica sepa de una persona falsa: "esta persona es una persona falsa".

15. Bhikkhus, una persona auténtica posee buenas cualidades; se asocia como una persona auténtica, desea como una persona auténtica, aconseja como una persona auténtica, habla como una persona auténtica, actúa como una persona auténtica, tiene nociones como una persona auténtica, y da regalos como una persona auténtica.

16. ¿Y cómo es que una persona auténtica posee buenas cualidades? Aquí una persona auténtica tiene fe, vergüenza y temor de hacer el mal; es erudita, enérgica, atenta y sabia.

Así es como una persona auténtica posee buenas cualidades.

17. ¿Y cómo es que una persona auténtica se asocia como una persona auténtica? Aquí, una persona auténtica tiene como amigos y compañeros a esos *samaṇas* y brahmanes que tienen fe, vergüenza y temor de hacer el mal; que son eruditos, enérgicos, atentos y sabios.

Así es como una persona auténtica se asocia como una persona auténtica.

18. ¿Y cómo es que una persona auténtica desea como una persona auténtica? Aquí, una persona auténtica no desea cosas que conducen a su propia aflicción, ni a la aflicción de otros, ni a la aflicción de ambos.

Así es como una persona auténtica desea como una persona auténtica.

19. ¿Y cómo una persona auténtica aconseja como una persona auténtica? Aquí, una persona auténtica no aconseja para su propia aflicción, para la aflicción de otros ni para la aflicción de ambos.

Así es como una persona auténtica aconseja como una persona auténtica.

20. ¿Y cómo es que una persona auténtica habla como una persona auténtica? Aquí una persona auténtica se abstiene de palabras falsas, de palabras maliciosas, de palabras groseras y de chismes.

Así es como una persona auténtica habla como una persona auténtica.

21. ¿Y cómo es que una persona auténtica actúa como una persona auténtica? Aquí una persona auténtica se abstiene de matar a los

seres vivos, de tomar lo que no se le da, y de la mala conducta en los placeres sensoriales.

Así es como una persona auténtica actúa como una persona auténtica.

22. ¿Y cómo es que una persona auténtica tiene nociones como una persona auténtica? Aquí una persona auténtica sostiene una noción como esta: "Hay lo que se da y lo que se ofrece y lo que se sacrifica; hay fruto y resultado de buenas y malas acciones; existe este mundo y el otro mundo; hay madre y padre; hay seres que renacen espontáneamente; hay *samaṇas* y brahmanes buenos y virtuosos en el mundo que se han dado cuenta por sí mismos mediante el conocimiento directo y declaran este mundo y el otro mundo".[5]

Así es como una persona auténtica tiene nociones como una persona auténtica.

23. ¿Y cómo es que una persona auténtica da regalos como una persona auténtica? Aquí una persona auténtica da un regalo con cuidado, lo da con su propia mano, lo da mostrando respeto, da un regalo valioso, lo da con la noción de que algo saldrá de ello.

Así es como una persona auténtica da regalos como una persona auténtica.

24. Esa persona auténtica, poseída así de buenas cualidades, que de esa manera se asocia como una persona auténtica, que desea como una persona auténtica, que aconseja como una persona auténtica, que habla como una persona auténtica, que actúa como una persona auténtica, que tiene nociones como una persona auténtica y que da regalos como una persona auténtica —en la disolución del cuerpo, después de la muerte— reaparece en el destino de las personas auténticas.

¿Y cuál es el destino de las personas auténticas? Es la grandeza entre los *devas* o grandeza entre los seres humanos.

Eso es lo que dijo el Bienaventurado. Los bhikkhus estuvieron satisfechos y deleitados con las palabras del Bienaventurado.

NOTAS M.110

1. NT: Ver: n.1, M.109.
2. BB: *Asappurisa*. MA glosa para *pāpapurisa*, un hombre malvado.
3. NT: Se refiere a aquellos con quienes todo(a) hijo(a) tiene una deuda moral de honra, deferencia, respeto y gratitud, por razón de haber sido introducido(a) al mundo por ellos.
4. NT: El párrafo es una expresión del entendimiento incorrecto. Ver: M. 117.5.
5. NT: Esta es una expresión comúnmente es encontrada en los *suttas* para definir la comprensión correcta mundana. Ver: M. 117.7. La expresión inicial se refiere a que los actos de generosidad y sacrificio no son en vano, ya que son acciones conducentes a beneficios tanto para los recipientes como para las personas que dan o sacrifican algo, en acuerdo con la ley causal.

2

La división de uno por uno

(*Anupadavagga*)

111. *Anupada Sutta*
Uno por uno tal como ocurrieron

1. Esto he escuchado. En una ocasión, el Bienaventurado residía en Sāvatthī, en el Bosquecillo de Jeta, el parque de Anāthapiṇḍika. Allí se dirigió a los bhikkhus así: —Bhikkhus. —Venerable señor, respondieron. El Bienaventurado dijo esto:

2. —Bhikkhus, Sāriputta es sabio; Sāriputta tiene gran sabiduría; Sāriputta tiene amplia sabiduría; Sāriputta tiene sabiduría gozosa; Sāriputta tiene sabiduría rápida; Sāriputta tiene sabiduría aguda; Sāriputta tiene sabiduría penetrante. Durante medio mes, bhikkhus, Sāriputta obtuvo conocimiento de los estados uno por uno a medida que ocurrían (*anupadadhammavipassanā*).[1] Ahora bien, el conocimiento de Sāriputta de los estados uno por uno a medida que ocurrían fue este:

3. Aquí, bhikkhus, completamente apartado de los placeres sensoriales, apartado de los estados malsanos, Sāriputta entró y permaneció en el primer *jhāna*, que va acompañado de aplicación inicial y aplicación sostenida de la mente, con gozo y placer nacidos de la reclusión.

4. Y los estados en el primer *jhāna*: la aplicación inicial (*vitakka*), la aplicación sostenida de la mente (*vicāra*), el gozo (*pīti*), la felicidad (*sukha*) y la unificación mental (*citt'ekaggatā*); el contacto (*phassa*), la sensación (*vedanā*), la percepción (*saññā*), la volición (*cetanā*) y la mente (*citta*); el entusiasmo (*chanda*), la decisión (*adhimokkha*), la energía (*viriya*), la atención plena (*sati*), la ecuanimidad (*upekkhā*) y la atención (*manasikāra*): estos estados fueron definidos por él uno por uno a medida que ocurrían.[2]

Conocidos por él esos estados surgieron, conocidos por él estuvieron presentes, conocidos por él cesaron. Él entendió así: "Así que, en verdad, estos estados, no habiendo sido, vienen a ser; habiendo sido, se desvanecen". Con respecto a esos estados, permaneció sin atracción y sin repulsión, independiente, desapegado, libre, disociado, con una mente libre de barreras.[3]

Comprendió: "Hay un escape más allá de esto (*uttariṁ nissaraṇaṁ*), y con el cultivo de ese [logro], confirmó que lo hay".[4]

5. Nuevamente, bhikkhus, con el aquietamiento de la aplicación inicial y la aplicación sostenida de la mente, Sāriputta entró y permaneció en el segundo *jhāna*, que tiene confianza interna y unificación mental, sin aplicación inicial ni aplicación sostenida de la mente, con gozo y placer nacidos de la concentración.

6. Y los estados en el segundo *jhāna*: la confianza interna, el gozo, el placer y la unificación mental; el contacto, la sensación, la percepción, la volición y la mente; el entusiasmo, la decisión, la energía, la atención plena, la ecuanimidad y la atención: estos estados fueron definidos por él uno por uno a medida que ocurrían; sabía que esos estados surgían, sabía que estaban presentes, sabía que desaparecían. Él entendió así: "... y con el cultivo de ese [logro], confirmó que lo hay".

7. Una vez más, bhikkhus, con el desvanecimiento del gozo, Sāriputta permaneció en ecuanimidad, y plenamente atento y consciente, aun sintiendo placer con el cuerpo, entró y permaneció en el tercer *jhāna*, debido al cual los nobles declaran: "Aquel que tiene ecuanimidad y es plenamente atento tiene una morada placentera".

8. Y los estados en el tercer *jhāna*: el placer, la atención plena, la comprensión clara (*sampajañña*) y la unificación mental; el contacto, la sensación, la percepción, la volición y la mente; el entusiasmo, la decisión, la energía, la atención plena, la ecuanimidad y la atención: estos estados fueron definidos por él, uno por uno, a medida que ocurrían; sabía que esos estados surgían, sabía que estaban presentes, sabía que desaparecían. Él entendió así: "... y con el cultivo de ese [logro], confirmó que lo hay".

9. Nuevamente, bhikkhus, con el abandono del placer y el dolor, y con la desaparición previa de la alegría y la aflicción, Sāriputta entró y permaneció en el cuarto *jhāna*, el cual tiene: *ni dolor ni placer* y pureza de atención plena debida a la ecuanimidad.

10. Y los estados en el cuarto *jhāna*: la ecuanimidad, la sensación *ni dolorosa ni placentera* (*adukkhamasukhā*), la despreocupación mental debido a la tranquilidad (*passaddhattā cetaso anābhogo*),[5] la pureza de la atención plena (*satipārisuddhi*) y la unificación de la mente; el contacto, la sensación, la percepción, la volición y la mente; el entusiasmo, la decisión, la energía, la atención plena, la ecuanimidad y la atención: estos estados fueron definidos por él uno por uno a medida que ocurrían; sabía que surgían esos estados, sabía que estaban presentes, sabía que desaparecían. Él entendió así: "... y con el cultivo de ese [logro], confirmó que lo hay".

11. Nuevamente, bhikkhus, con la superación completa de las percepciones de la forma, con la desaparición de las percepciones del impacto sensorial, sin prestar atención a las percepciones de

diversidad, consciente de que el "espacio es ilimitado", Sāriputta entró y permaneció en la base del *espacio ilimitado* (*ākāsānañcāyatana*).

12. Y los estados en la base del *espacio ilimitado*: la percepción de la base del *espacio ilimitado* y la unificación de la mente; el contacto, la sensación, la percepción, la volición y la mente; el entusiasmo, la decisión, la energía, la atención plena, la ecuanimidad y la atención: estos estados fueron definidos por él, uno por uno, a medida que ocurrían; sabía que esos estados surgían, sabía que estaban presentes, sabía que desaparecían. Él entendió así: "... y con el cultivo de ese [logro], confirmó que lo hay".

13. Nuevamente, bhikkhus, al superar por completo la base del *espacio ilimitado*, consciente de que "la conciencia es ilimitada", Sāriputta entró y permaneció en la base de la *conciencia ilimitada* (*viññāṇañcāyatana*).

14. Y los estados en la base de la *conciencia ilimitada*: la percepción de la base de la *conciencia ilimitada* y la unificación de la mente; el contacto, la sensación, la percepción, la volición y la mente; el entusiasmo, la decisión, la energía, la atención plena, la ecuanimidad y la atención: estos estados fueron definidos por él, uno por uno, a medida que ocurrían; sabía que esos estados surgían, sabía que estaban presentes, sabía que desaparecían. Él entendió así: "... y con el cultivo de ese [logro], confirmó que lo hay".

15. Una vez más, bhikkhus, al superar por completo la base de la *conciencia ilimitada*, consciente de que "no hay nada", Sāriputta entró y permaneció en la base de la *nada* (*ākiñcaññāyatana*).

16. Y los estados en la base de la *nada*: la percepción de la base de la *nada* y la unificación mental; el contacto, la sensación, la percepción, la volición y la mente; el entusiasmo, la decisión, la energía, la atención plena, la ecuanimidad y la atención: estos estados fueron definidos por él, uno por uno, a medida que ocurrían; sabía que esos estados surgían, sabía que estaban presentes, sabía que desaparecían. Él entendió así: "... y con el cultivo de ese [logro], confirmó que lo hay".

17. Nuevamente, bhikkhus, al superar completamente la base de la *nada*, Sāriputta entró y permaneció en la base de la *ni percepción ni no-percepción* (*nevasaññā nāsaññāyatana*).

18. Emergió plenamente atento de ese logro. Habiendo hecho esto, contempló los estados que habían pasado, cesado y cambiado, de la siguiente manera: "Así que, en verdad, estos estados, no habiendo sido, vienen a ser; habiendo sido, se desvanecen".[6] Con respecto a esos estados, permaneció sin atracción (*anupāyo*), sin repulsión (*anapāyo*), independiente (*anissito*), desapegado (*appaṭibaddho*), libre (*vippamutto*), disociado (*visaṁyutto*), con una mente libre de

barreras (*vimariyādīkatena cetasā*). Él entendió: "Hay un escape más allá, y con el cultivo de ese [logro], confirmó que lo hay".

19. Una vez más, bhikkhus, al superar por completo la base de la *ni percepción ni no-percepción*, Sāriputta entró y permaneció en el *cese de la percepción y la sensación* (*saññāvedayitanirodha*). Y sus corrupciones fueron destruidas por su visión con sabiduría.[7]

20. Emergió plenamente atento de ese logro. Habiendo hecho esto, recordó los estados que habían pasado, cesado y cambiado, de la siguiente manera: "Así que, en verdad, estos estados, no habiendo sido, vienen a ser; habiendo sido, se desvanecen".[8] Con respecto a esos estados, permaneció sin atracción, sin repulsión, independiente, desapegado, libre, disociado, con una mente libre de barreras. Comprendió: "No hay escape más allá, y con el cultivo de ese [logro], confirmó que no lo hay".[9]

21. Bhikkhus, correctamente hablando, si se dijera de alguien: "Él ha obtenido dominio y perfección (*vasippatto pāramipatto*)[10] en noble virtud, logrado dominio y perfección en noble concentración, logrado dominio y perfección en noble sabiduría, logrado dominio y perfección en noble liberación", es de Sāriputta de hecho que, correctamente hablando, esto debería decirse.

22. Bhikkhus, hablando correctamente, si se dijera de alguien: "Él es el hijo del Bienaventurado, nacido de su pecho, nacido de su boca, nacido del Dhamma, creado por el Dhamma, un heredero en el Dhamma, no un heredero de cosas materiales", es de Sāriputta con certeza, de quien correctamente debería decirse esto.

23. Bhikkhus, la inigualable Rueda del Dhamma puesta en marcha por el Tathāgata es mantenida en su curso correcto por Sāriputta.

Eso es lo que dijo el Bienaventurado. Los bhikkhus estuvieron satisfechos y deleitados con las palabras del Bienaventurado.

NOTAS M.111

1. *Anupadadhammavipassanā*. MA explica que desarrolló una visión de los estados en orden sucesivo mediante los logros meditativos y los factores jhánicos, como se describirá más adelante. El período de dos semanas mencionado corresponde al tiempo entre la ordenación del venerable Sāriputta bajo el Buda hasta y su logro del estado de *arahant* mientras escuchaba al Buda explicar la comprensión de las sensaciones a Dīghanakha (ver: M. 74.14).
2. BB: Los primeros cinco estados de la lista son los factores jhánicos propios del primer *jhāna*; los siguientes estados son componentes adicionales, cada uno de los cuales realiza sus funciones individuales dentro del *jhāna*. Este minucioso análisis de los estados mentales en sus componentes anticipa la metodología del *Abhidhamma* y, por lo tanto, no es coincidencia que el nombre de Sāriputta esté tan estrechamente vinculado con el surgimiento de la literatura del *Abhidhamma*.
3. BB: Todos estos términos significan la supresión temporal de las impurezas por el poder de *jhāna*, no la liberación total de las impurezas mediante su erradicación por la vía más elevada, que el Ven. Sāriputta aún tenía que alcanzar.
4. BB: El "escape más allá" (*uttariṁ nissaraṇaṁ*) aquí es el siguiente logro superior, el segundo *jhāna*.
5. Lectura con BBS ed. *passaddhattā cetaso anābhogo*. MA explica que la preocupación mental por el placer, que persiste en el tercer *jhāna*, ahora se considera burdo, y cuando disminuye hay "despreocupación mental debido a la tranquilidad". En la edición del PTS la lectura, *passi vedanā*, es ininteligible y claramente un error.
6. BB: Este método introspectivo indirecto debe utilizarse para contemplar el cuarto logro inmaterial, porque este logro, al ser extremadamente sutil, no entra en el ámbito directo de la investigación de los discípulos. Sólo los Budas plenamente iluminados pueden contemplarlo directamente.
7. MA ofrece esta explicación del pasaje, transmitido por "los *theras* de la India": —Sāriputta cultivó la serenidad y la introspección en conjunción emparejada y realizó el fruto del no retorno. Luego entró en el logro del cese [de la sensación y la percepción], y después de salir de él alcanzó el estado de *arahant*.
8. BB: Dado que no hay factores mentales en el logro del cese, MA dice que aquí "estos estados" deben referirse a los estados de

forma material que ocurrían mientras él alcanzaba el cese, o a los factores mentales del cuarto logro inmaterial precedente.

9. BB: Nótese la comprensión de que "no hay escapatoria más allá" de alcanzar el estado de *arahant*.
10. BB: *Vasippatto paramipatto. Abhiññāvosānapāramippatta.* MA explica como el logro del estado de *arahant*. Éste puede ser el único sentido que tiene la palabra *pāramī* en los cuatro Nikāyas. En la literatura Theravāda posterior, comenzando quizás con obras como el Buddhavaṁsa, esta palabra pasa a significar las virtudes perfeccionadas que un *bodhisatta* debe cumplir durante muchas vidas para alcanzar la Budeidad. En ese contexto corresponde a la *pāramitā* de la literatura Mahāyāna, aunque las listas numéricas de virtudes se superponen sólo en parte.

112. *Chabbidhana Sutta*
La pureza séxtuple

1. Esto he escuchado. En una ocasión, el Bienaventurado residía en Sāvatthī, en el Bosquecillo de Jeta, el parque de Anāthapiṇḍika. Allí se dirigió a los bhikkhus diciendo: —Bhikkhus. —Venerable señor, respondieron. El Bienaventurado dijo esto:

2. —Aquí, bhikkhus, un bhikkhu hace una declaración de conocimiento final así: "Entiendo lo siguiente: el nacimiento ha sido destruido, se ha vivido la vida santa, se ha hecho lo que se tenía que hacer, y ya no hay retorno a ningún estado de ser".

3. Las palabras de ese bhikkhu no deben ser aprobadas ni desaprobadas. Sin aprobar o desaprobar, se debe plantear la siguiente pregunta: —Amigo, hay cuatro tipos de expresión proclamados correctamente por el bendito que conoce y ve, Consumado y plenamente iluminado. ¿Cuáles cuatro? Se habla de lo visto como se vio; se habla de lo oído tal como se oyó; se habla de lo sentido tal como fue percibido; se habla de lo conocido como fue conocido.[1] Estos, amigo, son los cuatro tipos de expresión correctamente proclamados por el Bienaventurado que conoce y ve, Consumado y plenamente iluminado. ¿Cómo sabe el venerable? ¿Cómo ve, con respecto a estos cuatro tipos de expresión, de modo que a través del no aferramiento su mente esté liberada de las corrupciones?

4. Bhikkhus, cuando un bhikkhu es uno con corrupciones destruidas, que ha vivido la vida santa, que hizo lo que tenía que hacerse, dejó la carga, alcanzó la verdadera meta, destruyó los encadenamientos del devenir, y está completamente liberado a través del conocimiento final, esta es la forma natural de responder:

"Amigos, con respecto a lo visto, permanezco no atraído, no repelido, independiente, desapegado, libre, disociado, con una mente liberada de las barreras.[2] En relación con lo escuchado... En relación con lo sentido... En relación con lo conocido, permanezco no atraído, no repelido, independiente, desapegado, libre, disociado, con una mente liberada de las barreras. Es sabiendo así, viendo así, con respecto a estos cuatro tipos de expresión, que, al no aferrarse a ellos, mi mente está liberada de las corrupciones".

5. —Diciendo "bien", uno puede deleitarse y regocijarse en esas palabras del bhikkhu. Habiendo hecho esto, se le puede plantear la siguiente pregunta:

"Amigo, hay estos cinco agregados afectados por el apego, proclamados correctamente por el Bienaventurado que conoce y ve, Consumado y plenamente iluminado. ¿Cuáles cinco? Son el agregado de la forma material afectado por el apego, el agregado de la sensación afectado por el apego, el agregado de la percepción afectado por el apego, el agregado de las formaciones mentales afectadas por el apego y el agregado de conciencia afectado por el apego. Estos, amigo, son los cinco agregados afectados por el apego, proclamados correctamente por el Bienaventurado que conoce y ve, Consumado y plenamente iluminado. ¿Cómo sabe el venerable, cómo ve, con respecto a estos cinco agregados afectados por el apego, de modo que, al no aferrarse a ellos, su mente esté liberada de las corrupciones?"

6. —Bhikkhus, cuando un bhikkhu es uno con corrupciones destruidas... y está completamente liberado a través del conocimiento final, esta es la forma natural de responder:

"Amigos, habiendo sabido que la forma material es débil (*abala*), sujeta a desvanecimiento (*virāga*) y que no provee confort, con la destrucción, desvanecimiento, cese, renuncia y abandono de la atracción y el apego por la forma material, a los puntos de vista mentales, a las adherencias y a las tendencias subyacentes con respecto a la forma material,[3] he entendido que mi mente se ha liberado.

Amigos, habiendo conocido que la sensación... habiendo conocido que la percepción... habiendo conocido que las formaciones mentales... habiendo conocido que la conciencia es débil, que se desvanece y que no provee confort, con la destrucción, desvanecimiento, cese, renuncia y abandono de la atracción y el apego con respecto a la conciencia, los puntos de vista mentales, las adherencias y las tendencias subyacentes con respecto a la conciencia, he entendido que mi mente se ha liberado.

Es sabiendo así, viendo así, con respecto a estos cinco agregados afectados por el apego, que, mediante el no aferramiento, mi mente está liberada de las corrupciones".

7. —Diciendo "bien", uno puede deleitarse y regocijarse en esas palabras del bhikkhu. Habiendo hecho esto, se le puede plantear otra pregunta:

"Amigo, hay estos seis elementos proclamados correctamente por el Bienaventurado que conoce y ve, Consumado y plenamente iluminado. ¿Cuáles seis? Son el elemento tierra, el elemento agua, el elemento fuego, el elemento aire, el elemento del espacio y el elemento de la conciencia. Estos, amigo, son los seis elementos proclamados correctamente por el Bienaventurado que conoce y ve, Consumado y plenamente iluminado. ¿Cómo sabe el venerable, cómo ve, con respecto a estos seis elementos, de modo que, al no aferrarse a ellos su mente esté liberada de las corrupciones?"

8. —Bhikkhus, cuando un bhikkhu es uno con corrupciones destruidas... y está completamente liberado a través del conocimiento final, esta es la forma natural de responder:

"Amigos, he tratado al elemento tierra como *no yo*, sin un yo basado en el elemento tierra.[4] Y con la destrucción, desvanecimiento, cese, renuncia y abandono de la atracción y el apego basados en el elemento tierra, de puntos de vista mentales, adherencias y tendencias subyacentes basadas en el elemento tierra, he entendido que mi mente está liberada.

Amigos, he tratado el elemento agua... el elemento fuego... el elemento aire... el elemento espacio... el elemento de la conciencia como *no yo*, sin un yo basado en el elemento de la conciencia. Y es con la destrucción, el desvanecimiento, el cese, la renuncia y el abandono de la atracción y el apego basados en el elemento de la conciencia, de los puntos de vista mentales, adherencias y tendencias subyacentes basadas en el elemento de la conciencia, que he comprendido que mi mente está liberada.

Es sabiendo así, viendo así, con respecto a estos seis elementos, que mediante el no apego a ellos mi mente está liberada de las corrupciones".

9. —Diciendo "bien", uno puede deleitarse y regocijarse con las palabras de ese bhikkhu. Una vez hecho esto, es posible formular otra pregunta de la siguiente manera:

"Pero, amigo, existen estas seis bases internas y externas correctamente proclamadas por el Bienaventurado que conoce y ve, Consumado y plenamente iluminado. ¿Cuáles seis? Son el ojo y las formas visibles, el oído y los sonidos, la nariz y los olores, la lengua y los sabores, el cuerpo y los objetos tangibles, la mente y los objetos mentales. Estas, amigo, son las seis bases internas y externas justamente proclamadas por el Bienaventurado que conoce y ve, Consumado y plenamente iluminado. ¿Cómo sabe el venerable, y cómo ve, con respecto a estas seis bases internas y externas, para que, al no apegarse a ellas su mente esté liberada de las corrupciones?"

10. —Bhikkhus, cuando un bhikkhu es uno con las corrupciones destruidas... y está completamente liberado a través del conocimiento final, esta es la forma natural de responder:

"Amigos, es con la destrucción, el desvanecimiento, el cese, la renuncia y el abandono del deseo, la lujuria, el deleite, el anhelo, la atracción y el apego, y de los puntos de vista mentales, adherencias y tendencias subyacentes con respecto al ojo, las formas visibles, la conciencia visual, y las cosas cognoscibles [por la mente] a través de la conciencia visual, que he comprendido que mi mente está liberada.[5]

Con la destrucción, el desvanecimiento, el cese, la renuncia y el abandono del deseo, la lujuria, el deleite, el anhelo, la atracción y el apego, y de los puntos de vista mentales, adherencias y tendencias subyacentes con respecto al oído, los sonidos, la conciencia auditiva y las cosas cognoscibles [por la mente] a través de la conciencia auditiva... con respecto a la nariz, los olores, la conciencia olfativa y las cosas cognoscibles [por la mente] a través de la conciencia olfativa... con respecto a la lengua, los sabores, la conciencia gustativa y las cosas cognoscibles [por la mente] a través de la conciencia gustativa... con respecto al cuerpo, los objetos tangibles, la conciencia táctil y las cosas cognoscibles [por la mente] a través de la conciencia táctil... con respecto a la mente, los objetos mentales, la conciencia mental y las cosas cognoscibles [por la mente] a través de la conciencia mental, [es así que] he comprendido que mi mente está liberada.

Es sabiendo así y viendo así, con respecto a estas seis bases internas y externas, que mediante el no apego mi mente está liberada de las corrupciones".

11. —Diciendo "bien", uno puede deleitarse y regocijarse con las palabras de ese bhikkhu. Una vez hecho esto, se puede formular la siguiente pregunta de la siguiente manera:

"Pero, amigo, ¿cómo sabe el venerable? ¿cómo ve, de tal forma que, en lo que respecta a este cuerpo con su conciencia y todos los signos externos (*nimitta*), se hayan erradicado en él el engreimiento de formular un yo (*ahankāra*), el apropiarse mediante 'lo mío' (*mamankāra*) y la tendencia subyacente al engreimiento (*māna*)?" [6]

12. —Bhikkhus, cuando un bhikkhu es uno con las corrupciones destruidas... y está completamente liberado a través del conocimiento final, esta es la forma natural de responder:

"Amigos, antes, cuando vivía la vida hogareña, era ignorante. Entonces el Tathāgata o su discípulo me enseñaron el Dhamma. Al escuchar el Dhamma adquirí fe en el Tathāgata. Poseyendo esa fe, consideré lo siguiente: "La vida en el hogar está abarrotada y llena de polvo; la vida del que ha salido a la vida sin hogar está abierta de par en par. Mientras se vive en un hogar, no es fácil llevar una vida santa totalmente perfecta y pura como una concha pulida. Supongamos que me afeito el cabello y la barba, me pongo la túnica amarilla y salgo de la vida hogareña a la vida sin hogar". En una ocasión posterior, abandonando una pequeña o una gran fortuna, abandonando un pequeño o un gran círculo de relaciones, me afeité el cabello y la barba, me puse la túnica amarilla y salí de la vida hogareña a la vida sin hogar".

13–17. Habiendo salido así y poseyendo el entrenamiento y la forma de vida de los bhikkhus... (Como en M.51, §§14–19) ... purifiqué mi mente de la duda.

18. Habiendo abandonado así estos cinco impedimentos, las imperfecciones de la mente que debilitan la sabiduría, apartado por completo de los placeres sensoriales, apartado de los estados malsanos, entré y permanecí en el primer *jhāna*, que va acompañado de aplicación inicial (*vitakka*) y aplicación sostenida de la mente (*vicāra*), con gozo y placer nacidos de la reclusión. Con el aquietamiento de la aplicación inicial y la aplicación sostenida de la mente, entré y permanecí en el segundo *jhāna*... Con el abandono también del gozo... entré y permanecí en el tercer *jhāna*... Con el abandono del placer y el dolor... entré y permanecí en el cuarto *jhāna*, el cual tiene *ni dolor ni placer* y pureza de atención plena debida a la ecuanimidad.

19. Cuando mi mente concentrada fue así purificada, brillante, sin mancha, libre de imperfecciones, maleable, manejable, estable y habiendo alcanzado la imperturbabilidad, la dirigí al conocimiento de la destrucción de las corrupciones.[7] Supe directamente, como realmente es, lo siguiente: "Esto es el sufrimiento... Este es el origen del sufrimiento... Este es el cese del sufrimiento... Este es el camino que lleva al cese del sufrimiento". Supe directamente, tal como es en realidad: "Estas son las corrupciones... Este es el origen de las corrupciones... Este es el cese de las corrupciones... Este es el camino que conduce al cese de las corrupciones".

20. Cuando supe y vi esto, mi mente se liberó de la corrupción del deseo sensorial, de la corrupción del deseo de existencia [y de no existencia] y de la corrupción de la ignorancia. Cuando fue liberada, llegó el conocimiento: "Está liberada". Supe directamente: "El nacimiento ha sido destruido, la vida santa ha sido vivida, lo que se tenía que hacer se ha hecho, y ya no hay retorno a ningún estado de ser".

Es sabiendo así y viendo así, amigos, que con respecto a este cuerpo con su conciencia y todos los signos externos, que el *yo haciendo* (*ahankāra*), *lo mío haciendo* (*mamankāra*) y la tendencia subyacente al engreimiento, han sido erradicados en mí.

21. —Diciendo "bien", bhikkhus, uno puede deleitarse y regocijarse con las palabras de ese bhikkhu. Habiendo hecho esto, se le debe decir: "Es una ganancia para nosotros, amigo, es una gran ganancia para nosotros, amigo, que podamos ver a un compañero en la vida santa tal como el venerable".[8]

Eso es lo que dijo el Bienaventurado. Los bhikkhus estuvieron satisfechos y deleitados con las palabras del Bienaventurado.

NOTAS M.112

1. BB: Ver: n.17, M.1.
2. BB: Como en M. 111.4, pero aquí estos términos pretenden expresar la erradicación completa de las impurezas por el camino del *arahant.*
3. MA: Todos estos términos significan anhelo y puntos de vista.

   NT: En particular, el término traducido como "desvanecimiento" corresponde a *virāga*, en el pāli original; dicho término es comúnmente traducido como "desapasionamiento". El venerable Bhikkhu Sujato, en su correspondiente traducción del *sutta* (en www.suttacentral.net) explica que el sentido en que aquí se usa el término es como en el símil en el que antiguamente se escribía sobre hojas de palma el contorno de letras con tinta y posteriormente se rellenaba con color. En el paso final se desvanecía dicho contorno lavando la superficie y así dejando las letras escritas en la forma deseada.
4. MA: La primera frase niega la consideración del elemento tierra como un "yo", la segunda niega la consideración de los factores materiales y mentales distintos del elemento tierra como un "yo". El mismo método se aplica a los demás elementos.
5. BB: El texto parece redundante al mencionar ambas formas (*rūpā*) y cosas cognoscibles (por la mente) a través de la conciencia ocular (*cakkhuviññāṇa-viññātabbā dhammā*). MA menciona dos opiniones propuestas para resolver este problema. En la primera, se sostiene que "formas" se refiere a cosas visibles que realmente entran en el conocimiento, y que "cosas cognoscibles..." se refiere a cosas visibles que cesan sin ser conocidas. La segunda opinión sostiene que el primer término significa toda forma sin distinción, y el segundo término los tres agregados mentales que funcionan en asociación con la conciencia visual.
6. MA explica el *yo haciendo* (*ahankāra*) como engreimiento y el *lo mío haciendo* (*mamankāra*) como anhelo. "Todos los signos externos" (*nimitta*) son objetos externos.
7. MA: El recuerdo de vidas pasadas y el conocimiento del fallecimiento y reaparición de seres (normalmente incluidos en este tipo de exposición) se omiten aquí porque la pregunta originalmente planteada en el párrafo §11 se refería al logro del estado de *arahant*, no a logros mundanos.
8. MA dice que este *sutta* también se llama *Ekavissajjita Sutta* (El Discurso de la única respuesta). A MA le resulta difícil dar cuenta

de las "séxtuples" mencionadas en el título original, ya que sólo cinco preguntas y respuestas han aparecido en el discurso. Sugiere dividir el último elemento en dos: el propio cuerpo con su conciencia y los cuerpos conscientes de los demás, y también menciona otra opinión de que los cuatro nutrientes deberían incluirse como el sexto. Sin embargo, ninguna de estas sugerencias parece convincente, y parece probable que se haya perdido una parte del texto.

113. *Sapurisa Sutta*
La persona auténtica

1. Esto he escuchado.[1] En una ocasión, el Bienaventurado residía en Sāvatthī, en el Bosquecillo de Jeta, el parque de Anāthapiṇḍika. Allí se dirigió a los bhikkhus diciendo: —Bhikkhus. —Venerable señor, respondieron. El Bienaventurado dijo esto:

2. —Bhikkhus, les enseñaré el carácter de una persona auténtica (*sappurisadhamma*) y el carácter de una persona falsa (*asappurisadhamma*). Escuchen y presten atención a lo que diré. —Sí, venerable señor, respondieron los bhikkhus. El Bienaventurado dijo esto:

3. —Bhikkhus, ¿cuál es el carácter de una persona falsa? Aquí, una persona falsa que ha salido [a la vida sin hogar] de una familia aristocrática considera lo siguiente: "He salido de una familia aristocrática; pero estos otros bhikkhus no provienen de familias aristocráticas". Así que se elogia a sí mismo y menosprecia a los demás por su familia aristocrática. Este es el carácter de una persona falsa.

Pero una persona auténtica considera lo siguiente: "No es debido a la familia aristocrática de uno que se destruyen los estados de deseo, aversión y ofuscación. Aunque alguien que no haya salido de una familia aristocrática, si ha entrado en el camino que concuerda con el Dhamma, entrado en el camino correcto, y se conduce de acuerdo con el Dhamma, debe ser honrado, debe ser elogiado por eso".

Entonces, poniendo la práctica de la vía en primer lugar, no se alaba a sí misma ni menosprecia a los demás debido a su familia aristocrática. Este es el carácter de una persona auténtica.

4–6. Además, una persona falsa que ha salido de una gran familia... de una familia rica... de una familia influyente considera así: "He salido de una familia influyente; pero estos otros bhikkhus no provienen de familias influyentes". Así que se elogia a sí misma y menosprecia a los demás debido a su familia influyente. Este también es el carácter de una persona falsa.

Pero una persona auténtica considera lo siguiente: "No es debido a la influencia de la familia que se destruyen los estados de deseo, aversión, y ofuscación. Aunque alguien no haya salido de una familia influyente, si ha entrado en el camino que concuerda con el Dhamma, ha entrado en el camino correcto y se conduce de acuerdo con el Dhamma, debe ser honrado por eso, debe ser alabado por eso".

Entonces, poniendo la práctica de la vía en primer lugar, no se elogia a sí misma ni menosprecia a otros debido a su familia influyente. Este también es el carácter de una persona auténtica.

7. Además, una persona falsa que es muy conocida y famosa considera así: "Soy muy conocido y famoso; pero estos otros bhikkhus son desconocidos y son insignificantes". Así que se elogia a sí misma y menosprecia a los demás debido a su renombre. Este también es el carácter de una persona falsa.

Pero una persona auténtica considera así: "No es por el renombre de uno que se destruyen los estados de deseo, aversión y ofuscación. Aunque alguien no sea muy conocido y famoso, sin embargo, si ha entrado en el camino que concuerda con el Dhamma, ha entrado en el camino correcto y se comporta de acuerdo con el Dhamma, debe ser honrado por eso, debe ser alabado por eso".

Entonces, poniendo la práctica de la vía en primer lugar, esa persona no se alaba a sí misma ni menosprecia a los demás por su renombre. Este también es el carácter de una persona auténtica.

8. Además, una persona falsa que obtiene túnicas, comida de dádivas, lugares de descanso y artículos medicinales considera lo siguiente: "Obtengo túnicas, comida de dádivas, lugares de descanso y artículos medicinales; pero estos otros bhikkhus no obtienen estas cosas". De esa forma se elogia a sí misma y menosprecia a los demás debido al beneficio adquirido. Este también es el carácter de una persona falsa.

Pero una persona auténtica considera así: "No es por el beneficio [material] adquirido que se destruyen los estados de deseo, aversión y ofuscación. Aunque alguna persona no obtenga beneficios, si ha entrado en la vía que concuerda con el Dhamma, ha entrado en el camino correcto y se conduce de acuerdo con el Dhamma, debe ser honrada por eso, debe ser alabada por eso".

Entonces, poniendo la práctica de la vía en primer lugar, no se alaba a sí misma ni menosprecia a los demás a causa del beneficio adquirido. Este también es el carácter de una persona auténtica.

9–20. Además, una persona falsa que es erudita... que es experta en la Disciplina... ... que es predicadora del Dhamma... que es un habitante del bosque... que usa trapos de desecho... que es quien adquiere su comida [solamente] de dádivas ... que es un habitante de las raíces de los árboles... que es un habitante de un osario... que es un habitante al aire libre... que es una persona que se sienta continuamente... que es un usuario de cualquier cama... que es alguien que come en una sola sesión considera lo siguiente: "Como en una sola sesión; pero estos otros bhikkhus no comen en una sola sesión".[2] De modo que, así se alaba a sí misma y menosprecia a los demás. Este también es el carácter de una persona falsa.

Pero una persona auténtica considera así: "No es por ser alguien que come en una sola sesión que se destruyen los estados de deseo, aversión y ofuscación. Aunque alguien no coma en una sola sesión, si ha entrado en la vía que concuerda con el Dhamma, ha entrado en el camino correcto y se conduce de acuerdo con el Dhamma, debe ser honrada por eso, debe ser elogiada por eso".

Entonces, poniendo la práctica de la vía en primer lugar, no se alaba a sí misma ni menosprecia a los demás por ser alguien que come en una sola sesión. Este también es el carácter de una persona auténtica.

21. Además, completamente apartado de los placeres sensoriales, apartado de los estados malsanos, una persona falsa entra y permanece en el primer *jhāna*, que va acompañado de aplicación inicial y aplicación sostenida de la mente, con gozo y placer nacidos de la reclusión. Esa persona considera lo siguiente: "He obtenido el logro del primer *jhāna*; pero estos otros bhikkhus no han obtenido el logro del primer *jhāna*". Y así se alaba a sí misma y menosprecia a los demás por su logro del primer *jhāna*. Este también es el carácter de una persona falsa.

Pero una persona auténtica considera lo siguiente: "El Bienaventurado ha declarado la no identificación (*atammayatā*, lit. 'no consistiendo en eso') incluso con el logro del primer *jhāna*; porque, de cualquier manera que conciba, el hecho es siempre distinto de eso".[3]

Entonces, poniendo la no identificación en primer lugar, ni se alaba a sí misma ni menosprecia a los demás por su logro del primer *jhāna*. Este también es el carácter de una persona auténtica.

22–24. Además, con el aquietamiento de la aplicación inicial y la aplicación sostenida de la mente, una persona falsa entra y permanece en el segundo *jhāna*... Con el desvanecimiento también del gozo... entra y permanece en el tercer *jhāna*... Con el abandono del placer y el dolor... entra y permanece en el cuarto *jhāna*...

25. Además, con la completa superación de las percepciones de la forma, con la desaparición de las percepciones de impacto sensorial, con la no-atención a las percepciones de diversidad, consciente de que "el espacio es ilimitado", una persona falsa entra y mora en la base del *espacio ilimitado*...

26. Además, al superar por completo la base del espacio ilimitado, consciente de que "la conciencia es ilimitada", una persona falsa entra y permanece en la base de la *conciencia ilimitada*...

27. Además, al superar completamente la base de la *conciencia ilimitada*, consciente de que "no hay nada", una persona falsa entra y permanece en la base de la *nada*...

28. Además, al superar completamente la base de la *nada*, una persona falsa entra y permanece en la base de la *ni percepción ni no-percepción*. Ella considera lo siguiente: "He obtenido el logro de la base de la *ni percepción ni no-percepción*; pero estos otros bhikkhus no han obtenido el logro de la base de *ni percepción ni no-percepción*". Y así se elogia a sí misma y menosprecia a los demás por su logro de la base de la *ni percepción ni no-percepción*. Este también es el carácter de una persona falsa.

Pero una persona auténtica considera así: "La no identificación incluso con el logro de la base de la *ni percepción ni no-percepción* ha sido declarada por el Bienaventurado; porque, de cualquier forma que se conciba, el hecho es siempre distinto de eso".

Entonces, poniendo la no identificación en primer lugar, no se alaba a sí misma ni menosprecia a los demás debido a su logro de la base de la *ni percepción ni no-percepción*. Este también es el carácter de una persona auténtica.

29. Además, al superar por completo la base de la *ni percepción ni no-percepción*, una persona auténtica entra y permanece en el *cese de la percepción y la sensación* (*saññāvedayitanirodha*).[4] Y, entonces, sus corrupciones son destruidas por su visión con sabiduría. Este bhikkhu no concibe nada, no concibe con respecto a nada, no concibe de ninguna manera.[5]

Eso es lo que dijo el Bienaventurado. Los bhikkhus estuvieron satisfechos y deleitados con las palabras del Bienaventurado.

NOTAS M.113

1. NT: Existe un paralelo en cuanto a temática y estilo entre este *sutta* y AN 4.73.
2. BB: Éstas son nueve de las trece prácticas ascéticas analizadas en Vsm II. El "cuidador continuo" (*nesajjika*) observa la práctica de no acostarse nunca, sino de dormir sentado.
3. MA explica la "no identificación" (*atammayatā*, literalmente "no consiste en eso") como la ausencia de anhelo. Sin embargo, el contexto sugiere que la ausencia de engreimiento puede ser el significado. La afirmación "porque sea cual sea la forma en que lo conciban, el hecho es siempre distinto de eso" (*yena yena hi maññanti tato taṁ hoti aññathā*) es un enigma filosófico que aparece también en Sn 588, Sn 757 y Ud 3:10. Aunque MA guarda silencio, el comentario de Udāna (a Ud 3:10) lo explica en el sentido de que cualquiera que sea la forma en que la gente mundana conciba cualquiera de los cinco agregados (como uno mismo o como pertenecientes al yo, etcétera), aquello que se concibe resulta ser distinto del aspecto que se le atribuye, debido a que lo concebido no es el yo o la pertenencia de un yo, no es "yo" o "mío".

   NT: La persona auténtica evita la identificación con cualquier estado, ya que —siguiendo la instrucción del Buda— entiende que, mientras conciba un "yo" con relación al estado logrado, su evaluación de este será siempre errónea (esto aplica incluso a *sekhas*). Para el *arahant* queda claro que el hecho del logro es solo el surgimiento y cese de este, sin posterior concepción o identificación alguna, ya que el engreimiento del *yo* ha sido destruido. Mientras el individuo sea un *sekha* aún está sujeto a concebir erróneamente, ya que aún está sujeto a la perversión de la percepción (*saññāvipallāsa*) y aún se encuentra atado por el encadenamiento del *engreimiento sutil del yo* (*māna*).
4. BB: Cabe señalar que no hay ningún pasaje que indique que el hombre falso entra en el *cese de la percepción y la sensación*. A diferencia de los *jhānas* y los logros inmateriales que pueden alcanzar los seres mundanos, el cese es dominio exclusivo de los que no regresan y de los *arahants*.
5. BB: *Na kiñci maññati, na kuhiñci maññati, na kenaci maññati.* Esta es una breve declaración de la misma situación descrita en su totalidad en M. 1.51–146. Sobre "concebir" ver: n.6, M.1.

114. *Sevitabbāsevitabba Sutta*
Para ser y para no ser cultivado

1. Esto he escuchado. En una ocasión, el Bienaventurado residía en Sāvatthī en el Bosquecillo de Jeta, el parque de Anāthapiṇḍika. Allí se dirigió a los bhikkhus diciendo: —Bhikkhus. —Venerable señor, respondieron. El Bienaventurado dijo esto:

2. —Bhikkhus, les enseñaré un discurso sobre lo que debe ser cultivado y lo que no debe ser cultivado. Escuchen y atiendan atentamente a lo que voy a decir. —Sí, venerable señor, respondieron los bhikkhus. El Bienaventurado dijo esto:

(PRIMERA EXPOSICIÓN)

3. —Bhikkhus,[1] la conducta corporal es de dos clases, digo: para ser cultivada y para no ser cultivada. Y, de esta manera, la conducta corporal es lo uno o lo otro.[2]

La conducta verbal es de dos clases, digo: para ser cultivada y para no ser cultivada. Y [de esta manera] la conducta verbal es lo uno o lo otro.

La conducta mental es de dos clases, digo: para ser cultivada y para no ser cultivada. Y [de esta manera] la conducta mental es lo uno o lo otro.

La inclinación de la mente es de dos clases, digo: para ser cultivada y para no ser cultivada. Y, de esta manera, la inclinación de la mente es lo uno o lo otro.

La adquisición de la percepción (*saññapaṭilābha*) es de dos clases, digo: para ser cultivada y para no ser cultivada. Y, de esta manera, la adquisición de la percepción es lo uno o lo otro.

La adquisición de la noción es de dos clases, digo: para ser cultivada y para no ser cultivada. Y [de esta manera] la adquisición de la noción es o lo uno o lo otro.

La adquisición de la individualidad es de dos clases, digo: para ser cultivada y para no ser cultivada. Y, de esta manera, la adquisición de la individualidad es lo uno o lo otro.

(PRIMERA ELABORACIÓN)

4. Cuando se dijo esto, el venerable Sāriputta dijo al Bienaventurado: —Venerable señor, comprendo que el significado detallado de la declaración del Bienaventurado, que ha expuesto brevemente sin explicar el significado detallado, es así:

5. "Bhikkhus, la conducta corporal es de dos tipos, digo: para ser cultivada y para no ser cultivada. Y la conducta corporal es lo uno o lo otro". Así lo dijo el Bienaventurado. ¿Y con referencia a qué se dijo esto?

Venerable señor, tal conducta corporal que hace que aumenten los estados malsanos y disminuyan los estados sanos en quien la cultiva, no debe ser cultivada. Pero, en cambio, debe cultivarse la conducta corporal que hace disminuir los estados malsanos y aumentar los estados sanos en quien la cultiva.

¿Y qué tipo de conducta corporal hace que aumenten los estados malsanos y disminuyan los sanos en quien la cultiva? Aquí, alguien mata seres vivos; es asesino, sanguinario, dado a los golpes y a la violencia, despiadado para con los seres vivientes. Toma lo que no se le da; toma por medio del robo la riqueza y la propiedad de otros en el pueblo o en el bosque. Se comporta incorrectamente respecto a los placeres sensoriales; tiene relaciones con las mujeres que están protegidas por su madre, padre, madre y padre, hermano, hermana o parientes, que tienen un marido, que están protegidas por la ley, e incluso con aquellas que están engalanadas en señal de compromiso. Tal conducta corporal hace que aumenten los estados malsanos y disminuyan los estados sanos en quien la cultiva.

¿Y qué tipo de conducta corporal hace que los estados malsanos disminuyan y los sanos aumenten en quien la cultiva? Aquí, alguien, abandonando la matanza de seres vivos, se abstiene de matar seres vivos; con la vara y el arma dejadas a un lado, gentil y bondadosamente, permanece compasivo con todos los seres vivos. Abandonando el tomar lo que no se le da, se abstiene de tomar lo que no se le da; no toma por medio del robo la riqueza y la propiedad de otros en el pueblo o en el bosque. Abandonando la mala conducta en los placeres sensoriales, se abstiene de la mala conducta en los placeres sensoriales; no tiene relaciones con mujeres que están protegidas por su madre, padre, madre y padre, hermano, hermana o parientes, que tienen un marido, que están protegidas por la ley, o con aquellas que están engalanadas en señal de compromiso. Tal conducta corporal hace que los estados malsanos disminuyan y los sanos aumenten en quien la cultiva.

Con referencia a esto, el Bienaventurado dijo lo siguiente: "Bhikkhus, la conducta corporal es de dos tipos, yo digo: para ser cultivada y para no ser cultivada. Y [de esta manera] la conducta corporal es una o la otra".

6. "Bhikkhus, la conducta verbal es de dos tipos, digo: para ser cultivada y para no ser cultivada. Y la conducta verbal es una o la otra". Así lo dijo el Bienaventurado. ¿Y con referencia a qué se dijo esto?

Venerable señor, tal conducta verbal que hace que aumenten los estados malsanos y disminuyan los estados sanos en quien la cultiva, no debe ser cultivada. Pero, en cambio, debe cultivarse la conducta verbal que hace que los estados malsanos disminuyan y los estados sanos aumenten en quien la cultiva.

¿Y qué clase de conducta verbal hace que aumenten los estados malsanos y disminuyan los estados sanos en quien la cultiva? Aquí, alguien habla falsedad; cuando habla falsedad y es convocado a un tribunal, a una reunión, o a la presencia de sus parientes, o a su gremio, o a la presencia de la familia real, y se le pregunta como testigo de esta manera: "Entonces, buen hombre, di lo que sabes"; sin embargo, sin saber, dice, "yo sé", o sabiendo, dice, "no sé"; no viendo, dice, "veo", o viendo, dice, "no veo"; o con plena conciencia habla mentiras para sus propios fines, o para los fines de otros, o para algún fin mundano insignificante. Habla maliciosamente; repite en otra parte lo que ha oído aquí para separar [a esa gente] de éstos, o repite a esta gente lo que ha oído en otra parte para separar [a esta gente] de aquéllos; por lo tanto, es uno que divide a los que están unidos, un creador de divisiones, uno que disfruta de la discordia, se regocija en la discordia, se deleita en la discordia, alguien que profiere palabras que crean discordia. Habla con dureza; pronuncia palabras que son ásperas, duras, hirientes para los demás, ofensivas para los demás, al borde de la ira, que no conducen a la concentración. Él es un chismoso; habla en el momento equivocado, habla de lo que no es un hecho, habla de lo que es inútil, habla en contra del Dhamma y la Disciplina; en el momento equivocado, pronuncia palabras sin valor, irrazonables, inmoderadas y no beneficiosas. Tal conducta verbal hace que aumenten los estados malsanos y disminuyan los estados sanos en quien la cultiva".

¿Y qué clase de conducta verbal hace disminuir los estados malsanos y aumentar los sanos en quien la cultiva? Aquí, alguien, abandonando el hablar falsedades, se abstiene de hablar falsedades; cuando es citado a un tribunal, o a una reunión, o a la presencia de sus parientes, o a su gremio, o a la presencia de la familia real, es interrogado como testigo de la siguiente manera: "Entonces, buen hombre, diga lo que sabe"; no sabiendo, dice, "no sé", o sabiendo, él dice, "yo sé"; no viendo, dice, "no veo", o viendo, dice, "veo"; no dice mentiras con plena conciencia para sus propios fines, o para los fines de otros, o para algún insignificante fin mundano.

Abandonando el lenguaje malicioso, se abstiene del lenguaje malicioso; no repite en otra parte lo que ha oído aquí para separar [a esa gente] de éstos, ni repite a esta gente lo que ha oído en otra parte para separar [a esta gente] de aquéllos; por eso es el que reúne a los divididos, es promotor de amistades, que goza de la concordia, se deleita en la concordia, es orador de palabras que promueven la concordia.

Abandonando el lenguaje áspero, se abstiene de hablar rudamente; habla palabras que son suaves, agradables al oído y amables, que van al corazón, son corteses, deseadas por muchos y agradables para muchos.

Abandonando el chisme, se abstiene del chisme; habla en el momento adecuado, habla sobre lo que es un hecho, habla sobre lo que es bueno, habla sobre el Dhamma y la Disciplina; en el momento adecuado pronuncia palabras que vale la pena registrar, razonables, moderadas y beneficiosas. Tal conducta verbal hace que los estados malsanos disminuyan y los saludables aumenten en quien la cultiva".

Entonces fue con referencia a esto que el Bienaventurado dijo: "Bhikkhus, la conducta verbal es de dos tipos, digo: para ser cultivada y para no ser cultivada. Y la conducta verbal es lo uno o lo otro".

7. "La conducta mental es de dos clases, digo: para ser cultivada y para no ser cultivada. Y la conducta mental es lo uno o lo otro". Así lo dijo el Bienaventurado. ¿Y con referencia a qué se dijo esto?

Venerable señor, aquella conducta mental que hace que aumenten los estados malsanos y disminuyan los estados sanos en quien la cultiva, no debe ser cultivada. Pero aquella conducta mental que hace que los estados malsanos disminuyan y los estados sanos aumenten en quien la cultiva, debe ser cultivada.

¿Y qué clase de conducta mental hace que aumenten los estados malsanos y disminuyan los estados sanos en quien la cultiva? Aquí, alguien es codicioso; codicia la riqueza y la propiedad de otros así: "¡Oh, que lo que pertenece a otro sea mío!" O tiene una mente de mala voluntad e intenciones de odio así: "¡Que estos seres sean asesinados y sacrificados, que sean cortados, perezcan o sean aniquilados!" Tal conducta mental hace que aumenten los estados malsanos y disminuyan los estados sanos en quien la cultiva.

¿Y qué clase de conducta mental hace que los estados malsanos disminuyan y los sanos aumenten en quien la cultiva? Aquí, alguien no es codicioso; no codicia la riqueza y la propiedad de otros así: "¡Oh, que lo que pertenece a otro sea mío!" Su mente no tiene mala voluntad y tiene intenciones libres de odio así: "¡Que estos seres estén libres de enemistad, aflicción y ansiedad! ¡Que se cuiden a sí mismos felizmente!" Tal conducta mental hace que los estados malsanos disminuyan y los estados sanos aumenten en quien la cultiva.

Con referencia a esto, el Bienaventurado dijo lo siguiente: "Bhikkhus, la conducta mental es de dos tipos, digo: para ser cultivada y para no ser cultivada. Y la conducta mental es o lo uno o lo otro".[3]

8. "La inclinación de la mente es de dos clases, digo: para ser cultivada y para no ser cultivada. Y la inclinación de la mente es lo uno o lo otro". Así lo dijo el Bienaventurado. ¿Y con referencia a qué se dijo esto?

Venerable señor, aquella inclinación de la mente que hace que aumenten los estados malsanos y disminuyan los estados sanos en quien la cultiva, no debe ser cultivada. Pero aquella inclinación de la mente que hace que los estados malsanos disminuyan y los estados sanos aumenten en quien la cultiva, debe ser cultivada.

¿Y qué tipo de inclinación de la mente hace que aumenten los estados malsanos y disminuyan los estados sanos en quien la cultiva? Aquí, alguien es codicioso y mora con la mente infundida de codicia; tiene mala voluntad y mora con su mente infundida de mala voluntad; es cruel y mora con su mente infundida de crueldad.[4] Tal inclinación de la mente hace que aumenten los estados malsanos y disminuyan los estados sanos en quien la cultiva.

¿Y qué tipo de inclinación de la mente hace que los estados malsanos disminuyan y los sanos aumenten en quien la cultiva? Aquí, alguien no es codicioso y mora con su mente desapegada de la codicia; no tiene mala voluntad y permanece con su mente desapegada de la mala voluntad; no es cruel y permanece con su mente desapegada de la crueldad. Tal inclinación de la mente hace que los estados malsanos disminuyan y los sanos aumenten en quien la cultiva.

Con referencia a esto, el Bienaventurado dijo lo siguiente: "Bhikkhus, la inclinación de la mente es de dos tipos, digo: para ser cultivada y para no ser cultivada. Y la inclinación de la mente es lo uno o lo otro".

9. "La adquisición de la percepción es de dos clases, digo: para ser cultivada y para no ser cultivada. Y la adquisición de la percepción es lo uno o lo otro". Así lo dijo el Bienaventurado. ¿Y con referencia a qué se dijo esto?

Venerable señor, aquella adquisición de percepción que hace que aumenten los estados malsanos y disminuyan los estados sanos en quien la cultiva, no debe ser cultivada. Pero aquella adquisición de percepción que hace que los estados malsanos disminuyan y los estados sanos aumenten en quien la cultiva, debe ser cultivada.

¿Y qué tipo de adquisición de percepción hace que aumenten los estados malsanos y disminuyan los estados sanos en quien la cultiva? Aquí, alguien es codicioso y permanece con su percepción infundida de codicia; tiene mala voluntad y permanece con su percepción infundida de mala voluntad; es cruel y permanece con su percepción infundida de crueldad. Tal adquisición de percepción hace que aumenten los estados malsanos y disminuyan los estados sanos en quien la cultiva.

¿Y qué tipo de adquisición de la percepción hace que los estados malsanos disminuyan y los estados sanos aumenten en quien la cultiva? Aquí, alguien no es codicioso y permanece con su percepción desapegada de la codicia; no tiene mala voluntad y permanece con su percepción desapegada de la mala voluntad; no es cruel y permanece con su percepción desapegada de la crueldad. Tal adquisición de percepción hace que los estados malsanos disminuyan y los sanos aumenten en quien la cultiva.

Así que fue con referencia a esto que el Bienaventurado dijo: "Bhikkhus, la adquisición de la percepción es de dos tipos, digo: para ser cultivada y para no ser cultivada. Y, de esta manera, la adquisición de la percepción es o lo uno o lo otro".

10. "La adquisición de la noción es de dos clases, digo: para ser cultivada y para no ser cultivada. Y la adquisición de la noción es o lo uno o lo otro". Así lo dijo el Bienaventurado. ¿Y con referencia a qué se dijo esto?

Venerable señor, aquella adquisición de noción que hace que aumenten los estados malsanos y disminuyan los estados sanos en quien la cultiva, no debe ser cultivada. Pero debe cultivarse aquella adquisición de noción que hace que los estados malsanos disminuyan y los estados sanos aumenten en quien la cultiva.

¿Y qué tipo de adquisición de noción hace que aumenten los estados malsanos y disminuyan los estados sanos en quien la cultiva? Aquí, alguien sostiene una noción como esta: "No hay nada dado, nada ofrecido, nada sacrificado; no hay fruto alguno o resultado de buenas y malas acciones; no hay este mundo, no hay otro mundo; no hay madre, no hay padre;[5] no hay ningún ser que renazca espontáneamente; no hay *samaṇas* y brahmanes buenos y virtuosos en el mundo que se han dado cuenta por sí mismos mediante el conocimiento directo y declaran este mundo y el otro mundo".

Tal adquisición de noción hace que aumenten los estados malsanos y disminuyan los estados sanos en quien la cultiva.

¿Y qué tipo de adquisición de noción hace que disminuyan los estados malsanos y aumenten los estados sanos en quien la cultiva? Aquí alguien sostiene una noción como esta: "Hay lo que se da y lo que se ofrece y lo que se sacrifica; hay fruto y resultado de buenas y malas acciones; existe este mundo y el otro mundo; hay madre y padre; hay seres que renacen espontáneamente; hay *samaṇas* y brahmanes buenos y virtuosos en el mundo que se han dado cuenta por sí mismos por conocimiento directo y declaran este mundo y el otro mundo".

Tal adquisición de noción hace que los estados malsanos disminuyan y los estados sanos aumenten en quien la cultiva.

Con referencia a esto, el Bienaventurado dijo lo siguiente: "Bhikkhus, la adquisición de la noción es de dos tipos, digo: para ser cultivada y para no ser cultivada. Y la adquisición de la noción es lo uno o lo otro".

11. "La adquisición de la individualidad (*attabhāvapaṭilābha*) es de dos clases, digo:[6] para ser cultivada y para no ser cultivada. Y la adquisición de la individualidad es lo uno o lo otro". Así lo dijo el Bienaventurado. ¿Y con referencia a qué se dijo esto?

Venerable señor, aquella adquisición de individualidad que hace que aumenten los estados malsanos y disminuyan los estados sanos en quien la cultiva no debe ser cultivada. Pero debe cultivarse aquella adquisición de individualidad que hace que los estados malsanos disminuyan y los estados sanos aumenten en quien la cultiva.

¿Y qué clase de adquisición de individualidad hace que aumenten los estados malsanos y disminuyan los estados sanos en quien la cultiva? Aquí, cuando una persona genera una adquisición de individualidad sujeta a la aflicción, aumentan en ella los estados malsanos y disminuyen los saludables, impidiéndole llegar a la consumación (*apariniṭṭhitabhāvāya*).[7]

¿Y qué tipo de adquisición de la individualidad hace que los estados malsanos disminuyan y los sanos aumenten en quien la cultiva? Aquí, cuando una persona genera una adquisición de individualidad libre de aflicción, los estados malsanos disminuyen y los estados sanos aumentan en ella, capacitándola para alcanzar la consumación.

Con referencia a esto, el Bienaventurado dijo lo siguiente: "Bhikkhus, la adquisición de la individualidad es de dos tipos, digo: para ser cultivada y para no ser cultivada. Y, de esta manera, la adquisición de la individualidad es lo uno o lo otro".

12. Venerable señor, entiendo que el significado detallado de la declaración del Bienaventurado, que ha expuesto brevemente sin exponer el significado detallado, es así.

(PRIMERA APROBACIÓN Y RECAPITULACIÓN)

13. —¡Bien, bien, Sāriputta! Es bueno que comprendas el significado detallado de mi declaración, que expuse brevemente sin exponer el significado detallado.

14–20. (En estos párrafos, el Buda repite textualmente §§5–11, con la sustitución de "Sāriputta" por "venerable señor" y de "por mí" por "por el Bienaventurado").

21. "Sāriputta, el significado detallado de mi declaración, que expuse en breve, debe considerarse así".

(SEGUNDA EXPOSICIÓN)

22. Sāriputta, las formas cognoscibles por el ojo son de dos clases, digo: para ser cultivadas y para no ser cultivadas.[8] Los sonidos cognoscibles por el oído son de dos clases, digo: para ser cultivados y para no ser cultivados. Los olores cognoscibles por la nariz son de dos clases, digo: para ser cultivados y para no ser cultivados. Los sabores cognoscibles por la lengua son de dos clases: para ser cultivados y para no ser cultivados. Los objetos tangibles cognoscibles por el cuerpo son de dos clases, digo: para ser cultivados y para no ser cultivados. Los objetos mentales cognoscibles por la mente son de dos tipos, digo: para ser cultivados y para no ser cultivados.

(SEGUNDA ELABORACIÓN)

23. Cuando se dijo esto, el venerable Sāriputta dijo al Bienaventurado: —Venerable señor, comprendo que el significado detallado de la declaración del Bienaventurado, que él ha expuesto brevemente sin explicar el significado detallado, es así:

24. "Sāriputta, las formas cognoscibles por el ojo son de dos tipos, digo: para ser cultivadas y para no ser cultivadas". Así lo dijo el Bienaventurado. ¿Y con referencia a qué se dijo esto?

Venerable señor, aquellas formas cognoscibles a simple vista que causan el aumento de los estados malsanos y la disminución de los estados sanos en quien las cultiva, no deben ser cultivadas. Pero aquellas formas cognoscibles por el ojo que causan la disminución de los estados malsanos y el aumento de los estados sanos en quien las cultiva, deben ser cultivadas.

Entonces, con referencia a esto, el Bienaventurado dijo: "Sāriputta, las formas cognoscibles por el ojo son de dos tipos, digo: para ser cultivadas y para no ser cultivadas.

25. "Los sonidos cognoscibles por el oído son de dos tipos, digo...

26. "Los olores cognoscibles por la nariz son de dos tipos, digo...

27. "Los sabores cognoscibles por la lengua son de dos tipos, digo...

28. "Los objetos tangibles cognoscibles por el cuerpo son de dos tipos, digo...

29. "Los objetos mentales cognoscibles por la mente son de dos tipos, digo: para ser cultivados y para no ser cultivados". Así lo dijo el Bienaventurado. ¿Y con referencia a qué se dijo esto?

Venerable señor, aquellos objetos mentales cognoscibles por la mente que causan el aumento de los estados malsanos y la disminución de los estados sanos en quien los cultiva, no deben ser cultivados. Pero aquellos objetos mentales cognoscibles por la mente que causan la disminución de los estados malsanos y el aumento de los estados sanos en quien los cultiva, deben ser cultivados.

Así que fue con referencia a esto que el Bienaventurado dijo: "Los objetos mentales cognoscibles por la mente son de dos tipos, digo: para ser cultivados y para no ser cultivados".

30. Venerable señor, entiendo que ese es el significado detallado de la declaración del Bienaventurado, que él ha expuesto brevemente sin exponer el significado detallado.

(SEGUNDA APROBACIÓN Y RECAPITULACIÓN)

31. —¡Bien, bien, Sāriputta! Es bueno que entiendas que el significado detallado de mi declaración, que expuse brevemente sin exponer el significado detallado, es así.

32–37. (En estos párrafos, el Buda repite textualmente §§24–29, con las sustituciones necesarias).

38. Sāriputta, el significado detallado de mi expresión, que yo expuse en breve, debe ser considerado así.

(TERCERA EXPOSICIÓN)

39. Sāriputta, las túnicas son de dos tipos, digo: para ser cultivadas y para no ser cultivadas. La comida de dádivas es de dos clases, digo: para ser cultivada y para no ser cultivada. Los lugares de descanso son de dos clases, digo: para ser cultivados y para no ser cultivados. Los pueblos son de dos clases, digo: para ser cultivados y para no ser cultivados. Las ciudades son de dos clases, digo: para ser cultivadas y para no ser cultivadas. Los distritos son de dos clases, digo: para ser cultivados y para no ser cultivados. Las personas son de dos clases, digo: para ser cultivadas y para no ser cultivadas.

40. Cuando se dijo esto, el venerable Sāriputta le dijo al Bienaventurado: —Venerable señor, entiendo que el significado detallado de la declaración del Bienaventurado, que él ha expuesto brevemente sin explicar el significado detallado, es así:

41. "Sāriputta, las túnicas son de dos tipos, digo: para ser cultivadas y para no ser cultivadas". Así lo dijo el Bienaventurado. ¿Y con referencia a qué se dijo esto?

Venerable señor, aquellas túnicas que hacen que aumenten los estados malsanos y disminuyan los estados sanos en quien las cultiva, no deben ser cultivadas. Pero las túnicas que hacen que disminuyan los estados malsanos y aumenten los estados sanos en quien las cultiva, deben ser cultivadas.

Así que fue con referencia a esto que fue dicho por el Bienaventurado: "Sāriputta, las túnicas son de dos tipos, yo digo: para ser cultivadas y para no ser cultivadas".

42. "La comida de dádivas es de dos tipos, digo...

43. "Los lugares de descanso son de dos tipos, digo...

44. "Las aldeas son de dos tipos, digo...

45. "Los pueblos son de dos clases, digo...

46. "Las ciudades son de dos tipos, digo...

47. "Los distritos son de dos clases, digo...

48. "Las personas son de dos clases, digo: para ser cultivadas y para no ser cultivadas". Así lo dijo el Bienaventurado. ¿Y con referencia a qué se dijo esto?

Venerable señor, [la asociación con] personas que hacen que aumenten los estados malsanos y los estados sanos disminuyan en quien la cultiva no debe ser cultivada. Pero [la asociación con] aquellas personas que hacen que los estados malsanos disminuyan y los estados sanos aumenten en aquel que la cultiva, debe ser cultivada.

Así que fue con referencia a esto que fue dicho por el Bienaventurado: "Las personas son de dos tipos, digo: para ser cultivadas y para no ser cultivadas".

49. Venerable señor, entiendo que ese es el significado detallado de la declaración del Bienaventurado, que él ha expuesto brevemente sin exponer el significado detallado.

(TERCERA APROBACIÓN Y RECAPITULACIÓN)

50. —¡Bien, bien, Sāriputta! Es bueno que comprendas el significado detallado de mi declaración, que expuse brevemente sin exponer el significado detallado, siendo así.

51–58. (En estos párrafos, el Buda repite textualmente §§41–48 con las sustituciones necesarias).

59. Sāriputta, el significado detallado de mi declaración, que expuse en breve, debe considerarse así.

(CONCLUSIÓN)

60. Sāriputta, si todos los nobles entendieran así el significado detallado de la declaración que expuse brevemente, les conduciría a su bienestar y felicidad durante mucho tiempo.[9]

Si todos los brahmanes... todos los comerciantes... todos los trabajadores entendieran así el significado de mi declaración, que expuse en breve, esta los conduciría a su bienestar y felicidad durante mucho tiempo.

Si el mundo con sus *devas*, sus Māras y sus Brahmās, esta generación con sus *samaṇas* y brahmanes, sus príncipes y su gente, entendieran así el significado detallado de la declaración que pronuncié brevemente, esta conduciría al bienestar y felicidad del mundo por un largo tiempo.

Eso es lo que dijo el Bienaventurado. El venerable Sāriputta quedó satisfecho y deleitado con las palabras del Bienaventurado.

NOTAS M.114

1. BB: Este primer párrafo ofrece simplemente un "índice" que se desarrollará en el cuerpo del *sutta*.
2. *Aññamaññaṁ*. MA: Los dos son mutuamente excluyentes y no hay forma de considerar uno como el otro.
3. BB: Aunque la noción incorrecta y la noción correcta generalmente se incluyen en la conducta mental, en este *sutta* se muestran por separado en el párrafo §10 como "la adquisición de la noción".
4. BB: Mientras que la codicia y la mala voluntad descritas en el párrafo §7 poseen la fuerza de un curso de acción completo (*kammapatha*), en esta sección sobre la inclinación de la mente (*cittuppāda*) se muestran en su etapa incipiente como meras disposiciones que aún no han estallado en voliciones obsesivas.
5. NT: Hacia los que debe haber consideración, deferencia, servicio y gratitud. El hecho de que somos introducidos al mundo y, después de nacer cuidados por nuestros padres, nos establece en una deuda moral hacia ellos. El pasaje que contiene esta expresión es una de las definiciones de la comprensión o noción incorrecta; el siguiente pasaje es la expresión de la comprensión o noción correcta (ver, Mahācattārīsaka Sutta, M. 117.5, 7).
6. BB: "Adquisición de individualidad" (*attabhāvapaṭilābha*) aquí se refiere al modo de renacimiento.

   NT: Aquí el significado de "adquisición", tal como es usado en este y otros contextos de los suttas, se refiere, en particular, a la obtención o consecución de los agregados.
7. BB: *Apariniṭṭhitabhāvāya*. La expresión puede ser exclusiva de este *sutta*. MA lo explica con *bhavānaṁ apariniṭṭhita-bhāvāya* y explica: Hay cuatro modos de existencia individual "sujetos a aflicción" (*sabyābajjhattabhāvā*). El primero es el ser mundano que es incapaz de alcanzar la consumación de la existencia en esa vida particular; para él, desde el momento del renacimiento en adelante, los estados malsanos aumentan y los estados sanos disminuyen, y genera una individualidad acompañada de sufrimiento. También el que entra en la corriente, el que regresa una vez y el que no regresa. Incluso los que no regresan todavía no han abandonado el anhelo de ser y, por lo tanto, no han alcanzado la consumación. Los individuos [mencionados justo debajo en el texto] que adquieren existencia individual "libre de aflicción" (*abyābajjhattabhāvā*) son los mismos cuatro cuando entran en la existencia final en la que alcanzarán el estado de

arahant. Incluso el ser mundano en su última existencia es capaz de consumar la existencia, como en el caso del asesino en serie Aṅgulimāla. Se dice que su [última] existencia está libre de aflicciones y que alcanzan la consumación.

8. MA señala que aquí no se utiliza la cláusula "Las formas son lo uno o lo otro" porque la distinción no radica en el objeto sino en el acercamiento a él. Para una persona, la lujuria y otras impurezas surgen hacia una forma particular, pero otra persona desarrolla desapasionamiento y desapego con respecto a la misma forma.
9. MA dice que no se puede decir que aquellos que estudian el texto y el comentario de este *sutta*, sin practicar de acuerdo con él, "comprendan el significado detallado". Sólo aquellos que practican en consecuencia pueden ser descritos de esa manera.

115. *Bahudhātuka Sutta*
Los muchos tipos de elementos

1. Esto he escuchado. En una ocasión, el Bienaventurado vivía en Sāvatthī, en el Bosquecillo de Jeta, el parque de Anāthapiṇḍika. Allí se dirigió a los bhikkhus diciendo: —Bhikkhus. —Venerable señor, respondieron. El Bienaventurado dijo esto:

2. —Bhikkhus, cualesquiera que sean los temores que surjan, todos surgen a causa de la persona necia, no a causa de la persona sabia; cualesquiera que sean los problemas que surjan, todos surgen a causa del necio [*bāla*; no sabio, ignorante, tonto], no a causa de la persona sabia; cualesquiera que sean las calamidades que surgen, todas surgen por causa del necio, no por causa de la persona sabia.

Así como un fuego que se inicia en un cobertizo hecho de juncos o hierba quema incluso las casas con techos a dos aguas, con paredes revocadas por dentro y por fuera, cerradas, aseguradas con barrotes, con ventanas cerradas; así también, bhikkhus, cualesquiera que sean los temores que surjan... todos surgen a causa de la persona necia, no a causa de la persona sabia.

Así, el necio trae miedo, el sabio no trae miedo; el necio trae problemas, el sabio no trae problemas; el necio trae calamidad, la persona sabia no trae calamidad. Ningún temor proviene del sabio, ningún problema proviene del sabio, ninguna calamidad proviene del sabio. Por lo tanto, bhikkhus, deben instruirse así: "Seremos personas sabias, seremos indagadores (*vīmaṁsakā'ti*)".

3. Cuando se dijo esto, el venerable Ānanda preguntó al Bienaventurado: —¿De qué manera, venerable señor, puede un bhikkhu ser llamado un hombre sabio e indagador?

—Cuando, Ānanda, un bhikkhu es hábil en los elementos, hábil en las bases, hábil en el origen dependiente, hábil en lo que es posible y lo que es imposible, de esa manera puede ser llamado un hombre sabio e indagador.

(LOS ELEMENTOS)

4. —Pero, venerable señor, ¿de qué manera se puede llamar a un bhikkhu hábil en los elementos?

—Existen, Ānanda, estos dieciocho elementos: el elemento del ojo, el elemento de la forma visible, el elemento de la conciencia visual; el elemento del oído, el elemento del sonido, el elemento de la conciencia auditiva; el elemento de la nariz, el elemento del olor, el elemento de la conciencia olfativa; el elemento de la lengua, el elemento del sabor, el elemento de la conciencia gustativa; el elemento corporal, el elemento tangible, el elemento de la conciencia táctil; el elemento mental (*manodhātu*), el elemento del objeto mental (*dhammadhātu*), y el elemento de la conciencia mental (*manoviññāṇadhātu*).[1]

Cuando un bhikkhu conoce y ve estos dieciocho elementos, ese bhikkhu puede ser llamado hábil en los elementos.

5. —Pero, venerable señor, ¿podría haber otra manera en la que un bhikkhu pueda ser llamado hábil en los elementos?

—Podría haberlo, Ānanda. Existen, Ānanda, estos seis elementos: el elemento tierra, el elemento agua, el elemento fuego, el elemento aire, el elemento espacio y el elemento conciencia. Cuando conoce y ve estos seis elementos, un bhikkhu puede ser llamado hábil en los elementos.

6. —Pero, venerable señor, ¿podría haber otra manera en la que un bhikkhu pueda ser llamado hábil en los elementos?

—Podría haberlo, Ānanda. Hay, Ānanda, estos seis elementos: el elemento de placer [sensación placentera corporal], el elemento de dolor [sensación no placentera corporal], el elemento del gozo [sensación placentera mental], el elemento de la congoja o pesar [sensación no placentera mental], el elemento de la ecuanimidad y el elemento de la ignorancia. Cuando conoce y ve estos seis elementos, un bhikkhu puede ser llamado hábil en los elementos.[2]

7. —Pero, venerable señor, ¿podría haber otra manera en la que un bhikkhu pueda ser llamado hábil en los elementos?

—Podría haberlo, Ānanda. Existen, Ānanda, estos seis elementos: el elemento del deseo sensorial, el elemento de la renuncia, el elemento de la mala voluntad, el elemento de la *no mala voluntad*, el elemento de la crueldad y el elemento de la *no crueldad*. Cuando sabe y ve estos seis elementos, un bhikkhu puede ser llamado hábil en los elementos.[3]

8. —Pero, venerable señor, ¿podría haber otra manera en la que un bhikkhu pueda ser llamado hábil en los elementos?

—Podría haberlo, Ānanda. Existen, Ānanda, estos tres elementos: el elemento de la esfera de los sentidos (*kāmāvacaradhātu*), el elemento de la materia sutil (*rūpāvacaradhātu*) y el elemento inmaterial (*arūpāvacaradhātu*). Cuando conoce y ve estos tres elementos, un bhikkhu puede ser llamado hábil en los elementos.[4]

9. —Pero, venerable señor, ¿podría haber otra manera en la que un bhikkhu pueda ser llamado hábil en los elementos?

—Podría haberlo, Ānanda. Existen, Ānanda, estos dos elementos: el elemento condicionado y el elemento incondicionado. Cuando él sabe y ve estos dos elementos, un bhikkhu puede ser llamado hábil en los elementos.[5]

(LAS BASES)

10. —Pero, venerable señor, ¿de qué manera se puede llamar a un bhikkhu hábil en las bases?

—Existen, Ānanda, estas seis bases internas y externas: el ojo y las formas visibles, el oído y los sonidos, la nariz y los olores, la lengua y los sabores, el cuerpo y los objetos tangibles, la mente y los objetos mentales.[6]

Cuando conoce y ve estas seis bases internas y externas, un bhikkhu puede ser llamado hábil en las bases.

(ORIGEN DEPENDIENTE)

11. —Pero, venerable señor, ¿de qué manera se puede llamar a un bhikkhu hábil en el origen dependiente?[7]

—Aquí, Ānanda, un bhikkhu sabe así: "Cuando esto existe, eso llega a ser; con el surgimiento de esto, eso surge. Cuando esto no existe, eso no llega a ser; con el cese de esto, eso cesa". Es decir, con la ignorancia como condición, las formaciones volitivas [llegan a ser]; con las formaciones volitivas como condición, la conciencia [llega a ser]; con la conciencia como condición, la mentalidad-materialidad (*nāma-rūpa*)...; con la mentalidad-materialidad como condición, la base séxtuple...; con la base séxtuple como condición, el contacto...; con el contacto como condición, la sensación...; con la sensación como condición, el deseo...; con el deseo como condición, el apego...; con el apego como condición, el devenir [la existencia]...; con el devenir [la existencia] como condición, el nacimiento...; con el nacimiento como condición, la vejez y la muerte, la tristeza, el lamento, el dolor, la aflicción y la desesperanza llegan a ser. Tal es el origen de toda esta masa de sufrimiento.

Pero con el desvanecimiento sin remanente y el cese de la ignorancia viene el cese de las formaciones; con el cese de las formaciones, el cese de la conciencia; con el cese de la conciencia, el cese de la mentalidad-materialidad; con el cese de la mentalidad-materialidad, el cese de la base séxtuple; con el cese de la base séxtuple, el cese del contacto; con el cese del contacto, el cese de la sensación; con el cese de la sensación, el cese del deseo; con el cese del deseo, el cese del apego; con el cese del apego, el cese del devenir [de la existencia]; con el cese del devenir, el cese del nacimiento; y con el cese del nacimiento, entonces también cesan la vejez y la muerte, cesan la tristeza, el lamento, el dolor, la aflicción y la desesperanza. Tal es el cese de toda esta masa de sufrimiento.

De esta manera, Ānanda, un bhikkhu puede ser llamado hábil en el origen dependiente.

(LO POSIBLE Y LO IMPOSIBLE)

12. —Pero, venerable señor, ¿de qué manera se puede llamar a un bhikkhu hábil en lo que es posible y lo que es imposible?

—Aquí, Ānanda, un bhikkhu entiende: "Es imposible, no puede suceder que una persona que posee la noción correcta (*diṭṭhisampanno*) pueda tratar cualquier formación [condicionada -*saṅkhata saṅkhāra*] como permanente; no existe tal posibilidad".[8]

Y comprende: "Es posible que una persona ordinaria pueda tratar alguna formación como permanente, existe tal posibilidad".

Él entiende: "Es imposible, no puede suceder que una persona que posee la noción correcta pueda tratar cualquier formación como placentera, no existe tal posibilidad".[9]

Y comprende: "Es posible que una persona ordinaria pueda tratar alguna formación como placentera; existe tal posibilidad".

Comprende: "Es imposible, no puede suceder que una persona que posee la noción correcta pueda tratar cualquier cosa como un *yo*" no existe tal posibilidad".

Y comprende: "Es posible que una persona común pueda tratar algo como el *yo*, existe tal posibilidad".[10]

13. Él entiende: "Es imposible, no puede suceder que una persona que posea la noción correcta pueda privar a su madre de la vida, no existe tal posibilidad".[11]

Y comprende: "Es posible que una persona común pueda privar a su madre de la vida, existe tal posibilidad".

Comprende: "Es imposible, no puede suceder que una persona que posea la noción correcta pueda privar a su padre de la vida... pueda privar a un *arahant* de la vida, no hay tal posibilidad".

Y él entiende: "Es posible que una persona ordinaria pueda privar a su padre de la vida... pueda privar a un *arahant* de la vida, hay tal posibilidad".

Él entiende: "Es imposible, no puede suceder que una persona que posee la noción correcta pueda, con una mente de odio, derramar la sangre de un Tathāgata —no existe tal posibilidad".

Y él entiende: "Es posible que una persona ordinaria pueda, con una mente de odio, derramar la sangre de un Tathāgata, existe tal posibilidad".

Él entiende: "Es imposible, no puede suceder que una persona que posea la noción correcta pueda causar un cisma en el Saṅgha... que pudiera reconocer a otro maestro [aparte del Buda][12] —no existe tal posibilidad".

Y comprende: "Es posible que una persona común pueda causar un cisma en el Saṅgha... pueda reconocer a otro maestro, existe tal posibilidad".

14. Él entiende: "Es imposible, no puede suceder que dos seres consumados, seres plenamente iluminados [...por sí mismos, - *sammāsambuddha*], puedan surgir simultáneamente en un sistema universal —no existe tal posibilidad".[13]

Y él entiende: "Es posible que un Consumado, un plenamente Iluminado, pueda surgir en un sistema universal, existe tal posibilidad".

Él entiende: "Es imposible, no puede suceder que dos Monarcas que hacen girar la Rueda de la Ley puedan surgir simultáneamente en un sistema universal... Es posible que surja un Monarca que hace girar la Rueda de la Ley en un sistema universal: existe tal posibilidad".

15. Él entiende: "Es imposible, no puede suceder que una mujer pueda ser un Consumado, un Plenamente Iluminado, no existe tal posibilidad".[14]

Él entiende: "Es imposible, no puede suceder que una mujer pueda ser un Monarca que hace girar la Rueda de la Ley... que una mujer pueda ocupar el puesto de Sakka... que una mujer pueda ocupar el puesto de Māra... que una mujer pueda ocupar el puesto de Brahmā —no existe tal posibilidad".

Y comprende: "Es posible que un hombre pueda ser un Monarca que hace girar la Rueda de la Ley... que un hombre pueda ocupar la posición de Sakka... que un hombre pueda ocupar la posición de Māra... que un hombre pueda ocupar la posición de Brahmā —existe tal posibilidad".

16. Él entiende: "Es imposible, no puede suceder que un resultado deseado, anhelado, agradable pueda ser producido por una mala conducta corporal... por una mala conducta verbal... por una mala conducta mental —no existe tal posibilidad".

Y él entiende: "Es posible que un resultado no deseado, desagradable, no anhelado pueda ser producido por una mala conducta corporal... por una mala conducta verbal... por una mala conducta mental —existe tal posibilidad".

17. Él entiende: "Es imposible, no puede suceder que de la buena conducta corporal se pueda producir un resultado no deseado, no

anhelado, desagradable... de una buena conducta verbal... de una buena conducta mental, — no existe tal posibilidad".

Y entiende: "Es posible que un resultado deseado, anhelado, agradable pueda ser producido a partir de una buena conducta corporal... de una buena conducta verbal... de una buena conducta mental, — existe tal posibilidad".

18. Él entiende: "Es imposible, no puede suceder que una persona que incurra en una mala conducta corporal... que cometa una mala conducta verbal... que cometa una mala conducta mental pueda por eso, en la disolución del cuerpo, después de la muerte, reaparecer en un destino feliz, incluso en el mundo celestial, —no existe tal posibilidad".[15]

Y entiende: "Es posible que una persona que incurra en mala conducta corporal... en mala conducta verbal... en mala conducta mental pueda, por cuenta de eso, tras la disolución del cuerpo, después de la muerte, reaparecer en un estado de privación, en un destino infeliz, en la perdición, inclusive en el infierno, — existe tal posibilidad".

19. Él entiende: "Es imposible, no puede suceder que una persona que tenga una buena conducta corporal... que tenga una buena conducta verbal... que tenga una buena conducta mental pueda por eso, al disolverse el cuerpo, después de la muerte, reaparecer en un estado de privación, en un destino infeliz, en la perdición, incluso en el infierno, —no existe tal posibilidad".

Y comprende: "Es posible que una persona que tenga una buena conducta corporal... que tenga buena conducta verbal...que tenga buena conducta mental pueda, debido a eso, tras la disolución del cuerpo, después de la muerte, reaparecer en un destino feliz, incluso en el mundo celestial".

De esta manera, Ānanda, un bhikkhu puede ser llamado hábil en lo que es posible y lo que es imposible.

(CONCLUSIÓN)

20. Cuando se dijo esto, el venerable Ānanda dijo al Bienaventurado: —¡Es maravilloso, venerable señor, es maravilloso! ¿Cuál es el nombre de este discurso sobre el Dhamma?

—Puedes recordar este discurso sobre el Dhamma, Ānanda, como "Los muchos tipos de elementos" y como "Los cuatro ciclos"[16] y como "El espejo del Dhamma" y como "El tambor de lo Inmortal" y como "La suprema victoria en la batalla".

Eso es lo que dijo el Bienaventurado. El venerable Ānanda quedó satisfecho y deleitado con las palabras del Bienaventurado.

NOTAS M.115

1. BB: Los dieciocho elementos se definen en Vbh §§183–84 / 87–90 y se explican en detalle en Vsm XV, 17–43. Brevemente, el elemento mental (*manodhātu*), según el Abhidhamma, incluye la conciencia que se dirige a los cinco objetos de los sentidos que inciden en las correspondientes cinco facultades de los sentidos (*pañcadvārāvajjana-citta*) y la conciencia que recibe el objeto después de que ha sido conocido a través de los sentidos (*sampaṭicchana-citta*).

   El elemento de conciencia mental (*manoviññāṇadhātu*) incluye todos los tipos de conciencia excepto las conciencias de los cinco sentidos y el elemento mente.

   El elemento objeto mental (*dhammadhātu*) incluye los tipos de fenómenos materiales sutiles que no participan en la cognición sensorial, los tres agregados mentales de sensación, percepción, formaciones [mentales], y Nibbāna. No incluye conceptos, ideas abstractas, juicios, etcétera. Aunque estos últimos están incluidos en la noción de objeto mental (*dhammārammaṇa*), el elemento objeto mental incluye sólo cosas que existen por su propia naturaleza, no cosas construidas por la mente.

   NT: En el Abhidhamma se distinguen siete elementos, referidos como: los cinco elementos correspondientes a las bases sensoriales, el elemento mental y el elemento de la conciencia mental.

   Comúnmente *dhātu* se traduce como: elemento, condición natural, raíz de una palabra o facultad sensorial. Desde luego, el presente *sutta* expande la capacidad del término. El término *dhātuka* es traducido como "teniendo la naturaleza de", lo cual está obviamente relacionado con la definición de *dhātu* por ser derivado de la misma raíz.

   Un vocablo cercanamente relacionado con *dhātu* es *sabhāva*, que se refiere a "propia naturaleza", "naturaleza"; "condición"; "disposición" o "realidad". Su uso tiende a ser más específico y es usado para indicar la "naturaleza de las cosas".

   Los cuatro grandes esenciales (*mahābhūta*) son los cuatro elementos materiales que son parte de la segunda clasificación mencionada en §5, a saber: *paṭhavī dhātu* (elemento tierra); *āpo dhātu* (elemento agua); *tejo dhātu* (elemento fuego), y *vāyo dhātu* (elemento aire), esta es la acepción más conocida del término "elementos" en el budismo Theravada.

2. BB: Estos se definen en Vbh §180 / 85–86. Los elementos de placer y dolor son sensaciones corporales placenteras y dolorosas; los

elementos de gozo y pena son sensaciones mentales placenteras y dolorosas; el elemento de ecuanimidad es una sensación *ni dolorosa ni placentera*. MA dice que la ignorancia surge debido a su aparente similitud con el elemento de ecuanimidad.

3. Vbh §183 / 86–87 los define como los seis tipos correspondientes de pensamiento aplicado (*vitakka*); ver: M. 19.2.
4. MA explica el elemento de la esfera de los sentidos como los cinco agregados pertenecientes a la esfera de los sentidos (*kāmāvacara*), el elemento material fino [o sutil] como los cinco agregados pertenecientes a la esfera de la materia fina [o sutil] (*rūpāvacara*), y el elemento inmaterial como los cuatro agregados pertenecientes a la esfera inmaterial (*arūpāvacara*).
5. MA: El elemento condicionado incluye todo lo producido por las condiciones y es una designación de los cinco agregados. El elemento incondicionado es Nibbāna.
6. BB: Las doce bases se definen en Vbh §§155–167 / 70–73 y se explican en Vsm XV, 1–16. La base de la mente incluye todos los tipos de conciencia y, por lo tanto, comprende los siete elementos que ejercen la función de la conciencia. La base del objeto mental es idéntica al elemento del objeto mental.

   NT: El Abhidhamma menciona siete elementos que ejercen la función de la conciencia, estos son: los cinco elementos correspondientes a las bases sensoriales (excluyendo la base mental), el elemento mental y el elemento de la conciencia mental.
7. NT: Acerca de los términos de la fórmula del origen dependiente, véase Introducción, sección: *El origen y cese del sufrimiento.*
8. MA: Una persona que posee la noción correcta (*diṭṭhisampanno*) es aquella que posee la visión del sendero, es un discípulo noble en el nivel mínimo del que ha entrado en la corriente. "Formación" aquí debe entenderse como una formación condicionada (*sankhatasaṅkhāra*), es decir, cualquier cosa condicionada.
9. MA señala que un discípulo noble por debajo del nivel del *arahant* aún puede percibir las formaciones como placenteras con una mente disociada de la noción incorrecta, pero no puede adoptar la noción de que cualquier formación sea placentera. Aunque surgen en él percepciones y pensamientos sobre las formaciones como placenteras, sabe reflexivamente que tales nociones son erróneas.
10. BB: En el pasaje sobre el yo, *saṅkhāra*, "formación", es reemplazado por *dhamma*, "cosa". MA explica que esta sustitución se hace para incluir conceptos, como un signo de *kasiṇa*, etcétera, que la persona común también tiende a identificar como uno mismo. Sin embargo, en vista del hecho de que Nibbāna se describe como imperecedero (*accuta*) y bienaventuranza (*sukha*) y también

puede ser concebido erróneamente como el yo (ver: M. 1.26), se puede considerar que la palabra *saṅkhāra* incluye sólo lo condicionado, mientras que el *dhamma* incluye tanto lo condicionado como lo incondicionado. Esta interpretación, sin embargo, no está respaldada por los comentarios de Ācariya Buddhaghosa.

11. BB: Esta sección distingue a la persona común y al discípulo noble en términos de los cinco crímenes atroces o abyectos. MA señala que un noble discípulo es de hecho incapaz de privar intencionalmente de la vida a cualquier ser vivo, pero aquí se hace el contraste a través del matricidio y el parricidio para enfatizar el lado peligroso de la condición de la persona común y la fuerza del noble discípulo.
12. BB: Es decir, podría reconocer a cualquier otro que no sea el Buda como maestro espiritual supremo.
13. MA: El surgimiento de otro Buda es imposible desde el momento en que un *bodhisatta* toma su concepción final en el útero de su madre hasta que su dispensación haya desaparecido por completo. El problema se analiza en Miln 236–39.
14. BB: Esta afirmación sólo establece que un Buda plenamente iluminado siempre tiene el sexo masculino, pero no niega que una persona que ahora es mujer pueda convertirse en un Buda plenamente iluminado en el futuro. Para ello, sin embargo, en un momento anterior habrá tenido que renacer como hombre.

    NT: En la presente vida poseemos un género particular; sin embargo se considera que en vidas anteriores hemos pertenecido a otros géneros, y que en el futuro cabe la posibilidad de adquirir un género que no sea el mismo que el de la vida presente. Cabe aclarar que, independientemente del género de la persona, quien sea que practique el Noble Óctuple Sendero y desarrolle las cualidades necesarias, tiene la posibilidad de alcanzar la liberación total, es decir, el estado de *arahant*. Agradezco al venerable Bhikkhu Padīpo el sugerir esta importante aclaración.
15. BB: En este pasaje la frase "por cuenta de eso, por esa razón" (*tannidānā tappaccayā*) es de primordial importancia. Como mostrará el Buda en M.136, una persona que se comporta incorrectamente puede renacer en un mundo celestial y una persona que se comporta bien puede renacer en un mundo inferior. Pero en esos casos el renacimiento será causado por algún *kamma* diferente del *kamma* en el que la persona se involucra habitualmente. El curso estricto de la ley se aplica sólo a la relación entre el *kamma* y su resultado.
16. BB: Los "cuatro ciclos" son los elementos, las bases, el origen dependiente, lo posible y lo imposible.

116. *Isigili Sutta*
Isigili: La garganta de los videntes

1. Esto he escuchado.[1] En una ocasión, el Bienaventurado estaba viviendo en Rājagaha, en la montaña Isigili, la Garganta de los Videntes. Allí se dirigió a los bhikkhus diciendo: —Bhikkhus. —Venerable señor, respondieron. El Bienaventurado dijo esto:

2. —¿Acaso ven, bhikkhus, esa montaña Vebhāra?[2] —Sí, venerable señor.

—Solía haber otro nombre, otra designación, para esa montaña Vebhāra.

—¿Acaso ven, bhikkhus, esa montaña Paṇḍava? —Sí, venerable señor.

—Solía haber otro nombre, otra designación, para esa montaña Paṇḍava.

—¿Acaso ven, bhikkhus, esa montaña Vepulla? —Sí, venerable señor.

—Solía haber otro nombre, otra designación, para esa montaña Vepulla.

¿Acaso ven, bhikkhus, esa montaña Gijjhakuṭa, el Pico del Buitre? —Sí, venerable señor.

Solía haber otro nombre, otra designación, para esa montaña Gijjhakuṭa, el Pico del Buitre.

—¿Acaso ven, bhikkhus, esa montaña Isigili, la Garganta de los Videntes? — Sí, venerable señor.

3. —Solía tener este mismo nombre, esta misma designación, esta montaña Isigili: "La Garganta de los Videntes". Porque en tiempos pasados quinientos *Paccekabuddhas* (*paccekabuddha*)[3] habitaron durante mucho tiempo en esta montaña Isigili, la Garganta de los Videntes. Se les veía entrar en este cerro; una vez dentro, ya no se les veía. La gente que vio esto dijo: —Esta montaña se traga (*gilati*) a estos videntes.[4] Y así fue como esto llegó a llamarse "La Garganta de los Videntes". Les diré, bhikkhus, los nombres de los *Paccekabuddhas*, les relataré los nombres de los *Paccekabuddhas*, les enseñaré los nombres de los *Paccekabuddhas*. Escuchen y presten atención a lo

que voy a decir. —Sí, venerable señor, respondieron los bhikkhus. El Bienaventurado dijo esto:

4. —Bhikkhus, el *Paccekabuddha* Ariṭṭha habitó durante mucho tiempo en esta montaña Isigili. El *Paccekabuddha* Upariṭṭha habitó durante mucho tiempo en esta montaña Isigili. El *Paccekabuddha* Tagarasikhin[5]... Yasassin... Sudassana... Piyadassin... Gandhāra... Piṇḍola... Upāsabha... Nītha... Tatha... Sutavā... Bhāvitatta residió mucho tiempo en esta montaña Isigili.

5. Estos seres santos, sin deseos, libres de sufrimiento,
—quienes lograron despertar por sí mismos—
escúchenme relatar los nombres de estos, los más grandes
de los hombres, que han sacado el dardo [del dolor].
Ariṭṭha, Upariṭṭha, Tagarasikhin, Yasassin,
Sudassana, y Piyadassin el iluminado,
Gandhāra, Piṇḍola, y Upāsabha también,
Nītha, Tatha, Sutavā, Bhāvitatta.

6. Sumbha, Subha, Methula y Aṭṭhama,[6]
Luego, Assumegha, Anīgha, Sudāṭha —
Y Hingū y Hinga, los *Paccekabuddhas* de gran poder
que han destruido el conducto al devenir.

Dos sabios llamados Jāli, y Aṭṭhaka,
luego Kosala el iluminado, luego Subāhu,
Upanemi y Nemi y Santacitta
Justo y verdadero, inmaculado y sabio.

Kāḷa, Upakāḷa, Vijita y Jita;
Anga, Panga y Gutijjita también;
Passin conquistó la adquisición, la raíz del sufrimiento;
Aparājita conquistó el poder de Māra.

Satthar, Pavattar, Sarabhanga, Lomahaṁsa,
Uccangamāya, Asita, Anāsava,
Manomaya y Bandhumant los libres de orgullo,
Tadādhimutta inmaculado y resplandeciente;

Ketumbarāga, Mātanga y Ariya,
luego Accuta, Accutagāma, Byāmaka,
Sumangala, Dabbila, Supatiṭṭhita,
Asayha, Khemābhirata y Sorata,

Durannaya, Saṅgha y luego Ujjaya;
otro sabio, Sayha, de noble esfuerzo.

Y doce entre Ānandas, Nandas y Upanandas.
Y [también] Bhāradvāja llevando su último cuerpo;

entonces Bodhi, Mahānāma el supremo,
Bhāradvāja con melena de cresta blanca;
Tissa y Upatissa no atados a ser;
Upasīdarin y Sīdarin, libres de deseo.

Iluminado estaba Mangala, libre de lujuria;
Usabha cortó la red, la raíz del sufrimiento.
Upanīta alcanzó el estado de paz,
purificado, excelente, verdaderamente nombrado.

Jeta, Jayanta, Paduma y Uppala,
Padumuttara, Rakkhita y Pabbata,
Mānatthaddha glorioso, Vītarāga
y Kaṇha, iluminado, con mente liberada.

7. Estos y también otros grandes y poderosos
Paccekabuddhas, ya no más encaminados al renacer.
Honren, bhikkhus, a estos sabios que,
habiendo ido más allá de todas las ataduras,
han alcanzado el Nibbāna final, más allá de toda medida.

NOTAS M.116

1. BB: En Sri Lanka, este *sutta* se recita regularmente como discurso protector y está incluido en la compilación medieval *Mahā Pirit Pota, "El Gran Libro de la Protección".*
2. BB: Ésta y las siguientes son montañas que rodean Rājagaha.
3. BB: Un *Paccekabuddha* es aquel que alcanza la iluminación y la liberación por sí mismo, sin depender del Dhamma enseñado por un Buda, pero no es capaz de enseñar el Dhamma a otros ni establecer la Dispensación. Los *Paccekabuddhas* surgen sólo en un momento en que no existe ninguna dispensación de un Buda en el mundo. Para un estudio más completo del tema, véase Ria Kloppenborg, *The Paccekabuddha: A Buddhist Ascetic.*
4. BB: *Ayaṁ pabbato ime isī gilati*: aquí se trata de un juego de palabras. El *gili* en *Isigili* es ciertamente una variante dialéctica de *giri*, colina, pero el texto lo conecta con el verbo *gilati*, "tragar", y con *gala*, "garganta", "esófago".
5. BB: Tagarasikhin se menciona en Ud 5:4/50 y SN 3:20/i.92.
6. BB: Ñm comenta en Ms que sin la ayuda del comentario es extremadamente difícil distinguir los nombres propios de los *Paccekabuddhas* de sus epítetos descriptivos.

117. *Mahacattarisaka Sutta* El discurso acerca de los cuarenta grandes factores

1. Esto he escuchado. En una ocasión el Bienaventurado estaba residiendo en Sāvatthī, en el Bosquecillo de Jeta, el parque de Anāthapiṇḍika. Allí se dirigió a los bhikkhus: —Bhikkhus. —Venerable Señor, respondieron. El Bienaventurado dijo lo siguiente:

2. —Bhikkhus, les enseñaré la noble concentración correcta con sus requisitos y soportes (*ariyaṁ sammā samādhiṁ sa-upanisaṁ saparikkhāraṁ*).[1] Escuchen y atiendan cuidadosamente a lo que diré. —Sí, venerable señor, respondieron los bhikkhus. El Bienaventurado dijo lo siguiente:

3. —¿Qué es, bhikkhus, la noble concentración correcta con sus requisitos y soportes? Es decir: comprensión correcta, intención correcta, lenguaje correcto, acción correcta, modo de subsistencia correcto, esfuerzo correcto, y atención plena correcta? La unificación de la mente equipada con estos siete factores es lo que se llama la noble concentración correcta con sus requisitos y soportes.

(NOCIÓN O COMPRENSIÓN)

4. Allí [en esta enseñanza], bhikkhus, la comprensión correcta viene primero (*pubbangamā*).[2] ¿Y cómo es que la comprensión correcta viene primero? Cuando uno comprende la comprensión incorrecta como comprensión incorrecta y la comprensión correcta como comprensión correcta: esto es la propia comprensión correcta.[3]

5. ¿Y qué, bhikkhus, es la comprensión incorrecta? "No existe lo dado, ni lo ofrecido, ni lo sacrificado; no hay fruto o resultado de las acciones buenas y malas; no existe este mundo ni el otro mundo; no hay madre, no hay padre [hacia los cuales hay deuda y obligaciones morales]; no hay seres que renacen espontáneamente; no hay *samaṇas* y brahmanes buenos y virtuosos en el mundo que,

habiéndose dado cuenta por sí mismos, mediante el conocimiento directo, declaran que existe este mundo y el otro mundo".

Esto es la comprensión incorrecta.

6. ¿Y qué, bhikkhus, es la comprensión correcta? La comprensión correcta, lo declaro, es de dos tipos: existe la comprensión correcta afectada por las corrupciones, la cual participa de mérito y fructifica en las adquisiciones (*upadhivepakka*);[4] y existe la comprensión correcta que es noble, libre de corrupciones, supramundana, un factor de la vía.

7. ¿Y qué, bhikkhus, es la comprensión correcta afectada por las corrupciones, la cual participa de mérito y fructifica en las adquisiciones? "Existe lo dado, lo ofrecido y lo sacrificado; hay fruto y resultado de las acciones buenas y malas; existe este mundo y el otro mundo; hay madre y padre; hay seres que renacen espontáneamente; hay samaṇas y brahmanes buenos y virtuosos en el mundo que, habiéndose dado cuenta por sí mismos, mediante conocimiento directo, declaran este mundo y el otro mundo".

Esta es la comprensión correcta afectada por las corrupciones, la cual participa de mérito y fructifica en las adquisiciones.

8. ¿Y qué, bhikkhus, es la comprensión correcta que es noble, libre de corrupciones, supramundana, un factor de la vía? "La sabiduría, la facultad de sabiduría, el poder de sabiduría, el factor de la iluminación denominado investigación de estados (*dhammavicaya*), el factor de la vía de la comprensión correcta en aquella persona cuya mente es noble, cuya mente está libre de corrupciones, que posee la vía noble y se encuentra desarrollándola:[5] esta es la comprensión correcta que es noble, libre de corrupciones, supramundana, un factor de la vía".

9. Uno se esfuerza por abandonar la comprensión incorrecta y por entrar en la comprensión correcta: esto es el propio esfuerzo correcto. Con atención plena uno abandona la comprensión incorrecta, con atención plena uno entra y permanece en la comprensión correcta: esto es la propia atención plena correcta.

De modo que estos tres estados funcionan y giran en torno a la comprensión correcta, esto es, la comprensión correcta, el esfuerzo correcto y atención plena correcta.[6]

(INTENCIÓN)

10. Aquí, bhikkhus, la comprensión correcta viene primero. ¿Y cómo es que la comprensión correcta viene primero? Uno comprende la intención incorrecta como intención incorrecta y la intención correcta como intención correcta. Esto es la propia comprensión correcta.[7]

11. ¿Y qué, bhikkhus, es la intención incorrecta? "La intención de deseo sensorial, la intención de mala voluntad, y la intención de crueldad". Esto es la intención incorrecta.

12. ¿Y qué, bhikkhus, es la intención correcta? La intención correcta, lo digo, es de dos tipos: existe la intención correcta afectada por las corrupciones, la cual participa de mérito y fructifica en las adquisiciones, y existe la intención correcta que es noble, libre de corrupciones, supramundana, un factor de la vía noble.

13. ¿Y qué, bhikkhus, es la intención correcta afectada por las corrupciones, la cual participa de mérito, fructificando en las adquisiciones? "La intención de renuncia, la intención de *no aversión*, y la intención de *no crueldad*":[8] ésta es la intención correcta afectada por las corrupciones, la cual participa de mérito, y fructifica en las adquisiciones.

14. ¿Y qué, bhikkhus, es la intención correcta que es noble, libre de corrupciones, supramundana, un factor de la vía? "El pensar, pensamiento, intención, absorción mental, fijación mental, dirección de la mente, formación verbal en aquella persona cuya mente es noble, cuya mente está libre de corrupciones, que posee la vía noble y se encuentra desarrollando la vía noble":[9] ésta es la intención correcta que es noble, libre de corrupciones, supramundana, un factor de la vía.

15. Uno se esfuerza por abandonar la intención incorrecta y por entrar en la intención correcta: esto es el propio esfuerzo correcto. Con atención plena, uno abandona la intención incorrecta; con atención plena uno entra y permanece en la intención correcta: ésta es la propia atención plena correcta.

De modo que estos tres estados funcionan y giran en derredor de la intención correcta, esto es, la comprensión correcta, el esfuerzo correcto y atención plena correcta.[10]

(LENGUAJE)

16. Aquí, bhikkhus, la comprensión correcta viene primero. ¿Y cómo es que la comprensión correcta viene primero? Uno comprende el lenguaje incorrecto como lenguaje incorrecto y el lenguaje correcto como lenguaje correcto: esto es la propia comprensión correcta.

17. ¿Y qué, bhikkhus, es el lenguaje incorrecto? "Es el lenguaje falso, el lenguaje malicioso, el lenguaje rudo y el lenguaje frívolo": esto es el lenguaje incorrecto.

18. ¿Y qué, bhikkhus, es el lenguaje correcto? El lenguaje correcto, lo digo, es de dos tipos: hay lenguaje correcto que es afectado por las corrupciones, el cual participa de mérito y fructifica en las

adquisiciones; y existe el lenguaje correcto que es noble, libre de corrupciones, supramundano, un factor de la vía.

19. ¿Y qué, bhikkhus, es el lenguaje correcto afectado por las corrupciones, el cual participa de mérito, fructificando en las adquisiciones? "La abstinencia de lenguaje falso, la abstinencia de lenguaje malicioso, la abstinencia de lenguaje rudo, la abstinencia de chismorreo": esto es el lenguaje correcto afectado por las corrupciones, el cual participa de mérito y fructifica en las adquisiciones.

20. ¿Y qué, bhikkhus, es el lenguaje correcto que es noble, libre de corrupciones, supramundano, un factor de la vía? "El desistir de los cuatro tipos de conducta verbal incorrecta; el abstenerse, el refrenarse, la abstinencia de ellos en una persona cuya mente es noble, cuya mente está libre de corrupciones, que posee la vía noble y se encuentra desarrollando la vía noble":[11] este es el lenguaje correcto que es noble, libre de corrupciones, supramundano, un factor de la vía.

21. Uno se esfuerza por abandonar el lenguaje incorrecto y por entrar en el lenguaje correcto: esto es el propio esfuerzo correcto. Con atención plena, uno abandona el lenguaje incorrecto; con atención plena, uno entra y permanece en el lenguaje correcto: esto es la propia atención plena correcta. De modo que estos tres estados funcionan y giran en derredor del lenguaje correcto, esto es, la comprensión correcta, el esfuerzo correcto y la atención plena correcta.

(ACCIÓN)

22. Aquí, bhikkhus, la comprensión correcta viene primero. ¿Y cómo es que la comprensión correcta viene primero? Cuando uno comprende la acción incorrecta como acción incorrecta y la acción correcta como acción correcta: esto es la propia comprensión correcta.

23. ¿Y qué, bhikkhus, es la acción incorrecta? "El matar seres vivientes, el tomar lo que no es dado y la mala conducta respecto a placeres sensoriales": esto es la acción incorrecta.

24. ¿Y qué, bhikkhus, es la acción correcta? La acción correcta, lo digo, es de dos tipos: existe la acción correcta afectada por las corrupciones, la cual participa de mérito, fructificando en las adquisiciones; y existe la acción correcta que es noble, libre de corrupciones, supramundana, un factor de la vía.

25. ¿Y qué, bhikkhus, es la acción correcta afectada por las corrupciones, la cual participa de mérito y fructifica en las adquisiciones? "El abstenerse de matar seres vivientes, el abstenerse de tomar lo que no es dado, el abstenerse de mala conducta respecto a placeres sensoriales": esto es la acción correcta afectada

por las corrupciones, la cual participa de mérito y fructifica en las adquisiciones.

26. ¿Y qué, bhikkhus, es la acción correcta que es noble, libre de corrupciones, supramundana, un factor de la vía noble? "El desistir de los tres tipos de conducta corporal incorrecta, el abstenerse, el refrenarse, la abstinencia de ellos en una persona cuya mente es noble, cuya mente está libre de corrupciones, que posee la vía noble y se encuentra desarrollando la vía noble": esta es la acción correcta que es noble, libre de corrupciones, supramundana, un factor de la vía.

27. Cuando uno se esfuerza por abandonar la acción incorrecta y por entrar en la acción correcta: esto es el propio esfuerzo correcto. Con atención plena, uno abandona la acción incorrecta; con atención plena, uno entra en la acción correcta: esto es la propia atención plena correcta. De modo que estos tres estados funcionan y giran en derredor de la acción correcta, esto es, la comprensión correcta, el esfuerzo y la atención plena correctos.

(MODO DE SUBSISTENCIA)

28. Aquí, bhikkhus, la comprensión correcta viene primero. ¿Y cómo es que la comprensión correcta viene primero? Cuando uno comprende el modo de subsistencia incorrecto como modo de subsistencia incorrecto y el modo de subsistencia correcto como modo de subsistencia correcto: esto es la propia comprensión correcta.

29. ¿Y qué, bhikkhus, es el modo de subsistencia incorrecto? "El engañar (*kuhanā*), el insinuar (*lapanā*), el dedicarse a la astrología o adivinación (*nemittikatā*), el no dar el valor adecuado [a bienes o mercancías] (*nippesikatā*), el dar menos de lo debido, el perseguir la ganancia con la ganancia [afán de acumular más beneficios] (*lābhena lābhaṁ nijigīsanatā*)": esto es el modo de subsistencia incorrecto.[12]

30. ¿Y qué, bhikkhus, es el modo de subsistencia correcto? El modo de subsistencia correcto, lo digo, es de dos tipos: existe el modo de subsistencia correcto afectado por las corrupciones, el cual participa de mérito y fructifica en las adquisiciones; y existe el modo de subsistencia correcto que es noble, libre de corrupciones, supramundano, un factor de la vía.

31. ¿Y qué, bhikkhus, es el modo de subsistencia correcto que es afectado por las corrupciones, el cual participa de mérito y fructifica en las adquisiciones? "Aquí, bhikkhus, un discípulo noble abandona el modo de subsistencia incorrecto y gana su sustento mediante el modo de subsistencia correcto": este es el modo de subsistencia correcto que es afectado por las corrupciones, el cual participa de mérito y fructifica en las adquisiciones.

32. "¿Y qué, bhikkhus, es el modo de subsistencia correcto que es noble, libre de corrupciones, supramundano, un factor de la vía? "El desistir del modo de subsistencia incorrecto; el abstenerse, el refrenarse, la abstinencia de ello en una persona cuya mente es noble, cuya mente está libre de corrupciones, que posee la vía noble y se encuentra desarrollando la vía noble": este es el modo de subsistencia correcto que es noble, libre de corrupciones, supramundano, un factor de la vía.

33. Uno se esfuerza por abandonar el modo de subsistencia incorrecto y por entrar en el modo de subsistencia correcto: esto es el propio esfuerzo correcto. Con atención plena uno abandona el modo de subsistencia incorrecto; con atención plena uno entra en el modo de subsistencia correcto: esto es la propia atención plena correcta. De modo que estos tres estados funcionan y giran en derredor del modo de subsistencia correcto: esto es, la comprensión correcta, el esfuerzo correcto y la atención plena correcta.

(LOS CUARENTA GRANDES FACTORES)

34. Aquí, bhikkhus la comprensión correcta viene primero. ¿Y cómo es que la comprensión correcta viene primero? "En una persona de comprensión correcta surge la intención correcta;[13] en una persona de intención correcta surge el lenguaje correcto; en una persona de lenguaje correcto surge la acción correcta; en una persona de acción correcta surge el modo de subsistencia correcto; en una persona de modo de subsistencia correcto surge el esfuerzo correcto; en una persona de esfuerzo correcto surge la atención plena correcta, en una persona de atención correcta surge la concentración correcta; en una persona de concentración correcta surge el conocimiento correcto; y en una persona de conocimiento correcto surge la liberación correcta". De esta forma, bhikkhus, la vía del discípulo en entrenamiento superior posee ocho factores, la del *arahant* posee diez factores.[14]

35. Aquí, bhikkhus, la comprensión correcta viene primero. ¿Y cómo es que la comprensión correcta viene primero? "En una persona de comprensión correcta la comprensión incorrecta es abolida, y los numerosos y nocivos estados malsanos que se originan con la comprensión incorrecta como condición también son abolidos; y los numerosos estados sanos que se originan con la comprensión correcta como condición llegan a lograrse mediante su desarrollo".

En una persona de intención correcta, la intención incorrecta es abolida y los numerosos y nocivos estados malsanos que se originan con la intención incorrecta como condición también son abolidos; y los numerosos estados sanos que se originan con la intención correcta como condición llegan a lograrse mediante su desarrollo.

En una persona de lenguaje correcto, el lenguaje incorrecto es abolido...En una persona de acción correcta la acción incorrecta es abolida...En una persona de modo de subsistencia correcto el modo de subsistencia incorrecto es abolido...En una persona de esfuerzo correcto el esfuerzo incorrecto es abolido...En una persona de atención plena correcta la atención incorrecta es abolida...En una persona de concentración correcta la concentración incorrecta es abolida...En una persona de conocimiento correcto el conocimiento incorrecto es abolido...En una persona de liberación correcta la liberación incorrecta es abolida y los numerosos estados nocivos y malsanos que se originan con la liberación incorrecta como condición también son abolidos, y los numerosos estados sanos que se originan con la liberación correcta como condición llegan a lograrse mediante su desarrollo.

36. Así, bhikkhus, hay veinte factores del lado de lo sano y veinte factores del lado de lo malsano.[15]

Este discurso del Dhamma acerca de los *cuarenta grandes factores* ha sido puesto en marcha y no puede ser detenido por ningún *samaṇa*, brahmán o dios, o Māra, o Brahmā, o ningún otro ser en el mundo.

37. Bhikkhus, si cualquier *samaṇa* o brahmán piensa que este discurso del Dhamma acerca de los *cuarenta grandes factores* debe ser censurado y rechazado, entonces hay diez deducciones legitimas a partir de su afirmación que darían base para censurarlo aquí y ahora.

Si esa respetable persona censura la comprensión correcta, entonces honraría y alabaría a aquellos *samaṇas* y brahmanes que son de comprensión incorrecta. Si censura la intención correcta, entonces honraría y alabaría a aquellos *samaṇas* y brahmanes que son de intención incorrecta. Si censura el lenguaje correcto...la acción correcta...el modo de subsistencia correcto...el esfuerzo correcto...la atención plena correcta... la concentración correcta...el conocimiento correcto...la liberación correcta, entonces honraría y alabaría a aquellos *samaṇas* y brahmanes que son de liberación incorrecta.

Si algún *samaṇa* o brahmán piensa que este discurso del Dhamma acerca de los *cuarenta grandes factores* debe ser censurado y rechazado, entonces estas son las diez deducciones legitimas a partir de su afirmación que darían base para censurarlo aquí y ahora.

38. Bhikkhus, incluso aquellos maestros de Okkala, Vassa, y Banna,[16] los cuales sostenían la doctrina de la *no causalidad*, la doctrina de la *no [efectividad de la] acción*, y la doctrina del *nihilismo*, no pensarían que este discurso del Dhamma acerca de los *cuarenta grandes factores* debiera ser censurado y rechazado. ¿Y por qué razón? Por temor a ser culpados, atacados, y refutados.

Esto es lo que el Bienaventurado dijo. Los bhikkhus estuvieron satisfechos y deleitados en las palabras del Bienaventurado.

NOTAS M.117

1. *Ariyaṁ samma samādhiṁ sa-upanisaṁ saparikkhāraṁ.* MA explica aquí "noble" como supramundano y dice que ésta es la concentración perteneciente a la vía supramundana. Sus "apoyos y requisitos", como se mostrará, son los otros siete factores de la vía [o sendero].
2. *Pubbangamā,* lit. "el precursor". MA dice que dos tipos de comprensión correcta son precursores: la comprensión correcta de la introspección, que investiga las formaciones como transitorias, insatisfactorias y *no yo*; y la comprensión correcta de la vía, que surge como consecuencia de la percepción y produce la destrucción radical de las impurezas. La comprensión correcta de la introspección como precursor parece mostrarse en los párrafos §§ 4, 10, 16, 22 y 28; la comprensión correcta de la vía como precursor en los párrafos §§34 y 35.

   NT: En esta obra se utilizan los términos noción correcta (o incorrecta) y comprensión correcta (o incorrecta) como equivalentes (ver NT en nota 4).
3. BB: Esta afirmación sugiere que, para adquirir una comprensión correcta sobre la naturaleza de la realidad, uno debe primero ser capaz de distinguir entre enseñanzas correctas e incorrectas sobre la naturaleza de la realidad. MA dice que esta es la comprensión correcta de la introspección que comprende la noción incorrecta como un objeto al penetrar sus características de transitoriedad, etcétera, y que comprende la noción correcta ejerciendo la función de comprensión y aclarando la confusión.
4. BB: Esta es la comprensión correcta mundana, un factor meritorio que conduce a un renacimiento favorable pero que por sí solo no trasciende la existencia condicionada.

   NT: MA menciona la expresión *upadhivepakka* en el sentido de que da resultados que consisten en las adquisiciones [MṬ: = la continuidad de los cinco agregados].

   La comprensión correcta puede ser afectada por las corrupciones debido a que se hace referencia a una "comprensión correcta mundana" (susceptible de ser afectada por las tres raíces malsanas *lobha, dosa* y *moha*), no es una comprensión supramundana. Es por esto por lo que a veces uso el término "noción correcta", indicando que es preliminar al conocimiento correcto. El noveno factor de la vía del *arahant* es propiamente llamado "conocimiento correcto" (*sammāñāṇa*) —el cual no es afectado por las tres raíces de lo malsano—, seguido del décimo factor: la liberación correcta (*vimuttiñāṇa*).

Un ejemplo de liberación incorrecta sería el caso de lo practicado en la doctrina jainista, en la cual se establece que se puede lograr la liberación mediante la "no acción" extrema. Se dice que al no hacer absolutamente acción alguna todos los karmas del pasado terminan su fructificación y al continuar no haciendo acciones, ya no habrá nueva generación de karma. Por esta razón consideran que los practicantes "realizados" son los que al no moverse en absoluto y dejarse morir de hambre llegan a la liberación final. Para el Buda este sería un ejemplo de liberación incorrecta, ya que la intención de esa abstinencia está acompañada de comprensión incorrecta.

5. BB: Esta definición establece la comprensión correcta supramundana como la sabiduría (*paññā*) que se encuentra entre los requisitos de la iluminación como facultad, poder, factor de iluminación y factor del sendero [o vía]. La definición se formula mediante la función cognitiva más que por medio del contenido objetivo de la comprensión correcta. En otro lugar (M. 141.24) la comprensión correcta del sendero se define como la comprensión de las Cuatro Nobles Verdades. Podemos entender que la comprensión conceptual de las cuatro verdades cae dentro de la comprensión correcta mundana, mientras que la penetración directa de las verdades mediante la realización del Nibbāna con la vía constituye la comprensión correcta supramundana.
6. MA: Acompañan a la comprensión correcta como sus coexistentes y precursores. El esfuerzo correcto y la atención plena correcta coexisten con la comprensión correcta supramundana; la comprensión correcta de la introspección es la precursora de la comprensión correcta supramundana.
7. MA explica esto como la comprensión correcta de la percepción que entiende la intención correcta a través de su función y aclarando la confusión. Sin embargo, parece que la cuestión es hacer una discriminación más elemental de los dos tipos de intención.
8. BB: Ésta es la definición estándar de la intención correcta como factor del Noble Óctuple Sendero; ver: M. 141.25.
9. BB: En esta definición, el factor de la intención (*sankappa*) se identifica con la aplicación mental inicial (*vitakka*), que se especifica además como el factor responsable de la absorción al fijar y dirigir la mente hacia su objeto. Para la aplicación mental inicial como "formación verbal", ver: M. 44.15.

10. MA: Esta declaración se refiere exclusivamente a los factores coexistentes que acompañan a la intención correcta supramundana. En la fase preliminar de la práctica, las tres intenciones correctas mundanas surgen por separado, pero en el momento de la vía supramundana, una única intención correcta surge cortando la triple intención incorrecta. Así, la intención correcta supramundana también puede describirse como la intención de renuncia, de *no mala voluntad* y de *no crueldad*. El mismo método se aplica al lenguaje correcto, etcétera.
11. BB: Mientras que el lenguaje correcto mundano se ejerce de cuatro modos diferentes según el tipo de discurso incorrecto del cual hay abstinencia, con motivo de la vía supramundana, un único factor del lenguaje correcto ejerce la cuádruple función de cortar las tendencias hacia las cuatro clases de lenguaje incorrecto. El mismo principio se aplica a la acción correcta.
12. BB: Éstos son medios incorrectos para que los bhikkhus adquieran sus requisitos; se explican en Vsm I, 61–65. MA dice que los mencionados en el *sutta* no son los únicos tipos de medios de vida incorrectos, que incluyen cualquier modo de ganarse la vida que implique la transgresión de los preceptos. En AN 5:177 / iii.208, el Buda menciona cinco tipos de medios de vida incorrectos para los laicos: el tráfico de armas, seres, carne, intoxicantes y venenos.
13. MA explica que para quien tiene la comprensión correcta de la vía, surge la intención correcta de la vía; de manera similar, para quien tiene la comprensión correcta del fruto, surge la intención correcta del fruto. De manera similar, los siguientes factores, excepto los dos últimos, también se refieren a la vía supramundana.
14. BB: Los dos factores adicionales que posee el *arahant* son el conocimiento correcto, que puede identificarse con su conocimiento de revisión de que ha destruido todas las impurezas, y la liberación correcta, que puede identificarse con su experiencia de liberación de todas las impurezas.
15. BB: Los veinte factores del lado sano son los diez factores correctos y los diez estados sanos que se originan de cada uno de ellos; los veinte factores del lado malsano son los diez factores malsanos y los diez estados malsanos que se originan de cada uno de ellos. De ahí el nombre "*Los cuarenta grandes factores*".
16. MA sólo dice que estos dos eran individuos que vivían en el país de Okkala. De otra manera se desconocería su identidad.

118. *Ānāpānassati Sutta*
Atención plena en la respiración

(SECCIÓN INTRODUCTORIA)

1. Esto he escuchado. En una ocasión, el Bienaventurado estaba residiendo en Sāvatthī, en el parque oriental, en el palacio de la madre de Migāra, junto con muchos discípulos mayores muy conocidos: el venerable Sāriputta, el venerable Mahā Moggallāna, el venerable Mahā Kassapa, el venerable Mahā Kaccāna, el venerable Mahā Koṭṭhita, el venerable Mahā Kappina, el venerable Mahā Cunda, el venerable Anuruddha, el venerable Revata, el venerable Ānanda y otros discípulos mayores muy conocidos.

2. Ahora bien, en esa ocasión los bhikkhus mayores habían estado enseñando e instruyendo a los nuevos bhikkhus; algunos bhikkhus mayores habían estado enseñando e instruyendo a diez bhikkhus, algunos bhikkhus mayores habían estado enseñando e instruyendo a veinte... treinta... cuarenta bhikkhus. Y los nuevos bhikkhus, enseñados e instruidos por los bhikkhus mayores, habían logrado etapas sucesivas de alta distinción.

3. En esa ocasión, en el día decimoquinto del Uposatha, en la noche de luna llena de la ceremonia de *Pavāraṇā,*[1] el Bienaventurado estaba sentado al aire libre, rodeado por el Saṅgha de bhikkhus. Luego, examinando el silencioso Saṅgha de los bhikkhus, se dirigió a ellos así:

4. —Bhikkhus, estoy contento con este progreso, mi mente está contenta con este progreso. Así que despierten aún más energía para lograr lo no logrado, para alcanzar lo no alcanzado, para realizar lo no realizado. Esperaré aquí en Sāvatthī a la luna llena de *Komudī* del cuarto mes.[2]

5. Los bhikkhus en zonas rurales escucharon: "El Bienaventurado esperará allí en Sāvatthī hasta la luna llena de *Komudī* del cuarto mes". Y los bhikkhus en zonas rurales partieron a su debido tiempo a Sāvatthī para ver al Bienaventurado.

6. Y los bhikkhus mayores enseñaron e instruyeron aún más intensamente a los nuevos bhikkhus; algunos bhikkhus mayores

enseñaron e instruyeron a diez bhikkhus, algunos bhikkhus mayores enseñaron e instruyeron a veinte... treinta... cuarenta bhikkhus. Y los bhikkhus nuevos, enseñados e instruidos por los bhikkhus mayores, lograron etapas sucesivas de alta distinción.

7. En esa ocasión, el día de Uposatha del decimoquinto, la noche de luna llena de *Komudī*, del cuarto mes, el Bienaventurado estaba sentado al aire libre, rodeado por el Saṅgha de bhikkhus. Luego, examinando al silencioso Saṅgha de los bhikkhus, se dirigió a ellos así:

8. —Bhikkhus, esta asamblea está libre de conversación frívola, esta asamblea está libre de parloteo. Se compone puramente de duramen. Tal es este Saṅgha de bhikkhus, tal es esta asamblea.

Tal asamblea es digna de obsequios, digna de hospitalidad, digna de ofrendas, digna de un saludo reverencial, un incomparable campo de mérito para el mundo; tal es este Saṅgha de bhikkhus, tal es esta asamblea. Una asamblea tal que un pequeño obsequio que se le da se vuelve grande y un gran obsequio se torna aún mayor, así es este Saṅgha de bhikkhus.

Tal asamblea es rara de ver para el mundo, tal es este Saṅgha de bhikkhus, tal es esta asamblea. Respecto a tal asamblea valdría la pena viajar muchas leguas con una bolsa de viaje para verla, tal es este Saṅgha de bhikkhus, tal es esta asamblea.

9. En este Saṅgha de bhikkhus hay bhikkhus que son *arahants* con corrupciones destruidas, que han vivido la vida santa, han hecho lo que tenían que hacer, dejaron la carga, alcanzaron su propia meta, destruyeron las cadenas del devenir [de la existencia] y están completamente liberados a través del conocimiento final —tales bhikkhus se encuentran en este Saṅgha de bhikkhus—.

10. En este Saṅgha de bhikkhus hay bhikkhus que, con la destrucción de los cinco encadenamientos inferiores,[3] reaparecerán espontáneamente [en las *Moradas Puras*] y allí alcanzarán el Nibbāna final, sin volver jamás de ese mundo —tales bhikkhus se encuentran en este Saṅgha de bhikkhus—.

11. En este Saṅgha de bhikkhus hay bhikkhus que, con la destrucción de tres encadenamientos inferiores[3] y con la atenuación del deseo, la aversión y la ofuscación, son aquellos que regresan una vez, los que regresan solo una vez más a este mundo para poner fin al sufrimiento —tales bhikkhus se encuentran en este Saṅgha de bhikkhus—.

12. En este Saṅgha de bhikkhus hay bhikkhus que, con la destrucción de tres encadenamientos inferiores, son aquellos que entran en la corriente, ya no están sujetos a la perdición, están destinados a la liberación, se dirigen a la iluminación —tales bhikkhus se encuentran en este Saṅgha de bhikkhus—.

13. En este Saṅgha de bhikkhus hay bhikkhus que permanecen dedicados al desarrollo de los cuatro fundamentos de la atención plena —tales bhikkhus se encuentran en esta Saṅgha de bhikkhus—. En este Saṅgha de bhikkhus hay bhikkhus que permanecen dedicados al desarrollo de los cuatro tipos de esfuerzo correcto... de las cuatro bases para el poder espiritual... de las cinco facultades... de los cinco poderes... de los siete factores de la iluminación... del Noble Óctuple Sendero —tales bhikkhus se encuentran en este Saṅgha de bhikkhus—.

14. En este Saṅgha de bhikkhus hay bhikkhus que permanecen dedicados al desarrollo de la benevolencia amorosa... de la compasión... de la alegría apreciativa... de la ecuanimidad... de la meditación sobre lo no atractivo... de la percepción de la transitoriedad —tales bhikkhus se encuentran en este Saṅgha de bhikkhus—. En este Saṅgha de bhikkhus hay bhikkhus que permanecen dedicados al desarrollo de la atención plena en la respiración.

(ATENCIÓN PLENA EN LA RESPIRACIÓN)

15. Bhikkhus, cuando se desarrolla y cultiva la atención plena en la respiración, es de gran fruto y beneficio. Cuando se desarrolla y cultiva la atención plena en la respiración, se cumplen los cuatro fundamentos de la atención plena. Cuando se desarrollan y cultivan los cuatro fundamentos de la atención plena, se cumplen los siete factores de la iluminación. Cuando los siete factores de iluminación se desarrollan y cultivan, se cumple el verdadero conocimiento y liberación (*vijjāvimutti*).

16. ¿Y cómo, bhikkhus, se desarrolla y cultiva la atención plena en la respiración, de modo que sea de gran fruto y beneficio?

17. Aquí, un bhikkhu, que ha ido al bosque o a la raíz de un árbol o a una choza vacía, se sienta habiendo cruzado las piernas, con el cuerpo erguido, y habiendo establecido la atención plena frente a él (*parimukhaṁ satiṁ upaṭṭhapetvā*), plenamente consciente inhala, plenamente consciente exhala.

(LAS CUATRO TÉTRADAS)

18. Inhalando largamente, comprende:[4] "Inhalo largamente"; o exhalando largamente, comprende: "Exhalo largamente". Inhalando cortamente, comprende: "Inhalo cortamente"; o exhalando cortamente, comprende: "Exhalo cortamente". Se entrena así: "Inhalaré experimentando todo el cuerpo [de la respiración] (*sabbakāyapaṭisaṁvedī*)"; se entrena así: "Exhalaré experimentando todo el cuerpo [de

la respiración]". Se entrena así: "Inhalaré tranquilizando la formación corporal (*passambhayaṁ kāyasaṅkhāraṁ*)"; se entrena así: "Exhalaré tranquilizando la formación corporal".

19. Se entrena así: "Inhalaré experimentando gozo (*pītīpaṭisaṁvedī*)"; se entrena así: "Exhalaré experimentando gozo". Se entrena así: "Inhalaré experimentando felicidad [placer] (*sukhapaṭisaṁvedī*)". Se entrena así: "Exhalaré experimentando felicidad".[5] Se entrena así: "Inhalaré experimentando la formación mental (*cittasaṅkhārapaṭisaṁvedī*)"; se entrena así: "Exhalaré experimentando la formación mental". se entrena así: "Inhalaré tranquilizando la formación mental (*passambhayaṁ cittasaṅkhāraṁ*)"; se entrena así: "Exhalaré tranquilizando la formación mental".[6]

20. Se entrena así: "Inhalaré experimentando la mente (*cittapaṭisaṁvedī*)"; se entrena así: "Exhalaré experimentando la mente". Se entrena así: "Inhalaré alegrando la mente (*abhippamodayaṁ cittaṁ*)"; se entrena así: "Exhalaré alegrando la mente". Se entrena así: "Inhalaré concentrando la mente (*samādahaṁ cittaṁ*)"; se entrena así: "Exhalaré concentrando la mente". Se entrena así: "Inhalaré liberando la mente (*vimocayaṁ cittaṁ*)"; se entrena así: "Exhalaré liberando la mente".[7]

21. Se entrena así: "Inhalaré contemplando la transitoriedad (*aniccānupassī*)"; se entrena así: "Exhalaré contemplando la transitoriedad". Se entrena así: "Inhalaré contemplando el desapasionamiento (*virāgānupassī*)"; se entrena así: "Exhalaré contemplando el desapasionamiento". Se entrena así: "Inhalaré contemplando el cese (*nirodhānupassī*)"; se entrena así: "Exhalaré contemplando el cese". Se entrena así: "Inhalaré contemplando el abandono (*paṭinissaggānupassī*)"; se entrena así: "Exhalaré contemplando el abandono [de las corrupciones; de toda adquisición]".[8]

22. Bhikkhus, así es como se desarrolla y cultiva la atención plena en la respiración, para que sea de gran fruto y beneficio.

(CUMPLIMIENTO DE LOS CUATRO FUNDAMENTOS DE LA ATENCIÓN PLENA)

23. ¿Y cómo, bhikkhus, la atención plena en la respiración, desarrollada y cultivada, cumple con los cuatro fundamentos de la atención plena?

24. Bhikkhus, en cualquier ocasión, un bhikkhu, inhalando largamente, comprende: "Inhalo largamente", o exhalando largamente, comprende: "Exhalo largamente"; inhalando cortamente, comprende: "Inhalo cortamente", o exhalando cortamente, comprende: "Exhalo cortamente"; entrena así: "Inhalaré experimentando todo el cuerpo [de la respiración]"; se entrena así: "Exhalaré experimentando todo

el cuerpo [de la respiración]"; entrena así: "Inhalaré tranquilizando la formación corporal"; entrena así: "Exhalaré tranquilizando la formación corporal".

En esa ocasión, un bhikkhu permanece contemplando el cuerpo como un cuerpo, enérgico, plenamente consciente y atento, habiendo desechado el deseo y la aversión por el mundo. Digo que este es un cierto "cuerpo entre los cuerpos", a saber: la inhalación y la exhalación.[9] Es por eso por lo que en esa ocasión un bhikkhu permanece contemplando el cuerpo como un cuerpo, enérgico, plenamente consciente y atento, habiendo dejado de lado el deseo y la aversión por el mundo.

25. Bhikkhus, en cualquier ocasión, un bhikkhu entrena así: "Inhalaré experimentando gozo"; entrena así: "Exhalaré experimentando gozo"; entrena así: "Inhalaré experimentando felicidad"; entrena así: "Exhalaré experimentando felicidad"; entrena así: "Inhalaré experimentando la formación mental"; entrena así: "Exhalaré experimentando la formación mental"; entrena así: "Inhalaré tranquilizando la formación mental"; se entrena así: "Exhalaré tranquilizando la formación mental".

En esa ocasión un bhikkhu permanece contemplando las sensaciones como sensaciones, enérgico, plenamente consciente y atento, habiendo dejado de lado el deseo y la aversión por el mundo. Digo que esta es una cierta sensación entre las sensaciones, a saber, prestar atención cuidadosa (*sādhuka manasikāra*) a la inhalación y la exhalación.[10] Es por eso por lo que en esa ocasión un bhikkhu permanece contemplando las sensaciones como sensaciones, enérgico, plenamente consciente y atento, habiendo abandonado el deseo y la aversión por el mundo.

26. Bhikkhus, en cualquier ocasión un bhikkhu entrena así: "Inhalaré experimentando la mente"; entrena así: "Exhalaré experimentando la mente"; entrena así: "Inhalaré alegrando la mente"; entrena así: "Exhalaré alegrando la mente"; entrena así: "Inhalaré concentrando la mente"; entrena así: "Exhalaré concentrando la mente"; entrena así: "Inhalaré liberando la mente"; entrena así: "Exhalaré liberando la mente".

En esa ocasión un bhikkhu permanece contemplando la mente como mente, enérgico, plenamente consciente y atento, habiendo desechado el deseo y la aversión por el mundo. No digo que exista el desarrollo de la atención plena de la respiración para quien es olvidadizo, quien no está plenamente consciente. Por eso, en esa ocasión un bhikkhu permanece contemplando la mente como mente, enérgico, plenamente consciente y atento, habiendo desechado el deseo y la aversión por el mundo.[11]

27. Bhikkhus, en cualquier ocasión un bhikkhu se entrena así: "Inhalaré contemplando la transitoriedad"; se entrena así: "Exhalaré contemplando la transitoriedad"; se entrena así: "Inhalaré contemplando el desapasionamiento"; se entrena así: "Exhalaré contemplando el desapasionamiento"; se entrena así: "Inhalaré contemplando el cese"; se entrena así: "Exhalaré contemplando el cese"; se entrena así: "Inhalaré contemplando el abandono"; se entrena así: "Exhalaré contemplando el abandono".

En esa ocasión, un bhikkhu permanece contemplando los fenómenos de la experiencia como fenómenos de la experiencia, enérgico, plenamente consciente y atento, habiendo desechado el deseo y la aversión por el mundo. Habiendo visto con sabiduría el abandono del deseo y la aversión, observa cuidadosamente con ecuanimidad.[12] Es por eso por lo que en esa ocasión un bhikkhu permanece contemplando los fenómenos de la experiencia como fenómenos de la experiencia, enérgico, plenamente consciente y atento, habiendo abandonado el deseo y la aversión por el mundo.

28. Bhikkhus, así es como la atención plena en la respiración, desarrollada y cultivada, cumple los cuatro fundamentos de la atención plena.

(CUMPLIMIENTO DE LOS SIETE FACTORES DE LA ILUMINACIÓN)

29. ¿Y cómo, bhikkhus, los cuatro fundamentos de la atención plena, desarrollados y cultivados, cumplen los siete factores de la iluminación?

30. Bhikkhus, en cualquier ocasión en que un bhikkhu permanece contemplando el cuerpo como cuerpo, enérgico, plenamente consciente y atento, habiendo dejado de lado el deseo y la aversión por el mundo, en esa ocasión se establece en él una atención plena incesante. En cualquier ocasión en que se establezca la atención plena incesante en un bhikkhu, en esa ocasión se despierta en él el factor de la iluminación de la atención plena, y lo desarrolla, y mediante el desarrollo, llega a su plenitud.

31. Permaneciendo así plenamente consciente, investiga y examina ese estado con sabiduría y se embarca en una indagación completa en él. En cualquier ocasión, permaneciendo así plenamente atento, un bhikkhu investiga y examina ese estado con sabiduría y se embarca en una indagación completa sobre ese estado. En ese momento el factor de la iluminación de la investigación de estados [investigación de *dhammas*] (*dhammavicaya*) surge en él, y lo desarrolla, y mediante el desarrollo llega a la plenitud.

32. En aquel que investiga y examina ese estado con sabiduría y se embarca en una indagación completa en él, se despierta una

energía incansable. En cualquier ocasión en que se despierta una energía incansable en un bhikkhu que investiga y examina ese estado con sabiduría y se embarca en una indagación completa en él, en ese momento se despierta en él el factor de iluminación de energía, y lo desarrolla, y mediante el desarrollo llega a su plenitud.

33. En aquel que ha despertado energía, surge un gozo no mundano. En cualquier ocasión en que surge un gozo no mundano en un bhikkhu que ha despertado energía, el factor de iluminación del gozo se despierta en él y lo desarrolla, y mediante el desarrollo llega a su plenitud.

34. En quien está gozoso, el cuerpo y la mente se vuelven tranquilos. En cualquier ocasión, el cuerpo y la mente se vuelven tranquilos en un bhikkhu que está en gozo; en ese momento, el factor de la iluminación de la tranquilidad se despierta en él, y lo desarrolla, y por medio del desarrollo llega a su plenitud.

35. En aquel cuyo cuerpo está tranquilo y experimenta felicidad, la mente se vuelve concentrada. En cualquier ocasión, la mente se concentra en un bhikkhu cuyo cuerpo está tranquilo y siente felicidad; en ese momento, el factor de iluminación de la concentración se despierta en él, y lo desarrolla, y mediante el desarrollo llega a su plenitud.

36. Observa cuidadosamente con ecuanimidad a la mente así concentrada. En cualquier ocasión, un bhikkhu observa de cerca con ecuanimidad la mente así concentrada; en ese momento, el factor de iluminación de la ecuanimidad se despierta en él, lo desarrolla y, mediante el desarrollo, llega a su plenitud.

37. Bhikkhus, en cualquier ocasión en que un bhikkhu permanece contemplando las sensaciones como sensaciones, enérgico, plenamente consciente y atento, habiendo dejado de lado el deseo y la aversión por el mundo... (Como en §§30–36) ... el factor de iluminación de la ecuanimidad se despierta en él, y él lo desarrolla, y mediante el desarrollo llega a su plenitud.

38. Bhikkhus, en cualquier ocasión un bhikkhu mora contemplando la mente como mente, enérgico, plenamente consciente y atento, habiendo desechado el deseo y la aversión por el mundo... (Como en §§30–36) ... el factor de iluminación de ecuanimidad se despierta en él, y lo desarrolla, y mediante el desarrollo llega a su plenitud.

39. Bhikkhus, en cualquier ocasión en que un bhikkhu permanece contemplando los fenómenos de la experiencia como fenómenos de la experiencia, enérgico, plenamente consciente y atento, habiendo dejado de lado el deseo y la aversión por el mundo... (Como en §§30–36) ... el factor de la iluminación de la ecuanimidad se despierta en él, y lo desarrolla, y mediante el desarrollo llega a su plenitud.

40. Bhikkhus, así es como los cuatro fundamentos de la atención plena, desarrollados y cultivados, cumplen los siete factores de la iluminación.[13]

(CUMPLIMIENTO DEL VERDADERO CONOCIMIENTO Y LIBERACIÓN)

41. ¿Y cómo, bhikkhus, los siete factores de iluminación, desarrollados y cultivados, cumplen con el verdadero conocimiento y liberación (*vijjāvimutti*)?

42. Aquí, bhikkhus, un bhikkhu desarrolla el factor de iluminación de atención plena, que se apoya en la reclusión, el desapasionamiento y el cese, y madura en el abandono.[14] Él desarrolla el factor de iluminación de investigación de estados... el factor de iluminación de energía... el factor de iluminación del gozo... el factor de iluminación de tranquilidad... el factor de iluminación de la concentración... el factor de iluminación de la ecuanimidad, los cuales se apoyan en la reclusión, el desapasionamiento y el cese, y maduran en el abandono.

43. Bhikkhus, así es como los siete factores de la iluminación, desarrollados y cultivados, cumplen con el verdadero conocimiento y liberación.[15]

Eso es lo que dijo el Bienaventurado. Los bhikkhus estuvieron satisfechos y deleitados con las palabras del Bienaventurado.

NOTAS M.118

1. BB: La *Pavāraṇā* es la ceremonia que se lleva a cabo cuando concluye la residencia [o retiro] de las lluvias, en la que cada bhikkhu invita a todos los demás a amonestarlo por sus transgresiones.
2. BB: *Komudī* es el día de luna llena del mes de Kattika, el cuarto mes de la temporada de lluvias; se llama así porque se dice que el nenúfar blanco (*kumuda*) florece en ese momento.
3. NT: Ver n.5, M.68.
4. BB: Las notas explicativas de la primera tétrada se encontrarán en M. 10.4, notas 8-10. M. 10.4 se diferencia de este pasaje sólo por la adición del símil. Dado que Ācariya Buddhaghosa ha comentado las cuatro tétradas sobre la atención plena en la respiración en el *Visuddhimagga*, en MA simplemente se remite al lector a este último trabajo para obtener una explicación. Las notas 4–8 están extraídas de Vsm VIII, 226–37, también incluidas por Ñm en su *Mindfulness of Breathing.*
5. BB: Uno experimenta gozo (*pīti*) de dos maneras: una es al alcanzar uno de los dos *jhānas* inferiores en los que el gozo está presente, entonces uno experimenta el gozo en la modalidad de la serenidad; la otra es al emerger de ese *jhāna* y contemplando ese gozo como sujeto a destrucción, entonces uno experimenta el gozo en la modalidad de la comprensión introspectiva.

   NT: En el *Diccionario Budista* de Nyanatiloka, se menciona que el término *pīti* debe ser considerado "no como una sensación o un sentimiento, y por lo tanto no pertenece al agregado de las sensaciones (*vedanākkhandha*), pertenece al agregado de las formaciones mentales (*saṅkhārakkhandha*), y puede ser descrito como "interés gozoso" [o "interés placentero"]". El Visuddhimagga (Vsm. IV, 94ff) describe cinco grados de intensidad posibles para *pīti* en la experiencia jhánica.

   Por otra parte, *sukha* es traducido mediante una gama extensa de sinónimos (los más comúnmente usados siendo placer o felicidad), lo importante es recalcar que aquí el vocablo pāli se refiere a *vedanākkhandha*, el agregado de las sensaciones (con tono afectivo distinguible como agradable). Hay cinco clases de sensaciones (*vedanā*): *sukha* (sensación física agradable); *dukkha* (sensación física desagradable); *somanassa* (sensación mental agradable); *domanassa* (sensación mental desagradable); y *upekkhā* (sensación *ni agradable ni desagradable*). Por lo dicho anteriormente, *somanassa* no debe confundirse con *pīti.*

El *Diccionario Budista* de Nyanatiloka comenta lo siguiente: "La felicidad es una condición indispensable para la concentración de la mente (*samādhi*), y por lo tanto es uno de los cinco factores (o constituyentes) de la primera absorción (*jhānaṅga*) y está presente incluso hasta el tercer *jhāna*. También menciona que "La mente de aquella persona que es feliz tiene la concentración como su fruto y recompensa" (AN 10:1).

6. BB: El mismo método de explicación que en la n.4 se aplica a las cláusulas segunda y tercera, excepto que la segunda comprende los tres *jhānas* inferiores y la tercera los cuatro *jhānas*. La formación mental es percepción y sensación (ver: M. 44.14), que se tranquiliza mediante el desarrollo de niveles sucesivamente más elevados de serenidad e introspección.
7. BB: "Experimentando la mente" debe entenderse a través de los cuatro *jhānas*. "Alegrar la mente" se explica ya sea como el logro de los dos *jhānas* que contienen gozo [y felicidad], o como la penetración de esos *jhānas* con conocimiento introspectivo como sujetos a destrucción, etcétera. "Concentrar la mente" se refiere a la concentración perteneciente al *jhāna* o a la concentración momentánea que surge junto con la introspección. "Liberar la mente" significa liberarla de obstáculos y factores jhánicos más burdos mediante niveles de concentración sucesivamente más altos, y de las distorsiones cognitivas a través del conocimiento introspectivo.
8. BB: Esta tétrada trata enteramente de la introspección, a diferencia de las tres anteriores, que tratan tanto de la serenidad como de la introspección. "Contemplar el desapasionamiento" y "contemplar el cese" pueden entenderse tanto como la comprensión introspectiva de la transitoriedad de las formaciones, así como la de la vía supramundana que logra el Nibbāna, llamada la desaparición de la lujuria (es decir, el desapasionamiento, *virāga*) y el cese del sufrimiento. "Contemplar el abandono" es abandonar las impurezas a través de la comprensión introspectiva y entrar en el Nibbāna mediante el logro de la vía.
9. MA: La inhalación y la exhalación se consideran como el elemento aire que es parte de los cuatro elementos que componen el cuerpo físico. También deben incluirse en la base de objetos tangibles como parte de los fenómenos corporales (ya que el objeto de atención es la sensación táctil del aliento que entra y sale por las fosas nasales).
10. MA explica que la atención cuidadosa (*sādhuka manasikāra*) en sí misma no es una sensación, sino que se habla de ella como tal, sólo en sentido figurado. En la segunda tétrada, la sensación

real es el placer mencionado en la segunda cláusula y también la sensación comprendida por la expresión "formación mental" en las cláusulas tercera y cuarta.

11. MA: Aunque el bhikkhu meditador toma como objeto el signo de inhalar y exhalar, se dice que está "contemplando la mente como mente" porque mantiene su mente en el objeto despertando la atención y la conciencia plenas, dos factores de la mente.
12. MA: La codicia y el dolor denotan los dos primeros obstáculos, el deseo sensorial y la mala voluntad y, por lo tanto, representan la contemplación de los fenómenos de la experiencia [o categorías del Dhamma], la cual comienza con los cinco impedimentos. El bhikkhu se percata que el abandono de los impedimentos es causado por la contemplación de la transitoriedad, el desapasionamiento, el cese y el abandono, y así llega a considerar el objeto con ecuanimidad.
13. MA dice que el pasaje anterior muestra los factores de iluminación que existen juntos en cada momento mental durante la práctica de la meditación introspectiva.
14. BB: Ver: n.20, M.2.
15. MA: La atención plena que abarca la respiración es mundana; la atención plena mundana a la respiración perfecciona los fundamentos mundanos de la atención plena; los fundamentos mundanos de la atención plena perfeccionan los factores de iluminación supramundanos; y los factores de iluminación supramundanos perfeccionan (o cumplen) el verdadero conocimiento y la liberación, es decir, el fruto y el Nibbāna.

119. *Kāyagatāsati Sutta*
Atención plena en el cuerpo

1. Esto he escuchado. En una ocasión, el Bienaventurado estaba residiendo en Sāvatthī, en el Bosquecillo de Jeta, el parque de Anāthapiṇḍika.

2. Ahora bien, un número de bhikkhus estaban sentados en el salón de asambleas, donde se habían reunido al regresar de su ronda de recolección de alimento, después de su comida, cuando surgió entre ellos esta discusión: "Es maravilloso, amigos, es maravilloso, cómo ha sido dicho por el Bienaventurado que conoce y ve, Consumado y plenamente iluminado, que la atención plena en el cuerpo, cuando se desarrolla y cultiva, es de gran fruto y beneficio".

Sin embargo, su discusión fue interrumpida; porque el Bienaventurado se levantó de la meditación cuando llegó la tarde, fue al salón de asambleas y se sentó en un asiento preparado. Luego se dirigió a los bhikkhus así: —Bhikkhus, ¿sobre qué discusión están sentados aquí ahora? ¿Y cuál fue su discusión que fue interrumpida?

—Aquí, venerable señor, estábamos sentados en el salón de asambleas, donde nos habíamos reunido al regresar de nuestra ronda de recolección de alimento, después de nuestra comida, cuando surgió entre nosotros esta discusión: "es maravilloso, amigos, es maravilloso, cómo ha sido dicho por el Bienaventurado que conoce y ve, Consumado y plenamente iluminado, que la atención plena en el cuerpo, cuando se desarrolla y se cultiva, es de gran fruto y beneficio". Esta fue nuestra discusión, venerable señor, que se interrumpió cuando llegó el Bienaventurado.

3. ¿Y cómo, bhikkhus, se desarrolla y cultiva la atención plena en el cuerpo para que sea de gran fruto y beneficio?

(ATENCIÓN PLENA EN LA RESPIRACIÓN)

4. Aquí, un bhikkhu,[1] habiendo ido al bosque o a la raíz de un árbol o a una choza vacía; se sienta habiendo cruzado las piernas, con el cuerpo erguido, y habiendo establecido la atención plena frente a

él (*parimukhaṁ satiṁ upaṭṭhapetvā*), plenamente atento inhala, plenamente atento exhala. Inhalando largamente, comprende: "Inhalo largamente"; exhalando largamente, comprende: "Exhalo largamente". Inhalando cortamente, comprende: "Inhalo cortamente"; exhalando cortamente, comprende: "Exhalo cortamente". Se entrena así: "Inhalo experimentando todo el cuerpo [de la respiración]"; se entrena así: "Exhalo experimentando todo el cuerpo [de la respiración]". Se entrena así: "Inhalo tranquilizando la formación corporal"; se entrena así: "Exhalo tranquilizando la formación corporal".

Mientras permanece así diligente, enérgico y resuelto, sus recuerdos e intenciones basadas en la vida familiar son abandonados; con su abandono, su mente se estabiliza internamente, se aquieta, se unifica y se concentra. Así es como un bhikkhu desarrolla la atención plena en el cuerpo.

(LAS CUATRO POSTURAS)

5. Nuevamente, bhikkhus, al caminar, un bhikkhu comprende: "Estoy caminando"; cuando está de pie, comprende: "Estoy de pie"; cuando está sentado, comprende: "Estoy sentado"; al acostarse, comprende: "Estoy acostado"; o comprende en consecuencia según su cuerpo esté dispuesto.

Mientras permanece así diligente, enérgico y resuelto, sus recuerdos e intenciones basadas en la vida familiar son abandonados... Así es también como un bhikkhu desarrolla la atención plena en el cuerpo.

(CONCIENCIA PLENA)

6. Una vez más, bhikkhus, un bhikkhu es alguien que actúa con comprensión clara (*sampajānakārī*) cuando avanza y retrocede; actúa con plena conciencia cuando mira hacia adelante y cuando desvía la mirada; actúa con comprensión clara al flexionar y extender sus miembros; actúa con comprensión clara cuando viste sus túnicas y cuando toma su túnica exterior y cuenco; actúa con comprensión clara al comer, beber, consumir alimentos y saborear; actúa con comprensión clara al defecar y orinar; actúa con comprensión clara al caminar, pararse, sentarse, dormirse, despertarse, hablar y guardar silencio.

Mientras permanece así diligente, enérgico y resuelto, sus recuerdos e intenciones basadas en la vida familiar son abandonados... Así es también como un bhikkhu desarrolla la atención plena en el cuerpo.

(REPULSIVIDAD - LAS PARTES DEL CUERPO)

7. Nuevamente, bhikkhus, un bhikkhu revisa este mismo cuerpo hacia arriba, desde las plantas de los pies y hacia abajo, desde la coronilla, limitado por la piel, como algo lleno de muchos tipos de impurezas, así: "En este cuerpo hay pelos de la cabeza [cabello] (*kesā*) , pelos corporales [vellos/vellosidades] (*lomā*), uñas (*nakhā*), dientes (*dantā*), piel (*taco*), carne (*maṁsa*), tendones (*nhāru*), huesos (*aṭṭhi*), médula ósea (*aṭṭhimiñjā*), riñones (*vakka*), corazón (*hadaya*), hígado (*yakana*), pleura (*kilomaka*), bazo (*pihaka*), pulmones (*papphāsa*), intestinos (*anta*), mesenterio (*antaguṇa*), contenido [no digerido] del estómago (*udariya*), heces (*karīsa*), bilis (*pitta*), flema (*semha*), pus (*pubbo*), sangre (*lohita*), sudor (*sedo*), grasa (*meda*), lágrimas (*assu*), sebo (*vasā*), saliva (*kheḷa*), moco nasal (*siṅghāṇikā*), líquido sinovial [de las articulaciones] (*lasikā*) y orina (*muttanti*)".

Como si fuera una bolsa con una abertura en ambos extremos, llena de muchos tipos de granos —tales como arroz de montaña, arroz rojo, frijoles, guisantes, mijo y arroz blanco—, y un hombre con buena vista la abriera y los revisara de la siguiente manera: "Esto es arroz de montaña, esto es arroz rojo, estos son frijoles, estos son guisantes, esto es mijo, esto es arroz blanco"; así también, un bhikkhu revisa este mismo cuerpo como lleno de muchos tipos de impurezas, así: "En este cuerpo hay pelos de la cabeza... y orina".

Mientras permanece así diligente, enérgico y resuelto, sus recuerdos e intenciones que se basan en la vida familiar son abandonados... Eso también es la forma en la que un bhikkhu desarrolla la atención plena en el cuerpo.

(ELEMENTOS)

8. Una vez más, bhikkhus, un bhikkhu revisa este mismo cuerpo, sin importar cómo esté colocado, sin importar cómo esté dispuesto, considerándolo como compuesto de elementos, de la siguiente manera: "En este cuerpo están el elemento tierra, el elemento agua, el elemento fuego y el elemento aire".

Tal como si un hábil carnicero, o su aprendiz, hubiera matado una vaca y estuviera sentado en la encrucijada [de un camino] con ella cortada en pedazos [para venderla]; así también, un bhikkhu revisa este mismo cuerpo, sin importar cómo esté colocado, sin importar cómo esté dispuesto, considerándolo como compuesto de elementos, de la siguiente manera: "En este cuerpo están el elemento tierra, el elemento agua, el elemento fuego y el elemento aire".

Mientras permanece así diligente, enérgico y resuelto, sus recuerdos e intenciones conectadas con la vida familiar son abandonados...

Así es también como un bhikkhu desarrolla la atención plena en el cuerpo.

(LAS NUEVE CONTEMPLACIONES EN EL CEMENTERIO)

9. Nuevamente, bhikkhus, como si viera un cadáver arrojado a un lado en un osario, uno, dos o tres días muerto, hinchado, lívido y exudando materia, un bhikkhu compara su mismo cuerpo con ese cuerpo de la siguiente manera: "Este cuerpo también es de la misma naturaleza, será así, no está exento de ese destino".

Mientras permanece así diligente... Así es como un bhikkhu desarrolla la atención plena en el cuerpo.

10. De nuevo, como si viera un cadáver arrojado a un lado en un osario, siendo devorado por cuervos, halcones, buitres, perros, chacales o varios tipos de gusanos, un bhikkhu compara su mismo cuerpo con ese cuerpo así: "Este cuerpo también es de la misma naturaleza, será así, no está exento de ese destino".

Mientras permanece así diligente... Así es como un bhikkhu desarrolla la atención plena en el cuerpo.

11-14. Nuevamente, como si viera un cadáver arrojado a un lado en un osario —un esqueleto con carne y sangre, unido con tendones... un esqueleto descarnado, manchado de sangre, unido con tendones... un esqueleto sin carne ni sangre, unido con tendones... huesos desconectados dispersos en todas direcciones: aquí un hueso de la mano, allí un hueso del pie, aquí una tibia, allí un fémur, aquí un hueso de la cadera, allí una columna vertebral, aquí una costilla, allá un esternón, aquí un brazo, allá un hombro, aquí un cuello, allá una mandíbula, aquí un diente, allá el cráneo— un bhikkhu compara ese mismo cuerpo con el suyo de la siguiente manera: "Este cuerpo también es de la misma naturaleza, será así, no está exento de ese destino".

Mientras permanece así diligente... Así es como un bhikkhu desarrolla la atención plena en el cuerpo.

15-17. De nuevo, como si viera un cadáver arrojado a un lado en un osario —huesos blanqueados, del color de conchas... huesos amontonados... huesos de más de un año, podridos y convertidos en polvo—, un bhikkhu compara ese mismo cuerpo con el suyo así: "Este cuerpo también es de la misma naturaleza, será así, no está exento de ese destino".

Mientras permanece así diligente... Así es como un bhikkhu desarrolla la atención plena en el cuerpo.

(LOS *JHĀNAS*)

18. Nuevamente, bhikkhus, muy apartado de los placeres sensoriales, apartado de los estados malsanos, un bhikkhu entra y permanece en el primer *jhāna*, que va acompañado de aplicación inicial (*vitakka*) y aplicación sostenida de la mente (*vicāra*), con gozo (*pīti*) y felicidad (*sukha*) nacidos de la reclusión. Hace que el gozo y el placer nacidos de la reclusión empapen, permeen, llenen y penetren su cuerpo, de modo que no haya ninguna parte de todo el cuerpo que no esté impregnada por el gozo y el placer nacidos de la reclusión.

Así como un experto en baños o un aprendiz[2] amontona polvo de baño en un cuenco de metal y, rociándolo gradualmente con agua, lo amasa hasta que la humedad sature su argamasa de polvo de baño, la empapa y la impregna por dentro y por fuera, sin embargo, la bola en sí misma no exuda; así también, un bhikkhu hace que el gozo y el placer nacidos de la reclusión empapen, permeen, llenen y penetren su cuerpo, de modo que no haya ninguna parte de todo el cuerpo que no esté penetrada por el gozo y placer nacidos de la reclusión.

Mientras permanece así diligente... Así es también como un bhikkhu desarrolla la atención plena en el cuerpo.

19. Nuevamente, bhikkhus, con el aquietamiento de la aplicación inicial y la aplicación sostenida de la mente, un bhikkhu entra y permanece en el segundo *jhāna*, teniendo confianza en sí mismo y unificación mental, sin aplicación inicial ni aplicación sostenida de la mente, con gozo y placer nacidos de la concentración. Hace que el gozo y el placer nacidos de la concentración empapen, permeen, llenen y penetren su cuerpo, de modo que no haya ninguna parte de todo el cuerpo que no esté impregnada por el gozo y el placer nacidos de la concentración.

Como si hubiera un lago cuyas aguas brotaran desde el fondo y no tuviera afluencia del este, oeste, norte o sur, tal que no se reabasteciera de vez en cuando por las lluvias, entonces la fuente fresca de agua que brotara del lago haría que el agua fría empapara, permeara, llenara y penetrara el lago, de modo que no habría ninguna parte del lago sin inundar de agua fresca; así también, un bhikkhu hace que el gozo y el placer nacidos de la concentración empapen, permeen, llenen y penetren su cuerpo, de modo que no haya ninguna parte de todo el cuerpo que no esté impregnada del gozo y el placer nacidos de la concentración.

Mientras permanece así diligente... Así es también como un bhikkhu desarrolla la atención plena en el cuerpo.

20. Una vez más, bhikkhus, con el desvanecimiento del gozo, un bhikkhu permanece en ecuanimidad (*upekkhā*), y atento y plenamente

consciente, aun sintiendo placer con el cuerpo (*kāyena paṭisaṁvedeti*), entra y permanece en el tercer *jhāna*, a causa de la cual los nobles declaran: "Aquel que tiene ecuanimidad y es plenamente atento tiene una morada placentera". Hace que el placer despojado del gozo empape, permee, llene y penetre su cuerpo, de modo que no haya ninguna parte de todo el cuerpo que no esté penetrada por el placer despojado de gozo.

Así como en un estanque de lotos azules o blancos o rojos, algunos lotos que nacen y crecen en el agua prosperan sumergidos en el agua sin salir de ella, y el agua fresca los empapa, permea, llena y penetra desde sus puntas a sus raíces, de modo que no hay parte de todos esos lotos sin agua fresca; así también, un bhikkhu hace que el placer despojado del gozo empape, permee, llene y penetre su cuerpo, de modo que no haya ninguna parte de dicho cuerpo que no esté impregnada por el placer despojado del gozo.

Mientras permanece así diligente... Así es también como un bhikkhu desarrolla la atención plena en el cuerpo.

21. Nuevamente, bhikkhus, con el abandono del placer y el dolor, y con la desaparición previa del gozo y el pesar, un bhikkhu entra y permanece en el cuarto *jhāna*, el cual tiene *ni dolor ni placer* y pureza de atención plena debida a la ecuanimidad (*upekkhāsatipārisuddhi*). Se sienta impregnando su cuerpo con una mente pura y brillante, de modo que no hay ninguna parte de todo el cuerpo que no esté impregnada por la mente pura y brillante. Como si un hombre estuviera sentado cubierto de la cabeza hacia abajo con una tela blanca, de modo que no hubiera parte de todo su cuerpo que no estuviera cubierta por la tela blanca; así también, un bhikkhu se sienta impregnando este cuerpo con una mente pura y brillante, de modo que no hay parte de su cuerpo que no esté impregnada por la mente pura y brillante.

Mientras permanece así diligente, enérgico y resuelto, abandona los recuerdos y las intenciones basadas en la vida familiar; con el abandono de éstos, su mente se estabiliza internamente, se aquieta, se unifica y se concentra. Así es también como un bhikkhu desarrolla la atención plena en el cuerpo.

(PROGRESO MEDIANTE LA ATENCIÓN PLENA EN EL CUERPO)

22. Bhikkhus, quienquiera que haya desarrollado y cultivado la atención plena en el cuerpo ha incluido dentro de sí todos los estados saludables que participan del verdadero conocimiento (*vijjābhāgiyā dhammā*). Así como quienquiera que haya extendido su mente sobre el gran océano incluye en él cualesquiera afluentes que desembocaran

en el océano, así también, quien ha desarrollado y cultivado la atención plena en el cuerpo incluye dentro de sí cualesquiera estados saludables que participan del verdadero conocimiento.[3]

23. Bhikkhus, cuando alguien no ha desarrollado y cultivado la atención plena en el cuerpo, Māra encuentra una oportunidad y un apoyo en él. Supongamos que un hombre arrojara una pesada bola de piedra sobre un montículo de arcilla húmeda. ¿Qué opinan, bhikkhus? ¿Encontraría esa pesada bola una entrada en ese montículo de arcilla húmeda?

—Sí, venerable señor.

—Así también, bhikkhus, cuando alguien no ha desarrollado y cultivado la atención plena en el cuerpo, Māra encuentra una oportunidad y un apoyo en él.

24. Supongan que hubiera un trozo de madera seco y sin savia, y un hombre viniera con una antorcha flameante, pensando: "Encenderé un fuego, produciré calor". ¿Qué piensan, bhikkhus? ¿Podría el hombre encender un fuego y producir calor frotando el trozo de madera seco y sin savia con una antorcha incandescente? —Sí, venerable señor. —Así también, bhikkhus, cuando alguien no ha desarrollado y cultivado la atención plena en el cuerpo, Māra encuentra una oportunidad y un apoyo en él.

25. Supongamos que hubiera una jarra de agua vacía y hueca, colocada sobre un soporte, y un hombre viniera con una provisión de agua. ¿Qué opinan, bhikkhus? ¿Podría el hombre verter el agua en la jarra?

—Sí, venerable señor.

—Así también, bhikkhus, cuando alguien no ha desarrollado y cultivado la atención plena en el cuerpo, Māra encuentra en él una oportunidad y un apoyo.

26. Bhikkhus, cuando alguien ha desarrollado y cultivado la atención plena en el cuerpo, Māra no puede encontrar una oportunidad o apoyo en él. Supongamos que un hombre fuera a arrojar una ligera bola de cordel contra el panel de una puerta hecha totalmente de duramen. ¿Qué opinan, bhikkhus? ¿Encontraría esa ligera bola de hilo la entrada a través del panel de la puerta hecha enteramente de duramen?

—No, venerable señor.

—Así también, bhikkhus, cuando alguien ha desarrollado y cultivado la atención plena en el cuerpo, Māra no puede encontrar una oportunidad ni apoyo en él.

27. Supongamos que hubiera un trozo de madera húmedo y lleno de savia, y un hombre viniera con una antorcha flameante, pensando: "Encenderé un fuego, produciré calor". ¿Qué piensan, bhikkhus? ¿Podría el hombre encender un fuego y producir calor tomando

la antorcha incandescente y frotándola contra el trozo de madera húmedo y lleno de savia?

—No, venerable señor.

—Así también, bhikkhus, cuando alguien ha desarrollado y cultivado la atención plena en el cuerpo, Māra no puede encontrar una oportunidad ni un apoyo en él.

28. Supongamos que, sobre un soporte, hubiera una jarra de agua llena de agua hasta el borde, de modo que los cuervos pudieran beber de ella, y un hombre viniera con un suministro de agua. ¿Qué opinan, bhikkhus? ¿Podría el hombre verter el agua en la jarra?

—No, venerable señor.

—Así también, bhikkhus, cuando alguien ha desarrollado y cultivado la atención plena en el cuerpo, Māra no puede encontrar una oportunidad ni apoyo en él.

29. Bhikkhus, cuando alguien ha desarrollado y cultivado la atención plena en el cuerpo, entonces cuando inclina su mente hacia la consumación de cualquier estado que pueda ser logrado mediante el conocimiento directo, alcanza la capacidad de atestiguar cualquier aspecto que haya en él, siempre y cuando exista una base adecuada.

Supongamos que, puesto en un soporte, se colocara un cántaro lleno de agua hasta el borde para que los cuervos pudieran beber de él. Entonces, cada vez que un hombre fuerte lo ladeara, ¿saldría agua de ese cántaro?

—Sí, venerable señor.

—Así también, bhikkhus, cuando alguien ha desarrollado y cultivado la atención plena en el cuerpo, entonces, cuando inclina su mente hacia la consumación de cualquier estado que pueda ser logrado mediante el conocimiento directo, alcanza la capacidad de atestiguar cualquier aspecto en él, habiendo una base adecuada.

30. Supongamos que hubiera un estanque de forma cuadrada en un terreno llano, rodeado por un bordo, lleno de agua hasta el tope, de modo que los cuervos pudieran beber de él. Cada vez que un hombre fuerte aflojara el bordo, ¿se saldría el agua del estanque?

—Sí, venerable señor.

—Así también, bhikkhus, cuando alguien ha desarrollado y cultivado la atención plena en el cuerpo... alcanza la capacidad de atestiguar cualquier aspecto en él, habiendo una base adecuada.

31. Supongamos que hubiera un carruaje en terreno llano, en un cruce de caminos, enganchado a caballos *pura sangre*, esperando con el fuete listo a que llegara un entrenador hábil, un conductor de caballos, que pudiera montar dicho carruaje, y tomando las riendas con su mano izquierda y el fuete en su mano derecha, pudiera salir y volver por cualquier camino cuando quisiera.

Así también, bhikkhus, cuando alguien ha desarrollado y cultivado la atención plena en el cuerpo… logra la capacidad de atestiguar cualquier aspecto de este, habiendo una base adecuada.

(BENEFICIOS DE LA ATENCIÓN PLENA EN EL CUERPO)

32. Bhikkhus, cuando la atención plena en el cuerpo ha sido repetidamente practicada, desarrollada, cultivada, utilizada como vehículo, utilizada como base, establecida, consolidada y bien emprendida, pueden esperarse estos diez beneficios. ¿Cuáles diez?

33. (i) "Uno se convierte en un conquistador del descontento y el deleite, y el descontento no conquista a uno; uno permanece venciendo el descontento siempre que surja.

34. (ii) "Uno se convierte en un conquistador del miedo y el pavor, y el miedo y el pavor no lo conquistan a uno; uno permanece superando el miedo y el pavor cada vez que surgen.

35. (iii) "Se soporta el frío y el calor, el hambre y la sed, y el contacto con los tábanos, los mosquitos, el viento, el sol y los reptiles; uno soporta palabras mal habladas e inoportunas y sensaciones corporales surgidas que son dolorosas, desgarradoras, agudas, penetrantes, desagradables, angustiantes y amenazantes para la vida.

36. (iv) "Uno obtiene a voluntad, sin problemas ni dificultades, los cuatro *jhānas* que constituyen la mente superior y proporcionan una morada placentera aquí y ahora.

37. (v) "Uno ejerce los diversos tipos de poderes sobrenaturales… (Como en M. 108.18) … uno ejerce el dominio corporal incluso hasta el mundo de Brahmā.

38. (vi) "Con el elemento del oído divino, que está purificado y supera al humano, se escuchan ambas clases de sonidos, los divinos y los humanos, tanto los que están alejados como los que están cercanos.

39. (vii) "Uno comprende las mentes de otros seres, de otras personas, habiéndolas abarcado con la propia mente. Uno entiende una mente afectada por la lujuria como afectada por la lujuria… (Como en M.108.20) … entiende una mente no liberada como no liberada.

40. (viii) "Uno recuerda sus múltiples vidas pasadas, a saber: un nacimiento, dos nacimientos… (Como en M. 51.24) … Así, con sus aspectos y detalles, uno recuerda sus múltiples vidas pasadas.

41. (ix) "Con el ojo divino, que es purificado y supera al humano, uno ve a los seres morir y reaparecer, inferiores y superiores, bellos y feos, afortunados y desafortunados, y uno comprende cómo los seres renacen según sus acciones.

42. (x) "Al darse cuenta por sí mismo con conocimiento directo, uno aquí y ahora, entra y permanece en la liberación de la mente y en la liberación por medio de la sabiduría, las cuales no tienen mancha debido a la destrucción de las corrupciones".

43. Bhikkhus, cuando la atención plena en el cuerpo se ha practicado, desarrollado, cultivado, usado como vehículo, usado como base, establecido, consolidado y bien emprendida repetidamente, pueden esperarse estos diez beneficios.

Eso es lo que dijo el Bienaventurado. Los bhikkhus estuvieron satisfechos y deleitados con las palabras del Bienaventurado.

NOTAS M.119

1. BB: Los párrafos §§4–17 de este *sutta* son idénticos a M. 10, §§4–30, excepto que aquí el estribillo sobre la introspección ha sido reemplazado por el estribillo que comienza "*Mientras permanece así diligente*". Este cambio indica un cambio en el énfasis de la introspección en M.10 a la concentración en el presente *sutta*. Este cambio reaparece en el pasaje sobre los *jhānas* en los párrafos §§18–21 y en el pasaje sobre los conocimientos directos en §§37–41, los cuales distinguen este *sutta* de M.10.
2. Los símiles de los *jhānas* también se encuentran en M. 39, §§15–18 y M. 77, §§25–28.
3. *Vijjābhāgiyā dhammā*. MA explica estos estados como los ocho tipos de conocimiento expuestos en M. 77, §§29–36.

120. *Saṅkhārupapatti Sutta*
Renacimiento mediante aspiración

1. Esto he escuchado. En una ocasión, el Bienaventurado residía en Sāvatthī en el Bosquecillo de Jeta, el parque de Anāthapiṇḍika. Allí se dirigió a los bhikkhus diciendo: —Bhikkhus. —Venerable señor, respondieron. El Bienaventurado dijo esto:

2. —Bhikkhus, les enseñaré la reaparición de acuerdo con la propia aspiración.[1] Escuchen y presten atención a lo que diré. —Sí, venerable señor, respondieron los bhikkhus. El Bienaventurado dijo esto:

3. —Aquí, bhikkhus, un bhikkhu posee fe, virtud, aprendizaje, generosidad y sabiduría. Piensa: "¡Oh, que, al disolverse el cuerpo, después de la muerte, pueda reaparecer en compañía de los nobles acomodados!" Fija su mente en eso, lo determina, y lo desarrolla. Estas aspiraciones y esta permanencia suya, así desarrollada y cultivada, conducen a su reaparición allí. Esta, bhikkhus, es la vía, el camino que conduce a la reaparición allí.[2]

4–5. De nuevo, un bhikkhu posee fe... y sabiduría. Piensa: "¡Oh, que, al disolverse el cuerpo, después de la muerte, pudiera reaparecer en compañía de brahmanes acomodados!... ¡en compañía de jefes de familia acomodados!" ... Fija su mente en eso... Esta, bhikkhus, es la vía, el camino que conduce a la reaparición allí.

6. Nuevamente, un bhikkhu posee fe... y sabiduría. Él escucha que los *devas* del cielo de los Cuatro Grandes Reyes son longevos, hermosos y disfrutan de una gran felicidad. Él piensa: "¡Oh, que, en la disolución del cuerpo, después de la muerte, pueda reaparecer en la compañía de los *devas* del cielo de los Cuatro Grandes Reyes!" Fija su mente en eso... Esta, bhikkhus, es la vía, es el camino que lleva a reaparecer allí.

7–11. De nuevo, un bhikkhu posee fe... y sabiduría. Oye que los *devas* del cielo de Tāvatiṃsa... los *devas* del cielo de Yāma... los *devas* del cielo de Tusita... los *devas que se deleitan en crear*... los *devas que ejercen poder sobre las creaciones de otros* son longevos, hermosos y disfrutan de gran felicidad. Él piensa: "¡Oh, que, en la disolución del cuerpo, después de la muerte, pueda reaparecer en la compañía de los *devas que ejercen poder sobre las creaciones de otros!"* Él fija su mente en eso... Esta, bhikkhu es la vía, es el camino que conduce a la reaparición allí.

12. Nuevamente, un bhikkhu posee fe... y sabiduría. Oye que el Brahmā *de los Mil* es longevo, hermoso y disfruta de una gran felicidad. Ahora bien, el *Brahmā de los Mil* permanece resuelto a impregnar (*pharitvā*) [con su mente] un sistema de mundos de mil mundos y permanece resuelto a penetrar a los seres que han reaparecido allí.[3] Así como un hombre con buena vista pudiera tomar una nuez en su mano y revisarla, así el Brahmā *de los Mil* permanece resuelto en impregnar un sistema mundial de mil mundos, y permanece resuelto en penetrar a los seres que han aparecido allí. El bhikkhu piensa: "¡Oh, que, en la disolución del cuerpo, después de la muerte, pueda reaparecer en la compañía del Brahmā *de los Mil*!" Fija su mente en eso... Esta, bhikkhus, es la vía, el camino que lleva a reaparecer allí.

13–16. De nuevo, un bhikkhu posee fe... y sabiduría. Oye que el Brahmā *de los Dos Mil*... el Brahmā *de los Tres Mil*... el Brahmā *de los Cuatro Mil*... el Brahmā *de los Cinco Mil* es longevo, hermoso y disfruta de una gran felicidad. Ahora el Brahmā *de los Cinco Mil* permanece decidido a impregnar un sistema de mundos de cinco mil mundos, y permanece resuelto a impregnar a los seres que han reaparecido allí. Así como un hombre con buena vista puede tomar cinco nueces en su mano y revisarlas, así el Brahmā *de los Cinco Mil* permanece decidido a impregnar un sistema mundial de cinco mil mundos, y permanece resuelto a impregnar a los seres que han reaparecido allí. El bhikkhu piensa: "¡Oh, que, en la disolución del cuerpo, después de la muerte, pueda reaparecer en la compañía del Brahmā *de los Cinco Mil*!", fija su mente en eso... Esta, bhikkhus, es la vía, el camino que lleva a reaparecer allí.

17. Nuevamente, un bhikkhu posee fe... y sabiduría. Él escucha que el Brahmā de *los Diez Mil* es longevo, hermoso y disfruta de una gran felicidad. Ahora bien, el Brahmā *de los Diez Mil* permanece resuelto a impregnar un sistema de mundos de diez mil mundos, y permanece resuelto a impregnar a los seres que han reaparecido allí. Así como una fina gema de berilo clara como el agua cristalina, de ocho facetas, bien cortada, reposando sobre el brocado rojo, resplandece, irradia y relumbra, así el Brahmā *de los Diez Mil* permanece decidido a impregnar un sistema de mundos de diez mil mundos, y permanece resuelto a impregnar a los seres que han reaparecido allí. El bhikkhu piensa: "¡Oh, que, en la disolución del cuerpo, después de la muerte, pueda reaparecer en la compañía del Brahmā *de los Diez Mil*!", fija su mente en eso... Esta, bhikkhus, es la vía, el camino que lleva a reaparecer allí.

18. Nuevamente, un bhikkhu posee fe... y sabiduría. Oye que el Brahmā *de los Cien Mil* es longevo, hermoso y disfruta de una gran felicidad. Ahora bien, el Brahmā *de los Cien Mil* permanece decidido

a impregnar un sistema de mundos de cien mil mundos, y permanece resuelto a impregnar a los seres que han reaparecido allí. Así como un adorno del oro más fino, muy hábilmente labrado en el horno por un hábil orfebre, colocado sobre brocado rojo, resplandece, irradia y relumbra, así el Brahmā *de los Cien Mil* permanece decidido a impregnar un sistema de mundos de cien mil mundos, y permanece decidido a impregnar a los seres que han reaparecido allí. El bhikkhu piensa: "¡Oh, que, en la disolución del cuerpo, después de la muerte, pueda reaparecer en la compañía del Brahmā *de los Cien Mil*!" Fija su mente en eso... Esta, bhikkhus, es la vía, el camino que lleva a reaparecer allí.

19–32. De nuevo, un bhikkhu posee fe... y sabiduría. Oye que los *devas del resplandor*[4]... los *devas de resplandor limitado*... los *devas de resplandor inmensurable*... los *devas de refulgencia por torrentes*... los *devas de la gloria*... los *devas de gloria limitada*... los *devas de gloria inmensurable*... los *devas de gloria refulgente*... los *devas de gran fruto*... los *devas* de Aviha... los *devas* de Atappa... los *devas* de Sudassa... los *devas* de Sudassī... los *devas* de Akaniṭṭha son longevos, hermosos y disfrutan de una gran felicidad. Él piensa: "¡Oh, que, en la disolución del cuerpo, después de la muerte, pueda reaparecer en compañía de los *devas* de Akaniṭṭha!" Él fija su mente en eso... Esta, bhikkhus, es la vía, el camino que conduce a la reaparición allí.

33–36. De nuevo, un bhikkhu posee fe... y sabiduría. Oye que los *devas de la base del espacio ilimitado*... los *devas de la base de la conciencia ilimitada... los devas de la base de la nada... los devas de la base de la ni percepción ni no-percepción* son longevos, perdurables y disfrutan de una gran felicidad. Piensa: "¡Oh, que, al disolverse el cuerpo, después de la muerte, pueda reaparecer en compañía de los *devas de la base de la ni percepción ni no-percepción*!" Fija su mente en ello, se torna resuelto en ello, lo desarrolla. Estas aspiraciones y esta permanencia suya, así desarrollada y cultivada, conducen a su reaparición allí. Este, bhikkhus, es el camino, la vía que conduce a la reaparición allí.

37. Nuevamente, un bhikkhu posee fe, virtud, aprendizaje, generosidad y sabiduría. Él piensa: "¡Oh, que, al realizar por mí mismo con conocimiento directo, pueda aquí y ahora entrar y permanecer en la liberación de la mente y la liberación por medio de la sabiduría que no tienen mancha con la destrucción de las corrupciones!" Y mediante el conocimiento directo, él aquí y ahora entra y permanece en la liberación de la mente y la liberación por medio de la sabiduría que no tienen mancha con la destrucción de las corrupciones. Bhikkhus, este bhikkhu no reaparece en ningún lugar.[5]

Eso es lo que dijo el Bienaventurado. Los bhikkhus estuvieron satisfechos y deleitados con las palabras del Bienaventurado.

NOTAS M.120

1. BB: Aunque he intentado traducir *saṅkhārā* consistentemente como "formaciones", aquí parecía que el contenido requería una traducción diferente para sacar a la luz el significado deseado. Ñm había usado "determinaciones", su propia elección hecha para *saṅkhārā*. MA inicialmente explica que *saṅkhārupapatti* significa reaparición (es decir, renacimiento) de *meras formaciones*, no de un ser o persona, o reaparición de los agregados en una nueva forma de existencia *a través de una formación kármica meritoria*. Sin embargo, en pasajes posteriores, MA menciona *saṅkhārā* con *patthanā*, una palabra que sin ambigüedades significa aspiración.
2. MA: "El camino" son las cinco cualidades que comienzan con la fe, junto con la aspiración. Aquel que tiene las cinco cualidades sin aspiración, o la aspiración sin cualidades, no tiene un destino fijo. El destino sólo puede fijarse cuando ambos factores están presentes.
3. MA explica que hay cinco tipos de penetración: penetración de la mente, es decir, conocer los pensamientos de los seres en mil mundos; difusión del *kasiṇa*, es decir, extender la imagen del *kasiṇa* a mil mundos; difusión del ojo divino, es decir, ver mil mundos con el ojo divino; difusión de luz, que es lo mismo que la difusión anterior; y la difusión del cuerpo, es decir, extender el aura corporal a mil mundos.
4. MA explica que los *devas del resplandor* no es una clase separada de *devas* sino un nombre colectivo para las tres clases que siguen; lo mismo se aplica a los *devas de la gloria*. Esta jerarquía celestial se explica en la Introducción, sección sobre Kamma y Renacimiento.
5. MA: Las cinco cualidades mencionadas son suficientes solamente para el renacimiento en el reino de la esfera de los sentidos, pero para los modos superiores de renacimiento y la destrucción de las corrupciones, se requiere más. Basándose en las cinco cualidades, si uno alcanza los *jhānas*, renace en el mundo de Brahmā; si uno alcanza los logros inmateriales, renace en el mundo inmaterial; si uno desarrolla introspección y alcanza el fruto del no retorno, renace en las *Moradas Puras*; y si uno alcanza el sendero del *arahant*, alcanza la destrucción de las corrupciones.

3

La división del vacío

(*Suññatavagga*)

121. *Cūḷasuññata* Sutta
El discurso menor sobre la vacuidad

1. Esto he escuchado. En una ocasión, el Bienaventurado estaba residiendo en Sāvatthī, en el parque del este, en el palacio de la madre de Migāra.

2. Entonces, cuando llegó la tarde, el venerable Ānanda se levantó de la meditación, fue hacia el Bienaventurado, y después de rendirle homenaje, se sentó a un lado y le dijo al Bienaventurado:

3. —Venerable señor, en una ocasión el Bienaventurado estaba viviendo en el país Sakya, en donde hay un pueblo de los Sakya llamado Nagaraka. Allí, venerable señor, escuché y aprendí esto de los propios labios del Bienaventurado: "Ahora, Ānanda, a menudo permanezco en la vacuidad (*suññatāvihāra*)".[1] ¿Escuché eso correctamente, venerable señor, aprendí eso correctamente, atendí a eso y recordé eso correctamente?

—Con certeza, Ānanda, escuchaste y aprendiste eso correctamente, atendiste y recordaste eso correctamente. Como antes, Ānanda, ahora también habito a menudo en la vacuidad (*suññatā*).

4. Ānanda, así como este palacio de la madre de Migāra está vacío de elefantes, ganado, caballos y yeguas, vacío de oro y plata, vacío de la asamblea de hombres y mujeres, y solo está presente este no-vacío, es decir, la singularidad dependiente del Saṅgha de bhikkhus; así también, un bhikkhu —sin prestar atención a la percepción de la aldea, sin prestar atención a la percepción de las personas— atiende a la singularidad que depende de la percepción del bosque.[2] Su mente entra en esa percepción del bosque y adquiere confianza, firmeza y resolución. Él entiende así: "Cualesquiera que sean las perturbaciones que puedan depender de la percepción de la aldea, ésas no están presentes aquí; cualesquiera que sean las perturbaciones que puedan depender de la percepción de las personas, ésas no están presentes aquí. Sólo está presente este grado de perturbación, a saber, la singularidad dependiente de la percepción del bosque".[3]

[Ese bhikkhu] entiende: "Este campo de percepción está vacío de la percepción de la aldea; este campo de percepción está vacío de la percepción de las personas. Sólo está presente esta no-vacuidad, a saber, la singularidad dependiente de la percepción del bosque". Por lo tanto, lo considera vacío de lo que no está allí, pero en cuanto a lo que permanece allí, entiende aquello que está presente de la siguiente manera: "Esto está presente". Así, Ānanda, este es su descenso, puro, genuino y sin distorsiones, a la vacuidad.

5. Nuevamente, Ānanda, un bhikkhu, sin prestar atención a la percepción de las personas, sin prestar atención a la percepción del bosque, atiende a la singularidad que depende de la percepción de la tierra.[4] Su mente entra en esa percepción de la tierra y adquiere confianza, firmeza y resolución. Así como la piel de un toro se libera de los pliegues cuando se estira completamente con cien clavijas, así también, un bhikkhu, sin prestar atención a ninguna de las crestas y huecos de esta tierra, a los ríos y barrancos, las extensiones de tocones y espinas, las montañas y los lugares irregulares, atiende a la singularidad dependiente de la percepción de la tierra. Su mente entra en esa percepción de la tierra y adquiere confianza, firmeza y resolución.

Él lo entiende así: "Cualesquiera que sean las perturbaciones que puedan depender de la percepción de las personas, ésas no están presentes aquí; cualesquiera que sean las perturbaciones que puedan depender de la percepción del bosque, ésas no están presentes aquí. Sólo está presente esta cantidad de perturbación, a saber, la singularidad que depende de la percepción de la tierra".

Él entiende: "Este campo de percepción está vacío de la percepción de las personas; este campo de percepción está vacío de la percepción del bosque. Sólo está presente este no-vacío, es decir, la singularidad que depende de la percepción de la tierra". Por lo tanto, él lo considera vacío de lo que no está allí, pero en cuanto a lo que permanece allí, él entiende así lo que está presente: "Esto está presente". Por lo tanto, Ānanda, esto también es su descenso, puro, genuino y sin distorsiones, a la vacuidad.

6. Nuevamente, Ānanda, un bhikkhu, sin prestar atención a la percepción del bosque, sin prestar atención a la percepción de la tierra, atiende a la singularidad que depende de la percepción de la base del *espacio ilimitado*.[5] Su mente entra en esa percepción de la base del *espacio ilimitado* y adquiere confianza, firmeza y resolución.

Él entiende así: "Cualesquiera que sean las perturbaciones que puedan depender de la percepción del bosque, ésas no están presentes aquí; cualesquiera que sean las perturbaciones que pueda haber dependientes de la percepción de la tierra, ésas no están presentes aquí. Sólo está presente esta cantidad de perturbación, es decir, la singularidad dependiente de la percepción de la base del *espacio ilimitado*".

Él entiende así: "Este campo de percepción está vacío de la percepción del bosque; este campo de percepción está vacío de la percepción de la tierra. Sólo está presente este no-vacío, a saber, la singularidad dependiente de la percepción de la base del *espacio ilimitado*". Así, [ese bhikkhu] lo considera vacío de lo que no está allí, pero en cuanto a lo que permanece allí, entiende lo que está presente de la siguiente manera: "Esto está presente". Por lo tanto, Ānanda, esto también es su descenso, puro, genuino y sin distorsiones, a la vacuidad.

7. Nuevamente, Ānanda, un bhikkhu, sin prestar atención a la percepción de la tierra, sin prestar atención a la percepción de la base del *espacio ilimitado*, atiende a la singularidad que depende de la percepción de la base de la *conciencia ilimitada*. Su mente entra en esa percepción de la base de la *conciencia ilimitada* y adquiere confianza, firmeza y resolución.

Él entiende así: "Cualesquiera que sean las perturbaciones que puedan existir dependientes de la percepción de la tierra, ésas no están presentes aquí; cualesquiera que sean las perturbaciones que puedan depender de la percepción de la base del *espacio ilimitado*, ésas no están presentes aquí. Sólo está presente esta cantidad de perturbación, a saber, la singularidad que depende de la percepción de la base de la *conciencia ilimitada*".

Él entiende así: "Este campo de percepción está vacío de la percepción de la tierra; este campo de percepción está vacío de la percepción de la base del *espacio ilimitado*. Sólo está presente este no-vacío, es decir, la singularidad que depende de la percepción de la base de la *conciencia ilimitada*". Así lo considera como vacío de lo que no está allí, pero en cuanto a lo que permanece allí, él entiende lo que está presente así: "Esto está presente". Por lo tanto, Ānanda, esto también es su descenso, puro, genuino y sin distorsiones, a la vacuidad.

8. Nuevamente, Ānanda, un bhikkhu, sin prestar atención a la percepción de la base del *espacio ilimitado*, sin prestar atención a la percepción de la base de la *conciencia ilimitada*, atiende a la singularidad que depende de la percepción de la base de la *nada*. Su mente entra en esa percepción de la base de la *nada* y adquiere confianza, firmeza y resolución.

Él entiende así: "Cualesquiera que sean las perturbaciones que puedan existir dependientes de la percepción de la base del *espacio ilimitado*, ésas no están presentes aquí; cualesquiera que sean las perturbaciones que puedan existir dependientes de la percepción de la base de la *conciencia ilimitada*, ésas no están presentes aquí. Sólo está presente esta cantidad de perturbación, a saber, la singularidad que depende de la percepción de la base de la *nada*".

Él entiende así: "Este campo de percepción está vacío de la percepción de la base del *espacio ilimitado*; este campo de percepción está vacío de la percepción de la base de la *conciencia ilimitada*. Sólo está presente este no-vacío, a saber, la singularidad dependiente de la percepción de la base de la *nada*". Así, lo considera vacío de lo que no está allí, pero en cuanto a lo que permanece allí, entiende lo que está presente así: "Esto está presente". Por lo tanto, Ānanda, esto también es su descenso, puro, genuino y sin distorsiones, a la vacuidad.

9. Nuevamente, Ānanda, un bhikkhu —sin prestar atención a la percepción de la base de la *conciencia ilimitada*, sin prestar atención a la percepción de la base de la *nada*— atiende a la singularidad dependiente de la percepción de la base de la *ni percepción ni no-percepción*. Su mente entra en esa percepción de la base de la *ni percepción ni no-percepción* y adquiere confianza, firmeza y resolución.

Él entiende así: "Cualesquiera que sean las perturbaciones que puedan depender de la percepción de la base de la *conciencia ilimitada*, ésas no están presentes aquí; cualesquiera que sean las perturbaciones que puedan depender de la percepción de la base de la *nada*, ésas no están presentes aquí. Sólo está presente esta cantidad de perturbación, es decir, la singularidad dependiente de la percepción de la base de la *ni percepción ni no-percepción*".

Él entiende así: "Este campo de percepción está vacío de la percepción de la base de la *conciencia ilimitada*; este campo de percepción está vacío de la percepción de la base de la *nada*. Sólo está presente este no-vacío, a saber, la singularidad dependiente de la percepción de la base de la *ni percepción ni no-percepción*". Así, lo considera vacío de lo que no está allí, pero en cuanto a lo que permanece allí, él entiende lo que está presente así: "Esto está presente". Así, Ānanda, esto también es su descenso, puro, genuino y sin distorsiones, a la vacuidad.

10. Una vez más, Ānanda, un bhikkhu, que no presta atención a la percepción de la base de la *nada*, que no presta atención a la percepción de la base de la *ni percepción ni no-percepción*, atiende a la singularidad que depende de la *concentración sin signo de la mente* (*animitta cetosamādhi*).[6] Su mente entra en esa *concentración sin signo de la mente* y adquiere confianza, firmeza y resolución.

Él entiende así: "Cualesquiera que sean las perturbaciones que puedan depender de la percepción de la base de la *nada*, ésas no están presentes aquí; cualesquiera que sean las perturbaciones que puedan depender de la percepción de la base de *ni percepción ni no-percepción*, ésas no están presentes aquí. Sólo está presente esta cantidad de perturbación, a saber, la conectada con las seis bases que dependen de este cuerpo y que están condicionadas por la existencia".

Él entiende así: "Este campo de percepción está vacío de la percepción de la base de la *nada*; este campo de percepción está vacío de la percepción de la base de la *ni percepción ni no-percepción*. Sólo está presente este no-vacío, es decir, lo conectado con las seis bases que dependen de este cuerpo y que están condicionadas por la existencia". Así lo considera vacío de lo que no está allí, pero en cuanto a lo que permanece allí, entiende lo que está presente así: "Esto está presente". Por lo tanto, Ānanda, esto también es su descenso, puro, genuino y sin distorsiones, a la vacuidad.

11. Nuevamente, Ānanda, un bhikkhu, que no presta atención a la percepción de la base de la *nada*, que no presta atención a la percepción de la base de *ni percepción ni no-percepción*, atiende a la singularidad que depende de la *concentración sin signo de la mente*. Su mente entra en esa concentración mental sin signo y adquiere confianza, firmeza y resolución.

Él entiende así: "Esta *concentración sin signo de la mente* está condicionada y voluntariamente producida. Pero todo lo que está condicionado y producido volitivamente, es transitorio, sujeto al cese".[7] Cuando él sabe y ve así, su mente se libera de la corrupción del deseo sensorial, de la corrupción del deseo de existencia [y de no existencia], y de la corrupción de la ignorancia. Cuando se libera, llega el conocimiento: "Está liberada".

Él entiende así: "El nacimiento ha sido destruido, la vida santa se ha vivido, lo que se tenía que hacer se ha hecho, y ya no hay retorno a ningún estado de ser".

12. Él entiende así: "Cualesquiera que sean las perturbaciones que puedan depender de la corrupción del deseo sensorial, ésas no están presentes aquí; cualesquiera que sean las perturbaciones que puedan depender de la corrupción del deseo de existencia, ésas no están presentes aquí; cualesquiera que sean las perturbaciones que puedan depender de la corrupción de la ignorancia, ésas no están presentes aquí. Sólo está presente esta cantidad de perturbación, a saber, la que está conectada con las seis bases que dependen de este cuerpo y que están condicionadas por la existencia".

Él entiende así: "Este campo de percepción está libre de la mancha del deseo sensorial; este campo de percepción está vacío de la corrupción del deseo de existencia; este campo de percepción está libre de la corrupción de la ignorancia. Sólo está presente este no-vacío, es decir, lo conectado con las seis bases que dependen de este cuerpo y que están condicionadas por la existencia". Así, lo considera vacío de lo que no está allí, pero en cuanto a lo que permanece allí, entiende que está presente así: "Esto está presente".

Así, Ānanda, este es su descenso, puro, genuino y sin distorsiones a la vacuidad pura, suprema e insuperable (*paramānuttarā*).[8]

13. Ānanda, cualesquiera *samaṇas* y brahmanes del pasado que entraron y permanecieron en la vacuidad pura, suprema e insuperable, todos entraron y permanecieron en esta misma vacuidad pura, suprema e insuperable. Cualesquiera *samaṇas* y brahmanes que en el futuro entrarán y permanecerán en la vacuidad pura, suprema e insuperable, todos entrarán y permanecerán en esta misma vacuidad pura, suprema e insuperable. Cualesquiera *samaṇas* y brahmanes que en el presente entran y permanecen en la vacuidad pura, suprema e insuperable, todos entran y permanecen en esta misma vacuidad pura, suprema e insuperable.

Por lo tanto, Ānanda, debes entrenarte así: "Entraremos y permaneceremos en la vacuidad pura, suprema e insuperable".

Eso es lo que dijo el Bienaventurado. El venerable Ānanda estuvo satisfecho y deleitado con las palabras del Bienaventurado.

NOTAS M.121

1. BB: *Suññatāvihāra*. El discurso gradualmente dejará claro que esto se refiere al logro de la vacuidad (*suññataphala-samāpatti*), el logro del estado de *arahant* al que se accede enfocándose en el aspecto vacío del Nibbāna. Las cuatro liberaciones de la mente tienen un mismo significado en el sentido de que todas se refieren al logro pleno del estado de *arahant*. MA también señala que las cuatro liberaciones tienen un significado único porque los términos (lo inmensurable, la nada, la vacuidad y lo sin-signos) son todos nombres para Nibbāna, que es el objeto del logro pleno del estado de *arahant*.
2. MA: Presta atención a la percepción del bosque que depende del bosque mismo, pensando: —Esto es un bosque, esto un árbol, esto una montaña, esto una arboleda. En la siguiente oración leo con BBS y SBJ *adhimuccati*, en contraposición al PTS *vimuccati*.

   NT: La expresión "singularidad dependiente" traduce *tad-upekkhā*, o bien la forma relacionada *tadūpādāya*, que indica que la percepción no es general ni absoluta, sino condicionada por un único objeto determinado.
3. MA y MṬ explican el sentido de este pasaje así: La perturbación de las impurezas (atracción y repulsión) que surgen a través de la percepción de las personas no están presentes aquí. Pero todavía existe la perturbación causada por la aparición de estados burdos debido a la falta de la tranquilidad necesaria.

   NT: En todos los ejemplos siguientes se presenta la misma estructura progresiva: se deja de prestar atención a una percepción anterior, se entra en otra más refinada, se constata que ha cesado un conjunto de perturbaciones anteriores, y se reconoce lo presente como una "singularidad dependiente". De esta manera, cada estado se contempla como vacío de lo anterior, pero no de lo presente
4. MA: Abandona la percepción del bosque y atiende a la percepción de la tierra porque no se puede lograr ninguna distinción en la meditación a través de la percepción del bosque, ni acceder a la concentración, ni a la absorción total. Pero la tierra puede usarse como objeto preliminar como *kasiṇa*, sobre la base del cual uno produce *jhāna*, desarrolla conocimiento introspectivo y alcanza el estado de *arahant*.
5. BB: Habiendo utilizado la percepción de la tierra para alcanzar los cuatro *jhānas*, extiende el *kasiṇa* de la tierra y luego elimina

el signo del *kasiṇa* para alcanzar la base del *espacio ilimitado.* Véase Vsm X, 6–7.

NT: Este pasaje marca el ingreso del meditador en los niveles de absorción inmaterial. "La base del espacio ilimitado" es el primer logro inmaterial (*ākāsānañcāyatana*), que sigue al abandono de los cuatro *jhānas* materiales. Para una descripción técnica de estos niveles, ver: M. 106.12–15.

6. *Animitta cetosamādhi.* MA: Ésta es la concentración de la mente en la introspección; se le llama "sin signos" porque está desprovisto de signos de permanencia, etcétera.

   NT: Se considera una de las tres liberaciones (*vimokkha*) mencionadas en M. 43.35. A partir del §10, la contemplación de la vacuidad alcanza un nivel supramundano. Ya no se trata sólo de comparar percepciones condicionadas, sino de reconocer directamente la transitoriedad de todo lo condicionado.

7. BB: Ver: M. 52.4. MA llama a esto "contra-introspección" (*paṭi-vipassanā*), es decir, la aplicación de los principios de introspección al acto de conciencia que ejerce la función introspectiva. Sobre la base de esto, él alcanza el estado de *arahant.*

8. BB: Aquí se han añadido las palabras "supremo e insuperable" (*paramānuttarā*). MA dice que este es el logro del fruto de la vacuidad por parte del *arahant.*

   NT: Este fruto se refiere aquí a la vacuidad como experiencia liberadora final, más allá de todo signo, distorsión o elaboración conceptual. Puede equipararse con el Nibbāna mismo, tal como se realiza al final del entrenamiento.

122. *Mahāsuññata Sutta* El discurso mayor sobre la vacuidad

1. Esto he escuchado.[1] En una ocasión, el Bienaventurado estaba residiendo en el país de los Sakya, en Kapilavatthu, en el parque de Nigrodha.

2. Entonces, cuando llegó la mañana, el Bienaventurado se vistió y, tomando su cuenco y su túnica exterior, fue a Kapilavatthu por alimento de dádivas. Cuando hubo vagado por alimento en Kapilavatthu y regresado de su ronda, después de su comida, se fue a pasar el día en la morada de Kāḷakhemaka el Sakya. Ahora bien, en esa ocasión, había muchos lugares de descanso preparados en la morada de Kāḷakhemaka, el Sakya.[2] Cuando el Bienaventurado vio esto, pensó: "Hay muchos lugares de descanso preparados en la morada de Kāḷakhemaka el Sakya. ¿Viven allí muchos bhikkhus?"

Ahora bien, en esa ocasión, el venerable Ānanda, junto con muchos bhikkhus, estaba ocupado haciendo túnicas en la morada de Ghāṭā, el Sakya. Luego, cuando se hizo de noche, el Bienaventurado se levantó del retiro y fue a la morada de Ghāṭā, el Sakya. Allí se sentó en un asiento preparado y le preguntó al venerable Ānanda:

—Ānanda, hay muchos lugares de descanso preparados en la morada de Kāḷakhemaka el Sakya. ¿Viven allí muchos bhikkhus?[3]

—Venerable señor, se han preparado muchos lugares de descanso en la morada de Kāḷakhemaka el Sakya. Muchos bhikkhus viven allí. Este es nuestro momento de hacer túnicas, venerable señor.[4]

3. —Ānanda, un bhikkhu no brilla deleitándose en la compañía, tomando su deleite en compañía, dedicándose a deleitarse en compañía; deleitándose en sociedad, tomando su deleite en sociedad, regocijándose en sociedad. De hecho, Ānanda, no es posible que un bhikkhu que se deleita en compañía, toma su deleite en compañía y se dedica a deleitarse en compañía, que se deleita en sociedad, que toma su deleite en sociedad y se regocija en sociedad, pueda alguna vez obtener a voluntad, sin problemas ni dificultades, la dicha de la renuncia, la dicha de la reclusión, la dicha de la paz, la dicha de la iluminación.[5] Pero se puede esperar que cuando un bhikkhu vive

solo, apartado de la sociedad, obtendrá a voluntad, sin problemas ni dificultades, la dicha de la renuncia, la dicha de la reclusión, la dicha de la paz, la dicha de la iluminación.

4. Ciertamente, Ānanda, no es posible que un bhikkhu que se deleita en compañía, que toma su deleite en compañía y se dedica a deleitarse en compañía; que se deleita en sociedad, toma su deleite en sociedad y se regocija en sociedad, pueda alguna vez entrar y permanecer en la liberación de la mente, que es temporal y deleitable [*jhāna* o logros inmateriales], o en [la liberación de la mente], que es perpetua e inquebrantable [las vías y frutos supramundanos].[6] Pero se puede esperar que, cuando un bhikkhu vive solo, apartado de la sociedad, entrará y permanecerá en la liberación de la mente, que es temporal y deleitable o en [la liberación de la mente], que es perpetua e inquebrantable.

5. No veo ni siquiera un solo tipo de forma, Ānanda, de cuyo cambio y alteración no surgiría tristeza, lamentación, dolor, pena y desesperanza en aquel que codicia esa forma y se deleita (*ratassa*) en ella.

6. Sin embargo, Ānanda, existe esta morada descubierta por el Tathāgata: entrar y morar en la vacuidad internamente sin prestar atención a todos los signos.[7] Si, mientras el Tathāgata mora así, es visitado por bhikkhus o bhikkhunīs, por hombres o mujeres seguidores laicos, por reyes o ministros de reyes, por otros sectarios o sus discípulos, entonces, con una mente inclinada a la reclusión, tendiendo e inclinando al aislamiento, retraído, deleitándose en la renuncia, y eliminando por completo las cosas que son base de las corrupciones, invariablemente les habla de una manera que los anima a deshacerse de todas las corrupciones.

7. Por lo tanto, Ānanda, si un bhikkhu desea: "Que pueda entrar y permanecer en la vacuidad internamente", debe estabilizar su mente internamente, aquietarla, llevarla a la unificación y concentrarla. ¿Y cómo estabiliza su mente internamente, la aquieta, la unifica y la concentra?

8. Aquí, Ānanda, completamente apartado de los placeres sensoriales, apartado de los estados malsanos, un bhikkhu entra y permanece en el primer *jhāna*... el segundo *jhāna*... el tercer *jhāna*... el cuarto *jhāna*, el cual tiene *ni dolor ni placer* y posee pureza de atención plena debido a la ecuanimidad. Así es como un bhikkhu estabiliza su mente internamente, la aquieta, la unifica y la concentra.

9. Entonces presta atención a la vacuidad internamente [considerando los agregados como *anattā*].[8] Mientras presta atención a la vacuidad internamente, su mente no entra en la vacuidad internamente y no adquiere confianza, firmeza ni decisión. Cuando eso es

así, él entiende así: "Mientras estoy prestando atención a la vacuidad internamente, mi mente no entra en la vacuidad internamente ni adquiere confianza, firmeza ni decisión". De esta manera, tiene plena conciencia de eso.

Él presta atención a la vacuidad externamente [considerando los agregados de otros seres]... Presta atención a la vacuidad interna y externamente... Presta atención a la imperturbabilidad.[9] Mientras presta atención a la imperturbabilidad, su mente no entra en la imperturbabilidad ni adquiere confianza, firmeza ni decisión. Cuando eso es así, entiende así: "Mientras estoy prestando atención a la imperturbabilidad, mi mente no entra en la imperturbabilidad ni adquiere confianza, firmeza ni decisión". De esta manera tiene plena conciencia de eso.

10. Entonces ese bhikkhu debe estabilizar su mente internamente, aquietarla, llevarla a la unificación y concentrarla en el mismo signo de concentración que antes.[10] Luego presta atención a la vacuidad interna. Mientras presta atención a la vacuidad internamente, su mente entra en la vacuidad internamente y adquiere confianza, firmeza y decisión. Cuando eso es así, entiende así: "Mientras estoy prestando atención a la vacuidad internamente, mi mente entra en la vacuidad internamente y adquiere confianza, firmeza y decisión". De esta manera, tiene plena conciencia de eso.

Él presta atención a la vacuidad externamente... Presta atención a la vacuidad interna y externamente... Presta atención a la imperturbabilidad. Mientras presta atención a la imperturbabilidad, su mente entra en la imperturbabilidad y adquiere confianza, firmeza y decisión. Cuando eso es así, entiende así: "Mientras presto atención a la imperturbabilidad, mi mente entra en la imperturbabilidad y adquiere confianza, firmeza y decisión". De esta manera, tiene plena conciencia de eso.

11. Cuando un bhikkhu permanece así, si su mente se inclina hacia el caminar, camina, pensando: "Mientras camino así, no me acosará ningún estado malsano de codicia ni dolor". De esta forma tiene plena conciencia de eso. Y cuando un bhikkhu permanece así, si su mente se inclina a estar de pie, él se para... Si su mente se inclina a sentarse, él se sienta... Si su mente se inclina a acostarse, se acuesta, pensando: "Mientras esté así acostado, ningún estado malsano y nocivo me acosará". De esta manera, tiene plena conciencia de eso.

12. Cuando un bhikkhu permanece así, si su mente se inclina hacia el hablar, establece la siguiente resolución: "Tales conversaciones que sean bajas, vulgares, rudas, innobles, sin beneficio, y que no conduzcan al desencanto, al desapasionamiento, al cese, a la paz, al conocimiento directo, a la iluminación y al Nibbāna, es decir, hablar

de reyes, ladrones, ministros, ejércitos, peligros, batallas, comida, bebida, ropa, camas, guirnaldas, perfumes, parientes, vehículos, aldeas, pueblos, ciudades, países, mujeres, héroes, las calles, los pozos, los muertos, las trivialidades, el origen del mundo, el origen del mar, el que sean o no sean las cosas: tales palabras no las pronunciaré". De esta manera tiene plena conciencia de eso.

Por otra parte, él establece la siguiente resolución: "Tales conversaciones que tratan sobre la pureza mental, que favorecen la liberación de la mente, y que conducen al completo desencanto, al desapasionamiento, al cese, a la paz, al conocimiento directo, a la iluminación y al Nibbāna, es decir, conversaciones sobre querer poco, sobre el contentamiento, la reclusión, el alejamiento de la sociedad, el despertar la energía, la virtud, la concentración, la sabiduría, la liberación, el conocimiento y visión de la liberación: tales palabras pronunciaré". De esta manera tiene plena conciencia de eso.

13. Cuando un bhikkhu permanece así, si su mente se inclina a pensar, establece la siguiente resolución: "Los pensamientos que son bajos, vulgares, toscos, innobles, no beneficiosos, y que no conducen al desencanto, al desapasionamiento, al cese, a la paz, al conocimiento directo, a la iluminación ni al Nibbāna, es decir, pensamientos de deseo sensorial, pensamientos de mala voluntad y pensamientos de crueldad: esos pensamientos no los pensaré". De esta manera, tiene plena conciencia de eso.

Por otra parte, él establece la siguiente resolución: "Aquellos pensamientos que son nobles y emancipadores, y conducen a quien practica de acuerdo con ellos a la destrucción completa del sufrimiento, es decir, pensamientos de renuncia, pensamientos de *no mala voluntad* y pensamientos de *no crueldad*: tales pensamientos los pensaré". De esta manera tiene plena conciencia de eso.

14. Ānanda, existen estas cinco ramas [o cuerdas] de placer sensorial (*kāmaguṇā*).[11] ¿Cuáles cinco? Formas cognoscibles por el ojo que son deseadas, anheladas, agradables y atractivas, conectadas con los deseos sensoriales y provocadoras de lujuria. Sonidos cognoscibles por el oído... Olores cognoscibles por la nariz... Sabores cognoscibles por la lengua... Objetos tangibles cognoscibles por el cuerpo que son deseados, anhelados, agradables y atractivos, conectados con el deseo sensorial y provocadores de lujuria. Estos son las cinco ramas del placer sensorial.

15. Aquí, un bhikkhu debe revisar constantemente su propia mente de esta manera: "¿Alguna vez surge en mí alguna excitación mental relacionada con alguna base entre estas cinco ramas de placer sensorial?" Si, al revisar su mente, el bhikkhu entiende: "La excitación mental relacionada con una cierta base surge en mí entre estas cinco

ramas del placer sensorial", entonces comprende: "El deseo y la lujuria por las cinco ramas del placer sensorial no están abandonados en mí". De esta manera tiene plena conciencia de eso. Pero si, al revisar su mente, el bhikkhu entiende: "Ninguna excitación mental relacionada con ninguna base entre estas cinco ramas del placer sensorial surge en mí", entonces comprende: "El deseo y la lujuria por las cinco ramas del placer sensorial están abandonados en mí". De esta manera tiene plena conciencia de eso.

16. Ānanda, existen estos cinco agregados afectados por el apego (*pañcupādānakkhandhā*),[12] con respecto a los cuales un bhikkhu debe permanecer contemplando el surgimiento y cese de esta manera: "Tal es la forma material, tal es su surgimiento, tal es su cese; tal es la sensación, tal es su surgimiento, tal es su cese; tal es la percepción, tal es su surgimiento, tal es su cese; tales son las formaciones mentales, tal es su surgimiento, tal es su cese; tal es la conciencia, tal es su surgimiento, tal es su cese".

17. Cuando permanece contemplando el surgimiento y cese en estos cinco agregados afectados por el apego, la presunción "yo soy" basada en estos cinco agregados afectados por el apego, se abandona en él. Cuando eso es así, ese bhikkhu entiende: "La presunción 'yo soy' basada en estos cinco agregados afectados por el apego ha sido abandonada en mí". De esa manera, tiene plena conciencia de eso.

18. Estos estados son completamente saludables y tienen un resultado saludable; son nobles, supramundanos e inaccesibles al Maligno.

19. ¿Qué piensas, Ānanda? ¿Qué beneficio ve un discípulo tal que, deba buscar la compañía del Maestro, incluso si se le dice que se vaya?

—Venerable señor, nuestras enseñanzas tienen sus raíces en el Bienaventurado, son guiadas por el Bienaventurado, tienen al Bienaventurado como su recurso. Sería bueno que el Bienaventurado explicara el significado de estas palabras. Habiéndolo oído del Bienaventurado, los bhikkhus lo recordarán.

20. —Ānanda, un discípulo no debe buscar la compañía del Maestro por el bien de los discursos, estrofas y exposiciones. ¿Por qué es eso? Durante mucho tiempo, Ānanda, has aprendido las enseñanzas, las recordaste, las recitaste verbalmente, las examinaste con la mente y las penetraste bien con comprensión correcta. Pero las conversaciones que tratan sobre la purificación, que favorecen la liberación de la mente y que conducen al completo desencanto, al desapasionamiento, al cese, a la paz, al conocimiento directo, a la iluminación y al Nibbāna, es decir, conversaciones sobre querer poco, sobre el contento, la reclusión, el distanciamiento de la sociedad, el despertar la energía, la virtud, la concentración, la sabiduría,

la liberación, el conocimiento y visión de la liberación: por el bien de tales conversaciones, un discípulo debe buscar la compañía del Maestro, incluso si se le dice que se vaya.

21. Puesto que esto es así, Ānanda, puede ocurrir la ruina de un maestro [fuera de la dispensación del Buda], puede ocurrir la ruina de un alumno, y puede ocurrir la ruina de alguien que vive la vida santa.[13]

22. ¿Y cómo se produce la ruina de un maestro? Aquí algún maestro recurre a un lugar apartado de descanso: el bosque, la raíz de un árbol, una montaña, un barranco, una cueva en la ladera, un osario, una espesura selvática, un espacio abierto, un montón de paja. Mientras vive así recluido, brahmanes y jefes de familia de la ciudad y el campo lo visitan, y como resultado se extravía, se llena de deseo, sucumbe al anhelo y vuelve al lujo. Se dice que este maestro ha sido arruinado con la ruina del maestro. Él ha sido abatido por estados perversos y malsanos que contaminan, traen renovación del ser, causan problemas, maduran en sufrimiento, y conducen al futuro nacimiento, envejecimiento y muerte. Así es como llega a darse la ruina del maestro.

23. ¿Y cómo se produce la ruina de un alumno? Un alumno de ese maestro, emulando la reclusión del maestro, recurre a un lugar apartado de descanso: el bosque... un montón de paja. Mientras vive así retraído, brahmanes y jefes de familia de la ciudad y el campo lo visitan, y como resultado se extravía, se llena de deseo, sucumbe al anhelo y vuelve al lujo. Se dice que este alumno ha sido arruinado con la ruina del alumno. Ha sido abatido por estados malsanos que contaminan, traen la renovación del ser, causan problemas, maduran en sufrimiento y conducen al futuro nacimiento, envejecimiento y muerte. Así es como llega a darse la ruina del alumno.

24. ¿Y cómo se produce la ruina de quien vive la vida santa? Aquí un Tathāgata aparece en el mundo, Consumado y plenamente iluminado, perfecto en verdadero conocimiento y conducta, sublime, conocedor de mundos, líder incomparable de personas a ser entrenadas, maestro de *devas* y humanos, iluminado, bendito. Recurre a un lugar apartado de descanso: el bosque... un montón de paja. Mientras vive así recluido, los brahmanes y los jefes de familia de la ciudad y el campo lo visitan, pero no se extravía, ni se llena de deseo, ni sucumbe al anhelo ni vuelve al lujo. Pero un discípulo de este maestro, emulando la reclusión de su maestro, recurre a un lugar apartado de descanso: el bosque... un montón de paja. Mientras vive así recluido, brahmanes y jefes de familia de la ciudad y el campo lo visitan, y como resultado se extravía, se llena de deseo, sucumbe al anhelo y vuelve al lujo. Quien vive así la vida santa, se dice que ha sido

arruinado con la ruina de quien vive la vida santa. Ha sido abatido por estados malsanos que contaminan, traen la renovación del ser, causan problemas, maduran en sufrimiento y conducen al futuro nacimiento, envejecimiento y muerte. Así es como llega a darse la ruina de quien lleva una vida santa. Y aquí, Ānanda, la ruina de quien lleva la vida santa tiene un resultado más doloroso, un resultado más amargo que la ruina del maestro o la ruina del alumno, e incluso conduce a la perdición.[14]

25. Por lo tanto, Ānanda, compórtate conmigo con amabilidad, no con hostilidad. Eso conducirá a tu bienestar y felicidad durante mucho tiempo. ¿Y cómo se comportan los discípulos hacia el Maestro con hostilidad, y no con amabilidad? Aquí, Ānanda, compasivo y buscando su bienestar, el Maestro enseña el Dhamma a los discípulos por compasión, a saber: "Esto es para tu bienestar, esto es para tu felicidad". Pero sus discípulos no quieren oír ni prestar atención ni esforzar sus mentes para comprender; se equivocan y se desvían de la Dispensación del Maestro. Así los discípulos se comportan con el Maestro con hostilidad, y no con amabilidad.

26. ¿Y cómo se comportan los discípulos hacia el Maestro con amabilidad, y no con hostilidad? Aquí, Ānanda, compasivo y buscando su bienestar, el Maestro enseña el Dhamma a los discípulos por compasión, a saber: "Esto es para tu bienestar, esto es para tu felicidad". Y sus discípulos quieren oír, escuchar y esforzar sus mentes para comprender; no se equivocan ni se desvían de la Dispensación del Maestro. Así se comportan los discípulos hacia el Maestro con amabilidad, y no con hostilidad. Por lo tanto, Ānanda, compórtate conmigo con amabilidad, y no con hostilidad. Eso conducirá a tu bienestar y felicidad durante mucho tiempo.

27. No te trataré como el alfarero trata la arcilla cruda y húmeda [*tratándola con delicadeza*]. Refrenándote repetidamente, te hablaré, Ānanda. Amonestándote repetidamente, te hablaré, Ānanda. El núcleo sólido [*de los discípulos en entrenamiento superior* (*sekhas*)] resistirá [la prueba].[15]

Eso es lo que dijo el Bienaventurado. El venerable Ānanda quedó satisfecho y deleitado con las palabras del Bienaventurado.

NOTAS M.122

1. BB: Este *sutta* junto con su comentario completo ha sido publicado en traducción por Ñm como *The Greater Discourse on Voidness.*
2. MA: Esta era una vivienda construida en el parque de Nigrodha por Kāḷakhemaka el Sakya. Se prepararon camas, sillas, colchones y esteras, y estaban tan juntas que la vivienda parecía la residencia de una sociedad de bhikkhus.
3. MA explica que se trataba simplemente de una pregunta retórica, ya que los Budas pueden saber mediante conocimiento directo todo lo que deseen saber. El Buda preguntó esto con el pensamiento en mente: "Tan pronto como estos bhikkhus formen parte de una sociedad y se deleiten en la sociedad, actuarán de manera inapropiada. Expondré la Gran Práctica de la Vacuidad, que será como una regla de entrenamiento [que prohíbe el deleite en la sociedad]".
4. MA: El Ven. Ānanda quiso decir que "estos bhikkhus viven de esta manera no sólo porque les deleita estar ocupados, sino también porque se deleitan en confeccionar túnicas".
5. BB: Ver: M. 66.20 y n.8, M.66.
6. BB: La primera es la liberación a través de los *jhānas* y los logros inmateriales, la segunda es la liberación a través de las vías y frutos supramundanos. Ver también M. 29.6 y n.3, M.29.
7. MA: El Buda comienza el presente pasaje para evitar la crítica de que, mientras ordena a sus discípulos vivir en soledad, él mismo a menudo está rodeado por un gran séquito. La "vacuidad" aquí es el logro de la vacuidad; ver: n.1, M.121.
8. MA explica la vacuidad interna como la que está conectada con los cinco agregados propios, la vacuidad externa como la que está conectada con los agregados de los demás. La vacuidad de la que se habla aquí debe ser, por lo tanto, la liberación temporal de la mente alcanzada a través de la contemplación introspectiva del *no yo*, como se explica en M. 43.33. Cuando la percepción del *no yo* se lleva al nivel de la vía, resulta en la fruición de experimentar el Nibbāna a través de su aspecto de vacuidad.
9. MA: Presta atención a un logro meditativo inmaterial imperturbable. NT: El cuarto *jhāna* o alguno de los logros inmateriales.
10. MA: Esto se refiere al *jhāna* que se usó como base para la comprensión. Si, después de emerger del *jhāna* básico, su mente no entra en la vacuidad a través de la contemplación introspectiva de sus propios agregados o los de los demás, y

tampoco puede alcanzar el logro inmaterial imperturbable, debe regresar al mismo *jhāna* básico que desarrolló originalmente y atenderlo una y otra vez.

NT: Debe regresar su atención al *signo de trabajo* de *jhāna.*

11. Según MA, hasta este punto el Buda ha mostrado el entrenamiento para alcanzar las dos primeras vías, la de entrada en la corriente y la de un solo retorno. Ahora pronuncia el presente pasaje (§§14-15) para señalar la comprensión necesaria para alcanzar el camino del no retorno, que culmina con el abandono del deseo sensorial.

    NT: Para una explicación del uso del término "lujuria", ver: n.25, M.43.
12. BB: Este pasaje (§§16-17) señala la comprensión necesaria para alcanzar la vía del *arahant,* que culmina en el abandono de la presunción de "yo soy".
13. BB: *Ācariyūpaddava, antevāsūpaddava, brahmacariyūpaddava. Upaddava* también puede traducirse como desastre, calamidad. MA explica que el Buda pronuncia el presente pasaje para mostrar el peligro de la soledad cuando uno no cumple con el propósito apropiado de una vida solitaria. El "maestro" es un maestro fuera de la Dispensación del Buda.
14. MA: Salir a la vida sin hogar fuera de la Dispensación [del Buda] trae poca ganancia, por lo que quien se aleja de eso se aleja sólo de los logros mundanos; no sufre gran sufrimiento, como quien se cae del lomo de un burro simplemente queda cubierto de polvo. Pero el avance en la Dispensación del Buda trae grandes ganancias: las vías, los frutos y el Nibbāna. Así, quien se aleja de esto encuentra un gran sufrimiento, como quien cae del lomo de un elefante.
15. BB: El contraste en este símil es entre la forma en que el alfarero trata la arcilla cruda y húmeda y la forma en que trata las vasijas cocidas producidas con esa arcilla. MA parafrasea: "Después de aconsejar una vez, no guardaré silencio; te aconsejaré e instruiré amonestándote repetidamente. Así como el alfarero prueba las vasijas cocidas, aparta las que están agrietadas, rotas o defectuosas, y guarda sólo las que pasan la prueba, así yo te aconsejaré e instruiré probándote repetidamente. Aquellos entre ustedes que sean sanos, habiendo alcanzado las vías y los frutos, resistirán la prueba". MA añade que las cualidades virtuosas mundanas también pretenden ser un criterio de solidez.

123. *Acchariya-abbhūta Sutta*
Admirable y maravilloso

1. Esto he escuchado. En una ocasión, el Bienaventurado estaba viviendo en Sāvatthī, en el Bosquecillo de Jeta, en el parque de Anāthapiṇḍika.

2. Ahora bien, un número de bhikkhus estaban sentados en el salón de asambleas, donde se habían reunido al regresar de su ronda de recolección de alimento, después de su comida, cuando esta discusión surgió entre ellos: —¡Es admirable, amigos, es maravilloso, cuán grandioso y poderoso es el Tathāgata! Porque él es capaz de saber acerca de los Budas del pasado, que alcanzaron el Nibbāna final, cortaron [la maraña de] proliferación, rompieron el ciclo, terminaron la ronda [de renacimientos] y superaron todo sufrimiento, que para esos Bienaventurados su nacimiento fue así, así fueron sus nombres, así fueron sus clanes, así fue su virtud, así fue su estado [de concentración], así fue su sabiduría, así fue su permanencia [en los logros], y así fue su liberación.[1]

Cuando se dijo esto, el venerable Ānanda dijo a los bhikkhus: —Amigos, los Tathāgatas son admirables y tienen cualidades admirables. Los Tathāgatas son maravillosos y tienen cualidades maravillosas.

Sin embargo, su discusión fue interrumpida; porque el Bienaventurado se levantó de la meditación en la tarde, fue al salón de asambleas y se sentó en un asiento previamente preparado. Luego se dirigió a los bhikkhus así: —Bhikkhus, ¿sobre qué discusión están sentados aquí ahora? ¿Y cuál fue su discusión que fue interrumpida?

—Aquí, venerable señor, estábamos sentados en el salón de asambleas, donde nos habíamos reunido al regresar de nuestra ronda de recolección de alimento, después de nuestra comida, cuando surgió entre nosotros esta discusión: —Es admirable, amigos, es maravilloso... su liberación fue así. Cuando esto fue dicho, venerable señor, el venerable Ānanda nos dijo: —Amigos, los Tathāgatas son admirables y tienen cualidades admirables. Los Tathāgatas son maravillosos y tienen cualidades maravillosas. Esta fue nuestra discusión, venerable señor, que se interrumpió cuando llegó el Bienaventurado.

Entonces el Bienaventurado se dirigió al venerable Ānanda:

—Siendo así, Ānanda, explica más completamente las admirables y maravillosas cualidades del Tathāgata.

3. —Escuché y aprendí esto, venerable señor, de los propios labios del Bienaventurado: "Plenamente atento y consciente, Ānanda, el *bodhisatta* apareció en el cielo de Tusita.[2] Que plenamente atento y consciente el *bodhisatta* apareció en el cielo de Tusita — esto lo recuerdo como una cualidad admirable y maravillosa del Bienaventurado.

4. Escuché y aprendí esto de los propios labios del Bienaventurado: "Plenamente atento y consciente, el *bodhisatta* permaneció en el cielo de Tusita". Esto también lo recuerdo como una cualidad admirable y maravillosa del Bienaventurado.

5. Escuché y aprendí esto de los propios labios del Bienaventurado: "Durante toda su vida, el *bodhisatta* permaneció en el cielo de Tusita". Esto también lo recuerdo como una cualidad admirable y maravillosa del Bienaventurado.

6. Escuché y aprendí esto de los propios labios del Bienaventurado: "Plenamente atento y consciente, el *bodhisatta* falleció del cielo de Tusita y descendió al vientre de su madre". Esto también lo recuerdo como una cualidad admirable y maravillosa del Bienaventurado.

7. Escuché y aprendí esto de los propios labios del Bienaventurado: "Cuando el *bodhisatta* falleció del cielo de Tusita y descendió al vientre de su madre, entonces una gran luz inmensurable que superó el esplendor de los *devas* apareció en el mundo con sus *devas*, sus Māras y sus Brahmās, en esta generación con sus *samaṇas* y brahmanes, con sus príncipes y su gente. E incluso en esos abismales espacios intermedios de vacío, penumbra y absoluta oscuridad, donde la luna y el sol, grandiosos y poderosos como son, no pueden hacer prevalecer su luz, allí también apareció una gran luz inmensurable que superaba el esplendor de los *devas*.[3] Y los seres renacidos allí se percibieron mutuamente debido a esa luz: 'Así que, en efecto, señor, ¡hay otros seres que han renacido aquí!' Y este sistema universal de diez mil mundos se agitó, se estremeció y tembló, y allí también apareció una gran luz inmensurable que superaba el esplendor de los *devas*". Esto también lo recuerdo como una cualidad admirable y maravillosa del Bienaventurado.

8. Escuché y aprendí esto de los propios labios del Bienaventurado: "Cuando el *bodhisatta* hubo descendido al vientre de su madre, cuatro jóvenes *devas* vinieron a protegerlo en las cuatro direcciones para que ningún humano ni no-humano o nadie en absoluto, pudiera dañar al *bodhisatta* o a su madre".[4] Esto también lo recuerdo como una cualidad admirable y maravillosa del Bienaventurado.

9. Escuché y aprendí esto de los propios labios del Bienaventurado: "Cuando el *bodhisatta* hubo descendido al vientre de su madre, ella se volvió intrínsecamente virtuosa, absteniéndose de matar a los seres vivos, de tomar lo que no es dado, de la mala conducta respecto a los placeres sensoriales, de palabras falsas, y de vinos, licores y sustancias embriagantes, que son la base de la negligencia". Esto también lo recuerdo como una cualidad admirable y maravillosa del Bienaventurado.

10. Escuché y aprendí esto de los propios labios del Bienaventurado: "Cuando el *bodhisatta* hubo descendido al vientre de su madre, ningún pensamiento sensual surgió en ella con respecto a los hombres, y ella era inaccesible para cualquier hombre que tuviera una mente lujuriosa". Esto también lo recuerdo como una cualidad admirable y maravillosa del Bienaventurado.

11. Escuché y aprendí esto de los propios labios del Bienaventurado: "Cuando el *bodhisatta* hubo descendido al vientre de su madre, ella obtuvo las cinco ramas del placer sensorial, y provista de ellas y dotada de ellas, disfrutó con ellas". Esto también lo recuerdo como una cualidad admirable y maravillosa del Bienaventurado.

12. Escuché y aprendí esto de los propios labios del Bienaventurado: "Cuando el *bodhisatta* hubo descendido al vientre de su madre, ninguna clase de aflicción surgió en ella; estaba feliz y libre de fatiga corporal. Ella vio al *bodhisatta* dentro de su vientre con todos sus miembros, sin carecer de facultad alguna. Supongamos que un hilo azul, amarillo, rojo, blanco o marrón fuera ensartado en una fina gema de berilo clara como agua cristalina, de ocho facetas, bien cortada, y que un hombre con buena vista la tomara en su mano y la revisara así: 'Esta es una fina gema de berilo clara como el agua cristalina, de ocho facetas, bien cortada, y a través de ella se ensartó un hilo azul, amarillo, rojo, blanco o marrón'; así también cuando el *bodhisatta* hubo descendido al vientre de su madre... ella vio al *bodhisatta* dentro de su vientre con todos sus miembros, sin falta de facultades". Esto también lo recuerdo como una cualidad admirable y maravillosa del Bienaventurado.

13. Escuché y aprendí esto de los propios labios del Bienaventurado: "Siete días después del nacimiento del bodhisatta, su madre murió y renació en el cielo de Tusita".[5] Esto también lo recuerdo como una cualidad admirable y maravillosa del Bienaventurado.

14. Escuché y aprendí esto de los propios labios del Bienaventurado: "Otras mujeres dan a luz después de llevar al niño en el útero durante nueve o diez meses, pero no así la madre del *bodhisatta*. La madre del *bodhisatta* lo dio a luz después de llevarlo en su matriz durante exactamente diez meses". Esto también lo recuerdo como una cualidad admirable y maravillosa del Bienaventurado.

15. Escuché y aprendí esto de los propios labios del Bienaventurado: "Otras mujeres dan a luz sentadas o acostadas, pero no así la madre del *bodhisatta*. La madre del *bodhisatta* lo dio a luz de pie". Esto también lo recuerdo como una cualidad admirable y maravillosa del Bienaventurado.

16. Escuché y aprendí esto de los propios labios del Bienaventurado: "Cuando el *bodhisatta* salió del vientre de su madre, primero los *devas* lo recibieron, y luego los seres humanos". Esto también lo recuerdo como una cualidad admirable y maravillosa del Bienaventurado.

17. Escuché y aprendí esto de los propios labios del Bienaventurado: "Cuando el *bodhisatta* salió del vientre de su madre, no tocó la tierra. Los cuatro jóvenes *devas* lo recibieron y lo pusieron ante su madre diciendo: —Alégrate, oh reina, te ha nacido un hijo de gran poder". Esto también lo recuerdo como una cualidad admirable y maravillosa del Bienaventurado.

18. Escuché y aprendí esto de los propios labios del Bienaventurado: "Cuando el *bodhisatta* salió del vientre de su madre, salió inmaculado, sin manchas de agua o humores o sangre o cualquier tipo de impureza, limpio e inmaculado. Supongamos que hubiera una gema colocada en la tela Kāsi, entonces la gema no mancharía la tela ni la tela a la gema. ¿Por qué es eso? Debido a la pureza de ambos. Así también cuando apareció el *bodhisatta*... limpio e inmaculado". Esto también lo recuerdo como una cualidad admirable y maravillosa del Bienaventurado.

19. Escuché y aprendí esto de los propios labios del Bienaventurado: "Cuando el *bodhisatta* salió del vientre de su madre, dos chorros de agua parecieron brotar del cielo, uno fresco y otro tibio, para bañar al *bodhisatta* y a su madre". Esto también lo recuerdo como una cualidad admirable y maravillosa del Bienaventurado.

20. Escuché y aprendí esto de los propios labios del Bienaventurado: "Tan pronto como nació el *bodhisatta*, se paró firmemente con los pies en el suelo; luego dio siete pasos mirando al norte, y con una sombrilla blanca sostenida sobre él, inspeccionó cada cuadrante y pronunció las palabras del Líder de la Manada: "Yo soy el más alto en el mundo; soy el mejor del mundo; soy el más destacado en el mundo. Este es mi último nacimiento; ya no hay más renovación de ser para mí".[6] Esto también lo recuerdo como una cualidad admirable y maravillosa del Bienaventurado.

21. Escuché y aprendí esto de los propios labios del Bienaventurado: "Cuando el *bodhisatta* salió del vientre de su madre, entonces una gran luz inmensurable que superaba el esplendor de los *devas* apareció en el mundo con sus *devas*, sus Māras y sus Brahmās, en esta generación con sus *samaṇas* y brahmanes, con sus príncipes

y su gente. E incluso en esos espacios abismales intermedios de vacío, penumbra y absoluta oscuridad, donde la luna y el sol, grandiosos y poderosos como son, no pueden hacer prevalecer su luz, allí también apareció una gran luz inmensurable que superaba el esplendor de los *devas*. Y los seres allí renacidos se percibían entre sí debido a esa luz: '¡Así que sí, señor, hay otros seres que han renacido aquí!' Y este sistema de diez mil mundos se agitó, se estremeció y tembló, y allí también apareció una gran luz inmensurable que superaba el esplendor de los *devas*". Que cuando el *bodhisatta* salió del vientre de su madre, apareció una gran luz inmensurable que superaba el esplendor de los *devas* ... esto también lo recuerdo como una admirable y maravillosa cualidad del Bienaventurado.

22. —Siendo así, Ānanda, recuerda esto también como una admirable y maravillosa cualidad del Tathāgata: Aquí, Ānanda, para el Tathāgata las sensaciones son conocidas cuando surgen, cuando están presentes, y cuando cesan; las percepciones son conocidas cuando surgen, cuando están presentes y cuando cesan; los pensamientos son conocidos a medida que surgen, a medida que están presentes y a medida que cesan.[7] Recuerda esto también, Ānanda, como una admirable y maravillosa cualidad del Tathāgata.

23. —Venerable señor, ya que para el Bienaventurado las sensaciones son conocidas a medida que surgen, a medida que están presentes y a medida que cesan; las percepciones son conocidas a medida que surgen, a medida que están presentes y a medida que cesan; los pensamientos son conocidos a medida que surgen, a medida que están presentes y a medida que cesan; esto también lo recuerdo como una admirable y maravillosa cualidad del Bienaventurado.

Eso es lo que dijo el venerable Ānanda. El Maestro dio su aprobación. Los bhikkhus estuvieron satisfechos y deleitados con las palabras del venerable Ānanda.

NOTAS M.123

1. BB: Esta habilidad está ejemplificada en DN 14, que proporciona información detallada sobre los seis Budas que precedieron a Gautama.
2. BB: Esto se refiere al renacimiento del *bodhisatta* en el cielo de Tusita, que siguió a su previa existencia humana como Vessantara y precedió a su nacimiento en el mundo humano como Siddhattha Gautama.
3. MA: Entre cada tres sistemas mundiales hay un espacio intermedio que mide 8.000 *yojanas*; es como el espacio entre tres ruedas de carreta o cuencos de recolección de comida que se tocan. Los seres que viven allí han renacido allí debido a haber cometido alguna ofensa grave y terrible contra sus padres o justos *samaṇas* y brahmanes, o debido a alguna mala acción habitual como matar animales, etcétera.
4. MA: Los cuatro *devas* eran los Cuatro Grandes Reyes (los *devas* que presiden el cielo de los Cuatro Grandes Reyes).
5. MA: Esto sucedió, no por un defecto en el nacimiento, sino por la expiración de su vida; porque el lugar (en el útero) ocupado por el *bodhisatta*, como la cámara interior de una *cetiya*, no debe ser utilizado por otros.
6. MA explica cada aspecto de este evento como un presagio de los logros posteriores del Buda. Por lo tanto, estar con los pies (*pāda*) firmemente sobre el suelo era un presagio de que había alcanzado las cuatro bases del poder espiritual (*iddhipāda*); su mirada hacia el norte, su ir más allá de la multitud; sus siete pasos, el correspondiente a su adquisición de los siete factores de iluminación; el parasol blanco, el de su adquisición del parasol de la liberación; su inspección de los cuatro cuartos [direcciones cardinales], su adquisición del conocimiento sin obstáculos de la omnisciencia; su pronunciamiento con las palabras del Líder del Rebaño, de su puesta en marcha de la irreversible Rueda del Dhamma; su afirmación "Éste es mi último nacimiento", de su pasar al elemento Nibbāna sin que quede ningún residuo (de los factores de la existencia).
7. BB: Esta afirmación parece ser la manera que tenía el Buda de llamar la atención sobre la cualidad que consideraba la verdadera maravilla y asombro.

124. *Bakkula Sutta*
Acerca de Bakkula

1. Esto he escuchado. En una ocasión, el venerable Bakkula vivía en Rājagaha en el Bosquecillo de Bambúes, en el santuario de las ardillas.[1]

2. Entonces Acela Kassapa, antiguo compañero del venerable Bakkula en su vida laica, se dirigió al venerable Bakkula e intercambió saludos con él. Terminada esta cortés y amable charla, se sentó a un lado y preguntó al venerable Bakkula:

3. —Amigo Bakkula, ¿desde hace cuánto tiempo saliste de la vida hogareña a la vida sin hogar?

—Salí hace ochenta años, amigo.

—Amigo Bakkula, en estos ochenta años, ¿cuántas veces has tenido relaciones sexuales?

—Amigo Kassapa, no deberías hacerme una pregunta como esa. Deberías hacerme una pregunta como esta: "Amigo Bakkula, en estos ochenta años, ¿cuántas veces han surgido en ti percepciones de deseo sensual?"

—Amigo Bakkula, en estos ochenta años, ¿cuántas veces han surgido en ti percepciones de deseo sensual?

—Amigo Kassapa, en los ochenta años desde que salí, no recuerdo que haya surgido en mí ninguna percepción de deseo sensual.

[El que en los ochenta años desde que salió a la vida sin hogar el venerable Bakkula no haya recordado ninguna percepción de deseo sensual que haya surgido en él en alguna ocasión, esto lo recordamos como una cualidad excelente y maravillosa del venerable Bakkula].[2]

4–5. Amigo, en los ochenta años desde que salí, no recuerdo ninguna percepción de mala voluntad... ninguna percepción de crueldad que haya surgido en mí.

[El que en los ochenta años desde que salió a la vida sin hogar, el venerable Bakkula no haya recordado ninguna percepción de mala voluntad... ninguna percepción de crueldad que haya surgido en él, esto lo recordamos como una cualidad excelente y maravillosa del venerable Bakkula].

6. Amigo, en los ochenta años desde que salí no recuerdo ningún pensamiento de deseo sensorial que haya surgido en mí.

[... esto también lo recordamos como una cualidad excelente y maravillosa del venerable Bakkula].

7–8. Amigo, en los ochenta años desde que salí no recuerdo ningún pensamiento de mala voluntad... ningún pensamiento de crueldad que haya surgido en mí.

[... esto también lo recordamos como una cualidad excelente y maravillosa del venerable Bakkula].

9–15. Amigo, en los ochenta años desde que salí no recuerdo haber aceptado una túnica ofrecida por un padre de familia[3]... haber usado alguna vez una túnica dada por un padre de familia... haber cortado una túnica con un cortador... haber cosido una túnica con una aguja... haber teñido una túnica con tinte... haber cosido una túnica en ocasión de la ceremonia de *kaṭhina*... haber trabajado en hacer túnicas para mis compañeros en la vida santa.

[... esto también lo recordamos como una cualidad excelente y maravillosa del venerable Bakkula].

16–19. Amigo, en los ochenta años desde que salí no recuerdo haber aceptado alguna vez una invitación a una comida... no recuerdo haber dado nunca pie al pensamiento: —¡Oh, que alguien me invite a una comida!... no recuerdo haberme sentado dentro de una casa... haber comido alguna vez dentro de una casa.

[... esto también lo recordamos como una cualidad excelente y maravillosa del venerable Bakkula].

20–25. Amigo, en los ochenta años desde que salí, no recuerdo haberme aferrado alguna vez a los signos y rasgos de una mujer... haber enseñado el Dhamma a una mujer, ni siquiera una sola estrofa de cuatro versos... haber ido nunca a las habitaciones de las bhikkhunīs... haber enseñado el Dhamma a una bhikkhunī... haber enseñado el Dhamma a una mujer aspirante en período de prueba... o haber enseñado el Dhamma a una novicia.

[... esto también lo recordamos como una cualidad excelente y maravillosa del venerable Bakkula].

26–29. Amigo, en los ochenta años desde que salí no recuerdo haber dado nunca la salida de la vida hogareña a la vida sin hogar... nunca haber dado la admisión completa... nunca haber dado dependencia... nunca haber tenido alguna vez un novicio como asistente.

[... esto también lo recordamos como una cualidad excelente y maravillosa del venerable Bakkula].

30–37. Amigo, en los ochenta años desde que salí no recuerdo haberme bañado nunca en una casa de baños... nunca haberme bañado con polvos de baño... nunca haberme encargado de masajear las extremidades de mis compañeros en la vida santa... haber tenido alguna vez una aflicción en mí, incluso durante el tiempo que se tarda en ordeñar una vaca... haber llevado alguna vez medicina, ni siquiera un solo trozo de nuez... haber usado alguna vez un almohadón... haber hecho una cama... haber entrado alguna vez en la residencia de las lluvias en un lugar de descanso dentro de un pueblo.

[... esto también lo recordamos como una cualidad excelente y maravillosa del venerable Bakkula].

38. Amigo, durante siete días después de salir de la vida hogareña a la vida sin hogar, comí la dádiva de alimento del país como un deudor; en el octavo día surgió el conocimiento final.[4]

[El hecho de que durante siete días el venerable Bakkula comió la dádiva de alimento del país como un deudor, y en el octavo día surgió el conocimiento final, esto también lo recordamos como una cualidad excelente y maravillosa del venerable Bakkula]".

39. [Entonces Acela Kassapa dijo:] —Yo recibiría la salida a la vida sin hogar en este Dhamma y Disciplina, recibiría la admisión completa. Y Acela Kassapa recibió la salida en este Dhamma y Disciplina, y recibió la plena admisión.[5] Y poco después de su plena admisión, morando solo, recluido, diligente, enérgico y resuelto, el venerable Kassapa, al darse cuenta por sí mismo con conocimiento directo, aquí y ahora entró y permaneció en esa meta suprema de la vida santa por causa de la cual los miembros del clan salen correctamente de la vida hogareña a la vida sin hogar. Él supo directamente: "El nacimiento ha sido destruido, la vida santa se ha vivido, lo que se tenía que hacer se ha hecho, y ya no hay retorno a ningún estado de ser". Y el venerable Kassapa se convirtió en uno de los *arahants*.

40. Entonces, en una ocasión posterior, el venerable Bakkula tomó una llave y fue de morada en morada [tocando las puertas de los bhikkhus], diciendo: —Salgan, venerables señores; vengan, venerables señores. Hoy alcanzaré el Nibbāna final.

[El que el venerable Bakkula haya tomado una llave y haya ido de vivienda en vivienda diciendo: "Salgan, venerables señores; vengan, venerables señores. Hoy alcanzaré el Nibbāna final", esto también lo recordamos como una cualidad excelente y maravillosa del venerable Bakkula].

41. Entonces, sentado en medio del Saṅgha de bhikkhus, el venerable Bakkula alcanzó el Nibbāna final.[6]

[El que, sentado en medio del Saṅgha de bhikkhus, el venerable Bakkula haya alcanzado el Nibbāna final, esto también lo recordamos como cualidad excelente y maravillosa del venerable Bakkula].[7]

NOTAS M.124

1. Según MA, el venerable Bakkula se convirtió en monje a los ochenta años, lo que le daría ciento sesenta años en el momento en que se desarrolla este *sutta*. El Buda lo declaró el discípulo más destacado con respecto a la buena salud.
2. MA dice que los pasajes entre corchetes fueron agregados por los Theras que compilaron el Dhamma.
3. BB: Este pasaje y los siguientes muestran al venerable Bakkula como observador de las prácticas ascéticas. El tiempo de *kaṭhina* es el período posterior a la residencia de las lluvias de tres meses, cuando los bhikkhus confeccionan nuevas túnicas con la tela que han recibido.
4. MA dice que después de salir [a la vida sin hogar], el venerable Bakkula fue un hombre común y corriente durante siete días, pero al octavo día alcanzó el estado de *arahant* junto con los conocimientos analíticos (*paṭisambhidā*).
5. MA: El propio Ven. Bakkula no dio la ordenación (lo que habría sido una violación de su modo de práctica), pero hizo arreglos para que otros bhikkhus la dieran.
6. MA: El venerable Bakkula había considerado que en toda su vida nunca se había convertido en una carga para los demás bhikkhus, y no quería que su cuerpo fuera una carga después de su muerte. Así, entró en meditación sobre el elemento fuego y alcanzó el Nibbāna final al hacer que todo su cuerpo fuera consumido por el fuego. Sólo quedaron las reliquias.
7. MA dice que este *sutta* fue recitado en la segunda compilación del Dhamma, celebrada unos cien años después del fallecimiento del Buda.

125. *Dantabhūmi Sutta*
El grado de los domados

1. Esto he escuchado. En una ocasión, el Bienaventurado residía en Rājagaha, en el Bosquecillo de Bambúes, en el santuario de las ardillas.

2. Ahora bien, en esa ocasión el novicio Aciravata estaba viviendo en una choza en el bosque. Entonces, el príncipe Jayasena, mientras deambulaba y caminaba para hacer ejercicio, se acercó al novicio Aciravata e intercambió saludos con él.[1] Cuando terminó esta conversación cortés y amable, se sentó a un lado y le dijo al novicio Aciravata: —Maestro Aggivessana, he oído que un bhikkhu que permanece aquí diligente, enérgico y resuelto puede lograr la unificación de la mente.

—Así es, príncipe, así es. Un bhikkhu que permanece aquí diligente, enérgico y resuelto puede lograr la unificación de la mente.

3. —Sería bueno si el Maestro Aggivessana me enseñara el Dhamma tal como lo ha escuchado y dominado.

—No puedo enseñarte el Dhamma, príncipe, tal como lo he escuchado y dominado. Porque si te enseñara el Dhamma tal como lo he escuchado y dominado, no entenderías el significado de mis palabras, y eso sería agotador y problemático para mí.

4. —Que el Maestro Aggivessana me enseñe el Dhamma tal como lo ha escuchado y dominado. Quizás pueda entender el significado de sus palabras.

—Te enseñaré el Dhamma, príncipe, tal como lo he oído y lo he dominado. Si puedes entender el significado de mis palabras, será bueno. Pero si no puedes entender el significado, entonces déjalo así y no me preguntes más al respecto.

—Que el Maestro Aggivessana me enseñe el Dhamma tal como lo ha escuchado y dominado. Si puedo entender el significado de sus palabras, eso será bueno. Si no puedo entender el significado, lo dejaré así y no le preguntaré más al respecto.

5. Entonces, el novicio Aciravata enseñó al príncipe Jayasena el Dhamma tal como lo había oído y dominado. Después de haber hablado, el príncipe Jayasena comentó: —Es imposible, Maestro Aggivessana,

no puede suceder que un bhikkhu que permanece diligente, enérgico y resuelto pueda lograr la unificación de la mente. Luego, después de haberle declarado al novicio Aciravata que esto era imposible y que no podía suceder, el Príncipe Jayasena se levantó de su asiento y partió.

6. Poco después de que el príncipe Jayasena se fuera, el novicio Aciravata fue a donde se encontraba el Bienaventurado. Después de rendir homenaje al Bienaventurado, se sentó a un lado y le contó al Bienaventurado toda su conversación con el príncipe Jayasena. Cuando hubo terminado, el Bienaventurado le dijo:

7. —Aggivessana, ¿cómo es posible que el príncipe Jayasena, viviendo en medio de los placeres sensoriales, disfrutando de los placeres sensoriales, siendo devorado por pensamientos de placeres sensoriales, siendo consumido por la fiebre de los placeres sensoriales, empeñado en la búsqueda de placeres sensoriales, podría conocer, ver o realizar lo que debe ser conocido mediante la renuncia, visto mediante la renuncia, alcanzado mediante la renuncia, realizado mediante la renuncia? Eso es imposible.

8. Supongamos,[2] Aggivessana, que hubiera dos elefantes, caballos o bueyes domesticables que estaban bien domados y disciplinados, y dos elefantes, caballos o bueyes domesticables que fueran indómitos e indisciplinados. ¿Qué opinas, Aggivessana? Los dos elefantes, caballos o bueyes domesticables, que estaban bien domados y disciplinados, al ser domesticados, ¿adquirirían el comportamiento de los domesticados, llegarían al grado de domesticados?

—Sí, venerable señor.

—Pero los dos elefantes, caballos o bueyes que eran domesticables, pero que estaban indómitos e indisciplinados, siendo indómitos, ¿adquirirían el comportamiento de los domesticados, llegarían al grado de domesticados, como los dos elefantes, caballos o bueyes domesticables que estaban bien domesticados y disciplinados?

—No, venerable señor.

—Así también, Aggivessana, es imposible que el príncipe Jayasena, viviendo en medio de los placeres sensoriales, ... pueda conocer, ver o realizar lo que debe ser conocido mediante la renuncia, visto mediante la renuncia, alcanzado mediante la renuncia, realizado mediante la renuncia.

9. Supongamos, Aggivessana, que hubiera una montaña alta no lejos de un pueblo o ciudad, y que dos amigos abandonaran el pueblo o ciudad y juntos se acercaran a la montaña. Al llegar a ella, un amigo se quedaría abajo, al pie de la montaña, mientras que el otro subiría a la cima. Entonces el amigo que se quedó abajo al pie de la montaña le diría al amigo que estaba en la cima: —Bueno amigo, estando parado en la cima de la montaña, ¿qué ves?

Y el otro le respondería: —Parado en la cima de la montaña, amigo, veo hermosos parques, hermosas arboledas, hermosos prados y estanques. Entonces el primer amigo diría: —Es imposible, amigo, no puede suceder que mientras estás en la cima de la montaña veas hermosos parques, hermosas arboledas, hermosos prados y estanques.

Entonces el otro amigo bajaría al pie de la montaña, tomaría a su amigo por el brazo y lo haría subir a la cima de la montaña. Después de darle unos momentos para que recuperara el aliento, le preguntaría: —Bueno, amigo, estando parado en la cima de la montaña, ¿qué ves?, Y su amigo le respondería: —Parado en la cima de la montaña, amigo, veo hermosos parques, hermosas arboledas, hermosos prados y estanques. Entonces el otro diría: —Amigo, un poco antes te escuché decir: "Es imposible, amigo, no puede suceder que estando parado encima de en la montaña pudieras ver hermosos parques... hermosos estanques". Pero hace un momento te escuché decir: "De pie en la cima de la montaña, amigo, veo hermosos parques... hermosos estanques".

Entonces el primer amigo respondería: —Debido a que estaba obstruido por esta alta montaña, amigo, no fui capaz de ver lo que había que ver.

10. Así también, Aggivessana, el príncipe Jayasena está obstruido, obstaculizado, bloqueado y envuelto por una masa aún mayor que esta: la masa de la ignorancia. Así es imposible que el príncipe Jayasena, viviendo en medio de los placeres sensoriales, ...pueda conocer, ver o realizar lo que debe ser conocido mediante la renuncia, visto mediante la renuncia, alcanzado mediante la renuncia, realizado mediante la renuncia.

11. Aggivessana, si se te hubieran ocurrido estos dos símiles con referencia al príncipe Jayasena, él habría adquirido espontáneamente confianza en ti, y estando confiado, te habría mostrado su confianza.

—Venerable señor, ¿cómo se me hubieran podido ocurrir estos dos símiles con referencia al príncipe Jayasena tal como se le ocurren al Bienaventurado, ya que son espontáneos y nunca se habían escuchado?

12. —Supongamos, Aggivessana, que un noble rey ungido en la cabeza se dirige a su entrenador de elefantes del bosque así: —Buen entrenador, monta el elefante del rey, entra en el bosque de elefantes y, cuando veas un elefante del bosque, átalo por el cuello al elefante del rey. Habiendo respondido: —Sí, señor, el entrenador de elefantes montaría el elefante del rey, entraría en el bosque de elefantes y, cuando viera un elefante del bosque, lo ataría por el cuello al elefante del rey. Entonces, el elefante del rey lo llevaría a campo abierto. Es así como un elefante del bosque saldría a campo abierto; ya que, de otra forma, el elefante del bosque se aferra al bosque de elefantes.

Entonces el entrenador de elefantes del bosque informaría al noble rey ungido en la cabeza: —Señor, el elefante del bosque ha salido a campo abierto. El rey se dirigiría a su domador de elefantes así: —Ven, buen domador de elefantes, domestica al elefante del bosque. Apacigua sus hábitos del bosque, apacigua sus recuerdos e intenciones en relación con el bosque, apacigua su angustia, fatiga y fiebre debidas a haber dejado el bosque. Haz que se deleite en el pueblo, inculca en él hábitos afines a los seres humanos. Habiendo respondido: —Sí, señor, el entrenador de elefantes planta un gran poste en la tierra y ata al elefante del bosque por el cuello para someter sus hábitos del bosque... y para inculcarle hábitos afines a los seres humanos.

Entonces el domador de elefantes se dirige al elefante con palabras que son suaves, agradables al oído y adorables, tales que llegan al corazón, siendo corteses, deseadas por muchos y agradables para muchos. Cuando el elefante del bosque recibe tales palabras, escucha, presta atención y esfuerza su mente por comprender. A continuación, el domador de elefantes lo recompensa con pasto y agua. Cuando el elefante del bosque acepta el pasto y el agua ofrecidos, el domador de elefantes sabe: ¡Ahora el elefante del rey vivirá!

Luego, el domador de elefantes lo entrenaría aún más así: —¡Toma esto, ahora déjalo! Cuando el elefante del rey obedece las órdenes de su domador de tomar y dejar algo y lleva a cabo sus instrucciones, el domador de elefantes lo entrena aún más así: —¡Adelante, retrocede! Cuando el elefante del rey obedece las órdenes de su domador de avanzar y retroceder y sigue sus instrucciones, el domador de elefantes lo entrena aún más de la siguiente manera: —¡Levántate, siéntate! Cuando el elefante del rey obedece las órdenes de su domador de levantarse y sentarse y sigue sus instrucciones, el domador de elefantes lo entrena aún más en la tarea llamada "*la imperturbabilidad*".

Para esta tarea, ata una tabla gigante a su trompa; un hombre con una lanza en la mano se sienta sobre su cuello y hombres con lanzas en las manos lo rodean por todos lados; y el propio domador de elefantes se para frente a él sosteniendo una larga lanza. Cuando el elefante está siendo adiestrado en la tarea de la imperturbabilidad, no mueve ni las patas delanteras ni las traseras; no mueve sus miembros delanteros ni traseros; no mueve la cabeza, las orejas, los colmillos, la cola ni la trompa. El elefante del rey es capaz de soportar golpes de lanzas, golpes de espadas, golpes de flechas, golpes de otros seres y los sonidos atronadores de tambores, timbales, trompetas y tam-tams.

Liberado de todas las faltas y defectos, purgado de imperfecciones, es digno del rey, está al servicio del rey, considerado uno de los factores de un rey.

13-14. Así también, Aggivessana, un Tathāgata aparece en el mundo, Consumado, plenamente iluminado... (Como en M.51, §§12-13) ... se afeita el cabello y la barba, se pone la túnica amarilla y sale del hogar a la vida sin hogar. Es así como un noble discípulo sale a campo abierto; pues los *devas* y los humanos se aferran a las cinco ramas del placer sensorial.

15. Entonces el Tathāgata lo disciplina aún más diciéndole: —Ven, bhikkhu, sé virtuoso, restringido con la restricción del Pātimokkha, sé perfecto en conducta y recurso, y, viendo el miedo en la más mínima falta, entrena siguiendo los preceptos de entrenamiento.

16. Cuando, Aggivessana, el noble discípulo es virtuoso... y, viendo el miedo en la más mínima falta, se entrena siguiendo los preceptos de entrenamiento, entonces el Tathāgata lo disciplina aún más diciéndole: —Ven, bhikkhu, protege las puertas de tus facultades sensoriales. Al ver una forma con el ojo, no te aferres a sus signos y características. Ya que, si dejaras la facultad del ojo sin vigilancia, podrían invadirte estados malsanos de deseo y aversión, practica el camino de su restricción, protege la facultad del ojo, emprende la restricción de la facultad del ojo. Al oír un sonido con el oído ... Al oler un olor con la nariz... Al saborear un sabor con la lengua... Al tocar algo tangible con el cuerpo... Al conocer un objeto mental con la mente, no te aferres a sus signos y características. Dado que, si dejaras la facultad de la mente sin protección, podrían invadirte estados nocivos y malsanos de deseo y aversión, practica el camino de su restricción, protege la facultad de la mente, emprende la restricción de la facultad de la mente.

17. Cuando, Aggivessana, el noble discípulo guarda entonces las puertas de sus facultades sensoriales, entonces el Tathāgata lo disciplina aún más diciéndole: —Ven, bhikkhu, sé moderado en el comer. Reflexionando sabiamente, usa el alimento [obtenido de ofrendas], no por diversión, ni para intoxicarse [con el deleite en el comer], ni en aras de la belleza ni el atractivo físico, sino solo para el mantenimiento y continuidad del cuerpo, para terminar con la incomodidad [del hambre] y para poder llevar la vida santa, considerando: —"Así pondré fin a las viejas sensaciones [de hambre] sin despertar nuevas sensaciones [debidas a la ingestión excesiva]; y estaré sano y sin culpa, y viviré con comodidad".

18. Cuando, Aggivessana, el noble discípulo es moderado en el comer, entonces el Tathāgata lo disciplina aún más diciéndole: —Ven, bhikkhu, sé devoto de la vigilia. Durante el día, mientras caminas de un lado a otro y te sientas, purifica tu mente de estados obstructivos. En la primera vigilia de la noche, mientras caminas de un lado a otro y te sientas, purifica tu mente de estados obstructivos. En la vigilia interme-

dia de la noche, debes acostarte sobre el lado derecho en la postura del león con un pie superpuesto al otro, atento y plenamente consciente, después de anotar en tu mente el tiempo para levantarte. Después de levantarte, en la última vigilia de la noche, mientras caminas de un lado a otro y te sientas, purifica tu mente de estados obstructivos.

19. Cuando, Aggivessana, el noble discípulo se dedica a la vigilia, entonces el Tathāgata lo disciplina aún más diciéndole: — Ven, bhikkhu, sé plenamente atento y de comprensión clara (*sati sampajañña*). Actúa con plena conciencia al avanzar y al regresar... al mirar hacia adelante y al mirar hacia otro lado... al flexionar y extender las extremidades... al usar la túnica y llevar la túnica exterior y el cuenco... al comer, beber, consumir alimentos y saborear... al defecar y orinar... al caminar, pararte, sentarte, dormirte, despertarte, al hablar y guardar silencio".

20. Cuando, Aggivessana, el noble discípulo posee atención plena y comprensión clara, entonces el Tathāgata lo disciplina aún más diciéndole: —Ven, bhikkhu, busca un lugar de descanso apartado: el bosque, la raíz de un árbol, una montaña, un barranco, una cueva en la ladera de una colina, un osario, una espesura de la jungla, un espacio abierto, o un montón de paja.

21. Entonces, ese bhikkhu recurre a un lugar apartado de descanso: el bosque... un montón de paja. Al regresar de su ronda de recolección de alimento, después de la comida, se sienta, cruza las piernas, pone el cuerpo erguido y establece la atención plena ante él.

Abandonando la codicia por el mundo, mora con una mente libre de codicia; purifica su mente de la codicia.

Abandonando la mala voluntad y el odio, mora con una mente libre de mala voluntad, compasivo por el bienestar de todos los seres vivos; purifica su mente de la mala voluntad y el odio.

Abandonando la pereza y el letargo, permanece libre de la pereza y el letargo, perceptivo de la luz, atento y plenamente consciente; purifica su mente de la pereza y el letargo.

Abandonando la inquietud y el remordimiento, permanece sin agitación con una mente interiormente pacífica; purifica su mente de inquietudes y remordimientos.

Abandonando la duda, permanece habiendo ido más allá de la duda, sin perplejidad acerca de los estados saludables; purifica su mente de la duda.

22. Habiendo así abandonado estos cinco impedimentos, imperfecciones de la mente que debilitan la sabiduría, permanece contemplando el cuerpo como cuerpo, enérgico, plenamente consciente y atento, habiendo desechado la codicia y el dolor por el mundo. Permanece contemplando las sensaciones como sensaciones...

la mente como mente... los fenómenos de la experiencia como fenómenos de la experiencia, enérgico, plenamente consciente y atento, habiendo abandonado el deseo y la aversión por el mundo.[3]

23. Así como, Aggivessana, el domador de elefantes planta un gran poste en la tierra y ata al elefante del bosque por el cuello para dominar sus hábitos del bosque... e inculcarle hábitos afines a los seres humanos, así estos cuatro fundamentos de la atención plena son las ataduras de la mente del noble discípulo para dominar sus hábitos basados en la vida hogareña, para dominar sus recuerdos e intenciones basados en la vida hogareña, para dominar su angustia, fatiga y fiebre basados en la vida hogareña, y para que pueda alcanzar el verdadero camino y realizar el Nibbāna.

24. Entonces el Tathāgata disciplina a ese bhikkhu aún más: — Ven, bhikkhu, permanece contemplando el cuerpo como cuerpo, pero no albergues pensamientos de deseo sensorial. Permanece contemplando las sensaciones como sensaciones... la mente como mente... los fenómenos de la experiencia como fenómenos de la experiencia, pero no albergues pensamientos de deseo sensorial".[4]

25. Con el aquietamiento de la aplicación inicial y la aplicación sostenida de la mente, entra y permanece en el segundo *jhāna*... el tercer *jhāna*... el cuarto *jhāna*.

26–29. Cuando su mente concentrada se purifica así... (Como en el M.51, §§24–27) ... entiende: —"El nacimiento ha sido destruido, la vida santa ha sido vivida, lo que se tenía que hacer se ha hecho, ya no hay más llegar a ningún estado de ser".

30. Ese bhikkhu es capaz de soportar el frío y el calor, el hambre y la sed, y el contacto con tábanos, mosquitos, viento, sol y alimañas reptantes; es capaz de soportar palabras mal habladas e inoportunas y sensaciones corporales que surgen y que son dolorosas, desgarradoras, agudas, punzantes, desagradables, angustiosas y amenazantes para la vida.

Estando libre de toda lujuria, odio y ofuscación, purgado de defectos, es digno de regalos, digno de hospitalidad, digno de ofrendas, digno de saludos reverenciales, un campo de mérito insuperable para el mundo.

31. Si, Aggivessana, el elefante del rey muere en la vejez indómito e indisciplinado, entonces se le considera un elefante viejo que ha muerto sin ser domado. Si el elefante del rey muere cuando es indómito e indisciplinado y de mediana edad, entonces se lo considera un elefante de mediana edad que ha muerto sin ser domado. Si el elefante del rey muere cuando es joven, indómito e indisciplinado, entonces se le considera un elefante joven que ha muerto de una muerte sin haber sido domado.

Así también, Aggivessana, si un bhikkhu mayor muere con sus corrupciones sin destruir, entonces él es considerado un bhikkhu mayor que ha muerto sin haber sido domado. Si un bhikkhu de estatus medio muere con sus corrupciones sin destruir, entonces se le considera un bhikkhu de estatus medio que ha muerto sin haber sido domado. Si un bhikkhu recién ordenado muere con sus corrupciones sin destruir, entonces se le considera un bhikkhu recién ordenado que ha muerto sin haber sido domado.[5]

32. Pero si, Aggivessana, el elefante del rey muere en la vejez bien domado y disciplinado, entonces se le considera un elefante viejo que ha muerto habiendo sido domado. Si el elefante del rey muere cuando es de mediana edad, bien domado y disciplinado, entonces se le considera un elefante de mediana edad que ha muerto habiendo sido domado. Si el elefante del rey muere cuando es joven, bien domado y disciplinado, entonces se le considera un elefante joven que ha muerto habiendo sido domado.

Así también, Aggivessana, si un bhikkhu mayor muere con sus corrupciones destruidas, entonces se le considera un bhikkhu mayor que ha muerto habiendo sido domado. Si un bhikkhu de estatus medio muere con sus corrupciones destruidas, entonces se le considera un bhikkhu de estatus medio que ha muerto habiendo sido domado. Si un bhikkhu recién ordenado muere con sus corrupciones destruidas, entonces se le considera un bhikkhu recién ordenado que ha muerto habiendo sido domado.

Eso es lo que dijo el Bienaventurado. El novicio Aciravata estuvo satisfecho y deleitado con las palabras del Bienaventurado.

NOTAS M.125

1. MA identifica al príncipe Jayasena como hijo del rey Bimbisāra.
   NT: El príncipe se dirige al novicio Aciravata usando el término "Aggivessana", el clan al que pertenecía.
2. BB: El símil aparece también en M. 90.11.
3. BB: Nótese que aquí los cuatro fundamentos de la atención plena se exponen en el lugar normalmente reservado para los cuatro *jhānas.*
4. BB: Traduzco basándome en BBS y SBJ (con el apoyo de una edición en cingalés de 1937) en lugar de la correspondiente a la PTS. Tanto BBS como SBJ abrevian el pasaje; en donde PTS dice *kāyūpasaṁhitaṁ* y *dhammūpasaṁhitaṁ*, estas dos ediciones dicen *kāmūpasaṁhitaṁ* por igual, lo cual es una diferencia significativa. Me dijeron que la traducción china del Madhyama Āgama (la contraparte Skt. de M) tiene una lectura que corresponde a la de BBS y SBJ. La versión china menciona los cuatro *jhānas.*
   NT: Con relación a los términos "deseo sensorial" y "lujuria", ver: n.25, M.43.
5. NT: Agradezco la siguiente nota sugerida por el venerable Bhikkhu Padīpo: "En relación con la jerarquía monástica, un bhikkhu mayor (sénior o *thera*) se le considera 'mayor' a otros con relación al momento en que fueron ordenados, sin importar la edad que tengan ni sus logros espirituales. En el ejemplo del presente *sutta*, se puede ver claramente cómo funciona esta jerarquía, ya que puede haber un bhikkhu 'mayor', de 'estatus medio' o 'recién ordenado', con corrupciones destruidas o con corrupciones sin destruir".

126. *Bhūmija Sutta*
Bhūmija

1. Esto he escuchado. En una ocasión, el Bienaventurado residía en Rājagaha en el Bosquecillo de Bambúes, en el santuario de las ardillas.

2. Entonces, cuando llegó la mañana, el venerable Bhūmija se vistió y, tomando su cuenco y su túnica exterior, fue a la casa del Príncipe Jayasena y se sentó en un asiento preparado.[1]

3. Entonces el Príncipe Jayasena fue a donde se encontraba el venerable Bhūmija e intercambió saludos con él. Terminada esta cortés y amable charla, se sentó a un lado y dijo al venerable Bhūmija: —Maestro Bhūmija, hay algunos *samaṇas* y brahmanes que hacen afirmaciones y tienen puntos de vista como estos: "Si uno hace una aspiración (*āsaṁ karitvā*)[2] y lleva la vida santa, no puede obtener fruto alguno; si uno no hace una aspiración y lleva la vida santa, todavía no podrá obtener ningún fruto; si uno tanto hace una aspiración como no hace una aspiración y lleva la vida santa, todavía es incapaz de obtener fruto; si uno ni hace una aspiración ni no hace una aspiración y lleva la vida santa, todavía es incapaz de obtener algún fruto". ¿Qué dice o declara al respecto el maestro del venerable Bhūmija?

4. —No he oído ni aprendido eso de los propios labios del Bienaventurado, príncipe. Pero es posible que el Bienaventurado diga esto: "Si uno hace una aspiración y lleva la vida santa imprudentemente, no podrá obtener fruto; si uno no hace una aspiración y lleva la vida santa imprudentemente, tampoco podrá obtener algún fruto; si uno tanto hace una aspiración como no la hace y lleva la vida santa imprudentemente, todavía no podrá obtener fruto; si uno ni hace una aspiración ni no la hace y lleva la vida santa imprudentemente, tampoco es capaz de obtener algún fruto. Sin embargo, si uno hace una aspiración y lleva sabiamente la vida santa, podrá obtener frutos; si uno no hace una aspiración y lleva sabiamente la vida santa, aún podrá obtener frutos; si uno tanto hace una aspiración como no la hace y lleva la vida santa sabiamente, todavía es capaz de obtener frutos; si uno ni hace una aspiración

ni no la hace y lleva sabiamente la vida santa, aun así, es capaz de obtener fruto. No he oído ni aprendido esto de los propios labios del Bienaventurado, príncipe, pero es posible que el Bienaventurado responda como he dicho".

5. —Si el maestro del Maestro Bhūmija habla así, si él declara así, entonces ciertamente parece que el maestro del venerable Bhūmija está por delante de todos los samaṇas y brahmanes ordinarios.

6. Entonces el Príncipe Jayasena sirvió al venerable Bhūmija de su propio plato de arroz con leche.

7. Entonces, cuando el venerable Bhūmija hubo regresado de su ronda de recolección de alimentos, después de su comida, fue a donde se encontraba el Bienaventurado. Después de rendirle homenaje, se sentó a un lado y contó al Bienaventurado lo ocurrido, y añadió: —Venerable señor, espero que cuando me hicieron tal pregunta y respondí así, dije lo que ha sido dicho por el Bienaventurado y no lo tergiversé con lo que es contrario a los hechos. Espero haberme explicado de acuerdo con el Dhamma de tal manera que nada que proporcione un motivo de censura pueda deducirse legítimamente de mi afirmación.

8. —Ciertamente, Bhūmija, cuando te hicieron tal pregunta y respondiste así, dijiste lo que yo dije y no me tergiversaste con lo que es contrario a los hechos. Explicaste de acuerdo con el Dhamma de tal manera que nada que proporcione un motivo de censura pueda deducirse legítimamente de tu afirmación.

9. Cualquiera de los *samaṇas* y brahmanes que tengan una comprensión incorrecta, una intención incorrecta, un lenguaje incorrecto, una atención plena incorrecta (*micchāsatī*), un modo de vida incorrecto, un esfuerzo incorrecto, una atención incorrecta y una concentración incorrecta, si ellos hacen una aspiración y llevan la vida santa, son incapaces de obtener algún fruto; si no hacen una aspiración y llevan la vida santa, todavía no pueden obtener fruto; si ambos hacen una aspiración y no la hacen y llevan la vida santa, aun así son incapaces de obtener algún fruto; y si ni hacen una aspiración ni no la hacen y llevan la vida santa, tampoco pueden obtener fruto. ¿Por qué es eso? Porque ese [camino equivocado] no es un método adecuado para obtener fruto.

10. Supongamos que un hombre que necesita aceite, que busca aceite, que deambula en busca de aceite, amontona grava en una tina, la rocía con agua y la prensa. Entonces, si hiciera una aspiración y obrara así, no podría obtener aceite; si no hiciera una aspiración y actuara así, aún sería incapaz de obtener aceite alguno; si él hiciese una aspiración y no hiciese una aspiración y actuara así, aún no podría obtener aceite; si él ni hiciera una aspiración ni no la hiciera y

actuara así, aun así no podría obtener aceite. ¿Por qué es eso? Porque esa [forma de actuar] no es un método adecuado para obtener aceite. Así también, cualesquiera que sean los *samaṇas* y los brahmanes que tengan una comprensión incorrecta... siguen siendo incapaces de obtener algún fruto. ¿Por qué? Porque ese [camino equivocado] no es un método adecuado para obtener fruto.

11. Supongamos que un hombre que necesita leche, que busca leche, que deambula en busca de leche, fuera a jalar a una vaca recién parida por el cuerno. Entonces, si hizo una aspiración... si no hizo una aspiración... si hizo una aspiración y no hizo una aspiración... si ni hizo una aspiración ni no hizo una aspiración y actuó, aun así, no podría obtener leche. ¿Por qué es eso? Porque esa [forma de actuar] no es un método adecuado para conseguir leche. Así también, cualesquiera que sean los *samaṇas* y los brahmanes que tengan una comprensión incorrecta... siguen siendo incapaces de obtener algún fruto. ¿Por qué es eso? Porque ese [camino equivocado] no es un método adecuado para obtener fruto.

12. Supongamos que un hombre que necesita mantequilla, que busca mantequilla, que deambula en busca de mantequilla, vierte agua en una mantequera y la bate con un batidor. Entonces, si hiciera una aspiración... si no hiciera una aspiración... si hiciera una aspiración y no hiciera una aspiración... si ni hiciera una aspiración ni no la hiciera y actuara así, aún sería incapaz de conseguir mantequilla. ¿Por qué es eso? Porque esa [forma de actuar] no es un método adecuado para conseguir mantequilla. Así también, cualesquiera que sean los *samaṇas* y los brahmanes que tengan una comprensión incorrecta... siguen siendo incapaces de obtener algún fruto. ¿Por qué es eso? Porque ese [camino equivocado] no es un método adecuado para obtener fruto.

13. Supongamos que un hombre que necesita fuego, que busca fuego, que deambula en busca de fuego, toma una antorcha y frota un trozo de madera húmedo con savia. Entonces, si hiciera una aspiración ... si no hiciera una aspiración ... si hiciera una aspiración y no hiciera una aspiración ... si ni hiciera una aspiración ni no la hiciera y actuara así, aún sería incapaz de obtener fuego. ¿Por qué es eso? Porque esa [forma de actuar] no es un método adecuado para obtener fuego. Así también, cualesquiera que sean los *samaṇas* y los brahmanes que tengan una comprensión incorrecta... siguen siendo incapaces de obtener algún fruto. ¿Por qué es eso? Porque ese [camino equivocado] no es un método adecuado para obtener fruto.

14. Cualesquiera que sean los *samaṇas* y los brahmanes que tengan la comprensión correcta, la intención correcta, el lenguaje correcto, la acción correcta, el sustento correcto, el esfuerzo correcto,

la atención plena correcta y la concentración correcta, si tienen una aspiración y llevan la vida santa, pueden obtener fruto; si no tienen una aspiración y llevan la vida santa, todavía pueden obtener fruto; si tanto tienen una aspiración como no la tienen y llevan una vida santa, aún pueden obtener fruto; si no tienen una aspiración ni no la tienen y llevan una vida santa, aun así pueden obtener fruto. ¿Por qué es eso? Porque ese [camino correcto] es un método apropiado para obtener fruto.

15. Supongamos que un hombre que necesita aceite, que busca aceite, que deambula en busca de aceite, amontona harina de sésamo en una tina, la rocía con agua y la prensa. Entonces, si hiciera una aspiración y actuara así, podría obtener aceite; si no hiciera una aspiración y actuara así, aún podría obtener aceite; si él hiciera una aspiración y no hiciera una aspiración y actuara así, aún podría obtener aceite; si ni hiciera una aspiración ni no la hiciera y actuara así, aun así, podría obtener aceite. ¿Por qué es eso? Porque esa [forma de actuar] es un método adecuado para obtener aceite. Así también, cualesquiera que sean los *samaṇas* y brahmanes que tengan la comprensión correcta... aún pueden obtener frutos. ¿Por qué es eso? Porque ese [camino correcto] es un método apropiado para obtener fruto.

16. Supongamos que un hombre que necesita leche, que busca leche, que deambula en busca de leche, fuera a jalar una vaca —que recién ha parido— por la ubre. Entonces, si hiciera una aspiración ... si no hiciera una aspiración ... si hiciera una aspiración y no la hiciera ... si ni hiciera una aspiración ni no la hiciera y actuara así, aun así, podría obtener leche. ¿Por qué es eso? Porque esa [manera de actuar] es un método adecuado para obtener leche. Así también, cualesquiera que sean los *samaṇas* y brahmanes que tengan la comprensión correcta... aún pueden obtener frutos. ¿Por qué es eso? Porque ese [camino correcto] es un método apropiado para obtener fruto.

17. Supongamos que un hombre que necesita mantequilla, que busca mantequilla, que deambula en busca de mantequilla, vierte cuajada en una mantequera y la bate con un batidor. Entonces, si hiciera una aspiración ... si no hiciera una aspiración ... si hiciera una aspiración y no hiciera una aspiración ... si ni hiciera una aspiración ni no la hiciera y actuara así, aun así, podría obtener mantequilla. ¿Por qué es eso? Porque esa [manera de actuar] es un método adecuado para obtener mantequilla. Así también, cualesquiera que sean los *samaṇas* y brahmanes que tengan la comprensión correcta... aun así pueden obtener frutos. ¿Por qué es eso? Porque ese [camino correcto] es un método apropiado para obtener fruto.

18. Supongamos que un hombre que necesita fuego, que busca fuego, que deambula en busca de fuego, fuera a tomar una antorcha

y frotara con ella un trozo de madera seca y sin savia. Entonces, si hiciera una aspiración... si no hiciera una aspiración ... si hiciera una aspiración y no hiciera una aspiración ... si ni hiciera una aspiración ni no la hiciera y actuara así, aun así, podría obtener fuego. ¿Por qué es eso? Porque esa [manera de actuar] es un método adecuado para obtener fuego. Así también, cualesquiera que sean los *samaṇas* y brahmanes que tengan la comprensión correcta... aún pueden obtener frutos. ¿Por qué es eso? Porque ese [camino correcto] es un método apropiado para obtener fruto.

19. Bhūmija, si se te hubieran ocurrido estos cuatro símiles [con referencia] al Príncipe Jayasena, él habría adquirido espontáneamente confianza en ti, y estando confiado, te habría mostrado su confianza.

—Venerable señor, ¿cómo se me habrían podido ocurrir estos cuatro símiles [con referencia] al Príncipe Jayasena tal como se le ocurrieron al Bienaventurado, siendo que son espontáneos y nunca se habían escuchado?

Eso es lo que dijo el Bienaventurado. El venerable Bhūmija estuvo satisfecho y deleitado con las palabras del Bienaventurado.

NOTAS M.126

1. MA dice que el venerable Bhūmija era el tío del príncipe Jayasena.
2. BB: *Āsaṁ karitvā*: si uno pide un deseo, si uno genera una esperanza o expectativa. Los *samaṇas* y brahmanes que sostenían esta opinión debieron haber sido los escépticos o los que sostenían la noción de aniquilación.

127. *Anuruddha Sutta*
Anuruddha

1. Esto he escuchado. En una ocasión, el Bienaventurado estaba viviendo en Sāvatthī, en el Bosquecillo de Jeta, el parque de Anāthapiṇḍika.

2. Entonces el carpintero Pañcakanga se dirigió a cierto hombre así: —Ven, buen hombre, ve al venerable Anuruddha, rinde homenaje en mi nombre con tu cabeza a sus pies, y dile: "Venerable señor, el carpintero Pañcakanga rinde homenaje con la cabeza a los pies del venerable Anuruddha y dice: 'Venerable señor, que el venerable Anuruddha con otros tres bhikkhus consientan en aceptar la comida de mañana por parte del carpintero Pañcakanga; y que el venerable Anuruddha llegue puntualmente, ya que el carpintero Pañcakanga está muy ocupado y tiene mucho trabajo que hacer para el rey'".

—Sí, señor —respondió ese hombre, y fue a donde se encontraba el venerable Anuruddha. Después de rendir homenaje al venerable Anuruddha, se sentó a un lado y entregó su mensaje. El venerable Anuruddha consintió en silencio.

3. Luego, cuando la noche hubo terminado, siendo de mañana, el venerable Anuruddha se vistió, y tomando su cuenco y su túnica exterior, fue a la casa del carpintero Pañcakanga y se sentó en un asiento preparado. Entonces, con sus propias manos, el carpintero Pañcakanga sirvió y satisfizo al venerable Anuruddha con diversas clases de buena comida. Entonces, cuando el venerable Anuruddha hubo comido y puesto su cuenco a un lado, el carpintero Pañcakanga tomó un asiento bajo, se sentó a un lado y le dijo al venerable Anuruddha:

4. —Aquí, venerable señor, bhikkhus mayores han venido a mí y me han dicho: "jefe de familia, desarrolla la liberación inmensurable de la mente"; y algunos bhikkhus mayores han dicho: "jefe de familia, desarrolla la liberación exaltada de la mente". Venerable señor, ¿la liberación inmensurable y la liberación exaltada de la mente (*appamāṇā cetovimutti, mahaggata cetovimutti*)[1] —son estados diferentes en significado y diferentes en nombre, o son uno en significado y diferentes solo en el nombre?

5. —Explícalo como lo ves, jefe de familia. Después se te aclarará.

—Venerable señor, pienso así: "la liberación inmensurable de la mente y la liberación exaltada de la mente, estos estados son uno en significado y diferentes solo en el nombre".

6. —Jefe de familia, la liberación inmensurable de la mente y la liberación exaltada de la mente: estos estados tienen un significado y un nombre diferentes. Y a continuación, debe entenderse que estos estados son diferentes en significado y diferentes en nombre.

7. ¿Qué es, jefe de familia, la liberación inmensurable de la mente? Aquí un bhikkhu permanece impregnando un cuarto [un cuadrante, o dirección cardinal] con una mente imbuida de benevolencia amorosa, asimismo la segunda, asimismo la tercera, igualmente la cuarta; así arriba, abajo, alrededor y en todas partes, y para todos como para sí mismo, él mora impregnando el mundo que todo lo abarca con una mente imbuida de benevolencia amorosa, abundante, exaltada, inmensurable, sin hostilidad y sin mala voluntad. Él mora impregnando un cuadrante con una mente imbuida de compasión... Él mora impregnando un cuadrante con una mente imbuida de alegría apreciativa... Él mora impregnando un cuadrante con una mente imbuida de ecuanimidad... abundante, exaltada, inmensurable, sin hostilidad y sin mala voluntad. Esto se llama la inmensurable liberación de la mente.

8. ¿Y qué es, jefe de familia, la exaltada liberación de la mente? Aquí un bhikkhu mora resuelto en un área (equivalente) a la raíz de un árbol, permeándola en forma exaltada: Eso se llama la liberación exaltada de la mente.[2] Aquí un bhikkhu permanece resuelto en un área del tamaño de las raíces de dos o tres árboles, permeándola en forma exaltada: esto también se llama la liberación exaltada de la mente. Aquí un bhikkhu permanece resuelto en una área del tamaño de un pueblo, permeándola en forma exaltada... un área del tamaño de dos o tres pueblos... un área del tamaño de un gran reino... un área del tamaño de dos o tres grandes reinos... un área del tamaño de la tierra delimitada por el océano, permeándola en forma exaltada: esto también se llama la liberación exaltada de la mente. Es así, jefe de familia, que se puede entender cómo estos estados son diferentes en significado y diferentes en nombre.

9. Hay, jefe de familia, estos cuatro tipos de reaparición [en un estado futuro de] ser.[3] ¿Cuáles cuatro? Aquí alguien permanece resuelto y permeando con "resplandor limitado"; al disolverse el cuerpo, después de la muerte, reaparece en compañía de los *devas de resplandor limitado*. Aquí alguien permanece resuelto y permeando con "resplandor inmensurable"; al disolverse el cuerpo, después de la muerte, reaparece en compañía de los *devas de resplandor*

inmensurable. Aquí alguien permanece resuelto y permeando con "resplandor impuro"; al disolverse el cuerpo, después de la muerte, reaparece en compañía de los *devas de resplandor impuro* [*MA se refiere al renacimiento en los que no han dominado ni purificado el jhāna respecto a estados obstructivos*]. Aquí alguien permanece resuelto y permeando con "resplandor puro"; al disolverse el cuerpo, después de la muerte, reaparece en compañía de los *devas de resplandor puro* [*MA se refiere al renacimiento basado en el jhāna que ha sido dominado y purificado*]. Estos son los cuatro tipos de reaparición [en un futuro estado de] ser.[4]

10. Hay una ocasión, jefe de familia, cuando esos *devas* se reúnen en un solo lugar. Cuando se han reunido en un solo lugar, se puede discernir una diferencia en su color, pero ninguna diferencia en su resplandor. Es como, si un hombre llevara varias lámparas de aceite a una casa, podría percibirse una diferencia en las llamas de las lámparas, pero ninguna diferencia en su resplandor; así también, hay una ocasión en que esos *devas* se reúnen en un lugar... pero no hay diferencia en su resplandor.

11. Hay una ocasión, jefe de familia, cuando esos *devas* se dispersan de allí. Cuando se han dispersado, se puede discernir una diferencia en su color y también una diferencia en su resplandor. Así como, si el hombre quitara esas varias lámparas de aceite de esa casa, se podría discernir una diferencia en las llamas de las lámparas y también una diferencia en su resplandor; así también, hay una ocasión en que esos *devas* se dispersan de allí... y se percibe también una diferencia en su resplandor.

12. No se les ocurre a esos *devas*: "Esta [vida] nuestra es permanente, inacabable y eterna", sin embargo, dondequiera que esos *devas* se establecen, allí encuentran deleite. Así como, cuando se transportan moscas (*makkhikā*) en una vara o en una canasta, no se les ocurre: "esta [vida] nuestra es permanente, inacabable y eterna", sin embargo, dondequiera que esas moscas se posan, allí encuentran placer; así también, no se les ocurre a esos *devas*... sin embargo, dondequiera que se establecen, allí encuentran deleite.

13. Cuando se dijo esto, el venerable Abhiya Kaccāna dijo al venerable Anuruddha: —Bueno, venerable Anuruddha, pero tengo algo más que preguntar: ¿son todos esos seres radiantes *devas de resplandor limitado* o son algunos de ellos *devas de resplandor inmensurable*?

—A causa del factor [responsable del renacimiento], amigo Kaccāna, algunos son *devas de resplandor limitado* y algunos son *devas de resplandor inmensurable*.

14. —Venerable Anuruddha, ¿cuál es la causa y la razón por la que entre esos *devas* que han reaparecido en una sola orden de

devas, algunos son *devas de resplandor limitado* y algunos *devas de resplandor inmensurable*?

—En cuanto a eso, amigo Kaccāna, te haré una pregunta a cambio. Responde como elijas. ¿Qué opinas, amigo Kaccāna? Cuando un bhikkhu permanece decidido sobre un área del tamaño de la raíz de un árbol, permeándola en forma exaltada, y otro bhikkhu permanece resuelto sobre el área del tamaño de las raíces de dos o tres árboles, permeándola en forma exaltada, ¿cuál de estos tipos del desarrollo mental es más exaltado? —El segundo, venerable señor.

—¿Qué piensas, amigo Kaccāna? Cuando un bhikkhu permanece resuelto en un área, del tamaño de las raíces de dos o tres árboles, permeándola en forma exaltada, y otro bhikkhu permanece resuelto en un área del tamaño de un pueblo, permeándola en forma exaltada... un área del tamaño de un pueblo y un área del tamaño de dos o tres pueblos... un área del tamaño de dos o tres pueblos y un área del tamaño de un reino principal... un área del tamaño de un reino principal y un área del tamaño de dos o tres reinos principales... un área del tamaño de dos o tres reinos principales y un área del tamaño de la tierra delimitada por el océano, permeándola en forma exaltada, ¿cuál de estos dos tipos de desarrollo mental es más exaltado? —El segundo, venerable señor.

—Esta es la causa y la razón, amigo Kaccāna, por la que entre esos *devas* que han reaparecido en una sola orden de *devas*, algunos son *devas de resplandor limitado* y algunos son *devas de resplandor inmensurable*.

15. —Bien, venerable Anuruddha, aún tengo algo más que preguntar: ¿son todos esos seres radiantes *devas de resplandor impuro*, o algunos de ellos son *devas de resplandor puro*?

—A causa del factor [responsable del renacimiento], amigo Kaccāna, algunos son *devas de resplandor impuro* y algunos son *devas de resplandor puro*.

16. —Venerable Anuruddha, ¿cuál es la causa y la razón por la cual entre esos *devas* que han reaparecido en una sola orden de *devas*, algunos son *devas de resplandor impuro* y algunos son *devas de resplandor puro*?

—En cuanto a eso, amigo Kaccāna, daré un símil, porque algunos sabios aquí entienden el significado de una declaración por medio de un símil. Supongamos que una lámpara de aceite está ardiendo con aceite y mecha impuros; debido a la impureza de su aceite y de su mecha, arde débilmente. Así también, cuando un bhikkhu permanece resuelto y permeando [un área con] un resplandor impuro, su inercia corporal no ha disminuido por completo, su pereza y letargo no se han eliminado por completo, su inquietud y remordimiento no se han eliminado por completo; por eso medita, por así decirlo, opacamente.[5] Al disolverse el cuerpo, después de la muerte, reaparece en compañía de los *devas de resplandor impuro*.

Supongamos que una lámpara de aceite arde con aceite puro y una mecha pura; debido a la pureza de su aceite y de su mecha no arde débilmente. Así también, cuando un bhikkhu permanece resuelto y permeando [un área con] un resplandor puro, su inercia corporal ha disminuido por completo, su pereza y letargo han sido completamente eliminados, su inquietud y remordimiento han sido completamente eliminados; por eso medita, por así decirlo, brillantemente. Al disolverse el cuerpo, después de la muerte, reaparece en compañía de los *devas de resplandor puro*.

Esta es la causa y la razón, amigo Kaccāna, por la que entre esas *devas* que han reaparecido en el mismo orden de *devas*, algunos son *devas de resplandor impuro* y algunos son *devas de resplandor puro*.

17. Cuando esto fue dicho, el venerable Abhiya Kaccāna dijo al venerable Anuruddha: —Bien, venerable Anuruddha. El venerable Anuruddha no dice: "Así he oído" o "debería ser así"'. Más bien, el venerable Anuruddha dice: "Estos *devas* son así y esos *devas* son tales". Se me ocurre, venerable señor, que el venerable Anuruddha, con certeza, anteriormente se ha asociado con esas *devas* y ha hablado con ellas y ha mantenido conversaciones con ellos.

—Ciertamente, amigo Kaccāna, tus palabras son ofensivas y descorteses [*por ser expresadas directamente acerca de logros personales*], pero aun así te responderé. Anteriormente, me he asociado con esas *devas* durante mucho tiempo, y hablé con ellos y mantuve conversaciones con ellos.[6]

18. Dicho esto, el venerable Abhiya Kaccāna dijo al carpintero Pañcakanga: —Es una ganancia para ti, jefe de familia, es una gran ganancia para ti que hayas abandonado tu estado de duda y hayas tenido la oportunidad de escuchar este discurso sobre el Dhamma.

NOTAS M.127

1. BB: *Appamāṇā cetovimutti, mahaggatā cetovimutti.* En M. 43.31, como aquí, la inmensurable liberación de la mente se explica como los cuatro *brahmavihāras.* Dado que la fórmula para cada *brahmavihāra* incluye la palabra "exaltado", aparentemente Pañcakanga fue engañado al suponer que las dos liberaciones tenían el mismo significado.
2. MA: Cubre un área del tamaño de la raíz de un árbol con su signo de *kasiṇa,* y permanece resuelto en ese signo de *kasiṇa,* permeándolo con el *jhāna* exaltado. El mismo método de explicación se aplica a los siguientes casos.
3. MA: Esta enseñanza se emprende para mostrar los tipos de renacimiento que resultan del logro de la liberación exaltada.
4. MA explica que no hay reinos de *devas* separados llamados *de resplandor impuro* y aquellos *de resplandor puro.* Ambas son subdivisiones dentro de los dos reinos: los *devas de resplandor limitado* y los *devas de resplandor inmensurable.* El renacimiento entre los *devas de resplandor limitado* está determinado por el logro del (segundo) *jhāna* con un signo de *kasiṇa* limitado, el renacimiento entre los *devas de resplandor inmensurable* por el logro de este *jhāna* con un signo de *kasiṇa* extendido. El renacimiento con resplandor impuro es para aquellos que no han dominado el *jhāna* y no lo han purificado de estados obstructivos; el renacimiento con resplandor puro es para aquellos que han adquirido esta maestría y purificación.
5. BB: Aquí hay un juego de palabras. En pāli, el verbo *jhāyati* significa quemar y meditar, aunque los dos significados se derivan de diferentes verbos sánscritos: *kshāyati* es quemar, *dhyāyati* meditar.
6. BB: Las palabras de Abhiya, al parecer, son descorteses porque indagan de manera muy directa en la experiencia personal del venerable Anuruddha. MA dice que mientras cumplía las perfecciones (*pāramī*) en vidas pasadas, Anuruddha salió a la vida sin hogar como un recluso, alcanzó los logros meditativos y pasó trescientas existencias sin interrupción en el mundo de Brahmā. De ahí su respuesta.

128. *Upakkilesa Sutta* Imperfecciones

1. Esto he escuchado. En una ocasión, el Bienaventurado estaba residiendo en Kosambī en el parque de Ghosita.

2. Ahora bien, en esa ocasión los bhikkhus en Kosambī se habían enfrascado en conflictos y discusiones, envueltos en disputas y atacándose mutuamente de tal forma que pareciera que se apuñalaban unos a otros con dagas de palabras.[1]

3. Entonces, cierto bhikkhu fue a donde se encontraba el Bienaventurado, y después de rendirle homenaje, se paró a un lado y dijo: —Venerable señor, los bhikkhus aquí en Kosambī han comenzado a discutir y pelear y están sumidos en disputas, apuñalándose unos a otros con dagas de palabras. Sería bueno, venerable señor, si el Bienaventurado acudiera a esos bhikkhus por compasión. El Bienaventurado consintió en silencio.

4. Entonces el Bienaventurado fue a donde estaban esos bhikkhus y les dijo: —Basta, bhikkhus, que no haya peleas, reyertas, altercados o disputas. Cuando se dijo esto, cierto bhikkhu le dijo al Bienaventurado: —¡Espere, venerable señor! Que el Bienaventurado, el Señor del Dhamma, viva tranquilo, dedicado a una morada placentera aquí y ahora. Nosotros somos los que seremos responsables de esta pelea, reyerta, altercado y disputa.

Por segunda vez... Por tercera vez, el Bienaventurado dijo: —Basta, bhikkhus, que no haya peleas, reyertas, altercados o disputas. Por tercera vez ese bhikkhu le dijo al Bienaventurado: —¡Espere, venerable señor!... Nosotros somos los que seremos responsables de esta pelea, reyerta, altercado y disputa.

5. Entonces, cuando llegó la mañana, el Bienaventurado se vistió, y tomando su cuenco y su túnica exterior, entró en Kosambī por ofrendas de alimento. Cuando hubo deambulado por alimento en Kosambī y posteriormente regresado de su ronda, después de comer, ordenó su lugar de descanso, tomó su cuenco y su túnica exterior, y estando de pie pronunció estas estrofas:

6. "Cuando muchas voces gritan a la vez,
nadie se considera un tonto;
aunque el Saṅgha se está dividiendo
nadie se cree culpable.

Se han olvidado del discurso reflexivo,
hablan obsesionados solo con las palabras,
desenfrenadas sus bocas, gritan a voluntad;
nadie sabe qué los lleva a actuar así.

'Él abusó de mí, me golpeó,[2]
me venció, me robó'.
En aquellos que albergan pensamientos como estos
el odio nunca será disipado.

'Él abusó de mí, me golpeó,
me venció, me robó'.
En aquellos que no albergan pensamientos como estos
el odio se disipará fácilmente.

Porque en este mundo el odio nunca es
aliviado por más actos de odio.
Se alivia con el no odio:
esa es la ley fija y atemporal.

Esos otros no reconocen
que aquí debemos contenernos.
Pero aquellos sabios que se den cuenta de esto
ponen fin de una vez a toda su enemistad.

Rompe-huesos y asesinos,
los que roban ganado, caballos, riquezas,
aquellos que saquean todo el reino,
cuando incluso estos pueden actuar juntos,
¿por qué no pueden hacerlo ustedes también?

Si uno puede encontrar un amigo digno,
un compañero virtuoso y firme,
entonces supera todas las amenazas de peligro,
y camina con él contento y atento.

Pero si uno no encuentra un amigo digno,
ningún compañero virtuoso y firme,
entonces, como un rey que deja su reino conquistado,
camina como un elefante solo por el bosque.

Mejor es andar solo,
no en compañía con los necios.
Camina solo y no hagas el mal,
a gusto como un elefante en el bosque".

7. Luego, habiendo pronunciado estas estrofas mientras estaba de pie, el Bienaventurado fue al pueblo de Bālakaloṇakāra. En esa ocasión el venerable Bhagu vivía en el pueblo de Bālakaloṇakāra. Cuando el venerable Bhagu vio al Bienaventurado venir a lo lejos, preparó un asiento y puso agua para lavar los pies. El Bienaventurado se sentó en el asiento preparado y se lavó los pies. El venerable Bhagu rindió homenaje al Bienaventurado y se sentó a un lado, y el Bienaventurado le dijo: —Espero que te encuentres bien, bhikkhu, espero que estés cómodo, espero que no tengas ningún problema para obtener alimento de ofrendas.

—Me mantengo bien, Bienaventurado, estoy cómodo y no tengo ningún problema para conseguir alimento de ofrendas.

Entonces el Bienaventurado instruyó, instó, despertó y alegró al venerable Bhagu con una plática sobre el Dhamma, después de lo cual se levantó de su asiento y se dirigió al Bosquecillo de Bambú del este.

8. Ahora en esa ocasión el venerable Anuruddha, el venerable Nandiya y el venerable Kimbila vivían en el Bosquecillo de Bambú del Este.[3] El guardián del parque vio al Bienaventurado aproximándose a la distancia y le dijo: —No entre en este parque, *samaṇa*. Aquí hay tres miembros del clan que buscan su propio bien. No los moleste.

9. El venerable Anuruddha escuchó al guardián del parque hablar con el Bienaventurado y le dijo: —Amigo guardián del parque, no dejes fuera al Bienaventurado. Es nuestro Maestro, el Bienaventurado, quien ha venido. Entonces el venerable Anuruddha fue a donde se encontraba el venerable Nandiya y el venerable Kimbila y dijo: —¡Salgan, venerables señores, salgan! Nuestro Maestro, el Bienaventurado, ha venido.

10. Entonces los tres fueron al encuentro del Bienaventurado. Uno tomó su cuenco y su túnica exterior, otro preparó un asiento y otro puso agua para lavar los pies. El Bienaventurado se sentó en el asiento preparado y se lavó los pies. Entonces esos tres venerables rindieron homenaje al Bienaventurado y se sentaron a un lado, y el Bienaventurado les dijo: —Espero que todos estén bien, Anuruddha, espero que estén cómodos, espero que no tengan ningún problema para conseguir alimento de ofrendas.

—Estamos bien, Bienaventurado, estamos cómodos y no tenemos ningún problema para obtener alimento de ofrendas.

11. —Espero, Anuruddha, que todos ustedes estén viviendo en concordia, con aprecio mutuo, sin disputas, mezclándose como leche y agua, mirándose unos a otros con ojos bondadosos.

—Ciertamente, venerable señor, estamos viviendo en concordia, con aprecio mutuo, sin disputas, mezclándonos como la leche y el agua, y mirándonos con ojos bondadosos.

—Pero, Anuruddha, ¿cómo viven así?

12. —Venerable señor, en cuanto a eso, pienso así: "Es una ganancia para mí, es una gran ganancia para mí que estoy viviendo con tales compañeros en la vida santa. Mantengo actos corporales de benevolencia amorosa hacia estos venerables, tanto abierta como privadamente; mantengo actos verbales de benevolencia amorosa hacia ellos tanto abierta como privadamente; mantengo actos mentales de benevolencia amorosa hacia ellos, tanto abierta como privadamente. Pienso: '¿Por qué no debería dejar de lado lo que deseo hacer y hacer lo que estos venerables desean hacer?' Entonces dejo de lado lo que deseo hacer y hago lo que estos venerables desean hacer. Somos diferentes en cuerpo, venerable señor, pero uno en mente".

El venerable Nandiya y el venerable Kimbila hablaron cada uno del mismo modo, y agregaron: —Así es como, venerable señor, estamos viviendo en concordia, con mutuo aprecio, sin disputas, mezclándonos como leche y agua, mirándonos con ojos de benevolencia.

13. —Bien, bien, Anuruddha. Espero que todos se mantengan diligentes, enérgicos y resueltos.

—Ciertamente, venerable señor, permanecemos diligentes, enérgicos y resueltos.

—Pero, Anuruddha, ¿cómo permanecen así?

14. —Venerable señor, en cuanto a eso, el primero de nosotros que vuelve del pueblo con el alimento de ofrendas, prepara los asientos, pone el agua para beber y para lavar, y pone el balde de basura en su lugar. El que regrese último de nosotros come cualquier alimento que haya sobrado, si lo desea; de lo contrario, lo tira donde no hay vegetación o lo arroja en el agua donde no hay vida. Guarda los asientos y el agua para beber y lavar. Guarda el balde de basura después de lavarlo y barre el refectorio. Quien nota que las vasijas de agua para beber, lavar o la letrina están bajas de nivel o vacías, las rellena. Si son demasiado pesadas para él, llama a otro con una señal de la mano y lo mueven juntos, pero para eso no empezamos a hablar. Cada cinco días nos sentamos juntos toda la noche a discutir el Dhamma. Así permanecemos diligentes, enérgicos y resueltos.

15. —Bien, bien, Anuruddha. Pero mientras permanecen tan diligentes, enérgicos y resueltos, ¿han alcanzado algún estado sobrehumano, una distinción en conocimiento y visión digna de los nobles, una morada placentera?

—Venerable señor, mientras permanecemos aquí diligentes, enérgicos y resueltos, percibimos tanto la luz (*obhāsa*) como la visión de las formas (*dassanaṁ rūpānaṁ*).[4] Poco después la luz y la visión de las formas desaparecen, pero no hemos descubierto la causa de eso.

16. —Deberías descubrir la causa de eso,[5] Anuruddha. Antes de mi iluminación, cuando todavía era solo un *bodhisatta* no iluminado, yo también percibí tanto la luz como la visión de las formas. Poco después la luz y la visión de las formas desaparecieron. Pensé: "¿Cuál es la causa y condición por la cual la luz y la visión de las formas han desaparecido? Entonces consideré así: 'La duda surgió en mí, y debido a la duda mi concentración se desvaneció; cuando mi concentración decayó, la luz y la visión de las formas desaparecieron'. Actuaré de tal manera que la duda no vuelva a surgir en mí".

17. Anuruddha, mientras permanecía diligente, enérgico y resuelto, percibí tanto la luz como una visión de las formas. Poco después desaparecieron la luz y la visión de las formas. Pensé: "¿Cuál es la causa y la condición por la que la luz y la visión de las formas han desaparecido? Entonces consideré así: 'La falta de atención surgió en mí, y debido a la falta de atención mi concentración se desvaneció; cuando mi concentración decayó, la luz y la visión de las formas desaparecieron'. Actuaré de modo que ni la duda ni la falta de atención vuelvan a surgir en mí".

18. Anuruddha, mientras yo permanecía diligente... Consideré así: "La pereza y el letargo surgieron en mí, y debido a la pereza y el letargo mi concentración se desvaneció; cuando mi concentración decayó, la luz y la visión de las formas desaparecieron. Actuaré de modo que ni la duda, ni la falta de atención, ni la pereza, ni el letargo vuelvan a surgir en mí".

19. Anuruddha, mientras yo permanecía diligente... Consideré así: "El miedo surgió en mí, y debido al miedo mi concentración se desvaneció; cuando mi concentración decayó, la luz y la visión de las formas desaparecieron. Supongamos que un hombre emprende un viaje y unos asesinos saltan a ambos lados de él; entonces el temor surgiría en él a causa de eso. Así también surgió en mí el miedo... la luz y la visión de las formas desaparecieron. [Consideré así:] 'Actuaré de tal manera que ni la duda, ni la falta de atención, ni la pereza ni el letargo, ni el miedo vuelvan a surgir en mí'".

20. Anuruddha, mientras yo permanecía diligente... Consideré así: "La euforia surgió en mí, y debido a la euforia mi concentración se desvaneció; cuando mi concentración se desvaneció, la luz y la visión de las formas desaparecieron. Supongamos que un hombre que busca una entrada a un tesoro escondido se encuentra de repente con cinco entradas a un tesoro escondido;[6] entonces la euforia surgiría en él debido a eso. Así también surgió en mí la euforia... la luz y la

visión de las formas desaparecieron. [Consideré así:] 'Actuaré de tal manera que ni la duda, ni la falta de atención... ni el miedo ni la euforia vuelvan a surgir en mí'".

21. Anuruddha, mientras permanecía diligente... Consideré así: "La inercia surgió en mí, y debido a la inercia mi concentración se desvaneció; cuando mi concentración decayó, la luz y la visión de las formas desaparecieron. Actuaré de tal manera que ni la duda, ni la falta de atención... ni la euforia, ni la inercia vuelvan a surgir en mí".

22. Anuruddha, mientras permanecía diligente... Consideré así: "Surgió en mí un exceso de energía, y debido al exceso de energía mi concentración se desvaneció; cuando mi concentración decayó, la luz y la visión de las formas desaparecieron. Supongamos que un hombre agarrara una codorniz con fuerza, apretándola con ambas manos; ésta moriría en ese mismo momento. Así también surgió en mí un exceso de energía... la luz y la visión de las formas desaparecieron. [Consideré así:] 'Actuaré de tal manera que ni la duda, ni la falta de atención... ni la inercia, ni el exceso de energía vuelvan a surgir en mí'".

23. Anuruddha, mientras permanecía diligente... Consideré así: "La deficiencia de energía surgió en mí, y debido a la deficiencia de energía mi concentración se desvaneció; cuando mi concentración decayó, la luz y la visión de las formas desaparecieron. Supongamos que un hombre agarrara una codorniz suavemente, sin apretarla; ésta se le escaparía de las manos. Así también surgió en mí una deficiencia de energía... la luz y la visión de las formas desaparecieron. [Consideré así:] 'Actuaré de tal manera que ni la duda, ni la falta de atención... ni el exceso de energía, ni la deficiencia de energía vuelvan a surgir en mí'".

24. Anuruddha, mientras permanecía diligente... Consideré así: "El anhelo surgió en mí, y debido a ese anhelo mi concentración se desvaneció; cuando mi concentración decayó, la luz y la visión de las formas desaparecieron. Actuaré de tal manera que ni la duda, ni la falta de atención... ni la deficiencia de energía, ni el anhelo vuelvan a surgir en mí".

25. Anuruddha, mientras permanecía diligente... Consideré así: "La percepción de la diversidad surgió en mí,[7] y debido a la percepción de la diversidad mi concentración se desvaneció; cuando mi concentración decayó, la luz y la visión de las formas desaparecieron. Actuaré de tal manera que ni la duda, ni la falta de atención... ni el anhelo, ni la percepción de la diversidad vuelvan a surgir en mí".

26. Anuruddha, mientras permanecía diligente... Consideré así: "La meditación excesiva sobre las formas surgió en mí (*atinijjhāyitattaṁ rūpānaṁ*),[8] y debido a la meditación excesiva sobre las formas, mi

concentración se desvaneció; cuando mi concentración se desvaneció, la luz y la visión de las formas desaparecieron. Actuaré de modo que ni la duda, ni la falta de atención... ni la percepción de la diversidad, ni la meditación excesiva sobre las formas vuelvan a surgir en mí".

27. Cuando, Anuruddha, comprendí que la duda es una imperfección de la mente (*cittassa upakkilesa*),[9] abandoné la duda, una imperfección de la mente. Cuando comprendí que la falta de atención... la pereza y el letargo... el miedo... la euforia... la inercia... el exceso de energía... la deficiencia de energía... el anhelo... la percepción de la diversidad... la meditación excesiva sobre las formas son imperfecciones de la mente, abandoné la meditación excesiva sobre las formas, la cual es una imperfección de la mente".

28. Anuruddha, mientras permanecí diligente, enérgico y resuelto, percibí la luz, pero no vi las formas; vi formas, pero no percibí la luz, incluso durante toda una noche, o todo un día, o todo un día y una noche. Pensé: "¿Cuál es la causa y la condición de esto?" Entonces consideré así: 'En la ocasión en que no presto atención al signo de las formas, sino al signo de la luz, entonces percibo la luz, pero no veo las formas. En la ocasión en que no presto atención al signo de la luz, sino que presto atención al signo de las formas, entonces veo formas, pero no percibo la luz, incluso durante toda una noche, o todo un día, o todo un día y toda una noche'".

29. Anuruddha, mientras permanecía diligente, enérgico y resuelto, percibí luz limitada y vi formas limitadas; percibí una luz inmensurable y vi formas inmensurables, incluso durante toda una noche, o todo un día, o todo un día y toda una noche. Pensé: "¿Cuál es la causa y la condición de esto?" Entonces consideré así: "En la ocasión en que la concentración es limitada, mi visión es limitada, y con visión limitada percibo luz y formas limitadas. Pero en la ocasión en que la concentración es inmensurable, mi visión es inmensurable, y con una visión inmensurable percibo una luz inmensurable y veo formas inmensurables, incluso durante toda una noche, o todo un día, o todo un día y toda una noche".

30. Cuando, Anuruddha, comprendí que la duda es una imperfección de la mente y abandoné la duda; cuando entendí que la falta de atención es una imperfección de la mente y abandoné la falta de atención... abandoné la pereza y el letargo... abandoné el miedo... abandoné la euforia... abandoné la inercia... abandoné el exceso de energía... abandoné la deficiencia de energía... abandoné el anhelo... abandoné la percepción de diversidad... abandoné la meditación excesiva sobre las formas, la cual es una imperfección de la mente; entonces pensé: "He abandonado esas imperfecciones de la mente. Permítaseme ahora desarrollar la concentración de tres maneras".[10]

31. Entonces, Anuruddha, desarrollé concentración con aplicación inicial y aplicación sostenida de la mente; desarrollé concentración sin aplicación inicial pero con aplicación sostenida de la mente solamente [el segundo de cinco *jhānas*, —de acuerdo con la clasificación del Abhidhamma (NT)]; desarrollé concentración sin aplicación inicial ni aplicación sostenida de la mente; desarrollé concentración con gozo; desarrollé concentración sin gozo; desarrollé concentración acompañada de disfrute (*sāta*); desarrollé concentración acompañada de ecuanimidad [el cuarto *jhāna*]".[11]

32. Cuando, Anuruddha, desarrollé concentración con aplicación inicial y aplicación sostenida de la mente... cuando desarrollé concentración acompañada de ecuanimidad, el conocimiento y visión surgieron en mí: "Mi liberación es inquebrantable; este es mi último nacimiento; ahora ya no hay más renovación del ser".[12]

Eso es lo que dijo el Bienaventurado. El venerable Anuruddha quedó satisfecho y deleitado con las palabras del Bienaventurado.

NOTAS M.128

1. BB: El inicio de este *sutta* es el mismo que el de M.48.
2. BB: Este versículo y los tres siguientes también se encuentran en Dhp 3–6. Los últimos tres versículos se encuentran en Dhp 328–30.
3. BB: El pasaje de los párrafos §§8–15 es casi idéntico a M.31, §§3–10. Sin embargo, a partir de la secuela, queda claro que el presente *sutta* se sitúa en un momento anterior, ya que en M. 31 los tres bhikkhus alcanzaron el estado de *arahant*, mientras que aquí todavía se esfuerzan por alcanzar la meta.
4. BB: Es aquí donde el presente *sutta* continúa de manera diferente a M.31. MA explica la luz (*obhāsa*) como la luz preliminar, que MṬ glosa como la luz producida por el acceso a *jhāna*. MṬ añade que aquel que obtiene el cuarto *jhāna* desarrolla el *kasiṇa* de luz como paso previo para despertar el ojo divino. La "visión de formas" (*dassanaṁ rūpānaṁ*) es ver formas con el ojo divino. Más tarde, el Buda declaró que el Ven. Anuruddha era el discípulo más destacado en el ejercicio del ojo divino.
5. BB: *Nimittaṁ paṭivijjhitabbaṁ*. Literalmente, "Deberías penetrar esa señal".
6. BB: Ver: M. 52.15.
7. MA parafrasea: —Mientras atendía un solo tipo de forma, surgió el anhelo. Pensando "atenderé a diferentes tipos de formas", a veces dirigía mi atención hacia el mundo celestial, a veces hacia el mundo humano. Al atender a diferentes tipos de formas, surgió en mí la percepción de diversidad.
8. *Atinijjhāyitattaṁ rūpānaṁ*. MA: "Cuando surgió la percepción de diversidad pensé en atender a un tipo de forma, ya fuera agradable o desagradable. Mientras lo hacía, surgió en mí una excesiva meditación sobre las formas".
9. BB: *Cittassa upakkileso*. El mismo término se utiliza en M. 7.3, aunque aquí significa imperfecciones en el desarrollo de la concentración. De ahí que la expresión se haya traducido de forma ligeramente diferente en los dos casos.
10. BB: Las "tres vías" parecen ser los primeros tres tipos de concentración mencionados en el párrafo siguiente, también mencionados como una tríada en DN 33.1.10 / iii.219. De estos, el primero es el primer *jhāna* y el tercero cubre los tres *jhānas* superiores del esquema cuádruple habitual. El segundo tipo de concentración no tiene lugar en el esquema cuádruple, sino que aparece como el segundo *jhāna* en una división quíntuple de los *jhānas*

expuesta en el Abhidhamma Piṭaka. Este segundo *jhāna* del esquema quíntuple lo alcanzan aquellos que no pueden superar la aplicación inicial y la aplicación sostenida de la mente [en el objeto de meditación] simultáneamente, sino que deben eliminarlos sucesivamente.

11. MA: La concentración con gozo son los dos *jhānas* inferiores; sin gozo, los dos *jhānas* superiores; acompañado de disfrute (*sāta*), los tres *jhānas* inferiores; acompañado de ecuanimidad, el cuarto *jhāna*. PTS omite *sātasahagato pi samādhi bhāvito ahosi*, que se encuentra en las otras ediciones.
12. MA dice que el Buda desarrolló estas concentraciones en la última vigilia de la noche de su iluminación mientras estaba sentado al pie del árbol Bodhi.

129. *Bālapaṇḍita Sutta*
Necios y sabios

1. Esto he escuchado. En una ocasión, el Bienaventurado residía en Sāvatthī, en el Bosquecillo de Jeta, el parque de Anāthapiṇḍika. Allí se dirigió a los bhikkhus así: —Bhikkhus. —Venerable señor, respondieron. El Bienaventurado dijo esto:

(EL NECIO)

2. —Bhikkhus, existen estas tres características de un necio (*bālassa*),[1] signos de un necio, atributos de un necio. ¿Cuáles tres? Aquí, un necio es el que piensa cosas malas, habla palabras malas y hace malas acciones. Si un necio no fuera así, ¿entonces de qué manera podrían los sabios determinar que cierta persona es necia, que es una persona falsa? Pero, debido a que un necio es aquel que tiene malos pensamientos, habla malas palabras y hace malas acciones, los sabios lo conocen así: "Esta persona es una necia, una persona falsa".

3. Un necio siente dolor y pena aquí y ahora de tres maneras. Si un necio está sentado en una asamblea, o a lo largo de una calle, o en una plaza, y la gente allí está discutiendo ciertos asuntos apropiados y adecuados, entonces, si el necio es el que mata a los seres vivos, toma lo que no se le da, se comporta incorrectamente en lo que concierne a los placeres sensoriales, habla mentiras y se entrega al vino, al licor y a los intoxicantes, que son la base de la negligencia, [entonces] piensa: "Esta gente está discutiendo ciertos asuntos apropiados y adecuados; estas cosas [reprobables] se encuentran en mí, y se me ve participando en esas cosas". Este es el primer tipo de dolor y congoja que una persona necia siente aquí y ahora.

4. Además, cuando un ladrón es apresado, un necio ve que reyes le infligen muchos tipos de tortura:[2] azotándolo con látigos, azotándolo con varas, azotándolo con garrotes; cortándole las manos, cortándole los pies, cortándole las manos y los pies; cortándole las orejas, cortándole la nariz, cortándole las orejas y la nariz; sometiéndolo a la "olla de papilla", al "afeitado de concha pulida", a la "boca de Rāhu", a

la "corona de fuego", a la "mano llameante", a las "briznas de hierba", al "vestido de corteza", al "antílope", a los "ganchos de carne", a las "monedas", al "decapado con lejía", al "perno pivotante", a la "estera enrollada"; y haciéndolo rociar con aceite hirviendo, y arrojándolo para ser devorado por perros, y haciéndolo empalar vivo en estacas, y decapitándolo con una espada. Entonces el necio piensa así: "A causa de tales malas acciones, cuando un ladrón es atrapado, los reyes hacen que le inflijan muchas clases de torturas: lo hacen azotar con látigos... y lo decapitan con una espada. Esas cosas se encuentran en mí, y se me ve participando en ellas". Este es el segundo tipo de dolor y pena que una persona necia siente aquí y ahora.

5. Además, cuando un necio está en su silla, o en su cama, o descansando en el suelo, entonces las malas acciones que hizo en el pasado —su mala conducta corporal, verbal y mental— lo cubren, se extienden sobre él y lo envuelven. Así como la sombra del gran pico de una montaña al anochecer cubre, se extiende y envuelve la tierra, así también, cuando un necio está en su silla o en su cama o descansando en el suelo, entonces las malas acciones que hizo en el pasado, su mala conducta corporal, verbal y mental, lo cubren, se extienden sobre él y lo envuelven. Entonces el necio piensa: "No he hecho lo que es sano, no he hecho el bien, no me he hecho un refugio contra la angustia. He hecho lo malsano, he hecho lo cruel, he hecho lo malo. Cuando muera, iré al destino de los que no han hecho el bien... de los que han hecho el mal". Se aflige, se acongoja y se lamenta, llora golpeándose el pecho y se angustia. Este es el tercer tipo de dolor y pena que una persona necia siente aquí y ahora.

6. Un necio que se ha entregado a la mala conducta de cuerpo, palabra y mente, al disolverse el cuerpo, después de la muerte, reaparece en un estado de privación, en un destino infeliz, incluso en el infierno.

(EL INFIERNO)

7. Si fuera correcto decir de algo: —Eso es completamente indeseable, completamente detestable, completamente desagradable, es del infierno—, entonces con toda razón se puede decir esto, a tal grado que es difícil encontrar un símil para el sufrimiento en el infierno.

Cuando se dijo esto, un bhikkhu preguntó al Bienaventurado: —Pero, venerable señor, ¿se puede dar un símil?

8. —Se puede, bhikkhu —dijo el Bienaventurado.[3]

Bhikkhus, supongamos que los hombres atrapan a un ladrón culpable y lo presentan al rey, diciendo: —Señor, aquí hay un ladrón culpable. Ordene qué castigo quiere para él. Entonces el rey diría: —Ve y hiere a este hombre en la mañana con cien lanzas.

Entonces al mediodía el rey preguntaría: —¿Cómo está ese hombre?

—Señor, aún vive.

Entonces el rey diría: —Ve y hiere a ese hombre al mediodía con cien lanzas. Y lo hieren al mediodía con cien lanzas.

Entonces en la tarde el rey preguntaría: —¿Cómo está ese hombre?

—Señor, él todavía está vivo.

Entonces el rey diría: —Ve y hiere a ese hombre en la tarde con cien lanzas. Y lo hieren en la tarde con cien lanzas.

¿Qué opinan, bhikkhus? ¿Experimentaría ese hombre dolor y pena por haber sido herido con las trescientas lanzas?

—Venerable señor, ese hombre experimentaría dolor y pena por ser herido con una sola lanza, ¡Cuánto más con trescientas!

9. Entonces, tomando una pequeña piedra del tamaño de su mano, el Bienaventurado se dirigió a los bhikkhus así: —¿Qué piensan, bhikkhus? ¿Qué es más grande, esta pequeña piedra que he tomado, del tamaño de mi mano, o el Himalaya, el rey de las montañas?

—Venerable señor, la pequeña piedra que ha tomado el Bienaventurado, del tamaño de su mano, no cuenta al lado del Himalaya, el rey de las montañas; ni siquiera es una fracción, no hay comparación.

—Así también, bhikkhus, el dolor y la aflicción que el hombre experimentaría por haber sido herido con las trescientas lanzas no cuenta junto con el sufrimiento del infierno; ni siquiera es una fracción, no hay comparación.

10. Ahora los guardianes del infierno lo torturan con el empalamiento quíntuple. Le clavan una estaca de hierro al rojo vivo en una mano, le clavan una estaca de hierro al rojo vivo en la otra mano, le clavan una estaca de hierro al rojo vivo en un pie, le clavan una estaca de hierro al rojo vivo en el otro pie, y le clavan una estaca de hierro al rojo vivo a través del vientre. Allí siente sensaciones dolorosas, atormentadoras y penetrantes. Sin embargo, no muere mientras esa mala acción no haya agotado su resultado.

11. A continuación, los guardianes del infierno lo derriban y lo cortan con hachas. Allí siente sensaciones dolorosas, atormentadoras y penetrantes. Sin embargo, no muere mientras esa mala acción no haya agotado su resultado.

12. Luego, los guardianes del infierno lo pondrían con los pies en alto y la cabeza hacia abajo y lo cortarían con azuelas. Allí siente sensaciones dolorosas, atormentadoras y penetrantes. Sin embargo, no muere mientras esa mala acción no haya agotado su resultado.

13. Luego, los guardianes del infierno lo amarrarían a un carro y lo conducirían de un lado a otro por un suelo cubierto de carbones

que estuviera ardiendo, quemando y resplandeciendo. Allí siente sensaciones dolorosas, atormentadoras y penetrantes. Sin embargo, no muere mientras esa mala acción no haya agotado su resultado.

14. Luego, los guardianes del infierno le harían subir y bajar de un gran montículo de brasas que arden, queman y brillan intensamente. Allí siente sensaciones dolorosas, atormentadoras, penetrantes. Sin embargo, no muere mientras esa mala acción no haya agotado su resultado.

15. Luego, los guardianes del infierno lo tomarían con los pies hacia arriba y la cabeza hacia abajo y lo sumergirían en un caldero de metal al rojo vivo que está ardiendo, flameando y resplandeciendo. Lo cocinan allí en un remolino de espuma. Y mientras se cocina allí en un torbellino de espuma es arrastrado, ahora hacia arriba, ahora hacia abajo y ahora hacia los lados. Allí siente sensaciones dolorosas, atormentadoras y penetrantes. Sin embargo, no muere mientras esa mala acción no haya agotado su resultado.

16. A continuación, los guardianes del infierno lo arrojan al Gran Infierno. Ahora en cuanto a ese Gran Infierno, bhikkhus:

"Tiene cuatro esquinas y está construido
con cuatro puertas, una en cada lado,
amurallado con hierro todo alrededor
y encerrado con techo de hierro.
Su suelo también es de hierro,
y se calienta hasta que brilla con fuego.
Su dimensión es de cien leguas completas
que cubre de forma que todo lo impregna".

17. Bhikkhus, podría hablarles de muchas maneras sobre el infierno.[4] Tanto es así, que es difícil terminar de describir el sufrimiento en el infierno.

(EL REINO ANIMAL)

18. Bhikkhus, hay animales que se alimentan de hierba. Comen cortando hierba fresca o seca con los dientes. ¿Y qué animales se alimentan de hierba? Caballos, vacas, burros, cabras y ciervos, y cualquier otro animal similar. Un necio que antes se deleitaba en los sabores y cometía malas acciones aquí, tras la disolución del cuerpo —después de la muerte— reaparece en compañía de los animales que se alimentan de hierba.

19. Hay animales que se alimentan de estiércol. Huelen estiércol a la distancia y corren hacia él pensando: "¡Podemos comer, podemos

comer!" Así como los brahmanes corren hacia el olor de un sacrificio, pensando: "¡Podemos comer aquí, podemos comer aquí!", así también estos animales que se alimentan de estiércol huelen estiércol de lejos y corren hacia él, pensando: "¡Podemos comer aquí, podemos comer aquí!" ¿Y qué animales se alimentan de estiércol? Aves, cerdos, perros y chacales, y cualquier otro animal similar. Un necio que antes se deleitaba en los sabores aquí y cometía malas acciones aquí, tras la disolución del cuerpo —después de la muerte— reaparece en compañía de animales que se alimentan de estiércol.

20. Hay animales que nacen, envejecen y mueren en la oscuridad. ¿Y qué animales nacen, envejecen y mueren en la oscuridad? Polillas, gusanos y lombrices de tierra, y cualquier otro animal similar. Un necio que antes se deleitaba en los sabores aquí y cometió malas acciones aquí, tras la disolución del cuerpo —después de la muerte—, reaparece en compañía de los animales que nacen, envejecen y mueren en la oscuridad.

21. Hay animales que nacen, envejecen y mueren en el agua. ¿Y qué animales nacen, envejecen y mueren en el agua? Peces, tortugas y cocodrilos, y cualquier otro animal similar. Un necio que antes se deleitaba en los sabores aquí y cometía malas acciones aquí, al disolverse el cuerpo, después de la muerte, reaparece en compañía de los animales que nacen, envejecen y mueren en el agua.

22. Hay animales que nacen, envejecen y mueren en la inmundicia. ¿Y qué animales nacen, envejecen y mueren en la inmundicia? Son los animales que nacen, envejecen y mueren en un pez podrido o en un cadáver podrido o en una papilla podrida o en un pozo negro o en una cloaca. Un necio que antes se deleitaba en los sabores aquí y cometía malas acciones aquí, tras la disolución del cuerpo —después de la muerte— reaparece en la compañía de los animales que nacen, envejecen y mueren en la inmundicia.

23. Bhikkhus, podría hablarles de muchas maneras sobre el reino animal, tanto que es difícil terminar de describir el sufrimiento en el reino animal.

24. Supongamos que un hombre arroja al mar un yugo con un solo agujero, y el viento del este lo lleva hacia el oeste, y el viento del oeste lo lleva hacia el este, y el viento del norte lo lleva hacia el sur, y el viento del sur lo lleva al norte. Supongamos que hubiera una tortuga ciega que emergiera del mar una vez al final de cada siglo. ¿Qué opinan, bhikkhus? ¿Metería esa tortuga ciega su cuello en ese yugo que tiene un solo agujero?

—Podría hacerlo, venerable señor, en algún momento u otro al final de un largo período.

—Bhikkhus, la tortuga ciega primero pondría su cuello en ese yugo de solo un agujero, antes de que un necio —habiendo ido a la perdición— pudiera recuperar el estado humano, así lo declaro. ¿Por qué es eso? Porque allí no se practica el Dhamma, no se practica lo que es recto, no se hace lo que es saludable, no se realiza ningún mérito. Allí prevalece el devorarse mutuamente y la matanza de los débiles.

25. Si, en algún momento u otro, al final de un largo período, ese necio regresa al estado humano, renace en una familia de rango inferior, es decir, en una familia de marginados o cazadores, o trabajadores de bambú, o carreteros, o carroñeros; regresa como un indigente, con poco para comer y beber, sobreviviendo con dificultad, donde apenas encuentra comida y ropa; y es feo, repulsivo, y deforme, enfermizo, ciego, lisiado, cojo, o paralítico; no recibe comida, bebida, ropa, vehículos, guirnaldas, perfumes y ungüentos, cama, alojamiento y luz; se comporta incorrectamente en cuerpo, palabra y mente, y habiendo hecho eso, tras la disolución del cuerpo —después de la muerte— reaparece en un estado de privación, en un destino infeliz, en la perdición, incluso en el infierno.

26. Bhikkhus, supongan que un jugador en el primer lanzamiento desafortunado [de los dados] pierde a su hijo y a su esposa y todas sus propiedades y además él mismo cae en esclavitud, sin embargo, un lanzamiento desafortunado como ese es insignificante; es un tiro mucho más desafortunado cuando un necio que se comporta incorrectamente en cuerpo, palabra y mente, tras la disolución del cuerpo —después de la muerte— reaparece en un estado de privación, en un destino infeliz, en la perdición, incluso en el infierno. Esta es la perfección completa del grado del necio.[5]

(EL HOMBRE SABIO)

27. Bhikkhus, existen estas tres características de una persona sabia, signos de una persona sabia, atributos de una persona sabia. ¿Cuáles tres? Aquí una persona sabia es aquella que tiene buenos pensamientos, habla buenas palabras y hace buenas acciones. Si una persona sabia no fuera así, ¿entonces de qué manera podrían los sabios determinar que cierta persona es una persona sabia, una persona verdadera? Pero como una persona sabia es aquella que tiene buenos pensamientos, habla buenas palabras y hace buenas acciones, los sabios la reconocen así: "Esta persona es una persona sabia, una persona verdadera".

28. Una persona sabia siente placer y alegría aquí y ahora de tres maneras. Si una persona sabia está sentada en una asamblea, o a

lo largo de una calle, o en una plaza, y la gente allí está discutiendo sobre ciertas cosas apropiadas y adecuadas, entonces, si la persona sabia es aquella que se abstiene de matar seres vivientes, de tomar lo que no se le da, de la mala conducta en los placeres sensoriales, de palabras falsas, de vino, licor, e intoxicantes, que son la base de la negligencia, piensa: —Estas personas están discutiendo ciertos asuntos apropiados y adecuados; esas cosas [reprobables] no se encuentran en mí, y no se me ve haciéndolas.[6] Este es el primer tipo de placer y alegría que una persona sabia siente aquí y ahora.

29. Además, cuando un ladrón culpable es atrapado, una persona sabia ve que los reyes le infligen muchos tipos de torturas... (Como en §4) ... Entonces la persona sabia piensa así: "Debido a tales malas acciones como esas, cuando un ladrón culpable es atrapado, los reyes le infligen muchos tipos de torturas. Esas cosas no se encuentran en mí, y no se me ve participando en esas cosas". Este es el segundo tipo de placer y alegría que una persona sabia siente aquí y ahora.

30. Además, cuando una persona sabia está en su silla o en su cama o descansando en el suelo, entonces las buenas acciones que hizo en el pasado, su buena conducta corporal, verbal y mental, la cubren, se extienden sobre ella, y la envuelven. Así como la sombra del gran pico de una montaña en la noche cubre, se extiende y envuelve la tierra, así también, cuando una persona sabia está en su silla, o en su cama, o descansando en el suelo, entonces las buenas acciones que hizo en el pasado —su buena conducta corporal, verbal y mental— la cubren, la desbordan y la envuelven.

Entonces la persona sabia piensa: "No he hecho nada malo, no he hecho nada cruel, no he hecho nada malvado. He hecho lo bueno, he hecho lo sano, me he hecho un refugio contra la angustia. Cuando yo muera, iré al destino de aquellos que no han hecho el mal... de aquellos que se han hecho un refugio contra la angustia".

Esa persona no se entristece, no se aflige, no se lamenta, no llora golpeándose el pecho y no se angustia. Este es el tercer tipo de placer y alegría que una persona sabia siente aquí y ahora.

31. Una persona sabia que se ha entregado a la buena conducta de cuerpo, palabra y mente, tras la disolución del cuerpo —después de la muerte— reaparece en un destino feliz, incluso en el cielo.

(EL CIELO)

32. Si fuera correcto decir de algo: "Eso es completamente deseado, completamente anhelado, completamente agradable", es del cielo que, con toda razón, se puede decir que sería difícil terminar de describir la felicidad en el cielo.

Cuando se dijo esto, un bhikkhu preguntó al Bienaventurado: —Pero, venerable señor, ¿se puede dar un símil?

33. —Se puede, bhikkhu, dijo el Bienaventurado. Bhikkhus, supongan que un Monarca que hace girar la Rueda de la Ley[7] poseyera los siete tesoros y los cuatro tipos de éxito, y, debido a eso experimentara placer y alegría.

34. ¿Cuáles son los siete tesoros? Aquí, cuando un rey noble con la cabeza ungida se ha bañado la cabeza en el día quince del Uposatha[7] y ha ascendido a la cámara superior del palacio para el Uposatha, se le aparece el tesoro de la rueda divina con sus mil rayos, su llanta y su buje, completa en todos los aspectos. Al verlo, el rey noble ungido en la cabeza piensa así: "Ahora bien, he oído que cuando un rey noble ungido en la cabeza se ha lavado la cabeza en el día de Uposatha del decimoquinto y ha ascendido a la cámara superior del palacio para el Uposatha, y allí se le aparece el tesoro de la rueda divina con sus mil radios, su llanta y su buje, completa en todos los aspectos, entonces ese rey se convierte en un Monarca que hace girar la Rueda de la Ley. ¿Soy entonces un Monarca que hace girar la Rueda de la Ley?"

35. Entonces el noble rey ungido en la cabeza se levanta de su asiento, y tomando una vasija de agua en su mano izquierda, rocía el tesoro de la rueda con la mano derecha, diciendo: —¡Adelante, buen tesoro de la rueda!; ¡triunfa, buen tesoro de la rueda!

Entonces, el tesoro de la rueda gira hacia adelante rodando en dirección este, y el Monarca que gira la rueda la sigue con su ejército de cuatro integrantes. Ahora bien, en cualquier región donde se detenga la rueda del tesoro, allí, el Monarca que hace girar la Rueda de la Ley, toma su residencia con su ejército de cuatro integrantes. Y los reyes opuestos en la dirección este se acercan al Monarca que hace girar la Rueda de la Ley y hablan así: —Venga, gran rey; bienvenido, gran rey; ordene, gran rey; aconseje, gran rey.

El Monarca que hace girar la Rueda de la Ley habla así: —No deben matar a los seres vivos; no deben tomar lo que no les ha sido dado; no deben comportarse incorrectamente respecto a los placeres sensoriales; no deben hablar falsedad; no deben beber intoxicantes; deben comer lo que están acostumbrados a comer. Y los reyes opuestos en la dirección este se someten al Monarca que hace girar la Rueda de la Ley.

Entonces, el tesoro de la rueda se sumerge en el océano oriental y emerge de nuevo. Y luego gira hacia adelante rodando en dirección sur... Y los reyes opuestos en dirección sur se someten al Monarca que gira la Rueda de la Ley. Luego, el tesoro de la rueda se sumerge en el océano del sur y vuelve a emerger. Y luego gira hacia adelante rodando en dirección oeste... Y los reyes opuestos en dirección oeste se someten al Monarca que hace girar la Rueda de la Ley. Luego, el tesoro de la rueda se sumerge en el océano occidental y vuelve a emerger. Y luego gira hacia adelante rodando en dirección norte... Y los reyes opuestos en dirección norte se someten al Monarca que gira la Rueda de la Ley.

Ahora, cuando el tesoro de la rueda ha triunfado sobre la tierra hasta el borde del océano, regresa a la capital real y permanece como si estuviera fija en su eje en la puerta del palacio interior del Monarca que hace girar la Rueda de la Ley, permanece como un adorno para la puerta de su palacio interior. Tal es el tesoro de la rueda que se le aparece a un Monarca que hace girar la Rueda de la Ley.

36. Nuevamente, el tesoro del elefante se le aparece al Monarca que hace girar la Rueda de la Ley, todo blanco, con una postura séptuple, con poderes sobrenaturales, volando por los aires. Ese es el rey de los elefantes llamado "Uposatha". Al verlo, la mente del Monarca que hace girar la Rueda de la Ley tiene confianza en él así: "¡Sería maravilloso montar el elefante, si se sometiera a la doma!" Entonces, el tesoro del elefante se somete a la doma como un buen elefante de pura sangre bien domado durante un largo tiempo.

Y sucede que el Monarca que hace girar la Rueda de la Ley, al probar el tesoro del elefante, lo monta en la mañana, y después de atravesar toda la tierra hasta la orilla del océano, regresa a la capital real para tomar su alimento de la mañana.

Tal es el tesoro del elefante que se le aparece a un Monarca que hace girar la Rueda de la Ley.

37. Nuevamente, el tesoro del caballo se le aparece al Monarca que hace girar la Rueda de la Ley, todo blanco, con la cabeza negra como un cuervo, con melena como pasto de *muñja*, con poder sobrenatural, volando por los aires: el rey de los caballos llamado "Valāhaka" ['Nube de tormenta'].

Al verlo, la mente del Monarca que hace girar la Rueda de la Ley adquiere confianza en él de esta manera: "¡Sería maravilloso montar el caballo, si se sometiera a la doma!" Entonces, el tesoro del caballo se somete a la doma como un buen caballo de pura sangre, bien domado a lo largo de un largo tiempo.

Y sucede que el Monarca que hace girar la Rueda de la Ley, al probar el tesoro del caballo, lo monta por la mañana, y, después de atravesar toda la tierra hasta el borde del océano, regresa a la capital real para tomar su alimento de la mañana.

Tal es el tesoro del caballo que se le aparece a un Monarca que hace girar la Rueda de la Ley.

38. Nuevamente, el tesoro de la joya se le aparece al Monarca que hace girar la Rueda de la Ley. La joya es de berilo[8] fino, clara

como agua cristalina, de ocho facetas y bien cortada. Ahora bien, el resplandor del tesoro de la joya se extiende por toda una legua.

Y sucede que cuando el Monarca que hace girar la Rueda de la Ley está probando el tesoro de la joya, reúne a su ejército de cuatro integrantes en formación, y montando la joya en lo alto de su estandarte, se pone en camino en la oscuridad y penumbra de la noche. Entonces todos los [habitantes de los] pueblos cercanos comienzan su trabajo bajo su luz, pensando que es de día. Tal es el tesoro de la joya que se le aparece a un Monarca que hace girar la Rueda de la Ley.

39. Nuevamente, el tesoro de la mujer se le aparece al Monarca que hace girar la Rueda de la Ley, hermosa, agradable y graciosa, poseyendo la suprema belleza de tez, ni demasiado alta ni demasiado baja, ni demasiado delgada ni demasiado gruesa, ni demasiado oscura ni demasiado clara, superando la belleza humana, pero sin llegar a la belleza divina. El tacto del tesoro de la mujer es tal que es como un manojo de ceiba o un manojo de algodón. Cuando hace fresco, sus extremidades están calientes; cuando hace calor, sus extremidades son frescas. De su cuerpo sale el olor a sándalo, y de su boca el olor a loto. Ella se levanta antes que el Monarca que hace girar la Rueda de la Ley y se retira después de él. Ella está ansiosa por servirle, de conducta agradable y dulce en el habla. Dado que ella nunca es infiel al Monarca que hace girar la Rueda de la Ley, ni siquiera en pensamiento, ¿cómo podría serlo en acción?

Tal es el tesoro de la mujer que se le aparece a un Monarca que hace girar la Rueda de la Ley.

40. Nuevamente, el tesoro del mayordomo se le aparece al Monarca que hace girar la Rueda de la Ley. El ojo divino, nacido de la acción pasada se manifiesta en él, por lo que ve tesoros escondidos tanto con dueños como sin dueños.

Se acerca al Monarca que hace girar la Rueda de la Ley y le dice: —Señor, quédese tranquilo. Yo me ocuparé de sus asuntos monetarios.

Y sucede que, cuando el Monarca que hace girar la rueda está probando el tesoro del mayordomo, aborda un bote y se adentra en el río Ganges. En medio de la corriente le dice al tesoro del mayordomo: —Necesito oro y lingotes, mayordomo.

—Entonces, señor, deje que el bote se dirija hacia una orilla.

—Mayordomo, en realidad es aquí donde necesito oro y lingotes.

Entonces el tesoro del mayordomo hunde ambas manos en el agua y saca una olla llena de oro y lingotes, y le dice al Monarca que hace girar la Rueda de la Ley: —¿Es esto suficiente, señor? ¿Se ha hecho lo suficiente?

41. Nuevamente, el tesoro del consejero se le aparece al Monarca que hace girar la Rueda de la Ley: sabio, astuto y sagaz, capaz de hacer

que el Monarca que hace girar la Rueda de la Ley promueva lo que es digno de ser promovido, que descarte lo que debería descartarse, y que establezca lo que deba ser establecido.

Se acerca al Monarca que hace girar la Rueda de la Ley y le dice: —Señor, quédese tranquilo. Yo gobernaré.

Tal es el tesoro del consejero que se le aparece a un Monarca que hace girar la Rueda de la Ley.

Estos son los siete tesoros que posee un Monarca que hace girar la Rueda de la Ley.

42. ¿Y cuáles son los cuatro tipos de éxito? Aquí, un Monarca que hace girar la Rueda de la Ley es apuesto, agraciado y elegante, posee la suprema belleza de la tez y supera a otros seres humanos en ese aspecto.

Este es el primer tipo de éxito que posee un Monarca que hace girar la Rueda de la Ley.

43. Una vez más, un Monarca que hace girar la Rueda de la Ley vive y perdura mucho tiempo, y supera a otros seres humanos en ese aspecto.

Este es el segundo tipo de éxito que posee un Monarca que hace girar la Rueda de la Ley.

44. Una vez más, un Monarca que hace girar la Rueda de la Ley está libre de enfermedades y aflicciones, posee una buena digestión que no es ni demasiado fría ni demasiado caliente, y supera a otros seres humanos en ese aspecto.

Este es el tercer tipo de éxito que posee un Monarca que hace girar la Rueda de la Ley.

45. Una vez más, un Monarca que hace girar la Rueda de la Ley es querido y agradable para los brahmanes y los jefes de familia. Así como un padre es querido y agradable para sus hijos, también un Monarca que hace girar la Rueda de la Ley es querido y agradable para los brahmanes y los jefes de familia.

Los brahmanes y los jefes de familia también son queridos y agradables para un Monarca que hace girar la Rueda de la Ley. Así como los hijos son queridos y agradables para un padre, así también los brahmanes y los jefes de familia son queridos y agradables para un Monarca que hace girar la Rueda de la Ley.

Una vez, un Monarca que hacía girar la rueda se conducía por un parque de recreo con su ejército de cuatro integrantes. Entonces, los brahmanes y los jefes de familia se acercaron a él y le hablaron así: —Señor, conduzca despacio para que podamos verlo más tiempo. Y entonces le dijo a su auriga: —Auriga, conduce despacio para que los brahmanes y los jefes de familia puedan verme por más tiempo.

Este es el cuarto tipo de éxito que posee un Monarca que hace girar la Rueda de la Ley.

Estos son los cuatro tipos de éxito que posee un Monarca que hace girar la Rueda de la Ley.

46. ¿Qué opinan, bhikkhus? ¿Un Monarca que hace girar la Rueda de la Ley experimentaría placer y alegría por poseer estos siete tesoros y estos cuatro tipos de éxito?

—Venerable señor, un Monarca que hace girar la Rueda de la Ley experimentaría placer y alegría al poseer incluso un solo tesoro, ¡Cuánto más al poseer siete tesoros y cuatro tipos de éxito!

47. Entonces, tomando una pequeña piedra del tamaño de su mano, el Bienaventurado se dirigió a los bhikkhus así: —¿Qué piensan, bhikkhus? ¿Cuál es mayor, esta piedra pequeña que he tomado, del tamaño de mi mano, o el Himalaya, el rey de las montañas?

—Venerable señor, la pequeña piedra que ha tomado el Bienaventurado, del tamaño de su mano, no cuenta al lado del Himalaya, el rey de las montañas; ni siquiera es una fracción, no hay comparación.

—Así también, bhikkhus, el placer y la alegría que experimentaría un Monarca que hace girar la Rueda de la Ley debido a que posee los siete tesoros y los cuatro tipos de éxito, no cuentan junto con la felicidad del cielo; ni siquiera es una fracción, no hay comparación.

48. Si, en un momento u otro, al final de un largo período, la persona sabia vuelve al estado humano, es en una familia de alto rango en la que renace, en una familia de nobles acomodados, o brahmanes acomodados, o jefes de familia acomodados; uno que es rico, de gran riqueza, de grandes posesiones, con abundante oro y plata, con abundantes bienes y medios, y con abundante dinero y grano.

Es una persona hermosa, agradable y elegante, poseedora de la suprema belleza de tez. Obtiene comida y bebida, ropa, vehículos, guirnaldas, perfumes y ungüentos, cama, alojamiento y luz. Se comporta bien en cuerpo, palabra y mente; al hacerlo así, tras la disolución del cuerpo —después de la muerte— reaparece en un destino feliz, incluso en el mundo celestial.

49. Bhikkhus, supongan que un jugador en el primer tiro afortunado gana una gran fortuna; sin embargo, un tiro afortunado como ese es insignificante. Es un tiro mucho más afortunado cuando una persona sabia, debido a que se conduce bien en cuerpo, palabra y mente, tras la disolución del cuerpo —después de la muerte— reaparece en un destino feliz, incluso en el mundo celestial.

Esta es la perfección completa del grado de la persona sabia.

Eso es lo que dijo el Bienaventurado. Los bhikkhus estuvieron satisfechos y deleitados con las palabras del Bienaventurado.

NOTAS M.129

1. NT: En el contexto de los *suttas*, el término "necio" no debe interpretarse como una persona obstinada o terca. El sentido que se le da es el de la contraparte de la persona sabia, la cual tiene una serie de características que la distinguen, siendo algunas de estas las siguientes: es una persona que tiene la noción (o conocimiento, según el caso) de lo que es y no es conducente al cese del sufrimiento, está establecida en la moral, hace lo que es saludable, entiende los cursos de acción meritorios y afirma el principio de la efectividad de las acciones, es indagadora, estudiosa, y se asocia correctamente. Por otra parte, dirige su mente apropiadamente, entendiendo el valor de la atención plena, el propósito de sus acciones, y los medios y el contexto para ejercer dichas acciones, así como el ámbito adecuado de su actividad. La persona sabia posee claridad mental a consecuencia de su desarrollo de las facultades espirituales y, por lo tanto, tiene la capacidad para serenar la mente y penetrar la realidad con conocimiento introspectivo. En resumen, la persona sabia se alinea con (o posee), comprensión correcta. Ver también el párrafo §27, respecto al cual MA menciona lo siguiente: "El sabio practica los tres tipos de buena conducta, por lo que renace en el cielo. Al regresar al mundo humano, renace en una buena familia con riqueza y belleza. Se involucra en los tres tipos de buena conducta y renace nuevamente en el cielo". Cabe señalar que, en la completa perfección de la sabiduría del sabio el "grado" es completamente mundano y no tiene en cuenta las etapas más excelentes a lo largo del camino hacia la liberación.
2. BB: Como en M. 13.14.
3. BB: El siguiente símil se emplea en SN 12:63 / ii.100 para ilustrar el alimento de la conciencia (*viññāṇāhāra*).
4. BB: Y lo hace—en M.130, §17-27.
5. MA: Es decir, el necio comete los tres tipos de mala conducta, por lo que renace en el infierno. Por el residuo de ese *kamma*, cuando regresa al estado humano renace en una familia inferior. Habiendo cometido nuevamente los tres tipos de mala conducta, renace nuevamente en el infierno.
6. BB: Aunque el pāli no contiene la partícula negativa *na*, parece necesaria aquí para dar el significado deseado, y aparece en las cláusulas paralelas del párrafo siguiente.
7. BB: Ver M. 91.5. La leyenda del Monarca que hace girar la Rueda de la Ley se trata más extensamente en DN 17 y DN 26. BB: El

Uposatha es el día de observancia religiosa de la antigua India, también absorbida como tal por el budismo. Ver también: n.4, M.4.

8. NT: Piedra fina translúcida a opaca de colores variados apreciada por la humanidad desde la antigüedad. Tiene variedades como la esmeralda, la aguamarina y la morganita; tiene una rica historia de cultura y simbolismo.

130. *Devadūta Sutta*
Los mensajeros divinos

1. Esto he escuchado. En una ocasión, el Bienaventurado estaba viviendo en Sāvatthī, en el Bosquecillo de Jeta, el parque de Anāthapiṇḍika. Allí se dirigió a los bhikkhus diciendo: —Bhikkhus. —Venerable señor, respondieron. El Bienaventurado dijo esto:

2. —Bhikkhus, supongan que hubiera dos casas con puertas y un hombre con buena vista, parado allí entre ellas, viera gente entrando y saliendo, y pasando de un lado a otro. Así también, con el ojo divino, que es purificado y supera al humano, veo seres que mueren y reaparecen, inferiores y superiores, bellos y feos, afortunados y desdichados. Entiendo cómo los seres renacen de acuerdo con sus acciones así: "Estos seres dignos que se condujeron bien en cuerpo, palabra y mente, no injuriadores de los nobles, rectos en sus nociones, haciendo efectivas las nociones correctas en sus acciones, tras la disolución del cuerpo, después de la muerte, han reaparecido en un destino feliz, incluso en el mundo celestial.

O estos seres dignos que fueron bien conducidos en cuerpo, palabra y mente, no injuriadores de los nobles, rectos en sus nociones, haciendo efectivas las nociones correctas en sus acciones, tras la disolución del cuerpo, después de la muerte, han reapareció entre los seres humanos.

Pero estos seres dignos que se condujeron mal en cuerpo, palabra y mente, injuriadores de los nobles, erróneos en sus nociones, haciendo efectivas las nociones erróneas en sus acciones, tras la disolución del cuerpo, después de la muerte, han reaparecido en el reino de los fantasmas.

O estos seres dignos que se condujeron mal... al disolverse el cuerpo, después de la muerte, han reaparecido en el mundo animal.

O estos seres dignos que se condujeron mal... al disolverse el cuerpo, después de la muerte, han reaparecido en un estado de privación, en un destino infeliz, en la perdición, incluso en el infierno".

3. Ahora los guardianes del infierno toman a tal ser por los brazos y lo presentan al rey Yama,[1] diciendo: —Señor, este hombre ha

maltratado a su madre, ha maltratado a su padre, ha maltratado a los *samaṇās*, maltratado a los brahmanes; no mostró respeto por los mayores de su clan. Que el rey ordene su castigo.

4. Entonces el rey Yama lo presiona, lo interroga y le repregunta sobre el primer mensajero divino: —Buen hombre, ¿acaso no viste al primer mensajero divino que apareció en el mundo?[2]

Y él dice: —No lo vi, venerable señor.

Entonces el rey Yama dice: —Buen hombre, ¿nunca has visto en el mundo a un niño pequeño y tierno acostado boca abajo, sucio con su propio excremento y orina?

Y él dice: —Sí, venerable señor.

Entonces el rey Yama dice: —Buen hombre, ¿acaso nunca se te ocurrió, siendo un hombre inteligente y maduro, lo siguiente?: "yo también estoy sujeto al nacimiento, no estoy exento del nacimiento, ciertamente, es mejor que haga el bien con el cuerpo, el habla y la mente"

Y él dice: —No pude, venerable señor, fui negligente.

Entonces el rey Yama dice: —Buen hombre, por negligencia no has podido hacer el bien mediante el cuerpo, el habla y la mente. Ciertamente, te tratarán de acuerdo con tu negligencia. Pero esta mala acción tuya no fue hecha por tu madre o tu padre, ni por tu hermano o tu hermana, ni por tus amigos y compañeros, ni por tus parientes y conocidos, ni por *samaṇas* y brahmanes, ni por *devas*: esta mala acción la cometiste tú mismo, y tú mismo experimentarás su resultado.

5. Luego, después de presionarlo, interrogarlo y contrainterrogarlo sobre el primer mensajero divino, el rey Yama lo presiona, lo interroga y entonces le pregunta sobre el segundo mensajero divino: —Buen hombre, ¿acaso no viste aparecer al segundo mensajero divino en el mundo?

Y él dice: —No lo hice, venerable señor.

Entonces el rey Yama dice: —Buen hombre, ¿acaso nunca has visto en el mundo a un hombre, o una mujer —a los ochenta, noventa o cien años, ancianos, tan torcidos como la viga de un techo, doblados, sostenidos por un bastón, tambaleantes, frágiles, sin juventud, con los dientes rotos, canosos, demacrados, calvos, arrugados, con las extremidades llenas de manchas?

Y él dice: —Lo he visto, venerable señor.

Entonces el rey Yama dice: —Buen hombre, ¿acaso nunca se te ocurrió, siendo un hombre inteligente y maduro, lo siguiente?: "Yo también estoy sujeto al envejecimiento, no estoy exento del envejecimiento, ciertamente será mejor que haga el bien con el cuerpo, el habla y la mente"

Y él dice: —No pude, venerable señor, fui negligente.

Entonces el rey Yama dice: —Buen hombre, por negligencia no has podido hacer el bien con el cuerpo, el habla y la mente. Ciertamente te tratarán de acuerdo con tu negligencia. Pero esta mala acción tuya no fue hecha por tu madre... ni por los *devas*: esta mala acción la cometiste tú mismo, y tú mismo experimentarás su resultado.

6. Luego, después de presionarlo, interrogarlo y contrainterrogarlo sobre el segundo mensajero divino, el rey Yama lo presiona, lo interroga y entonces le pregunta sobre el tercer mensajero divino: —Buen hombre, ¿acaso no viste al tercer mensajero divino aparecer en el mundo?

Él dice: —No lo hice, venerable señor.

Entonces el rey Yama dice: —Buen hombre, ¿nunca has visto en el mundo un hombre, o una mujer, afligidos, sufriendo y gravemente enfermos, yaciendo ensuciados en sus propios excrementos y orina, siendo levantado por unos y dejado por otros?

Él dice: —Lo he visto, venerable señor.

Entonces el rey Yama dice: —Buen hombre, ¿nunca se te ocurrió, siendo un hombre inteligente y maduro, lo siguiente?: "Yo también estoy sujeto a enfermedad, no estoy exento de enfermedad, ciertamente es mejor que haga el bien con el cuerpo, el habla y la mente"

Y él dice: —No pude, venerable señor, fui negligente.

Entonces el rey Yama dice: —Buen hombre, por negligencia has dejado de hacer el bien con el cuerpo, el habla y la mente. Ciertamente te tratarán de acuerdo con tu negligencia. Pero esta mala acción tuya no fue hecha por tu madre... ni por los *devas*: esta mala acción la hiciste tú mismo, y tú mismo experimentarás su resultado.

7. Luego, después de presionarlo, interrogarlo y repreguntarle sobre el tercer mensajero divino, el rey Yama lo presiona y lo cuestiona y le pregunta sobre el cuarto mensajero divino: —Buen hombre, ¿acaso no viste aparecer al cuarto mensajero divino en el mundo?

Y él dice: —No lo hice venerable señor.

Entonces el rey Yama dice: —Buen hombre, ¿acaso nunca has visto en el mundo, cuando un ladrón culpable es atrapado, los reyes le infligen muchos tipos de torturas: azotándolo con látigos... (Como en M. 129.4) ... y que lo decapiten con una espada?

Y él dice: —Sí, venerable señor.

Entonces el rey Yama dice: —Buen hombre, ¿acaso nunca se te ocurrió, siendo un hombre inteligente y maduro, debías haber considerado lo siguiente?: "Aquellos que cometen malas acciones tienen tales torturas de varios tipos infligidas sobre ellos aquí y ahora; ¿y qué será en el más allá? Ciertamente es mejor que haga el bien con el cuerpo, el habla y la mente"

Y él dice: —No pude, venerable señor, fui negligente.

Entonces el rey Yama dice: —Buen hombre, por negligencia has fallado en hacer el bien mediante el cuerpo, palabra y la mente. Ciertamente te tratarán de acuerdo con tu negligencia. Pero esta mala acción tuya no fue hecha por tu madre... ni por los *devas*: esta mala acción la hiciste tú mismo, y tú mismo experimentarás su resultado.

8. Luego, después de presionarlo, interrogarlo y repreguntarle sobre el cuarto mensajero divino, el rey Yama lo presiona y lo cuestiona, y le pregunta sobre el quinto mensajero divino: —Buen hombre, ¿acaso no viste aparecer al quinto mensajero divino en el mundo?

Y él dice: —No lo hice, venerable señor.

Entonces el rey Yama dice: —Buen hombre, ¿acaso nunca has visto en el mundo un hombre, o una mujer, muerto hace un día, muerto hace dos días, muerto hace tres días, hinchado, lívido y exudando materia?

Y él dice: —Sí, venerable señor.

Entonces el rey Yama dice: —Buen hombre, ¿nunca se te ocurrió, siendo un hombre inteligente y maduro, lo siguiente?: "Yo también estoy sujeto a la muerte, no estoy exento de la muerte, ciertamente más me vale hacer el bien con el cuerpo, el habla y la mente"

Y él dice: —No pude, venerable señor, fui negligente.

Entonces el rey Yama dice: —Buen hombre, por negligencia has fallado en hacer el bien con el cuerpo, el habla y la mente. Ciertamente te tratarán de acuerdo con tu negligencia. Pero esta mala acción tuya no fue hecha por tu madre... ni por los *devas*: esta mala acción la hiciste tú mismo, y tú mismo experimentarás su resultado.

9. Luego, después de presionarlo, interrogarlo y repreguntarle sobre el quinto mensajero divino, el rey Yama guarda silencio.

10. Ahora, los guardianes del infierno lo torturan con la quíntuple transfixión.[3] Le clavan una estaca de hierro al rojo vivo en una mano, le clavan una estaca de hierro al rojo vivo en la otra mano, le clavan una estaca de hierro al rojo vivo en un pie, le clavan una estaca de hierro al rojo vivo en el otro pie, le clavan una estaca de hierro al rojo vivo en medio, a través de su pecho. Allí siente sensaciones dolorosas, atormentadoras y penetrantes. Sin embargo, no muere mientras esa mala acción no haya agotado su resultado.

11. A continuación, los guardianes del infierno lo arrojan al suelo y lo cortan con hachas. Allí siente sensaciones dolorosas, atormentadoras y penetrantes. Sin embargo, no muere mientras esa mala acción no haya agotado su resultado.

12. Luego, los guardianes del infierno lo ponen con los pies en alto y la cabeza hacia abajo y lo cortan con azuelas. Allí siente sensaciones dolorosas, atormentadoras y penetrantes. Sin embargo, no muere mientras esa mala acción no haya agotado su resultado.

13. Luego, los guardianes del infierno lo amarran a un carro y lo conducen de un lado a otro por un suelo de carbones que está ardiendo, quemando y resplandeciendo. Allí siente sensaciones dolorosas, atormentadoras y penetrantes. Sin embargo, no muere mientras esa mala acción no haya agotado su resultado.

14. Luego, los guardianes del infierno lo hacen subir y bajar de un gran montículo de brasas que arden, queman y resplandecen intensamente. Allí siente sensaciones dolorosas, atormentadoras y penetrantes. Sin embargo, no muere mientras esa mala acción no haya agotado su resultado.

15. Luego, los guardianes del infierno lo toman con los pies hacia arriba y la cabeza hacia abajo y lo sumergen en un caldero de metal al rojo vivo que está ardiendo, flameando y resplandeciendo. Lo cocinan allí en un remolino de espuma. Y mientras lo cocinan allí en un remolino de espuma, ahora es arrastrado hacia arriba, ahora hacia abajo y de un lado hacia otro lado. Allí siente sensaciones dolorosas, atormentadoras y penetrantes. Sin embargo, no muere mientras esa mala acción no haya agotado su resultado.

16. A continuación, los guardianes del infierno lo arrojan al Gran Infierno. Ahora en cuanto a ese Gran Infierno, bhikkhus:

> "Tiene cuatro esquinas y está construido
> con cuatro puertas, una en cada lado,
> amurallado con hierro por todas partes
> y encerrado con un techo de hierro.
> Su piso también es de hierro
> y se calienta hasta que arde con fuego.
> El alcance es de cien leguas completas
> cubriendo todo de manera completa".

17. Ahora, las llamas que surgen del muro oriental del Gran Infierno chocan con su muro occidental. Las llamas que brotan de su muro occidental chocan con su muro oriental. Las llamas que surgen de su muro norte chocan con su muro sur. Las llamas que surgen de su muro sur chocan con su muro norte. Las llamas que salen disparadas desde el fondo chocan con la parte superior. Y las llamas que brotan de la parte superior chocan con la parte inferior. Allí siente sensaciones dolorosas, atormentadoras y penetrantes. Sin embargo, no muere mientras esa mala acción no haya agotado su resultado.

18. En un momento u otro, bhikkhus, al final de un largo período, llega una ocasión en que se abre la puerta oriental del Gran Infierno. Corre hacia ella, pisando rápidamente. Mientras lo hace, su piel exterior arde, su piel interior arde, su carne arde, sus tendones arden, sus huesos se vuelven humo; y lo mismo sucede cuando su pie está levantado. Cuando por fin llega a la puerta, entonces la encuentra cerrada. Allí siente sensaciones dolorosas, atormentadoras y penetrantes. Sin embargo, no muere mientras esa mala acción no haya agotado su resultado.

En un momento u otro, al final de un largo período, llega una ocasión en que se abre la puerta occidental del Gran Infierno... cuando se abre su puerta norte... cuando se abre su puerta sur. Corre hacia ella, pisando rápidamente... Cuando por fin llega a la puerta, entonces la encuentra cerrada. Allí siente sensaciones dolorosas, atormentadoras y penetrantes. Sin embargo, no muere mientras esa mala acción no haya agotado su resultado.

19. En un momento u otro, bhikkhus, al final de un largo período, llega una ocasión en que se abre la puerta oriental del Gran Infierno. Corre hacia ella, pisando rápidamente. Mientras lo hace, su piel exterior arde, su piel interior arde, su carne arde, sus tendones arden, sus huesos se vuelven humo; y lo mismo sucede cuando su pie está levantado.

Sale por esa puerta.

20. Inmediatamente al lado del Gran Infierno está el vasto Infierno de los Excrementos. Cae en él. En ese Infierno de los Excrementos, criaturas con bocas de aguja perforaron su piel exterior y perforaron su piel interior, perforaron su carne y perforaron sus tendones, perforan sus huesos y devoraron su médula. Allí siente sensaciones dolorosas, atormentadoras y penetrantes. Sin embargo, no muere mientras esa mala acción no haya agotado su resultado.

21. Inmediatamente al lado del Infierno de los Excrementos se encuentra el vasto Infierno de las Brasas Ardientes. Cae en él. Allí siente sensaciones dolorosas, atormentadoras y penetrantes. Sin embargo, no muere mientras esa mala acción no haya agotado su resultado.

22. Inmediatamente al lado del Infierno de las Brasas Ardientes se encuentra el vasto Bosque de árboles Simbali, de una legua de altura, erizados de espinas de dieciséis dedos de largo, ardiendo, flameando y resplandeciendo. [Los guardianes del infierno] lo hacen subir y bajar de esos árboles. Allí siente sensaciones dolorosas, atormentadoras y penetrantes. Sin embargo, no muere mientras esa mala acción no haya agotado su resultado.

23. Inmediatamente al lado del Bosque de árboles Simbali hay un vasto Bosque de árboles de Hojas de Espada. Entra en él. Las

hojas, agitadas por el viento, cortan sus manos y cortan sus pies y le cortan las manos y los pies; le cortan las orejas y le cortan la nariz y le cortan las orejas y la nariz. Allí siente sensaciones dolorosas, atormentadoras y penetrantes. Sin embargo, no muere mientras esa mala acción no haya agotado su resultado.

24. Inmediatamente al lado del Bosque de los Árboles de Hojas de Espada hay un gran río de agua cáustica. Cae en él. Allí es arrastrado por la corriente y contra la corriente, y tanto a lo largo como contra la corriente. Allí siente sensaciones dolorosas, atormentadoras y penetrantes. Sin embargo, no muere mientras esa mala acción no haya agotado su resultado.

25. Luego los guardianes del infierno lo sacan con un garfio, y poniéndolo en el suelo, le preguntan: —Buen hombre, ¿qué quieres?, y dice: —Tengo hambre, venerables señores. Entonces los guardianes del infierno le abren la boca con tenazas de hierro al rojo vivo ardiendo, flameando y resplandeciendo, y le echan en la boca una bola de metal al rojo vivo, ardiendo, flameando y resplandeciente. Le quema los labios, le quema la boca, le quema la garganta, le quema el estómago, y sale por el otro extremo llevándose con ella los intestinos y el mesenterio. Allí siente sensaciones dolorosas, atormentadoras y penetrantes. Sin embargo, no muere mientras esa mala acción no haya agotado su resultado.

26. Luego los guardianes del infierno le preguntan: —Buen hombre, ¿qué quieres? Y él dice: —Tengo sed, venerables señores. Entonces los guardianes del infierno le abren la boca con tenazas de hierro al rojo vivo, quemando, ardiendo y resplandeciendo, y vierten en su boca cobre fundido, ardiendo, flameando y resplandeciente. Le quema los labios, le quema la boca, le quema la garganta, le quema el estómago, y pasa al otro extremo llevándose sus intestinos y mesenterio. Allí siente sensaciones dolorosas, atormentadoras y penetrantes. Sin embargo, no muere mientras esa mala acción no haya agotado su resultado.

27. Entonces los guardianes del infierno lo arrojan nuevamente al Gran Infierno.

28. Sucedió que el rey Yama pensó: —Aquellos en el mundo que cometen acciones malas y malsanas en verdad sufren todos estos muchos tipos de torturas infligidas sobre ellos. ¡Oh, que yo pudiera alcanzar el estado humano, y que un Tathāgata, Consumado y plenamente iluminado, pudiera aparecer en el mundo, que pudiera yo atender a ese Bienaventurado, que el Bienaventurado pudiera enseñarme el Dhamma, y que yo pudiera llegar a entender el Dhamma de ese Bienaventurado!

29. Bhikkhus, les digo esto no como algo que escuché de otro *samaṇa* o brahmán. Les digo esto como algo que realmente he conocido, visto y descubierto por mí mismo.

30. Eso es lo que dijo el Bienaventurado. Cuando el Sublime hubo dicho eso, el Maestro añadió:

"Aunque advertidos por los mensajeros divinos,
muchos son los negligentes,
esa gente puede sufrir por mucho tiempo
una vez que ha descendido al mundo inferior.
Pero cuando por los mensajeros divinos
las buenas personas aquí en esta vida han sido advertidas,
entonces no son negligentes,
por lo cual practican bien el noble Dhamma.
Al aferramiento miran con miedo
porque produce nacimiento y muerte;
y al no aferrarse se liberan.
En la destrucción del nacimiento y la muerte,
viven en la dicha porque están a salvo
y alcanzan Nibbāna aquí y ahora.
Están más allá de todo miedo y odio;
han escapado de todo sufrimiento".

NOTAS M.130

1. BB: Yama es el dios de la muerte. MA dice que es un rey de los espíritus que posee una mansión celestial. A veces vive en su mansión celestial disfrutando de los placeres celestiales, a veces experimenta el resultado del *kamma*; es un rey justo. MA añade que, de hecho, hay cuatro Yamas, uno en cada una de las cuatro puertas (¿del infierno?).
2. BB: Según la leyenda budista, tres de los mensajeros divinos —el anciano, el enfermo y el muerto— se le aparecieron al *bodhisatta* mientras vivía en el palacio, destruyendo su encanto con la vida mundana y despertando en él el deseo de buscar el camino de la liberación. Ver AN 3:38 / i.145–46 para conocer el núcleo psicológico a partir del cual debe haberse desarrollado la leyenda.
3. BB: La siguiente descripción del infierno, hasta el párrafo §16, también se encuentra en M.129, §§10–16.

4

La división de exposiciones

(*Vibhangavagga*)

131. *Bhaddekaratta Sutta*
Una noche singular y excelente

1. Esto he escuchado.[1] En una ocasión, el Bienaventurado estaba viviendo en Sāvatthī, en el Bosquecillo de Jeta, el parque de Anāthapiṇḍika. Allí se dirigió a los bhikkhus diciendo: —Bhikkhus. —Venerable señor, respondieron. El Bienaventurado dijo esto:

2. —Bhikkhus, les enseñaré el resumen y la exposición de "Aquel que ha tenido una noche singular y excelente".[2] Escuchen y presten atención a lo que voy a decir. —Sí, venerable señor, respondieron los bhikkhus. El Bienaventurado dijo esto:

3. "Que nadie reviva el pasado
o sobre el futuro cimente sus esperanzas;[3]
porque el pasado ha quedado atrás
y el futuro no ha sido alcanzado.

En cambio, con agudeza introspectiva,
permítasele ver cada estado surgido en el presente;[4]
permítasele saber eso y que esté seguro de ello,
invencible, inquebrantable (*asaṁhīraṁ asankuppaṁ*).[5]

Hoy el esfuerzo debe ser realizado;
mañana puede llegar la muerte, ¿quién lo sabe?
No hay trato con la mortalidad
que pueda mantenerla alejada a ella y a sus hordas.

Pero quien mora enérgico,
inquebrantable, de día, de noche,
ese —ha dicho el Sabio Pacífico (*santo muni*)[6]—
es quien ha tenido una noche singular y excelente".

4. ¿Y cómo, bhikkhus, uno revive el pasado? Uno nutre el deleite allí pensando: "Tuve tal forma material en el pasado".[7] Uno nutre el deleite allí pensando: "Tuve tal sensación en el pasado" ... "Tuve tal percepción en el pasado", ... "Tuve tales formaciones mentales en el

pasado", ... "Tuve tal conciencia en el pasado". Así es como uno revive el pasado.

5. ¿Y cómo, bhikkhus, uno no revive el pasado? Uno no nutre el deleite allí pensando: "Tuve tal forma material en el pasado".[8] Uno no nutre el deleite allí pensando: "Tuve tales sensaciones en el pasado" ... "Tuve tales percepciones en el pasado" ... "Tuve tales formaciones mentales en el pasado" ... "Tuve tal conciencia en el pasado". Así es como uno no revive el pasado.

6. ¿Y cómo, bhikkhus, uno construye esperanza en el futuro? Uno nutre el deleite allí pensando: "¡Que pueda tener tal forma material en el futuro!".[9] Uno nutre el deleite allí pensando: "¡Que tenga tales sensaciones en el futuro!" ... "¡Que tenga tales percepciones en el futuro!" ... "¡Que tenga tales formaciones mentales en el futuro!" ... "Que tenga tal conciencia en el futuro!" Así es como uno construye esperanza en el futuro.

7. ¿Y cómo, bhikkhus, uno no construye esperanza sobre el futuro? Uno no alimenta el deleite allí pensando: "¡Que pueda tener tal forma material en el futuro!" Uno no nutre el deleite allí pensando, "¡Que pueda tener tal sensación en el futuro!" ... "¡Que pueda tener tal percepción en el futuro!" ... "¡Que tenga tales formaciones mentales en el futuro!" ... "¡Que tenga tal conciencia en el futuro!" Así es como uno no construye esperanza en el futuro.

8. ¿Y cómo, bhikkhus, es uno vencido con respecto a los estados surgidos en el presente?[10] Aquí, bhikkhus, una persona ordinaria ignorante, que no tiene respeto por los nobles y es inhábil e indisciplinada en su Dhamma, quien no tiene respeto por las personas auténticas y no es hábil ni disciplinada en su Dhamma, considera la forma material como el yo, o el yo como poseedor de la forma material, o la forma material como en el yo, o el yo como en la forma material. Considera la sensación como el yo... la percepción como el yo... las formaciones mentales como el yo... la conciencia como el yo, o el yo como poseedor de conciencia, o la conciencia como en el yo, o el yo como en la conciencia. Así es como uno es vencido con respecto a los estados surgidos en el presente.

9. ¿Y cómo, bhikkhus, es uno invencible con respecto a los estados surgidos en el presente? Aquí, bhikkhus, un noble discípulo bien instruido, que tiene consideración por los nobles y es hábil y disciplinado en su Dhamma, que tiene consideración por las personas auténticas y es hábil y disciplinado en su Dhamma, no considera la forma material como el yo, o el yo como poseedor de la forma material, o la forma material como en el yo, o el yo como en la forma material. No considera la sensación como el yo... la percepción como el yo... las formaciones mentales como el yo... la conciencia como el

yo, o el yo como poseedor de conciencia, o la conciencia como en el yo, o el yo como en la conciencia. Así es como uno es invencible con respecto a los estados que surgen en el presente.

10. "Que nadie reviva el pasado...
es quien ha tenido una noche singular y excelente".

11. Así que fue con referencia a esto que se dijo: "Bhikkhus, les enseñaré el resumen y la exposición de 'Aquel que ha tenido una noche singular y excelente'".

Eso es lo que dijo el Bienaventurado. Los bhikkhus estuvieron satisfechos y deleitados con las palabras del Bienaventurado.

NOTAS M.131

1. BB: Este discurso, con una extensa introducción y notas, está disponible por separado en una traducción de Bhikkhu Ñāṇananda bajo el título *Ideal Solitude*.
2. BB: En la primera edición seguí a Ñm al traducir *bhaddekaratta* como "un apego afortunado". Por sugerencia del venerable Ṭhānissaro Bhikkhu, sin embargo, lo he cambiado por "una sola noche excelente", lo cual parece más probable que sea correcto. Se podría considerar que *ratta* y *ratti* representan respectivamente, ya sea Skt. *rātra* y *rātri* (= noche) o Skt. *rakta* y *rakti* (= apego). Ñm había tomado las palabras en el último sentido, pero el hecho de que ni MA ni MṬ interpreten *ratta* [como apego], implica que se pretende decir "noche"; porque si la palabra se hubiera usado para significar apego —un estado nocivo en el discurso budista típico— seguramente se habrían ofrecido algunas aclaraciones. La versión sánscrita de Asia Central, el título Skt al principio de la versión tibetana, y la propia traducción tibetana utilizan *bhadraka-rātri*. Esto confirma la identificación de *ratta* con "noche"; el cambio de *-e-* a *-a-* puede entenderse como un intento de convertir una lectura difícil en una más familiar. (Estoy en deuda con Peter Skilling por esta información.) El libro chino Madhyama Āgama simplemente ha transliterado el título de la versión en sánscrito y, por lo tanto, no ofrece ninguna ayuda.

   Aparte de esta serie de *suttas*, la expresión *bhaddekaratta* no aparece en ninguna otra parte del Canon Pāli. MA simplemente dice: "Una persona que pasa una sola noche excelente, es aquella que tiene una sola noche y es excelente por poseer aplicación a la introspección (*bhaddekarattassā ti vipassanāyogasamannāgatattā bhaddekassa ekarattassa*)". MṬ simplemente da resoluciones de palabras (*ekā ratti ekaratto; bhaddo ekaratto etassā ti bhaddekarattaṁ*) y dice que esto se refiere a una persona que cultiva la percepción introspectiva. Como el versículo enfatiza la urgente necesidad de conquistar la muerte mediante el desarrollo del conocimiento introspectivo, el título probablemente describe a un meditador que ha tenido una sola noche (y un día) excelente dedicado a practicar la meditación introspectiva "de manera invencible e inquebrantable". Ñm dice en Ms: "Podría suponerse que la expresión '*bhaddekaratta*' fue una frase popular adoptada por el Buda a la cual dio un sentido especial, como se hizo con frecuencia, pero no parece haber ninguna razón para hacerlo y no hay evidencia de ello en este caso. Es más probable que sea un término acuñado por el propio Buda para describir cierto aspecto del desarrollo".

3. BB: Más literalmente, las dos primeras líneas se traducirían: "No permitas que nadie reviva el pasado ni viva esperando el futuro". El significado será aclarado en el pasaje expositivo del *sutta*.
4. MA: Debe contemplar cada estado actualmente surgido, justo donde ha surgido, a través de las siete contemplaciones de la introspección (la visión [introspectiva] de la transitoriedad, el sufrimiento, el *no yo*, el desencanto, el desapasionamiento, el cese y el abandono).
5. *Asaṁhīraṁ asankuppaṁ*. MA explica que esto se dice con el propósito de mostrar introspección y contra-introspección (ver: n.7, M.121); ya que la percepción es "invencible, inquebrantable" porque no es vencida ni sacudida por la lujuria y otras impurezas. En otros lugares, la expresión "lo invencible, lo inquebrantable" se usa como descripción de Nibbāna (por ejemplo, Sn v.1149) o de la mente liberada (por ejemplo, Thag v.649), pero aquí parece referirse a una etapa en el desarrollo de la percepción. La recurrencia de la forma verbal *saṁhīrati* en los párrafos §8 y §9 sugiere que el significado que se pretende es la contemplación del momento presente sin dejarse engañar hacia la adopción de una noción de uno mismo.
6. BB: El "Sabio Pacífico" (*santo muni*) es el Buda.
7. MA: Uno "encuentra deleite" al hacer referencia al pasado, ya sea el anhelo o una noción asociada con el anhelo. Cabe señalar que no es el mero recuerdo del pasado a través de la memoria lo que causa la esclavitud, sino el revivir experiencias pasadas con pensamientos de anhelo. En este sentido, la enseñanza de Buda difiere significativamente de la de Krishnamurti, quien parece considerar la memoria misma como el villano detrás de la escena.
8. BB: La sintaxis del pāli permite interpretar esta oración de dos maneras: afirmando que uno piensa: "Tuve esa forma en el pasado, pero no encuentra deleite en ese pensamiento"; o que "uno no encuentra deleite en el pasado al tener tal pensamiento". Horner, Ñāṇananda (en *Ideal Solitude*) y Ñm (en Ms) interpretan la oración de la primera manera; yo había conservado la interpretación de Ñm en la primera edición. Al reconsiderarlo, ahora creo que la segunda interpretación es más fiel a la intención del texto. Esto también se relaciona mejor con las estrofas mismas, que ordenan al discípulo no morar en el pasado y el futuro, sino contemplar "cada estado que surge

actualmente" tal como se presenta.

9. BB: En la primera edición, se tradujo esta frase: "Pensando: 'Puedo tener esa forma material en el futuro, uno se deleita en eso'". En retrospectiva, ahora me parece más probable que la frase exprese un deseo exclamativo para el futuro.
10. BB: El verbo aquí y en el siguiente párrafo, *saṁhīrati*, se refiere nuevamente a la línea del verso, "invencible, inquebrantable". MA comenta: "Uno se deja arrastrar por el anhelo y las opiniones debido a la falta de conocimiento introspectivo".

132. *Ānandabhaddekaratta Sutta*
Ānanda y una noche singular y excelente

1. Esto he escuchado. En una ocasión, el Bienaventurado estaba viviendo en Sāvatthī, en el Bosquecillo de Jeta, el parque de Anāthapiṇḍika.

2. Ahora bien, en esa ocasión el venerable Ānanda estaba instruyendo, instando, animando y alegrando a los bhikkhus con pláticas sobre el Dhamma en el salón de asambleas. Estaba recitando el resumen y la exposición sobre "Quien que ha tenido una noche singular y excelente".

Luego, por la tarde, el Bienaventurado se levantó de la meditación y se dirigió al salón de asambleas. Se sentó en un asiento preparado y preguntó a los bhikkhus: —Bhikkhus, ¿quién ha estado instruyendo, instando, animando y alegrando a los bhikkhus con pláticas sobre el Dhamma en el salón de asambleas? ¿Quién ha estado recitando el resumen y la exposición de "Quien ha tenido una noche singular y excelente"?

—Fue el venerable Ānanda, venerable señor.

Luego, el Bienaventurado preguntó al venerable Ānanda: —Ānanda, ¿cómo estabas instruyendo, instando, animando y alegrando a los bhikkhus con pláticas sobre el Dhamma, y recitando el resumen y la exposición de "Quien ha tenido una noche singular y excelente"?

3–10. —Lo hacía así, venerable señor:

"Que nadie reviva el pasado...

(Repetir todo el Sutta M.131, §§3–10 hasta:)

es quien ha tenido una noche singular y excelente".

11. Estaba instruyendo, instando, animando y alegrando a los bhikkhus con pláticas sobre el Dhamma así, y recitando así el resumen y exposición de "Quien ha tenido una noche singular y excelente".

—¡Bien, bien, Ānanda! Es bueno que estuvieras instruyendo, instando, animando y alegrando a los bhikkhus con pláticas sobre el Dhamma y recitando el resumen y la exposición de "Quien ha tenido una noche singular y excelente" así:

12–19. "Que nadie reviva el pasado...

(Repetir todo el Sutta M.131, §§3–10 hasta:)

es quien ha tenido una noche singular y excelente".

Eso es lo que dijo el Bienaventurado. El venerable Ānanda quedó satisfecho y deleitado con las palabras del Bienaventurado.

133. *Mahākaccānabhaddekaratta Sutta* Mahā Kaccāna y una noche singular y excelente

1. Esto he escuchado. En una ocasión, el Bienaventurado estaba residiendo en Rājagaha en el parque de las aguas termales. Luego, cuando estaba cerca del amanecer, el venerable Samiddhi fue a las aguas termales para lavarse las extremidades. Después de bañarse, salió del agua y se quedó de pie, vestido con una túnica, secándose las extremidades. Luego, cuando la noche estaba bien avanzada, un cierto *deva*, de hermosa apariencia, que iluminaba el parque de las aguas termales, se acercó al venerable Samiddhi. De pie a un lado, el *deva* le dijo:

2. —Bhikkhu, ¿recuerda usted el resumen y la exposición de "Quien ha tenido una noche singular y excelente"?

—Amigo, no recuerdo el resumen y la exposición de "Quien ha tenido una noche singular y excelente". Pero, amigo, ¿recuerdas tú el resumen y la exposición de "Alguien que ha tenido una noche singular y excelente?

—Bhikkhu, yo tampoco recuerdo el resumen y la exposición de "Quien ha tenido una noche singular y excelente". Pero, bhikkhu, ¿recuerda usted las estrofas de "Quien ha tenido una noche singular y excelente"?

—Amigo, no recuerdo las estrofas de "Quien ha tenido una noche singular y excelente". Pero, amigo, ¿recuerdas tú las estrofas de "Quien ha tenido una noche singular y excelente"?

—Bhikkhu, yo tampoco recuerdo las estrofas de "Quien ha tenido una noche singular y excelente". Pero, bhikkhu, aprenda el resumen y la exposición de "Quien ha tenido una noche singular y excelente". Bhikkhu, domine el resumen y la exposición de "Quien ha tenido una noche singular y excelente". Bhikkhu, recuerde el resumen y la exposición de "Quien ha tenido una noche singular y excelente". Bhikkhu, el resumen y la exposición de "Quien ha tenido una noche singular y excelente" es beneficioso, pertenece a los fundamentos de la vida santa.

Eso fue lo que dijo el *deva*, quien inmediatamente se desvaneció.

3. Luego, cuando terminó la noche, el venerable Samiddhi fue a donde se encontraba el Bienaventurado. Después de rendirle homenaje, se sentó a un lado, contó al Bienaventurado todo lo ocurrido, y dijo: —Sería bueno, venerable señor, que el Bienaventurado me enseñara el resumen y la exposición de "Quien ha tenido una noche singular y excelente".

4. —Entonces, bhikkhu, escucha y presta mucha atención a lo que voy a decir. —Sí, venerable señor, respondió el venerable Samiddhi. El Bienaventurado dijo:

5. "Que nadie reviva el pasado
o sobre el futuro cimente sus esperanzas;
porque el pasado ha quedado atrás
y el futuro no ha sido alcanzado.

En cambio, con agudeza introspectiva,
permítasele ver cada estado surgido en el presente;
permítasele saber eso y que esté seguro de ello,
invencible, inquebrantable.

Hoy el esfuerzo debe ser realizado;
mañana puede llegar la muerte, ¿quién lo sabe?,
no hay trato con la mortalidad
que pueda mantener alejada a ella y a sus hordas.

Pero quien mora enérgico,
inquebrantable, de día, de noche,
ese —ha dicho el Sabio Pacífico (*santo muni*)—
es quien ha tenido una noche singular y excelente".

6. Eso es lo que dijo el Bienaventurado. Dicho esto, el Sublime se levantó de su asiento y entró en su morada.

7. Luego, poco después de que el Bienaventurado se hubo ido, los bhikkhus consideraron:[1] —Ahora, amigos, el Bienaventurado se ha levantado de su asiento y ha entrado en su morada después de dar un breve resumen, sin exponer el significado detallado. Ahora, ¿quién expondrá esto en detalle? Luego consideraron: —El venerable Mahā Kaccāna es alabado por el Maestro y estimado por sus sabios compañeros en la vida santa. Él es capaz de exponer el significado detallado. Supongamos que vamos a donde se encuentra y le preguntamos el significado de esto.

8. Entonces los bhikkhus fueron a donde se encontraba el venerable Mahā Kaccāna e intercambiaron saludos con él. Terminada esta cortés

y amable charla, se sentaron a un lado y le contaron lo sucedido, añadiendo: —Que el venerable Mahā Kaccāna nos lo explique.

9. [El venerable Mahā Kaccāna respondió:] —Amigos, es como si un hombre, necesitando duramen, buscando duramen, caminando errante en busca de duramen, pensara que el duramen debe buscarse entre las ramas y hojas de un gran árbol de pie poseído de duramen, después de haber pasado por encima de la raíz y el tronco. Y así es con ustedes, venerables señores, que piensan que se me debe preguntar sobre el significado de esto, después de que pasaron de largo al Bienaventurado cuando estaban cara a cara con el Maestro. Porque sabiendo, el Bienaventurado sabe; viendo, el él ve; él es visión, él es conocimiento, él es el Dhamma, él es el Santo; él es el que expone, el proclamador, el esclarecedor del significado, el dador de lo Inmortal, el señor del Dhamma, el Tathāgata. Ese fue el momento en que debieron haberle preguntado al Bienaventurado el significado. Como se los dijera, deberían haberlo recordado.

10. —Ciertamente, amigo Kaccāna, sabiendo, el Bienaventurado sabe; viendo, él ve; él es visión... el Tathāgata. Ese fue el momento en que deberíamos haberle preguntado al Bienaventurado el significado. Como nos dijera, así deberíamos haberlo recordado. Sin embargo, el venerable Mahā Kaccāna es alabado por el Maestro y estimado por sus sabios compañeros en la vida santa. El venerable Mahā Kaccāna es capaz de exponer el significado detallado de este resumen dado en breve por el Bienaventurado sin exponer el significado detallado. Que el venerable Mahā Kaccāna lo exponga sin que le resulte problemático.

11. —Entonces escuchen, amigos, y estén atentos a lo que voy a decir. —Sí, amigo, respondieron los bhikkhus. El venerable Mahā Kaccāna dijo esto:

12. —Amigos, cuando el Bienaventurado se levantó de su asiento y entró en su morada después de haber hecho un breve resumen sin exponer el significado detallado, es decir:

> "Que nadie reviva el pasado...
> es quien ha tenido una noche singular y excelente".

Entiendo que el significado detallado es el siguiente:

13. ¿Cómo, amigos, se revive el pasado? La conciencia de uno se vincula con el deseo y la lujuria[2] pensando: "Mi ojo era así en el pasado y las formas visibles eran así".[3] Debido a que la conciencia de uno está ligada al deseo y la lujuria, uno se deleita en eso. Cuando uno se deleita en eso, uno acude de regreso al pasado.

La conciencia de uno se vincula con el deseo y la lujuria pensando: "Mi oído era así en el pasado y los sonidos eran así... Mi nariz y los olores... Mi lengua y los sabores... Mi cuerpo y las cosas tangibles... Mi mente era así en el pasado y los objetos mentales eran así". Debido a que la conciencia de uno está ligada con el deseo y la lujuria, uno se deleita en eso. Cuando uno se deleita en eso, uno acude de regreso al pasado. Así se acude de regreso al pasado.

14. ¿Y cómo no se acude de regreso al pasado? La conciencia de uno no está ligada al deseo y la lujuria pensando: "Mi ojo era así en el pasado y las formas visibles eran así". Debido a que la conciencia de uno no está ligada al deseo y la lujuria, uno no se deleita en eso. Cuando uno no se deleita en eso, uno no acude de regreso al pasado.

La conciencia de uno no está ligada al deseo y la lujuria pensando: "Mi oído era así en el pasado y los sonidos eran así... Mi nariz y los olores... Mi lengua y los sabores... Mi cuerpo y las cosas tangibles... Mi mente era así en el pasado y los objetos mentales eran así". Debido a que la conciencia de uno no está ligada al el deseo y la lujuria, uno no se deleita en eso. Cuando uno no se deleita en eso, uno no acude de regreso al pasado. Así es como uno no acude de regreso al pasado.

15. ¿Y cómo, amigos, se construye la esperanza en el futuro? Uno pone su corazón en obtener lo que aún no ha sido obtenido, pensando: "¡Que mi ojo sea así en el futuro y las formas visibles sean así!" Debido a que uno pone su corazón así, uno se deleita en eso. Cuando uno se deleita en eso, uno construye esperanza en el futuro.

Uno pone su corazón en obtener lo que aún no ha obtenido, pensando: "¡Que mi oído sea así en el futuro y los sonidos sean así... Que mi nariz y los olores... Que mi lengua y los sabores... Que mi cuerpo y los objetos tangibles... Que mi mente sea así en el futuro y que los objetos mentales sean así!". Debido a que uno pone su corazón así, uno se deleita en eso. Cuando uno se deleita en eso, uno construye esperanza en el futuro. Así es como se construye la esperanza en el futuro.

16. ¿Y cómo, amigos, no se alberga esperanza en el futuro? No se pone el corazón en obtener lo que aún no se ha obtenido, pensando: "¡Que mi ojo sea así en el futuro y que las formas visibles sean así!" Debido a que uno no pone el corazón así, uno no se deleita en eso. Cuando uno no se deleita en eso, uno no construye esperanza en el futuro.

Uno no pone su corazón en obtener lo que aún no se ha obtenido, pensando: "¡Que mi oído sea así en el futuro y los sonidos sean así... Que mi nariz y los olores... Que mi lengua y los sabores... Que mi cuerpo y los objetos tangibles... Que mi mente sea así en el futuro y los objetos mentales sean así!". Debido a que uno no pone su corazón así, uno no se deleita en eso. Cuando uno no se deleita en eso, uno no construye esperanza en el futuro. Así es como uno no construye la esperanza en el futuro.

17. ¿Y cómo es uno vencido con respecto a los estados surgidos en el presente? Con respecto al ojo y las formas visibles que surgen en el presente, la conciencia de uno está ligada al deseo y la lujuria por lo que surge en el presente. Debido a que la conciencia de uno está ligada al deseo y la lujuria, uno se deleita en eso. Cuando uno se deleita en eso, uno es vencido con respecto a los estados surgidos en el presente.

Con respecto al oído y los sonidos que surgen en el presente... la nariz y los olores... la lengua y los sabores... el cuerpo y los objetos tangibles... la mente y los objetos mentales que surgen en el presente, la conciencia de uno está ligada al deseo y la lujuria por lo que surge en el presente. Debido a que la conciencia de uno está ligada con el deseo y la lujuria, uno se deleita en eso. Cuando uno se deleita en eso, uno es vencido con respecto a los estados surgidos en el presente. Así es como uno es vencido con respecto a los estados surgidos en el presente.

18. ¿Y cómo es uno invencible con respecto a los estados que surgen en el presente? Con respecto al ojo y las formas visibles que surgen en el presente, la conciencia de uno no está ligada al deseo y la lujuria por lo que surge en el presente. Debido a que la conciencia de uno no está ligada al deseo y la lujuria, uno no se deleita en eso. Cuando uno no se deleita en eso, uno es invencible con respecto a los estados que surgen en el presente.

Con respecto al oído y los sonidos que surgen en el presente... la nariz y los olores... la lengua y los sabores... el cuerpo y los objetos tangibles... la mente y los objetos mentales que surgen en el presente, la conciencia de uno no está ligada al deseo y la lujuria por aquello que ha surgido en el presente. Debido a que la conciencia de uno no está ligada al deseo y la lujuria, uno no se deleita en eso. Cuando uno no se deleita en eso, uno es invencible con respecto a los estados que surgen en el presente. Así es como uno es invencible con respecto a los estados que surgen en el presente.

19. Amigos, cuando el Bienaventurado se levantó de su asiento y entró en su morada después de haber hecho un breve resumen sin exponer el significado detallado, es decir:

> "Que nadie reviva el pasado...
> es quien ha tenido una noche singular y excelente".

Entiendo que el significado detallado de este resumen es así. Ahora, amigos, si quieren, vayan al Bienaventurado y pregúntenle sobre el significado de esto. Como el Bienaventurado se los explique, así deben recordarlo.

20. Entonces los bhikkhus, habiéndose deleitado y regocijado con las palabras del venerable Mahā Kaccāna, se levantaron de sus asientos y fueron hacia el Bienaventurado. Después de rendirle homenaje, se sentaron a un lado y le contaron al Bienaventurado todo lo que había sucedido después de su partida, y agregaron: —Entonces, venerable señor, fuimos a ver al venerable Mahā Kaccāna y le preguntamos sobre el significado. El venerable Mahā Kaccāna nos explicó el significado de estos términos, declaraciones y frases.

21. —Mahā Kaccāna es sabio, bhikkhus, Mahā Kaccāna tiene una gran sabiduría. Si me hubieran preguntado el significado de esto, lo habría explicado de la misma manera que lo ha explicado Mahā Kaccāna. Tal es su significado, y así deben recordarlo.

Eso es lo que dijo el Bienaventurado. Los bhikkhus estuvieron satisfechos y deleitados con las palabras del Bienaventurado.

NOTAS M.133

1. Hasta el párrafo 12, como en M.18, §§10–15.
2. NT: En la traducción de este *sutta* Bhikkhu Bodhi y el venerable Sujato traducen el término *chandarāgappaṭibaddhaṁ* como "vinculado [atado] al deseo y la lujuria". En otros contextos se utilizan los términos anhelo, avidez, para designar al vocablo pāli *taṇhā*, cuya traducción al inglés más común es craving (anhelo, sed, deseo vehemente). Sin embargo, en ocasiones el término también es traducido como "lujuria". En el diccionario de P.A. Buddhadatta *chandarāga* es traducido como "deseo excitante". Para una discusión adicional relacionada al término, ver: n.25, M.43.
3. MA: En los dos *suttas* anteriores y en el siguiente, el Buda estableció el esquema y el análisis a través de los cinco agregados, pero aquí lo estableció para que pudiera ser analizado en base a las doce bases sensoriales. Entendiendo la intención del Buda, el venerable Mahā Kaccāna habló como lo hizo, y debido a su habilidad para comprender el método, incluso cuando no se mostraba explícitamente, el Buda lo nombró el discípulo más destacado en explicar en detalle una enseñanza expuesta brevemente.

134. *Lomasakangiyabhaddekaratta Sutta* Lomasakangiya y una noche singular y excelente

1. Esto he escuchado. En una ocasión, el Bienaventurado estaba viviendo en Sāvatthī, en el Bosquecillo de Jeta, el parque de Anāthapiṇḍika. Ahora bien, en esa ocasión el venerable Lomasakangiya estaba viviendo en el país de los Sakya, en Kapilavatthu, en el parque de Nigrodha.[1]

2. Entonces, cuando la noche estaba bien avanzada, Candana, un joven *deva* de hermosa apariencia que iluminó todo el parque de Nigrodha, se acercó al venerable Lomasakangiya. De pie a un lado, Candana, el joven *deva*, le dijo:

—Bhikkhu, ¿recuerdas el resumen y la exposición de "Quien ha Tenido una noche singular y excelente"?

—Amigo, no recuerdo el resumen y la exposición de "Quien ha tenido una noche singular y excelente". Pero, amigo, ¿recuerdas el resumen y la exposición de "Quien ha tenido una noche singular y excelente"?

—Bhikkhu, yo tampoco recuerdo el resumen y la exposición de "Quien ha tenido una noche singular y excelente". Pero, bhikkhu, ¿recuerdas la estrofa de "Quien ha tenido una noche singular y excelente"?

—Amigo, no recuerdo la estrofa de "Quien ha tenido una noche singular y excelente". Pero, amigo, ¿recuerdas la estrofa de "Quien ha Tenido una noche singular y excelente"?

—Bhikkhu, recuerdo la estrofa de "Quien ha tenido una noche singular y excelente".

—Pero, amigo, ¿de qué manera recuerdas la estrofa de "Quien ha tenido una noche singular y excelente"?

—Bhikkhu, en una ocasión el Bienaventurado residía entre los devas del cielo de Tāvatiṃsa, en la piedra de mármol rojo, en la raíz del árbol Pāricchattaka.[2] Allí, el Bienaventurado recitó el resumen y la exposición de "Quien ha tenido una noche singular y excelente" a los *devas* del cielo de Tāvatiṃsa:

3. "Que nadie reviva el pasado
o sobre el futuro cimente sus esperanzas;
porque el pasado ha quedado atrás
y el futuro no ha sido alcanzado.

En cambio, con agudeza introspectiva,
permítasele ver cada estado surgido en el presente;
permítasele saber eso y que esté seguro de ello,
invencible, inquebrantable.

Hoy el esfuerzo debe ser realizado;
mañana puede llegar la muerte, ¿quién lo sabe?
No hay trato con la mortalidad
que pueda mantenerla alejada a ella y a sus hordas.

Pero quien mora enérgico,
inquebrantable, de día, de noche,
ese —ha dicho el Sabio Pacífico (santo muni)—
es quien ha tenido una noche singular y excelente".

4. Bhikkhu, así recuerdo la estrofa de "Quien ha tenido una noche singular y excelente". Bhikkhu, aprende el resumen y la exposición de "Quien ha tenido una noche singular y excelente". Bhikkhu, domina el resumen y la exposición de "Quien ha tenido una noche singular y excelente". Bhikkhu, recuerda el resumen y la exposición de "Quien ha tenido una noche singular y excelente". Bhikkhu, el resumen y la exposición de "Quien ha tenido una noche singular y excelente" es beneficioso, pertenece a los fundamentos de la vida santa.

Eso es lo que dijo Candana, la joven deidad, quien luego se desvaneció de inmediato.

5. Luego, cuando terminó la noche, el venerable Lomasakangiya ordenó su lugar de descanso y, tomando su cuenco y su túnica exterior, se dispuso a viajar por etapas hasta Sāvatthī. Finalmente llegó a Sāvatthī y fue a donde se encontraba el Bienaventurado en el Bosquecillo de Jeta, el parque de Anāthapiṇḍika. Después de rendirle homenaje, se sentó a un lado, contó al Bienaventurado todo lo ocurrido, y dijo: —Bueno sería, venerable señor, que el Bienaventurado me enseñara el resumen y la exposición de "Quien ha tenido una noche singular y excelente".

6. —Bhikkhu, ¿conoces a esa joven deidad?

—No, venerable señor.

—Bhikkhu, esa joven deidad se llama Candana. Él sigue el Dhamma, le presta atención, lo ocupa con toda su mente, lo escucha con oídos ansiosos. Entonces, bhikkhu, escucha y presta mucha atención a lo que voy a decir.

—Sí, venerable señor, respondió el venerable Lomasakangiya al Bienaventurado. El Bienaventurado dijo esto:

7–14. "Que nadie reviva el pasado...
(Repetir todo el Sutta M.131, §§3–10 hasta:)
es quien ha tenido una noche singular y excelente".

Eso es lo que dijo el Bienaventurado. El Venerable Lomasakangiya estuvo satisfecho y deleitado con las palabras del Bienaventurado.

NOTAS M.134

1. BB: Según el comentario a Thag, el venerable Lomasakangiya había sido un bhikkhu en la época del Buda Kassapa. Después de que el Buda Kassapa enseñó el *Bhaddekaratta Sutta*, cierto bhikkhu habló sobre ello a Lomasakangiya. Incapaz de entenderlo, exclamó: "¡Que en un futuro yo pueda enseñarte este *sutta*!" El otro respondió: "¡Que yo pueda preguntarte sobre el mismo!" En la época del relato, Lomasakangiya nació en una familia Sakya en Kapilavatthu, mientras que el otro bhikkhu se convirtió en el *deva* Candana.
2. MA explica que esto ocurrió en el séptimo año después de la iluminación del Buda, en el momento en que pasó los tres meses de la temporada de lluvias en el cielo de los Treinta y Tres enseñando el Abhidhamma a los *devas* que se habían reunido provenientes de diez mil sistemas mundiales.

135. *Cūḷakammavibhanga Sutta*
La exposición menor acerca del *kamma*

1. Esto he escuchado. En una ocasión, el Bienaventurado residía en Sāvatthī, en el Bosquecillo de Jeta, el parque de Anāthapiṇḍika.

2. Entonces el estudiante brahmán Subha, el hijo de Todeyya, fue a donde se encontraba el Bienaventurado e intercambió saludos con él.[1] Cuando terminó esta conversación cortés y amable, se sentó a un lado y le preguntó al Bienaventurado:

3. —Maestro Gautama, ¿Cuál es la causa y condición por la cual los seres humanos son vistos como inferiores y superiores? Ya que es evidente que las personas son efímeras y longevas, enfermizas y sanas, feas y hermosas, poco influyentes e influyentes, pobres y ricas, de baja y alta cuna, necias y sabias. Maestro Gautama, ¿Cuál es la causa y condición por la cual los seres humanos son inferiores y superiores?

4. —Estudiante, los seres son dueños de sus acciones, herederos de sus acciones; se originan de sus acciones, están ligados a sus acciones, tienen sus acciones como su refugio. Es la acción la que distingue a los seres como inferiores y superiores.

—No entiendo en detalle el significado de la declaración del Maestro Gautama, que expuso brevemente sin elaborar el significado en detalle. Sería bueno si el Maestro Gautama me enseñara el Dhamma para que pueda entender en detalle el significado de la declaración del Maestro Gautama.

—Entonces, estudiante, escucha y presta atención a lo que voy a decir.

—Sí, señor, respondió el estudiante brahmán Subha. El Bienaventurado dijo esto:

5. —Aquí, estudiante, algún hombre o mujer mata a los seres vivos y es homicida, sanguinario, dado a los golpes y a la violencia, despiadado con los seres vivos. Por realizar y emprender tal acción, al disolverse el cuerpo —después de la muerte— reaparece en un estado de privación, en un destino infeliz, en la perdición, incluso en el infierno. Pero si, tras disolverse el cuerpo —después de la muerte—

no reaparece en un estado de privación, en un destino infeliz, en la perdición, en el infierno, sino que vuelve al estado humano, entonces dondequiera que renazca es de vida corta.[2] Estudiante, esta es la vía que conduce a una vida corta, propiamente, uno mata seres vivientes y es asesino, de manos ensangrentadas, dado a los golpes y a la violencia, despiadado con los seres vivos.

6. Pero aquí, estudiante, algún hombre o mujer, abandonando la matanza de seres vivos, se abstiene de matar seres vivos; con la vara y el arma dejadas a un lado, dócil y bondadoso, permanece compasivo con todos los seres vivientes. Por realizar y emprender tal acción, al disolverse el cuerpo —después de la muerte— reaparece en un destino feliz, aun en el mundo celestial. Pero si, tras disolverse el cuerpo —después de la muerte— no reaparece en un destino feliz, en el mundo celestial, sino que vuelve al estado humano, entonces dondequiera que renazca será de larga vida.[3] Este es el camino, estudiante, que conduce a la larga vida, es decir, el abandonar la matanza de seres vivos, absteniéndose de matar seres vivos; con la vara y el arma dejadas a un lado, dócil y bondadoso, uno permanece compasivo con todos los seres vivientes.

7. Aquí, estudiante, algún hombre o mujer es dado a herir a los seres con la mano, con un terrón, con un palo, o con un cuchillo. Por realizar y emprender tal acción, al disolverse el cuerpo —después de la muerte— reaparece en un estado de privación... Pero si, en cambio vuelve al estado humano, entonces, dondequiera que renazca es enfermizo. Este es el camino, estudiante, que conduce a la enfermedad, a saber, uno es dado a herir a los seres con la mano, con un terrón, con un palo o con un cuchillo.

8. Pero aquí, estudiante, algún hombre o mujer no es dado a herir a los seres con la mano, con un terrón, con un palo o con un cuchillo. Por realizar y emprender tal acción, al disolverse el cuerpo —después de la muerte— reaparece en un destino feliz... Pero si, en cambio vuelve al estado humano, entonces, dondequiera que renazca será sano. Este es el camino, estudiante, que conduce a la salud, es decir, no se es dado a herir a los seres con la mano, con un terrón, con un palo o con un cuchillo.

9. Aquí, estudiante, algún hombre o mujer es de carácter colérico e irritable; incluso cuando se le critica un poco, se ofende, se enfada, se muestra hostil y resentido, y muestra ira, odio y amargura. Por realizar y emprender tal acción... reaparece en un estado de privación... Pero si, en cambio esa persona... vuelve al estado humano, entonces, dondequiera que renace es fea. Este es el camino, estudiante, que conduce a la fealdad, es decir, uno es de carácter colérico e irritable... y muestra ira, odio y amargura.

10. Pero aquí, estudiante, algún hombre o mujer no es de carácter colérico e irritable; incluso cuando se le critica mucho, no se ofende, no se enfada, no se muestra hostil ni guarda rencor, y no muestra ira, odio y amargura. Por realizar y emprender tal acción... esa persona reaparece en un destino feliz... Pero si, en cambio regresa al estado humano, entonces, dondequiera que renace es hermosa. Este es el camino, estudiante, que lleva a la persona a ser bella, es decir, uno no tiene un carácter colérico e irritable... y no muestra ira, odio y amargura.

11. Aquí, estudiante, algún hombre o mujer es envidioso, una persona que, presa de envidia, se resiente y guarda rencor debido a las ganancias, el honor, el respeto, la reverencia, los saludos y la veneración recibidos por otros. Debido a que realiza y emprende tal acción... esa persona reaparece en un estado de privación... Pero en cambio, si regresa al estado humano, entonces, dondequiera que renazca, no tendrá influencia. Este es el camino, estudiante, que lleva a ser poco influyente, es decir, por razón de tener envidia... de las ganancias, el honor, el respeto, la reverencia, los saludos y la veneración que reciben los demás.

12. Pero aquí, estudiante, algún hombre o mujer no es envidioso, uno que no envidia, no guarda rencor ni le duelen las ganancias, el honor, el respeto, la reverencia, los saludos y la veneración recibidos por otros. Por realizar y emprender tal acción... esa persona reaparece en un destino feliz... Pero en cambio, si regresa al estado humano, entonces, donde sea que renazca, es influyente. Este es el camino, estudiante, que lleva a ser influyente, es decir, debido a que no se tiene envidia... de las ganancias, el honor, el respeto, la reverencia, los saludos y la veneración recibidos por los demás.

13. Aquí, estudiante, algún hombre o mujer no da comida, bebida, ropa, carruajes, guirnaldas, perfumes, ungüentos, camas, morada y lámparas a *samaṇas* o brahmanes. Por realizar y emprender tal acción... esa persona reaparece en un estado de privación... Pero en cambio, si regresa al estado humano, entonces, dondequiera que renazca es pobre. Este es el camino, estudiante, que conduce a la pobreza, es decir, debido a que uno no da comida... y lámparas a los *samaṇas* o brahmanes.

14. Pero aquí, estudiante, algún hombre o mujer da comida... y lámparas a *samaṇas* o brahmanes. Por realizar y emprender tal acción... esa persona reaparece en un destino feliz... Pero en cambio, si regresa al estado humano, entonces, dondequiera que renazca será una persona rica. Este es el camino, estudiante, que conduce a la riqueza, es decir, debido a que se da comida... y lámparas a los *samaṇas* o brahmanes.

15. Aquí, estudiante, algún hombre o mujer es obstinado y arrogante; no rinde homenaje a quien debe recibir homenaje, no se levanta por aquel en cuya presencia debe levantarse, no ofrece asiento a quien merece asiento, no da paso a quien debe dar paso, y no honra, respeta, reverencia ni venera a quien debe ser honrado, respetado, reverenciado y venerado. Por realizar y emprender tal acción... esa persona reaparece en un estado de privación... Pero en cambio, si regresa al estado humano, entonces, dondequiera que renazca es de baja cuna. Este es el camino, estudiante, que lleva a la baja cuna, es decir, debido a que se es obstinado y arrogante... y no honra, respeta, reverencia ni venera a quien debe ser honrado, respetado, reverenciado y venerado.

16. Pero aquí, estudiante, algún hombre o mujer no es obstinado y arrogante; rinde homenaje a quien debe recibir homenaje, se levanta por aquella persona en cuya presencia debe levantarse, ofrece un asiento a quien merece un asiento, da paso a quien debe dar paso, y honra, respeta, reverencia, y venera a quien debe ser honrado, respetado, reverenciado y venerado. Por realizar y emprender tal acción... esa persona reaparece en un destino feliz... Pero si, en cambio regresa al estado humano, entonces, dondequiera que renazca será de alta cuna. Este es el camino, estudiante, que conduce a la alta cuna, es decir, debido a que no se es obstinado y arrogante... y honra, respeta, reverencia y venera a quien debe ser honrado, respetado, reverenciado y venerado.

17. Aquí, estudiante, algún hombre o mujer no visita a un *samaṇa* o a un brahmán ni le pregunta: "Venerable señor, ¿qué es saludable? ¿qué es malsano? ¿qué es reprochable? ¿qué está libre de culpa? ¿qué se debe cultivar? ¿qué no se debe cultivar? ¿qué tipo de acción conducirá a mi daño y sufrimiento durante mucho tiempo? ¿qué tipo de acción conducirá a mi bienestar y felicidad por un largo tiempo?" Debido a que no realiza ni emprende tal acción... esa persona reaparece en un estado de privación... Pero en cambio, si regresa al estado humano, entonces, dondequiera que renace es una persona estúpida. Este es el camino, estudiante, que conduce a la estupidez, es decir, debido a que uno no visita a un *samaṇa* o a un brahmán y no hace tales preguntas.

18. Pero aquí, estudiante, algún hombre o mujer visita a un *samaṇa* o a un brahmán y le pregunta: "Venerable señor, ¿qué es saludable?... ¿qué tipo de acción me llevará a mi bienestar y felicidad por un largo tiempo?", debido a que realiza y emprende tal acción... reaparece en un destino feliz... Pero en cambio, si vuelve al estado humano, entonces dondequiera que renazca es una persona sabia. Este es el camino, estudiante, que conduce a la sabiduría, es decir, debido a que uno visita a un *samaṇa* o brahmán y le hace tales preguntas.

19. Así, estudiante, el camino que lleva a la vida corta hace que la gente viva poco tiempo, el camino que lleva a la vida larga hace que la gente sea longeva; el camino que lleva a la enfermedad hace que la gente sea enfermiza, el camino que lleva a la salud hace que la gente sea sana; el camino que lleva a la fealdad vuelve fea a la gente, el camino que lleva a la belleza hace que la gente sea bella; el camino que lleva a ser poco influyente hace que la gente no sea influyente, el camino que lleva a ser influyente hace que la gente sea influyente; el camino que lleva a la pobreza hace que la gente sea pobre, el camino que lleva a la riqueza hace que la gente sea rica; el camino que conduce a un nacimiento de baja cuna hace que la gente sea de baja cuna, el camino que conduce a un nacimiento de alta cuna hace que la gente sea de alta cuna; el camino que lleva a la estupidez hace que la gente sea estúpida, el camino que lleva a la sabiduría hace que la gente sea sabia.

20. Los seres son dueños de sus acciones, estudiante, herederos de sus acciones; se originan de sus acciones, están ligados a sus acciones, tienen sus acciones como su refugio. Es la acción la que distingue a los seres como inferiores y superiores.

21. Cuando se dijo esto, el estudiante brahmán Subha, el hijo de Todeyya, dijo al Bienaventurado: —¡Magnífico, Maestro Gautama! ¡Magnífico, Maestro Gautama! El Maestro Gautama ha aclarado el Dhamma de muchas maneras, como si estuviera poniendo de pie lo que se había derribado, revelando lo que estaba oculto, mostrando el camino a alguien que estaba perdido, o levantando una lámpara en la oscuridad para que aquellos con vista puedan ver formas visibles. Voy al Maestro Gautama en busca de refugio, y al Dhamma y al Saṅgha de los bhikkhus. Que el Maestro Gautama me recuerde como un seguidor laico que ha ido a él en busca de refugio de por vida.

NOTAS M.135

1. Ver M.99. Según MA, su padre, el brahmán Todeyya, renació como perro en su propia casa debido a su extrema tacañería. El Buda lo identificó ante Subha haciendo que el perro desenterrara un tesoro escondido que el padre de Subha había enterrado antes de su muerte. Esto inspiró la confianza de Subha en el Buda y lo impulsó a acercarse y preguntar sobre el funcionamiento del *kamma*.
2. BB: Si el *kamma* de matar determina directamente el modo de renacer, producirá renacimiento en uno de los estados de privación. Pero si un *kamma* saludable produce un renacimiento humano (y el renacimiento como ser humano es siempre el resultado de un *kamma* saludable), el *kamma* de matar operará de una manera contraria a la del *kamma* generador del renacimiento, causando diversas adversidades que pueden dar lugar a una muerte prematura. El mismo principio se aplica a los casos posteriores en los que el *kamma* malsano llega a la madurez en una existencia humana: en cada caso, el *kamma* malsano contrarresta el *kamma* saludable responsable del renacimiento humano propiciando un tipo específico de desgracia correspondiente a la misma cualidad que lo distingue.
3. BB: En este caso, el *kamma* saludable de abstenerse de matar puede ser directamente responsable del renacimiento celestial o de la longevidad en la existencia humana. El mismo principio se aplica en todos los pasajes sobre la maduración del *kamma* saludable.

136. *Mahākammavibhanga Sutta*
La exposición mayor acerca del *kamma*

1. Esto he escuchado. En una ocasión, el Bienaventurado estaba viviendo en Rājagaha, en el Bosquecillo de Bambúes, el santuario de las ardillas.

2. Ahora bien, en esa ocasión el venerable Samiddhi estaba viviendo en una cabaña en el bosque. Entonces, el asceta errante (*paribbājaka*) Potaliputta, mientras deambulaba y caminaba para hacer ejercicio, se dirigió al venerable Samiddhi e intercambió saludos con él. Cuando terminó esta cortés y amable charla, se sentó a un lado y dijo al venerable Samiddhi:

—Amigo Samiddhi, escuché y aprendí esto de los propios labios del samaṇa Gautama: "La acción corporal es en vano, la acción verbal es en vano, sólo la acción mental es real". Y: "existe ese logro tal que, al entrar en él, uno no siente nada en absoluto".[1]

—No digas eso, amigo Potaliputta, no digas eso. No tergiverses al Bienaventurado; no es bueno tergiversar al Bienaventurado. El Bienaventurado no hablaría así: "La acción corporal es en vano, la acción verbal es en vano, sólo la acción mental es real". Pero, amigo, existe ese logro tal que, al entrar en él, uno no siente nada en absoluto.

—¿Hace cuánto tiempo que saliste [de la vida hogareña a la vida sin hogar], amigo Samiddhi?

—No mucho, amigo: tres años.

—Ahora bien, ¿qué le diremos a los bhikkhus mayores, cuando un bhikkhu joven piensa que el Maestro deba ser defendido de esta manera? Amigo Samiddhi, después de haber realizado una acción intencional por medio del cuerpo, la palabra o la mente, ¿qué es lo que siente uno?

—Habiendo realizado una acción intencional a través del cuerpo, la palabra o la mente, uno siente sufrimiento, amigo Potaliputta.

Entonces, sin aprobar ni desaprobar las palabras del venerable Samiddhi, el mendicante Potaliputta se levantó de su asiento y partió.

3. Poco después de que el paribbājaka Potaliputta se fuera, el venerable Samiddhi fue a donde se encontraba el venerable Ānanda e

intercambió saludos con él. Cuando esta cortés y amable charla hubo terminado, se sentó a un lado e informó al venerable Ānanda de toda su conversación con el paribbājaka Potaliputta. Después de haber hablado, el venerable Ānanda le dijo: —Amigo Samiddhi, esta conversación debe ser contada al Bienaventurado. Ven, acerquémonos al Bienaventurado y digámosle esto. Como nos lo explique el Bienaventurado, así lo tendremos en cuenta. —Sí, amigo, respondió el venerable Samiddhi.

4. Entonces el venerable Ānanda y el venerable Samiddhi fueron juntos hacia el Bienaventurado, y después de rendirle homenaje, se sentaron a un lado. El venerable Ānanda informó al Bienaventurado de toda la conversación entre el venerable Samiddhi y el paribbājaka Potaliputta.

5. Cuando hubo terminado, el Bienaventurado le dijo al venerable Ānanda: —Ānanda, ni siquiera recuerdo haber visto nunca al paribbājaka Potaliputta, entonces, ¿cómo pudo haber habido esta conversación? Aunque la pregunta del paribbājaka Potaliputta debería haber sido analizada antes de ser respondida, este hombre equivocado, Samiddhi, la ha respondido unilateralmente.

6. Dicho esto, el venerable Udāyin dijo al Bienaventurado: —Venerable señor, tal vez el venerable Samiddhi habló así refiriéndose al principio de que: "Todo lo que se siente está incluido en el sufrimiento".[2]

Entonces el Bienaventurado se dirigió al venerable Ānanda: —Mira, Ānanda, cómo interfiere este hombre equivocado Udāyin. Yo sabía, Ānanda, que este hombre equivocado, Udāyin, interferiría indebidamente en este momento. Desde el principio, el paribbājaka Potaliputta había preguntado acerca de los tres tipos de sensación. Este hombre equivocado Samiddhi habría respondido correctamente al paribbājaka Potaliputta si, cuando se le preguntó así, hubiera explicado: "Amigo Potaliputta, habiendo realizado una acción intencional por medio del cuerpo, la palabra o la mente [*cuyo resultado deba sentirse*] como placentero, uno siente placer. Habiendo realizado una acción intencional a través del cuerpo, la palabra o la mente [cuyo resultado deba sentirse] como doloroso, uno siente dolor. Habiendo realizado una acción intencional a través del cuerpo, la palabra o la mente [*cuyo resultado deba sentirse*] como *ni dolor ni placer*, uno siente *ni dolor ni placer*". Pero ¿quiénes son estos ascetas errantes tontos e irreflexivos de otras sectas que pudieran entender la gran exposición acerca de la acción del Tathāgata? Deberías escuchar, Ānanda, al Tathāgata mientras expone la gran exposición de la acción.

7. —Este es el momento, Bienaventurado, esta es la ocasión, Sublime, para que el Bienaventurado exponga la gran exposición de la acción. Habiéndolo oído del Bienaventurado, los bhikkhus lo recordarán.

—Entonces escucha, Ānanda, y presta mucha atención a lo que diré.

—Sí, venerable señor, respondió el venerable Ānanda. El Bienaventurado dijo esto:

8. —Ānanda,[3] hay cuatro tipos de personas que se encuentran en el mundo. ¿Cuáles cuatro? Aquí, alguna persona mata a los seres vivientes, toma lo que no se le da, se comporta incorrectamente respecto a los placeres sensoriales, habla con falsedad, habla con malicia, habla con dureza, chismea; es codicioso, tiene una mente de mala voluntad y tiene una noción equivocada. Al disolverse el cuerpo, después de la muerte, reaparece en un estado de privación, en un destino infeliz, en la perdición, incluso en el infierno.

Pero aquí, alguna persona mata seres vivos... y tiene una noción equivocada. Al disolverse el cuerpo, después de la muerte, reaparece en un destino feliz, incluso en el mundo celestial.

Aquí, alguien se abstiene de matar seres vivientes, de tomar lo que no es dado, de la conducta incorrecta respecto a los placeres sensoriales, de la palabra falsa, de la palabra maliciosa, de la palabra ruda, del chisme; no es codicioso, su mente no tiene mala voluntad y tiene una noción correcta. Al disolverse el cuerpo, después de la muerte, reaparece en un destino feliz, incluso en el mundo celestial.

Pero aquí, alguna persona se abstiene de matar seres vivos... y tiene una noción correcta. Al disolverse el cuerpo, después de la muerte, reaparece en un estado de privación, en un destino infeliz, en la perdición, incluso en el infierno.

9. Aquí, Ānanda, por medio de la energía, el esfuerzo, la devoción, la diligencia y la atención correcta, algún *samaṇa* o brahmán alcanza tal concentración mental que, cuando su mente está concentrada, con el ojo divino, que está purificado y supera al humano, ve a esa persona aquí que mata a los seres vivos... y tiene una noción equivocada, y ve que, al disolverse el cuerpo, después de la muerte, ha reaparecido en un estado de privación, en un destino infeliz, en la perdición, incluso en el infierno. Él dice así: "Ciertamente, hay malas acciones, resultado de una mala conducta; porque vi a una persona aquí que mató a los seres vivos... y tenía una noción equivocada, y veo que, al disolverse el cuerpo, después de la muerte, ha reaparecido en un estado de privación... incluso en el infierno". Él dice así: "Al disolverse el cuerpo, después de la muerte, todo aquel que mata a los seres vivos... y tiene una noción equivocada reaparece en un estado de privación... incluso en el infierno. Los que saben así, saben correctamente; los que piensan lo contrario se equivocan". Así, se adhiere obstinadamente a lo que él mismo ha conocido, visto y descubierto, insistiendo en que: "Sólo esto es verdad, todo lo demás está equivocado".

10. Pero aquí, Ānanda, por medio de la energía... algún *samaṇa* o brahmán alcanza tal concentración mental que, cuando su mente está concentrada, con el ojo divino, que está purificado y supera al humano, ve a una persona que aquí mata a los seres vivos... y tiene una noción equivocada, y ve que, en la disolución del cuerpo, después de la muerte, ha reaparecido en un destino feliz, incluso en el mundo celestial. Él dice así: "Ciertamente, no hay malas acciones, no hay resultado de la mala conducta; porque vi aquí a una persona que mató a los seres vivos... y tuvo una noción equivocada, y veo que, al disolverse el cuerpo, después de la muerte, ha reaparecido en un destino feliz, incluso en el mundo celestial". Y dice así: "Al disolverse el cuerpo, después de la muerte, todo aquel que mata a los seres vivos... y tenía una noción equivocada reaparece en un destino feliz, incluso en el mundo celestial. Los que saben así saben correctamente; los que piensan lo contrario se equivocan". Así, se adhiere obstinadamente a lo que él mismo ha conocido, visto y descubierto, insistiendo en que: "Sólo esto es verdad, todo lo demás está equivocado".

11. Aquí, Ānanda, por medio de la energía... algún *samaṇa* o brahmán alcanza tal concentración mental que, cuando su mente está concentrada, con el ojo divino, que está purificado y supera al humano, ve a esa persona aquí que se abstiene de matar a los seres vivos... y tiene una noción correcta, y ve que, en la disolución del cuerpo, después de la muerte, ha reaparecido en un destino feliz, incluso en el mundo celestial. Él dice así: "Ciertamente, hay buenas acciones, hay resultado de la buena conducta; porque vi aquí a una persona que se abstuvo de matar a los seres vivientes... y tenía la noción correcta, y veo que, al disolverse el cuerpo, después de la muerte, ha reaparecido en un destino feliz, incluso en el mundo celestial". Él dice así: "Al disolverse el cuerpo, después de la muerte, todo aquel que se abstiene de matar a los seres vivos... y tiene una noción correcta, reaparece en un destino feliz, incluso en el mundo celestial. Los que saben así, saben correctamente; los que piensan lo contrario se equivocan". Así, se adhiere obstinadamente a lo que él mismo ha conocido, visto y descubierto, insistiendo en que: "Sólo esto es verdad, todo lo demás está equivocado".

12. Pero aquí, Ānanda, por medio de la energía... algún *samaṇa* o brahmán alcanza tal concentración mental que, cuando su mente está concentrada, con el ojo divino, que está purificado y supera al humano, ve que una persona aquí se abstiene de matar a los seres vivos... y tiene una noción correcta, y ve que, al disolverse el cuerpo, después de la muerte, reaparece en un estado de privación, en un destino infeliz, en la perdición, incluso en el infierno. Él dice así: "Ciertamente, no hay buenas acciones, no hay resultado de la buena

conducta; porque vi aquí a una persona que se abstenía de matar seres vivos... y tenía la noción correcta, y veo que, en la disolución del cuerpo, después de la muerte, ha reaparecido en un estado de privación... incluso en el infierno". Él dice así: "Tras la disolución del cuerpo, después de la muerte, todo el que se abstiene de matar seres vivos... y tiene una noción recta reaparece en un estado de privación... incluso en el infierno. Los que saben así saben correctamente; los que piensan lo contrario se equivocan". Así, se adhiere obstinadamente a lo que él mismo ha conocido, visto y descubierto, insistiendo en que: "Sólo esto es verdad, todo lo demás está equivocado".

13. Allí, Ānanda,[4] cuando un *samaṇa* o un brahmán dice: "Ciertamente, hay malas acciones, hay resultado de la mala conducta", le concedo esto. Cuando dice: "Vi a una persona aquí que mató a seres vivos... y tenía una noción equivocada, y veo que, en la disolución del cuerpo, después de la muerte, ha reaparecido en un estado de privación... incluso en el infierno", también le concedo esto. Pero cuando dice: "Al disolverse el cuerpo, después de la muerte, todo el que mata a los seres vivos... y tiene una noción equivocada reaparece en un estado de privación... incluso en el infierno", no le concedo esto. Y cuando dice: "Los que saben así, saben bien, y se equivocan los que piensan lo contrario", tampoco le concedo esto. Y cuando se adhiere obstinadamente a lo que él mismo ha conocido, visto y descubierto, insistiendo en que: "Sólo esto es verdad, todo lo demás está equivocado"; tampoco le concedo esto. ¿Por qué es eso? Porque, Ānanda, el conocimiento del Tathāgata de la gran exposición de la acción es diferente.

14. Ahí, Ānanda, cuando un *samaṇa* o un brahmán dice: "Ciertamente, no hay malas acciones, no hay resultado de la mala conducta", yo no le concedo esto. Cuando dice: "Vi a una persona aquí que mató a los seres vivos... y tenía una noción equivocada, y veo que, al disolverse el cuerpo, después de la muerte, ha reaparecido en un destino feliz, incluso en el mundo celestial", le concedo esto. Pero cuando dice: "Al disolverse el cuerpo, después de la muerte, todo el que mata a los seres vivos... y tiene una noción equivocada reaparece en un destino feliz, incluso en el mundo celestial", no le concedo esto. Y cuando dice: "Los que saben así saben bien, y se equivocan los que piensan lo contrario", tampoco le concedo esto. Y cuando se adhiere obstinadamente a lo que él mismo ha conocido, visto y descubierto, insistiendo en que: "Sólo esto es verdad, todo lo demás está equivocado", tampoco le concedo esto. ¿Por qué es eso? Porque, Ānanda, el conocimiento del Tathāgata de la gran exposición de la acción es diferente.

15. Allí, Ānanda, cuando un *samaṇa* o un brahmán dice: "Ciertamente, hay buenas acciones, hay resultado de la buena conducta", le

concedo esto. Y cuando dice: "Vi a una persona aquí que se abstenía de matar a los seres vivos... y tenía una noción correcta, y veo que, en la disolución del cuerpo, después de la muerte, ha reaparecido en un destino feliz, incluso en el mundo celestial", también le concedo esto. Pero cuando dice: "Al disolverse el cuerpo, después de la muerte, todo el que se abstiene de matar a los seres vivos... y tiene una noción correcta reaparece en un destino feliz, incluso en el mundo celestial", no le concedo esto. Y cuando dice: "Los que saben así saben bien, y se equivocan los que piensan lo contrario", tampoco le concedo esto. Y cuando se adhiere obstinadamente a lo que él mismo ha conocido, visto y descubierto, insistiendo en que: "Sólo esto es verdad, todo lo demás está equivocado", tampoco le concedo esto. ¿Por qué es eso? Porque, Ānanda, el conocimiento del Tathāgata de la gran exposición acerca de la acción es diferente.

16. Allí, Ānanda, cuando un *samaṇa* o un brahmán dice: "Ciertamente, no hay buenas acciones, no hay resultado de la buena conducta", no le concedo esto. Cuando dice: "Vi a una persona aquí que se abstuvo de matar a los seres vivos... y tenía una noción correcta, y veo que, en la disolución del cuerpo, después de la muerte, ha reaparecido en un estado de privación... incluso en el infierno", le concedo esto. Pero cuando dice: "Tras la disolución del cuerpo, después de la muerte, todo el que se abstenga de matar a los seres vivos... y tenga una noción correcta reaparece en un estado de privación... incluso en el infierno", no le concedo esto. Y cuando dice: "Aquellos que saben así saben bien, y se equivocan los que piensan lo contrario", tampoco le concedo esto. Y cuando se adhiere obstinadamente a lo que él mismo ha conocido, visto y descubierto, insistiendo en que: "Sólo esto es verdad, todo lo demás está equivocado", tampoco le concedo esto. ¿Por qué es eso? Porque, Ānanda, el conocimiento del Tathāgata de la gran exposición de la acción es diferente.

17. Allí, Ānanda,[5] en cuanto a la persona que aquí mata a los seres vivos... y tiene una noción equivocada, y en la disolución del cuerpo, después de la muerte, reaparece en un estado de privación... incluso en el infierno: o antes hizo una mala acción para ser sentida como dolorosa, o más tarde hizo una mala acción para ser sentida como dolorosa, o en el momento de la muerte adquirió y emprendió una noción equivocada.[6] Por eso, al disolverse el cuerpo, después de la muerte, ha reaparecido en un estado de privación... incluso en el infierno. Y dado que aquí ha matado seres vivos... y ha tenido una noción equivocada, experimentará el resultado de eso aquí y ahora, o en su próximo renacimiento, o en alguna existencia posterior.[7]

18. Allí, Ānanda, en cuanto a la persona que aquí mata a los seres vivos... y tiene una noción equivocada, y en la disolución del cuerpo,

después de la muerte, reaparece en un destino feliz, incluso en el mundo celestial: ya sea que antes hizo una buena acción para ser sentida como placentera, o más tarde hizo una buena acción para ser sentida como placentera, o en el momento de la muerte adquirió y emprendió una noción correcta.[8] Por eso, al disolverse el cuerpo, después de la muerte, ha reaparecido en un destino feliz, incluso en el mundo celestial. Pero dado que aquí ha matado a los seres vivos... y ha tenido una noción equivocada, experimentará el resultado de eso aquí y ahora, o en su próximo renacimiento, o en alguna existencia posterior.

19. Allí, Ānanda, en cuanto a la persona que aquí se abstiene de matar a los seres vivos... y tiene una noción correcta, y en la disolución del cuerpo, después de la muerte, reaparece en un destino feliz, incluso en el mundo celestial: ya sea que antes hizo una buena acción para ser sentida como agradable, o más tarde hizo una buena acción para ser sentida como agradable, o en el momento de la muerte adquirió y asumió una noción correcta. Por eso, al disolverse el cuerpo, después de la muerte, ha reaparecido en un destino feliz, incluso en el mundo celestial. Y puesto que aquí se ha abstenido de matar seres vivos... y se ha mantenido en una noción correcta, experimentará el resultado de eso aquí y ahora, o en su próximo renacimiento, o en alguna existencia posterior.

20. Allí, Ānanda, en cuanto a la persona que aquí se abstiene de matar a los seres vivos... y tiene una noción correcta, y en la disolución del cuerpo, después de la muerte, reaparece en un estado de privación... incluso en el infierno: ya sea que antes hizo una mala acción para ser sentida como dolorosa, o más tarde hizo una mala acción para ser sentida como dolorosa, o en el momento de la muerte adquirió y asumió una noción equivocada. Por eso, al disolverse el cuerpo, después de la muerte, ha reaparecido en un estado de privación... incluso en el infierno. Pero dado que aquí se ha abstenido de matar seres vivos... y ha mantenido una noción correcta, experimentará el resultado de eso aquí y ahora, o en su próximo renacimiento, o en alguna existencia posterior.

21. Así, Ānanda, hay acción que es incapaz [*de buen resultado*] y parece incapaz; hay una acción que es incapaz y parece capaz; hay acción que es capaz y parece capaz; y hay acción que es capaz y parece incapaz.[9]

Eso es lo que dijo el Bienaventurado. El venerable Ānanda quedó satisfecho y deleitado con las palabras del Bienaventurado.

NOTAS M.136

1. MA dice que Potaliputta en realidad no escuchó esto personalmente del Buda, pero había escuchado un informe de que estas declaraciones fueron hechas por el Buda. La primera es una versión distorsionada de la declaración del Buda en M. 56.4, en el sentido de que la acción mental es el más reprensible de los tres tipos de actos para realizar una acción malsana. Este último se deriva de la discusión del Buda sobre el cese de la percepción en el *Poṭṭhapāda Sutta* (DN 9). MA glosa la palabra "vano" por "infructuoso".
2. BB: Esta afirmación la hace el Buda en SN 36:11/iv.216, con referencia al sufrimiento inherente a todas las formaciones debido a su transitoriedad. Aunque la afirmación en sí es cierta, Samiddhi parece haberla malinterpretado en el sentido de que toda sensación se siente como sufrimiento, lo cual es evidentemente falso.
3. MA: Esta sección no es la exposición del conocimiento del Tathāgata sobre la gran exposición de la acción, sino el establecimiento del esquema con el propósito de presentar esa exposición.
4. MA: Esto tampoco es la exposición del conocimiento del Tathāgata de la gran exposición de la acción, sino que sigue siendo el establecimiento del esquema. El propósito aquí es mostrar lo que se puede aceptar y lo que se debe rechazar en las afirmaciones de los brahmanes y *samaṇas* externos. En pocas palabras, las proposiciones que informan sus observaciones directas pueden aceptarse, pero deben rechazarse las generalizaciones que derivan de esas observaciones.
5. BB: Aquí comienza la exposición del conocimiento de la gran exposición de la acción.
6. MA: La persona que fue vista con el ojo divino matando seres vivos, etcétera, renace en el infierno por otra mala acción que había cometido antes del acto de matar, etcétera, o por una mala acción que hizo después, o por una noción equivocada que aceptó en el momento de la muerte. Aunque el pāḷi parece decir que necesariamente renació en el infierno a causa de alguna acción distinta a la que fue visto realizar, esto no debe entenderse como un pronunciamiento incontrovertible sino sólo como una declaración de posibilidad. Es decir, si bien puede ser cierto que renació en el infierno debido a la acción malsana que fue visto realizando, también es posible que renaciera allí debido a alguna

otra acción malsana que hizo antes o después o debido a una noción equivocada.

7. BB: Esta afirmación muestra que, incluso si su *kamma* malsano no genera la modalidad de renacimiento, de todos modos, madurará para él de alguna otra manera, ya sea en esta vida, en la próxima o en alguna vida futura más distante.
8. BB: En este caso, el renacimiento celestial debe deberse a alguna acción distinta de la que se le vio realizar, ya que una acción mala no puede producir un modo afortunado de renacer.
9. MA explica *abhabba*, incapaz, como lo nocivo (*akusala*), llamado "incapaz" porque está desprovisto de capacidad de crecimiento; y *bhabba*, capaz, como lo sano, llamado "capaz" porque tiene capacidad de crecimiento. Esta explicación suena sospechosa; *bhabba* (Skt. *bhavya*) puede significar simplemente "potente, capaz de producir resultados", sin implicar ninguna valoración moral particular. MA da dos explicaciones de la tétrada. La primera se basa en tomar el sufijo *-ābhāsa* en el sentido de "eclipsar" o "superar", y así los cuatro términos ejemplifican la forma en que un *kamma* de una cualidad puede "eclipsar" a otra al generar su resultado. La segunda explicación, que parece más convincente, considera que *-ābhāsa* significa "aparece", lo cual es lo que adopto en la traducción. Según esta explicación, el primer tipo está ilustrado por la persona que mata seres vivos y renace en el infierno: su acción es incapaz (de buen resultado) porque es malsana, y parece incapaz porque, dado que renace en el infierno, parece ser la causa de su renacimiento allí. El segundo está ilustrado por la persona que mata seres vivientes y renace en el cielo: su acción es incapaz (de buen resultado) porque es malsana, pero parece capaz porque renace en el cielo; así, para los *samaṇas* y brahmanes externos, parece ser la causa de su renacimiento en el cielo. Los dos términos restantes deben entenderse del mismo modo, con los cambios adecuados.

137. *Saḷāyatanavibhanga Sutta*
La exposición de la base séxtuple

1. Esto he escuchado. En una ocasión, el Bienaventurado vivía en Sāvatthī, en el Bosquecillo de Jeta, el parque de Anāthapiṇḍika. Allí se dirigió a los bhikkhus diciendo: —Bhikkhus. —Venerable señor, respondieron. El Bienaventurado dijo esto:

2. —Bhikkhus, les enseñaré una exposición de la base séxtuple. Escuchen y atiendan atentamente a lo que diré. —Sí, venerable señor, respondieron los bhikkhus. El Bienaventurado dijo esto:

3. —Deben entenderse las seis bases internas. Las seis bases externas [también] deben ser entendidas. Deben entenderse las seis clases de conciencia. Deben entenderse las seis clases de contacto. Deben entenderse los dieciocho tipos de exploración mental (*manopavicārā*).[1] Deben entenderse las treinta y seis posiciones de los seres. Allí, dependiendo de esto, abandonen aquello. Hay tres fundamentos de la atención plena que el Noble cultiva [ver párrafo 21 y nota 12], cultivándolos, el Noble es un maestro apto para instruir a un grupo. Entre los maestros que entrenan a otros, es el que se llama el líder incomparable de las personas a entrenar. Este es el resumen de la exposición de la base séxtuple.

4. "Las seis bases internas deben entenderse". Así se dijo. ¿Y con referencia a qué se dijo esto? Están la base del ojo, la base del oído, la base de la nariz, la base de la lengua, la base del cuerpo y la base de la mente. Así que fue con referencia a esto que se dijo: "Las seis bases internas deben ser entendidas".

5. "Las seis bases externas deben ser entendidas". Así se dijo. ¿Y con referencia a qué se dijo esto? Están la base de la forma material, la base del sonido, la base del olor, la base del sabor, la base [de los objetos] tangibles y la base del objeto mental. Así fue con referencia a esto que se dijo: "Las seis bases externas deben ser entendidas".

6. "Las seis clases de conciencia deben ser entendidas". Así se dijo. ¿Y con referencia a qué se dijo esto? Hay conciencia visual, conciencia auditiva, conciencia olfativa, conciencia gustativa, conciencia táctil y conciencia mental. Así que fue con referencia a esto que se dijo: "Las seis clases de conciencia deben ser entendidas".

7. "Las seis clases de contacto deben ser entendidas". Así se dijo. ¿Y con referencia a qué se dijo esto? Hay contacto visual, contacto auditivo, contacto olfativo, contacto gustativo, contacto corporal y contacto mental. Así que fue con referencia a esto que se dijo: "Las seis clases de contacto deben ser entendidas".

8. "Las dieciocho clases de exploración mental (*manopavicāra*) deben ser entendidas." Así se dijo. ¿Y con referencia a qué se dijo esto?

Al ver una forma con el ojo, uno explora una forma que produce alegría (*somanassa*), uno explora una forma que produce dolor, uno explora una forma que produce ecuanimidad.[2] Al oír un sonido con el oído... Al oler un olor con la nariz... Al saborear un sabor con la lengua... Al tocar algo tangible con el cuerpo... Al reconocer un objeto mental con la mente, uno explora un objeto mental que produce alegría, uno explora un objeto mental que produce dolor, uno explora un objeto mental que produce ecuanimidad. Por lo tanto, hay seis tipos de exploración con alegría, seis tipos de exploración con dolor y seis tipos de exploración con ecuanimidad. Así que fue con referencia a esto que se dijo: "Deben entenderse los dieciocho tipos de exploración mental".

9. "Las treinta y seis posiciones (*pāda*) de los seres deben ser entendidas."[3] Así se dijo. ¿Y con referencia a qué se dijo esto?

Hay seis clases de alegría basados en la vida hogareña y seis clases de alegría basados en la renuncia.[4] Hay seis clases de pena basadas en la vida hogareña y seis clases de pena basadas en la renuncia. Hay seis clases de ecuanimidad basadas en la vida hogareña y seis clases de ecuanimidad basadas en la renuncia.

10. Aquí, ¿cuáles son las seis clases de alegría basadas en la vida hogareña? Cuando uno considera como una ganancia (*paṭilābha*), la ganancia de formas cognoscibles por el ojo que son deseadas, anheladas, agradables, gratificantes y asociadas con lo mundano, o cuando uno recuerda lo que se obtuvo anteriormente, que pasó, cesó y cambió, surge la alegría. Una alegría como esta se llama alegría basada en la vida hogareña.

Cuando uno considera como una ganancia, la ganancia de sonidos cognoscibles por el oído... la ganancia de olores cognoscibles por la nariz... la ganancia de sabores cognoscibles por la lengua... la ganancia de cosas tangibles cognoscibles por el cuerpo... la ganancia de objetos mentales cognoscibles por la mente que son deseados, anhelados, agradables, gratificantes y asociados con lo mundano, o cuando uno recuerda lo obtenido anteriormente, que ha pasado, cesado y cambiado, surge la alegría. Una alegría como esta se llama alegría basada en la vida hogareña. Estos son los seis tipos de alegría basados en la vida hogareña.

11. Aquí, ¿cuáles son los seis tipos de alegría basados en la renuncia? Cuando, al conocer la transitoriedad, el cambio, el desvanecimiento y el cese (*vipariṇāmavirāganirodha*) de las formas, uno ve como realmente es —con la sabiduría adecuada— que las formas, tanto en el pasado como en el presente, son transitorias, insatisfactorias y están sujetas a cambios, entonces surge la alegría. Una alegría como esta se llama alegría basada en la renuncia.[5]

Cuando, al conocer la transitoriedad, el cambio, el desvanecimiento y el cese de los sonidos... de los olores... de los sabores... de los objetos tangibles... de los objetos mentales, uno ve como realmente es —con la sabiduría adecuada— que los objetos mentales, tanto antes como actualmente, son todos transitorios, insatisfactorios y están sujetos a cambios, entonces surge la alegría. Una alegría como esta se llama alegría basada en la renuncia. Estos son los seis tipos de alegría basados en la renuncia.

12. Aquí, ¿cuáles son los seis tipos de dolor basados en la vida hogareña? Cuando uno considera como una no-ganancia, la no-ganancia de las formas cognoscibles por el ojo que son deseadas, anheladas, agradables, gratificantes y asociadas con lo mundano, o cuando uno recuerda lo que antes no se obtuvo, y que ya ha pasado, cesado y cambiado, entonces surge la aflicción. Tal dolor como este se llama dolor basado en la vida hogareña.

Cuando uno considera como una no-ganancia, la no-ganancia de sonidos cognoscibles por el oído... la no-ganancia de olores cognoscibles por la nariz... la no-ganancia de sabores cognoscibles por la lengua... la no-ganancia de objetos tangibles cognoscibles por el cuerpo... la no-ganancia de objetos mentales cognoscibles por la mente que son deseados, anhelados, agradables, gratificantes y asociados con lo mundano, o cuando uno recuerda lo que antes no se obtuvo, y que ya ha pasado, cesado y cambiado: surge el dolor. El dolor como este se llama dolor basado en la vida hogareña. Estos son los seis tipos de dolor basados en la vida hogareña.

13. Aquí, ¿cuáles son los seis tipos de dolor basados en la renuncia? Cuando, al saber la transitoriedad, el cambio, el desvanecimiento y el cese de las formas, uno ve como realmente es —con la sabiduría adecuada— que las formas, tanto antes como en el presente, son todas transitorias, insatisfactorias y están sujetas a cambios, entonces uno genera un anhelo por las liberaciones supremas de la siguiente manera: "¿Cuándo entraré y habitaré en esa base en la que ahora entran y habitan los nobles?" [6] En quien genera así un anhelo de las liberaciones supremas, surge el dolor con ese anhelo como condición. Un dolor como este se llama dolor basado en la renuncia.

Cuando, al conocer la transitoriedad, el cambio, el desvanecimiento y el cese de los sonidos... de los olores... de los sabores... de los objetos tangibles... de los objetos mentales, uno ve como realmente es —con la sabiduría adecuada— que los objetos mentales tanto antes como en el presente, son todos transitorios, insatisfactorios y sujetos a cambios, entonces uno genera un anhelo por las liberaciones supremas de la siguiente manera: "¿Cuándo entraré y habitaré en esa base en la que ahora entran y habitan los nobles?" En alguien que genera un anhelo de las liberaciones supremas, el dolor surge con ese anhelo como condición. Un dolor como este se llama dolor basado en la renuncia. Estos son los seis tipos de dolor basados en la renuncia.

14. Aquí, ¿cuáles son los seis tipos de ecuanimidad basados en la vida hogareña? Al ver una forma con el ojo, surge la ecuanimidad en una persona ordinaria no instruida, necia y confundida (*bālassa mūḷhassa puthujjanassa*), que no ha conquistado sus limitaciones o no ha conquistado los resultados [de la acción] y que está ciega al peligro. Tal ecuanimidad como esta no trasciende la forma; por eso se llama ecuanimidad basada en la vida hogareña.[7]

Al oír un sonido con el oído... Al oler un olor con la nariz... Al saborear un sabor con la lengua... Al tocar algo tangible con el cuerpo... Al reconocer un objeto mental con la mente, surge la ecuanimidad en una persona ordinaria no instruida, necia y confundida, que no ha conquistado sus limitaciones o no ha conquistado los resultados [de la acción] y que está ciega al peligro. Tal ecuanimidad como esta no trasciende el objeto mental; por eso se llama ecuanimidad basada en la vida hogareña. Estos son los seis tipos de ecuanimidad basados en la vida hogareña.

15. Aquí, ¿cuáles son los seis tipos de ecuanimidad basados en la renuncia? Cuando, conociendo la transitoriedad, el cambio, el desvanecimiento y el cese de las formas, uno ve como realmente es —con la sabiduría adecuada— que las formas, tanto antes como en el presente son transitorias, insatisfactorias y están sujetas a cambios, entonces surge la ecuanimidad. Tal ecuanimidad como esta trasciende la forma; por eso se llama ecuanimidad basada en la renuncia.[8]

Cuando, al conocer la transitoriedad, el cambio, el desvanecimiento y el cese de los sonidos... de los olores... de los sabores... de los objetos tangibles... de los objetos mentales, uno ve como realmente es –con la sabiduría adecuada– que los objetos mentales, tanto antes como en el presente, son todos transitorios, insatisfactorios y sujetos a cambios, entonces surge la ecuanimidad. Tal ecuanimidad como esta trasciende el objeto mental; por eso se llama ecuanimidad basada en la renuncia. Estos son los seis tipos de ecuanimidad basados en la renuncia.

Así que fue con referencia a esto que se dijo: "Las treinta y seis posiciones de los seres deben ser entendidas".

16. "Allí, dependiendo de esto, abandonen aquello". Así fue dicho. ¿Y con referencia a qué se dijo esto?

Aquí, bhikkhus, al depender y confiar en los seis tipos de alegría basados en la renuncia, abandonen y superen los seis tipos de alegría basados en la vida hogareña. Es así como estos son abandonados; es así como son superados. Al depender y confiar en los seis tipos de aflicción basados en la renuncia, abandonen y superen los seis tipos de aflicción basados en la vida hogareña. Es así como estos son abandonados; es así como son superados. Al depender y confiar en los seis tipos de ecuanimidad basados en la renuncia, abandonen y superen los seis tipos de ecuanimidad basados en la vida hogareña. Es así como estos son abandonados; es así como son superados.

Al depender y confiar en los seis tipos de alegría basados en la renuncia, abandonen y superen los seis tipos de dolor basados en la renuncia. Es así como estos son abandonados; es así como son superados. Al depender y confiar en los seis tipos de ecuanimidad basados en la renuncia, abandonen y superen los seis tipos de alegría basados en la renuncia. Es así como son abandonados; es así como son superados.

17. Hay, bhikkhus, ecuanimidad que es diversificada, basada en la diversidad; y hay ecuanimidad que es unificada, basada en la unidad.[9]

18. ¿Y qué, bhikkhus, es la ecuanimidad que es diversificada, basada en la diversidad? Hay ecuanimidad en cuanto a formas, sonidos, olores, sabores y objetos tangibles. Esto, bhikkhus, es ecuanimidad diversificada, basada en la diversidad.

19. ¿Y qué, bhikkhus, es la ecuanimidad unificada, basada en la unidad? Hay ecuanimidad con respecto a la base del *espacio ilimitado*, la base de la *conciencia ilimitada*, la base de la *nada* y la base de la *ni percepción ni no-percepción*. Esto, bhikkhus, es ecuanimidad unificada, basada en la unidad.

20. Aquí, bhikkhus, al depender y confiar en la ecuanimidad que está unificada, basada en la unidad, abandonen y superen la ecuanimidad que está diversificada, que está basada en la diversidad. Es así como esta se abandona; así se supera esta.[10]

Bhikkhus, al depender y confiar en la *no identificación*[11] (*atammayatā*), abandonen y superen la ecuanimidad que está unificada, basada en la unidad. Es así como esta se abandona; es así como esto se supera.

Así que fue en referencia a esto que se dijo: "Allí, al depender de esto, abandonen aquello".

21. "Hay tres fundamentos de la atención plena que el Noble cultiva, cultivo en el cual el Noble es un maestro apto para instruir a un grupo".[12] Así se dijo. ¿Y con referencia a qué se dijo esto?

22. Aquí, bhikkhus, compasivo y buscando su bienestar, el Maestro enseña el Dhamma a los discípulos por compasión de la siguiente manera: —Esto es por su bienestar; esto es para su felicidad. Pero cuando sus discípulos no quieren oír ni prestar atención, ni esforzar sus mentes para entender; se equivocan y se apartan de la Dispensación del Maestro. Con eso el Tathāgata no está satisfecho y no siente satisfacción; sin embargo, mora inmóvil, atento y plenamente consciente. Esto, bhikkhus, se llama el primer fundamento de la atención plena que el Noble cultiva, cultivo en el cual el Noble es un maestro apto para instruir a un grupo.

23. Además, bhikkhus, compasivo y buscando su bienestar, el Maestro enseña el Dhamma a los discípulos por compasión de la siguiente manera: —Esto es para su bienestar; esto es para su felicidad. Pero algunos de sus discípulos no querrán oír ni prestar atención, ni esforzar sus mentes para entender; se equivocan y se apartan de la Dispensación del Maestro. Pero algunos de sus discípulos oirán y prestarán atención y esforzarán sus mentes para entender; no se equivocan ni se apartan de la Dispensación del Maestro. Sin embargo, con eso, el Tathāgata no está satisfecho y no siente satisfacción, pero no está insatisfecho y no siente insatisfacción. Permaneciendo libre tanto de satisfacción como de insatisfacción, habita en ecuanimidad, atento y plenamente consciente. Esto, bhikkhus, se llama el segundo fundamento de la atención plena que el Noble cultiva, cultivo en el cual el Noble es un maestro apto para instruir a un grupo.

24. Además, bhikkhus, compasivo y buscando su bienestar, el Maestro enseña el Dhamma a los discípulos por compasión de la siguiente manera: —Esto es para su bienestar; esto es para su felicidad. Entonces sus discípulos oyen, prestan atención y esfuerzan sus mentes para entender; y no se equivocan ni se apartan de la Dispensación del Maestro. Con eso, el Tathāgata está satisfecho y siente satisfacción; sin embargo, mora inmóvil, atento y plenamente consciente. Esto, bhikkhus, se llama el tercer fundamento de la atención plena que el Noble cultiva, cultivo en el cual el Noble es un maestro apto para instruir a un grupo.

Así que fue con referencia a esto que se dijo: "Hay tres fundamentos de atención plena que el Noble cultiva, cultivándolos el Noble es un maestro apto para instruir a un grupo".

25. "Entre los maestros de entrenamiento [el Tathāgata] es el que es llamado el líder incomparable de personas para ser entrenadas".[13] Así se dijo. ¿Y con referencia a qué se dijo esto?

Guiado por el domador de elefantes, bhikkhus, el elefante a ser domesticado va en una dirección: este, oeste, norte o sur. Guiado por el domador de caballos, bhikkhus, el caballo a ser domesticado va en una dirección: este, oeste, norte o sur. Guiado por el domador de bueyes, bhikkhus, el buey a ser domesticado va en una dirección: este, oeste, norte o sur.

26. Bhikkhus, guiados por el Tathāgata, Consumado y plenamente iluminado, la persona a ser entrenada va en ocho direcciones [las ocho liberaciones].[14]

Poseído de la forma material, ve formas: esta es la primera dirección. Al no percibir formas internamente, ve formas externamente: esta es la segunda dirección. Está resuelto sobre lo bello: esta es la tercera dirección. Con la completa superación de las percepciones de la forma, con la desaparición de las percepciones del impacto sensorial, con la no atención a las percepciones de la diversidad, consciente de que "el espacio es ilimitado", entra y permanece en la base del *espacio ilimitado*: esta es la cuarta dirección. Superando por completo la base del *espacio ilimitado*, consciente de que "la conciencia es ilimitada", entra y permanece en la base de la *conciencia ilimitada*: esta es la quinta dirección. Superando por completo la base de la *conciencia ilimitada*, consciente de que "no hay nada", entra y permanece en la base de la *nada*: esta es la sexta dirección. Superando completamente la base de la *nada*, entra y permanece en la base de la *ni percepción ni no-percepción*: esta es la séptima dirección. Superando por completo la base de la *ni percepción ni no-percepción*, entra y permanece en el *cese de la percepción y la sensación*: esta es la octava dirección.

Bhikkhus, guiados por el Tathāgata, Consumado y plenamente iluminado, la persona a ser entrenada va en estas ocho direcciones.

27. Así que fue con referencia a esto que se dijo: "Entre los maestros de entrenamiento, él es el que es llamado el líder incomparable de las personas para ser entrenadas".

Eso es lo que dijo el Bienaventurado. Los bhikkhus estuvieron satisfechos y deleitados con las palabras del Bienaventurado.

NOTAS M.137

1. MA: La exploración mental (*manopavicāra*) es aplicación mental inicial y aplicación sostenida de la mente. Uno explora (o examina, *upavicarati*) el objeto mediante la ocurrencia de un pensamiento sostenido (*vicāra*), y la aplicación mental inicial se asocia con este último.

   NT: Otras descripciones usadas por varios autores para este par de factores son: "pensamiento y ponderación", "pensamiento conceptual y reflexión", "pensamiento dirigido y evaluación", entre otras.
2. MA: Habiendo visto una forma con conciencia visual, uno explora una forma que, como objeto, es causa de alegría (o de dolor, o de ecuanimidad).
3. MA: Estas son posiciones (*pada*) para seres que están decididos a la ronda de existencia y para aquellos quc intentan cesar la ronda.
4. MA: "Basado en la vida hogareña", significa conectado con las ramas del placer sensorial; "basado en la renuncia" significa conectado con la visión introspectiva.
5. MA: Esta es la alegría que surge cuando uno ha establecido la introspección y está sentado observando la ruptura de las formaciones con una corriente de conocimiento intuitivo agudo y brillante centrado en las formaciones.
6. MA explica "las liberaciones supremas" y "esa base" precisamente como el estado del *arahant*. Ver: M. 44.28.
7. MA: Esta es la ecuanimidad del desconocimiento que surge en aquel que no ha conquistado las limitaciones impuestas por las impurezas o los resultados futuros (de la acción). "No trasciende la forma" porque está atorado, sujeto al objeto, como moscas a una bola de azúcar.
8. MA: Esta es la ecuanimidad asociada con el conocimiento intuitivo. No se vuelve lujurioso hacia objetos deseables que entran en el rango de los sentidos, ni se enoja por objetos indeseables.
9. MA dice que anteriormente se discutió la ecuanimidad mundana, pero aquí el contraste es entre la ecuanimidad en la experiencia sensorial diferenciada y la ecuanimidad de los logros meditativos.
10. MA parafrasea: "Mediante la ecuanimidad de los logros inmateriales, [el discípulo] abandona la ecuanimidad de los logros materiales sutiles; mediante el conocimiento de la esfera inmaterial, abandona el conocimiento de la esfera material sutil".

11. MA dice que la no identificación (*atammayatā* —ver n.3, M.113) aquí se refiere a la "introspección que conduce al surgimiento", es decir, la intuición que precede inmediatamente al surgimiento de la vía supramundana; porque esto produce el abandono de la ecuanimidad de los logros inmateriales y la ecuanimidad de la introspección.
12. BB: *Satipaṭṭhāna* aquí obviamente tiene un significado diferente al habitual, como lo aclarará a continuación [estos tres fundamentos de la atención no tienen relación con los más conocidos cuatro fundamentos de la atención plena (NT)]. El "Noble" es el Buda.
13. BB: Éste es uno de los nueve epítetos del Buda en la enumeración habitual de las cualidades del Buda.
14. BB: Estos "ocho rumbos" son las ocho liberaciones, acerca de las cuales se hace referencia en: n.4, M.77. MA comenta que la primera liberación es mediante el logro de los cuatro *jhānas* usando un *kasiṇa* en el propio cuerpo; en la segunda se utiliza un signo de *kasiṇa* externo; en la tercera se usa un *kasiṇa* físicamente hermoso o una de las *brahmavihāras*; las demás son las liberaciones basadas en los logros inmateriales y el del *cese de la percepción y la sensación.*

138. *Uddesavibhanga Sutta*
La exposición de un resumen

1. Esto he escuchado. En una ocasión, el Bienaventurado vivía en Sāvatthī, en el Bosquecillo de Jeta, el parque de Anāthapiṇḍika. Allí el Bienaventurado se dirigió a los bhikkhus diciendo: —Bhikkhus. —Venerable señor, respondieron. El Bienaventurado dijo esto:

2. —Bhikkhus, les enseñaré un resumen y una exposición. Escuchen y atiendan atentamente a lo que voy a decir. —Sí, venerable señor, respondieron los bhikkhus. El Bienaventurado dijo esto:

3. —Bhikkhus, un bhikkhu debe examinar las cosas de tal manera que, mientras las examina, su conciencia no se distraiga ni se disperse externamente ni se atasque internamente, y al no aferrarse no se agite. Si su conciencia no se distrae ni se dispersa externamente, ni se atasca internamente, y si, al no aferrarse no se agita, entonces para él no hay origen del sufrimiento, del nacimiento, del envejecimiento ni de la muerte en el futuro.

4. Eso es lo que dijo el Bienaventurado. Dicho esto, el Bienaventurado se levantó de su asiento y entró en su morada.[1]

5. Luego, poco después de que el Bienaventurado se fue, los bhikkhus consideraron: "Ahora, amigos, el Bienaventurado se ha levantado de su asiento y se ha ido a su morada después de dar un resumen en breve, sin exponer el significado detallado. Ahora, ¿quién expondrá esto en detalle?" Luego consideraron: "El venerable Mahā Kaccāna es alabado por el Bienaventurado y estimado por sus compañeros sabios en la vida santa. Es capaz de exponer el significado detallado. Supongamos que vamos a él y le preguntamos el significado de esto".

6–8. (Como en el Sutta M.133, §§8–10.)

9. [Mahā Kaccāna]: ... Entonces escuchen, amigos, y estén atentos a lo que voy a decir.

—Sí, amigo, respondieron los bhikkhus. El venerable Mahā Kaccāna dijo esto:

10. —¿A qué se le llama, amigos, conciencia "distraída y dispersa externamente"?[2] Aquí, cuando un bhikkhu ha visto una forma con el

ojo, si su conciencia va tras el signo de la forma (*rūpanimitta*), está atada y encadenada por la gratificación en el signo de la forma,[3] está encadenada por el grillete de la gratificación en el signo de la forma, entonces su conciencia se llama "distraída y dispersa externamente".

Cuando ha oído un sonido con el oído... ha olido un olor con la nariz... ha probado un sabor con la lengua... ha tocado un objeto tangible con el cuerpo... ha conocido un objeto mental con la mente, si su conciencia va tras el signo del objeto mental (*dhammanimitta*), está atado y encadenado por la gratificación en el signo del objeto mental, está encadenado por el grillete de la gratificación en el signo del objeto mental, entonces su conciencia se llama "distraída y dispersa externamente".

11. ¿Y a qué se le llama, amigos, conciencia "no distraída ni dispersa externamente"? Aquí, cuando un bhikkhu ha visto una forma con el ojo, si su conciencia no va tras el signo de la forma, no está atada ni encadenada por la gratificación en el signo de la forma, no está encadenada por el grillete de la gratificación en el signo de la forma, entonces su conciencia se llama "no distraída ni dispersa externamente".

Cuando ha oído un sonido con el oído... ha olido un olor con la nariz... ha probado un sabor con la lengua... ha tocado un objeto tangible con el cuerpo... ha conocido un objeto mental con la mente, si su conciencia no va tras el signo del objeto mental, no está atada ni encadenada por la gratificación en el signo del objeto mental, no está encadenada por el grillete de la gratificación en el signo del objeto mental, entonces su conciencia se llama "no distraída ni dispersa externamente".

12. ¿Y cómo, amigos, se dice que la mente está "atascada internamente"?[4] Aquí, completamente apartado de los placeres sensoriales, apartado de los estados malsanos, un bhikkhu entra y permanece en el primer *jhāna*, que va acompañado de aplicación inicial y aplicación sostenida de la mente, con gozo (*pīti*) y placer (*sukha*)[5] nacidos de la reclusión. Si su conciencia va tras el gozo y el placer nacidos de la reclusión, está atada y encadenada por la gratificación en el gozo y el placer nacidos de la reclusión, entonces se dice que su mente está "atascada internamente".

13. Nuevamente, con el aquietamiento de la aplicación inicial y la aplicación sostenida de la mente, un bhikkhu entra y permanece en el segundo *jhāna*, que tiene confianza interna y unificación mental, sin aplicación inicial ni aplicación sostenida de la mente, con gozo y felicidad nacidos de la concentración. Si su conciencia va tras el gozo y la felicidad nacidos de la concentración... entonces su mente se conoce como "atascada internamente".

14. Una vez más, con el desvanecimiento del gozo, un bhikkhu permanece en ecuanimidad, y plenamente atento y consciente, aun sintiendo placer con el cuerpo, entra y permanece en el tercer *jhāna*, a causa del cual los nobles declaran: "Aquel que tiene ecuanimidad y es plenamente atento tiene una morada placentera". Si su conciencia va tras la ecuanimidad... entonces su mente se llama "atascada internamente".

15. Nuevamente, con el abandono del placer y el dolor, y con la desaparición previa del gozo y la aflicción, un bhikkhu entra y permanece en el cuarto *jhāna*, que tiene *ni dolor ni placer* y pureza de atención plena debido a la ecuanimidad. Si su conciencia va tras el *ni dolor ni placer*, está atada y encadenada por la gratificación en el *ni dolor ni placer*, está encadenada por el grillete de la gratificación en el *ni dolor ni placer*, entonces su mente está "atascada internamente". Así es como la mente es llamada "atascada internamente".

16. ¿Y cómo, amigos, se dice que la mente está "no atascada internamente"? Aquí, completamente apartado de los placeres sensoriales, apartado de los estados malsanos, un bhikkhu entra y permanece en el primer *jhāna*... Si su conciencia no va tras el gozo y el placer nacidos de la reclusión, no está atada ni encadenada por la gratificación en el gozo y placer nacidos de la reclusión, no está encadenada por el grillete de la gratificación en el gozo y el placer nacidos de la reclusión, entonces se dice que su mente se encuentra "no atascada internamente".

17. Nuevamente, con el aquietamiento de la aplicación inicial y la aplicación sostenida de la mente, un bhikkhu entra y permanece en el segundo *jhāna*... Si su conciencia no va tras el gozo y el placer nacidos de la concentración... entonces se dice que su mente "no está atascada internamente".

18. Nuevamente, con el desvanecimiento del gozo, un bhikkhu... entra y permanece en el tercer *jhāna*... Si su conciencia no va tras la ecuanimidad... entonces se dice que su mente no está "atascada internamente".

19. Nuevamente, con el abandono del placer y el dolor... un bhikkhu entra y permanece en el cuarto *jhāna*... Si su conciencia no va tras el *ni dolor ni placer*, no está atada ni encadenada por la gratificación en el *ni dolor ni placer*, no está encadenada por el grillete de la gratificación en el *ni dolor ni placer*, entonces se dice que su mente se encuentra "no atascada internamente". Así es como la mente se llama "no atascada internamente".

20. ¿Y cómo, amigos, hay agitación debido al apego (*upādā paritassanā*)?[6] Aquí, una persona ordinaria ignorante que no tiene consideración por los nobles y es inexperta e indisciplinada en su

Dhamma, que no tiene consideración por las personas auténticas y es inexperta e indisciplinada en su Dhamma, considera la forma material como el *yo*, o el *yo* como poseedor de la forma material, o la forma material como en el *yo*, o el *yo* como en la forma material. Esa forma material suya cambia y se convierte en otra cosa. Con el cambio y transformación de esa forma material, su conciencia está preocupada por el cambio de la forma material. Estados mentales de agitación nacidos de la preocupación por el cambio de la forma material surgen conjuntamente[7] y permanecen obsesionando su mente. Debido a que su mente está obsesionada, está ansiosa, angustiada y preocupada, y debido al apego se vuelve agitada.[8]

Considera la sensación como el *yo*... Considera la percepción como el *yo*... Considera las formaciones mentales como el *yo*... Considera la conciencia como el *yo*, o el *yo* como poseedor de conciencia, o la conciencia como en el *yo*, o el *yo* como en la conciencia. Esa conciencia cambia y se convierte en otra cosa. Con el cambio y la transformación de esa conciencia, su conciencia está preocupada por el cambio en la conciencia. Los estados mentales agitados nacidos de la preocupación por el cambio en la conciencia surgen conjuntamente y siguen obsesionando su mente. Debido a que su mente está obsesionada, esa persona está ansiosa, angustiada y preocupada, y debido al apego se vuelve agitada. Así es como hay "agitación debido al apego".

21. ¿Y cómo, amigos, se da la "no agitación debido al no apego"?[9] Aquí un discípulo noble bien instruido que tiene respeto por los nobles y es hábil y disciplinado en su Dhamma, que tiene respeto por personas auténticas y es habilidoso y disciplinado en su Dhamma, no considera la forma material como el yo, o el yo como poseedor de la forma material, o la forma material como en el yo, o el yo como en la forma material. Esa forma material cambia y se convierte en otra cosa. Con el cambio y la transformación de esa forma material, su conciencia no está preocupada por el cambio de la forma material. Los estados mentales agitados que nacen de la preocupación por el cambio de la forma material no surgen junto con dicho cambio de manera que no continúan obsesionando su mente. Debido a que su mente no está obsesionada, no está ansioso, angustiado ni preocupado, y debido al desapego no se agita.

No considera la sensación como el yo... No considera la percepción como el yo... No considera las formaciones mentales como el yo... No considera la conciencia como el yo, o el yo como poseedor de conciencia, o la conciencia como en el yo, o el yo como en la conciencia. Esa conciencia cambia y se convierte en otra cosa. Con el cambio y la transformación de esa conciencia, su conciencia no está preocupada por dicho cambio. Los estados mentales agitados nacidos de la preocupación por el cambio de conciencia no surgen conjuntamente ni permanecen obsesionando su mente. Debido a que su mente no está obsesionada, no está ansioso, angustiado ni preocupado, y debido a que no se apega, no se agita. Así es como se da la "no agitación debido al no apego".

22. Amigos, cuando el Bienaventurado se levantó de su asiento y entró en su morada después de dar un breve resumen, sin exponer el significado detallado diciendo: —Bhikkhus, un bhikkhu debe examinar las cosas de tal manera que, mientras las examina, su conciencia no se distrae ni se dispersa externamente, ni se atasca internamente, y al no apegarse no se agita. Si su conciencia no se distrae ni se dispersa externamente, ni se atasca internamente, y si, al no apegarse, no se agita, entonces para él no hay origen de sufrimiento, de nacimiento, de envejecimiento ni de muerte en el futuro. Así es como entiendo el significado detallado de este resumen. Ahora, amigos, si lo desean, vayan al Bienaventurado y pregúntenle por el significado de esto. Tal como el Bienaventurado se los explique, así deben recordarlo.

23. Entonces los bhikkhus, habiéndose deleitado y regocijado con las palabras del venerable Mahā Kaccāna, se levantaron de sus asientos y fueron hacia el Bienaventurado. Después de rendirle homenaje, se sentaron a un lado y le contaron al Bienaventurado todo lo que había sucedido después de su partida, y agregaron: —Entonces, venerable señor, fuimos a donde se encontraba el venerable Mahā Kaccāna y le preguntamos sobre el significado. El venerable Mahā Kaccāna nos explicó el significado de estos términos, declaraciones y frases.

24. —Mahā Kaccāna es sabio, bhikkhus, Mahā Kaccāna tiene una gran sabiduría. Si me hubieran preguntado el significado de esto, se los habría explicado de la misma manera que lo ha explicado Mahā Kaccāna. Tal es su significado, y así deben recordarlo.

Eso es lo que dijo el Bienaventurado. Los bhikkhus estuvieron satisfechos y deleitados con las palabras del Bienaventurado.

NOTAS M.138

1. BB: Es extraño que el Buda, había anunciado que enseñaría un resumen y una exposición, recite sólo el resumen y se vaya sin dar la exposición. Aunque en otros lugares el Buda se marcha repentinamente después de hacer una declaración enigmática (por ejemplo, en M.18), en esas ocasiones no había declarado previamente su intención de dar una exposición. MA no ofrece ninguna explicación.
2. MA: La conciencia está "distraída y dispersa externamente", es decir, entre objetos externos, cuando ocurre a través del apego hacia un objeto externo.
3. MṬ: La forma misma se llama signo de la forma (*rūpanimitta*) en el sentido de que es la causa del surgimiento de las impurezas. Uno "lo sigue" por medio de la lujuria.
4. MA: La mente está "atascada internamente" por medio del apego a un objeto interno. El texto del *sutta* mismo pasa de *viññāṇa* en el resumen del Buda a citta en la exposición de Mahā Kaccāna.
5. BB: Ver: n.7, M.4.
6. BB: En todas las ediciones conocidas del texto pāli de M.138 se lee aquí *anupādā paritassanā*, literalmente "agitación debida al no apego", lo que obviamente contradice lo que el Buda enseña sistemáticamente: que la agitación surge del apego y cesa con la eliminación del apego. Sin embargo, esta lectura aparentemente es anterior a los comentarios, pues MA acepta *anupādā* como correcto y ofrece la siguiente explicación: "¿En qué sentido hay agitación debido al no apego? A través de la inexistencia de algo a lo cual aferrarse. Porque si existiera alguna formación que fuera permanente, estable, un *yo* o la pertenencia de un *yo*, sería posible aferrarse a ella. Entonces esta agitación sería agitación debida al apego (algo a qué aferrarse). Pero debido a que no hay ninguna formación a la que podamos aferrarnos de esa manera, entonces, aunque la forma material, etcétera, se aferre a la idea de que "la forma material es el *yo*", etcétera, no se aferra a ellas (en la forma en que se conciben). Por lo tanto, lo que aquí se llama "agitación debida al no apego" es en el sentido de agitación debida al apego a través de puntos de vista [o nociones erróneas]". Ñm había seguido esta lectura y, con base en la explicación de MA, había traducido la frase "angustia [agitación] por no encontrar nada a qué aferrarse". No habló del problema en sus notas.

   Un *sutta* del Saṁyutta Nikāya (SN 22:7 / iii, 16) es prácticamente idéntico a este pasaje de M.138, excepto que aquí se lee, como deberíamos esperar, *upādā paritassanā*, "agitación debida al apego". Del texto Saṁyutta podemos inferir con seguridad que la lectura en el Majjhima es un error antiguo que debe descartarse. Mi interpretación aquí se basa en la lectura de SN 22:7. Horner también sigue este último texto en la MLS.

7. MA explica la frase inusual *paritassanā dhammasamuppādā* como "la agitación del anhelo y el surgimiento de (otros) estados nocivos".
8. BB: La agitación resulta, pues, de la falta de una esencia permanente en las cosas que pueda proporcionar un refugio contra el sufrimiento precipitado por su cambio e inestabilidad.
9. BB: Esta frase es idéntica tanto en la versión del Majjhima como en la del Saṁyutta.

139. *Araṇavibhanga Sutta*
La exposición sobre el no conflicto

1. Esto he escuchado. En una ocasión, el Bienaventurado estaba viviendo en Sāvatthī, en el Bosquecillo de Jeta, el parque de Anāthapiṇḍika. Allí el Bienaventurado se dirigió a los bhikkhus diciendo: —Bhikkhus. —Venerable señor, respondieron. El Bienaventurado dijo esto:

2. —Bhikkhus, les enseñaré una exposición sobre el no conflicto. Escuchen y presten atención a lo que voy a decir. —Sí, venerable señor, respondieron los bhikkhus. El Bienaventurado dijo esto:

3. "Uno no debe perseguir el placer sensorial, que es bajo, vulgar, burdo, innoble y no beneficioso; y uno no debe perseguir la auto mortificación, que es dolorosa, innoble y no beneficiosa. El camino medio (*majjhima paṭipadā*) descubierto por el Tathāgata evita ambos extremos; da visión, da conocimiento, conduce a la paz, al conocimiento directo, a la iluminación, al Nibbāna.[1] Uno debe saber qué es adular y qué es denigrar, y conociendo ambos, uno no debe adular ni denigrar, sino enseñar sólo el Dhamma. Uno debe saber cómo definir el placer, y, sabiéndolo, uno debe buscar el placer internamente. Uno no debe hablar en forma velada [encubierta o secreta] (*rahovāda*), ni hablar directamente [cara a cara] con dureza [o con afán de criticar] (*sammukhā na khīṇaṁ bhaṇe*). Uno debe hablar sin prisas, no apresuradamente. No se debe insistir en el idioma local, ni se debe pasar por alto el uso normal del lenguaje".

Este es el resumen de la exposición sobre el no conflicto.

4. "Uno no debe perseguir el placer sensorial, que es bajo, vulgar, burdo, innoble y no beneficioso; y uno no debe perseguir la automortificación, que es dolorosa, innoble y no beneficiosa". Así se dijo. ¿Y con referencia a qué se dijo esto?

La búsqueda del disfrute de aquel cuyo placer está ligado a los deseos sensoriales[2] —bajos, vulgares, burdos, innobles y no beneficiosos— es un estado acosado por el sufrimiento, la irritación, la desesperación y la fiebre, y es el camino equivocado.[3] La desvinculación de la búsqueda del disfrute de alguien cuyo placer está ligado a los deseos sensoriales —bajos, vulgares, burdos, innobles y no beneficiosos— es un estado sin sufrimiento, sin aflicción, sin desesperación y libre de fiebre, y es el camino correcto.

La búsqueda de la automortificación —dolorosa, innoble y no beneficiosa— es un estado acosado por el sufrimiento, la vejación, la desesperación y la fiebre, y es el camino equivocado. La desvinculación de la búsqueda de la auto mortificación —dolorosa, innoble e inútil— es un estado sin sufrimiento, sin aflicción, sin desesperación y libre de fiebre, y es el camino correcto.

Entonces, fue con referencia a esto que se dijo: "Uno no debe perseguir el placer sensorial, que es bajo, vulgar, burdo, innoble y no beneficioso; y uno no debe perseguir la automortificación, que es dolorosa, innoble y no beneficiosa".

5. "El camino medio descubierto por el Tathāgata evita estos dos extremos; dando visión, dando conocimiento, conduce a la paz, al conocimiento directo, a la iluminación, al Nibbāna". Así se dijo. ¿Y con referencia a qué se dijo esto? Es simplemente a este Noble Óctuple Sendero; es decir, la comprensión correcta, la intención correcta, el lenguaje correcto, la acción correcta, el modo de sustento correcto, el esfuerzo correcto, la atención plena correcta y la concentración correcta. Entonces, fue con referencia a esto que se dijo: "El camino medio descubierto por el Tathāgata evita estos dos extremos; dando visión, dando conocimiento, conduce a la paz, al conocimiento directo, a la iluminación, al Nibbāna".

6. "Uno debe saber qué es adular y qué es denigrar, y conociendo ambos, uno no debe ni adular ni denigrar, sino que debe enseñar solo el Dhamma". Así se dijo. ¿Y con referencia a qué se dijo esto?

7. ¿Y cómo, bhikkhus, se llega a adular, denigrar y fallar en enseñar sólo el Dhamma? Cuando uno dice: "Todos los que se dedican a la búsqueda del disfrute, de alguien cuyo placer está ligado a los deseos sensoriales —bajos... y sin beneficio— están acosados por el sufrimiento, la vejación, la desesperación y la fiebre, y han entrado en el camino equivocado", así se denigra a algunos. Cuando uno dice: "Todos aquellos que han abandonado la búsqueda del disfrute, de alguien cuyo placer está ligado a los deseos sensoriales –bajos... y no benéficos– están libres de sufrimiento, aflicción, desesperación y fiebre, y han entrado en el camino correcto", así se adula a algunos.

Cuando uno dice: "Todos los que se dedican a la búsqueda de la automortificación —dolorosa, innoble y no beneficiosa— están acosados por el sufrimiento, la aflicción, la desesperación y la fiebre, y han entrado en el camino equivocado", uno así denigra a algunos.

Cuando uno dice: "Todos los que se han desprendido de la búsqueda de la auto mortificación —dolorosa, innoble y no beneficiosa— están libres de sufrimiento, vejación, desesperación y fiebre, y han entrado en el camino correcto", uno adula así a algunos.

Cuando uno dice: "Todos los que no han abandonado la corrupción del deseo por la existencia[4] están acosados por el sufrimiento, la aflicción, la desesperación y la fiebre, y han entrado en el camino equivocado", así se denigra a algunos. Cuando uno dice: "Todos aquellos que han abandonado la corrupción del deseo por la existencia están sin sufrimiento, aflicción, desesperación y fiebre, y han entrado en el camino correcto", así se adula a algunos. Así es como se llega a adular y denigrar y a fallar en enseñar sólo el Dhamma.

8. ¿Y cómo, bhikkhus, se llega a no adular ni denigrar, sino sólo a enseñar Dhamma? Cuando no se dice: "Todos los que se dedican a la búsqueda del disfrute, de aquel cuyo placer está ligado a los deseos sensoriales... han entrado en el camino equivocado", sino que se dice: "La búsqueda [de placer sensorial] es un estado acosado por el sufrimiento, la aflicción, la desesperación, y la fiebre, y es el camino equivocado", entonces uno enseña sólo el Dhamma.[5] Cuando uno no dice: "Todos los que se desvinculan de la búsqueda del disfrute, de alguien cuyo placer está ligado a los deseos sensoriales... han entrado en el camino correcto", en cambio, dice: "La desvinculación [de la búsqueda de placer sensorial] es un estado sin sufrimiento, aflicción, desesperación y fiebre, y es el camino correcto", entonces uno enseña sólo el Dhamma.

Cuando uno no dice: "Todos los que se dedican a la búsqueda de la automortificación… han entrado en el camino equivocado", sino que dice: "La búsqueda de la auto mortificación es un estado acosado por el sufrimiento, la aflicción, la desesperación y la fiebre, y es el camino equivocado", entonces uno enseña sólo el Dhamma.

Cuando uno no dice: "Todos aquellos que no han abandonado la corrupción del deseo por la existencia... han entrado en el camino equivocado", sino que dice: "Mientras la corrupción del deseo por la existencia no sea abandonada, el devenir tampoco será abandonado", entonces uno enseña sólo el Dhamma.

Cuando uno no dice: "Todos los que han abandonado la corrupción del deseo por la existencia... han entrado en el camino correcto", sino que se dice: "Cuando se abandona la corrupción del deseo por la existencia, también se abandona el devenir", entonces uno enseña sólo el Dhamma.

Entonces fue con referencia a esto que se dijo: "Uno debe saber qué es adular y qué es denigrar, y conociendo ambos, uno no debe adular ni denigrar, sino que debe enseñar solo el Dhamma".

9. "Uno debe saber cómo definir el placer, y sabiendo eso, uno debe buscar el placer dentro de uno mismo". Así se dijo. ¿Y con referencia a qué se dijo esto?

Bhikkhus, existen estas cinco ramas [lazos o cuerdas] del placer sensorial. ¿Cuáles cinco? Formas cognoscibles por el ojo... sonidos cognoscibles por el oído... olores cognoscibles por la nariz... sabores cognoscibles por la lengua... y objetos tangibles cognoscibles por el cuerpo que son deseados, anhelados, agradables y placenteros, conectados con el deseo sensorial y provocadores de lujuria.[6] Estas son las cinco ramas del placer sensorial. Ahora bien, el placer y la alegría que surgen en función de estas cinco ramas del placer sensorial se denominan placer sensorial: un placer inmundo, un placer burdo, un placer innoble. Les digo que este tipo de placer no debe ser perseguido, no debe ser desarrollado, no debe ser cultivado y que debe ser temido.

Aquí, bhikkhus, completamente apartado de los placeres sensoriales, apartado de los estados malsanos, un bhikkhu entra y permanece en el primer *jhāna*... el segundo *jhāna*... el tercer *jhāna*... el cuarto *jhāna* (como en M.13, §§32–35). Esto se llama la dicha de la renuncia, la dicha de la reclusión, la dicha de la paz, la dicha de la iluminación. Les digo que este tipo de placer debe perseguirse, debe ser desarrollado, debe ser cultivado, y que no debe ser temido.

Entonces, fue con referencia a esto que se dijo: "Uno debe saber cómo definir el placer, y, sabiendo eso, uno debe buscar el placer dentro de uno mismo".

10. "Uno no debe hablar en forma velada [encubierta o secreta], y uno no debe hablar directamente con dureza". Así se dijo. ¿Y con referencia a qué se dijo esto?

Aquí, bhikkhus, cuando uno sabe que el lenguaje velado es falso, incorrecto y no beneficioso, en ningún caso debe pronunciarlo. Cuando uno sabe que el lenguaje velado es verdadero, correcto y no beneficioso, debe tratar de no pronunciarlo. Pero cuando uno sabe que el lenguaje velado es verdadero, correcto y beneficioso, puede pronunciarlo sabiendo el momento para hacerlo.

Aquí, bhikkhus, cuando uno sabe que el lenguaje que confronta directamente con dureza es falso, incorrecto y no beneficioso, en ningún caso debe pronunciarlo. Cuando uno sabe que el lenguaje directo y brusco es verdadero, correcto y no beneficioso, debe tratar de no pronunciarlo. Pero cuando uno sabe que el lenguaje directo y brusco es verdadero, correcto y beneficioso, puede pronunciarlo, sabiendo el momento para hacerlo.

Así que fue con referencia a esto que se dijo: "Uno no debe hablar veladamente, ni hablar confrontando directamente con dureza".

11. "Uno debe hablar sin prisa, no apresuradamente". Así se dijo. ¿Y con referencia a qué se dijo esto?

Aquí, bhikkhus, cuando uno habla apresuradamente, su cuerpo se cansa y su mente se excita, la voz se tensa y su garganta se vuelve ronca, y el lenguaje de quien habla apresuradamente es confuso y difícil de entender.

Aquí, bhikkhus, cuando uno habla sin prisa, su cuerpo no se cansa ni su mente se excita, su voz no se tensa ni su garganta se vuelve ronca, y el lenguaje de quien habla sin prisa es distinguible y fácil de entender.

Así que fue con referencia a esto que se dijo: "Uno debe hablar sin prisa, no apresuradamente".

12. "No se debe insistir en el idioma local, y no se debe pasar por alto el uso normal [o común] del lenguaje". Así se dijo. ¿Y con referencia a qué se dijo esto?

¿Cómo, bhikkhus, es que se llega a insistir en el idioma local y a pasar por alto el uso normal? Aquí, bhikkhus, en diferentes localidades ellos llaman a la misma cosa un "plato" [*pāti*], un "cuenco" [*patta*], un "recipiente" [*vittha*], un "platillo" [*serāva*], una "sartén" [*dhāropa*], una "olla" [*poṇa*], o una "palangana" [*pisīla*]. Así que como sea que lo llamen en tal o cual localidad, uno habla en consecuencia, adherido firmemente [a esa expresión] e insistiendo en que: "Sólo esto es correcto; cualquier otra cosa está equivocada". Así es como se insiste en el idioma local y se pasa por alto el uso normal.[7]

¿Y cómo, bhikkhus, se llega a no insistir en el idioma local y no anular el uso común? Aquí, bhikkhus, en diferentes localidades llaman a la misma cosa un 'plato'... o una 'palangana'. Entonces, como sea que lo llamen en tal o cual localidad, sin adherirse [a esa expresión] uno habla en consecuencia, pensando: "Estos venerables, al parecer, están hablando con referencia a esto".

Así es como se llega a no insistir en el idioma local y a no pasar por alto el uso normal.

Entonces, con referencia a esto, fue que se dijo: "No se debe insistir en el idioma local, y no se debe anular el uso normal".

13. Aquí, bhikkhus, la búsqueda del disfrute de alguien cuyo placer está ligado a los deseos sensoriales —bajos... y no beneficiosos— es un estado acosado por el sufrimiento, la irritación, la desesperación y la fiebre, y es el camino equivocado. Por lo tanto, este es un estado con conflicto.

Aquí, bhikkhus, la desvinculación de la búsqueda del disfrute de alguien cuyo placer está ligado a los deseos sensoriales —bajos... y no beneficiosos— es un estado sin sufrimiento, sin aflicción, sin desesperación y sin fiebre, y es el camino correcto. Por lo tanto, este es un estado sin conflicto.

Aquí, bhikkhus, la búsqueda de la automortificación —dolorosa, innoble y poco beneficiosa— es un estado acosado por sufrimiento, la aflicción, la desesperación y la fiebre, y es el camino equivocado. Por lo tanto, este es un estado con conflicto.

Aquí, bhikkhus, la desvinculación de la búsqueda de la automortificación —dolorosa, innoble y poca beneficiosa— es un estado sin sufrimiento, sin aflicción, sin desesperación y sin fiebre, y es el camino correcto. Por lo tanto, este es un estado sin conflicto.

Aquí, bhikkhus, el camino medio descubierto por el Tathāgata evita estos dos extremos; da visión, da conocimiento, conduce a la paz, al conocimiento directo, a la iluminación, al Nibbāna. Es un estado sin sufrimiento... y es el camino correcto. Por lo tanto, este es un estado sin conflicto.

Aquí, bhikkhus, adular y denigrar y no enseñar sólo el Dhamma es un estado acosado por el sufrimiento... y es el camino equivocado. Por lo tanto, este es un estado con conflicto.

Aquí, bhikkhus, no adular ni denigrar y enseñar sólo el Dhamma es un estado sin sufrimiento... y es el camino correcto. Por lo tanto, este es un estado sin conflicto.

Aquí, bhikkhus, el placer sensorial, un placer impuro, un placer burdo, un placer innoble, es un estado acosado por el sufrimiento... y es el camino equivocado. Por lo tanto, este es un estado con conflicto.

Aquí, bhikkhus, la dicha de la renuncia, la dicha de la reclusión, la dicha de la paz, la dicha de la iluminación es un estado sin sufrimiento... y es el camino correcto. Por lo tanto, este es un estado sin conflicto.

Aquí, bhikkhus, el lenguaje velado [encubierto o secreto] que es falso, incorrecto y no beneficioso es un estado acosado por el sufrimiento... Por lo tanto, este es un estado con conflicto.

Aquí, bhikkhus, el lenguaje velado que es verdadero, correcto y no beneficioso es un estado acosado por el sufrimiento... Por lo tanto, este es un estado con conflicto.

Aquí, bhikkhus, el lenguaje velado que es verdadero, correcto y beneficioso es un estado sin sufrimiento... Por lo tanto, este es un estado sin conflicto.

Aquí, bhikkhus, el lenguaje que confronta directamente con dureza, que es falso, incorrecto y no beneficioso, es un estado acosado por el sufrimiento... Por lo tanto, este es un estado con conflicto.

Aquí, bhikkhus, el lenguaje que confronta directamente con dureza, que es verdadero, correcto y no beneficioso, es un estado acosado por el sufrimiento... Por lo tanto, este es un estado con conflicto.

Aquí, bhikkhus, el lenguaje que confronta directamente con dureza, que es verdadero, correcto y beneficioso, es un estado sin sufrimiento... Por lo tanto, este es un estado sin conflicto.

Aquí, bhikkhus, el lenguaje de alguien que habla apresuradamente es un estado acosado por el sufrimiento, la aflicción, la desesperación y la fiebre, y es el camino equivocado. Por lo tanto, este es un estado con conflicto.

Aquí, bhikkhus, el lenguaje de alguien que habla sin prisas es un estado sin sufrimiento... Por lo tanto, este es un estado sin conflicto.

Aquí, bhikkhus, la insistencia en el idioma local y el pasar por alto el uso normal es un estado acosado por el sufrimiento... Por lo tanto, este es un estado con conflicto.

Aquí, bhikkhus, no insistir en el idioma local y no pasar por alto el uso normal es un estado sin sufrimiento, aflicción, desesperación y fiebre, y es el camino correcto. Por lo tanto, este es un estado sin conflicto.

14. Por lo tanto, bhikkhus, deben entrenarse así: "Conoceremos el estado con conflicto y conoceremos el estado sin conflicto, y, conociendo esto, entraremos en el camino sin conflicto". Ahora bien, bhikkhus, Subhūti es un miembro del clan que ha entrado en el camino sin conflicto.[8]

Eso es lo que dijo el Bienaventurado. Los bhikkhus estuvieron satisfechos y deleitados con las palabras del Bienaventurado.

NOTAS M.139

1. BB: Esto es sustancialmente idéntico a la proclamación con la que el recién iluminado Buda abrió su primer discurso a los cinco bhikkhus, antes de enseñarles las Cuatro Nobles Verdades.
2. BB: Ésta es una expresión más complicada para la búsqueda del placer sensorial.
3. MA: Está "acosado por el sufrimiento, la aflicción", etcétera, a través del sufrimiento y la aflicción, etcétera, de sus resultados y el sufrimiento y la aflicción, etcétera, de las impurezas que la acompañan.
4. BB: Esto es el ansia de ser. Justo debajo deberíamos leer nuevamente *bhavasaṁyojanaṁ* (con BBS y SBJ) en contraposición a PTS *vibhavasaṁyojanaṁ*.
5. BB: Es decir, la adulación y la denigración [o menosprecio] se producen cuando uno formula sus declaraciones en términos de personas, algunas de las cuales son alabadas y otras censuradas. Uno enseña "sólo el Dhamma" cuando formula sus declaraciones en términos del estado (*dhamma*) —el modo de práctica— sin referencias explícitas a las personas.
6. NT: Para una explicación del término "lujuria" utilizado aquí, ver: n.25, M.43.
7. BB: Este problema de "insistencia en el idioma local" debió haber sido particularmente agudo en el Saṅgha, cuando los bhikkhus vivían una vida de constante deambular y tenían que pasar por muchas localidades, cada una con sus distintos dialectos.
8. BB: El venerable Subhūti era el hermano menor de Anāthapiṇḍika y se convirtió en bhikkhu el día en que se ofreció la arboleda de Jeta al Saṅgha. El Buda lo nombró discípulo más destacado en dos categorías: los que viven sin conflictos y los que son dignos de recibir regalos.

140. *Dhātuvibhaṅga Sutta* La exposición de los elementos

1. Esto he escuchado. En una ocasión, el Bienaventurado caminaba de forma itinerante por el país de Magadha y finalmente llegó a Rājagaha. Allí, fue a donde se encontraba el alfarero Bhaggava y le dijo:

2. —Si no es un inconveniente para ti, Bhaggava, me quedaré una noche en tu taller.

—No es un inconveniente para mí, venerable señor, pero ya hay un renunciante quedándose allí. Si está de acuerdo, entonces quédese todo el tiempo que quiera, venerable señor.

3. Ahora bien, había un miembro del clan llamado Pukkusāti que se había ido de la vida hogareña a la vida sin hogar debido a la fe en el Bienaventurado, y en esa ocasión ya se estaba quedando en el taller del alfarero.[1] Entonces el Bienaventurado fue a donde estaba el venerable Pukkusāti y le dijo: —Si no es un inconveniente para ti, bhikkhu, me quedaré una noche en el taller.

—El taller del alfarero es lo suficientemente grande, amigo (*āvuso*).[2] Que el venerable se quede todo el tiempo que desee.

4. Entonces el Bienaventurado entró en el taller del alfarero, preparó una extensión de hierba en un extremo y se sentó, cruzando las piernas, poniendo su cuerpo erguido y estableciendo la atención plena frente a él. Entonces el Bienaventurado pasó la mayor parte de la noche sentado [en meditación], y el venerable Pukkusāti también pasó la mayor parte de la noche sentado [en meditación]. Entonces el Bienaventurado pensó: "Este miembro del clan se comporta de una manera que inspira confianza. Supongamos que lo interrogara". Así que le preguntó al venerable Pukkusāti:

5. —¿Bajo quién has salido [a la vida sin hogar], bhikkhu? ¿Quién es tu maestro? ¿De quién es el Dhamma que profesas?[3]

—Amigo, está el samaṇa Gautama, el hijo de los Sakyas que salió de un clan Sakya. Ahora bien, se ha difundido un buen informe de ese Bienaventurado Gautama en este sentido: "Ese Bienaventurado es Consumado, plenamente iluminado, perfecto en conocimiento verdadero y conducta, sublime, conocedor de los mundos, líder incomparable de personas para ser entrenadas, maestro de *devas* y humanos, iluminado, bendito". He salido [hacia la vida sin hogar] bajo ese Bienaventurado; ese Bienaventurado es mi maestro; profeso el Dhamma de ese Bienaventurado.

—Pero, bhikkhu, ¿dónde está viviendo ahora ese Bienaventurado, Consumado y plenamente iluminado?

—Hay, amigo, una ciudad en el país del norte llamada Sāvatthī. El Bienaventurado, Consumado y plenamente iluminado, reside ahora allí.

—Pero, bhikkhu, ¿alguna vez has visto a ese Bienaventurado antes? ¿Lo reconocerías si lo vieras?

—No, amigo, nunca he visto a ese Bienaventurado antes, ni lo reconocería si lo viera.

6. Entonces el Bienaventurado pensó: "Este miembro del clan se ha ido de la vida hogareña a la vida sin hogar bajo mi auspicio. Supongamos que le enseñara el Dhamma". Entonces el Bienaventurado se dirigió al venerable Pukkusāti así: —Bhikkhu, te enseñaré el Dhamma. Escucha y atiende atentamente lo que voy a decir. —Sí, amigo, contestó el venerable Pukkusāti. El Bienaventurado dijo esto:

7. —Bhikkhu, esta persona consta de seis elementos, seis bases de contacto y dieciocho tipos de exploración mental, y tiene cuatro fundamentos.[4] Las mareas de la conceptualización ya no se apoderan de uno que está establecido en estos fundamentos. Y cuando las mareas de la conceptualización ya no se apoderan de esa persona, entonces se le llama una persona sabia que está en paz. Uno no debe descuidar la sabiduría, debe preservar la verdad, debe cultivar el abandono y debe entrenarse para la paz. Este es el resumen de la exposición de los seis elementos.

8. Bhikkhu, "esta persona consta de seis elementos".[5] Así se dijo. ¿Y con referencia a qué se dijo esto? Están el elemento tierra, el elemento agua, el elemento fuego, el elemento aire, el elemento espacio y el elemento conciencia. Así que fue con referencia a esto que se dijo: "Bhikkhu, esta persona consta de seis elementos".

9. Bhikkhu, "esta persona consta de seis bases de contacto". Así se dijo. ¿Y con referencia a qué se dijo esto? Están la base del contacto con el ojo, la base del contacto con el oído, la base del contacto con la nariz, la base del contacto con la lengua, la base del contacto con el cuerpo y la base del contacto con la mente. Así que fue con referencia a esto que se dijo: "Bhikkhu, esta persona consta de seis bases de contacto".

10. Bhikkhu, "esta persona consiste en dieciocho tipos de exploración mental".[6] Así se dijo. ¿Y con referencia a qué se dijo esto? Al ver una forma con el ojo, uno explora una forma que produce gozo,

uno explora una forma que produce pesar, uno explora una forma que produce ecuanimidad. Al oír un sonido con el oído... Al oler un olor con la nariz... Al saborear un sabor con la lengua... Al tocar algo tangible con el cuerpo... Al reconocer un objeto mental con la mente, uno explora un objeto mental que produce gozo, uno explora un objeto mental que produce pesar, uno explora un objeto mental que produce ecuanimidad. Así que fue con referencia a esto que se dijo: "Bhikkhu, esta persona consiste en dieciocho tipos de exploración mental".

11. Bhikkhu, "esta persona tiene cuatro fundamentos [resoluciones, determinaciones]". Así se dijo. ¿Y con referencia a qué se dijo esto? Está el fundamento de la sabiduría (*paññādhiṭṭhāna*), el fundamento de la verdad (*saccādhiṭṭhāna*), el fundamento de la renuncia (*cāgādhiṭṭhāna*) y el fundamento de la paz (*upasamādhiṭṭhāna*).[7] Así que fue con referencia a esto que se dijo: "Bhikkhu, esta persona tiene cuatro fundamentos".

12. "No se debe descuidar la sabiduría, se debe preservar la verdad, se debe cultivar el abandono [de las impurezas] y se debe entrenar para la paz".[8] Así se dijo. ¿Y con referencia a qué se dijo esto?

13. ¿Y cómo, bhikkhu, uno no descuida la sabiduría?[9] Existen estos seis elementos: el elemento tierra, el elemento agua, el elemento fuego, el elemento aire, el elemento espacio y el elemento conciencia.

14. ¿Y qué, bhikkhu, es el elemento tierra? El elemento tierra puede ser interno o externo. ¿Qué es el elemento tierra interno? Todo lo que, internamente, perteneciente a uno mismo, es sólido, solidificado y a lo que uno se apega, es decir: cabellos de la cabeza, vellos del cuerpo, uñas, dientes, piel, carne, tendones, huesos, médula ósea, riñones, corazón, hígado, diafragma, bazo, pulmones, intestinos, mesenterio, contenido del estómago, heces, o cualquier otra cosa internamente, perteneciente a uno mismo, que es sólida, solidificada y a la que uno se apega: esto se llama el elemento tierra interno.

Ahora bien, tanto el elemento tierra interno como el elemento tierra externo son simplemente elemento tierra. Y eso debería ser visto como realmente es, con la sabiduría adecuada, así: "Esto no es mío, esto no soy yo, esto no es mi ser". Cuando uno lo ve así, como realmente es, con la sabiduría adecuada, uno se desencanta con el elemento tierra y hace que la mente se torne desapasionada hacia el elemento tierra.

15. ¿Y qué, bhikkhu, es el elemento agua? El elemento agua puede ser interno o externo. ¿Qué es el elemento agua interno? Lo que, internamente, perteneciente a uno mismo, es agua, acuoso y a lo que uno se apega, es decir: bilis, flema, pus, sangre, sudor, grasa, lágrimas, sebo, saliva, mocos, líquido sinovial [de las articulaciones], orina, o cualquier otra cosa internamente, perteneciente a uno mismo, que es

agua, acuosa y a la que uno se apega: esto se llama el elemento agua interno.

Ahora bien, tanto el elemento agua interno como el elemento agua externo son simplemente elemento agua. Y eso debería ser visto como realmente es, con la sabiduría adecuada, es decir: "Esto no es mío, esto no soy yo, esto no es mi ser". Cuando uno lo ve así, como realmente es, con la sabiduría adecuada, uno se desencanta con el elemento agua y hace que la mente se torne desapasionada hacia el elemento agua.

16. ¿Y qué es, bhikkhu, es el elemento fuego? El elemento fuego puede ser interno o externo. ¿Qué es el elemento fuego interno? Lo que, internamente, perteneciente a uno mismo, es fuego, ardiente y a lo que uno se apega, es decir: aquello por lo que uno se calienta, envejece y se consume, y aquello por lo que se come, se bebe, se consume y se degusta se digiere por completo, o cualquier otra cosa internamente, perteneciente a uno mismo, que es fuego, ardiente y a lo que uno se apega: esto se llama el elemento fuego interno.

Ahora bien, tanto el elemento fuego interno como el elemento fuego externo son simplemente elemento fuego. Y eso debería ser visto como realmente es, con la sabiduría adecuada, así: "Esto no es mío, esto no soy yo, esto no es mi ser". Cuando uno lo ve así, como realmente es, con la sabiduría adecuada, uno se desencanta con el elemento fuego y hace que la mente se torne desapasionada hacia el elemento fuego.

17. ¿Y qué, bhikkhu, es el elemento aire? El elemento aire puede ser interno o externo. ¿Qué es el elemento aire interno? Todo lo que, internamente, perteneciente a uno mismo, es aire, etéreo y a lo que uno se apega, es decir: vientos que suben, vientos que bajan, vientos en el vientre, vientos en las entrañas, vientos que corren a través de los miembros, inhalación y exhalación, o cualquier otra cosa internamente, perteneciente a uno mismo, que es aire, etéreo y a lo que uno se apega: esto se llama el elemento aire interno.

Ahora bien, tanto el elemento de aire interno como el elemento de aire externo son simplemente elemento aire. Y eso debería ser visto como realmente es, con la sabiduría adecuada, así: "Esto no es mío, esto no soy yo, esto no es mi ser". Cuando uno lo ve así, como realmente es, con la sabiduría adecuada, uno se desencanta con el elemento aire y hace que la mente se torne desapasionada hacia el elemento aire.

18. ¿Y qué, bhikkhu, es el elemento espacio? El elemento espacio puede ser interno o externo. ¿Qué es el elemento espacial interno? Todo lo que, internamente, perteneciente a uno mismo, es espacio, espacial y a lo que uno se apega, es decir: los orificios de los oídos, las

fosas nasales, la puerta de la boca y esa [abertura] por donde lo que se come, se bebe, se consume y se saborea, es tragado, y el espacio donde eso se acumula, y el espacio por donde aquello se excreta desde más abajo; o cualquier otra cosa internamente, perteneciente a uno mismo, que es espacio, espacial y a lo que uno se apega: a esto se le llama el elemento espacio interno.

Ahora bien, tanto el elemento del espacio interno como el elemento del espacio externo son simplemente elemento espacio. Y eso debería ser visto como realmente es, con la sabiduría adecuada, así: "Esto no es mío, esto no soy yo, esto no es mi ser". Cuando uno lo ve así, como realmente es, con la sabiduría adecuada, uno se desencanta con el elemento espacio y hace que la mente se desapasione con respecto al elemento espacio.

19. Entonces, queda sólo la conciencia, purificada y brillante.[10] ¿Qué conoce uno con esa conciencia? Uno conoce: "[Esto es] agradable"; uno conoce: "[Esto es] doloroso"; uno conoce: "[Esto es] *ni doloroso ni agradable*". Dependiente de un contacto para ser experimentado como placentero, surge entonces una sensación placentera.[11]

Cuando uno siente una sensación placentera, uno entiende: "Siento una sensación placentera". Uno entiende: "Con el cese de ese mismo contacto para ser experimentado como placentero, su sensación correspondiente —la sensación placentera que surgió en dependencia de ese contacto para ser experimentado como placentero— disminuye y cesa". Dependiendo de un contacto para ser experimentado como doloroso surge una sensación dolorosa. Cuando uno siente una sensación dolorosa, uno entiende: "Siento una sensación dolorosa". Uno entiende: "Con el cese de ese mismo contacto para ser experimentado como doloroso, su correspondiente sensación —la sensación dolorosa que surgió dependiendo de ese contacto para ser experimentado como doloroso— disminuye y cesa".

Dependiendo de un contacto para ser experimentado como ni doloroso ni agradable, surge una sensación *ni agradable ni dolorosa*. Cuando uno siente una sensación *ni agradable ni dolorosa*, uno entiende: "Siento una sensación *ni agradable ni dolorosa*". Uno entiende: "Con el cese de ese mismo contacto para ser experimentado como *ni doloroso ni agradable*, su correspondiente sensación —la sensación *ni dolorosa ni agradable* que surgió dependiendo de un contacto para ser experimentado como *ni doloroso ni agradable*— disminuye y cesa".

Bhikkhu, así como del contacto y fricción entre un palo y un trozo de madera se genera calor y se produce fuego, y con la separación de estos el calor correspondiente disminuye y cesa; así también, en dependencia de un contacto para ser experimentado como agradable... para ser experimentado como doloroso... para ser experimentado como *ni doloroso ni agradable* surge una sensación *ni dolorosa ni agradable*... Uno entiende: "Con el cese de ese mismo contacto que se experimenta como *ni doloroso ni agradable*, su sensación correspondiente... disminuye y cesa".

20. Entonces solo queda ecuanimidad, purificada y brillante, maleable, manejable y radiante.[12] Supongamos, bhikkhu, que un orfebre hábil o su aprendiz preparara un horno, calentara el crisol, tomara un tanto de oro con unas pinzas, y lo pusiera en el crisol. De vez en cuando lo avivaría, de vez en cuando lo rociaría con agua, y de vez en cuando se limitaría a mirar. Ese oro se volvería refinado, bien refinado, completamente refinado, sin defectos, libre de escoria, maleable, manejable y radiante. Entonces, cualquier tipo de adorno que deseara hacer con él, ya fuera una cadena de oro, unos aretes, un collar o una guirnalda de oro, serviría para su propósito. Así también, bhikkhu, sólo queda ecuanimidad, purificada y brillante, maleable, manejable y radiante.

21. Ese bhikkhu entiende así: "Si tuviera que dirigir esta ecuanimidad, tan purificada y brillante, a la base del *espacio ilimitado* y desarrollar mi mente en consecuencia, entonces esta ecuanimidad mía, apoyada en esa base, aferrándose a ella, permanecería allí por mucho tiempo.[13] Si tuviera que dirigir esta ecuanimidad, tan purificada y brillante, a la base de la *conciencia ilimitada*... a la base de la *nada*... a la base de la *ni percepción ni no-percepción* y desarrollara mi mente en consecuencia, entonces esta ecuanimidad mía, apoyada en esa base, aferrándose a ella, permanecería durante mucho tiempo".

22. Él entiende así: "Si yo dirigiera esta ecuanimidad, tan purificada y brillante, a la base del *espacio ilimitado* y desarrollara mi mente en consecuencia, esta estaría condicionada.[14] Si yo tuviera que dirigir esta ecuanimidad, tan purificada y brillante, a la base de la *conciencia ilimitada*... a la base de la *nada*... a la base de la *ni percepción ni no-percepción* y desarrollara mi mente en consecuencia, esta estaría condicionada".

Él no forma ninguna condición ni genera cualquier volición tendiente al ser o al *no ser*.[15] Puesto que no forma ninguna condición ni genera ninguna volición tendiente al ser o al *no ser*, no se aferra a nada de este mundo. Cuando no se aferra, entonces no se agita. Cuando no está agitado, alcanza personalmente el Nibbāna. Él entiende así: "Se ha destruido el nacimiento, se ha vivido la vida santa, se ha hecho lo que tenía que hacerse, y ya no hay retorno a ningún estado de ser".[16]

23. Si siente una sensación placentera,[17] comprende: "Es transitoria"; no hay aferramiento a ello; no hay deleite en ello. Si siente una sensación dolorosa, comprende: "Es transitoria"; no hay aferramiento a ella; no hay deleite en ella. Si siente una sensación

ni dolorosa ni placentera, comprende: "Es transitoria"; no hay aferramiento a ella; no hay deleite en ella.

24. Si siente una sensación agradable, la siente desapegado; si siente una sensación dolorosa, la siente desapegado; si siente una sensación *ni dolorosa ni placentera*, la siente desapegado. Cuando siente una sensación que termina con el cuerpo, comprende: "Siento una sensación asociada al cese del cuerpo". Cuando siente una sensación que termina con la vida, comprende: "Siento una sensación que termina con la vida".[18] Él entiende: "Al disolverse el cuerpo, con el final de la vida, todo lo que es sentido, al no deleitarse en ello, se enfriará aquí mismo".[19]

Bhikkhu, así como una lámpara de aceite se quema en dependencia del aceite y la mecha y, cuando se acaba el aceite y la mecha, si no recibe más combustible, se apaga por falta de combustible; así también cuando siente una sensación asociada al cese del cuerpo... una sensación que termina con la vida, él entiende: "Siento una sensación que termina con la vida". Comprende: "Al disolverse el cuerpo, con el final de la vida, todo lo que es sentido, al no deleitarse en ello, se enfriará aquí mismo".

25. Por lo tanto, un bhikkhu que posee esta sabiduría posee el fundamento supremo de la sabiduría. Pues esto, bhikkhu, es la sabiduría suprema y noble, es decir, el conocimiento de la destrucción de todo sufrimiento.[20]

26. Su liberación, fundada en la verdad, es inquebrantable. Porque es falso, bhikkhu, lo que tiene una naturaleza engañosa, y es verdadero lo que tiene una naturaleza no engañosa, es decir: Nibbāna.

Por lo tanto, un bhikkhu que posee esta verdad posee el fundamento supremo de la verdad. Porque esta, bhikkhu, es la noble verdad suprema, es decir, Nibbāna, que tiene una naturaleza no engañosa.

27. Anteriormente, cuando ese bhikkhu era ignorante, hacía y aceptaba adquisiciones;[21] ahora las ha abandonado, las ha cortado de raíz, las ha hecho como un tocón de palma, las ha eliminado para que ya no estén sujetas a un futuro surgimiento.

Por lo tanto, un bhikkhu que posee esta renuncia, posee el fundamento supremo de la renuncia. Porque esto, bhikkhu, es la renuncia suprema y noble, es decir, la renuncia a todas las adquisiciones.

28. Anteriormente, siendo ignorante, ese bhikkhu experimentó avaricia, deseo y lujuria; ahora los ha abandonado, los ha cortado de raíz, los ha hecho como un tocón de palma, los ha eliminado para que ya no estén sujetos a un surgimiento futuro. Anteriormente, cuando era ignorante, experimentaba ira, mala voluntad y odio; ahora los ha

abandonado, los ha cortado de raíz, los ha hecho como un tocón de palma, los ha eliminado para que ya no estén sujetos a un surgimiento futuro. Anteriormente, cuando era ignorante, experimentó la ignorancia y la ofuscación; ahora las ha abandonado, las ha cortado de raíz, las ha hecho como un tocón de palma, las ha eliminado para que ya no estén sujetas a un surgimiento futuro.

Por lo tanto, un bhikkhu que posee esta paz, posee el fundamento supremo de la paz. Porque esto, bhikkhu, es la suprema y noble paz, es decir, la pacificación de la avidez, el odio y la ofuscación.

29. Así que fue con referencia a esto que se dijo: "Uno no debe descuidar la sabiduría, debe preservar la verdad, debe cultivar el abandono y debe entrenarse para la paz".

30. "Las mareas de la conceptualización no se apoderan de aquella persona que está establecida en estos fundamentos, y cuando las mareas de la conceptualización ya no se apoderan de ella, se le llama una persona sabia y en paz".[22] Así se dijo. ¿Y con referencia a qué se dijo esto?

31. Bhikkhu, "Yo soy" es una conceptualización; "Yo soy esto" es una conceptualización; "Yo seré" es una conceptualización; "Yo no seré" es una conceptualización; "Yo seré poseedor de forma" es una conceptualización; "Yo seré sin forma" es una conceptualización; "Yo seré perceptivo" es una conceptualización; "Yo seré no perceptivo" es una conceptualización; "Yo seré *ni perceptivo ni no-perceptivo*" es una conceptualización. Conceptualizar es una enfermedad, conceptualizar es un tumor, conceptualizar es un dardo.

Al superar todas las conceptualizaciones, bhikkhu, uno es llamado un sabio en paz. Y el sabio en paz no nace, no envejece, no muere; él no es sacudido y no anhela. Debido a que no hay nada presente en él, por lo que pudiera nacer.[23] No habiendo nacimiento, ¿cómo podría envejecer? Sin envejecer, ¿cómo podría morir? No muriendo, ¿cómo podría ser sacudido? No siendo sacudido, ¿por qué debería anhelar?

32. Así que fue con referencia a esto que se dijo: "Las mareas del concebir no se apoderan de aquel que está sobre estos [cimientos], y cuando las mareas del concebir ya no se apoderan de él, se le llama un sabio en paz". Bhikkhu, ten presente esta breve exposición de los seis elementos.

33. Entonces el venerable Pukkusāti pensó: —¡Ciertamente, el Maestro ha venido a mí! ¡El Sublime ha venido a mí! ¡El Totalmente Iluminado ha venido a mí! Entonces se levantó de su asiento, se arregló la túnica superior sobre un hombro, y postrándose con la cabeza a los pies del Bienaventurado, dijo: —Venerable señor, una transgresión me sobrevino, en que, como un necio, confuso y tropezando, me atreví a dirigirme al Bienaventurado como "amigo". Venerable señor,

que el Bienaventurado me perdone por esta transgresión vista como tal, en aras de la moderación en el futuro.

—Ciertamente, bhikkhu, una transgresión te sobrevino, ya que, como un tonto, confundido y torpe, te atreviste a dirigirte a mí como "amigo". Pero dado que ves tu transgresión como tal y haces enmiendas de acuerdo con el Dhamma, te perdonamos. Porque es crecimiento en la *disciplina del noble* cuando uno ve la transgresión de uno como tal, hace enmiendas de acuerdo con el Dhamma y emprende la moderación en el futuro.

34. —Venerable señor, recibiría la admisión completa bajo el auspicio del Bienaventurado.

—Pero ¿están completos tu cuenco y tus túnicas, bhikkhu?

—Venerable señor, mi cuenco y mis túnicas no están completos.

—Bhikkhu, los Tathāgatas no dan la admisión completa a nadie cuyo cuenco y túnica no estén completos.

35. Entonces el venerable Pukkusāti, habiéndose deleitado y regocijado con las palabras del Bienaventurado, se levantó de su asiento, y después de rendir homenaje al Bienaventurado, manteniéndolo a su derecha, partió para buscar un cuenco y túnicas. Entonces, mientras el venerable Pukkusāti buscaba un cuenco y túnicas, una vaca descarriada lo mató.

36. Luego, un número de bhikkhus fueron a donde se encontraba el Bienaventurado, y después de rendirle homenaje, se sentaron a un lado y le dijeron: —Venerable señor, el miembro del clan Pukkusāti, a quien el Bienaventurado le dio una breve instrucción, ha muerto. ¿Cuál es su destino? ¿Cuál es su curso futuro?

—Bhikkhus, el miembro del clan Pukkusāti era sabio.

Practicó de acuerdo con el Dhamma y no me molestó en la interpretación del Dhamma. Con la destrucción de los cinco encadenamientos inferiores, el miembro del clan Pukkusāti ha reaparecido espontáneamente en las *Moradas Puras* y alcanzará allí el Nibbāna final sin regresar jamás de ese mundo.[24]

Eso es lo que dijo el Bienaventurado. Los bhikkhus estuvieron satisfechos y deleitados con las palabras del Bienaventurado.

NOTAS M.140

1. Según MA, Pukkusāti había sido el rey de Takkasilā y había entablado amistad con el rey Bimbisāra de Magadha a través de comerciantes que viajaban entre los dos países con fines comerciales. En un intercambio de regalos, Bimbisāra le envió a Pukkusāti una placa de oro en la que había inscrito descripciones de las Tres Joyas y varios aspectos del Dhamma. Cuando Pukkusāti leyó la inscripción, se llenó de alegría y decidió renunciar al mundo. Sin recibir la ordenación formal, se afeitó la cabeza, se vistió con una túnica amarilla y abandonó el palacio. Fue a Rājagaha con la intención de encontrarse con el Buda, que entonces se encontraba en Sāvatthī, a unas 300 millas de distancia. El Buda vio a Pukkusāti con su conocimiento clarividente y, reconociendo su capacidad para alcanzar las vías y los frutos, viajó solo a pie hasta Rājagaha para encontrarse con él. Para evitar ser reconocido, mediante un acto de voluntad, el Buda hizo que sus atributos físicos especiales, como las marcas de un Gran Hombre, quedaran ocultos, y apareció como un bhikkhu errante común y corriente. Llegó al cobertizo del alfarero poco después de que Pukkusāti llegara allí con la intención de partir hacia Sāvatthī al día siguiente para encontrarse con el Buda.
2. BB: Pukkusāti, sin saber que el recién llegado es el Buda, se dirige a él con el familiar apelativo "*āvuso*".
3. MA: El Buda hizo estas preguntas simplemente como una forma de iniciar una conversación, ya que sabía que Pukkusāti había salido a la vida sin hogar por su cuenta.
4. MA: Dado que Pukkusāti ya había purificado la práctica preliminar del camino y pudo alcanzar el cuarto *jhāna* a través de la atención plena en la respiración, el Buda comenzó directamente con una plática sobre la meditación introspectiva, exponiendo la vacuidad suprema que es la base del logro del *arahant*.
5. MA: Aquí el Buda expone lo que no existe verdaderamente a través de lo que existe verdaderamente; porque los elementos existen verdaderamente, pero la persona no existe verdaderamente. Esto quiere decir: "Lo que percibes como persona consta de seis elementos". Al final no hay ninguna persona aquí. "Persona" es un mero concepto.
6. Como en M. 137.8.
7. BB: *Paññādhiṭṭhāna, saccādhiṭṭhāna, cāgādhiṭṭhāna, upasamādhiṭṭhāna*. Ñm, en Ms, primero tradujo *adhiṭṭhāna* como "resolu-

ción" y luego lo reemplazó con "modo de expresión", ninguna de las cuales parece adecuada para este contexto. MA aclara la palabra usando el vocablo *patiṭṭhā*, que claramente significa fundamento, y explica el sentido de la afirmación así: —Esta persona que consta de los seis elementos, las seis bases de contacto y los dieciocho tipos de enfoque mental, cuando se aleja de estos y alcanza el estado de *arahant*, el logro supremo, lo hace establecido sobre estas cuatro bases. Los cuatro fundamentos serán aclarados individualmente en la continuación en los párrafos §§12-29.

8. MA: Desde el principio uno no debe descuidar la sabiduría nacida de la concentración y el conocimiento introspectivo, para poder penetrar hasta la sabiduría del fruto del *arahant*. Uno debe preservar el habla veraz para realizar el Nibbāna, la verdad suprema. Uno debe cultivar la renuncia a las impurezas para poder renunciar a todas las impurezas por el sendero del *arahant*. Desde el principio uno debe entrenarse en la pacificación de las impurezas para pacificar todas las impurezas mediante la vía del *arahant*. Así, la sabiduría, etcétera, nacidos de la serenidad y la introspección, son mencionados como los fundamentos preliminares para lograr los fundamentos de la sabiduría, etcétera (distintivos del logro del *arahant*).
9. MA: El no descuidar de la sabiduría se explica a través de la meditación sobre los elementos. El análisis de los elementos aquí es idéntico al de M.28, §§6, 11, 16, 21 y M.62, §§8–12.
10. MA: Este es el sexto elemento, que "permanece" en el sentido de que aún no ha sido expuesto por el Buda ni penetrado por Pukkusāti. Aquí se explica como la conciencia que realiza el trabajo de contemplación introspectiva de los elementos. Bajo el título de conciencia, también se introduce la contemplación de la sensación.
11. BB: Este pasaje muestra la condicionalidad de la sensación y su transitoriedad a través del cese de su condición.
12. MA identifica esto como la ecuanimidad del cuarto *jhāna*. Según MA, Pukkusāti ya había alcanzado el cuarto *jhāna* y tenía un fuerte apego al mismo. El Buda primero elogia esta ecuanimidad para inspirar la confianza de Pukkusāti, luego gradualmente lo conduce hacia los *jhānas* inmateriales y la consecución de las vías y los frutos.
13. BB: El sentido es: si alcanza la base del *espacio ilimitado* y fallece mientras aún está apegado a ella, renacerá en el plano del *espacio ilimitado* y vivirá allí durante toda la vida útil de 20,000 eones especificada para ese plano. En los tres planos inmateriales

superiores, la duración de la vida es respectivamente de 40,000, 60,000 y 84,000 eones.

14. MA: Esto se dice para mostrar el peligro en los *jhānas* inmateriales. Con la única frase, "Esto estaría condicionado", indica que, "Aunque la esperanza de vida allí es de 20,000 eones, eso está condicionado, modelado, construido. Por lo tanto, es temporal, inestable, no duradero, transitorio. Está sujeto a perecer, desintegrarse y disolverse; está relacionado con el nacimiento, el envejecimiento y la muerte, y se basa en el sufrimiento. No es una protección, un lugar seguro, un refugio. Habiendo fallecido allí como ser mundano, todavía podemos renacer en los cuatro estados de privación."
15. BB: *So n'eva abhisankharoti nābhisañcetayati bhavāya vā vibhavāya*. Los dos verbos sugieren la noción de volición como un poder constructivo que construye la continuación de la existencia condicionada. Dejar de desear el ser o el *no ser*, muestra la extinción del anhelo de existencia eterna o de aniquilación, lo cual culmina en el logro del estado de *arahant*.
16. MA dice que en este punto Pukkusāti penetró tres caminos y frutos, convirtiéndose en alguien que no regresa. Se dio cuenta de que su maestro era el mismo Buda, pero no pudo expresar su comprensión ya que el Buda aún continuaba con su discurso.
17. BB: Este pasaje muestra la permanencia del *arahant* en el elemento Nibbāna con un residuo restante (de los factores de la existencia condicionada, *sa-upādisesa nibbānadhātu*). Aunque continúa experimentando sensaciones, está libre de la lujuria hacia las sensaciones placenteras, libre de aversión hacia las sensaciones dolorosas y libre de la ignorancia acerca de las sensaciones neutrales.
18. BB: Es decir, continúa experimentando sensaciones sólo mientras el cuerpo con su facultad vital continúa, pero no más allá de eso.
19. BB: Esto se refiere a su logro del elemento Nibbāna sin que quede ningún residuo (*anupādisesa nibbānadhātu*) —el cese de toda existencia condicionada con su fallecimiento final.
20. BB: Con esto se completa la exposición del primer fundamento, que comenzó en el párrafo §13. MA dice que el conocimiento de la destrucción de todo sufrimiento es la sabiduría perteneciente al fruto del *arahant*.
21. MA menciona aquí cuatro tipos de adquisiciones (*upadhi*): los agregados, las impurezas, las formaciones volitivas y las ramas del placer sensorial (*khandh'upadhi, kiles'upadhi, abhisankhār'upadhi, kāmaguṇ'upadhi*).

22. BB: Las "mareas del conceptualizar" (*maññussavā*), como se mostrará en el siguiente párrafo, son pensamientos y nociones que se originan en las tres raíces de la conceptualización: anhelo, engreimiento y opiniones. Para una explicación más completa, ver: n.6, M.1. El "sabio en paz" (*muni santo*) es el *arahant*.
23. BB: Lo que no está en él es deseo de ser, que conduce a quienes no lo han erradicado a un nuevo nacimiento después de la muerte.
24. MA dice que renació en la Morada Pura llamada Avihā y alcanzó el estado de *arahant* tan pronto como renació allí. Cita un verso del Saṁyutta Nikāya (SN 1:50 / i.35) que menciona a Pukkusāti como uno de los siete bhikkhus que renacieron en Avihā y alcanzaron la liberación al trascender los vínculos celestiales.

141. *Saccavibhanga Sutta* La exposición de las verdades

1. Esto he escuchado. En una ocasión el Bienaventurado residía en Benarés, en el parque de los ciervos de Isipatana. Allí se dirigió a los Bhikkhus diciendo: —Bhikkhus. —Venerable señor, respondieron. El Bienaventurado dijo esto:

2. —En Benarés, Bhikkhus, en el parque de los ciervos de Isipatana el Tathāgata, Consumado y plenamente iluminado, puso en movimiento la incomparable Rueda del Dhamma[1] [el primer discurso], que no puede ser detenido por ningún *samaṇa*, brahmán o *deva* o Māra o Brahmā o por nadie en el mundo; es decir, anunciar, enseñar, describir, establecer, revelar, exponer y exhibir Las Cuatro Nobles Verdades. ¿Cuáles cuatro?

3. "El anunciar, enseñar, describir, establecer, revelar, exponer y exhibir la noble verdad del sufrimiento. El anunciar, enseñar, describir, establecer, revelar, exponer y exhibir la noble verdad del origen del sufrimiento... la noble verdad del cese del sufrimiento... la noble verdad del camino que conduce al cese del sufrimiento".

4. En Benarés, bhikkhus, en el parque de los ciervos de Isipatana, el Tathāgata, Consumado y plenamente iluminado, puso en movimiento la incomparable Rueda del Dhamma, que no puede ser detenida por ningún *samaṇa*, brahmán o *deva* o Māra o Brahmā o cualquier persona en el mundo, es decir, el anuncio, la enseñanza, la descripción, el establecimiento, la revelación, la exposición y la exhibición de estas Cuatro Nobles Verdades.

5. Cultiven la amistad de Sāriputta y Moggallāna, bhikkhus; asóciense con Sāriputta y Moggallāna. Ellos son sabios y útiles para sus compañeros en la vida santa. Sāriputta es como una madre; Moggallāna es como una enfermera. Sāriputta entrena a otros en aras del fruto de la entrada en la corriente; Moggallāna para la meta suprema.[2] Sāriputta, bhikkhus, es capaz de anunciar, enseñar, describir, establecer, revelar, exponer y exhibir las Cuatro Nobles Verdades.

6. Así dijo el Bienaventurado. Dicho esto, el Bienaventurado se levantó de su asiento y entró en su morada.

7. Luego, poco después de que el Bienaventurado se fue, el venerable Sāriputta se dirigió a los bhikkhus diciendo: —Amigos, bhikkhus. —Amigo, respondieron los bhikkhus al venerable Sāriputta. El venerable Sāriputta dijo esto:

8. —En Benarés, amigos, en el parque de los ciervos de Isipatana el Tathāgata, Consumado y plenamente iluminado, puso en movimiento la incomparable Rueda del Dhamma... exhibiendo las Cuatro Nobles Verdades ¿Cuáles cuatro?

9. "El anuncio... y exhibición de la noble verdad del sufrimiento... de la noble verdad del origen del sufrimiento... de la noble verdad del cese del sufrimiento... de la noble verdad del camino que conduce al cese del sufrimiento".

10. ¿Y cuál, amigos, es la noble verdad del sufrimiento? El nacimiento es sufrimiento; el envejecimiento es sufrimiento; la muerte es sufrimiento; el pesar, la lamentación, el dolor, la aflicción y la desesperanza son sufrimiento; el no obtener lo que uno quiere es sufrimiento; en resumen, los cinco agregados afectados por el apego son sufrimiento.

11. ¿Y qué, amigos, es el nacimiento?[3] El nacimiento de los seres en los diversos órdenes de los seres, su nacimiento, su descenso en un útero, la gestación, la manifestación de los agregados, el obtener las bases de contacto, a esto se llama nacimiento.

12. ¿Y qué, amigos, es el envejecimiento? El envejecimiento de los seres en los diversos órdenes de los seres, su vejez, el quebrantamiento de los dientes, el cabello canoso, las arrugas en la piel, el declive de la vida, la debilidad de las facultades, a esto se llama envejecimiento.

13. ¿Y qué, amigos, es la muerte? El partir de los seres respecto a los diversos órdenes de existencia,[4] su finiquito, disolución, desaparición, muerte, culminación del tiempo, disolución de agregados, desprendimiento del cuerpo, esto se llama muerte.

14. ¿Y qué, amigos, es el pesar (*soka*)? El pesar, el sentir pesar, el llorar la muerte de alguien, el pesar interior, el completo pesar interior de quien se ha encontrado con alguna desgracia o se ve afectado por algún estado doloroso, esto se llama pesar.[5]

15. ¿Y qué, amigos, es la lamentación? El sollozar y el lamentarse, la queja y la lamentación, la expresión de pesar y la completa lamentación de quien se ha encontrado con alguna desgracia o se ve afectado por algún estado de desgracia, esto se llama lamentación.

16. ¿Y qué, amigos, es el dolor? El dolor corporal, malestar corporal, lo doloroso, la sensación incómoda surgida del contacto corporal: esto se llama dolor.

17. ¿Y qué, amigos, es la aflicción? El dolor mental, el malestar mental, la sensación mental pesarosa (*cetasikaṁ asātaṁ*), la sensación incómoda nacida del contacto mental: esto se llama aflicción.

18. ¿Y qué, amigos, es la desesperanza? La dificultad y la desesperanza, la tribulación y la desesperación de quien se ha encontrado con algún infortunio o se ve afectado por algún estado doloroso: esto se llama desesperanza.

19. ¿Y qué, amigos, es "el no obtener lo que uno quiere es sufrimiento"? En los seres sujetos al nacimiento les surge el deseo [por el cual exclaman]: —¡Oh, que no estuviéramos sujetos al nacimiento! ¡Que el nacimiento no suceda a nosotros! Pero esto no se obtiene mediante mero deseo, y el no obtener lo que uno desea es sufrimiento. A los seres sujetos al envejecimiento... sujetos a la enfermedad... sujetos a la muerte... sujetos a la tristeza, la lamentación, el dolor, la aflicción y la desesperanza, viene el deseo: —¡Oh, que no estuviéramos sujetos a la tristeza, la lamentación, el dolor, la aflicción y la desesperanza! ¡Que esa tristeza, lamentación, dolor, aflicción y desesperanza no venga a nosotros! Pero esto no se obtiene con el deseo, y el no obtener lo que uno desea es sufrimiento.

20. ¿Y cuáles, amigos, son los cinco agregados afectados por el apego que, en resumen, son sufrimiento? Ellos son: el agregado de la forma material afectado por el apego, el agregado de la sensación afectado por el apego, el agregado de la percepción afectado por el apego, el agregado de las formaciones mentales afectado por el apego y el agregado de la conciencia afectado por el apego. Estos son los cinco agregados afectados por el apego que, en resumen, son el sufrimiento. A esto se le llama la noble verdad del sufrimiento.

21. ¿Y cuál, amigos, es la noble verdad del origen del sufrimiento? Es el anhelo, que conduce al renacimiento (*ponobbhavikā*), que se acompaña de deleite y lujuria, y se deleita en esto y aquello; es decir, el anhelo de placeres sensoriales, el anhelo de ser y el anhelo de *no ser*. A esto se le llama la noble verdad del origen del sufrimiento.

22. ¿Y cuál, amigos, es la noble verdad del cese del sufrimiento? Es la completa cesación de la pasión y del deseo, el abandono, la renuncia, la liberación, y la libertad respecto a las ataduras (*asesavirāganirodho cāgo paṭinissaggo mutti anālayo*) respecto a ese mismo anhelo. A esto se le llama la noble verdad del cese del sufrimiento.

23. ¿Y cuál, amigos, es la noble verdad del camino que conduce al cese del sufrimiento? Es sólo este Noble Óctuple Sendero; es decir, comprensión correcta [noción correcta], intención correcta, lenguaje correcto, acción correcta, modo de sustento correcto, esfuerzo correcto, atención plena y concentración correctas.

24. ¿Y qué, amigos, es la comprensión correcta? El conocimiento del sufrimiento, el conocimiento del origen del sufrimiento, el conocimiento del cese del sufrimiento y el conocimiento del camino que conduce al cese del sufrimiento. A a esto se le llama comprensión correcta.

25. ¿Y cuál, amigos, es la intención correcta? La intención de renuncia, la intención de *no mala voluntad*, y la intención de *no crueldad*. A esto se le llama intención correcta.

26. ¿Y qué, amigos, es el lenguaje correcto? Abstenerse de lenguaje falso, abstenerse de lenguaje malicioso, abstenerse de lenguaje áspero y abstenerse de lenguaje frívolo. A esto se le llama lenguaje correcto.

27. ¿Y qué, amigos, es la acción correcta? Abstenerse de matar a los seres vivos, abstenerse de tomar lo que no le es dado y abstenerse de la conducta incorrecta respecto a los placeres sensoriales. A esto se llama acción correcta.

28. ¿Y qué, amigos, es el modo de sustento [o modo de vida] correcto? Aquí un discípulo noble, habiendo abandonado el mal sustento, se gana la vida con el buen sustento. A esto se le llama un modo de vida correcto.

29. ¿Y qué, amigos, es el esfuerzo correcto? Aquí un bhikkhu despierta el entusiasmo por el no surgimiento de los estados malsanos aun no surgidos, y para tal efecto hace un esfuerzo, despierta energía, ejerce su mente y se esfuerza. Despierta el entusiasmo por el abandono de los estados nocivos y malsanos que ya hayan surgido, y para tal efecto hace un esfuerzo, despierta energía, ejerce su mente y se esfuerza. Despierta el entusiasmo por el surgimiento de los estados saludables aun no surgidos, y para tal efecto hace un esfuerzo, despierta energía, ejerce su mente y se esfuerza. Despierta el entusiasmo por la continuidad, la no desaparición, el fortalecimiento, el aumento y el cumplimiento del desarrollo de estados sanos surgidos, y para tal efecto hace un esfuerzo, despierta energía, ejerce su mente y se esfuerza. A esto se le llama esfuerzo correcto.

30. ¿Y qué, amigos, es la atención plena correcta? Aquí un bhikkhu permanece contemplando el cuerpo como cuerpo, enérgico, plenamente consciente y atento, habiendo abandonado la codicia y el dolor por el mundo. Permanece contemplando las sensaciones como sensaciones, enérgico, plenamente consciente y atento, habiendo abandonado la codicia y el dolor por el mundo. Permanece contemplando la mente como mente, enérgico, plenamente consciente y atento, habiendo abandonado la codicia y el dolor por el mundo. Permanece contemplando los fenómenos de la experiencia (*dhammānupassanā*) como fenómenos de la experiencia, enérgico, plenamente consciente y atento, habiendo abandonado la codicia y el dolor por el mundo. A esto se le llama atención plena correcta.

31. ¿Y qué, amigos, es la concentración correcta? Aquí, bastante aislado respecto a los placeres sensoriales, apartado de estados malsanos, un bhikkhu entra y permanece en el primer *jhāna*, que está

acompañado de aplicación inicial y aplicación sostenida de la mente, con gozo y placer nacidos de la reclusión. Con el aquietamiento de la aplicación inicial y la aplicación sostenida de la mente, entra y permanece en el segundo *jhāna*, el cual tiene confianza en sí mismo y unificación mental, sin aplicación inicial ni aplicación sostenida de la mente, con gozo y placer nacidos de la concentración. Con el desvanecimiento también de gozo, permanece en la ecuanimidad y plenamente atento y consciente, todavía sintiendo placer con el cuerpo, entra y permanece en el tercer *jhāna*, debido a lo cual los nobles declaran: "Aquel que tiene ecuanimidad y es plenamente atento tiene una morada placentera". Con el abandono del placer y del dolor, y con la anterior desaparición de la alegría y el pesar, entra y permanece en el cuarto *jhāna*, el cual tiene *ni dolor ni placer* y pureza de atención plena debida a la ecuanimidad. A esto se le llama concentración correcta.

A esto se llama la noble verdad del camino que conduce al cese del sufrimiento.

32. En Benarés, amigos, en el parque de los ciervos de Isipatana, el Tathāgata, Consumado y plenamente iluminado, puso en marcha la incomparable Rueda del Dhamma, que no puede ser detenida por ningún *samaṇa*, brahmán o *deva* o Māra o Brahmā ni por nadie en el mundo, es decir, el anuncio, la enseñanza, la descripción, el establecimiento, la revelación, la exposición y la exhibición de estas Cuatro Nobles Verdades.

Eso es lo que dijo el venerable Sāriputta. Los bhikkhus estuvieron satisfechos y deleitados con las palabras del venerable Sāriputta.

NOTAS M.141

1. BB: Esto se refiere al primer sermón del Buda, pronunciado ante los cinco bhikkhus en el parque de los ciervos, de Isipatana.
2. MA: El venerable Sāriputta los entrena hasta que sabe que han alcanzado el fruto de la entrada en la corriente, luego les permite desarrollar las vías superiores por sí solos y acepta un nuevo grupo de alumnos. Pero el venerable Moggallāna continúa entrenando a sus alumnos hasta que hayan alcanzado el estado de *arahant.*
3. BB: Las definiciones de nacimiento, envejecimiento y muerte también se encuentran en M.9, §§22, 26. Todo este análisis detallado de las Cuatro Nobles Verdades está incluido en el *Mahāsatipaṭṭhāna Sutta*, con una exposición aún más elaborada de la segunda y tercera verdades. Ver: DN 22.18–21 / ii.305–13.
4. NT: Esto se refiere a las diversas, y posibles, estaciones de la conciencia disponibles para los seres sintientes que mueren. En la forma más general se dividen en tres grandes grupos: el orden de existencia en la esfera del deseo sensorial (*kāmaloka*), el de la esfera de materialidad sutil (*rūpaloka*) y el de la esfera inmaterial (*arūpaloka*).
5. NT: En pāli original la secuencia es: *soka* (pena o pesar), *socanā* (sentir pena o pesar), *socitattaṁ* (el llorar la muerte de alguien; apenado), *antosoko* (pena o pesar interior), *antoparisoko* (total pena o pesar interior).

142. *Dakkhiṇāvibhanga Sutta*
La exposición de las ofrendas

1. Esto he escuchado. En una ocasión, el Bienaventurado residía en el país de los Sakya, en Kapilavatthu, en el parque de Nigrodha.

2. Entonces Mahā Pajāpati Gautamī[1] tomó un par de telas nuevas y fue a donde se encontraba el Bienaventurado. Después de rendirle homenaje, se sentó a un lado y le dijo al Bienaventurado: —Venerable señor, este nuevo par de telas ha sido hilado y tejido por mí especialmente para el Bienaventurado. Venerable señor, que el Bienaventurado lo acepte de mi parte por compasión.

Cuando se dijo esto, el Bienaventurado le dijo: —Dáselo al Saṅgha, Gautamī. Cuando se lo entregues al Saṅgha, tanto yo como el Saṅgha seremos honrados. Por segunda ocasión y por tercera ocasión ella dijo al Bienaventurado: —Venerable señor, acéptelo de mi parte por compasión. Una segunda y una tercera vez el Bienaventurado le dijo: —Dáselo al Saṅgha, Gautamī. Cuando se lo entregues al Saṅgha, tanto yo como el Saṅgha seremos honrados.[2]

3. Entonces el venerable Ānanda dijo al Bienaventurado: —Venerable señor, permítase que el Bienaventurado acepte el nuevo par de telas de Mahā Pajāpati Gautamī. Mahā Pajāpati Gautamī ha sido muy útil para el Bienaventurado, Venerable Señor. Como hermana de su madre, ella fue su nodriza, su madre adoptiva, la que le dio leche. Ella amamantó al Bienaventurado cuando murió su propia madre. El Bienaventurado también ha sido muy útil para Mahā Pajāpati Gautamī, Venerable Señor. Es debido al Bienaventurado que Mahā Pajāpati Gautamī ha ido a refugiarse al Buda, al Dhamma y al Saṅgha. Es debido al Bienaventurado que Mahā Pajāpati Gautamī se abstiene de matar a los seres vivientes, de tomar lo que no se da, de la conducta incorrecta respecto a los placeres sensoriales, del lenguaje falso, del vino, del licor y de los intoxicantes, que son la base de la negligencia. Es debido al Bienaventurado que Mahā Pajāpati Gautamī posee una confianza inquebrantable en el Buda, el Dhamma y el Saṅgha y que ella posee las virtudes amadas por los nobles.[3] Es debido al Bienaventurado que Mahā Pajāpati Gautamī está libre de dudas sobre

el sufrimiento, el origen del sufrimiento, el cese del sufrimiento y el camino que conduce al cese del sufrimiento. El Bienaventurado ha sido muy útil para Mahā Pajāpati Gautamī.

4. —¡Así es, Ānanda, así es! Cuando una persona, debido a otra, ha ido a refugiarse al Buda, al Dhamma y al Saṅgha, digo que no es fácil que la primera pague el favor a la segunda rindiéndole homenaje, levantándose por ella,[4] rindiéndole saludo reverencial y servicios amables, así como proporcionándole túnicas, ofrendas de comida, lugares de descanso y requisitos medicinales.

Cuando una persona, debido a otra, ha llegado a abstenerse de matar a los seres vivos, de tomar lo que no le es dado, de la mala conducta en los placeres sensoriales, del lenguaje falso, del vino, del licor y los intoxicantes, que son la base de la negligencia, digo que no es fácil para la primera persona resarcir a la segunda mediante el rendirle homenaje... y requisitos medicinales.

Cuando una persona, debido a otra, ha llegado a poseer una confianza inquebrantable en el Buda, el Dhamma y el Saṅgha, y posee las virtudes amadas por los nobles, digo que no es fácil para la primera resarcir a la segunda rindiéndole homenaje... y requisitos medicinales.

Cuando una persona, debido a otra, se ha librado de dudas sobre el sufrimiento, sobre el origen del sufrimiento, sobre el cese del sufrimiento y sobre el camino que conduce al cese del sufrimiento, digo que no es fácil para la primera resarcir a la segunda rindiéndole homenaje... y requisitos medicinales.

5. Hay catorce tipos de ofrendas personales,[5] Ānanda. Uno da un regalo al Tathāgata, Consumado y plenamente iluminado; este es el primer tipo de ofrenda personal. Uno le da un regalo a un *paccekabuddha*; este es el segundo tipo de ofrenda personal. Uno le da un regalo a un discípulo *arahant* del Tathāgata; este es el tercer tipo de ofrenda personal. Uno da un regalo a quien ha entrado en la vía de la realización del fruto del estado de *arahant*; este es el cuarto tipo de ofrenda personal. Uno le da un regalo a uno que no retorna (*anāgāmi*); este es el quinto tipo de ofrenda personal. Uno da un regalo a quien ha entrado en la vía de la realización del fruto del no retorno; este es el sexto tipo de ofrenda personal. Uno le da un regalo a quien retorna solo una vez (*sakadāgāmi*); este es el séptimo tipo de ofrenda personal. Uno da un regalo a quien ha entrado en la vía de la realización del fruto de alguien que retorna solo una vez; este es el octavo tipo de ofrenda personal. Uno le da un regalo a una persona que entra en la corriente (*sotāpanna*); este es el noveno tipo de ofrenda personal. Uno da un regalo a quien ha entrado en la vía de la realización del fruto del que entra

en la corriente (*sotāpattiphalasacchikiriyāya paṭipanne*);[6] esta es la décima clase de ofrenda personal. Uno da un regalo a uno fuera [de la dispensación] que está libre de lujuria por los placeres sensoriales;[7] este es el undécimo tipo de ofrenda personal. Uno le da un regalo a una persona ordinaria virtuosa; este es el duodécimo tipo de ofrenda personal. Uno da un regalo a una persona ordinaria inmoral; esta es la decimotercera clase de ofrenda personal. Uno le da un regalo a un animal; este es el decimocuarto tipo de ofrenda personal.

6. En esto, Ānanda, al dar un regalo a un animal, se puede esperar que el beneficio resultante retorne cien veces.[8] Al dar un regalo a una persona ordinaria inmoral, se puede esperar que la ofrenda retorne mil veces. Al dar un regalo a una persona ordinaria virtuosa, se puede esperar que la ofrenda retorne cien mil veces. Al dar un regalo a uno de fuera [de la dispensación] que está libre de lujuria por los placeres sensoriales, se puede esperar que la ofrenda retorne cien mil veces.

Al dar un regalo a alguien que ha entrado en el camino para la realización del fruto de la entrada en la corriente, se puede esperar que la ofrenda retorne incalculablemente, inmensurablemente. ¿Qué, entonces, se debe decir acerca de dar un regalo a una persona que ha entrado en la corriente? ¿Qué debería decirse acerca de dar un regalo a alguien que ha entrado en el camino de la realización del fruto del que retorna solo una vez más... a alguien que retorna solo una vez más... a alguien que ha entrado en la vía a la realización del fruto del que no retorna... a una persona que no retorna... a alguien que ha entrado en la vía de la realización del fruto del estado de *arahant*... a un *arahant*... a un *paccekabuddha*?

¿Qué se debe decir acerca de dar un regalo a un Tathāgata, Consumado y plenamente iluminado?[9]

7. Hay siete tipos de ofrendas hechas al Saṅgha, Ānanda. Uno da un regalo a un Saṅgha de bhikkhus y bhikkhunīs encabezados por el Buda; este es el primer tipo de ofrenda que se hace al Saṅgha.[10]

Se da un regalo a un Saṅgha de bhikkhus y bhikkhunīs después de que el Tathāgata haya alcanzado el Nibbāna final; este es el segundo tipo de ofrenda hecha al Saṅgha.

Uno le da un regalo a un Saṅgha de bhikkhus; este es el tercer tipo de ofrenda hecha al Saṅgha.

Uno le da un regalo a un Saṅgha de bhikkhunīs; este es el cuarto tipo de ofrenda hecha al Saṅgha.

Uno da un regalo, diciendo: —Nómbrese a tantos bhikkhus y bhikkhunīs del Saṅgha; este es el quinto tipo de ofrenda hecha al Saṅgha.

Uno da un regalo, diciendo: —Nómbrese a tantos bhikkhus del Saṅgha; este es el sexto tipo de ofrenda hecha al Saṅgha.

Uno da un regalo, diciendo: —Nómbrese a tantas bhikkhunīs del Saṅgha; este es el séptimo tipo de ofrenda hecha al Saṅgha.

8. En tiempos futuros, Ānanda, habrá miembros del clan (*gotrabhuno*) que serán "cuellos amarillos", inmorales, de carácter malvado.[11] La gente dará ofrendas a esas personas inmorales por el bien del Saṅgha. Incluso entonces, digo, una ofrenda hecha al Saṅgha es incalculable, inmensurable.[12] Y digo que de ninguna manera un regalo hecho a una persona individualmente es más fructífero que una ofrenda hecha al Saṅgha.[13]

9. Hay, Ānanda, cuatro clases de purificación de una ofrenda. ¿Cuáles cuatro? Está la ofrenda que es purificada por el que da, y no por quien recibe.[14] Existe la ofrenda que es purificada por el receptor, no por el donador. Existe la ofrenda que no es purificada ni por el donador ni por el receptor. Existe la ofrenda que es purificada tanto por el que da como por el que recibe.

10. ¿Y cómo se purifica la ofrenda por el que da, y no por quien recibe? Aquí el donador es virtuoso, de buen carácter, y el receptor es inmoral, de carácter malvado. Por lo tanto, la ofrenda es purificada por el donante, no por el receptor.

11. ¿Y cómo la ofrenda es purificada por el receptor, y no por el que da? Aquí el dador es inmoral, de carácter malvado, y el receptor es virtuoso, de buen carácter. Por lo tanto, la ofrenda es purificada por el receptor, no por el que da.

12. ¿Y cómo se da una ofrenda que no se purifica ni por el que da ni por el receptor? Aquí el dador es inmoral, de carácter malvado, y el receptor es inmoral, de carácter malvado. Así, la ofrenda no es purificada ni por el que da ni por el receptor.

13. ¿Y cómo se purifica la ofrenda tanto por el que da como por el receptor? Aquí el dador es virtuoso, de buen carácter, y el receptor es virtuoso, de buen carácter. Así, la ofrenda es purificada tanto por el que da como por el receptor. Estos son los cuatro tipos de purificación de una ofrenda.

14. Eso dijo el Bienaventurado. Cuando el Sublime hubo dicho eso, el Maestro añadió:

> "Cuando una persona virtuosa da a una persona inmoral
> con corazón confiado un regalo rectamente obtenido,
> poniendo fe en que el fruto de la acción es grande,
> la virtud del donador purifica la ofrenda.
>
> Cuando una persona inmoral da a una persona virtuosa
> con un corazón desconfiado, un regalo incorrectamente
> obtenido,

sin poner fe en que el fruto de la acción es grande,
la virtud del receptor purifica la ofrenda.

Cuando una persona inmoral da a una persona inmoral
con corazón desconfiado un regalo incorrectamente obtenido,
ni pone fe en que el fruto de la acción es grande,
ninguna virtud purifica la ofrenda.

Cuando una persona virtuosa da a una persona virtuosa
con corazón confiado un regalo rectamente obtenido,
poniendo fe en que el fruto de la acción es grande,
ese regalo, digo, llegará a fructificar completamente.

Cuando una persona desapasionada da a una persona
desapasionada con corazón confiado un regalo rectamente
obtenido, poniendo fe en que el fruto de la acción es grande,
ese regalo, digo, es el mejor de los regalos mundanos".[15]

NOTAS M.142

1. BB: Mahā Pajāpati Gautamī era la hermana menor de la reina Mahā Māyā, la madre del Buda, y también era la esposa del rey Suddhodana. Después de la muerte de Mahā Māyā, ella se convirtió en la madre adoptiva del Buda. El presente *sutta* tiene lugar en un momento temprano del ministerio del Buda, en una de sus visitas de regreso a su ciudad natal. Después de la muerte del rey Suddhodana, Mahā Pajāpati suplicó al Buda que admitiera a las mujeres en el Saṅgha, y su aceptación marcó el comienzo del Saṅgha de bhikkhunīs, la orden de monjas. La historia se encuentra en Vin Cv Kh 10 / ii.253–56 (ver: Ñāṇamoli, *The Life of the Buddha*, pp. 104–7).

   Un interesante anacronismo en este *sutta* fue llamado a mi atención por el Ven. Ajahn Sucitto del Monasterio de Cittaviveka. El *sutta* describe a Mahā Pajāpati Gautamī como una devota budista laica y se refiere al Saṅgha de las bhikkhunīs como si fuera una realidad existente, sin embargo, el relato canónico de la fundación del Saṅgha de las bhikkhunīs muestra que Mahā Pajāpati fue la primera bhikkhunī histórica. Por lo tanto, el Saṅgha de las bhikkhunīs no podría haber existido en el momento en que se pronunció el *sutta* si Mahā Pajāpati todavía fuera una mujer laica. Podríamos resolver la discrepancia (desapercibida por el comentarista) al suponer que el discurso original fue posteriormente modificado después de la fundación del Saṅgha de las bhikkhunīs para incluir a esta última en el esquema de las ofrendas al Saṅgha.
2. MA: El Buda le pidió que le diera el regalo al Saṅgha porque quería que su voluntad de generosidad se dirigiera tanto al Saṅgha como a él mismo, ya que la voluntad combinada produciría méritos conducentes a su bienestar y felicidad durante mucho tiempo por venir. También dijo esto para que las generaciones posteriores se sintieran inspiradas a mostrar respeto hacia el Saṅgha de manera que —al apoyar al Saṅgha con los cuatro requisitos físicos— se contribuiría a la longevidad de la dispensación.
3. BB: Estos son los cuatro factores de entrada a la corriente. Por lo tanto, está claro que en el momento en que este *sutta* tiene lugar, Mahā Pajāpati Gautamī ya había entrado en la corriente.
4. NT: La expresión "levantándose por ella" se refiere a la muestra de atención y respeto con la que alguien se levantaría (temprano) para atender a una persona a quien se deba tal deferencia.

Tal vez esto tenga relación con la muy arraigada costumbre en el Saṅgha, en la que los bhikkhus se levantarían antes que el maestro para atenderlo a primera hora. El otro aspecto relacionado es que en los países budistas (como Tailandia y Birmania), durante milenios la gente se ha levantado temprano para ofrecer –en forma reverente y respetuosa– comida a los bhikkhus y bhikkhunīs en su ronda de recolección.

5. MA: El Buda emprende esta enseñanza porque el *sutta* comenzó con un regalo personal que se le presentó, y desea dejar claro el valor comparativo de los regalos personales y los regalos ofrecidos al Saṅgha.

6. MA y MṬ explican que este término puede ampliarse vagamente para incluir incluso a un seguidor laico que ha buscado refugio en la Triple Gema, así como a laicos y bhikkhus que intentan cumplir con el entrenamiento moral y las prácticas de concentración e introspección. En el sentido técnico estricto se refiere sólo a aquellos que poseen la vía supramundana de la entrada a la corriente.

   NT: Se distinguen en este *sutta* dos tipos de individuos nobles para cada grado de liberación, por ejemplo, un tipo de individuo es el que accede a la vía de la liberación (*magga*), el otro tipo es el del individuo que, habiendo logrado la vía, accede al fruto de la liberación (*phala*) para ese estado particular. De modo que así es como se definen las tipologías de las cuatro clases de personas y de los ocho tipos de individuos. Es decir, cuatro clases, multiplicadas por dos, dan cuatro individuos establecidos en la vía y cuatro que –habiéndose establecido en la vía– gozan del fruto de la liberación (la experiencia de Nibbāna). En el Abhidhamma el término *phalacittani* se usa para definir la conciencia propia de la fruición, la cual es considerada como un tipo de conciencia supra- o ultramundana.

7. BB: Éste es un contemplativo no budista que alcanza los *jhānas* y los tipos mundanos de conocimiento directo.

   NT: Con respecto al uso del término "lujuria", ver: n.25, M.43.

8. MA: La ofrenda propicia cien existencias de larga vida, belleza, felicidad, fuerza e inteligencia, y nos libera de la agitación. Los siguientes beneficios deben entenderse en el mismo sentido.

9. MA dice que, aunque el resultado de dar en cada uno de estos casos es incalculable, todavía hay una progresión ascendente en cuanto a su imposibilidad de calcular, similar a la imposibilidad de cálculo ascendente de las aguas de un gran río, etcétera, hasta la de las aguas del océano. Quizás el valor "incalculable, inmensurable" de estos dones consista en que se conviertan en

una condición de apoyo para el logro de las vías, los frutos y el Nibbāna.

10. MA: No hay regalo igual en medida a este regalo. Este es el tipo de regalo que Mahā Pajāpati haría al ofrecer el par de telas al Saṅgha.
11. MA: "Miembros del clan" (*gotrabhuno*) son aquellos que serán bhikkhus simplemente de nombre. Andarán con un trozo de tela amarilla atado al cuello o al brazo, y sustentarán a sus esposas e hijos dedicándose al comercio, la agricultura, etcétera.
12. BB: El regalo es de valor incalculable e inmensurable porque se ofrece, a través de la intención del donante, no a los "cuellos amarillos" como individuos sino al Saṅgha como un todo colectivo. Así, el cuerpo receptor incluye a todos los bhikkhus virtuosos del pasado, incluso aquellos que fallecieron hace mucho tiempo.
13. MA establece que un obsequio ofrecido a un bhikkhu inmoral que representa a todo el Saṅgha es más fructífero que un obsequio ofrecido a título personal a un *arahant*. Pero para que el obsequio se presente adecuadamente al Saṅgha, el donante no debe tener en cuenta los intereses personales y cualidades del destinatario, pero debe verlo únicamente como representante del Saṅgha en su conjunto.
14. MA: Aquí la palabra "purificado" tiene el significado de "hecho fructífero".
15. MA: Este último verso se refiere al regalo que un *arahant* le da a otro *arahant*. Aunque el *arahant* [sabe acerca del] fruto del *kamma*, debido a que no tiene deseo ni ansia de existencia, su propio acto de dar no produce ningún fruto. Es una mera acción funcional (*kiriya*) que no deja rastros [kármicos].

5

La división de la base séxtuple

(*Saḷāyatanavagga*)

143. *Anāthapiṇḍikovāda Sutta*
Consejo a Anāthapiṇḍika

1. Esto he escuchado. En una ocasión el Bienaventurado residía en Sāvatthī, en el Bosquecillo de Jeta, el parque de Anāthapiṇḍika.

2. Ahora bien, en esa ocasión, el jefe de familia Anāthapiṇḍika estaba afligido, sufriendo y gravemente enfermo. Entonces se dirigió a cierto hombre diciendo: —Ven, buen hombre, ve a donde se encuentra el Bienaventurado, ríndele homenaje en mi nombre con la cabeza a sus pies, y dile: "Venerable señor, el jefe de familia Anāthapiṇḍika está afligido, sufriendo y gravemente enfermo; por mi conducto él rinde homenaje con la cabeza a los pies del Bienaventurado". Luego ve a donde se encuentra el venerable Sāriputta, ríndele homenaje en mi nombre con tu cabeza a sus pies y dile: "Venerable señor, el jefe de familia Anāthapiṇḍika está afligido, sufriendo y gravemente enfermo; por mi conducto él rinde homenaje con la cabeza a los pies del venerable Sāriputta". Entonces dile: "Sería bueno, venerable señor, si el venerable Sāriputta fuera a la residencia de Anāthapiṇḍika, por compasión". —Sí, señor —respondió el hombre, y fue a donde se encontraba el Bienaventurado, y después de rendirle homenaje al Bienaventurado, se sentó a un lado y entregó su mensaje. Luego se fue a donde se encontraba el venerable Sāriputta, y después de rendirle homenaje al venerable Sāriputta, entregó su mensaje, diciendo: —Sería bueno, venerable señor, si el venerable Sāriputta fuera a la residencia del jefe de familia Anāthapiṇḍika, por compasión. El venerable Sāriputta consintió en silencio.

3. Entonces el venerable Sāriputta se vistió, y tomando su cuenco y túnica exterior, fue a la residencia del jefe de familia Anāthapiṇḍika, acompañado por el venerable Ānanda como su asistente. Habiendo ido allí, se sentó en un asiento preparado y le dijo al jefe de familia Anāthapiṇḍika: —Espero que te estés sintiendo bien, jefe de familia, espero que estés cómodo. Espero que tus sensaciones dolorosas estén disminuyendo y no aumentando, y que su desaparición, no su aumento, sea evidente.

4. —Venerable Sāriputta, no me estoy poniendo bien, no estoy cómodo. Mis sensaciones dolorosas están aumentando, no disminuyendo; su aumento, y no su desaparición es evidente. Al igual que si un hombre fuerte me estuviera abriendo la cabeza con una espada afilada, así también, vientos violentos me atraviesan la cabeza. No me estoy poniendo bien... es como si un hombre fuerte estuviera apretando una correa de cuero resistente alrededor de mi cabeza como una diadema; así también, hay dolores violentos en mi cabeza. No me estoy poniendo bien... es como si un hábil carnicero o su aprendiz estuvieran descuartizando el vientre de un buey con un cuchillo de carnicero afilado; así también, vientos violentos me están desgarrando el vientre. No me estoy poniendo bien... es como si dos hombres fuertes se apoderaran de un hombre más débil con ambos brazos y lo asaran sobre un foso de brasas calientes; así también, hay un violento ardor en mi cuerpo. No me estoy poniendo bien, no estoy cómodo. Mis sensaciones dolorosas están aumentando, no disminuyendo; su aumento, y no su desaparición es evidente.

5. —Entonces, jefe de familia, debes entrenarte así: "No me aferraré al ojo, y mi conciencia no dependerá del ojo".[1] Así debes entrenarte. Debes entrenarte así: "No me aferraré al oído... No me aferraré a la nariz... No me aferraré a la lengua... No me aferraré al cuerpo... No me aferraré a la mente, y mi conciencia no dependerá de la mente".

6. Jefe de familia, debes entrenarte así: "No me aferraré a las formas... No me aferraré a los sonidos... No me aferraré a los olores... No me aferraré a los sabores... No me aferraré a los objetos tangibles... No me aferraré a los objetos mentales, y mi conciencia no dependerá de los objetos mentales". Debes entrenarte así.

7. Jefe de familia, debes entrenarte así: "No me aferraré a la conciencia visual... No me aferraré a la conciencia auditiva... No me aferraré a la conciencia olfativa... No me aferraré a la conciencia gustativa... No me aferraré a la conciencia corporal... No me aferraré a la conciencia mental, y mi conciencia no dependerá de la conciencia mental". Debes entrenarte así.

8. Jefe de familia, debes entrenarte así: "No me aferraré al contacto visual... No me aferraré al contacto auditivo... No me aferraré al contacto olfativo... No me aferraré al contacto gustativo... No me aferraré al contacto corporal... No me aferraré al contacto mental, y mi conciencia no dependerá del contacto mental". Debes entrenarte así.

9. Jefe de familia, debes entrenarte así: "No me aferraré a la sensación nacida del contacto visual... No me aferraré a la sensación nacida del contacto auditivo... No me aferraré a la sensación nacida

del contacto olfativo... No me aferraré a la sensación nacida del contacto gustativo... No me aferraré a la sensación nacida del contacto corporal... No me aferraré a la sensación nacida del contacto mental, y mi conciencia no dependerá de la sensacion nacida del contacto mental". Debes entrenarte así.

10. Jefe de familia, debes entrenarte así: "No me aferraré al elemento tierra... No me aferraré al elemento agua... No me aferraré al elemento fuego... No me aferraré al elemento aire... No me aferraré al elemento espacio... No me aferraré al elemento de la conciencia, y mi conciencia no dependerá del elemento de la conciencia". Debes entrenarte así.

11. Jefe de familia, debes entrenarte así: "No me aferraré a la forma material... No me aferraré a la sensación... No me aferraré a la percepción... No me aferraré a las formaciones mentales... No me aferraré a la conciencia, y mi conciencia no dependerá de la conciencia". Debes entrenarte así.

12. Jefe de familia, debes entrenarte así: "No me aferraré a la base del *espacio ilimitado*... No me aferraré a la base de la *conciencia ilimitada*... No me aferraré a la base de la *nada*... No me aferraré a la base de la *ni percepción ni no-percepción*, y mi conciencia no dependerá de la base de la *ni percepción ni no-percepción*". Debes entrenarte así.

13. Jefe de familia, debes entrenarte así: "No me aferraré a este mundo, y mi conciencia no dependerá de este mundo. No me aferraré al mundo más allá, y mi conciencia no dependerá del mundo más allá". Debes entrenarte así.

14. Jefe de familia, debes entrenarte así: "No me aferraré a lo visto, lo oído, lo sentido, lo cognoscible, lo encontrado, lo buscado y examinado por la mente,.y mi conciencia no dependerá de ello".

15. Cuando se dijo esto, el jefe de familia Anāthapiṇḍika lloró y derramó lágrimas. Entonces el venerable Ānanda le preguntó: —¿Te estás agravando, jefe de familia, te estás hundiendo? —No me estoy agravando, venerable Ānanda, no me estoy hundiendo. Pero no obstante que he servido por mucho tiempo al Maestro y a los bhikkhus dignos de estima, nunca había escuchado una plática así sobre el Dhamma.

—Tal plática sobre el Dhamma, jefe de familia, no se da a los laicos vestidos de blanco. Tal plática sobre el Dhamma se da a los que han salido [de la vida hogareña a la vida sin hogar].[2]

—Bueno, entonces, venerable Sāriputta, que tal plática sobre el Dhamma se dé a los laicos vestidos de blanco. Hay hombres del clan con poco polvo en los ojos que se están consumiendo por no escuchar tal plática del Dhamma. Habrá quienes entiendan el Dhamma.

16. Luego, después de darle al jefe de familia Anāthapiṇḍika este consejo, el venerable Sāriputta y el venerable Ānanda se levantaron de sus asientos y partieron. Poco después de que se habían ido, el jefe de familia Anāthapiṇḍika murió y reapareció en el cielo de Tusita.

17. Entonces, cuando la noche estaba muy avanzada, Anāthapiṇḍika, ahora un joven *deva*, de hermosa apariencia fue al Bienaventurado, iluminando todo el Bosquecillo de Jeta. Después de rendir homenaje al Bienaventurado, se paró a un lado y se dirigió al Bienaventurado en estrofas:

"Oh, bendito sea este Bosquecillo de Jeta,
habitado por el sabio Saṅgha,
en donde reside el rey del Dhamma,
la fuente de toda mi felicidad.

Mediante la acción, el conocimiento y el Dhamma,
mediante la virtud y el noble modo de vida, —
mediante esto se purifican los mortales,
no por su linaje o riqueza.

Por lo tanto, una persona sabia que ve
lo que verdaderamente conduce a su propio bien,
debe investigar el Dhamma
y purificarse con él.

Sāriputta ha llegado a la cima
en los caminos de la virtud, la paz y la sabiduría;
cualquier bhikkhu que haya ido más allá,
en el mejor de los casos, solo puede igualarle."

18. Eso es lo que dijo el joven *deva* Anāthapiṇḍika, y el Maestro lo aprobó. Entonces el joven *deva* Anāthapiṇḍika, pensando: "El Maestro ha aprobado mis palabras", le rindió homenaje al Bienaventurado, y manteniéndolo a su derecha, desapareció de inmediato.

19. Cuando terminó la noche, el Bienaventurado se dirigió a los bhikkhus diciendo: —Bhikkhus, anoche, cuando la noche estaba muy avanzada, vino a mí un cierto joven *deva*, de hermosa apariencia que iluminó todo el Bosquecillo de Jeta. Después de rendirme homenaje, se paró a un lado y se dirigió a mí en las estrofas así:

"Oh, bendito sea este Bosquecillo de Jeta...
en el mejor de los casos, solo puede igualarle".

Eso es lo que dijo el joven *deva*. Entonces el joven *deva*, pensando:

"El maestro ha aprobado mis palabras", me rindió homenaje, y, manteniéndome a su derecha, desapareció de inmediato.

20. Cuando se dijo esto, el venerable Ānanda dijo al Bienaventurado:

—Ciertamente, venerable señor, ese joven *deva* debe haber sido Anāthapiṇḍika, porque el jefe de familia Anāthapiṇḍika tenía perfecta confianza en el venerable Sāriputta.

—¡Bien, bien, Ānanda! En lo que respecta al razonamiento, has sacado la conclusión correcta. Esa joven deidad era Anāthapiṇḍika, nadie más.

Eso es lo que dijo el Bienaventurado. El Venerable Ānanda estuvo satisfecho y deleitado con las palabras del Bienaventurado.

NOTAS M.143

1. MA dice que el apego al ojo se produce por medio del deseo y la lujuria (ver n.25, M.43); la conciencia depende del ojo a través de los anhelos y las nociones. Sin embargo, dado que Anāthapiṇḍika ya había entrado en la corriente, para él la dependencia habría implicado sólo el anhelo, ya que las nociones erróneas habían sido erradicadas por el sendero de la entrada en la corriente.
2. BB: Esta afirmación no implica que exista una exclusividad inherente o una discriminación arbitraria en la forma en que el Buda presenta sus enseñanzas. Pero, como aquellos que permanecen en la vida laica deben cuidar de sus familias, posesiones y ocupaciones, tales conversaciones que conducen a un desapego total no habrían sido apropiadas para ellos.

144. *Channovāda Sutta*
Consejo a Channa

1. Esto he escuchado. En una ocasión el Bienaventurado residía en Rājagaha, en el Bosquecillo de Bambúes, en el santuario de las ardillas.

2. Ahora bien, en esa ocasión, el venerable Sāriputta, el venerable Mahā Cunda y el venerable Channa vivían en la montaña del Pico de los Buitres.

3. En esa ocasión la venerable Channa estaba afligido, sufriendo y gravemente enfermo. Entonces, cuando era de noche, el venerable Sāriputta se levantó de la meditación, fue a donde se encontraba el venerable Mahā Cunda, y le dijo: —Amigo Cunda, vayamos a donde se encuentra el venerable Channa y preguntemos sobre su enfermedad. —Sí, amigo, respondió el venerable Mahā Cunda.

4. Entonces el venerable Sāriputta y el venerable Mahā Cunda fueron a donde se encontraba el venerable Channa e intercambiaron saludos con él. Cuando terminó esta charla cortés y amable, se sentaron a un lado y el venerable Sāriputta le dijo al venerable Channa: —Espero que te estés mejorando, amigo Channa, espero que estés cómodo. Espero que tus sensaciones dolorosas estén disminuyendo y no aumentando, y que su desaparición, y no su aumento, sea evidente.

5. —Amigo Sāriputta, no me estoy mejorando, no me siento cómodo. Mis sensaciones dolorosas están aumentando, no disminuyendo... (Como en el Sutta M. 143.4) ... su aumento y no su desaparición es evidente. Usaré el cuchillo [*cometeré suicidio*],[1] amigo Sāriputta; no tengo ganas de vivir.

6. —Que el venerable Channa no use el cuchillo. Que viva el venerable Channa. Queremos que viva el venerable Channa. Si carece de comida adecuada, iré en busca de comida adecuada para él. Si carece de medicina adecuada, iré en busca de medicina adecuada para él. Si le falta un asistente adecuado, yo seré su asistente. Que el venerable Channa no use el cuchillo. Que viva el venerable Channa. Queremos que viva el venerable Channa.

7. —Amigo Sāriputta, no es que no tenga comida ni medicinas adecuadas o que no tenga un asistente adecuado. Más bien, amigo Sāriputta, el Maestro ha sido adorado por mí con amor, no sin amor;

porque es apropiado que el discípulo adore al Maestro con amor, no sin amor. Amigo Sāriputta, recuerda esto: el bhikkhu Channa usará el cuchillo sin culpa.[2]

8. —Preguntaríamos ciertas preguntas al venerable Channa, si es que el venerable Channa encuentra oportuno contestarlas.

—Pregunta, amigo Sāriputta. Cuando haya escuchado, lo sabré.

9. —Amigo Channa, ¿consideras el ojo, la conciencia visual y las cosas cognoscibles [por la mente] a través de la conciencia visual así: "Esto es mío, esto soy yo, esto es mi yo"? ¿Consideras el oído... la nariz... la lengua... el cuerpo... la mente, la conciencia mental y las cosas cognoscibles [por la mente] a través de la conciencia mental como: "Esto es mío, esto soy yo, esto es mi yo"?

—Amigo Sāriputta, considero el ojo, la conciencia visual, y las cosas cognoscibles [por la mente] a través de la conciencia visual así: "Esto no es mío, esto no soy yo, esto no es mi yo". Considero el oído... la nariz... la lengua... el cuerpo... la mente, la conciencia mental y las cosas cognoscibles [por la mente] a través de la conciencia mental como: "Esto no es mío, esto no soy yo, esto no es mi yo".

10. —Amigo Channa, ¿qué has visto y conocido directamente en el ojo, en la conciencia visual y en las cosas cognoscibles [por la mente] a través de la conciencia visual, que los consideras así: "Esto no es mío, esto no soy yo, esto no es mi yo"? ¿Qué has visto y conocido directamente en el oído... en la nariz... en la lengua... en el cuerpo... en la mente, en la conciencia mental, y en las cosas cognoscibles [por la mente] a través de la conciencia mental, que los consideras así: "Esto no es mío, esto no soy yo, esto no es mi yo"?

—Amigo Sāriputta, es a través de ver y conocer directamente el cese en el ojo, en la conciencia visual y en las cosas cognoscibles [por la mente] a través de la conciencia visual, que los considero así: "Esto no es mío, esto no soy yo, esto no es mi yo". Es a través de ver y conocer directamente el cese respecto al oído... la nariz... la lengua... el cuerpo... la mente, la conciencia mental, y respecto a las cosas cognoscibles [por la mente] a través de la conciencia mental, que los considero así: "Esto no es mío, esto no soy yo, esto no es mi yo".

11. Cuando se dijo esto, el venerable Mahā Cunda dijo al venerable Channa:[3] —Por lo tanto, amigo Channa, a esta instrucción del Bienaventurado se le debe atender constantemente: "Hay vacilación en uno que es dependiente, no hay vacilación en uno que es independiente; cuando no hay vacilación, hay tranquilidad; cuando hay tranquilidad, no hay inclinación (*nati*); cuando no hay inclinación, no hay ir y venir; cuando no hay ir y venir, no hay fallecimiento ni reaparición; cuando no hay fallecimiento ni reaparición, no hay aquí ni más allá, ni en medio. Este es el fin del sufrimiento".[4]

12. Entonces, cuando el venerable Sāriputta y el venerable Mahā Cunda habían aconsejado al venerable Channa así, se levantaron de sus asientos y se fueron. Luego, poco después de que se hubieran ido, el venerable Channa usó el cuchillo.[5]

13. Entonces el venerable Sāriputta fue a donde se encontraba el Bienaventurado, y después de rendirle homenaje, se sentó a un lado y le dijo al Bienaventurado: —Venerable señor, el venerable Channa ha usado el cuchillo. ¿Cuál es su destino, cuál es su rumbo futuro?

—Sāriputta, ¿no te declaró el bhikkhu Channa su impecabilidad?[6]

—Venerable señor, hay un pueblo de los Vajjis llamado Pubbajira. Allí, el venerable Channa tenía familias amigas, familias íntimas, familias accesibles [como sus partidarios].[7]

—Efectivamente, Sāriputta, el bhikkhu Channa tenía familias amigas, familias íntimas, familias accesibles [como sus partidarios]; pero no digo que hasta ese punto él fuera censurable. Sāriputta, cuando uno deja este cuerpo y toma un cuerpo nuevo, entonces digo que uno es censurable. Esto no sucedió en su caso; el bhikkhu Channa usó el cuchillo sin culpa.[8]

Eso es lo que dijo el Bienaventurado. El venerable Sāriputta estuvo satisfecho y deleitado con las palabras del Bienaventurado.

NOTAS M.144

1. BB: Ésta es una expresión elíptica para referirse a suicidarse.
2. BB: Al hacer esta declaración, implícitamente está reclamando el título de *arahant*, como quedará claro en el párrafo §13. Si su reclamo en este momento era válido o no, es incierto, los comentarios lo consideran un caso de sobreestimación de su logro.
3. MA dice que el Ven. Mahā Cunda le dio esta instrucción pensando que aún debía ser una persona común y corriente, ya que no podía soportar los dolores mortales y quería suicidarse.
4. BB: El sentido de esta instrucción podría explicarse con la ayuda de MA de la siguiente manera: Uno es dependiente debido al anhelo y las opiniones y se vuelve independiente al abandonarlas con el logro del estado de *arahant*. La inclinación (*nati*, lit. flexión) surge a través del anhelo, y su ausencia significa que no hay inclinación o deseo de existir. No hay ir y venir por el final del renacimiento y la muerte, ni aquí ni más allá ni en el medio por la trascendencia de este mundo, ni por el mundo más allá y ni por el paso entre uno y el otro. Este es el fin del sufrimiento de las impurezas y del sufrimiento de la ronda.
5. MA: Se cortó el cuello, y justo en ese momento descendió sobre él el miedo a la muerte y apareció la señal del futuro renacimiento. Al reconocer que todavía era una persona común y corriente, se incitó a sí mismo y desarrolló introspección. Al comprender las formaciones, alcanzó el estado de *arahant* justo antes de expirar.
6. MA: Aunque esta declaración (de inocencia) se hizo mientras Channa todavía era un ser mundano, debido a que su logro de Nibbāna final siguió inmediatamente, el Buda respondió refiriéndose a esa misma declaración.

   Cabe señalar que esta interpretación comentada se impone al texto desde fuera, por así decirlo. Si nos atenemos a la redacción real del texto, parece que Channa ya era un *arahant* cuando hizo su declaración, [lo cual significó] un golpe dramático, ya que sus dos hermanos bhikkhus fracasaron en reconocerlo. La implicación, por supuesto, es que un dolor insoportable podría motivar incluso a un *arahant* a quitarse la vida, no por aversión sino simplemente por el deseo de estar libre de un dolor insoportable.
7. BB: Los términos utilizados para describir a las familias laicas que apoyaron al venerable Channa —*mittakulāni suhajjakulāni upavajjakulāni*— son obviamente sinónimos. El tercer término

brinda la oportunidad de realizar un juego de palabras. MA lo explica como *upasankamitabbakulāni*, "familias a las que acudir" (es decir, para sus requisitos). Según CPD, aquí *upavajja* representa Skt. *upavrajya*; la palabra en este sentido no está en PED, aunque este puede ser el único caso en el que tiene tal significado. La palabra es homónima de otra palabra que significa "censurable", y representa a Skt. *upavadya*, vinculándose así con la anterior confesión de Channa de que se suicidaría sin culpa (*anupavajja*). Vea la siguiente nota.

8. BB: Esta afirmación parece implicar que Channa era un *arahant* en el momento en que se suicidó, aunque el comentario explica lo contrario.

Cuando el Buda habla de las condiciones bajo las cuales uno es censurable (*sa-upavajja*), *upavajja* representa *upavadya.* Aunque anteriormente MA explicó el sentido correcto de *upavajjakulāni*, aquí el comentarista parece ajeno al juego de palabras y comenta como si Channa en realidad hubiera sido censurable por asociarse demasiado estrechamente con los laicos: El *Thera* Sāriputta, mostrando el defecto de la intimidad con las familias (*kulasaṁsaggadosa*) en la etapa preliminar de práctica, pregunta: "Cuando ese bhikkhu tuvo tales partidarios, ¿podría haber alcanzado el Nibbāna final?" El Bienaventurado responde mostrando que no tenía intimidad con familias.

145. *Puṇṇovāda Sutta*
Consejo a Puṇṇa

1. Esto he escuchado. En una ocasión el Bienaventurado residía en Sāvatthī, en el Bosquecillo de Jeta, el parque de Anāthapiṇḍika. Entonces, cuando fue de noche, el venerable Puṇṇa se levantó de la meditación y fue a donde se encontraba el Bienaventurado.[1] Después de rendirle homenaje al Bienaventurado, se sentó a un lado y le dijo:

2. —Venerable señor, sería bueno si el Bienaventurado me diera un breve consejo. Habiendo escuchado el Dhamma del Bienaventurado, permaneceré solo, recluido, diligente, enérgico y resuelto.

—Bien Puṇṇa, entonces escucha y atiende con atención lo que diré.

—Sí, venerable señor, respondió el venerable Puṇṇa. El Bienaventurado dijo esto:

3. —Puṇṇa, hay formas cognoscibles por el ojo que son deseadas, anheladas, agradables y atractivas, conectadas con el deseo sensorial y provocadoras de lujuria. Si un bhikkhu se deleita en ellas, las recibe, y permanece sosteniéndolas, el deleite (*nandī*) surge en él. Con el surgimiento del deleite, Puṇṇa, está el surgimiento del sufrimiento, digo.[2] Existen, Puṇṇa, sonidos cognoscibles por el oído... olores cognoscibles por la nariz... sabores cognoscibles por la lengua... objetos tangibles cognoscibles por el cuerpo... objetos mentales cognoscibles por la mente que son deseados, anhelados, agradables y atractivos, conectados con el deseo sensorial y provocadores de lujuria. Si un bhikkhu se deleita en ellos, los recibe, y permanece sosteniéndolos, el deleite surge en él. Con el surgimiento del deleite, Puṇṇa, digo que surge el sufrimiento.

4. Puṇṇa, hay formas cognoscibles por el ojo... sonidos cognoscibles por el oído... olores cognoscibles por la nariz... sabores cognoscibles por la lengua... objetos tangibles cognoscibles por el cuerpo... objetos mentales cognoscibles por la mente que son deseados, anhelados, agradables y atractivos, conectados con el deseo sensorial y provocadores de lujuria. Si un bhikkhu no se deleita en ellos, no les da la bienvenida y no permanece aferrándose a ellos, el deleite cesa en él. Con el cese del deleite, Puṇṇa, está el cese del sufrimiento, digo.

5. Ahora que te he dado este breve consejo, Puṇṇa, ¿en qué país residirás?

—Venerable señor, ahora que el Bienaventurado me ha dado este breve consejo, voy a vivir en el país de Sunāparanta.

—Puṇṇa, la gente de Sunāparanta es feroz y ruda. Si abusan de ti y te amenazan, ¿qué pensarás entonces?

—Venerable señor, si la gente de Sunāparanta abusa de mí y me amenaza, entonces pensaré: "Estas personas de Sunāparanta son excelentes, verdaderamente excelentes, en el sentido de que no me dieron un golpe con el puño". Entonces pensaré así, Bienaventurado; entonces pensaré así, Sublime.

—Pero, Puṇṇa, si la gente de Sunāparanta te da un golpe con el puño, ¿qué pensarás entonces?

—Venerable señor, si la gente de Sunāparanta me da un golpe con el puño, entonces pensaré: "Estas personas de Sunāparanta son excelentes, verdaderamente excelentes, en el sentido de que no me dieron un golpe con un terrón". Entonces pensaré así, Bienaventurado; entonces pensaré así, Sublime.

—Pero, Puṇṇa, si la gente de Sunāparanta te da un golpe con un terrón, ¿qué pensarás entonces?

—Venerable señor, si la gente de Sunāparanta me da un golpe con un terrón, entonces pensaré: "Estas personas de Sunāparanta son excelentes, verdaderamente excelentes, en el sentido de que no me dieron un golpe con un palo". Entonces pensaré así, Bienaventurado; entonces pensaré así, Sublime.

—Pero, Puṇṇa, si la gente de Sunāparanta te da un golpe con un palo, ¿qué pensarás entonces?

—Venerable señor, si la gente de Sunāparanta me da un golpe con un palo, entonces pensaré: "Estas personas de Sunāparanta son excelentes, verdaderamente excelentes, en el sentido de que no me apuñalaron con un cuchillo". Entonces pensaré así, Bienaventurado; entonces pensaré así, Sublime.

—Pero, Puṇṇa, si la gente de Sunāparanta te apuñala con un cuchillo, ¿qué pensarás entonces?

—Venerable señor, si la gente de Sunāparanta me apuñala con un cuchillo, entonces pensaré: "Estas personas de Sunāparanta son excelentes, verdaderamente excelentes, en el sentido de que no han tomado mi vida con un cuchillo afilado". Entonces pensaré así, Bienaventurado; entonces pensaré así, Sublime.

—Pero, Puṇṇa, si la gente de Sunāparanta te quita la vida con un cuchillo afilado, ¿qué pensarás entonces?

—Venerable señor, si la gente de Sunāparanta toma mi vida con un cuchillo afilado, entonces pensaré: "Algunos discípulos del

Bienaventurado que, siendo repelidos, humillados y disgustados por el cuerpo y por la existencia, buscaron un agresor. Sin embargo, yo he obtenido este agresor sin siquiera buscarlo". Entonces pensaré así, Bienaventurado; entonces pensaré así, Sublime.

6. —¡Bien, Puṇṇa, bien! Al poseer tal autocontrol y tranquilidad, podrás vivir en el país Sunāparanta. Ahora, Puṇṇa, es hora de hacer lo que creas conveniente.

7. Entonces, habiéndose deleitado y regocijado en las palabras del Bienaventurado, el venerable Puṇṇa se levantó de su asiento, y después de rendir homenaje al Bienaventurado, partió guardándolo a su derecha. Luego puso su lugar de descanso en orden, tomó su cuenco y su túnica exterior, y se dispuso a caminar hacia el país de Sunāparanta. Caminando en forma itinerante, finalmente llegó al país Sunāparanta, y allí vivió. Luego, durante ese retiro de las lluvias, el venerable Puṇṇa estableció a quinientos hombres seguidores laicos y quinientas mujeres seguidoras laicas en la práctica (*paṭivedesi*), y él mismo alcanzó los tres conocimientos verdaderos (*tevijjā*). En una ocasión posterior, el venerable Puṇṇa alcanzó el Nibbāna final.[3]

8. Entonces un cierto número de bhikkhus fueron a donde se encontraba el Bienaventurado, y después de rendirle homenaje, se sentaron a un lado y le dijeron: —Venerable Señor, el miembro del clan (*kulaputta*) Puṇṇa, quien recibió un breve consejo del Bienaventurado, ha muerto. ¿Cuál es su destino? ¿Cuál es su curso futuro?

—Bhikkhus, el miembro del clan Puṇṇa fue sabio. Practicó de acuerdo con el Dhamma y no me molestó en la interpretación del Dhamma. El miembro del clan Puṇṇa ha alcanzado el Nibbāna final.

Eso es lo que dijo el Bienaventurado. Los bhikkhus estuvieron satisfechos y deleitados con las palabras del Bienaventurado.

NOTAS M.145

1. BB: Este Puṇṇa es una persona diferente del Puṇṇa Mantāṇiputta de M.24. El Puṇṇa del presente *sutta* venía de una familia de comerciantes que residía en la ciudad portuaria de Suppāraka en el país de Sunāparanta (actual Maharashtra). En un viaje de negocios a Sāvatthī escuchó al Buda dar un discurso y renunció a la vida hogareña para convertirse en bhikkhu.
2. MA explica esta instrucción como una breve enseñanza sobre las Cuatro Nobles Verdades. El deleite (*nandī*) es un aspecto del anhelo. A través del surgimiento del deleite con respecto a los ojos y las formas surge el sufrimiento de los cinco agregados. Así, en esta primera parte de la instrucción, el Buda enseña la ronda de la existencia a través de las dos primeras verdades (el sufrimiento y su origen) tal como ocurren a través de los seis sentidos. En la segunda parte (§4) enseña el final de la ronda a través de las dos segundas verdades (cesación y vía) expresadas como el abandono del deleite en los seis sentidos y sus objetos.

   NT: Con relación al uso del término "lujuria", ver: n. 25, M.43.
3. BB: Es decir, expiró. Dado que el Buda todavía se refiere a Puṇṇa como miembro de un clan (*kulaputta*), debe haber muerto poco tiempo después de regresar al país de Sunāparanta. Los textos no dejan registro de cómo murió. La versión de este sutta en SN 35:88 (iv.60-63) dice que expiró durante su retiro de las primeras lluvias allí.

   NT: El decir que "estableció en la práctica" a esos hombres y mujeres laicos se puede probablemente interpretar como que los estableció en diversos niveles de logro de vías y frutos. Es decir los estableció como *sekhas* o practicantes nobles que aún trabajarían por lograr la vía y el fruto del *arahant*. He escrito adjunto el término original pāli *paṭivedesi*, el cual se traduce como: poner en conocimiento. El término tiene relación con el término *paṭivedha*, el cual significa: penetración, logro, comprensión, entendimiento. Cabe recordar la conocida secuencia didáctica de los tres factores que resumen el entrenamiento gradual: *pariyatti-paṭipatti-paṭivedha* (estudio, práctica y logro o penetración).

146. *Nandakovāda Sutta*
Consejos de Nandaka

1. Esto he escuchado. En una ocasión, el Bienaventurado residía en Sāvatthī, en el Bosquecillo de Jeta, el parque de Anāthapiṇḍika.

2. Entonces Mahā Pajāpati Gautamī, junto con quinientas bhikkhunīs[1] fueron a donde se encontraba el Bienaventurado. Después de rendir homenaje al Bienaventurado, se paró a un lado y le dijo: —Venerable Señor, permita que el Bienaventurado aconseje a las bhikkhunīs, permita que el Bienaventurado instruya a las bhikkhunīs, permita que el Bienaventurado dé a las bhikkhunīs una plática sobre el Dhamma.

3. Ahora bien, en esa ocasión, los bhikkhus mayores se turnaban para aconsejar a las bhikkhunīs, pero el venerable Nandaka no quiso aconsejarlas cuando llegó su turno.[2] Entonces el Bienaventurado se dirigió al venerable Ānanda: —Ānanda, ¿a quién le corresponde aconsejar a las bhikkhunīs el día de hoy?

—Venerable señor, es el turno del venerable Nandaka de aconsejar a las bhikkhunīs, pero él no quiere aconsejarlas a pesar de que es su turno.

4. Entonces el Bienaventurado se dirigió al venerable Nandaka: —Aconseja a las bhikkhunīs, Nandaka. Instruye a las bhikkhunīs, Nandaka. Dale a las bhikkhunīs una plática sobre el Dhamma, brahmán.

—Sí, venerable señor, respondió el venerable Nandaka. Entonces, por la mañana, el venerable Nandaka se vistió y, tomando su cuenco y su túnica exterior, fue a Sāvatthī a buscar ofrendas de alimento. Cuando hubo concluido su ronda y regresado de Sāvatthī, después de su comida fue con un compañero al parque Rājaka. Las bhikkhunīs vieron al venerable Nandaka venir a lo lejos y prepararon un asiento y pusieron agua para los pies. El venerable Nandaka se sentó en el asiento preparado y se lavó los pies. Las bhikkhunīs le rindieron homenaje y se sentaron a un lado. Cuando estuvieron sentados, el venerable Nandaka dijo a las bhikkhunīs:

5. —Hermanas, esta plática será en forma de preguntas. Cuando entiendan, deben decir: "Entendemos"; cuando no entiendan, deben decir: "No entendemos"; cuando duden, o haya perplejidad deben

preguntarme: "¿Cómo es esto, venerable señor? ¿Cuál es el significado de esto?".

—Venerable señor, estamos satisfechas y complacidas con el maestro Nandaka porque nos invita incluso en esta medida.

6. —Hermanas, ¿qué opinan? ¿El ojo es permanente o transitorio? —Transitorio, venerable señor. —¿Lo transitorio es sufrimiento o felicidad? —Sufrimiento, venerable señor. —Lo que es transitorio, está sujeto a sufrimiento y a cambios, ¿es digno de ser considerado como: "Esto es mío, esto soy yo, esto es mi ser"? —No, venerable señor.

—Hermanas, ¿qué opinan? ¿El oído... la nariz... la lengua... el cuerpo... la mente es permanente o transitoria? —Transitoria, venerable señor. —¿Lo transitorio es sufrimiento o felicidad? —Sufrimiento, venerable señor. —Y lo que es transitorio, sufrimiento, y está sujeto a cambios, ¿es digno de ser considerado de la siguiente manera: "Esto es mío, esto soy yo, esto es mi ser"?

—No, venerable señor. ¿Y por qué es eso? Porque, venerable señor, ya hemos visto esto bien, como realmente es, con sabiduría apropiada, a saber: "Estas seis bases [sensoriales] internas son transitorias".[3]

—¡Bien, bien, hermanas! Así sucede con un discípulo noble que ve esto como realmente es, con sabiduría apropiada.

7. Hermanas, ¿qué opinan? ¿Las formas... los sonidos... los olores... los sabores... los objetos tangibles... los objetos mentales son permanentes o transitorios?

—Transitorios, venerable señor. —¿Lo transitorio es sufrimiento o felicidad? —Sufrimiento, venerable señor. —Lo que es transitorio, sufrimiento y está sujeto a cambios, ¿es digno de ser considerado de la siguiente manera: "Esto es mío, esto soy yo, esto es mi ser"?

—No, venerable señor. ¿Por qué es eso? Porque, venerable señor, ya hemos visto esto bien, como realmente es, con sabiduría apropiada, a saber: "Estas seis bases externas son transitorias".

—¡Bien, bien, hermanas! Lo mismo ocurre con un discípulo noble que ve esto como realmente es, con la sabiduría adecuada.

8. Hermanas, ¿qué opinan? ¿La conciencia visual... la conciencia auditiva... la conciencia olfativa... la conciencia gustativa... la conciencia corporal... la conciencia mental es permanente o transitoria? —Transitoria, venerable señor. —¿Lo transitorio es sufrimiento o felicidad? —Sufrimiento, venerable señor. —Lo que es transitorio, sufrimiento y está sujeto a cambios ¿es digno de ser considerado de la siguiente manera: "Esto es mío, esto soy yo, esto es mi ser"?

—No, venerable señor. ¿Por qué es eso? Porque, venerable señor, ya hemos visto esto bien como realmente es, con sabiduría apropiada, así: "Estas seis clases de conciencia son transitorias".

—¡Bien, bien, hermanas! Lo mismo ocurre con un discípulo noble que ve esto como realmente es, con la sabiduría adecuada.

9. Hermanas, supongan que está ardiendo una lámpara de aceite: su aceite, es transitorio y está sujeto a cambios, su mecha, es transitoria y está sujeta a cambios, su llama, es transitoria y está sujeta a cambios, y su resplandor, es transitorio y está sujeto a cambios. Ahora bien, ¿hablaría correctamente alguien que dijera lo siguiente: "Mientras esta lámpara de aceite está encendida, su aceite, mecha y llama son transitorios y están sujetos a cambio, pero su resplandor es permanente, sempiterno, eterno, no sujeto a cambio"?

—No, venerable señor. ¿Por qué es eso? Porque, venerable señor, mientras esa lámpara de aceite arde, su aceite, mecha y llama son transitorios y están sujetos a cambios y, por ende, su resplandor debe ser transitorio y sujeto a cambios.

—Así también, hermanas, ¿hablaría correctamente alguien que dijera lo siguiente: "Estas seis bases internas son transitorias y están sujetas a cambios, pero la sensación placentera, dolorosa, o *ni dolorosa ni placentera* que uno experimenta en dependencia de las seis bases internas es permanente, sempiterna, eterna, no sujeta a cambio"?

—No, venerable señor. ¿Por qué es eso? Porque cada sensación surge en dependencia de su correspondiente condición,[4] y, con el cese de su condición correspondiente, la sensación cesa.

—¡Bien, bien, hermanas! Lo mismo ocurre con un discípulo noble que ve esto como realmente es, con la sabiduría adecuada.

10. Hermanas, supongan que un gran árbol está en pie y posee duramen: su raíz es transitoria y está sujeta a cambios, su tronco es transitorio y está sujeto a cambios, sus ramas y follaje son transitorios y están sujetos a cambios, y su sombra es transitoria y está sujeta a cambios. Ahora bien, ¿hablaría correctamente alguien que dijera lo siguiente: "La raíz, el tronco, las ramas y el follaje de este gran árbol en pie que posee duramen son transitorios y están sujetos a cambios, pero su sombra es permanente, eterna, sempiterna, no sujeta a cambios"?

—No, venerable señor. ¿Por qué es eso? Porque, venerable señor, la raíz, el tronco, las ramas y el follaje de este gran árbol en pie que posee duramen son transitorios y están sujetos a cambios, y por ende su sombra debe ser transitoria y sujeta a cambios.

—Así también, hermanas, ¿hablaría correctamente alguien que dijera lo siguiente: "Estas seis bases externas son transitorias y están sujetas a cambios, pero la sensación placentera, dolorosa, o *ni dolorosa ni placentera* que uno experimenta en dependencia de las seis bases externas es permanente, sempiterna, eterna, no sujeta a cambio"?

—No, venerable señor. ¿Por qué es eso? Porque cada sensación surge en dependencia de su correspondiente condición, y con el cese de su correspondiente condición, la sensación cesa.

—¡Bien, bien, hermanas! Lo mismo ocurre con un discípulo noble que ve esto como realmente es, con la sabiduría adecuada.

11. Hermanas, supongan que un carnicero hábil o su aprendiz mataran una vaca y la descuartizaran con un cuchillo de carnicero afilado. Sin dañar la masa interna de carne y sin dañar la piel externa, cortaría, cercenaría y tallaría los tendones, fibras y ligamentos internos con el afilado cuchillo de carnicero. Después de cortar, cercenar y dividir todo esto, quitaría la piel exterior y volvería a cubrir la vaca con la misma piel. ¿Estaría hablando correctamente si dijera: "Esta vaca está unida a esta piel tal como estaba antes"?

—No, venerable señor. ¿Por qué es eso? Porque si ese hábil carnicero o su aprendiz fueran a matar una vaca... y cortar, cercenar y dividir todo eso, aunque... vuelva a cubrir la vaca con esa misma piel y diga lo siguiente: "Esta vaca está unida a esta piel tal como estaba antes"; sin embargo, esa vaca estaría, de hecho, enteramente separada de esa piel.

12. Hermanas, les he dado este símil para dar un sentido. Este es el significado: "La masa interna de carne", es un término para las seis bases internas. "La piel exterior" es un término para las seis bases externas. "Los tendones internos, tendones y ligamentos" es un término para el deleite y la lujuria. "El cuchillo de carnicero afilado" es un término para la sabiduría noble, la sabiduría noble que corta, cercena y elimina las impurezas internas, los encadenamientos y las ataduras.

13. Hermanas, existen estos siete factores de la iluminación,[5] a través de cuyo desarrollo y cultivo un bhikkhu, al darse cuenta por sí mismo con conocimiento directo, aquí y ahora entra y permanece en la liberación de la mente y la liberación por medio de la sabiduría que no tienen mancha con la destrucción de las corrupciones. ¿Cuáles son los siete? Aquí, hermanas, un bhikkhu desarrolla el factor de iluminación de atención plena, que se apoya en la reclusión, el desapasionamiento y el cese, y madura en el abandono (*vossaggapariṇāmi*; un sinónimo de Nibbāna). Desarrolla el factor de iluminación de la investigación de estados... el factor de iluminación de la energía... el factor de iluminación del gozo... el factor de iluminación de la tranquilidad... el factor de iluminación de la concentración... el factor de iluminación de la ecuanimidad, que se apoya en la reclusión (*viveka*), el desapasionamiento (*virāga*) y el cese (*nirodha*), y madura en el abandono (*paṭinissagga*). Estos son los siete factores de iluminación a través de cuyo desarrollo y cultivo un

bhikkhu, al darse cuenta por sí mismo con conocimiento directo, aquí y ahora entra y permanece en la liberación de la mente y la liberación por medio de la sabiduría que no tienen mancha con la destrucción de las corrupciones.

14. Cuando el venerable Nandaka aconsejó a las bhikkhunīs así, las despidió diciendo: —Vayan, hermanas, es hora. Entonces las bhikkhunīs, habiéndose deleitado y regocijado con las palabras del venerable Nandaka, se levantaron de sus asientos y después de rendir homenaje al venerable Nandaka, partieron manteniéndolo a su derecha. Fueron hacia el Bienaventurado, y después de rendirle homenaje, se pararon a un lado. El Bienaventurado les dijo: —Vayan, hermanas, ya es hora. Entonces las bhikkhunīs rindieron homenaje al Bienaventurado y partieron manteniéndolo a su derecha.

15. Poco después de que se hubieran ido, el Bienaventurado se dirigió a los bhikkhus: —Bhikkhus, así como en el día de Uposatha del decimocuarto día, las personas no dudan ni están perplejas en cuanto a si la luna está incompleta o llena, ya que entonces la luna está claramente incompleta, así también, esas bhikkhunīs están satisfechas con la enseñanza del Dhamma ofrecida por Nandaka, pero su intención aún no se ha cumplido.

16-26. Entonces el Bienaventurado se dirigió al venerable Nandaka: —Bien, entonces, Nandaka, mañana también deberás aconsejar a esas bhikkhunīs exactamente de la misma manera.

—Sí, venerable señor, respondió el venerable Nandaka. Entonces, a la mañana siguiente, el venerable Nandaka se vistió... (Repetir textualmente §§4-14) ... Entonces las bhikkhunīs rindieron homenaje al Bienaventurado y partieron manteniéndolo a su derecha.

27. Poco después de que se fueron, el Bienaventurado se dirigió a los bhikkhus: —Bhikkhus, así como en el día de Uposatha del decimoquinto día, la gente no tiene dudas ni perplejidad en cuanto a si la luna está incompleta o llena, ya que entonces la luna está claramente llena, así también, esas bhikkhunīs están satisfechas con la enseñanza del Dhamma de Nandaka y su intención se ha cumplido. Bhikkhus, incluso la menos avanzada de esas quinientas bhikkhunīs es una que ha entrado en la corriente, ya no estando sujeta a la perdición, destinada [a la liberación], dirigiéndose a la iluminación.[6]

Eso es lo que dijo el Bienaventurado. Los bhikkhus estuvieron satisfechos y deleitados con las palabras del Bienaventurado.

NOTAS M.146

1. NT: La profesora Devdas, en su importante estudio del término *cetanā* (ver: Nalini Devdas, *Cetanā and the Dynamics of Volition in Theravāda Buddhism*, n.xv, Motilal Banarsidass, 2008), establece que considera aceptable la transliteración del plural de ciertos términos pāli mediante la adición de la 's' al final del término respectivo (como en el caso del uso de *cetanās;* ver referencia). Esto se hace considerando que es más fácil la lectura comparado con el término plural correspondiente en el pāli, que en el caso del presente *sutta* (y en M.142), sería *bhikkhuniyo*. Agradezco a uno de los revisores principales el dirigir la atención respecto a este punto.
2. BB: Una de las ocho reglas importantes establecidas por el Buda, cuando estableció el Saṅgha de las bhikkhunīs, estipulaba que cada quince días las bhikkhunīs debían pedir a los bhikkhus que enviaran un bhikkhu con el propósito de darles una exhortación. Según MA, en una vida anterior el venerable Nandaka había sido rey y esas bhikkhunīs habían sido sus concubinas. Quería evitar su turno de aconsejar a las bhikkhunīs porque pensó que otro bhikkhu que poseyera el conocimiento de vidas pasadas, al verlo dando una exhortación rodeado de las bhikkhunīs, pensaría que todavía no podía separarse de sus anteriores concubinas. Pero el Buda vio que el discurso de Nandaka a las bhikkhunīs las beneficiaría y por eso le pidió que las instruyera.
3. MA: Han visto esto con la sabiduría del discernimiento.
4. BB: *Tajjaṁ tajjaṁ paccayaṁ paṭicca tajjā tajjā vedanā uppajjanti.* La unión del ojo, las formas visibles y la conciencia ocular es el contacto visual, y ésta es la condición primaria para que surja la sensación nacida del contacto visual. Con el cese de la mirada, se elimina uno de los factores responsables del contacto visual. Así cesa el contacto visual, y con su cese también cesa la sensación nacida del contacto visual.
5. MA: Él emprende esta enseñanza sobre los factores de la iluminación porque la sabiduría no es capaz de eliminar las impurezas por sí sola, sino sólo cuando va acompañada de los otros seis factores de la iluminación (siendo la sabiduría equivalente al factor de iluminación de la investigación de los estados).
6. MA: La que era la última en cuanto a buenas cualidades se había convertido en alguien que entra en la corriente, pero aquellas cuyas intenciones eran convertirse en alguien que regresa una vez, en alguien que no regresa y en *arahants*, lograron el cumplimiento de sus intenciones. Debido a estos resultados, el Buda nombró al venerable Nandaka, el bhikkhu más destacado en la instrucción a las bhikkhunīs.

147. *Cūḷarāhulovāda Sutta*
El discurso menor del consejo a Rāhula

1. Esto he escuchado. En una ocasión, el Bienaventurado estaba residiendo en Sāvatthī, en el Bosquecillo de Jeta, el parque de Anāthapiṇḍika.[1]

2. Entonces, mientras el Bienaventurado estaba solo en meditación, un pensamiento surgió en su mente así: "Los estados que maduran en la liberación han madurado en Rāhula.[2] Lo conduciré aún más adelante hacia la destrucción de las corrupciones".

Entonces, cuando llegó la mañana, el Bienaventurado se vistió, y, tomando su cuenco y su túnica exterior, fue a Sāvatthī por ofrendas de alimento. Cuando hubo concluido su ronda y regresado de Sāvatthī, después de su comida, se dirigió al venerable Rāhula así:

—Lleva tu paño para sentarte contigo, Rāhula; vayamos a la arboleda de los ciegos a pasar el día.

—Sí, venerable señor, respondió el venerable Rāhula, y, tomando su paño para sentarse con él, siguió de cerca al Bienaventurado.

Ahora bien, en esa ocasión, muchos miles de *devas* siguieron al Bienaventurado, pensando: "Hoy, el Bienaventurado guiará al venerable Rāhula más lejos hacia la destrucción de las corrupciones".[3]

Entonces el Bienaventurado entró en la arboleda de los ciegos y se sentó en la raíz de cierto árbol en un asiento preparado. Y el venerable Rāhula rindió homenaje al Bienaventurado y se sentó a un lado. El Bienaventurado dijo entonces al venerable Rāhula:

3. —Rāhula, ¿qué piensas? ¿El ojo es permanente o transitorio?

—Transitorio, venerable señor.

—¿Lo transitorio es sufrimiento o felicidad?

—Sufrimiento, venerable señor.

—¿Lo que es transitorio, sufrimiento, y está sujeto a cambios, es adecuado para ser considerado así: "Esto es mío, esto soy yo, esto es mi yo"?

—No, venerable señor.

—Rāhula, ¿qué piensas? ¿Acaso las formas [visibles] ... la conciencia visual... el contacto visual... lo incluido dentro de la sensación, la percepción, las formaciones mentales y la conciencia que surgen con el contacto visual como condición, son permanentes o transitorias?[4]

—Transitorias, venerable señor.

—¿Lo transitorio es sufrimiento o felicidad?

—Sufrimiento, venerable señor.

—Lo que es transitorio, sufrimiento, y está sujeto a cambios, ¿es adecuado para ser considerado así: "Esto es mío, esto soy yo, esto es mi yo"?

—No, venerable señor.

4-8. —Rāhula, ¿qué piensas? ¿El oído es permanente o transitorio?... ¿La nariz es permanente o transitoria?... ¿La lengua es permanente o transitoria?... ¿El cuerpo es permanente o transitorio?... ¿La mente es permanente o transitoria?... ¿Acaso los objetos mentales... la conciencia mental... el contacto mental... lo incluido dentro de la sensación, la percepción, las formaciones mentales y la conciencia, que surgen con el contacto mental como condición, son permanentes o transitorios?

—Transitorios, venerable señor.

—¿Lo transitorio es sufrimiento o felicidad?

—Sufrimiento, venerable señor.

—¿Lo que es transitorio, sufrimiento, y está sujeto a cambios, es adecuado para ser considerado así: "Esto es mío, esto soy yo, esto es mi yo"?

—No, venerable señor.

9. —Viendo así, Rāhula, un noble discípulo bien instruido se desencanta con el ojo, se desencanta con las formas [visibles], se desencanta con la conciencia visual, se desencanta con el contacto visual, y se desencanta con cualquier cosa incluida dentro de la sensación, percepción, formaciones mentales y conciencia que surgen con el contacto visual como condición.

Se desencanta con el oído... Se desencanta con la nariz... Se desencanta con la lengua... Se desencanta con el cuerpo... Se desencanta con la mente, se desencanta con los objetos mentales, con la conciencia mental, con el contacto mental, y con todo lo que comprende la sensación, la percepción, las formaciones mentales y la conciencia que surgen con el contacto mental como condición.

10. Estando desencantado, se vuelve desapasionado. A través del desapasionamiento, [su mente] se libera. Cuando se libera, llega el conocimiento: "Está liberada". Él comprende: "El nacimiento ha sido destruido, la vida santa se ha vivido, lo que tenía que hacerse se ha hecho, y ya no hay retorno a ningún estado de ser".

Eso es lo que dijo el Bienaventurado. El venerable Rāhula estuvo satisfecho y deleitado con las palabras del Bienaventurado. Ahora bien, mientras se pronunciaba este discurso, al no apegarse, la mente del venerable Rāhula se liberó de las corrupciones. Y en esos muchos miles de *devas* surgió la visión inmaculada y sin mancha del Dhamma: "Todo lo que está sujeto a surgir está sujeto a cesar".[5]

NOTAS M.147

1. MA dice que este discurso le fue pronunciado a Rāhula poco después de su ordenación superior, supuestamente a la edad de veinte años. El *sutta* también aparece en SN 35:121 / iv.105–7.
2. *Vimuttiparipācanīyā dhammā.* MA las interpreta como las quince cualidades que purifican las cinco facultades (fe, energía, atención plena, concentración y sabiduría), es decir, con respecto a cada facultad [tres cualidades]: evitar a las personas que carecen de la facultad, asociarse con aquellos que están dotados de ella, y reflexionar sobre *suttas* que inspiran su maduración. MA aporta otro conjunto de quince cualidades: nuevamente las cinco facultades; las cinco percepciones que participan de la penetración, a saber, percepción de transitoriedad, sufrimiento, *no yo*, abandono [*paṭinissagganupassanā*] y desapasionamiento [*virāgānupassanā*]; y las cinco cualidades enseñadas a Meghiya, a saber: la noble amistad, la virtud de las reglas monásticas, la conversación adecuada, la energía y la sabiduría (ver: AN 9:3 / iv.356; Ud 4:1 / 36).
3. MA dice que estos *devas*, que vinieron de varios reinos celestiales, habían sido compañeros de Rāhula durante la vida anterior en la que aspiró por primera vez a alcanzar el estado de *arahant* como hijo de un Buda.
4. BB: Cabe señalar que los últimos cuatro elementos mencionados son los cuatro agregados mentales. Así, este discurso abarca no sólo las bases de los sentidos, sino también los cinco agregados, el agregado de la forma material implicado por las facultades de los sentidos físicos y sus objetos.
5. Según MA, la entrada a la corriente era el logro mínimo de esos *devas* [en esa ocasión], pero algunos alcanzaron las vías y frutos superiores, [incluso] hasta el estado de *arahant*.

148. *Chachakka Sutta*
Los seis conjuntos de seis

1. Esto he escuchado. En una ocasión, el Bienaventurado residía en Sāvatthī, en el Bosquecillo de Jeta, el parque de Anāthapiṇḍika. Allí se dirigió a los bhikkhus de esta manera: —Bhikkhus. —Venerable señor, respondieron. El Bienaventurado dijo esto:

2. —Bhikkhus, les enseñaré el Dhamma que es bueno en el principio, bueno en el medio, y bueno en el final, con el significado y fraseo correctos, revelaré una vida santa que es totalmente perfecta y pura,[1] es decir, los seis conjuntos de seis. Escuchen y atiendan atentamente a lo que voy a decir. —Sí, venerable señor, respondieron los bhikkhus. El Bienaventurado dijo esto:

(SINOPSIS)

3. —Las seis bases internas deben ser entendidas. Las seis bases externas deben ser entendidas. Las seis clases de conciencia deben ser entendidas. Las seis clases de contacto deben ser entendidas. Las seis clases de sensaciones deben ser entendidas. Las seis clases de deseo [anhelo, lujuria] deben ser entendidas.

(ENUMERACIÓN)

4. (i) "Las seis bases internas deben ser entendidas". Esto fue dicho. ¿Y con referencia a qué se dijo esto? Están la base del ojo, la base del oído, la base de la nariz, la base de la lengua, la base del cuerpo, y la base de la mente. Así que fue con referencia a esto que se dijo: "las seis bases internas deben ser entendidas".

Este es el primer conjunto de seis.

5. (ii) "Las seis bases externas deben ser entendidas". Así se dijo. ¿Y con referencia a qué se dijo esto? Están la base de la forma material, la base del sonido, la base del olor, la base del sabor, la base de lo tangible, y la base del objeto mental. Así que fue con referencia a esto que se dijo: "las seis bases externas deben ser entendidas".

Este es el segundo conjunto de seis.

6. (iii) "Las seis clases de conciencia deben ser entendidas". Esto fue dicho. ¿Y con referencia a qué se dijo esto? Dependiendo del ojo y de las formas visibles, la conciencia visual surge; dependiendo del oído y de los sonidos, la conciencia auditiva surge; dependiente de la nariz y de los olores, la conciencia olfativa surge; dependiendo de la lengua y de los sabores, la conciencia gustativa surge; dependiendo del cuerpo y de los tangibles, la conciencia táctil surge; dependiendo de la mente y de los objetos mentales, la conciencia mental surge. Así que fue con referencia a esto que se dijo: "las seis clases de conciencia deben ser entendidas".

Este es el tercer conjunto de seis.

7. (iv) "Las seis clases de contacto deben ser entendidas". Así se dijo. ¿Y con referencia a qué se dijo esto? Dependiendo del ojo y de las formas visibles, la conciencia visual surge; el encuentro de los tres es el contacto visual. Dependiendo del oído y los sonidos, la conciencia auditiva surge; el encuentro de los tres es el contacto auditivo. Dependiendo de la nariz y los olores, la conciencia olfativa surge; el encuentro de los tres es el contacto olfativo. Dependiendo de la lengua y los sabores, la conciencia gustativa surge; el encuentro de los tres es el contacto gustativo. Dependiendo del cuerpo y de los tangibles, la conciencia táctil surge; el encuentro de los tres es el contacto táctil. Dependiendo de la mente y de los objetos mentales, la conciencia mental surge; el encuentro de los tres es el contacto mental. Así que fue con referencia a esto que se dijo: "las seis clases de contacto deben ser entendidas".

Este es el cuarto conjunto de seis.

8. (v) "Las seis clases de sensaciones deben ser entendidas". Así se dijo. ¿Y con referencia a qué se dijo esto? Dependiendo del ojo y de las formas visibles, la conciencia visual surge; el encuentro de los tres es el contacto visual; con el contacto como condición, hay sensación. Dependiendo del oído y los sonidos, la conciencia auditiva surge; el encuentro de los tres es el contacto auditivo; con el contacto como condición, hay sensación. Dependiendo de la nariz y los olores, la conciencia olfativa surge; el encuentro de los tres es el contacto olfativo; con el contacto como condición, hay sensación. Dependiendo de la lengua y los sabores, la conciencia gustativa surge; el encuentro de los tres es el contacto gustativo; con el contacto como condición, hay sensación. Dependiendo del cuerpo y de los tangibles, la conciencia táctil surge; el encuentro de los tres es el contacto táctil; con el contacto como condición, hay sensación. Dependiendo de la mente y de los objetos mentales, la conciencia mental surge; el encuentro de los tres es el contacto mental; con el contacto como

condición, hay sensación. Así que fue con referencia a esto que se dijo: "las seis clases de sensaciones deben ser entendidas".

Este es el quinto conjunto de seis.

9. (vi) "Las seis clases de deseo deben ser entendidas". Así se dijo. ¿Y con referencia a qué se dijo esto? Dependiendo del ojo y de las formas visibles, la conciencia visual surge; el encuentro de los tres es el contacto visual; con el contacto como condición, hay sensación; con la sensación como condición, hay deseo.[2] Dependiendo del oído y los sonidos, la conciencia auditiva surge... con la sensación como condición, hay deseo. Dependiendo de la nariz y los olores, la conciencia olfativa surge... con la sensación como condición, hay deseo. Dependiendo de la lengua y los sabores, la conciencia gustativa surge... con la sensación como condición, hay deseo. Dependiendo del cuerpo y de los objetos tangibles, la conciencia táctil surge... con la sensación como condición, hay deseo. Dependiendo de la mente y de los objetos mentales, la conciencia mental surge; el encuentro de los tres es el contacto mental; con el contacto como condición, hay sensación; con la sensación como condición, hay deseo. Así que fue con referencia a esto que se dijo: "las seis clases de deseo deben ser comprendidas".

Este es el sexto conjunto de seis.

(DEMOSTRACIÓN DEL *NO YO*)

10. (i) Si alguien dice: "el ojo es el yo", eso no es defendible.[3] El surgir y cesar del ojo es discernible; y dado que su surgimiento y cese es discernible, se deduciría lo siguiente: "mi yo surge y cesa". Es por eso por lo que no es defendible que alguien diga: "el ojo es el yo". Por lo tanto, el ojo es *no yo*.[4]

Si alguien dice: "las formas [visibles] son el yo"[5]... Es por eso por lo que no es defendible que alguien diga: "las formas son el yo". Por lo tanto, el ojo es "no yo", las formas son *no yo*.

Si alguien dice: "La conciencia visual es el yo" ... Por eso no es defendible que alguien diga: "la conciencia visual es el yo". Por lo tanto, el ojo es *no yo*, las formas son *no yo*, la conciencia visual es *no yo*.

Si alguien dice: "El contacto visual es el yo" ... Es por eso por lo que no es defendible que alguien diga: "el contacto visual es el yo". Por lo tanto, el ojo es *no yo*, las formas son *no yo*, la conciencia visual es *no yo*, el contacto visual es *no yo*.

Si alguien dice: "La sensación es el yo" ... Por eso no es defendible que alguien diga: "la sensación es el yo". Así, el ojo es *no yo*, las formas son *no yo*, la conciencia visual es *no yo*, el contacto visual es *no yo*, la sensación es *no yo*.

Si alguien dice: "El deseo es el yo" ... Por eso no es defendible que alguien diga: "el deseo es el yo". Por lo tanto, el ojo es *no yo*, las formas son *no yo*, la conciencia visual es *no yo*, el contacto visual es *no yo*, la sensación es *no yo*, el deseo es *no yo*.

11. (ii) Si alguien dice: "El oído es el yo", eso no es defendible. El surgir y cesar del oído es discernible; y dado que su surgimiento y cese es discernible, se deduciría: "mi yo surge y cesa". Por lo tanto, no es defendible que alguien diga: "el oído es el yo". Por lo tanto, el oído es *no yo*.

Si alguien dice: "Los sonidos son el yo" ... "La conciencia auditiva es el yo" ... "El contacto auditivo es el yo" ... "La sensación es el yo" ... "El deseo es el yo" ... Por eso no es defendible que alguien diga: "el deseo es el yo". Por lo tanto, el oído es *no yo*, los sonidos son *no yo*, la conciencia auditiva es *no yo*, el contacto auditivo es *no yo*, la sensación es *no yo*, el deseo es *no yo*.

12. (iii) Si alguien dice: "la nariz es el yo", eso no es defendible. El surgir y cesar de la nariz es discernible; y dado que su surgimiento y cese es discernible, se deduciría: "mi yo surge y cesa". Por eso no es defendible que alguien diga: "la nariz es el yo". Por lo tanto, la nariz es *no yo*.

Si alguien dice: "los olores son el yo" ... "la conciencia olfativa es el yo" ... "el contacto olfativo es el yo" ... "la sensación es el yo" ... "el deseo es el yo" ... Por eso no es defendible que alguien diga: "el deseo es el yo". Así, la nariz es *no yo*, los olores son *no yo*, la conciencia olfativa es *no yo*, el contacto olfativo es *no yo*, la sensación es *no yo*, el deseo es *no yo*.

13. (iv) Si alguien dice: "la lengua es el yo", eso no es defendible. El surgimiento y cese de la lengua es discernible; y dado que su surgimiento y cese es discernible, se deduciría: "mi yo surge y cesa". Por eso no es defendible que alguien diga: "La lengua es el yo". Por lo tanto, la lengua es *no yo*.

Si alguien dice: "Los sabores son el yo" ... "La conciencia gustativa es el yo" ... "El contacto gustativo es el yo" ... "La sensación es el yo" ... "El deseo es el yo" ... Es por eso por lo que no es defendible que alguien diga: "el deseo es el yo". Así, la lengua es *no yo*, los sabores son *no yo*, la conciencia gustativa es *no yo*, el contacto gustativo es *no yo*, la sensación es *no yo*, el deseo es *no yo*.

14. (v) Si alguien dice: "el cuerpo es el yo", eso no es defendible. El surgimiento y cese del cuerpo es discernible; y dado que su surgimiento y cese es discernible, se deduciría: "mi yo surge y cesa". Por eso no es defendible que alguien diga: "el cuerpo es el yo". Por lo tanto, el cuerpo es *no yo*.

Si alguien dice: "los objetos tangibles son el yo" ... "la conciencia táctil es el yo" ... "el contacto táctil es el yo" ... "la sensación es el yo"

... "el deseo es el yo" ... Es por eso por lo que no es defendible que alguien diga: "el deseo es el yo". Por lo tanto, el cuerpo es *no yo*, los objetos tangibles son *no yo*, la conciencia táctil es *no yo*, el contacto táctil es *no yo*, la sensación es *no yo*, el deseo es *no yo*.

15. (vi) Si alguien dice: "la mente es el yo", eso no es defendible. El surgimiento y cese de la mente es discernible; y dado que se discierne su surgimiento y cese, se deduciría que: "mi yo surge y cesa". Por eso no es defendible que alguien diga: "la mente es el yo". Por lo tanto, la mente es *no yo*.

Si alguien dice: "los objetos mentales son el yo" ... "la conciencia mental es el yo" ... "el contacto mental es el yo" ... "la sensación [derivada del contacto mental] es el yo" ... "el deseo es el yo" ... Es por eso por lo que no es defendible que alguien diga: "el deseo es el yo". Por lo tanto, la mente es *no yo*, los objetos mentales son *no yo*, la conciencia mental es *no yo*, el contacto mental es *no yo*, la sensación es *no yo*, el deseo es *no yo*.

(EL ORIGEN DE LA IDENTIDAD)

16. Ahora, bhikkhus, este es el camino que conduce al origen de la identidad.[6]

(i) Uno considera el ojo así: "Esto es mío, esto soy yo, esto es mi ser". Uno considera las formas así... Uno considera la conciencia visual así... Uno considera el contacto visual así... Uno considera la sensación así... Uno considera el deseo así: "Esto es mío, esto soy yo, esto es mi ser".

17–21. (ii–vi) Uno considera el oído así: "Esto es mío, esto soy yo, esto es mi ser" ... Uno considera la nariz así: "Esto es mío, esto soy yo, esto es mi ser" ... Uno considera la lengua así: "Esto es mío, esto soy yo, esto es mi ser" ... Uno considera el cuerpo así: "Esto es mío, esto soy yo, esto es mi ser" ... Uno considera la mente así: "Esto es mío, esto soy yo, esto es mi ser". Uno considera los objetos mentales así... Uno considera la conciencia mental así... Uno considera el contacto mental así... Uno considera la sensación así... Uno considera el deseo así: "Esto es mío, esto soy yo, esto es mi ser".

(EL CESE DE LA IDENTIDAD)

22. Ahora, bhikkhus, este es el camino que conduce al cese de la identidad.[7]

(i) Uno considera el ojo así: "Esto no es mío, esto no soy yo, esto no es mi ser". Uno considera las formas visibles así... Uno considera la conciencia visual así... Uno considera el contacto visual así... Uno considera la sensación así... Uno considera el deseo así: "Esto no es mío, esto no soy yo, esto no es mi ser".

23–27. (ii-vi) Uno considera el oído así: "Esto no es mío, esto no soy yo, esto no es mi ser" ... Uno considera la nariz así: "Esto no es mío, esto no soy yo, esto no es mi ser" ... Uno considera la lengua así: "Esto no es mío, esto no soy yo, esto no es mi ser" ... Uno considera el cuerpo así: "Esto no es mío, esto no soy yo, esto no es mi ser" ... Uno considera la mente así: "Esto no es mío, esto no soy yo, esto no es mi ser" ... Uno considera los objetos mentales así... Uno considera la conciencia mental así... Uno considera el contacto mental así... Uno considera la sensación así... Uno considera el deseo así: "Esto no es mío, esto no soy yo, esto no es mi ser".

(LAS TENDENCIAS SUBYACENTES)

28. (i) Bhikkhus, dependiendo del ojo y las formas visibles,[8] la conciencia visual surge; el encuentro de los tres es el contacto visual; con el contacto como condición surge [una sensación] sentida como agradable o dolorosa o *ni dolorosa ni placentera*. Cuando uno es tocado por una sensación agradable, si uno se deleita en ella, le da la bienvenida y permanece aferrándose a ella, entonces la tendencia subyacente a la lujuria yace en uno mismo. Cuando uno es tocado por una sensación dolorosa, si uno sufre, se aflige y se lamenta, llora golpeándose el pecho y se angustia, entonces la tendencia subyacente a la aversión yace en uno mismo. Cuando uno es tocado por una sensación que es *ni dolorosa ni placentera*, si uno no comprende cómo es realmente el origen, el cese, la gratificación, el peligro y el escape con respecto a esa sensación, entonces la tendencia subyacente a la ignorancia yace en uno mismo.

Bhikkhus, el que uno pueda, aquí y ahora, poner fin al sufrimiento sin abandonar la tendencia subyacente a la lujuria por la sensación placentera, sin abandonar la tendencia subyacente a la aversión hacia la sensación dolorosa, sin extirpar la tendencia subyacente a la ignorancia con respecto a la sensación *ni dolorosa ni placentera*, sin abandonar la ignorancia y sin hacer surgir el verdadero conocimiento:[9] esto es imposible.

29–33. (ii–vi) Bhikkhus, dependiendo del oído y los sonidos, la conciencia auditiva surge ... Dependiendo de la mente y los objetos mentales, la conciencia mental surge; el encuentro de los tres es el contacto mental; con el contacto como condición surge [una sensación] sentida como placentera, o dolorosa, o *ni dolorosa ni placentera*...

Bhikkhus, que uno pudiera poner fin al sufrimiento aquí y ahora sin abandonar la tendencia subyacente a la lujuria por la sensación placentera... sin abandonar la ignorancia y sin hacer surgir el verdadero conocimiento: esto es imposible.

(EL ABANDONO DE LAS TENDENCIAS SUBYACENTES)

34. (i) Bhikkhus, dependiendo del ojo y las formas visibles, la conciencia visual surge; el encuentro de los tres es el contacto visual; con el contacto como condición surge [una sensación] sentida como placentera, o dolorosa, o *ni dolorosa ni placentera.*

Cuando uno es tocado por una sensación placentera, si uno no se deleita en ella, no le da la bienvenida ni permanece aferrándose a ella, entonces la tendencia subyacente a la lujuria no yace en uno mismo.

Cuando uno es tocado por una sensación dolorosa, si uno no se entristece, no se acongoja ni se lamenta, si no llora golpeándose el pecho ni se angustia, entonces la tendencia subyacente a la aversión no yace en uno mismo.

Cuando uno es tocado por una sensación *ni dolorosa ni placentera,* si uno entiende como realmente es el origen, el cese, la gratificación, el peligro y el escape con respecto a esa sensación, entonces la tendencia subyacente a la ignorancia no yace en uno mismo.

Bhikkhus, que uno pueda, aquí y ahora, poner fin al sufrimiento abandonando la tendencia subyacente a la lujuria por las sensaciones placenteras, abandonando la tendencia subyacente a la aversión hacia las sensaciones dolorosas, extirpando la tendencia subyacente a la ignorancia con respecto a lo que es una sensación *ni dolorosa ni placentera,* abandonando la ignorancia y haciendo surgir el verdadero conocimiento: esto es posible.

35–39. (ii-vi) Bhikkhus, dependiendo del oído y los sonidos, la conciencia auditiva surge...

[...]

Dependiendo de la mente y los objetos mentales, la conciencia mental surge; el encuentro de los tres es el contacto mental; con el contacto como condición surge [una sensación] sentida como placentera, o dolorosa, o *ni dolorosa ni placentera...*

Bhikkhus, que uno pueda, aquí y ahora, poner fin al sufrimiento abandonando la tendencia subyacente a la lujuria por la sensación placentera... abandonando la ignorancia y haciendo surgir el verdadero conocimiento: esto es posible.

(LIBERACIÓN)

40. Viendo esto, bhikkhus, un noble discípulo bien instruido se desencanta con el ojo, se desencanta con las formas visibles, se

desencanta con la conciencia visual, se desencanta con el contacto visual, se desencanta con la sensación, se desencanta con el deseo.

Se desencanta con el oído... se desencanta con la nariz... se desencanta con la lengua... se desencanta con el cuerpo... se desencanta con la mente, se desencanta con los objetos mentales, se desencanta con la conciencia mental, se desencanta con el contacto mental, se desencanta con la sensación, se desencanta con el deseo.

41. Estando desencantado, se torna desapasionado. A través del desapasionamiento [su mente] se libera. Cuando está liberada, llega el conocimiento: "Está liberada". Comprende: "El nacimiento ha sido destruido, la vida santa ha sido vivida, lo que tenía que hacerse ha sido hecho, ya no hay más llegar a ningún estado de ser".

Eso es lo que dijo el Bienaventurado. Los bhikkhus estuvieron satisfechos y deleitados con las palabras del Bienaventurado. Ahora bien, mientras este discurso se estaba pronunciando, mediante el no apego, las mentes de sesenta bhikkhus se liberaron de las corrupciones.[10]

NOTAS M.148

1. BB: Esta serie de epítetos, generalmente descripciones del Dhamma en su conjunto, sirve aquí para enfatizar la importancia del discurso que el Buda está a punto de pronunciar.
2. BB: Las dos últimas cláusulas de esta secuencia también se encuentran en la formulación estándar del origen dependiente, que así se incorpora implícitamente en este discurso sobre los seis conjuntos de seis.

   NT: En esta traducción se utilizan los términos anhelo, avidez, y deseo —de acuerdo con el contexto de los pasajes—, para designar al vocablo pāli *taṇhā*, cuya traducción al inglés más común es *craving* (anhelo, sed, deseo vehemente, apetito). Otras alternativas menos usadas en los textos son *sed* (inglés: *thirst*) y *lujuria* (ver: n.25, M.43).
3. BB: El verbo *upapajjati* (la lectura de la ed. PTS, *uppajjati*, es un error), normalmente significa "reaparece" o "renace", pero también tiene un uso especial en lógica para significar "ser defendible", "ser aceptable", como lo hace aquí.
4. BB: El argumento deriva el principio del *no yo* de la premisa verificable de la transitoriedad. La estructura del argumento puede exponerse brevemente así: todo lo que es yo debe ser permanente; X se percibe directamente como transitorio, es decir, marcado por ascensos y caídas; por lo tanto, X no es yo.

   NT: En este caso traduzco *self* como *yo* en vez de *ser*, ya que el contexto indica la forma más inmediata de aprehensión del engreimiento, es decir, la percepción del *yo*. Uso *ser* para traducir *self* cuando el contexto es una noción referente a las entidades sentientes existentes en alguno de los tres planos de existencia (*kāma-*, *rūpa-* y *arūpaloka*) y cuya concepción ontológica está a nivel de noción, por ejemplo, la noción del *ser* como finito, infinito, permanente... etcétera. Cuando se dice "X is not self" —en el contexto de este *sutta*— la traducción más literal sería "X es *anatta*"; sin embargo, creo que una alternativa aceptable sería traducir como "X es *no yo*". De esta manera se afirma sin ambigüedad que el referente es algo condicionado y por lo tanto *anatta*.
5. BB: El argumento completo del párrafo anterior se repite para cada uno de los cinco términos restantes de cada conjunto de seis.
6. MA explica que se afirma que este pasaje muestra dos nobles verdades (el sufrimiento y su origen) a través de las tres

obsesiones (*gāha*). La verdad del sufrimiento se muestra mediante el término "identidad", explicado en otros lugares como los cinco agregados afectados por el apego (M 44.2). Las tres obsesiones son el anhelo, el engreimiento y las nociones erróneas, que dan lugar respectivamente a las nociones de "mío", "yo soy" y "mi yo". Las dos verdades juntas constituyen la ronda de la existencia.

7. MA: Este pasaje pretende mostrar las otras dos Nobles Verdades (la cesación y el sendero) mediante el repudio de las tres obsesiones. Estas dos verdades constituyen el final de la ronda.

   NT: En los párrafos §§16-27 se optó (ver argumento en la nota 4 con referencia al sentido de identidad) por traducir "*this is mine, this I am, this is my self*" como "esto es mío, esto soy yo, esto es mi ser"; tal vez, de acuerdo con el sentido del *sutta*, una alternativa aceptable sería traducir como: "esto es mío, esto soy yo, esto es lo que considero que es mi yo", sin embargo la opción usada es menos complicada. Nótese que la estructura del enunciado abarca tres aspectos de consideración inapropiada que dan origen a la identidad: el sentido erróneo de propiedad (esto es mío), el sentido erróneo de la identidad misma (esto soy yo), y el de la noción errónea (esto es [lo que tomo como] mi ser).

8. MA: Este pasaje muestra una vez más el ciclo de la existencia, esta vez a través de las tendencias subyacentes. Sobre las tendencias subyacentes y su correlación con los tres tipos de sensación, ver: M.44, §§25-28.

9. MA: La ignorancia mencionada inicialmente es solo la carencia de entendimiento acerca del origen, etcétera, de la sensación *ni dolorosa ni placentera*. La segunda mencionada se encuentra en la raíz de la ronda [del *saṁsāra*].

   NT: Con relación al término "lujuria" usado en este sutta, ver: n. 25, M.43.

10. MA: No hay nada maravilloso en el hecho de que sesenta bhikkhus lograron el estado de *arahant* cuando el Buda enseñó este *sutta* por primera vez. Sin embargo, en cada ocasión en que Sāriputta, Moggallāna, y los ochenta grandes discípulos lo enseñaron, sesenta bhikkhus lograron el estado de *arahant*. En Sri Lanka el Thera Maliyadeva enseñó este sutta en sesenta localidades, y en cada ocasión sesenta bhikkhus lograron el estado de *arahant*. Pero cuando el Thera Tipiṭaka Cūḷanāga enseñó este *sutta* a una gran congregación de *devas* y humanos, al final del discurso mil bhikkhus lograron el estado de *arahant*, y entre los *devas* solo uno de ellos permaneció como un ser mundano.

149. *Mahāsaḷāyatanika Sutta* La gran base séxtuple

1. Esto he escuchado. En una ocasión, el Bienaventurado residía en Sāvatthī, en el Bosquecillo de Jeta, el parque de Anāthapiṇḍika. Allí se dirigió a los bhikkhus diciendo: —Bhikkhus. —Venerable señor, respondieron. El Bienaventurado dijo esto:

2. —Bhikkhus, les enseñaré un discurso sobre la gran base séxtuple. Escuchen y atiendan atentamente a lo que voy a decir. —Sí, venerable señor, respondieron los bhikkhus. El Bienaventurado dijo esto:

3. —Bhikkhus, cuando uno no conoce ni ve el ojo como realmente es,[1] cuando uno no conoce ni ve las formas visibles como realmente son, cuando uno no conoce ni ve la conciencia visual como realmente es, cuando uno no conoce ni ve el contacto visual como realmente es, cuando uno no conoce ni ve cómo realmente es [la sensación] sentida como placentera o dolorosa o *ni dolorosa ni placentera* que surge con el contacto visual como condición, entonces uno está ardiendo de lujuria por el ojo, por las formas, por la conciencia visual, por el contacto visual, por [la sensación] sentida como placentera o dolorosa o *ni dolorosa ni placentera* que surge con el contacto visual como condición.

Cuando uno permanece ardiendo por la lujuria, encadenado, obsesionado, contemplando la gratificación, entonces los cinco agregados afectados por el apego se construyen para uno mismo en el futuro;[2] y el anhelo de uno —que trae la renovación del ser, está acompañado por el deleite y la lujuria, y se deleita en esto y aquello— aumenta. Los problemas corporales y mentales de uno aumentan, los tormentos corporales y mentales de uno aumentan, las fiebres corporales y mentales de uno aumentan y uno experimenta sufrimiento corporal y mental.

4–8. Cuando uno no conoce ni ve el oído como realmente es... Cuando uno no conoce ni ve la nariz como realmente es... Cuando uno no conoce ni ve la lengua como realmente es... Cuando uno no conoce ni ve el cuerpo como realmente es... Cuando uno no conoce ni ve la mente como realmente es... uno experimenta sufrimiento corporal y mental.

9. Bhikkhus, cuando uno conoce y ve el ojo como realmente es,[3] cuando uno conoce y ve las formas visibles como realmente son, cuando uno conoce y ve la conciencia visual como realmente es, cuando uno conoce y ve el contacto visual como realmente es, cuando uno conoce y ve como realmente es la sensación que se siente como placentera o dolorosa, o *ni dolorosa ni placentera* que surge con el contacto visual como condición, entonces uno no arde de lujuria por el ojo, por las formas visibles, por la conciencia visual, por el contacto visual o por la sensación que se siente como agradable o dolorosa, o *ni dolorosa ni placentera* que surge con el contacto visual como condición.

Cuando uno permanece libre de la inflamación de la lujuria, sin ataduras, sin obsesiones, contemplando el peligro, entonces los cinco agregados afectados por el apego disminuyen para uno mismo en el futuro; y el anhelo propio —que trae la renovación del ser, está acompañado por el deleite y la lujuria, y se deleita en esto y aquello— se abandona. Se abandonan los problemas corporales y mentales, se abandonan los tormentos corporales y mentales, se abandonan las fiebres corporales y mentales, y se experimenta placer tanto corporal como mental.

10. La noción de una persona como esta es la noción correcta. Su intención es la intención correcta, su esfuerzo es el esfuerzo correcto, su atención es la atención plena correcta, su concentración es la concentración correcta.

Pero su acción corporal, su acción verbal y su modo de vida ya han sido previamente bien purificados.[4] Así, este Noble Óctuple Sendero se cumple en él mediante el desarrollo. Cuando desarrolla este Noble Óctuple Sendero, los cuatro fundamentos de la atención plena (*cattāro satipaṭṭhāna*) también se cumplen en él mediante el desarrollo; los cuatro tipos de esfuerzo correcto (*sammappadhāna*) también llegan a cumplirse en él mediante el desarrollo; las cuatro bases del poder [espiritual] (*iddhipāda*) también se cumplen en él mediante el desarrollo; las cinco facultades (*pañcindriya*) también se cumplen en él mediante el desarrollo; los cinco poderes (*pañcabala*) también se cumplen en él mediante el desarrollo; los siete factores de la iluminación (*bojjhaṅga*) también se cumplen en él mediante el desarrollo. Estas dos cosas, la serenidad y la introspección (*samatha* y *vipassanā*), ocurren en él unidas por igual.[5] Comprende plenamente por conocimiento directo aquellas cosas que deben ser comprendidas plenamente por conocimiento directo; abandona mediante conocimiento directo aquellas cosas que deben ser abandonadas mediante conocimiento directo; desarrolla mediante conocimiento directo aquellas cosas que deben ser desarrolladas mediante conocimiento directo; realiza mediante el conocimiento directo aquellas cosas que deben ser realizadas mediante el conocimiento directo.[6]

11. ¿Y qué cosas deben comprenderse plenamente mediante conocimiento directo? La respuesta a eso es: los cinco agregados afectados por el apego (*pañcupādānakkhandhā*), es decir, el agregado de la forma material afectado por el apego, el agregado de la sensación afectado por el apego, el agregado de la percepción afectado por el apego, el agregado de las formaciones mentales afectado por el apego, el agregado de la conciencia afectado por el apego. Estas son las cosas que deben ser comprendidas plenamente mediante el conocimiento directo.

¿Y qué cosas deben ser abandonadas mediante conocimiento directo? La ignorancia (*avijjā*) y el deseo por la existencia (*bhavataṇhā*). Estas son las cosas que deben ser abandonadas mediante conocimiento directo.

¿Y qué cosas deben ser desarrolladas mediante conocimiento directo? La serenidad y la introspección.[7] Estas son las cosas que deben desarrollarse mediante conocimiento directo.

¿Y qué cosas deben ser realizadas mediante conocimiento directo? El verdadero conocimiento y la liberación.[8] Estas son las cosas que deben realizarse mediante conocimiento directo.

12–14. Cuando uno conoce y ve el oído como realmente es... Estas son las cosas que deben ser realizadas mediante conocimiento directo.[9]

15–17. Cuando uno conoce y ve la nariz como realmente es... Estas son las cosas que deben ser realizadas mediante conocimiento directo.

18–20. Cuando uno conoce y ve la lengua como realmente es... Estas son las cosas que deben ser realizadas mediante conocimiento directo.

21–23. Cuando uno conoce y ve el cuerpo como realmente es... Estas son las cosas que deben ser realizadas mediante el conocimiento directo.

24–26. Cuando uno conoce y ve la mente como realmente es... Estas son las cosas que deben ser realizadas mediante conocimiento directo.

Eso es lo que dijo el Bienaventurado. Los bhikkhus estuvieron satisfechos y deleitados con las palabras del Bienaventurado.

NOTAS M.149

1. MA: Cuando uno no conoce ni ve el ojo a través del conocimiento introspectivo y el conocimiento del camino.

   NT: Para una aclaración del sentido en que se usa la palabra "lujuria" en el contexto del sutta, ver: n.25, M.43.
2. BB: Es decir, el anhelo que surge y se asienta en el ojo y las formas, etcétera, se aferra a ellas con apego, y esto produce *kamma* que puede generar un nuevo conjunto de cinco agregados en la próxima existencia.
3. BB: Cuando uno conoce y ve el ojo mediante la introspección y la vía.
4. BB: Los ocho factores de la vía aquí mencionados parecen pertenecer a la parte preliminar o mundana de la vía. MṬ los identifica con los factores que posee una persona en el nivel más alto de desarrollo del conocimiento, inmediatamente antes del surgimiento de la vía supramundana. En esta etapa sólo los primeros cinco factores del sendero están activamente operativos, habiendo sido purificados los tres factores del grupo de moralidad antes de emprender la meditación introspectiva. Pero cuando surge la vía supramundana, los ocho factores ocurren simultáneamente, y los tres factores del grupo de moralidad erradican las impurezas responsables de transgresiones en el habla, la acción y el sustento.
5. MA dice que esto se refiere al surgimiento simultáneo de la serenidad y la introspección en la vía supramundana. El primero está presente bajo el título de concentración correcta, el segundo bajo el título de la comprensión correcta [noción correcta].
6. BB: Éstas son las cuatro funciones que ejerce la vía supramundana: comprender plenamente la verdad del sufrimiento, abandonar la causa del sufrimiento, comprender el cese del sufrimiento y desarrollar el camino que conduce al fin del sufrimiento.
7. BB: Aquí la serenidad y la introspección representan todo el Noble Óctuple Sendero.
8. MA identifica el "verdadero conocimiento" con el conocimiento del camino del *arahant*, la "liberación" con el logro del fruto del *arahant*. Aquí éstos ocupan el lugar normalmente reservado para Nibbāna, el verdadero cese del sufrimiento.
9. BB: Este pasaje, al igual que cada uno de los siguientes, repite el texto completo de los párrafos §§9-11, tal como sucede en el M.148, siendo el único cambio la facultad sensorial y su objeto correspondiente.

150. *Nagaravindeyya Sutta*
Para la gente de Nagaravinda

1. Esto he escuchado. En una ocasión, el Bienaventurado estaba caminando de forma itinerante por el país de Kosala con un gran Saṅgha de bhikkhus, y finalmente llegó a una aldea de Kosala llamada Nagaravinda.

2. Los jefes de familia brahmanes de Nagaravinda escucharon: "El samaṇa Gautama, el hijo de los Sakya que salió de un clan Sakya, ha estado recorriendo por el país de Kosala con un gran Saṅgha de bhikkhus y ha venido a Nagaravinda. Ahora bien, se ha difundido un buen informe del Maestro Gautama en este sentido: 'Ese Bienaventurado es Consumado, plenamente iluminado... (Como en M. 41.2) ... revela una vida santa que es completamente perfecta y pura'. Ahora bien, es bueno ver a tales *arahants*".

3. Entonces los jefes de familia brahmanes de Nagaravinda fueron a donde se encontraba el Bienaventurado. Algunos rindieron homenaje al Bienaventurado y se sentaron a un lado; algunos intercambiaron saludos con él, y, cuando terminó esta cortés y amable charla, se sentaron a un lado; algunos extendieron sus manos en saludo reverencial hacia el Bienaventurado y se sentaron a un lado; algunos pronunciaron su nombre y clan en presencia del Bienaventurado y se sentaron a un lado; algunos guardaron silencio y se sentaron a un lado. Cuando estuvieron sentados, el Bienaventurado les dijo:

4. —Jefes de familia, si los *samaṇas* de otras sectas les preguntan así: "Jefes de familia, ¿qué tipo de *samaṇas* y brahmanes no deben ser honrados, respetados, reverenciados y venerados?", deben responderles así: "Aquellos *samaṇas* y brahmanes que no están libres de deseo, aversión y ofuscación[1] con respecto a las formas cognoscibles por el ojo, cuyas mentes no están interiormente pacificadas, que a veces se comportan con rectitud, y que a veces no se comportan con rectitud en cuerpo, palabra y mente, tales *samaṇas* y brahmanes no deben ser honrados, respetados, reverenciados y venerados. ¿Por qué es eso? Debido a que nosotros mismos no nos hemos librado del deseo, aversión y ofuscación con respecto a las formas cognoscibles

por el ojo, nuestras mentes no están internamente en paz, y a veces nos comportamos rectamente, y a veces no nos comportamos rectamente en cuerpo, palabra y mente. Dado que no vemos ninguna conducta recta superior por parte de esos buenos *samaṇas* y brahmanes, no deben ser honrados, respetados, reverenciados ni venerados.

Aquellos *samaṇas* y brahmanes que no se han librado del deseo, la aversión y la ofuscación con respecto a los sonidos cognoscibles por el oído... con respecto a los olores cognoscibles por la nariz... con respecto a los sabores cognoscibles por la lengua... con respecto a los objetos tangibles cognoscibles por el cuerpo... con respecto a los objetos mentales cognoscibles por la mente, cuyas mentes no están interiormente pacificadas, y que se comportan a veces rectamente, y a veces no se comportan con rectitud en cuerpo, palabra y mente... no deben ser honrados... Ya que no vemos ninguna conducta recta superior por parte de esos buenos *samaṇas* y brahmanes, no deben ser honrados, respetados, reverenciados ni venerados". Habiéndoseles preguntado así, jefes de familia, deben contestar a los reclusos de otras sectas de esa manera.

5. Pero, jefes de familia, si los *samaṇas* de otras sectas les preguntan así: "Jefes de familia, ¿qué tipo de *samaṇas* y brahmanes deberían ser honrados, respetados, reverenciados y venerados?", deben responderles así: "Aquellos *samaṇas* y brahmanes que están libres de deseo, aversión y ofuscación con respecto a las formas cognoscibles por el ojo, cuyas mentes están interiormente pacificadas y que se comportan rectamente en cuerpo, palabra y mente, tales *samaṇas* y brahmanes deben ser honrados, respetados, reverenciados y venerados. ¿Por qué es eso? Debido a que nosotros mismos no estamos libres de deseo, aversión y ofuscación con respecto a las formas cognoscibles por el ojo, nuestras mentes no están interiormente en paz, y a veces nos comportamos con rectitud, y a veces sin rectitud, en cuerpo, palabra y mente. Dado que vemos una conducta recta superior por parte de esos buenos *samaṇas* y brahmanes, estos deben ser honrados, respetados, reverenciados y venerados.

Esos *samaṇas* y brahmanes que se han librado del deseo, la aversión y la ofuscación con respecto a los sonidos cognoscibles por el oído... con respecto a los olores cognoscibles por la nariz... con respecto a los sabores cognoscibles por la lengua... con respecto a los objetos tangibles cognoscibles por el cuerpo... con respecto a los objetos mentales cognoscibles por la mente, cuyas mentes están interiormente pacificadas, y que se comportan con rectitud en cuerpo, palabra y mente; deben ser honrados, respetados, reverenciados y venerados. Dado que vemos una conducta recta superior por parte de esos buenos *samaṇas* y brahmanes, estos deben ser honrados, respetados, reverenciados y venerados". Habiéndoseles preguntado así, jefes de familia, deben contestar a los reclusos de otras sectas de esa manera.

6. Jefes de familia, si los *samaṇas* de otras sectas les preguntan así: "Pero ¿cuáles son sus razones y cuál es su evidencia respecto a esos venerables por las cuales dicen de ellos lo siguiente: 'Ciertamente estos venerables o están libres de deseo o están practicando para la eliminación del deseo; se han deshecho de la aversión o practican para eliminar la aversión; o bien se han librado de la ofuscación o están practicando para eliminar la ofuscación'?" Al ser preguntados así, deberían responder a esos *samaṇas* de otras sectas así: "Es debido a que esos venerables recurren a lugares de descanso remotos en la espesura de la jungla en el bosque. Allí no hay formas cognoscibles por el ojo que puedan ser vistas y en las que deleitarse. No hay sonidos cognoscibles por el oído que puedan ser escuchados y en los que deleitarse. No hay olores cognoscibles por la nariz de algún tipo que puedan ser olidos y en los que deleitarse. No hay sabores cognoscibles por la lengua de algún tipo que puedan ser saboreados y en lo que deleitarse. No hay cosas tangibles cognoscibles por el cuerpo de algún tipo que pudieran ser tocadas y en las que deleitarse.[2] Amigos, estas son nuestras razones por las cuales decimos acerca de esos venerables: "Seguramente estos venerables están libres de la deseo, aversión y ofuscación, o están practicando para eliminarlos". Habiéndoseles preguntado así, jefes de familia, deben contestar a los reclusos de otras sectas de esta manera.

7. Cuando se dijo esto, los brahmanes jefes de familia de Nagaravinda le dijeron al Bienaventurado: —¡Magnífico, Maestro Gautama! ¡Magnífico, Maestro Gautama! El Maestro Gautama ha aclarado el Dhamma de muchas maneras, como si estuviera poniendo en pie lo que había sido derribado, revelando lo que estaba oculto, mostrando el camino a quien estaba perdido, o levantando una lámpara en la oscuridad para que aquellos con vista vean formas visibles. Acudimos al Maestro Gautama en busca de refugio y al Dhamma y al Saṅgha de los bhikkhus. Que el Maestro Gautama nos acepte desde hoy como seguidores laicos que hemos ido a él en busca de refugio de por vida.

NOTAS M.150

1. NT: *Lobha, dosa, moha*; son las tres raíces (*mūla*) de lo malsano. *Lobha* es un sinónimo de *rāga* y *taṇhā*, que suelen traducirse como pasión o lujuria, y sed o avidez, respectivamente. *Dosa* suele traducirse como odio, enojo o aversión. *Moha* a veces se considera como sinónimo de *avijjā* —comúnmente traducido como ignorancia. Diversos autores traducen *moha* como ofuscación, engaño, ilusión, delirio o confusión. Se dice que tanto el deseo como la aversión derivan, en última instancia, de la ignorancia.
2. NT: Esta es una explicación de uno de los aspectos del entrenamiento gradual —concerniente a la moral— que consiste en la restricción de las facultades sensoriales (*indriyasaṁvara-sīla*).

151. *Piṇḍapātapārisuddhi Sutta*
La purificación de la comida de ofrenda

1. Esto he escuchado. En una ocasión, el Bienaventurado residía en Rājagaha, en el Bosquecillo de Bambúes, en el santuario de las ardillas. Entonces, cuando llegó la tarde, el venerable Sāriputta se levantó de la meditación y fue a donde se encontraba el Bienaventurado. Después de rendirle homenaje, se sentó a un lado. El Bienaventurado le dijo:

2. —Sāriputta, tus facultades son claras. El color de tu piel es puro y brillante. ¿En qué morada permaneces a menudo ahora, Sāriputta?

—Actualmente, venerable señor, a menudo moro en el vacío.[1]

—¡Bien, bien, Sāriputta! Ahora, en verdad, a menudo moras en la estancia de un gran hombre (*mahāpurisa*). Porque esta es la morada de un gran hombre, a saber, el vacío.[2]

3. Entonces, Sāriputta, si un bhikkhu deseara: "Que ahora pueda morar a menudo en el vacío", debería considerar esto: "En el camino por el cual fui a la aldea por comida de ofrenda, en donde anduve caminando por alimento, o en el camino por el cual regresé de la ronda, ¿hubo algún deseo, lujuria, odio, ofuscación o aversión en mi mente con respecto a las formas cognoscibles por el ojo?"[3]

Si, al revisar, sabe que: "En el camino por el cual fui a la aldea por comida de ofrenda, en donde anduve caminando por alimento, o en el camino por el cual regresé de la ronda, hubo deseo, lujuria, odio, ofuscación o aversión en mi mente con respecto a las formas cognoscibles por el ojo", entonces debe hacer el esfuerzo por abandonar esos estados nocivos y malsanos.

Pero si, al revisar, sabe que: "En el camino por el cual fui a la aldea por comida de ofrenda, en donde anduve caminando por alimento, o en el camino por el cual regresé de la ronda, no hubo deseo, lujuria, odio, ofuscación o aversión en mi mente con respecto a las formas cognoscibles por el ojo", entonces puede morar feliz y alegre, entrenando día y noche en estados saludables.

4–8. Nuevamente, Sāriputta, un bhikkhu debería considerar esto: "En el camino por el cual fui a la aldea por comida de ofrenda, en donde anduve caminando por alimento, o en el camino por el cual regresé de la ronda, ¿hubo algún deseo, lujuria, odio, ofuscación o aversión en mi mente con relación a los sonidos cognoscibles por el oído?... ¿con respecto a los olores cognoscibles por la nariz?... ¿con respecto a los sabores cognoscibles por la lengua?... ¿con respecto a cosas tangibles cognoscibles por el cuerpo?... ¿con respecto a los objetos mentales cognoscibles por la mente?"

Si, al revisar, sabe que: "En el camino por el cual fui a la aldea por comida de ofrenda... hubo deseo, lujuria, odio, ofuscación o aversión en mi mente con respecto a los objetos mentales cognoscibles por la mente", entonces debería hacer un esfuerzo para abandonar esos estados nocivos y malsanos.

Pero si, al revisar, sabe que: "En el camino por el cual fui a la aldea por comida de ofrenda... no hubo deseo, lujuria, odio, ofuscación o aversión en mi mente con respecto a los objetos mentales cognoscibles por la mente", entonces puede morar feliz y alegre, entrenando día y noche en estados saludables.

9. Nuevamente, Sāriputta, un bhikkhu debería considerar lo siguiente: "¿Están abandonadas en mí las cinco ramas del placer sensorial?"[4] Si, al revisar, sabe que: "Las cinco ramas del placer sensorial no han sido abandonadas en mí", entonces debe hacer un esfuerzo por abandonar esas cinco ramas del placer sensorial. Pero si, al revisar, sabe que: "Las cinco ramas del placer sensorial han sido abandonadas en mí", entonces puede morar feliz y contento, entrenándose día y noche en estados saludables.

10. Nuevamente, Sāriputta, un bhikkhu debería considerar esto: "¿Se han abandonado en mí los cinco impedimentos?" Si, al revisar, sabe que: "Los cinco impedimentos no han sido abandonados en mí", entonces debe hacer un esfuerzo por abandonar esos cinco impedimentos. Pero si, al revisar, sabe que: "Los cinco impedimentos han sido abandonados en mí", entonces puede permanecer feliz y alegre, entrenando día y noche en estados saludables.

11. Nuevamente, Sāriputta, un bhikkhu debe considerar lo siguiente: "¿Han sido completamente comprendidos por mí los cinco agregados afectados por el apego (*pañcupādānakkhandhā*)?" Si al revisar, sabe que: "No comprendo completamente los cinco agregados afectados por el apego", entonces debe hacer un esfuerzo por comprender completamente esos cinco agregados afectados por el apego. Pero si, al revisar, sabe que: "Los cinco agregados afectados por el apego han sido completamente comprendidos por mí"; entonces puede permanecer feliz y alegre, entrenando día y noche en estados saludables.

12. Nuevamente, Sāriputta, un bhikkhu debe considerar lo siguiente: "¿Están los cuatro fundamentos de la atención plena

desarrollados en mí?" Si al revisar, sabe que: "Los cuatro fundamentos de la atención plena no están desarrollados en mí", entonces debe hacer un esfuerzo por desarrollar esos cuatro fundamentos de la atención plena. Pero si, al revisar, sabe que: "Los cuatro fundamentos de la atención plena se han desarrollado en mí", entonces puede permanecer feliz y alegre, entrenando día y noche en estados saludables.

13–19. Una vez más, Sāriputta, un bhikkhu debe considerar lo siguiente: "¿Se han desarrollado en mí los cuatro esfuerzos correctos?... ¿Se han desarrollado en mí las cuatro bases para el poder espiritual?... ¿Se han desarrollado en mí las cinco facultades?... ¿Se han desarrollado en mí los cinco poderes?... ¿Se han desarrollado en mí los siete factores de la iluminación?... ¿Se ha desarrollado en mí el Noble Óctuple Sendero?... ¿Se han desarrollado en mí la serenidad y la introspección?" Si al revisar, sabe esto: "...La serenidad y la introspección no están desarrolladas en mí", entonces debe hacer un esfuerzo por desarrollarlos. Pero si, al revisar, sabe que: "...La serenidad y la introspección están desarrollados en mí", entonces puede permanecer feliz y alegre, entrenando día y noche en estados saludables.

20. Nuevamente, Sāriputta, un bhikkhu debe considerar lo siguiente: "¿Acaso he logrado el verdadero conocimiento y liberación (*vijjā ca vimutti*)?" Si, al revisar, sabe que: "No he logrado el verdadero conocimiento y liberación", entonces debe hacer un esfuerzo para lograr el verdadero conocimiento y liberación. Pero si, al revisar, sabe que: "He logrado el verdadero conocimiento y liberación", entonces puede morar feliz y alegre, entrenando día y noche en estados saludables.[5]

21. Sāriputta, cualesquiera *samaṇas* y brahmanes en el pasado que han purificado su comida de ofrenda, lo han hecho al revisar repetidamente esto. Cualesquiera *samaṇas* y brahmanes que en el futuro purifiquen su comida de ofrenda, lo harán revisando repetidamente esto. Cualesquiera *samaṇas* y brahmanes en el presente que estén purificando su comida de ofrenda, lo están haciendo revisando repetidamente esto. Por lo tanto, Sāriputta, debes entrenarte así: "Purificaremos nuestra comida de ofrenda revisando repetidamente esto".

Eso es lo que dijo el Bienaventurado. El venerable Sāriputta quedó satisfecho y deleitado con las palabras del Bienaventurado.

NOTAS M.151

1. MA: El logro de la vacuidad por parte del *arahant.* Ver: n.31, M.43, y n.8, M.121.
2. MA: Esta es la morada de grandes hombres (*mahāpurisa*) como los Budas, los Paccekabuddhas y los grandes discípulos de los Tathāgatas.
3. BB: Entre los cinco términos, deseo y lujuria son sinónimos, al igual que odio y aversión.

   NT: Para una aclaración sobre el término "lujuria", ver: n.25, M.43.
4. BB: A partir de esta sección se puede discernir una secuencia de desarrollo. El abandono de las cinco ramas del placer sensorial es el paso preliminar para desarrollar los *jhānas*, y el abandono de los cinco obstáculos (§10), el antecedente inmediato para el logro del primer *jhāna.* La comprensión completa de los cinco agregados (§11) indica la sabiduría introspectiva necesaria para alcanzar el sendero de entrada a la corriente, y las secciones sobre los treinta y siete requisitos de la iluminación (§§12-18) muestran el cultivo de los factores necesarios para alcanzar los estadios intermedios de la santidad. La sección sobre la serenidad y la introspección (§19), aunque aplicable a todas las etapas, puede verse como completamente realizada por el no retornante que se esfuerza por alcanzar el estado de *arahant.* Finalmente, la sección sobre el verdadero conocimiento y liberación significa el logro de la vía y el fruto del *arahant.*
5. BB: Aunque el *arahant*, que ha realizado plenamente el verdadero conocimiento y liberación, no necesita más entrenamiento, continúa cultivando la serenidad y la introspección para entrar en la dicha de los *jhānas*, el logro pleno del estado de *arahant* y el *cese de la percepción y la sensación.*

152. *Indriyabhāvanā Sutta*
El desarrollo de las facultades

1. Esto he escuchado. En una ocasión, el Bienaventurado residía en Kajangalā, en un bosquecillo de árboles *Mukhelu*.

2. Entonces, el estudiante brahmán Uttara, un alumno del brahmán Pārāsariya, fue a donde se encontraba el Bienaventurado e intercambió saludos con él. Cuando terminó esta cortés y amable charla, se sentó a un lado. Entonces el Bienaventurado le preguntó: —Uttara, ¿el brahmán Pārāsariya enseña a sus discípulos el desarrollo de las facultades?

—Él lo hace, Maestro Gautama.

—Pero, Uttara, ¿cómo enseña a sus discípulos el desarrollo de las facultades?

—Aquí, Maestro Gautama, uno no ve formas con el ojo, y uno no escucha sonidos con el oído. Así es como el brahmán Pārāsariya enseña a sus discípulos el desarrollo de las facultades.

—Si es así, Uttara, entonces un ciego y un sordo habrán desarrollado las facultades, según dice el brahmán Pārāsariya. Porque el ciego no ve las formas con los ojos, y el sordo no oye los sonidos con el oído.

Cuando esto fue dicho, el estudiante brahmán Uttara, alumno de Pārāsariya, se sentó en silencio, consternado, con los hombros caídos, la cabeza gacha, sombrío y sin respuesta.

3. Entonces, sabiendo esto, el Bienaventurado se dirigió al venerable Ānanda: —Ānanda, el brahmán Pārāsariya enseña a sus discípulos el desarrollo de las facultades de una manera, pero en la disciplina del Noble, el desarrollo supremo de las facultades (*indriyabhāvanā*) es de otro modo.[1]

—Ahora es el tiempo, Bienaventurado, ahora es el momento, Sublime, para que el Bienaventurado enseñe el desarrollo supremo de las facultades en la disciplina del Noble. Habiéndolo escuchado del Bienaventurado, los bhikkhus lo recordarán.

—Entonces escucha, Ānanda, y presta mucha atención a lo que diré.

—Sí, venerable señor, respondió. El Bienaventurado dijo esto:

4. —Ahora, Ānanda, ¿cómo se produce el desarrollo supremo de las facultades en la disciplina del Noble? Aquí, Ānanda, cuando un bhikkhu ve una forma con el ojo, surge en él lo que es agradable, surge lo que es desagradable, surge lo que es tanto agradable como desagradable.[2] Él entiende así: "Ha surgido en mí lo que es agradable, ha surgido lo que es desagradable, ha surgido lo que es tanto agradable como desagradable". Pero eso es condicionado, burdo, surgido de manera dependiente; pero esto es pacífico, esto es sublime, es decir, la ecuanimidad. Lo agradable que surgió, lo desagradable que surgió, y tanto lo agradable como lo desagradable que surgió, cesan en él y se establece la ecuanimidad.[3] Así como un hombre con buena vista, habiendo abierto los ojos, podría cerrarlos, o habiendo cerrado los ojos, podría abrirlos, así también con respecto a cualquier cosa: lo agradable que surgió, lo desagradable que surgió, y lo tanto agradable como lo desagradable que surgió, cesan con la misma prontitud, con la misma rapidez, con la misma facilidad, y se establece la ecuanimidad.

Esto se llama, en la disciplina del Noble, el desarrollo supremo de las facultades por lo que respecta a las formas cognoscibles por el ojo.[4]

5. Nuevamente, Ānanda, cuando un bhikkhu escucha un sonido con el oído, surge en él lo que es agradable, surge lo que es desagradable, surge lo que es tanto agradable y desagradable. Entiende así... y se establece la ecuanimidad. Así como un hombre fuerte puede chasquear fácilmente los dedos, así también, con respecto a cualquier cosa: lo agradable que surgió, lo desagradable que surgió, y tanto lo agradable como lo desagradable que surgió, cesan simplemente con la misma prontitud, con la misma rapidez, con la misma facilidad, y se establece la ecuanimidad.

Esto se llama, en la disciplina del Noble, el supremo desarrollo de las facultades en cuanto a los sonidos cognoscibles por el oído.

6. Nuevamente, Ānanda, cuando un bhikkhu huele un olor con la nariz, surge en él lo que es agradable, surge lo que es desagradable, surge lo que es tanto agradable como desagradable. Entiende así... y se establece la ecuanimidad. Así como las gotas de lluvia en una hoja de loto ligeramente inclinada caen y no permanecen allí, así también en cualquier cosa: lo agradable que surgió, lo desagradable que surgió, y lo tanto agradable como lo desagradable que surgió, cesan con la misma prontitud, con la misma rapidez, con la misma facilidad, y se establece la ecuanimidad.

Esto se llama, en la disciplina del Noble, el supremo desarrollo de las facultades en cuanto a los olores cognoscibles por la nariz.

7. Nuevamente, Ānanda, cuando un bhikkhu prueba un sabor con la lengua, surge en él lo que es agradable, surge lo que es desagradable,

surge lo que es tanto agradable como desagradable. Entiende así... y se establece la ecuanimidad. Así como un hombre fuerte podría escupir fácilmente una bola de saliva acumulada en la punta de su lengua, así también, con respecto a cualquier cosa: lo agradable que surgió, lo desagradable que surgió, y lo tanto agradable como lo desagradable que surgió, cesan con la misma prontitud, con la misma rapidez, con la misma facilidad, y se establece la ecuanimidad.

Esto se llama, en la disciplina del Noble, el desarrollo supremo de las facultades respecto a los sabores cognoscibles por la lengua.

8. Nuevamente, Ānanda, cuando un bhikkhu toca algo tangible con el cuerpo, surge en él lo que es agradable, surge lo que es desagradable, surge lo que es tanto agradable como desagradable. Entiende así... y se establece la ecuanimidad. Así como un hombre fuerte podría extender su brazo flexionado o flexionar su brazo extendido, así también con respecto a cualquier cosa: lo agradable que surgió, lo desagradable que surgió, y lo tanto agradable como lo desagradable que surgió, cesan con la misma prontitud, con la misma rapidez, con la misma facilidad, y se establece la ecuanimidad.

Esto se llama, en la disciplina del Noble, el desarrollo supremo de las facultades en cuanto a los objetos tangibles cognoscibles por el cuerpo.

9. De nuevo, Ānanda, cuando un bhikkhu reconoce un objeto mental con la mente, surge en él lo que es agradable, surge lo que es desagradable, surge lo que es tanto agradable como desagradable. Entiende así... y se establece la ecuanimidad. Al igual que si un hombre dejara caer dos o tres gotas de agua sobre una placa de hierro calentada durante un día entero, la caída de las gotas podría ser lenta, pero se vaporizarían rápidamente y desaparecerían,[5] así también, con respecto a cualquier cosa: lo agradable que surgió, lo desagradable que surgió, y lo tanto agradable como lo desagradable que surgió cesan con la misma prontitud, con la misma rapidez, con la misma facilidad, y se establece la ecuanimidad.

Esto se llama, en la disciplina del Noble, el supremo desarrollo de las facultades en cuanto a las ideas cognoscibles por la mente.

Así es como se da el desarrollo supremo de las facultades en la disciplina del Noble.

10. ¿Y cómo, Ānanda, es uno un discípulo en entrenamiento superior (*sekha*), uno que ha entrado en el camino? Aquí, Ānanda, cuando un bhikkhu ve una forma con el ojo... oye un sonido con el oído... huele un olor con la nariz... saborea un sabor con la lengua... toca algo tangible con el cuerpo... conoce un objeto mental con la mente, surge en él lo que es agradable, surge lo que es desagradable, surge lo que es tanto agradable como desagradable; es repelido, humillado

y se disgusta por lo agradable que surgió, por lo desagradable que surgió, y por lo tanto agradable como desagradable que surgió.[6]

Así es uno un discípulo en formación superior, uno que ha entrado en el camino.

11–16. ¿Y cómo, Ānanda, uno es un noble con facultades desarrolladas (*ariya bhāvitindriya*)?[7] Aquí, Ānanda, cuando un bhikkhu ve una forma con el ojo... oye un sonido con el oído... huele un olor con la nariz... saborea un sabor con la lengua... toca algo tangible con el cuerpo... conoce un objeto mental con la mente, surge en él lo que es agradable, surge lo que es desagradable, surge lo que es tanto agradable como desagradable.[8] Si él así lo deseara: "Que me mantenga percibiendo lo no repulsivo en lo repulsivo", permanece percibiendo lo no repulsivo en lo repulsivo. Si él así lo deseara: "Que me mantenga percibiendo lo repulsivo en lo no repulsivo", permanece percibiendo lo repulsivo en lo no repulsivo. Si él así lo deseara: "Que me mantenga percibiendo lo no repulsivo en lo repulsivo y en lo no repulsivo", permanece percibiendo lo no repulsivo en eso. Si lo desea: "Que permanezca percibiendo lo repulsivo en lo no repulsivo y lo repulsivo, permanece percibiendo lo repulsivo en eso". Si él así lo deseara: "Que yo, evitando tanto lo repulsivo como lo no repulsivo, pueda permanecer en la ecuanimidad, atento y plenamente consciente", permanece en la ecuanimidad hacia eso, atento y plenamente consciente.[9]

Así es como uno es un noble con facultades desarrolladas.

17. Entonces, Ānanda, el desarrollo supremo de las facultades en la disciplina del Noble ha sido enseñado por mí, el discípulo en entrenamiento superior que ha entrado en el camino ha sido enseñado por mí, y el noble con facultades desarrolladas (*arahant*), ha sido enseñado por mí.

18. Lo que debe ser hecho para sus discípulos por compasión, por un maestro que busca su bienestar y tiene compasión por ellos, esto he hecho por ustedes, Ānanda. Allí están estas raíces de árboles, estas chozas vacías. Mediten, Ānanda, no se demoren, de lo contrario se arrepentirán más tarde. Esta es nuestra[10] instrucción para ustedes.

Eso es lo que dijo el Bienaventurado. El venerable Ānanda quedó satisfecho y deleitado con las palabras del Bienaventurado.

NOTAS M.152

1. BB: La expresión "el desarrollo de las facultades" (*indriyabhāvanā*) significa propiamente el desarrollo de la mente en respuesta a los objetos experimentados a través de las facultades de los sentidos. El aspecto más rudimentario de esta práctica, la restricción de las facultades sensoriales (*indriyasaṁvara*), implica controlar la mente de tal manera que uno no se aferre a los "signos y características" de las cosas –sus atributos distintivos atractivos y repulsivos. El desarrollo de las facultades lleva este proceso de control hasta el punto en que, mediante un acto de voluntad, uno puede establecer inmediatamente un conocimiento incluso en el curso de la percepción sensorial. En el nivel más alto, uno adquiere la capacidad de transformar radicalmente el significado subjetivo de los propios objetos que pueden ser percibidos, haciéndolos aparecer de un modo totalmente opuesto a la forma en que normalmente son aprehendidos.
2. MA explica que cuando una forma deseable entra al alcance de la vista, surge un estado agradable (*manāpa*); cuando aparece una forma indeseable, surge un estado desagradable (*amanāpa*); y cuando aparece una forma indiferente, surge un estado que es a la vez agradable y desagradable. Cabe señalar que, aunque estos tres términos se utilizan habitualmente para calificar los objetos sensoriales, aquí también parecen significar estados sutiles de agrado, aversión y aburrida indiferencia que surgen debido a la influencia de las tendencias subyacentes. MṬ identifica "lo agradable" con estados mentales saludables y no saludables asociados con el gozo, "lo desagradable" con estados mentales no saludables asociados con el pesar (disgusto) y "lo agradable y desagradable" con estados mentales asociados con una sensación ecuánime.

   NT: A lo largo de este Nikāya se utiliza la expresión común "sensación de *ni dolor ni placer*" (*adukkhamasukha vedanā*), lo cual, por ejemplo, se refiere a la sensación "no afectiva" que acompaña a la ecuanimidad del cuarto *jhāna*. "A la vez agradable y desagradable" podría aquí interpretarse simplemente como sensación neutra o indiferente.
3. MA: Esta ecuanimidad es la ecuanimidad de la percepción (*vipassanā-upekkhā*). El bhikkhu no permite que su mente sea vencida por la lujuria, el odio o la ilusión, sino que comprende el objeto y establece la percepción en el estado neutral. MṬ explica que esto significa que entra en la ecuanimidad con respecto a

las formaciones (*sankhār'upekkhā*), una etapa particular del conocimiento introspectivo (ver Vsm XXI, 61–66).

4. MṬ: El noble desarrollo de las facultades es la supresión de la lujuria, etcétera, que surge a través del ojo, y el establecimiento de la ecuanimidad de la percepción.

   NT: Para una aclaración sobre la palabra "lujuria" usada en este contexto, ver: n.25, M.43.

5. BB: El mismo símil aparece en M. 66.16.
6. BB: Aunque el *sekha* ya ha emprendido el camino hacia la liberación final, todavía es propenso a estados sutiles de agrado, aversión e indiferencia aburrida con respecto a los objetos de los sentidos. Sin embargo, los experimenta como impedimentos para su progreso y, por lo tanto, se siente repelido, humillado y disgustado por ellos.
7. BB: *Ariya bhāvitindriya* se refiere al *arahant*.
8. BB: Dado que el *arahant* ha erradicado todas las impurezas junto con sus tendencias subyacentes, en este pasaje los tres términos (lo agradable, etcétera) deben entenderse simplemente como las sensaciones que surgen a través del contacto con los objetos de los sentidos, y no como los rastros sutiles de agrado, aversión e indiferencia referidos en el pasaje anterior.
9. BB: El Paṭisambhidāmagga llama a esta práctica "el noble poder supra normal" (*ariya iddhi*) y la explica así: "Para seguir percibiendo lo no repulsivo en lo repulsivo, uno impregna a un ser repulsivo con benevolencia amorosa, o atiende a un objeto repulsivo (animado o inanimado) como un mero conjunto de elementos impersonales. Para seguir percibiendo lo repulsivo en lo no repulsivo, uno impregna a una persona (sensualmente) atractiva con la idea de lo repulsivo del cuerpo, o uno atiende a un objeto atractivo (ya sea animado o inanimado) como transitorio". Los métodos tercero y cuarto implican la aplicación de la primera y segunda contemplaciones a objetos tanto repulsivos como no repulsivos, sin discriminación. El quinto método implica evitar el gozo y la tristeza en respuesta a los seis objetos de los sentidos, lo que permite a uno permanecer en ecuanimidad, atento y plenamente consciente".

   Aunque esta quíntuple contemplación se atribuye al *arahant* como un poder perfectamente bajo su control, en otros lugares el Buda la enseña a bhikkhus aún en formación como una forma de superar las tres raíces nocivas. Véase AN 5:144 / iii.169–70; y para un comentario reflexivo sobre ese *sutta*, véase Nyanaponika Thera, *The Roots of Good and Evil*, pp. 73–78.

10. NT: Esta es la instrucción común dada por todos los Budas.

Bibliografía

Lista de abreviaturas

Glosario pāli–español

Índice temático

Índice onomástico

Bibliografía (para la traducción al español)

—*The Middle Length Discourses of the Buddha*. A Translation of the Majjhima Nikāya. Translated by Bhikkhu Ñāṇamoli and Bhikkhu Bodhi. Fourth Edition, Wisdom Publications, Boston (2009).

—*Mahāsaṅgīti Tipiṭaka Buddhavasse 2500*. Fuente para la versión pāli del Majjhima Nikāya, publicada en www.suttacentral.net

—*Majjhima Nikāya*. Traducciones en www.suttacentral por Anton P. Baron (español); Bhikkhu Sujato (inglés); Suddhāsso Bhikkhu (inglés); I.B. Horner (inglés); Nyanamoli Thera (inglés).

—*Majjhima Nikāya. Los Sermones Medios del Buddha*. Trad. Amadeo Solé-Leris y Abraham Vélez de Cea, 5ª. Ed., Editorial Kairós, Barcelona (2019).

—*Abhidhammattha Sangaha. A Comprehensive Manual of Abhidhamma*. Edit., Bhikkhu Bodhi, Ed., BPS Pariyatti Editions (2013).

—*The Path of Freedom (Vimuttimagga)*. Arahant Upatissa. Traducción del chino por el Rev. N.R.M. Ehara, Soma Thera, y Kheminda Thera, BPS, Kandy, Sri Lanka (1995).

DICCIONARIOS CONSULTADOS

—*Diccionario Budista. Manual de términos y doctrinas budistas*. Nyanatiloka Thera; Edit., Nyanaponika Thera. Trad. Miguel A. Romero. Ediciones BPS Pariyatti (2024).

—*Concise Pāli-English Dictionary*. A.P. Buddhadatta Mahāthera. Motilal Banarsidass Publishers, Delhi (2014).

—*The Pāli Text Society's Pāli-English Dictionary*. T.W. Rhys Davids and William Stede. The Pāli Text Society, Publ., Bristol (2015).

—*A Pāli-English Glossary of Buddhist Technical Terms*. Compiled by Bhikkhu Ñāṇamoli; Edit., Bhikkhu Bodhi, Second Ed., BPS, Kandy, Sri Lanka (2007).

Lista de abreviaturas

AN	Anguttara Nikāya
BBS	Buddhasāsana Samiti, edición en escritura birmana del Majjhima Nikāya
BPS	Buddhist Publication Society, Kandy, Sri Lanka
CPD	Critical Pāli Dictionary
Cv	Cūḷavagga (Vinaya Piṭaka)
Dhp	Dhammapada
DN	Dīgha Nikāya
Ed	Edición/editato por
Edit	Editor
Int	Introducción
Jāt	Jātaka
Kh	Khandhaka (Vinaya Piṭaka)
M	Majjhima Nikāya
MA	Majjhima Nikāya Aṭṭhakathā (el Comentario al Majjhima Nikāya)
Miln	Milindapañha
MLS	Middle Length Sayings (Refranes de extensión media, version M de Horner)
Ms	Traducción manuscrita de Ñāṇamoli del Majjhima Nikāya
MṬ	Majjhima Nikāya Ṭīkā (el Sub-Comentario al Majjhima)
Mv	Mahāvagga (Vinaya Piṭaka)
Ñm	Bhikkhu Ñāṇamoli
Pāc	Pācittiya (categoría de reglas del Vinaya)
Pār	Pārājika (categoría de reglas del Vinaya)
PED	Pāli-English Dictionary (Pāli Text Society)
PTS	Pāli Text Society
Pṭs	Paṭisambhidāmagga

Pug	Puggalapaññatti
RAE	Real Academia de la Lengua Española
SBJ	Sinhala-scritpt Buddha Jayanti Tipitaka Series edition of the Majjhima Nikaya
Skt	Sánscrito
SN	Saṁyutta Nikāya
Sn	Sutta Nipāta
Subt	Subtítulo (en la Introducción)
Thag	Theragāthā
trad.	traducción
Ud	Udāna
Vbh	Vibhanga
Ven.	Venerable
Vin	Vinaya Piṭaka
Vim	Vimuttimagga
Vsm	Visuddhimagga

En el caso de referencias que contienen dos figuras separadas por una barra, la figura a la derecha de la barra es el volumen y el número de página de la edición PTS del texto pāli. De las figuras a la izquierda de la barra, las referencias al Saṁyutta Nikāya y al Udāna indican el capítulo y el número del *sutta*; los del Anguttara Nikāya indican división y número de sutta; aquellos al Dīgha Nikāya indican el *sutta*, la sección y el número de verso asignado en la traducción de Maurice Walshe, *Thus Have I Heard* (trad. DN) Las referencias al Visuddhimagga corresponden al número de capítulo y sección de la traducción de Bhikkhu Ñāṇamoli, *The Path of Purification*. Todas las referencias al Majjhima Nikāya se refieren al *sutta* y al número de sección (párrafo) del presente trabajo.

Glosario pāli–español

Los términos del original en inglés se muestran traducidos al español.

Este glosario incluye sólo (a) términos doctrinales importantes, y (b) palabras y significados que no se encuentran en el Diccionario Pāli-Inglés de la PTS. Estas últimas, compiladas por el Ven. Ñāṇamoli en una sección de su manuscrito, están aquí marcadas con un asterisco y van seguidas de referencias al pasaje de Majjhima donde aparecen. Todos los términos se definen únicamente por medio de los significados que tienen en el Majjhima Nikāya, y no se tienen en cuenta los significados que puedan tener en otros textos budistas. Las palabras pāli se enumeran aquí en orden alfabético indio.

PĀLI	ESPAÑOL
akālika	inmediatamente efectivo
akiriyavāda	doctrina de la *no acción*
akuppa	inquebrantable
akusala	malsano o insano
**akkhāyatito*	ser claro (evidente) (11.13)
anga	factor
angaṇa	mancha
**accādāya*	superposición (39.10; 53.10; 107.6; 125.18)
**accokkaṭṭha*	muy bajo (91.19)
ajjhatta	interna(mente)
ajjhosāna	tenencia, asiendo
aññā	onocimiento final
aṭṭhāna	imposibilidad
**atammayatā*	no-identificación (113.21; 137.20)
*atināmeti	exceder (la cantidad justa) (91.14)
**atinijjhāyitatta*	meditación excesiva (128.26)
**atipātetito*	disparar a través (12.62)
atimāna	arrogancia
attakilamatha	auto mortificación
attabhāva	individualidad

attā	yo, el 'yo', (ser, ego, personalidad)
attha	(1) significado; (2) propósito; (3) bueno
atthangamama	desaparición
adukkhamasukha	*ni doloroso ni agradable*
adosa	no odio, no aversión, no enojo
**adduva*	rodilla (91.10)
adhikaraṇa	litigación
adhicitta	mente superior
adhiṭṭhāna	(1) determinación; (2) fundamento
adhimāna	sobreestimación
adhimuccati	resolverse sobre
adhivāsanā	resistencia, capacidad de soportar
**adhisallekhata*	demasiado exigente (66.7)
anagāriya	falto de vivienda, sin hogar
anattā	no yo, impersonal, no personalidad
**anapāya*	no repelido (111.4; 112.4)
anāgāmin	no retornado(a), el(la) que no retorna
anicca	no permanente, transitorio, temporal
animitta	sin signo, carente de signo
anissita	independiente
anukampā	compasión
anupasanā	contemplación
**anupāya*	no atraído (111.4; 112.4)
anubyañjana	característica
anusaya	tendencia subyacente (latente)
anussati	recolección, remembranza
anussava	tradición oral
**anvākāri*	arrojado (86.6)
**anvāgameti*	que sigue después, a continuación (131.3)
**apakaṭṭha*	muy suelto (91.19)
apadāna	atributo (129.2)
apāya	estado de privación
**appaṭivibhattabhogin*	uno que comparte sin reservas (48.6; 104.21)
appaṇihita	sin deseo
**appabaddha*	coherente (32.4)
appamāṇa	inmensurable
appamāda	diligencia
**abbyāyeyya*	se retiraría (105.19)
abyāpāda	no mala voluntad
abhijjhā	codicia
abhiññā	conocimiento directo
abhinandati	deleitarse en

**abhinipphajjati*	llegar a, haber alcanzado (13.9)
**abhinipphanna*	logrado, producido (101.28)
abhinivesa	adherencia
abhibhāyatana	base para la trascendencia
abhibhū	soberano, jefe supremo, señor
abhivadatito	bien venir, afirmar
abhisankhata	condicionado
abhisankharotito	generar, realizar, llevar a cabo
abhisañcetayita	producido volitivamente
abhisamaya	penetración
amata	inmortal
amanasikāra	inatención
amarāvikkhepa	anguila retorciéndose (evasión en un argumento)
amoha	no ofuscación, no confusión, no delirio
ayoniso	no sabio
arati	descontento
arahati	ser correcto o propio (95.8)
arahant	(1) una persona liberada; (2) logrado; (3) consumado
ariya	noble, una persona noble
ariyasacca	noble verdad
ariyasāvaka	noble discípulo
arūpa	inmaterial
alobha	no codicia, no deseo
avacara	esfera
**avadhāna*	dar oído (95.30)
**avaloketi*	girar para mirar (91.10)
avijjā	ignorancia
**avisārin*	eufónico, melodioso, agradable (91.21)
avihiṁsā	no crueldad
aveccappasāda	confianza inquebrantable
asankhata	incondicionado
asappurisa	hombre (persona) no verdadero(a)
asamaya	perpetuo
asāmāyika	perpetuo
**asita*	hoz (96.10)
asubha	asqueroso, repugnante
asura	titán
asekha	uno más allá del entrenamiento (*arahant*)
asmimāna	la presunción "yo soy"
assāda	gratificación
ahankāra	formar el "yo",

ākāsa	espacio
ākāsānañcāyatana	base del espacio ilimitado
ākiñcañña	nada, la nada
ākiñcaññāyatana	base de la nada
**ācariyaka*	la doctrina del maestro (26.15; 79.8)
ājīva	sustento, modo de vida
ādīnava	peligro
ānāpānassati	atención plena en la respiración
āneñja	imperturbable
āpatti	ofensa
**āpādetar*	nodriza (141.5)
apo	agua
ābhicetasika	perteneciente a la mente superior
**āmaṇḍa*	agalla de nuez (120.12)
āmisa	cosa material, mundana
āyatana	base
**āyatika*	teniendo como base (122.18)
āyu	vida, término de vida, vitalidad
āruppa	inmaterial, reino inmaterial
ālaya	adhesión
āsava	corrupción, mancha, efluente
**āhañcaṁ*	yo venceré (26.25)
**āhattar*	uno que trae (89.18)
āhāra	nutrimento, alimento
**icchati*	revolver (28.22)
iñjita	perturbable
iddhābhisaṅkhāra	hazaña de poder sobrenatural
iddhi	(1) poder sobrenatural; (2) poder espiritual; (3) éxito
iddhipāda	base para el poder espiritual, vías hacia el poder
indriya	facultad
iriyāpatha	postura
issā	envidia
uccheda	aniquilación
**uttarāraṇi*	antorcha (36.17; 93.11; 126.13)
uttarimanussadhammā	estado sobrehumano
udayabbaya	levantarse y caer, surgimiento y cese
uddhacca	agitación, intranquilidad
**upakāri*	bastión (13.13)
upakkilesa	imperfección
**upadussati*	resentir (135.11)
**upadhā*	cojín (12.45)

upadhi	adquisición(es)
upanāha	resentimiento
**upapajjati*	también: ser sostenible (148.10)
upapatti	reaparición (a modo de renacimiento)
**upavicarati*	explorar (137.8)
upavicāra	exploración mental
**upasankamitar*	uno que se acerca, visitante (12.30)
upasama	paz
upasampadā	entrada completa (al Saṅgha)
upādāna	apego, aferramiento
upādinna	apegado a, aferrado a
upāyāsa	tribulación, dolor, aflicción
upāsaka	hombre seguidor laico
upāsikā	mujer seguidora laica
upekkhā	ecuanimidad
ubbilla	elación, júbilo
usma	calor
**ussaṭa*	eminente (no como en PED) (82.28)
ussoḷhi	entusiasmo
**ūruṇḍa*	lo suficientemente grande (140.3)
ekaggatā	unificación (de la mente)
ekatta	unidad
ekāyana	directo, yendo en una dirección
ekodibhāva	singularidad (de mente)
**etaparama*	a lo más (12.52)
**okkappaniya*	creíble (36.45)
ottappa	miedo a hacer algo malo
**odhasta*	yaciendo listo (21.7; 119.31)
**opakkama*	debido al esfuerzo (101.14)
**opārambha*	censurable (88.8)
obhāsa	luz
kathā	habla
kappa	eón
kamma	acción, volición
kammanta	acción
karuṇā	compasión
**kalabhāga*	fracción (129.9)
kalyāṇa	bueno
kasiṇa	totalidad, dispositivo de meditación
**kasimāna*	emaciación (12.52; 25.9)
**kākātidayin*	abierto a los cuervos (66.11)
kāma	(1) placer sensual; (2) deseo sensual; (3) esfera sensorial (de existencia)

kāmaguṇa	cuerda o rama de placer sensorial
kāmacchanda	deseo sensual, deseo de satisfacción sensorial
kāya	cuerpo
kāyasakkhin	testigo corporal
**kisora*	potro (93.14)
* *kukkuka*	núcleo del brote de fruta (del árbol de plátano) (35.22)
kukkucca	remordimiento, preocupación
kusala	sano, saludable
ko	*también*: donde (81.20; 93.18)
kodha	ira, enojo
kopa	enojo
khattiya	noble (casta)
**khanti*	(1) tolerancia; (2) aceptación (de una opinión); [3] paciencia (22.11; 70.23; 95.14)
khandha	agregado, masa, cúmulo
khaya	destrucción
**kharigata*	solidificado (28.6; 62.8; 140.14)
**khīṇa*	*también*: agudo (139.10)
**khurakā*	saltando (65.33)
**khurappa*	con punta de pezuña (especie de punta de flecha) (63.5)
**khulukhulukāraka*	haciendo un ruido de chapoteo (91.15)"
gaṇa	grupo, empresa
gati	(1) destino; (2) retentivo
**gāmaṇḍala*	patán de la aldea (93.18)
gocara	recurso
**cangarava*	malla, coladera (23.2)
caraṇa	conducta
**carasā*	merodeando, rondando, cazando (66.6)
cāga	(1) generosidad; (2) desprendimiento
citta	mente
cittuppāda	inclinación de la mente
**cīlīma*	tendón (146.11)
cīvara	túnica, toga
cuti	fallecer, corte del continuo vital
cetana	volición
ceto	mente, corazón
cetokhila	desierto en el corazón
cetovimutti	liberación de la mente
chanda	(1) deseo; (2) celo; [3] aspiración

chambhitatta	miedo
jarā	envejecimiento, vejez
jāgariya	vigilia
jāti	nacimiento
**jātibhūmi*	tierra nativa (24.2)
**jāpeti*	finar, pasar (caus. de jahati [*deja, abandona*]) (35.12; 89.13)
jīva	alma
jīvita	vida
jhāna	(1) absorción meditativa; (2) meditación
**ñatta*	renombre (47.8)
ñāṇa	conocimiento
ñāya	verdadero camino
ṭhāna	(1) estado; (2) posibilidad
takka	razonamiento
**tacchati*	emparejar, aplanar (5.31; 130.12)
taṇhā	ansia de, sed, avidez, deseo
Tathāgata	Así Llegado, Así ido
tiracchānakathā	charla sin sentido, lenguaje 'animal'
tiracchānayoni	reino animal
tulanā	escrutinio
**tūlinī*	sedoso (21.18)
tejo	fuego
**telamasikata*	sucia, aceitosa (75.23)
thambha	obstinación
thīna	pereza
daratha	perturbación
dassana	ver, visión
dāna	dádiva, regalo
diṭṭha	visto
diṭṭhi	noción, visión, punto de vista, entendimiento, opinión
diṭṭhiṭṭhāna	punto de vista para las nociones
diṭṭhippatta	uno que ha alcanzado la noción [correcta]
dibbacakkhu	ojo divino
dibbasota	oído divino
**dukkarakārikā*	realización de austeridades (12.56; 26.27)
dukkha	sufrimiento, dolor, doloroso
duggati	mal destino, destino desafortunado
duccarita	mala conducta
**duṭṭhulla*	inercia (64.9; 127.16; 128.21)
**dubbaca*	difícil de amonestar (15.2)
Deva [m.]	deidad

Devatā [f.]	deidad
devadūta	mensajero divino
domanassa	dolor
dosa	odio, enojo, aversión
dhamma	(1) la enseñanza del Buda; (2) cosas, estados, factores; (3) objetos mentales; (4) cualidades; (5) enseñanzas; (6) (como sufijo) sujeto a.
dhammavicaya	investigación-de-estados
dhammānusārin	Seguidor del Dhamma
dhātu	elemento
**dhutta*	mezclador (cervecero) (35.5; 56.7)
dhuva	eterno
natthikavāda	nihilismo [doctrina de]
nandī	deleite
**narassika*	masculino (91.29)
nānatta	diversidad
nāma	mentalidad
nāmarūpa	mentalidad-materialidad
nicca	permanente
**niccakappaṁ*	constantemente (144.11)
niṭṭhā	(1) meta; (2) conclusión
nibbāna	liberación final respecto al sufrimiento
nibbidā	desencanto, desilusión, hastío
nimitta	(1) signo; (2) base
**nimmathita*	encendido (90.12)
niraya	infierno
nirāmisa	ser mundano
nirodha	cese, cesación
**nisevita*	raspado (27.10)
nissaraṇa	escape
nissita	dependiente
**nihaniṁ*	instituido (aor.) (83.21)
nīvaraṇa	impedimento, obstáculo
**nīhata*	sin falta, sin culpa (140.20)
nekkhamma	renuncia, renunciación
nevasaññānāsaññāyatana	base de *ni percepción ni no-percepción*
paccanubhoti	experimentar
paccaya	condición
paccavekkhaṇa	revisión [retrospectiva], reflexión
paccekabuddha	un iluminado [Buda] solitario
pajā	generación
paññā	sabiduría

paññāvimutta	uno liberado por la sabiduría
paññāvimuttli	liberación por la sabiduría
**paṭikaroti*	llevar a cabo (instrucciones), obedecer (125.12)
paṭikkūla	repulsivo
paṭigha	(1) impacto sensorial; (2) aversión
paṭicca samuppāda	origen dependiente (condicionado)
paṭinissagga	abandono, renuncia
paṭipadā	(1) camino, práctica; (2) progreso
**paṭivānarūpa*	decepcionado (104.2)
**paṭivetito*	desaparece (111.4)
paṭisallāna	meditación
**paṭṭhita*	desaparecido (12.49)
paṭhavī	tierra
paṇīta	sublime, excelso
**paṇopanavidhā*	regateo, negociación (70.26)
paṇḍita	sabio, hombre sabio
**paṇḍumutika*	(arroz) almacenado en una gavilla (81.16)
**padumaka*	(tipo de madera) (93.11)
padhāna	esforzándose
papañca	proliferación
**papatatito*	huir (12.48)
pabbajjā	salir (de la vida hogareña a la vida sin hogar)
pabhava	producción
**pabhāvika*	que surge de (87.3)
**pabhivatta*	seleccionado, selecto (81.18)
pamāda	negligencia
paramāsa	adherencia
**parikkamana*	evitación (8.14)
parikkhāra	requisito
**parikkhepetito*	destruir completamente (35.21)
pariggaha	posesión
pariññā	entendimiento completo
paritassanā	agitación
parideva	lamentación
parinibbāna	(1) Nibbāna final; (2) extinción
paribbājaka	asceta errante
pariyuṭṭhāna	obsesión
pariyesanā	búsqueda
paḷāsa	insolencia
**pavaṭṭikā*	cadena ornamental (140.20)
**pavana*	lo agreste (del bosque) (19.25; 26.34)

paviveka	reclusión
pasāda	confianza
passaddhi	tranquilidad
pahāna	abandono
pahitatta	resuelto
**pāṭipuggalika*	personal, para una persona en particular (142.5)
pāṇa	ser vivo
pāṇātipāta	matar seres vivos
**pāṇupeta*	de por vida (hasta el final de la vida) (4.35)
**pātavyatā*	tragar (45.3)
pātimokkha	código de reglas monásticas
pāpa	mal, maligno, demeritorio
pāpicchā	deseo maligno
pāmojja	alegría
pāramī	perfección
pāripūri	cumplimiento
parisuddhi	purificación
**pāsādanīya*	inspirador, agradable (89.4)
piṇḍapāta	comida de ofrenda (o dádiva) [ronda para obtener]
pisuṇā vācā	lenguaje malicioso
pīti	gozo, arrobamiento, [interés placentero]
puggala	persona
puñña	mérito
puthujjana	persona ordinaria
punabbhava	renovación del ser
pubbenivāsa	vida pasada
**purindada*	el primero de los dadores (56.29)
peta	fantasma [hambriento]
pharati	impregnar, permear
pharusā vācā	lenguaje rudo
phala	fruto, fruición
phassa	contacto
**baddha*	encarcelado, prisionero (39.14)
**bandha*	encarcelamiento (19.7)
**bandhana*	encarcelamiento (39.14)
bala	poder
bahiddhā	externa(mente)
bahulīkata	cultivado
bahussuta	instruido
bāla	necio, tonto
**bāhulika*	lujoso (26.26)

buddha	(1) iluminado; (2) El Iluminado
bojjhanga	factor de iluminación
bodhisatta	un futuro Buda
byañjana	fraseo
byāpāda	malevolencia, mala voluntad
**byābangī*	poste de transporte (96.10)
brahmacariya	vida santa, celibato
brahmavihāra	morada divina
brahmā	(1) Dios supremo (para los brahmanes); (2) clase de *devas* (para los budistas)
brāhmaṇa	brahmán (casta)
bhagavā	bendito, El Bienaventurado
bhaya	temor, miedo
bhava	ser, llegar a ser, estado de existencia, condición, naturaleza
**bhavyatā*	habilidad (119.29)
bhāvanā	desarrollo
bhāvita	desarrollado
bhikkhu	monje (renunciante) budista
bhikkhunī	monja (renunciante) budista
bhūta	(1) un ser; (2) lo que ha llegado a ser
makkha	desprecio
magga	vía, camino, sendero
macchariya	avaricia
maññati	concebir
maññita	concibiendo
**maññussavā*	marea de concebir (140.30)
**mattaṭṭhaka*	durando por un momento (28.7)
**mattha*	palo para batir, batidor (126.17)
mada	vanidad
manasikāra	atención [la mente que dirige la]
manussa	humano
mano	mente, mental
mamankāra	elaboración de 'lo mío'
maraṇa	muerte
mahaggata	exaltado
**mahacca*	pompa, ostentación (82.28)
mahāpurisa	gran hombre
mahābhūta	gran elemento
**mahī*	grandeza (35.30)
mahesakkha	influyente
mātikā	códigos (resúmenes de enseñanzas)
māna	presunción, engreimiento

māyā	engaño, ilusión
micchā	incorrecto, erróneo
micchācāra	mala conducta
middha	torpor, torpeza [mental]
muta	sentido
muditā	alegría apreciativa, alegría empática
muni	sabio
musāvāda	lenguaje falso
mūla	raíz
mettā	benevolencia amorosa, benevolencia amorosa
moha	ofuscación, autoengaño, delirio
yathābhūta	como realmente es, siendo tal
**yāvetadohi*	tan lejos como hasta aquí (81.9)
yogakkhema	seguridad respecto a la esclavitud
yoni	(modo de) generación, matriz
yoniso	sabio, minucioso, propiamente dirigido
raṇa	conflicto
rati	deleite
rāga	lujuria, deseo, deseo exacerbado, ansia, pasión
ruci	aprobación
rūpa	(1) forma (objeto visible); (2) forma material, materialidad
labha	ganancia
loka	mundo
lokuttara	supramundano
lobha	avidez, codicia, avaricia, deseo, lujuria
vacī	discurso, verbal
vaṭṭa	ronda o ciclo (de existencia)
vata	observancia
vaya	desapareciendo
vācā	discurso
vāyāma	esfuerzo
vāyo	aire
**vāla*	colador (35.5; 56.7)
vicāra	aplicación mental sostenida, aplicación sostenida [de la mente en el objeto]
vicaya	investigación
vicikicchā	duda
vijjā	conocimiento verdadero
viññāṇa	conciencia
viññāṇañcāyatana	base de conciencia ilimitada

viññāta	reconocido
**viṭabhi*	cubierta (45.4)
vitakka	aplicación mental inicial, pensamiento aplicado
vinaya	(1) disciplina; (2) eliminación
vinipāta	perdición
vinibandha	encadenamiento
**vipakkamati*	dispersarse (127.11)
vipariṇāma	cambio
**vipariyāsa*	trastorno (mental) (104.17)
vipassanā	introspección, comprensión o visión introspectiva
vipāka	resultado, resultante
vipekkhati	mirar alrededor (91.10)
vibhava	no-ser, exterminio
vimutta	liberado
vimutti	liberación
vimokkha	liberación
virāga	(1) desapasionamiento; (2) desvaneciéndose (como transitorio)
viriya	energía
vivaṭṭa	expansión-mundial
vivāda	disputa
viveka	reclusión
visama	injusto
visuddhi	purificación
vihiṁsā	crueldad
vīmaṁsā	investigación
**vuddhasīla*	virtud madura (95.9)
**vekurañjā*	no de cualquier tipo (?) (93.14)
veda	(1) antigua escritura hindú; (2) inspiración
vedanā	sensación
vedayita	lo que se siente, sensación
veramaṇī	abstinencia
vessa	comerciante (casta)
vossagga	abandono
vohāra	expresión
vyāpāda	animadversión, mala voluntad
**vyāpajjitar*	quien emprende (trabajo) (124.32)
saṁyojana	encadenamiento, traba
saṁvaṭṭa	contracción mundial
saṁvara	restricción
saṁvega	sentido de urgencia

saṁsāra	ciclo o ronda de nacimientos
sakadāgāmin	una vez retornado, el que retorna una vez
sakkāya	identidad
sakkāyadiṭṭhi	noción de identidad
sakkāra	honor
sagga	cielo
sankappa	intención
sankilesa	impureza
sankhata	condicionado
saṅkhāra	formación
sangaṇika	sociedad
saṅgha	(1) la orden monástica budista; (2) la comunidad de discípulos nobles
sacca	verdad
saññā	percepción
**saññūḷha*	inventado (56.30)
sati	atención plena
satipaṭṭhāna	fundamento de la atención plena
satta	ser
sattapada	posición de los seres
saddhamma	(1) verdadero Dhamma; (2) buena calidad
saddha	fe, convicción razonada, confianza
saddhānusārin	Seguidor-de-Fe, Seguidor por la Fe
santa	pacífico
santi	paz
santosa	contento
sandiṭṭhika	visible aquí y ahora
sappurisa	hombre [persona] verdadero[a]
sabba	todo
sabbaññū	omnisciente
sama	virtuoso, correcto
samaṇa	recluso
samatha	(1) serenidad; (2) calmar (de formaciones); (3) acuerdo (de litigio)
**samanvāneti*	encontrar (131.4)
samācāra	conducta, comportamiento
samādhi	concentración
samāpatti	logro (en meditación)
samudaya	origen, surgimiento
sampajañña	conciencia plena, comprensión clara
samphappalāpa	chismorreo
sambojjhanga	factor de iluminación
sambodhi	iluminación

sammā	(1) plenamente, completamente; (2) correctamente
saraṇa	refugio
sallekha	borrado, raspadura
saḷāyatana	base séxtuple
sassata	eterna
sāṭheyya	fraude
sāmaggī	concordia
sārambha	rivalidad
sāsana	dispensación (del Buda)
sikkhā	entrenamiento
sikkhāpada	precepto de entrenamiento
siloka	alabanza
sīla	(1) virtud; (2) hábito; (3) regla
sīlabbata	reglas y observancias
sukha	felicidad, placer, placentero, dicha
sugata	sublime, El Sublime
sugati	buen destino
suññatā	vacuidad
suta	(1) escuchado; (2) aprendizaje; (3) estudio
sudda	trabajador (casta)
suddhāvāsa	Moradas Puras
subha	bonito, hermoso
**suvaca*	fácil de amonestar (15.4)
**suvihata*	totalmente estirado (121.5)
**susamanniṭṭha*	bien investigado (pp. *su* + *samannesati*) (47.16)
Sekha	discípulo en formación o entrenamiento superior
senāsana	lugar de descanso
soka	tristeza
sotāpanna	el que entra en la corriente
somanassa	alegría, gozo
**hassaka*	ridículo (80.15; 99.10)
hita	bienestar
hiri	vergüenza
hetu	causa

Índice temático

Este índice muestra referencias significativas únicamente. Las referencias a pasajes del *sutta* dan el número del *sutta* seguido de un punto y del número de la sección [o párrafo]. La abreviatura "ss" se utiliza aquí para indicar que el término referido pertenece a una secuencia continua o repetitiva de secciones y no significa necesariamente que el término ocurra en cada sección de la secuencia. Las referencias pueden estar incluidas bajo un término referido incluso cuando el término en sí no aparece en el texto, siempre que el pasaje sea pertinente al término de la entrada.

Cuando se aplica una formulación común a cada término de un conjunto de categorías, la referencia generalmente se da sólo bajo el nombre del conjunto, no bajo los elementos individuales que pertenecen a ese conjunto. Por ejemplo, el pasaje sobre los factores de la iluminación en 2.21 está registrado bajo los factores de la iluminación, pero no bajo los nombres de los factores individuales. Las referencias cruzadas garantizan que no se pasen por alto las referencias esenciales.

Se proporcionan equivalentes pāli para todos los términos doctrinales clave, aunque no para términos de menor importancia o para entradas sin una contraparte pāli exacta. Con pocas excepciones, el término pāli se da en singular, aunque la entrada en inglés puede estar en plural. Cuando dos palabras pāli con una denotación diferente se traducen en una sola palabra en inglés, las dos se enumeran como entradas separadas; por ejemplo, 'mente' aparece dos veces, correspondiendo a *citta* y a *mano*. Cuando una sola palabra en inglés representa dos palabras en pāli con significados superpuestos, pero uso contextual diferente, los dos conjuntos de referencias se clasifican dentro de la misma entrada separada por una barra '—' (por ejemplo, 'compasión' como una traducción tanto para *karuṇā* como para *anukampā*).

Abandono (*sallekha*), 3.3, 8.4, 8.12; n.7, M.8; ver: borramiento.
Abhidhamma, n.6, M.32; n.2, M69; n.2, M.111; n.1, M.115; n.2, M.134
Acción (*kamma*), 4.29; 86.17; n.5, M.86; 99.24ss; n.8, M.99; nn.5-7, M.101; y sensación, 136.6; seres herederos de, 135.4ss; nn.1-3, M.135; cuádruple, 57.7ss; gran exposición de, 136.7ss; teoría de Nigaṇṭhas sobre, 14.17ss, 56.3, 101.2ss; purificación de, 61.8ss; que pone fin a la acción, 57.11; triplicado, 56.4. Ver también: conducta; ojo divino; reaparición.
Acción (*kammanta*): correcta, 117.24ss, 141.27; incorrecta, 117.23. Ver también:
Noble Óctuple Sendero.
Adhesión (*ālaya*), 26.19; n.10, M.26
Admisión completa (*upasampadā*), 7.22; n.18, M.7; 57.14ss, 73.16ss, 75.26ss. Ver también: salir (de la vida hogareña a la vida sin hogar).
Adquisición (*upadhi*), 66.14ss; 105.28ss; 140.27; objetos de, 26.6ss; n.3, M.26; 64.9;
105.28ss
Agitación (*paritassanā*), 22.18ss, 22.20ss; n.12, M.22; 138.20ss.
Agitación (o inquietud) y remordimiento (o preocupación) (*uddhacca-kukkucca*), n.26, M.10; 48.8, 108.26; abandono de, 27.18, 39.13, 51.19. Ver también; obstáculos.
Agregados (*khandha*), 10.38, 23.4, 28.4, 28.28; n.2, M.44; 109.4ss; n.4, M.147; 149.3, 149.9, 149.11, 151.11; aferramiento a, 44.6; n.4, M.44; 75.24, 109.6, 143.11; y el Tathāgata , 72.20; como base para la agitación, 138.20; como débil, etcétera, 112.5ss; como transitorios, etcétera, 22.26, 35.4, 35.20, 64.9ss, 109.15, 147.3ss; como no propios, 22.16, 22.27, 22.40, 35.24ss, 62.3, 109.13, 109.16; como personalidad, 44.2; como 'yo' (o uno mismo), 22.15; n.9, M.22; 35.10ss, 44.7, 109.10, 131.8, 138.20; como sufrimiento, 9.15, 141.20; deleite en, 131.4ss; gratificación en los, etcétera, 109.12; surgimiento y cese de, 10.38, 72.15, 122.16ss.
Aislamiento, reclusión (*viveka*), 2.21, 3.5ss, 12.48, 27.17, 39.12, 44.21, 51.18, 65.14ss, 77.8ss, 88.4, 107.8, 122.6, 122.22ss, 125.20, 146.13; bienaventuranza de, 66.21, 122.3, 139.9
Ājīvakas, n.6, M.5; 71.13ss, 76.53
Alcanzado la noción, el que ha, (*diṭṭhippatta*), 65.11, 70.18; n.10, M.70.
Alegría, felicidad (*somanassa*), 129.28ss, 137.8, 137.10ss; n.5, M.137; 140.10. Ver también: placer.
Alegría, satisfacción (*pāmojja*), 7.8, 33.23, 40.9, 48.14, 99.21
Alegría apreciativa (empática o goce apreciativo o empático) (*muditā*), 7.15; n.13, M.7; 40.11, 50.14, 55.9, 62.20; como base

para la comprensión, 52.10; como liberación inmensurable, 43.31, 127.7; como camino al mundo de Brahma, 83.5, 97.34, 99.26
Amor-bondad, ver: benevolencia amorosa.
Anattalakkhaṇa Sutta, n.18, M.26
Anguila retorciéndose, como (*amarāvikkhepa*), 76.30ss
Anhelo, deseo, sed (*taṇhā*), n.6, M.1; 9.11, 9.37ss, n.13, M.9; 11.5, 16.8ss, 38.17ss, 82.41, 148.9, 149.3ss; abandonado el, 1.171, 2.22, 20.8, 22.33, 73.6, 149.9ss; como flecha, 105.18, 105.23; liberación con respecto al, 37.3, 38.41; no yo, 148.10ss; como origen de la personalidad, 44.3; como origen del sufrimiento, 9.16, 141.21. Ver también: Cuatro Nobles Verdades; corrupciones.
Aniquilación, doctrina de, (*ucchedavāda*), n.5, M.11; 22.20, 22.37, 60.7; n.5, M.74; 76.7ss; n.13, M.102; n.11, M.106. Ver también: nociones (incorrectas).
Apego, aferramiento (*upādāna*), 9.33ss; n.12, M.9; 11.5, 11.9ss; nn.9-10, M.11; 24.13; nn.6–7, M.24; 37.3, 38.17ss, 38.30, 102.15ss, 102.24, 106.10ss, 115.11, 138.20ss; 140.22, 143.5ss; y cinco agregados, 44.6; n.4, M.44; 75.24, 109.6; mejor objeto de, 106.11; a la doctrina de uno mismo, 11.14; n.8, M.11; 22.23
Aplicación mental inicial (o del pensamiento) (*vitakka*), 18.16, 117.14, 125.24; eliminar, 2.20; n.19, M.2; 20.3ss, 33.19; doble, 19.2ss, 122.13. Ver también: intención.
Aplicación mental sostenida (o del pensamiento) (*vicāra*), 43.19ss, 44.15. Ver también: jhāna.
Aprendizaje, estudio (*suta*), 32.4, 33.22, 43.14, 53.14, 108.15
Aprobación (*ruci*), 95.14ss, 101.11, 102.15ss,
Arahant, n.5, M.7; n.18, M.22; 22.42, 23.4, 34.6, 35.25, 51.3, 70.12, 73.6ss, 76.51ss, 80.14, 107.11, 118.9, 142.5ss; n.5, M.151; 152.11ss; n.9, M.152; logro de, 7.22, 57.15, 73.26, 75.28, 82.14, 86.16, 92.27; como brahmán, 18.4, 27.7, 39.24, 89.17, 98.11ss; epítetos de, 22.30ss, 39.22ss; cimientos de, 140.25ss; no conceptualización, 1.51ss; nn.25-26, M.1; 140.30ss; diez factores de, 65.34, 78.14, 117.34; probando las afirmaciones de un, 112.2ss; no atormenta a nadie, 51.8; tipología de, 64.16; n.11, M.64; 70.15ss. Ver: Subt. 11, Int.
Arrobamiento (*pīti*), ver: gozo.
Arrogancia (*atimāna*), 3.14, 7.3ss, 15.3ss, 54.4, 54.13, 135.15
Asambleas (congregaciones), 12.29ss.
Asceta errante, ver: Errante. Ver: Subt. 13, Int.
Asientos (*āsana*), 69.4
Aspiración, entusiasmo, celo (*chanda*), 95.25. Ver: anhelo.
Ataduras del corazón (*cetaso vinibandha*), 16.8ss. Ver: grilletes, cadenas del corazón.

Atención imprudente, mal dirigida, no sabia (*ayoniso manasikāra*), 2.3, 2.5ss; n.2, M.2; n.26, M.10
Atención plena (*sati*), 4.17, 53.16; n.4, M.53; 66.16, 69.14; factor de iluminación de, 118.30; cuatro fundamentos de la (*satipaṭṭhāna*),10.2ss, 10.46; n.4, M.10; 12.62, 33.25, 44.12, 51.3ss, 77.15, 103.3, 104.5, 118.13, 118.23ss, 125.22ss, 149.10, 151.12; del cuerpo (*kāyagatāsati*), 119.2ss; de la respiración (*ānāpānassati*), 10.4; n.8, M.10; 62.5, 62.24ss, 118.15ss, 119.4; comprensión clara, n.15, M.10; 117.9ss, 141.30, 149.10; tres fundamentos de la, 137.22ss. Ver también: factores de la iluminación; facultades espirituales; comprensión clara; Noble Óctuple Sendero.
Atención sabia, propiamente dirigida, consideración sabia (*yoniso manasikāra*), 2.3, 2.11; n.2, M.2; 43.13
Auto mortificación (*attakilamatha*), 12.44ss, 14.17, 36.5, 36.20ss, 40.5ss., 45.5, 51.8, 51.10, 101.2, 101.12ss., 139.4
Avaricia (*macchariya*), 3.11, 7.3ss, 15.3ss, 40.3, 40.7, 104.8, 135.13
Aversión (*paṭigha*), 9.8, 44.25ss; n.18, M.44; 62.21, 148.28ss, 148.34ss, 151.3ss. Ver también: ira; odio; mala voluntad.
Avidez (*taṇhā*), ver: anhelo.

Base séxtuple (*saḷāyatana*). Ver: bases.
Bases (*āyatana*), 9.49ss, 10.40, 38.17ss, 102.25, 115.10; n.6, M.115; 121.10, 121.12, 140.9, 149.2ss; como transitorias, etcétera, 146.6ss, 147.3ss; como no yo, 148.10ss; deseo de, 133.13ss, 133.17ss, 149.3, 149.9; externa, 137.5, 146.7, 148.5; interna, 105.27ss, 137.4, 146.6, 148.4; no aferrarse a, 112.9ss, 143.5ss. Ver también: facultades, sentidos.
Belleza, 135.10; liberación de, 77.22, 137.26; signo de, 5.6ss.
Bhikkhu: llamado recluso, etcétera, 39.22ss; habiendo cruzado el apego, 25.20, 26.42; difícil de corregir, 15.3, 21.10, 65.23, 65.25, 69.9, 103.11ss; fácil de corregir, 15.5, 21.10, 65.24, 65.26, 69.9, 103.10; malos deseos de, 5.10ss; honrado, 108.13ss; cómo brilla, 32.4ss, 122.3; (in)capaz de crecer, 16.13, 16.25, 33.3, 33.16; liberado, 22.36, 37.3, 72.16ss, 74.13; maestro de pensamientos, 20.8; restringido respecto a las corrupciones, 2.22; revisándose a sí mismo, 15.7ss; que domesticó a la muerte, 125.32; digno de regalos, 65.34, 125.30
Bhikkhunī(s), 21.2ss, 56.19, 65.9, 68.14ss, 73.8, 142.7; n.1, M.142; 146.2ss; n.1, n.5, M.146
Bodhisatta. Ver: Buda
Benevolencia amorosa (*mettā*), 7.13, 40.9, 55.6ss, 62.18, 93.9, 96.14, 118.14; como base para la introspección, 52.8; como liberación inmensurable, 43.31, 127.7; como camino al mundo de Brahma,

83.5, 97.32, 99.24; en acción, 31.7, 33.27, 48.5, 104.21, 128.12; bajo abuso, 21.6, 21.11, 21.20, 50.14ss. Ver: amor-bondad.

Borramiento, ver: abandono.

Brahmā(s), 1.10; n.11, M.1; 22.36, 49.5, 49.18, 50.29, 55.7, 55.11, 84.4, 90.15, 93.5, 115.15, 120.12; asamblea de, 12.29ss; mundo de, 6.14, 83.6, 83.21, 97.31ss, 99.22ss; Rueda de, 12.9, n.5, M.12. Véase también: *Índice de nombres propios*, Baka el Brahmā; Brahmā Sahampati; Brahmā Sanankumāra. Ver: Subt. 19, Int.

Brahmajāla Sutta, n.20, M.1; n.15, M.22; n.12, M.49; n.5, M75; n.1, M.102

Brahman(es), 50.12ss, 50.17ss, 84.4ss, 93.5ss, 95.12ss, 96.3ss, 96.10ss, 98.3ss, 99.4ss, 100.7, 107.2; arahant como, 18.4, 27.7, 39.24, 89.17, 98.11ss. Véase también: castas; reclusos y brahmanes. Ver: Subt. 13, Int.

Buda: y omnisciencia, 71.5; n.3, M.71; 90.5ss; iniciador del camino, 108.5; como conocimiento y visión, 18.12; n.8, M.18; 133.9; concepción y nacimiento, 123.3ss; conducta, 88.8ss, 91.10ss; confianza en, 7.5, 11.15, 47.14ss; definición de, 91.31, 91.33, 92.19; vida temprana, 14.5, 26.13, 75.10; iluminación, 4.28ss, 26.18, 36.38ss; ojo de, 26,21; huellas de, 27.3ss; plenamente iluminado, 27.3ss, 27.26, 47.14, 89.10ss; buen informe acerca de, 41.2, 60.2, 75.4, 82,2 91.3, 140.5; honrado por los discípulos, 35.26, 77.6ss, 89.13; imposible para, 115.14ss; líder de hombres, 137.25ss; lucidez de sabiduría, 12.62, 27.2, 99.30; no sujeto a engaño, 4.21, 12.63, 36.47; búsqueda de la iluminación, 4.3ss, 12.44ss, 19.2ss, 26.13s., 36.12ss; pasado y futuro, 51.2ss, 123.2; características físicas, 91.9; alabanza de, 27.2, 95.9, 99.30; poderes sobrenaturales, 12.6, 49.26, 86.5, 91.7, 92.14; maestro de grupo, 137.22sgs. Ver también: Tathāgata. Ver: Subt. 2, Int.

Buenas cualidades (*saddhamma*), 53.11ss, 110.16

Búsqueda (*pariyesanā*), 26.5, 26.12

Calor (*usmā*), 43.22

Camino Medio (*majjhimā paṭipadā*), 3.8ss, 139.5. Ver también: Noble Óctuple Sendero.

Castas, 40.13ss, 84.5ss, 90.10ss, 93.5ss, 96.3ss, 96.10ss.

Celibato (*brahmacariya*), 27.13, 51.14, 73.9, 73.11, 99.9, 99.21

Cese (*nirodha*), 3.8ss, 26.15ss, 26.19, 38.9ss, 62.29, 83.21, 118.21, 139.5, 144.10; del ser, 60.32ss; de formaciones, 102.4ss; de identidad, 44.4, 64.8, 148.22ss; del sufrimiento, 9.17, 22.38, 28.28, 38.20, 38.40, 75.25, 115.11, 141.22, 145.4. Ver también: Cuatro Nobles Verdades; Nibbāna.

Cese de la percepción y la sensación (*saññāvedayitanirodha*), 30.21, 31.18, 43.23; n.19, M.43; 44.16ss; nn.10-22, M.44; 50.9; n.4, M.50; 59.15, 66.34, 113.29; y muerte, 43.25; como base para la comprensión, 111.19ss; como vendarle los ojos a Māra, 25.20, 26.42; como liberación, 77.22, 137.26

Chismorreo (*samphappalāpa*), 41.9, 114.6; abstención de, 27.13, 41.13, 51.14, 114.6. Ver también: lenguaje inútil.

Cielo, celestial (lugar de felicidad) (*sagga*), 12.36, 12.41, 22.47, 71.12, 71.14, 75.11, 129.32, 130.2. Ver también: ojo divino; reaparición: en destino feliz.

Cielo de Tusita, 31.21, 41.21, 97.30, 120.9, 123.3ss, 143.16

Comer: en el momento oportuno, 27.13; n.3, M.27; 51.14, 66.6; n.1, M.66; 67.17, 70.2ss; n.1, M.70; en sesión única, 21.7, 65.2ss, 113.20; poco, 12.52ss, 36.28, 77.8ss; carne, 55.5ss; n.2, M.55; moderación en, 39.9, 53.9, 69.11, 107.5, 125.7; en exceso, 16.11

Comida de ofrenda (o dádiva) (*piṇḍapāta*), 5.29, 32.7, 77.9, 114.42, 151.3. Ver también: prácticas ascéticas; comiendo.

Conciencia ilimitada, base de la (*viññāṇañcāyatana*), 1.16, 8.9, 30.18, 31.15, 43.10, 59.12, 66.31, 77.22; n.7, M.106; 137.26, 140.21ss, 143.12; y vacuidad, 121.7; como base para la introspección, 52.13, 64.14, 111.13ss; como vendar los ojos a Māra, 25.17, 26.39

Conocimiento de la destrucción de las corrupciones (*āsavakkhayañāṇa*), 4.31ss, 27.25ss, 36.42ss, 39.21, 51.26ss, 65.20ss, 76.49ss, 76.52, 79.43ss, 101.44ss, 112.19ss. Ver también: manchas; liberación con respecto a las corrupciones.

Conocimiento verdadero (*vijjā*), 4.28ss, 11.17, 36.39ss, 39.19ss, 44.29, 53.24, 71.6ss, 73.28, 118.41ss, 119.22, 148.28ss, 149.11, 151.20

Conocimiento y visión (*ñāṇadassana*), 2.3, 38.23ss, 77.12, 128.32, 149.9; complacencia acerca del, 29.5; n.3, M.29; 30.11; de liberación, 24.2, 26.18, 32.7; purificación por, 24.9ss; n.5, M.24; digno de nobles, 12.2; n.2, M.12; 26.27, 31.10ss, 65.14ss, 99.10ss, 128.15. Ver también: conocimiento directo; conocimiento introspectivo.

Contemplaciones en el osario (o cementerio), 10.14ss, 13.21ss, 119.9ss.

Compartiendo, 48.6, 104.21

Compasión (*karuṇā*), 7.14, 26.21, 40.10, 50.14, 55.8, 62.19, 118.4; como base para la comprensión, 52.9; como liberación inmensurable, 43.31, 127.7; como camino al mundo de Brahma, 83.5, 97.33, 99.25 / (*anukampā*), 4.21, 4.34, 12.63, 31.22, 99.19; (del Buda hacia) los discípulos, 3.2, 8.18, 19.27, 103.2, 106.15, 122.25, 137.22ss, 152.18

Comprensión clara, discriminación (*sampajañña*), 10.8, 27.16, 39.11, 51.17, 107.7, 119.6, 122.9ss, 125.19. Ver también: fundamentos de la atención plena.

Comprensión (de la mente de los demás), 6.16, 12.8, 12.37ss, 31.20, 73.21, 77.33, 108.20, 119.39

Concebir (mentalmente) (*maññita*), 1.3ss; n.6, M.1; 72.15, 113.21ss, 113.29, 140.30ss.

Concentración (*samādhi*), 4.18, 7.8, 16.26, 19.8, 20.3ss, 24.2, 32.7, 36.45, 40.8, 44.11, 44.12; n.7, M.44; 69.15, 77.17, 122.7ss, 128.31; nn.10–11, M.128; complacencia con respecto a, 29.4, 30.10; factor de iluminación, 118.35; obstáculos para la, 128.16ss; correcta o recta, 117.3, 141.31, 149.10. Véase también: factores de la iluminación; facultades espirituales; jhānas; Noble Óctuple Sendero; bases para la, poder espiritual.

Concepción (del embrión), 38.26, 93.18

Concordia (*sāmaggī*), 27.13, 31.6ss, 48.6, 51.14, 59.5, 89.11, 103.3ss, 104.21, 128.11ss.

Conducta (*caraṇa*), 53.23; n.9, M.53 / (*samācāra*), 4.4ss, 4.29, 39.4ss, 41.8ss, 41.12ss, 60.7ss, 78.10, 88.10ss, 88.14ss, 114.5ss, 115.16ss. Ver también: acción.

Confesión (de acción malsana), 48.11, 61.11, 65.7, 65.13, 104.18, 140.33

Confianza (*pasāda*), 6.6, 11.3ss, 31.22, 106.3ss; n.4, M.106; 108.13ss; inquebrantable, 7.5; n.6, M.7; 9.2ss, 81.18, 142.4. Ver también: fe.

Conflicto (*raṇa*), 139.13ss

Confrontación (*sammukhā*), 104.14

Conciencia (*viññāṇa*), 9.57ss, 18.16, 38.2, 38.17ss, 43.4ss, 43.9; nn.4–6, M.43; 49.25, 77.29, 102.7, 137.6, 140.19, 143.5ss, 143.7, 148.6; agregado de, 28.28, 109.8ss; n.6, M.109; atado por el deseo, 133.13ss; surgido dependiente, 38.3, 38.8; n.3, M.38; distraído externamente, 138.10ss; transitoria, 146.8; conducente al renacimiento, 106.3ss.; manifestación de, 28.27; conciencia mental, n.17, M.9; 43.10; n.10, M.43; no yo, 35.19, 146.8, 147.3ss, 148.10ss; atrapada internamente, 138.12ss. Ver también: agregados.

Conocimiento final (*aññā*), 10.46; n.33, M.10; 65.29ss, 68.10, 68.14, 70.22, 70.27, 105.2ss, 112.2ss. Ver también: arahant; conocimiento de la destrucción de las corrupciones.

Conocimiento introspectivo (*vipassanā*), 6.3, 32.5, 43.14; n.3, M.52; n.7, M.64; 73.18, 77.29, 111.2ss, 149.10ss, 151.19. Ver también: atención plena: fundamentos de la atención plena; sabiduría.

Consejero, tesoro del, 129.41

Contacto (*phassa*), 9.45ss, 18.16, 28.8, 38.17ss, 44.20, 57.8ss, 62.13ss,109.9; n.6, M.109; 137.7, 140.19, 143.9, 147.3ss, 148.7; no yo, 148.10ss.
Contento (*santosa*), 24.2, 27.14, 32.7, 51.15, 77.8ss, 108.16
Conversión, magia de, 56.8, 56.25ss.
Cordialidad, principios de (*sārāṇīyā dhammā*), 48.6, 104.21ss.
Corrupciones (*āsava*), 2.2ss; n.1, n.8, M.2; 9.69ss, 36.47, 49.30, 68.7, 121.12; bases para las, 65.30ss; liberación respecto a, 2.3; n.2, n.21, M.2; 6.19, 7.18. 12.24, 12.36. 12.42, 25.20, 26.42, 30.21, 31.18, 32.17, 40.14, 41.43, 52.3ss, 53.22, 54.24, 64.9ss, 71.9, 73.24, 74.14, 77.36, 108.23, 112.3ss, 119.42, 121.11, 146.13, 147.10. Ver también: liberación: mediante sabiduría; conocimiento de la destrucción de las corrupciones.
Codicia (*abhijjhā*), 7.3ss, 10.2ss, 40.3, 41.10, 114.7, 114.8, 114.9, 140.28; abandono de, 27.18, 39.13, 40.7, 41.14, 51.19, 114.7ss, 140.28. Ver también: avaricia; lujuria; deseo sensual.
Comprensión correcta, noción correcta (*sammā diṭṭhi*), 9.2ss; n.1, M.9; 41.4, 43.13ss, 60.11ss, 114.10; nn.3-6, M.117; 141.24, 149.10; como precursor del, 117.4ss, 117.34ss; emancipador, 48.6ss, 104.21; persona con, 48.11ss, 115.12; corrupto, 117.7; inmaculado, 117.8
Conocimiento directo (*abhiññā*), 1.27ss; n.22, M.1; 3.8ss, 26.15ss, 30.2, 37.3, 43.12, 47.14ss, 49.10ss, 74.14, 77.12, 83.21, 119.29ss, 139.5, 149.10; consumación de, 77.15ss, 100.7ss.
Contaminación, impureza (*sankilesa*), 26.11
Crueldad (*vihiṁsā*), 2.20, 19.5, 33.6, 33.19, 51.9ss, 62.19, 114.8ss, 135.7. Ver también: matar.
Cuatro Grandes Reyes, *devas* del cielo de los (*cātummahārājikā devā*), 12.29ss, 31.21, 41.18, 97.30, 120.6
Cuatro Nobles Verdades (*ariyasacca*), 2.11, 9.14ss; n.5, M.9; 10.44, 28.2ss; n.2, M.28; 43.2ss, 63.9, 77.14, 81.18, 141.2ss, 141.8ss, 142.3ss; n.2, M.145; nn.6-7, M.148; como enseñanza especial de los Budas, 56.18, 74.15, 91.36; como Rueda del Dhamma, 141.2. Ver también: conocimiento de la destrucción de las corrupciones. Ver: Subt. 3, Int.
Cubriendo con pasto, 104.20
Cuerpo (*kāya*), 23.4, 28.9, 74.9, 75.21, 77.29; como no uno mismo, 28,7ss; contemplación del, 10.4ss, n.6, M.10, 74.9, 118.24; atención plena del, 119.3ss.
Cuerpo creado por la mente (*manomayakāya*), 77.30

Dar (*dāna*), 35.30, 56.17, 110.12, 110.23, 135.14, 142.5ss, n.2, M.142
Defecto, mancha (*angaṇa*), 5.2ss.

Deleite (*nandī*), 1.3ss, 1.171; n.29, M.1; 18.8, 38.30, 43.15, 49.5, 49.27ss, 131.4ss, 133.13ss, 145.3ss; n.2, M.145; 148.28ss; y lujuria, 19.26, 23.4, 146.12; en el Dhamma, 52.4ss, 64.9ss. / (*rati*), 6.7, 75.10, 119.33

Deleitan en crear, *devas* que se (*nimmānaratī devā*), 31.21, 41.22, 97.30 120.10

Desapasionamiento (*virāga*), n.20, M.2; 22.29; n.17, M.22; 26.15ss, 26.19, 28.6ss, 62.8, 74.12, 83.21, 109.18; n.8, M.118; 140.14ss, 147.10, 148.40. Ver también: desvanecimiento.

Descontento (*arati*), 6.7, 62.20, 119.33

Desencanto (*nibbidā*), 22.28; n.17, M.22; 26.15ss, 28.6ss, 62.8ss, 74.12, 83.21, 109.17, 140.14ss, 147.9, 148.40 / (*anabhirati*), 50.18ss.

Deseo, avidez (*taṇhā*), ver: corrupciones; anhelo, lujuria; deseo sensorial.

Deseo, raíz del (*lobha*), 3.8, 7.3ss., 9.5, 14.2, 54.4, 54.10, 73.4, 95.17. Ver también: avidez, codicia; sed, lujuria.

Deseo sensorial (*kāma, kāmacchanda*), 2.6, 2.20; n.26, M.10; 16.8, 19.3, 22.9, 33.6, 33.19, 48.8, 64.2ss, 108.26, 122.15. Ver también; codicia; deseo; avidez; obstáculos; placeres sensoriales; corrupciones.

Desesperación, desesperanza (*upāyāsa*), 141.18

Desierto del corazón (*cetokhila*), 16.3

Desprecio (*makkha*), 3.10, 7.3ss, 15.3ss, 40.3, 40.7, 104.7

Destino (*gati*), 12.35ss, 57.3, 57.5, 130.2. Ver también: ojo divino; reaparición.

Desvaneciéndose (*virāga*), 62.29, 118.21. Ver también: desapasionamiento; lujuria, ausencia de.

Determinación, (fundamento) (*adhiṭṭhāna*), 140.11ss, n.7, M.140

Devas (*devā*), 1.8, 12.36, 22.36, 31.21, 41.18ss, 49.16, 56.11, 90.13ss, 100.42, 120.6ss, 120.19ss, 127.9ss.

Devas de Yāma, 31.21, 41.20, 97.30, 120.8

Devas que ejercen poder sobre las creaciones de otros, (*paranimmitavasavattī devā*), 31.21, 41.23, 97.30, 120.11

Dhamma: como refugio, 108.9; mal proclamado, 11.13, 104.2; confianza en, 7.6, 9.2ss, 11.15, 47.14ss; deseo de, 52.4ss; n.4, M.52; 64.9ss.; duda sobre, 16.4; bueno en el inicio, etcétera, 27.11, 41.2, 51.12, 60.2, 82.2, 91.3, 148.2; crecimiento en el, 16.14, 21.8, 33.16; escuchando el, 48.13, 65.32, 70.23, 75.25, 95.29ss, 137.22ss; herederos en el, 3.2ss; superior (*abhidhamma*), 32.8, 69.17, 103.4; inspiración en el, 7.8, 33.23, 48.14, 99.21; la propia riqueza del hombre, 96.12; monumentos al, 89.10ss; profundo, 26.19, 72.18, 95.17ss; propósito del, 22.20, 35.26; aceptación reflexiva del, 22.10ss, 70.23, 95.26; similar a balsa, 22.20, 35.26; resúmenes del, 82.35ss; enseñanza del, 32.4, 33.21, 139.8; visible aquí y ahora, 38.25; visión del, 56.18; nn.11-12, M56; 74.15, 75.24; n.7, M.75; 91.36, 147.10; bien proclamado, 11.15, 22.42ss, 27.3ss, 27.26, 47.14ss, 85.60, 89.10ss; Rueda del, 26.25, 92.17ss, 111.23, 141.2. Ver también: dispensación; vida santa. Ver: Subt. 16, Int.

Dhammacakkappavattana Sutta, n.18, M.26

Dicha de la renuncia, etcétera, 66.21, 122.3, 139.9

Diligencia (*appamāda*), 31.8ss, 70.11ss, 128.13

Disciplina del noble (*ariyassa vinaye*), 8.4ss, 8.8ss, 36.7ss, 38.27, 54.3ss, 65.13, 105.22, 140.33, 152.3ss.

Discípulo en formación (entrenamiento) superior (*sekha*), 1.27ss; nn.21, 23, M.1; n.1, M.9; 23.4, 35.24, 51.3, 53.5ss, 70.13, 73.17, 107.11, 117.34, 152.10, n.6, M.152. Ver también: noble discípulo.

Dispensación (*sāsana*), 56.18, 65.4, 65.14ss, 70.27, 73.13ss, 74.15, 89.12, 89.18, 91.36, 122.25ss, 137.22ss. Ver también: Dhamma; vida santa.

Disputa (*vivāda*), 13.11ss, 18.8, 48.2ss, 59.5, 74.6ss, 89.11, 103.15ss, 104.2, 104.5ss, 128.3ss; seis raíces de las, 104.6ss.

Diversidad (*nānatta*), 1.24; n.18, M.1; 54.21, 102.14ss, 128.25, 137.19ss.

Doctrina de la *no acción* (*akiriyavāda*), 60.13ss; n.11, M.60; 76.10ss.

Doctrina de la no causalidad (*ahetukavāda*), 60.21ss; n.12, M.60; 76.13ss.

Dolor (*dukkha*), 141.16. Ver también: sensación; pesar; sufrimiento.

Duda (*vicikicchā*), 2.11; n.9, M.2; n.25, M.10; 16.3ss., 23.4, 38.10, 48.8, 64.2ss, 108.26, 128.16; abandono de, 27.18, 38.11, 39.13, 51.19, 81.18, 142.3ss; purificación mediante la superación de la, 24.9. Ver también: encadenamientos; obstáculos.

Ecuanimidad (*upekkhā*), 12.51, 22.39, 28.11; n.11, M.28; 62.13ss, 101.23, 103.14, 106.10, 106.12, 137.8, 140.10, 140.20ss; n.12, M.140; 152.4ss; n.3, M.152; 152.11ss; como morada divina, 7.16, 40.12, 50.14, 55.10ss, 62.21, 118.4; como liberación inmensurable, 43.31, 127.7; como camino al mundo de Brahma, 83.5, 97.35, 99.27; basada en la diversidad, 54.15, 54.21, 137.18ss; basada en la unidad, 54.15, 54.21; n.5, M.54; 137.19ss; nn.7-8, M.137; factor de iluminación de, 118.36; conocimiento basado en la, 52.11; de la vida familiar, 137.14; de la renuncia, 137.15. Ver también: factores de la iluminación; jhānas.

Elemento agua (*āpodhātu*), 1.4, 28.11ss, 49.12, 62.9, 140.15; meditación como el, 62.14.

Elemento aire (*vāyodhātu*), 1.6, 28.21ss, 49.14, 62.11, 140.17; meditación como el, 62.16. Ver también: elementos.
Elemento espacio (*ākāsadhātu*), 28.26, 62.12, 140.18
Elemento fuego (*tejodhātu*), 1.5, 28.16ss, 49.13, 62.10, 140.16; meditación como el, 62.15. Ver también: elementos.
Elementos (*dhātu*), 10.12; n.17, M.10; 62.8ss, 115.4ss, 119.8; dieciocho, 115.4; n.1, M.115; grandes elementos (*mahābhūta*), 9.54, 28.5ss; n.2, M.28; 33.4, 76.7, 106.4, 109.9; seis, 112.7ss, 115.5, 140.8, 143.10
Elemento tierra (*paṭhavīdhātu*), 1.3; n.5, M.1; 28.6ss, 49.11, 62.8, 121.5, 140.14; meditación como, 62.13. Ver también: elementos.
El que entra en la corriente, (*sotāpanna*), n.6, M.2; 6.11; n.5, M.6; n.5, M.7; 22.45, 34.9, 48.15, 68.13ss, 118.12, 142.5ss, 146.27. Ver también: discípulo en entrenamiento superior; discípulo noble.
El que está más allá del entrenamiento (*asekha*). Ver: arahant.
El que no retorna (*anāgāmin*), 6.13; n.6, M.6; n.5, M.7; 10.46, 22.43, 34.7, 52.4ss, 64.9ss; n.6, M.66; 68.11ss, 70.27, 73.9, 73.11, 91.39, 118.10, 140.36, 142.5ss. Ver también: discípulo en entrenamiento superior; discípulo noble.
El que retorna una vez (*sakadāgāmin*), 6.12, 22.44, 34.8, 68.12fss, 118.11, 142.5ss, Ver también: discípulo en entrenamiento superior; discípulo noble.
Encadenamientos (*saṁyojana*), 2.11, 10.40, 22.34, 54.6, 64.2ss; n.3, M.64; 66.14ss, 66.34, 138.10ss, 139.7ss. Ver: grilletes.
Energía (*viriya*), 3.3, 4.16, 24.2, 32.7, 53.14, 69.13, 70.27, 85.58, 90.10, 128.22ss; factor de iluminación, 118.32. Ver también: factores de la iluminación; facultades espirituales; esfuerzo correcto.
Enfermedad (*roga*; *vyādi*; *ātaṅka*; *āmaya*; *gelañña*), 135.7
Engaño, ilusorio (*māyā*), 3.12, 7.3ss, 15.3ss, 40.3, 40.7, 104.9
Engreimiento, presunción, (*māna*), n.6, M.1; 2.22; n.22, M.2; 3.14, 7.3ss, 9.8, 20.8, 22.20, 22.35, 62.23, 109.13, 112.11, 112.20, 122.17
Ensalzar y menospreciar, 29.2ss, 30.8ss, 60.8ss, 113.3ss, 139.6ss.
Entendimiento completo (*pariññā*), 1.3ss; n.7, n.23, n.28, M.1; n.7, M.11; n.1, M.13; de agregados, 149.11, 151.11; del aferramiento o apego, 11.10ss; de todo, 37.3; de sensaciones, 13.38; de la forma material, 13.31; de placeres sensoriales, 13.17
Entrenamiento gradual (*anupubbasikkhā*), 27.7ss, 39.3ss, 51.13ss, 53.5ss, 70.22ss, 107.2ss, 112.12ss, 125.13ss. Ver: Subt. 8, Int.
Entusiasmo (*ussoḷhi*), 16.26
Entusiasmo, celo (*chanda*), 95.25. Ver también: poder espiritual, bases para el; esfuerzo correcto.
Envejecimiento (*jarā*), 9.22, 13.19, 26.7, 82.30, 130.5, 141.12; y muerte, 9.21ss, 38.17ss, 115.11, 138.3

Envidia (*issā*), 3.11, 7.3ss, 15.3ss, 40.3, 40.7, 104.8, 135.11
Errante, asceta (*paribbājaka*), 11.3, 13.2, 54.25, 59.16, 76.4, 77.4, 78.3
Escuchado (*suta*), 1.20, 22.15ss, 112.3ss.
Escrutinio (*tulanā*), 95.23
Esfuerzo (*padhāna*), 16.26, 70.23, 77.17, 95.22, 101.23ss; cinco factores del, 85.58ss, 90.10ss; correcto (o recto), 44.12, 77.16, 78.10ss, 103.3, 104.5, 118.13, 149.10, 151.13
Esfuerzo, correcto (*sammā vāyāma*), 117.9ss, 141.29, 149.10. Ver también: energía; Noble Óctuple Sendero.
Estados sobrehumanos (*uttarimanussadhamma*), 12.2; n.2, M.12; 26.27, 31.10ss, 65.14ss, 69.19, 99.10ss, 128.15
Espacio infinito, base de (*ākāsānañcāyatana*), 1.15, 8.8, 30.17, 31.14, 43.10, 59.11, 66.30, 77.22, n.14, M.117, 137.26, 140.21s., 143.11; y vacuidad, 121.6, n.5, M.121; como base para la introspección, 52.12, 64.13, 111.11ss; como vendar los ojos a Māra, 25.16, 26.38
Estupidez (*dandhatta*; *mandiya*), 135.17
Eternidad, noción de; 'eternalismo' (*sassatavāda*), 2.8; n.5, M.11; 22.15ss, 22.20, 22.25, 38.2ss, 49.3ss; n.2, M72; n.5, M.74; 102.14ss. Ver también: nociones: especulativas.
Euforia, elación (*ubbilla*), 128.20
Exaltada, liberación de la mente (*mahaggata cetovimutti*), 127.8ss.
Éxito (*iddhi*), 129.42ss.
Exploración mental (*upavicāra*), 137.8, 140.10
Expresiones (*vohāra*), 112.3ss.
Extinción (*parinibbāna*), 8.16; n.12, M.8

Factores de la iluminación (*bojjhanga*), 2.21; n.20, M.2; 10.42, 77.20, 103.3, 104.5, 118.13, 118.29ss, 118.41ss, 146.13; n.5, M.146; 149.10, 151.18
Facultades espirituales (*indriya*), 70.20ss, 77.18, 103.3, 104.5, 118.13, 149.10, 151.15
Facultades, sensoriales (*indriya*), 43.21ss, 75.8, 152.2ss. Ver también: bases; restricción de facultades
Falso, lenguaje (*musāvāda*), 41.9, 54.4, 54.8, 61.3ss, 114.6; abstención de, 27.13, 41.13, 47.14, 114.6
Falta de atención (*amanasikāra*), 128.17
Fantasmas hambrientos (*peta*), 12.36, 12.39, 97.30, 130.2
Fe (*saddhā*), 22.47, 53.11, 65.27, 70.19, 70.23, 85.58, 90.10, 95.14ss, 95.33, 102.15ss; fundamentada en razones, 47.16, 60.4. Ver también: confianza; facultades espirituales.
Fealdad (*virūpatta*, *dubbaṇṇatta*), 135.9
Formaciones (*saṅkhāra*), 26.19, 35.4, 102.4ss, 102.10, 115.12; en conjunto, 28.28, 109.8ss; como acciones volitivas, 9.61ss; n.18,

M.9; 38.17ss, 57.8ss; n.3, M.57; 115.11; corporales, verbales, mentales, 10.4, 43.25, 44.13ss; nn.9–14, M.44; 62.26ss., 117.14, 118.18ss; no yo, 35.18; vital, 43.23. Ver también: agregados.
Forma material, materialidad (*rūpa*), 9.54, 16.10, 28.26, 33.4, 33.17, 60.31, 106.4ss; n.6, M.109; agregado de, 28.5, 28.28, 109.8ss; comprensión completa de la, 13.18ss; no yo, 35.15, 62.3. Ver también: agregados; cuerpo; elementos.
Fraude, falsedad (*sāṭheyya*), 3.12, 7.3ss, 15.3ss, 40.3, 40.7, 104.9
Fundamentos de la atención plena. Ver: atención plena.

Ganancia y honor, 29.2, 30.8, 47.8, 50.17ss, 65.31, 68.9. 113.7ss. Ver: ocho condiciones mundanas.
Generación, matriz, origen, ámbito de existencia, conocimiento (*yoni*), 12.32ss.
Generosidad (*cāga*), 68.10ss, 99.9, 99.18ss, 99.21, 120.3. Ver también: dar.
Gloria refulgente, *devas* de (*subhakiṇhā devā*), 1.12; n.13, M.1; 49.10, 49.20, 57.9
Gotamaka Sutta, n.31, M.1
Gozo, arrobamiento (*pīti*), n.7, M.4; 7.8, 40.8, 62.27, 102.17ss, 118.19; n.5, M.118; factor de iluminación de, 118.33; en jhāna, 39.15ss, 43.19ss, 77.25ss, 119.18ss; no sensorial, 14.4, 68.6, 99.17. Ver también: arrobamiento, factores de la iluminación; jhanas.
Gran fruto, *devas* de (*vehapphalā devā*), 1.13; n.14, M.1; 49.10, 49.21
Gran Hombre (*mahāpurisa*), 91.5, 91.6ss, 91.9, 91.28ss; n.1, M.91; 92.10, 92.13ss, 151.2
Grilletes, ver: encadenamientos, trabas.

Hábitos, prácticas (*sīla*), 78.9ss.
Hombre sabio (*paṇḍita*), 33.5, 115.2, 129.27
Honestidad, 85.58, 90.10

Identidad (*sakkāya*), 44.2ss, 64.8, 102.12, 106.13, 148.16ss; noción de, 2.11; n.13, M.2; 44.7ss; n.5, M.44; 64.2ss, 109.10ss, 131.8ss, 138.20
Ignorancia (*avijjā*), 2.6, 4.28ss, 9.65ss, 9.70; n.20, M.9; 19.26, 23.4, 38.18, 38.21, 44.29, 80.16, 105.18, 115.11, 125.10, 149.11; abandonado la, 9.8, 22.31, 140.28; tendencia subyacente de la, 18.8, 44.25ss; n.19, M.44; 148.28ss, 148.34ss. Ver también: ofuscación, delirio; corrupciones, contaminaciones.
Iluminación (*sambodhi*), 1.171ss, 3.8, 12.23, 16.26, 26.15ss, 36.31, 53.19, 83.21, 139.5; dicha de la, 66.21, 122.3, 139.9

Impedimentos, obstáculos (*nīvaraṇa*), 10.36; n.26, M.10; 23.4, 27.18, 43.20, 51.19, 54.6, 99.15, 107.9, 125.21, 151.10; con símiles, 39.13
Imperfecciones, impurezas (*upakkilesa*), 7.3, 14.2, 128.27
'Impermanencia', ver: transitoriedad, temporalidad.
Imperturbable (*āneñja*), 66.25ss, 105.10; n.6, M.105; 106.3ss, 122.9ss; n.9, M.122
Imposibilidades (*aṭṭhāna*), 115.12ss
Impureza (*sankilesa*), ver: contaminación, mancha.
Inclinación de la mente (*cittuppāda*), 8.13ss; n.11, M.8; 114.8
Individualidad (*attabhāva*), 114.11
Inercia (*duṭṭhulla*), 128.21
Infierno (*niraya*), 12.21, 12.36ss, 13.15, 50.22ss, 57.3, 57.5, 57.8, 86.17, 97.6ss, 97.30, 129.7ss, 130.2, 130.10ss. Ver también: ojo divino; reaparición: en mal destino.
Influencia (*mahesakkhatta*), 135.12
Inmortal, lo (*amata*), 26.12, 26.18, 26.20ss, 52.15, 64.9ss, 106.13; n.17, M.106. Ver también: Nibbāna.
Inmundicia (*asubha*), 10.10, 50.18, 62.22, 118.14, 119.7
Insolencia (*paḷāsa*), 3.10, 7.3ss, 15.3ss, 40.3, 40.7, 104.7
Inspiración (*veda*), 7.8; n.8, M.7; 33.23, 48.14, 99.21
Intención (*sankappa*): correcta, 60.11ss, 78.9, 78.13, 117.12ss; nn.9–10, M.117; 141.25, 149.10; incorrecta, 60.8ss, 78.9, 78.12, 117.11.
Investigación de estados (*dhammavicaya*), 117.8, 118.31. Ver también: factores de la iluminación.
Ira (odio, mala voluntad, enojo) (*kodha, kopa*), 3.9, 5.10ss, 7.3, 15.3, 16.7, 21.2, 23.4, 40.3, 40.7, 54.4, 54.12, 67.16, 104.6, 135.9, 140.28. Véase también: odio; mala voluntad.

Jainistas. Ver: Nigaṇṭhas
Jhānas, 6.9, 8.4ss, 13.32ss, 30.13ss, 45.7, 51.20ss, 53.18, 59.7, 107.10, 113.21ss, y la iluminación del Buda, 4.22ss, 36.31, 36.34ss; como base para el conocimiento introspectivo, 52.4ss; n.3, M.52; 64.9ss; n.7, M.64; 111.3ss; como vendarle los ojos a Māra, 25.12ss, 26.34ss; como dicha de la renuncia, etcétera, 66.21; n.10, M.66; 139.9; como frutos de la vida santa, 76.43ss, 79.37ss, 101.38ss; como meditación elogiada por Buda, 108.27; como objetos de apego, 66.26ss; como concentración correcta, 141.31; como estados sobrehumanos, 31.10ss, 65.16ss; como las huellas del Tathāgata, 27.19ss; primer, 36.31, 43.18ss, 44.28, 78.12, 111.3ss; cuarto, 43.26, 44.28, 66.25, 111.9ss; segundo, 78.13, 111.5ss; tercer, 111.7ss; con símiles, 39.15ss, 77.25ss, 119.18ss.
Joya, tesoro de la, 129.38

Kamma (Skt., karma); como ley, M.57, M.135; y renacimiento, M.37, M.41, M.120, M.136, 39.20, M.129, M.130Ver: Subt. 12, Int.

Kasiṇas, 77.24; n.8, M.77; 102.3; n.4, M.121; n.2, M.127

Lamentación (*parideva*), 141.15. Ver también: sufrimiento.

Lenguaje (*vācā*): cinco cursos de, 21.11ss; del Tathāgata, 58.8; recto, 60.11ss, 117.18ss; n.11, M.117; 139.10ss, 141.26; incorrecto, 60.8ss, 117.17

Lenguaje insulso, inútil (*kathā*): 76.4, 77.4, 78.3, 79.5, 122.12; adecuado, 26.4, 43.14, 122.12, 122.20. Ver también: chismorreo.

Lenguaje malicioso (*pisuṇā vācā*), 4.9, 54.4, 54.9, 114.6; abstención de, 27.13, 41.13, 51.14, 114.6

Lenguaje rudo (*pharusā vācā*), 41.9, 114.6; abstención de, 27.13, 41.13, 51.14, 114.6

Liberación inmensurable de la mente (*appamāṇacetovimutti*), 43.30ss, 43.35; n.26, M.43; 127.4ss.

Liberado en ambos sentidos (*ubhatobhāgavimutta*), 65.11, 70.15; n.7, M.70

Liberado por la fe (*saddhāvimutta*), 65.11, 70.19, n.11, M.70

Liberado por la sabiduría (*paññāvimutta*), 65.11, 70.16; n.8, M.70

Liberación (*vimokkha*): ocho, 77.22; n.4, M.77; 137.26; inmaterial, 6.10, 69.18, 70.15ss; noble, 106.13; perpetua, 29.6; n.4, M.29; suprema, 44.28, 137.13; mediante el no apego, 102.25.

Liberación (*vimutti*), 22.29, 24.2, 32.7, 37.8, 38.41, 44.29, 74.12, 90.12, 109.18, 118.41ss, 147.10, 148.41, 149.11, 151.20; mediante sabiduría (*paññāvimutti*), 6.19, n.9, M.6, 12.36, 12.42, 38.40, 40.14, 41.43, 43.14, 53.22, 54.24, 71.9, 73.24, 77.36, 78.11, 108.23, 119.42, 120.37, 146.13; de la mente (*cetovimutti*), 6.19; n.9, M.6; 12.36, 12.42, 25.9; n.2, M.25; 38.40, 40.14, 41.43, 43.14, 43.26ss; n.24, n.31, M.43; 52.3ss, 53.22, 54.24, 64.16; n.11, M.64; 71.9, 73.24, 77.36, 78.11, 108.23, 119.42, 120.37, 122.4; n.6, M.122; 127.4ss, 146.13; perpetua (*asamaya*), 29.6; n.4, M.29; 122.4; inquebrantable (*akuppa*), 26.18, 26.30, 29.7; n.5, M.29; 30.23, 43.35ss; con símil, 39.21, 77.36. Ver también: conocimiento de la destrucción de las corrupciones; liberación.

Litigio (*adhikaraṇa*), 65.22s., 104.12ss; n.7, M.104

Locura (*amūḷha*), 104.17

Logro de fruición (*phalasamāpatti*), n.9, M.6; n.7, M.14; n.5, M.29; n.22, n.31, M.43; n.14, M.44; n.11, M.65; n.3, M.75; n.34, M.102; n.4, M.107; n. 1, M.121; n.20, M.140

Lugar de descanso (*senāsana*), 2.15, 77.8ss, 114.43. Ver también: reclusión.

Lujuria (*rāga*), 1.75ss, 5.6ss, 11.5, 16.8ss, 43.35ss, 45.6, 48.8, 62.22, 67.19, 140.28, 148.34ss, 149.3, 150.4ss, 151.3ss; tendencia subyacente de, 44.25s; n.17, M.44; 148.28ss. Ver también: anhelo; codicia; deleite; deseo sensual; pasión.

Majjhima Nikāya, ver: Subt. 1, Intr.
Mala voluntad (*byāpāda*), 2.20, 7.3; n.26, M.10; 19.4, 33.6, 33.19, 40.3, 41.10, 48.8, 55.7, 64.2ss, 108.26, 114.7ss, 140.28; abandono de la, 27.18, 39.13, 40.7, 41.14, 51.19, 62.18, 114.7ss, 140.28. Ver también; ira; aversión; odio; enojo; impedimentos, obstáculos.
Mal carácter (*tassapāpiyyāsika*), 104.19
Malsano, insano (*akusala*), 8.15, 9.3ss, 18.8, 19.7, 20.3ss, 21.8, 39.23ss, 60.7ss, 61.9ss, 70.7ss, 73.3ss, 77.16, 78.9ss, 88.10ss; n.2, M.88; 101.27, 106.2ss, 114.5ss, 117.35ss, 122.22ss; raíz de lo, 9.5
Manchas, ver: corrupciones, conocimiento de la destrucción de las corrupciones.
Matar (*pāṇātipāta*), 41.8, 51.9ss, 54.4, 54.6, 55.12, 114.5, 135.5; abstención de, 27.13, 41.12, 51.14, 114.5, 135.6; resultado kármico de, 135.5ss.
Maligno. Ver índice de nombres propios, Māra
Malos deseos (*pāpicchā*), 5.10ss, 15.3ss, 40.3, 40.7, 104.10
Mayordomo, tesoro del, 129.40
Meditación, 6.2, 32.12, 36.21ss, 50.13, 62.8ss, 108.27. Ver también: concentración; conocimiento; jhanas; conciencia; serenidad. Ver: Subt. 9, Inṭ.
Memoria, recolección, atención plena (*sati*), 104.16
Mensajeros divinos (*devadūta*), 83.4, 130.4ss
Mentalidad (*nāma*), 9.54
Mentalidad-materialidad, mente-materia (*nāmarūpa*), 56, 9.53ss; n.16, M.9; 38.17ss, 109.9; n.6, M.109; 115.11. Ver: Subt. 18, Int.
Mente (*citta*): contemplación de, 10.32ss; nn.22–23, M.10; 62.28, 118.20, 118.26; desarrollo de la, 36.4, 36.9; diversidad de la, 78.10ss; equipamiento de la, 99.21; mente superior, 20.2ss; dominio sobre la, 32.9; purificación de la, 24.9ss. Ver también: liberación, de la mente; imperfecciones; inclinación de la mente; comprensión, de la mente de los demás.
Mente (*mano*): y conciencia, 28.37; y facultades de los sentidos, 43.10, 43.21; n.16, M.43. Ver también: bases; conducta; facultades, sensoriales; restricción, de las facultades.
Miedo (*bhaya*), 4.4ss, 4.20, 6.8, 67.14ss, 115.2, 119.34, 128.19
Miedo a hacer algo malo (*ottappa*), 39.3; n.2, M.39; 53.13
Modo de vida, medio de subsistencia (*ājīva*), 4.7, 39.7, 104.5; recto, 117.30ss, 141.28; incorrecto, 117.29. Ver también: Noble Óctuple Sendero.

Monarca que hace girar la rueda de la ley (*cakkavattī rājā*), 91.5, 92.10, 115.14ss, 129.33ss.
Moradas divinas (*brahmavihāra*), n.13, M.7; n.10, M.50; 83.6ss. Ver también: alegría apreciativa; compasión; ecuanimidad; benevolencia amorosa.
Moradas Puras (*suddhāvāsa*), 12.57ss. Ver también: no retornante (*anāgāmī*).
Muerte (*maraṇa*), 9.22, 26.9, 130.8, 141.13; en La *disciplina del noble*, 105.22; reino de la, 33.3, 33.5
Mujeres, 67.19, 68.2ss, 73.11ss, 115.15

Nacimiento (*jāti*), 9.25ss, 26.6, 38.17ss, 115.11, 130.4, 141.11
Nacimiento inferior, 129.25, 135.15
Nada, base de la (*ākiñcaññāyatana*), 1.17, 8.10, 26.15; n.6, M.26; 30.19, 31.16, 43.10, 59.13, 66.32, 102.4, 105.12, 140.21ss, 143.12; y vacuidad, 121.8; como base para la comprensión introspectiva, 52.14, 64.15, 111.15ss; como vendarle los ojos a Māra, 25.18, 26.40; liberación de la mente a través de, 43.30, 43.32, 43.36; n.28, M.43; camino hacia la, 106.6ss; n.8, M.106
Necio (*bāla*), 33.5, 115.2, 129.2ss.
Negligencia (*pamāda*), 3.15, 7.3ss, 25.8ss, 29.2ss, 37.11, 130.4ss.
Nibbāna, 1.26, 12.36, 26.12, 26.19; n.31, M.43; n.22, M.44; 75.19ss, 83.21, 102.23ss, 140.26; n.17, n.19, M.140; como Inmortal, 26.12, 26.18, 64.9ss; n.17, M.106; como objetivo, 22.20, 24.10, 35.26, 44.29; logro de, 11.17, 26.18, 26.30, 37.3; n.18, M.60; n.8, M.64; 106.10ss, 107.12ss, 113.29, 140.22; aquí y ahora, n.20, M.1; 102.2; n.16, M.102; persona con intención de, 105.16ss, 105.23. Ver: Subt. 6, Int.
Nigaṇṭhas, 14.15ss, 56.11ss, 101.2ss, 101.22. Ver también: *Índice de nombres propios*, Nigaṇṭha Nātaputta; Jainas.
Nihilismo (*natthikavāda*), 60.5ss; n.7, M.60; 76.7ss. Ver también: nociones erróneas.
Ni percepción ni no-percepción (*nevasaññānāsaññāyatana*), 1.18, 8.11, 26.16, 30.20, 31.17, 59.14, 66.33, 105.14, 140.21ss, 143.12; y la vacuidad, 121.9; como base para la introspección, 111.17; como vendarle los ojos a Māra, 25.19, 26.41; mejor objeto de apego, 106.11; camino a la, 106.9
Noble (*ariya*), 22.35, 39.28, 137.21ss, 152.11ss.
Noble discípulo (*ariyasāvaka*), 2.9ss, 14.4, 36.9, 46.4, 64.6, 115.12; n.9, n.11, M.115; y noción de la personalidad, 22.16, 44.8, 109.11, 131.9, 138.21; siete conocimientos del, 48.8ss. Ver también: discípulo en entrenamiento superior.

Noble Óctuple Sendero (*ariya aṭṭhaṅgika magga*), 9.11, 19.26, 33.24, 44.5, 44.9ss, 77.21, 83.21, 103.3, 104.5, 115.13, 126.14, 149.10; n.4, M.149; 151.18; como vía media, 3.8ss, 139.5; como forma de acabar con el sufrimiento, 9.18, 141.23; análisis detallado, 117.3ss, 141.23ss.

Noble silencio (*ariya tuṇhībhāva*), 26.4

Noble verdad, segunda, ver: Subt. 7, Int.

Nociones (*diṭṭhi*), 11.6ss, 22.24, 74.4; adherencia a, 8.12ss, 15.3ss, 15.6ss, 38.14, 74.6ss, 103.10ss, 104.11; de sí mismo, 2.8; n.10, M.2; 8.3; n.2, M.8; 11.9ss, 22.15ss, 22.20ss, 22.23, 22.25; n.9, M.22; 44.7, 102.2ss, 102.14ss, 109.10, 131.8, 138.20 ; del mundo, 8.3, 48.8, 102.14ss; perniciosas, 22.2ss, 38.2ss, 49.2, 93.18; purificación de la, 24.9ss; especulativas, 25.10, 63.2ss. 72.3ss.; marañal de las, 2.8, 72.14; incorrectas, 40.3, 40.7, 41.10; n.1, M.41; n.4, M.56; 57.3, 57.5; n.2, M.57; 60.8ss, 104.10, 114.10, 117.5

Noción correcta, Ver: comprensión correcta.

No crueldad (*avihiṁsā*), 8.12; n.9, M.8; 19.10, 114.8ss, 135.8. Ver también: intención de; pensamiento de.

No identificación (*atammayatā*), 47.13; n.7, M.47; 78.11, 113.21ss; n.3, M.113; 137.20; n.11, M.137

No mala voluntad (*abyāpāda*), 19.9, 114.8ss. Ver también: intención; pensamiento de.

No percepción (*asaññā*), 102.5ss, 102.9

No yo (*anattā*), 27ss, 8.3; n.4, M.148; agregados como, 22.16, 22.26ss, 22.40, 35.4, 35.20, 35.24ss; n.6, M.35; 62.3, 109.13, 109.16; todas las cosas como, 35.4, 115.12; elementos como, 28.6ss, 62.8ss, 112.8, 140.4ss; experiencia sensorial como, 144.9ss, 146.6ss, 147.3ss, 148.10ss. Ver: Subt. 4, Int.

Nutrimento (*āhāra*), 9.10ss, n.7, M.9; 38.9ss, 38.15s., n.6, M.38; 50.18

Objetivo, meta (*niṭṭhā*), 11.5

Objetos mentales (*dhammā*), 10.36ss, 118.27. Ver también: bases

Obstáculos, ver: impedimentos.

Obstinación (*thambha*), 3.13, 7.3ss, 15.3ss, 135.15

Óctuple Sendero equivocado, incorrecto 19.26, 117.35, 126.9

Odio (dosa), 1.99ss, 3.8, 9.5, 11.5, 14.2, 43.35ss, 45.6, 73.4, 95.18, 140.28, 150.4ss, 151.3ss. Ver también: aversión, enojo, ira; mala voluntad; avaricia.

Ofensa (*āpatti*), 5.10ss, 48.11, 65.23ss, 103.9ss, 104.16ss, 105.22

Ofuscación, confusión, delirio (*moha*), 1.123ss, 9.5, 11.5, 14.2, 36.46ss, 43.35ss, 45.6, 73.4, 95.19, 140.28, 150.4ss, 151.3ss. Ver también: ignorancia.

Oído divino (*dibbasota*), 6.15, 12.7, 73.20, 75.6, 77.32, 108.19, 119.38

Ojo divino (*dibbacakkhu*), 4.29, 6.18, 27.24, 32.6, 36.40, 51.25, 71.8, 73.23, 76.48, 79.7ss, 79.42, 108.22, 119.41; y el conocimiento de Buda sobre la retribución kármica, 12.37ss, 130.2; y teorías del renacimiento, 136.9ss; con símil, 39.20, 77.35, 130.2
Omnisciencia (*sabbaññutā*), 14.17, 71.5; n.3, M.71; 76.21ss, 79.6, 90.5ss
Opinión mayoritaria (*yebhuyyasikā*), 104.15
Origen (*samudaya*): de identidad, 44.3, 148.16ss; del sufrimiento, 29ss, 9.16, 28.28, 38.17, 38.30, 75.24, 115.11, 138.3, 141.21, 145.3. Ver también: origen dependiente; Cuatro Nobles Verdades.
Origen y cese del sufrimiento, Subt. 5, Int.
Originación (origen) dependiente, surgimiento condicionado (*paṭicca samuppāda*), 1.171; n.29, M.1; 11.16, 38.9ss, 38.16ss; n.9, n.13, M.38; 75.24ss, 98.13, 115.11; n.2, M.148; como el Dhamma, 28.28, 79.7; difícil de ver, 26.19

Pāli (pronunciación), ver: Subt. 20, Int.
Paccekabuddha, n.13, M.43; 116.3ss; n.3, M.116; 142.5ss.
Paribbājaka (asceta errante). Ver: Subt. 13, Int.
Pasión, ver: lujuria.
Pereza y letargo (*thīnamiddha*), n.26, M.10; 48.8, 108.26, 128.18; abandono de, 27.18, 39.13, 51.19. Ver también; impedimentos, obstáculos.
Persona (hombre) falsa(o) (*asappurisa*), 110.3ss, 113.2ss.
Pesar (*soka*), 26.10, 141.14. Ver también: tristeza.
Poder espiritual, bases para (*iddhipāda*), 16.26, 77.17, 103.3, 104.5, 118.13, 149.10, 151.14
Pātimokkha, 6.2, 53.7, 104.5, 108.10. Ver también: virtud.
Pavāraṇā, invitación (una ceremonia del retiro de lluvias), 118.3
Paz (*upasama, santi*), 8.8ss, 26.15ss, 26.19, 40.13, 64.9ss, 75.18, 83.21, 102.25; bienaventuranza de la, 66.21, 122.3, 139.9; fundamento de la, 140.28
Pensamiento aplicado (*vitakka*), 43.19s., 44.15. Véase también Jhāna
Placeres sensoriales (*kāma*), 19.26, 22.9; n.4, M.22; 76.51, 106.2ss, 125.7, 139.3; ramas (o cuerdas) de (*kāmaguṇa*), 13.7, 23.4, 25.7, 26.31, 38.29, 59.6, 66.18, 67.18, 75.9ss, 80.12, 99.16, 105.7, 122.14ss, 139.9, 151.9; peligro en los, 13.8ss, 14.4, 22.3, 45.3, 54.15ss, 75.16ss; comprensión completa de, 13.7ss; mala conducta respecto a, 41.8, 41.12, 114.5; símiles para, 19.26, 22.3, 54.15ss, 75.13ss. Ver también: placer, sensorial; deseo sensorial.
Percepción (*saññā*), 1.3ss; n.5, M.1; 18.4, 18.8, 18.16; n.6, M.18; 43.8ss, 75.16, 78.12ss, 102.4, 102.6, 102.9, 106.2ss, 114.9, 152.11; agregado de la, 28.28, 109.8ss; y vacuidad, 121.4ss; no yo, 35.17

Persona auténtica (hombre, persona verdadero(a)) (*sappurisa*), 110.14ss, 113.2ss.
Persona común (*puthujjana*), 1.3ss; n.4, M.1; 2.5ss, 24.13, 36.8, 46.3, 64.5; n.6, M.66; 115.12; n.11, M.115; 137.14, 142.5ss; y noción de identidad, 22.15, 44.7, 109.10, 131.8, 138.20
Personas (*puggala*): cuatro clases, 5.2; n.1, M.5; 51.5ss, 66.13, 136.8; siete clases, 70.14ss; dos tipos, 114.48
Perturbable (*iñjita*), 66.22ss.
Pesar (*domanassa*), 13.9ss, 22.18, 22.20, 36.8, 38.30, 44.28, 87.3, 129.3ss, 137.8, 137.12ss, 140.10, 141.17. Ver también: sufrimiento.
Placer, felicidad (*sukha*), 7.8, 40.8, 62.27, 118.19, 139.9; gradación de, 59.7ss; en jhāna, 39.15ss, 43.19ss, 77.25ss, 119.18ss; no sensorial, 14.4, 36.32, 68.6, 75.10, 75.12, 80.13ss, 102.19ss; sensorial, 13.7, 59.6, 66.19, 80.13, 139.9; ¿Se puede ganar mediante el dolor?, 14.20, 85.9ss, 101.27. Ver también: sensación; alegría; placeres sensoriales.
Planos de liberación, cuatro. Ver: Subt. 10, Int.
Pobreza (*dāliddiya, niddhanatta*), 129.25, 135.13
Poderes (*bala*), 77.19, 103.3, 104.5, 118.13, 149.10, 151.16
Poder sobrenatural (*iddhi*), 6.14, 11.6, 37.11, 56.13, 73.19, 77.31, 108.13, 119.37; n.9, M.152. Ver también: Buda: poderes sobrenaturales.
Posibilidades (*ṭhāna*), 115.12ss.
Posiciones de los seres (*sattapada*), 137.9ss, 137.16
Posturas (*iriyāpatha*), 4.20, 10.6, 119.5, 122.11
Prácticas ascéticas, 5.29, 32.7, 40.5ss, 77.9, 113.12ss, 124.9ss.
Proliferación (*papañca*), 11.5; n.4, M.11; 18.8, 18.16; n.6, n.9, M.18
Purificación (*visuddhi*): en cuatro castas, 90.17, 93.4ss; de ofrendas, 1429ss; siete etapas de, 24.9ss; n.5, M.24; teorías de, 12.52ss.

Raíz (*mūla*): de todas las cosas, 1.2; n.3, M.1; de disputas, 104.6; de lo malsano, 9.5; de lo sano (o saludable), 9.7. Ver: *Mūlapariyāya sutta*, M.1.
Razonamiento (*takka*), 76.27ss, 95.14ss, 100.7, 102.15ss
Reaparición (*upapatti*), 45ss, 57.8, 68.8ss; n.15, M.115; mediante aspiración, 41.15ss, 120.2ss; en un mal destino, 4.29, 7.2, 12.37ss, 13.15, 40.3, 41.4ss, 45.3, 45.5, 46.14ss, 50.13, 57.3, 57.5, 60.9ss, 84.6, 110.13, 115.17, 129.6, 130.2ss, 135.5ss, 136.8ss; n.6, M.136; en un destino feliz, 4.29, 7.2, 12.40ss, 41.4ss, 45.6ss, 46.16ss, 50.17, 60.12ss, 84.7, 110.24, 115.17, 127.9, 129.31, 135.6ss, 136.8ss; de la persona liberada, 72.16ss, 120.37. Ver también: acción; ojo divino.

Reclusión, ver: aislamiento, lugar de descanso; restricción sensorial.
Recluso (*samaṇa*), 11.2ss; n.1, M.11; 27.7, 39.2ss, 39.23, 40.2ss, 84.9, 89.17. Ver también: bhikkhu; reclusos y brahmanes. Ver: Subt. 13, Int.
Reclusos y brahmanes (*samaṇa brāhmaṇa*), 4.4ss, 4.21, 35.24, 38.24, 46.22, 48.10, 61.18, 88.8ss, 89.10, 89.12, 117.37, 121.13, 150.4ss, 151.21; y óctuple sendero, 126.9, 126.14; y comprensión total, 11.10ss, 13.17, 13.31, 13.38; y Māra, 25.8ss, 26.32ss, 34.3, 49.5; y placeres sensoriales, 13.17, 25.8, 36.17, 45.3, 75.18; capacidad de iluminación, 36.17ss; diversidad entre, 100.7; nociones de los, 11.6ss, 12.52ss, 60.5ss, 102.2ss, 136.9ss. A lo largo de la obra se adoptó la transliteración '*samaṇas* y brahmanes'. Ver: Subt. 13, Int.
Recuerdo de vidas pasadas (*pubbenivāsānussati*), 4.27, 6.12, 27.23, 36.38, 51.24, 71.7, 73.22, 76.47, 79.7ss, 79.41, 101.42, 108.21, 119.40; con símil, 39.19, 77.34
Reconocido (*viññāta*), 1.22, 22.15ss, 112.3ss.
Refugio, yendo por (*saraṇagamana*), 4.35, 7.21, 27.27, 30.24, 41.44, 54.26, 56.15, 73.15, 74.16, 84.10, 85.61, 91.37, 94.32, 142.4
Refulgencia en torrentes, devas de (*ābhassarā devā*), 1.11; n.12, M.1; 49.10, 49.19
Reglas y observancias (*sīlabbata*), 2.11, 9.34, 11.10ss, 64.3
Reino animal (*tiracchānayoni*), 12.36, 12.38, 57.3, 97.30, 129.18ss,130.2
Reinos inmateriales (*āruppa*), n.16, M.1; 60.29ss; nn.14–16, M.60
Renacimiento, ver: Subt. 12, Int.
Renacimiento (en posición elevada), 129.48, 135.16
Renuncia (*cāga*), 140.27. Ver: desprendimiento, generosidad.
Renuncia (*nekkhamma*), 19.8; n.4, M.70; 125.7, 137.11, 137.13, 137.15; bienaventuranza de la, 66.21, 122.3, 139.9. Ver también: salir (de la vida hogareña a la vida sin hogar); intención de; pensamiento de.
Repeticiones (en el Canon Pāli). Ver: Subt. 15, Int.
Resentimiento (*upanāha*), 3.9, 7.3ss, 15.3ss, 40.3, 104.6
Resistencia (*adhivāsanā*), 2.18, 119.35, 125.30
Resolución, ver: determinación.
Resplandor contaminado, *devas* de (*sankiliṭṭhābhā devatā*), 127.9ss.
Resplandor inmensurable, *devas* de (*appamāṇābhā* devā), 127.9
Resplandor limitado, *devas* de (*parittābhā devā*), 127.9
Resplandor puro, *devas* de (*parisuddhābhā devatā*), 127.9ss.
Restricción (*saṁvara*): en las seis bases sensoriales, 105.28ss; de las facultades de los sentidos, 2.12; n.15, M.2; 27.15; n.4, M.27; 33.20, 39.8, 51.16, 53.8, 69.10, 75.8, 107.4, 125.16; de corrupciones, 2.2ss.

Restricción sensorial (*indriya saṁvara*), ver: facultades sensoriales; facultades espirituales.
Riqueza, 96.10ss, 135.14
Rivalidad (*sārambha*), 3.13, 7.3ss.
Ronda de nacimientos (*saṁsāra*), n.20, M.9; 12.57, 22.32, 38.2s Ver también: reaparición.
Rugido del león (*sīhanāda*), 11.2; n.1, M.11; 12.9
Ruina del alumno (*antevāsūpaddava*), 122.23
Ruina del Maestro (*ācariyūpaddava*), 122.22

Sabiduría (*paññā*): 4.19, 24.2, 32.7, 43.2ss, 43.5ss, 43.11ss; n.2, nn.5–6, M.43; 44.11, 53.17; n.5, M.53; 69.16, 70.18, 77.13, 85.58, 90.10, 106.3ss, 111.2, 117.8; n.5, M.117; 135.18, 140.13ss; fundamento de la, 140.25; lucidez de la, 12.62, 27.2, 99.30; noble, 12.56, 23.4, 105.27, 140.25, 146.12. Ver también: comprensión correcta; noción correcta.
Salir (de la vida hogareña a la vida sin hogar) (*pabbajjā*), 7.22; n.18, M.7; 27.7, 27.12, 39.2, 40.2, 40.13ss, 51.13, 57.14ss; n.10, M.57; 73.15ss, 75.26ss, 82.6ss, 83.4ss, 112.12; n.14, M.122; por fe, 5.32, 29.2, 30.8, 67.16ss, 68.5, 107.15; sin fe, 5.32, 107.15; razones para salir, 82.29ss.
Salud, 65.2, 70.4, 75.19ss, 85.58, 90.10, 135.8
Samaṇas, ver: Reclusos, Reclusos y brahmanes. Ver: Subt. 13, Int.
Sāmaññaphala Sutta, n.8, M.56; n.3, nn.12–13, M.60; n.3, n.5, n.8, M.76
Saṁsāra. Ver: ronda de nacimientos.
Saṅgha, 7.7, 52.16, 65.30ss, 67.7ss, 69.3ss, 108.7ss, 118.8ss; obsequios al, 142.2, 142.7ss; n.2, nn.12-13, M.142; armonía en el, 103.4ss, 104.5ss; practicando el buen camino, 27.3ss, 27.26, 47.14ss, 51.1ss, 89.10ss. Ver también: Bhikkhu; Bhikkhunī(s).
Saṅkhāra. Ver: Subt. 17, Int.
Sano, saludable (*kusala*), 8.13, 8.15, 9.6, 19.7, 20.3, 21.8, 26.15, 60.10ss, 61.9ss, 70.7ss, 73.3ss, 76.43ss, 77.16, 78.9ss, 88.14ss, 96.13, 99.4, 99.8ss, 99.21, 101.27, 114.5ss, 117.35ss, 122.18; raíz de lo, 9.7
Seguidor del Dhamma (*dhammānusārin*), 22.46; n.27, M.22; 34.10, 65.11, 70.20; n.12, M.70
Seguidores laicos (*upāsaka, -ikā*), 51.4, 68.18ss, 73.9ss, 77.6, 143.15. Ver también: refugio, buscar.
Señor Supremo (*abhibhū*), 1.14; n.15, M.1; 49.22
Sed (*taṇhā*), ver: anhelo.
Seguidor de la fe (*saddhānusārin*), 22.46; n.27, M.22; 34.10, 65.11, 70.21; n.12, M.70

Seguridad respecto a la esclavitud (*yogakkhema*), 1.27, 16.26, 17.3, 26.12, 26.18, 37.2ss, 52.3ss, 53.19

Sensación (*vedanā*), 9.41ss, 18.16, 43.7, 43.9; n.7, M.43; 44.22ss, 59.3ss; n.2, M.59; 74.10, 143.9, 148.8; agregado de, 28.28, 109.8ss; y crecimiento hacia lo sano, 70.7ss; y tendencias subyacentes, 44.25ss, 148.28ss; contemplación de, 10.32ss; n.20, M.10; 37.3, 51.3ss, 74.11, 118.25, 125.22ss, 140.19; dependiente del contacto, 18.16, 28.8, 38.17ss, 109.9, 140.19; n.4, M.146; 148.28ss.; comprensión completa de la, 13.32ss; transitoria, 146.9ss; en arahant, 140.23ss.; en noble discípulo, 36.9, 38.40; en persona común, 36.8, 38.30; en reinos de renacimiento, 12.37ss, 57.8ss; en el Tathāgata, 123.22; teoría de Nigaṇṭhas respecto a, 101.12ss; no yo, 35.16, 148.10ss. Ver también: agregados.

Sentido (sensorialmente) (*muta*), 1.21, 22.15ss, 112.3ss.

Serenidad (*samatha*), 6.3, 32.5, 43.14, 48.9, 73.18, 149.10, 149.11, 151.19. Ver también: concentración; jhāna

Servicio (*paricariya*), 96.3

Ser (*bhava*), 1.171; n.29, M.1; 9.29ss, 38.17ss, 43.15, 49.27ss; cese del, 60.32ss; renovación del, 26.18, 43.16ss, 123.20. Ver también: corrupciones, contaminaciones.

Seres (*bhūta*), 1.7, 49.15

Serpiente Nāga, 23.4

Siete cuerpos, doctrina de los, 76.16ss.

Sin deseos (*appaṇihita*), 44.20

Signo (*nimitta*): cinco, 20.2ss; de belleza, 5.6ss; de concentración, 36.45; n.13, M.36; 122.10; del objeto de los sentidos, 122.10

Sin signo (*animitta*): concentración, 121.10ss; n.6, M.121; contacto, 44.20; liberación de la mente, 43.28ss, 43.34, 43.37; n.22, n.30, M.43

Sobreestimación (*adhimāna*), 105.5

Sufrimiento (*dukkha*), n.29, M.1; 2.8, 10.2, 11.7ss, 13.8ss, 22.38, 29.2ss, 30.8ss, 35.21, 67.17ss, 68.5, 77.14, 87.3ss, 101.23, 136.2, 136.6, 138.3, 139.4, 139.13, 145.3ss, 149.3; como noble verdad, 2.11, 9.15, 10.44, 28.3, 141.10ss; fin del, 2.22, 12.2, 12.26, 14.17, 20.8, 48.6ss, 144.11, 148.28ss. Ver también: Cuatro Nobles Verdades; transitoriedad; no yo.

Suicidio, 144.5ss

Tathāgata, 1.147ss, 11.14, 19.26, 47.16, 55.7ss, 58.8, 58.11, 72.15, 72.20; n.6, M.72; 88.13, 88.17, 101.46, 102.4, 105.27, 107.3, 107.14, 142.5ss; morando en la vacuidad, 121.2, 122.6; después de la muerte, 25.10, 63.2ss, 72.9ss, 72.20; n.2, M.72; aparece en el mundo, 27.11, 51.12; huellas del, 27.19ss; libre de corrupciones,

36.47, 49.30, 68.7; intrepideces, 12.22ss; investigación del, 47.4ss; poderes del, 12.9ss; maravillosas cualidades del, 123.2ss, 123.22. Ver también: Buda.
Tendencias subyacentes (*anusaya*), 9.8ss, 18.8, 32.4, 44.25ss; n.16, M.44; 64.3, 64.6; n.3, M.64; 148.28ss.
Terminología, cambios de (en traducción del pāli), ver: Subt. 21, Int.
Tesoro de la mujer, 129.39
Tesoro de la rueda, 129.34ss.
Tesoro del caballo, 88.18, 129.37
Tesoro del elefante, 88.18; 129.36
Testigo corporal (*kāyasakkhin*), 65.11, 70.17; n.9, M.70
Titanes (*asura*), 37.8
Todo, (o el), (*sabba*), 1.2, 1.25; n.3, n.19, M.1; 37.3, 49.23ss.
Tomar lo que no se da (*adinnadāna*), 41.8, 54.4, 54.7, 114.5; abstención de, 27.13, 41.12, 51.14, 114.5
Torturas, 13.14, 129.4, 130.7
Tradición oral (*anussava*), 76.24ss, 95.14ss, 100.7, 102.15ss.
Tranquilidad (*passaddhi*), 7.8, 40.8, 118.34. Ver también: factores de la iluminación.
Transitoriedad, temporalidad, 'impermanencia' (*aniccatā*), 22.22, 28.8, 35.4, 50.18; contemplación de la, 52.4ss, 62.23, 62.29, 64.9ss; n.7, M.64; 106.5, 118.21, 121.11; en el cuerpo, 23.4, 28.7ss, 74.9, 77.29; en las sensaciones, 13.36, 37.3, 74.11, 140.19, 146.9ss; en la experiencia sensorial, 137.11ss, 144.6ss; sufrimiento, no yo, 22.26, 35.20; n.2, M.37; 109.15, 146.6ss, 147.3ss.
Trascendencia, bases para la (*abhibhāyatana*), 77.23; nn.5–7, M.77.
Treinta y tres, devas de los (*tāvatiṁsā devā*), 12.29ss, 31.21, 37.6, 41.19, 75.11, 83.13, 90.14, 97.30, 120.7, 134.2; n.2, M.134
Tristeza, ver: pesar.
Túnica (*cīvara*), 2.13, 77.8ss, 114.41

Unidad (*ekatta*), 1.23; n.18, M.1; 54.15, 54.21, 102.14, 137.19
Uposatha, n.4, M.4; 83.3; n.4, M.83; 108.10, 118.3, 129.34
Urgencia, sentido de (*saṁvega*), 28.10, 37.11

Vacuidad (*suññatā*): permaneciendo en la, 121.2; n.1, M.121; 121.13, 122.6ss, 151.2ss; contacto, 44.20; liberación de la mente, 43.30, 43.33, 43.35ss; n.23, M.43; n.8, M.122; descenso a la, 121.4ss.; del yo (o del ser), 43.33, 106.7; nn.9-10, M.106
Vanidad (*mada*), 3.15, 7.3ss.
Vedas, 91.2; n.1, M.91; 93.3, 95.8
Verdad (*sacca*), 54.4, 95.15ss, 99.21; fundación de, 140.26; en el habla, 27.13, 41.13, 47.14, 58.8, 114.6

Vergüenza (*hiri*), 39.3; n.2, M.39; 53.12
Vida corta, 135.5
Vida hogareña, 21.6, 27.12, 51.13, 82.4, 112.12, 119.4ss, 125.23, 137.10ss; jefe de familia, 54.3, 66.12, 67.18, 71.11ss; n.4, M.71; 75.11, 99.4ss, 99.20, 143.15
Vida larga, longevidad, 135.6
Vida santa (*brahmacariya*), 27.11ss, 37.2ss, 45.6, 51.12ss, 63.4ss, 68.5, 73.13, 82.4, 89.10, 100.7, 112.12, 148.2; fructífera, 76.34ss, 126.4, 126.14; objetivo de la, 24.10, 29.7, 30.23, 44.29, 79.37ss; mal dirigida, 12.44ss, 16.12; negaciones de la, 76.6ss; deshacer la, 122.24; sin consuelo, 76.20ss. Ver también; dhamma; dispensa, dispensación.
Vigilia (*jāgariya*), 39.10, 53.10, 69.12, 107.6, 125.18
Virtud (*sīla*), 6.2; n.1, M.6; 24.2, 32.7, 43.14, 44.11, 48.6, 53.7, 77.11, 78.11, 81.18, 104.21, 107.3, 108.14, 125.15, 142.3ss; complacencia con respecto a la, 29.3, 30.9; de un bhikkhu, 27.13, 51.14; purificación de, 24.9ss. Ver también: conducta.
Visión (*dassana*), 2.5ss
Visto (*diṭṭha*), 1.19, 22.15ss, 112.3ss
Visuddhimagga, n.5, M.24
Vitalidad (*āyu*), 43.22; n.17, M.43
Vivienda en el bosque, 4.2ss, 5.29, 17.2ss, 32.7, 69.3ss, 77.9, 150.6.

Yo (*attā*), ver: no yo; nociones, del yo.
Yo, hacer; (fabricar, construir, formar el), (*ahankāra*), 72.15, 109.13, 112.11; n.6, M.112

Índice onomástico

A continuación, las referencias numéricas están indicadas por el número de *sutta*, un punto, y posteriormente el número de párrafo en el *sutta* referido. La abreviatura 'ss' escrita después de esos números indica 'y siguientes', y significa que el nombre propio es mencionado nuevamente en otra o más ocasiones, más adelante en el *sutta* referido.

A

Abhaya, Príncipe, 58.2; n.1, M.58
Abhiya Kaccāna, 127.13ss.
Acela Kassapa, 124.2ss.
Aciravata, novicio 125.2ss.
Aciravatī, río, 88.7; 88.19
Ajātasattu, Rey, 35.12; 88.1; 108.2
Ajita Kesakambalin, 30.2; 36.48; n.3, M.76; 77.6
Āḷāra Kālāma, 26.15; 26.22
Ambalaṭṭhikā, 61.2
Ānanda, 21; 18.22; 26.2; 32.1; 32.3; 36.3; 59.4ss; 64.4ss; 67.3ss; 68.2; 81.2ss; 83.2ss; 83.21; 85.7; 88.2ss; 104.3ss; 106.10ss; 108.1ss; 136.3ss; 143.3; 152.3ss; y "Un apego afortunado", 132.2 y siguientes; según lo aprendido, 32.4; sobre la destrucción de las contaminaciones, 52.1 y siguientes; sobre el discípulo en formación superior, 53.5 y siguientes; sobre *devas*, 90.14; sobre buena y mala conducta, 88.8ss; sobre la vida santa, 76.6 y siguientes; sobre el bhikkhu ideal, 32.4; sobre las cualidades del Tathāgata, 123.2ss; preguntas sobre elementos, 115.4 y siguientes; preguntas sobre la vacuidad, 121.2 y siguientes.
Anāthapiṇḍika, 23; 143.2ss
Anganos, 39.1; 40.1; 77.6
Aṅgulimāla, 86.2ss.
Anguttarāpanos, 54.1; 66.1; 92.1
Anuruddha, 31.2ss; n.1, M.31; 32.1ss; 32.6; 32.13; n.4, M.32; 68.2; 127.2ss; 128.8ss; n.4, M.128
Āpaṇa, 54.1; 66.1s; 92.1
Ariṭṭha, 22.2ss; n.4, M.22
Assagutta, n.5, M.79
Assaji (1), 35.3ss; n.2, M.35
Assaji (2), 70.4ss; n.2, M.70
Assalāyana, 93.3ss
Assapura, 39.1, 40.1
Aṭṭhakanāgara, 52.2
Avantiputta, Rey, 84.2ss.

B

Bāhukā, río, 7.19
Baka Brahmā, 49.2ss., n.1, M.49
Bakkula, 124.1ss
Bālaka, 56.5
Bālakaloṇakāra, 128.7
Bosque de bambú, 24.1; 44.1; 61.1; 69.1; 73.1; 77.1; 79.1; 97.1; 108.1; 108.25; 124.1; 125.1; 126.1; 136.1; 144.1; 150.1
Beluvagāmaka, 52.1
Benarés, 26.24ss., 81.13ss., 94.1, 141.1ss.
Bhaddāli, 65.3ss
Bhagga, país 15.1; 50.1; 85.1
Bhaggava, alfarero, 140.1
Bhagu, 68.2; 128.7
Bhāradvāja, 98.3ss
Bhesakalā, arboleda, 15.1, 50.1, 85.1
Bhūmija, 126.2ss.
Bimbisāra, Rey Seniya, 14.20ss; 95.9
Bodhi, Príncipe, 85.2ss
Brahmā Sahampati, 26.20ss; 67.8ss; n.2, M.67.
Brahmā Sanankumāra, 53.22; n.10, M.53
Brahmāyu, 91.2ss

C

Camboya, 93.6
Campā, 51.1
Caṇḍalakappa, 100.2
Candana, 134.2
Cankī, 95.2; 98.2, 99.13
Cātumā, 67.1
Channa, 144.2ss
Cūḷanāga, Tipiṭaka, n.10, M.148
Cunda, novicio, 104.3ss.

D

Daṇḍapāni, el sakyano, 18.3ss, n.1, M.18
Dasama, 52.2ss
Devadaha, 101.1
Devadatta, n.1, M.18; n.1, M29. 29.1; 58.3
Devala, el Oscuro, M. 93.18, n.6
Dhammadinnā, n.1, M44, 44.1ss
Dhānañjāni, 97.2ss
Dhānañjānī, 100.2
Dīgha Kārāyaṇa, 89.2; n.1, M89, 89.8
Dīghanakha, 74.1ss; n.1, M74, 74.15
Dīgha Parajana, 31.21
Dīgha Tapassī, 56.2ss; 56.20ss
Dummukha, 35.23
Dūsī, n.1, M 50.8

E

Esukārī, 96.2ss

G

Gaggarā, Lago, 51.1
Gaṇaka Moggallāna, 107.1ss
Ganges, Río, 21.16; 34.1ss; 64.8
Gaya, 26.25
Ghāṭā, el sakyano, 122.2
Ghaṭīkāra, 81.6ss
Ghosita, parque de, 48.1; 76.1; 128.1
Ghoṭamukha, 94.2
Gopaka Moggallāna, 108.4ss
Gosinga, Bosque de, 31.2; 32.1
Gran Bosque, 35.1; 36.1; 71.1; 105.1
Gulissāni, 69.2

H

Haliddavasana, 57.1

Hombres ciegos, arboleda de los, 23.1; 24.5; 147.2
Horner, I.B., n.2, M.4; n.10, M.26; n.4, M.75; n.12, M.76; n.3, M.79; n.2, M.131; n.5, M.138

I

Icchānangala, 98.1
Indra, 22.36. *Véase también* Sakka
Isidatta, 89.18
Isigili, 14.5, 116.1ss
Isipatana, 26.26, 141.1ss

J

Jāṇussoṇi, n.1, M4, 4.2; 27.2ss; 98.2; 99.13: 99.30ss
Jayasena, Príncipe, 125.2ss; 126.2ss
Jeta, arboleda (bosquecillo) de, 2.1
Jīvaka Komārabhacca, 55.1ss; n.1, M.55
Jotipāla, 81.6ss

K

Kajangalā, 152.1
Kakusandha, Buda, 50.9ss; n.2, M.50
Kāḷa Buddharakkhita, n.15, M.36
Kāḷakhemaka, el sakyano, 122.2
Kaḷārajanaka, 83.20
Kali (1), 21.9
Kali (2), 50.8
Kammāsadhamma, 10.1; 75.1; 106.1
Kandaraka, 51.1ss
Kaṇṇakatthala, 90.1
Kāpaṭhika, 95.11ss
Kapilavatthu, 14.1; 18.1; 53.1; 122.1; 134.1; 142.1
Kāsi, 70.1
Kassapa, Buda, 81.3ss
Keṇiya, 92.2ss
Kiki, Rey, 81.14ss
Kimbila, 31.2; 68.2; 128.8ss.
Kisa Sankicca, 36.5; 76.53
Kīṭāgiri, 70.3ss
Koliya, 57.1
Koravya, Rey, 82.27ss
Kosala, 41.1; 60.1; 68.1; 81.1; 95.1; 100.1
Kosambī, 48.1, n.1, M.48; 76.1, 128.1
Kosiya, 37.8
Parque de Kukkuṭa, 52.2
Kumāra Kassapa, 23.1ss
Kuṇḍadhāna, 68.2
Kurus, 10.1; 75.1; 82.1; 106.1
Kusinārā, 103.1

L

Licchavianos, 35.5ss
Lomasakangiya, 134.1ss

M

Madhurā, 84.1
Magadha, 26.20; 77.6
Magandiya, 75.3ss
Mahā Cunda, 8.2ss; 144.2ss
Mahā Kaccāna, 18.10ss; 84.2ss; 133.7ss; n.2, M.133; 138.5ss
Mahā Kassapa, 32.1s; 32.7; 32.14; n.5, M.32
Mahā Koṭṭhita, 43.1ss; n.1, M.43
Mahā Moggallāna, 5.3ss; 15.1ss; 32.1ss; 32.8; 32.15; 37.5ss; 50.1ss; n.11, M.64; 67.13; 69.20; 141.5; n.2, M.141
Mahānāma, el sakyano, 14.2ss; 14.1; 53.6ss
Mahā Pajāpati Gotamī, 142.2ss; n.1, M.142; 146.2
Makhādeva, Rey, 83.3ss

Makkhali Gosāla, 30.2; 36.5; 36.48; n.12, M.60; 76.53; n.5, M.76; 77.6
Maliyadeva, n.10, M.148
Mallikā, Reina, 87.5ss; 87.23ss
Mallikā, parque de, 78.1
Māluṅkyāputta, 63.2ss; n.1, M.63; 64.2ss
Mangos, Bosque de, 55.1
Māra, n.10, M.1; 12.29ss; 19.26, 25.7ss; 25.12ss; 26.34ss; 49.5ss; 49.29ss; n.1, M.49; 50.2ss; n.1, M.50; 115.15; 119.23ss; poder de, 25.8s; 49.6; reino de, 34.3ss ;106.2
Mātali, 83.14
Medaḷumpa, 89.1
Migāra, madre de, palacio de la, 26.3; 37.1; 50.26; 88.2; 107.1; 109.1; 110.1; 118.1; 121.1
Mithilā, 83.1ss; 91.2; 91.24
Moliya Phagguna, 21.2ss

N

Nādikā, 31.1
Nagaraka, 89.2ss
Nagaravinda, 150.1
Nāgasamāla, 12.64
Naḷakapāna, 68.1
Nāḷandā, 56.1ss; 56.13
Nāḷijangha, 87.6
Nandaka, 146.3ss
Nandana, arboleda de, 75.11
Nanda Vaccha, 36.5; 76.53
Nandiya, 31.2; 68.2; 128.8ss
Nigaṇṭha Nātaputta, 14.17; 30.2; 36.48; 56.2ss; 56.20ss; n.22, M.56; 58.2ss; 77.6; 104.2; como omnisciente, 14.17; n.7, M.76; 79.6; 101.10
Nigrodha, parque de, 14.1; 18.1; 53.1; 122.1; 134.1; 142.1
Nimi, Rey, 83.12ss
Nyanaponika Thera, n.8, M.7; n.1, M.10; n.3, M.10; n.11, M.22; n.8, M.28
Ñāṇamoli, Bhikkhu, n.1, nn.5-6, nn.21-22, M.1; nn.2-3, n.15, M.4; n.7, M.7; n.3, M.10; n.12, M.11; n.9, M.18; n.10, M.26; n.8, M.28; n.13, n.15, M.49; n.6, n.8, M.56; n.12, M.76; n.1, M.77; n.3, M.79; n.16, n.26, M.102; n.10, M.106; n.2, M.131; n .5, M.138; n.7, M.140
Ñāṇananda, Bhikkhu, n.6, M.18; n.2, M.131

O

Opasāda, 95.1

P

Pajāpati, 1.9, n.10, M.1; 22.36; 49.5; 49.17 (traducido como Señor Supremo)
Pajjota, Rey, 108.2
Pakudha Kaccāyana, 30.2; 36.48; n.5, M.76; 77.6
Pañcakanga, 59.2ss; 78.2ss; 127.2ss
Paṇḍuputta, 5.31
Pārāsariya, 152.2
Parque del este, 26.3; 37.1; 88.2; 107.1; 109.1; 110.1; 118.1; 121.1
Pasenadi, Rey, 24.14; 35.12; 86.8ss; 87.5; 87.24ss; 88.3ss; 89.2ss; 90.2ss; 95.8ss; 99.31
Pāṭaliputta, 52.2; 94.33; n.3, M.94
Pāvā, 104.2
Pāvārika, bosque de mangos de 56.1

Pessa, 51.1; 51.4ss
Pico del Buitre (montaña), 14.15; 29.1; 74.1; 116.2
Pilotika, 27.2
Pingalakoccha, 30.2
Pokkharasāti, 95.8ss; 98.2; 99.10ss
Potaliputta, 136.2
Potaliya, 54.3ss
Pukkusāti, 140.3ss; 140.33; n.1, M.140
Punabbasuka, 70.4ss; n.2, M.70.
Puṇṇa (1), 57.2ss
Puṇṇa (2), 145.1ss
Puṇṇa Mantāṇiputta, 24.2ss; n.3, M.24
Purāṇa, 89.18
Pūraṇa Kassapa, 30.2; 36.48; n.11, M.60; n.7, M.76; 77.6

R

Rāhula, 61.2ss; n.1, M.61; 62.2ss; n.2, M.62; 147.2ss
Rājagaha, 5.31; 14.15; 24.1; 29.1; 44.1; 55.1; 61.1; 69.1; 73.1; 74.1; 77.1; 77.6; 79.1; 97.1; 108.1; 116.1; 124.1; 125.1; 126.1; 133.1; 136.1; 140.1; 144.1; 151.1
Rāma, 26.16; n.7, M.26
Raṭṭhapāla, 82.4ss; n.1, M.82
Revata, 32.1ss; n.3, M.32; 68.2
Roca Negra, 14.15

S

Saccaka, 35.2ss; 36.2ss
Sāketa, 24.14
Sakka, 37.2ss; 50.28; 83.13ss; 115.15
Sakulā, 90.3
Sakuludāyin, 77.2ss; 79.1; 79.45ss
Sālā, 41.1; 60.1
Sāmagāma, 104.1
Samaṇamaṇḍikāputta, 78.1ss
Samiddhi, 133.1ss; 136.2ss
Samīti, 5.31
Sandaka, 76.2ss; 76.54
Saṅgārava, 100.3ss
Sañjaya, 90.6ss; 90.16
Sañjaya Belaṭṭhiputta, 30.2; 36.48; n.8, M.76; 77.6
Sañjikāputta, 85.3
Sañjīva, 50.9ss
Sāriputta, 12.3ss; 24.3, 24.17; 32.1; 32.4ss; 32.16; 62.5; 74.14; n.7, M.111; 141.5; n.2, M.141; 150.2; consejos a otros, 97.6ss; 143.4ss; 144.4ss; en general, 92.18ss; en diálogo, 24.6ss; 43.1ss; percepción de, 111.3ss; sobre imperfecciones, 5.1ss; sobre el bhikkhu del bosque, 69.3ss; sobre Cuatro Nobles Verdades, 9.14ss; 28.2ss; 141.8ss; sobre los herederos en el Dhamma, 3.4ss; sobre el bhikkhu ideal, 32.9; acerca de la noción correcta 9.1ss; sobre lo que se debe cultivar, 114.4ss; alabanza de, 24.17; 111.2; 111.21ss; reprochado, 67.12; 97.38
Sāti, 38.2ss; 38.41
Sāvatthī, 2.1 (*primera de muchas menciones al inicio de los suttas*).
Sela, 92.6ss
Senānigama, 26.17
Seniya, 57.2ss
Soma, 90.3
Soma Thera, n.1, M.10; n.3, M.10
Subha, 99.2ss; 135.2ss; n.1, M.135

Subhaga, arboleda de, 1.1; 49.1
Subhūti, 139.14; n.7, M.139
Sudhamma, Salón, 50.29; 83.13
Suṁsumāragira, 15.1; 50.1; 85.1
Sunakkhatta, 12.2ss; n.1, M.12; 105.3ss
Sunāparanta, 145.5
Sundarī, n.1, M.88
Sundarika Bhāradvāja, 7.19ss

T

Tārukkha, 98.2; 99.13
Thullakoṭṭhita, 82.1ss
Todeyya, 98.2; 99.2; 99.13

U

Udāyin (1), 59.2ss; 66.3ss
Udāyin (2), 136.6
Uddaka Rāmaputta, 26.16, 26.23, n.7, M.26
Udena, 94.1ss
Ujuññā, 90.1
Ukkācelā, 34.1
Ukkaṭṭhā, 1.1; 49.2, n.1, M.49
Upaka, 26.25, n.14, M.26
Upāli, 56.5ss
Uruvelā, 26.17; 26.25
Uttara (1), 91.4ss
Uttara (2), 152.2

V

Vacchagotta, 71.2ss, n.1; 72.2ss; 73.2ss
Vajīrī, 87.24
Vajjianos, 31.21; 34.1
Vāsabhā, Reina, 87.25-28
Vāseṭṭha, 98.3ss
Vassakāra, 108.6ss
Vebhalinga, 81.3; 81.5ss
Vedehikā, 21.9
Vejayanta, palacio, 37.8ss; 50.27
Vekhanassa, 80.2ss
Verañja, 42.2
Vesālī, 12.1; 35.1; 36.1; 52.1; 71.1; 105.1
Vessavaṇa, Rey, 37.9ss
Videhanos, 34.2; 83.13; 91.1
Vidhura, 50.9; 50.20ss
Viḍūḍabha, 87.25-28; 90.14; 90.16
Visākha, 44.1ss

W

Watanabe, Fumimaro, n.6, M.32

Y

Yama, Rey, 130.3ss; n.1, M.130
Yona, 93.6

Índice de símiles

A continuación, las referencias numéricas están indicadas por el número de *sutta*, un punto, y posteriormente el número de párrafo en el *sutta* referido. La abreviatura 'ss' escrita después de esos números indica 'y siguientes', y significa que el nombre propio es mencionado nuevamente en otra o más ocasiones, más adelante en el *sutta* referido.

A

Abriendo los ojos, 152.4
Aceite, "proveniente de grava", 126.10
Aceite de sésamo, 126.15
Agua, meditación como el, 62.14
Aire, meditación como el, 62.16
Alfarero y barro, 122.27
Antorcha de hierba, 22.3, 54.17
Antorcha o palo de fuego, 36.17, 119.24, 119.27, 126.13, 126.18, 140.19
Árbol con follaje, 12.39ss
Árbol con frutos, 22.3, 54.21
Árbol y sombra, 146.10
Arma en funda, 40.4
Arquero, 12.62
Arroyos y océano, 119.22
Asar a un hombre, 36.25, 97.29, 143.4
Atrapando serpiente, 22.10ss

B

Balsa, 22.13, 38.14
Bebida de cuajada, 46.21
Bebida envenenada, 46.19, 105.29
Becerro, 67.7
Bhikkhu, 12.21
Bienes prestados, 22.3, 54.20
Bola de hilo, 119.26
Bola de miel, 18.22
Bola de piedra, 119.23
Bolsa de grano, 10.10, 119.7
Bolso de piel de gato, 21.18
Brahmán enamorado, 56.27
Brazo extensible, 26.20, 37.6, 37.13, 49.3, 67.8, 152.8
Búho esperando a ratón, 50.13
Burro, 50.13

C

Cabeza de serpiente, 22.3
Calabaza envenenada, 46.18
Calentando el Ganges, 21.16
Cambio de postura, 20.6
Camino a Rājagaha, 107.14
Camino, 8.14
Canal en el cuello, 20.4
Cangrejo, 35.24

Carnicero tallando buey, 36.24, 97.29, 143.4
Carro, 21.7, 119.31
Carros de relevo, 24.14
Cepillado de toque ligero, 5.31
Cerrando los ojos, 20.5
Chacal esperando pescado, 50.13
Chasqueando dedos, 152.5
Chica más guapa, 79.10.
Ciervo del bosque, 26.32ss
Codorniz, 66.8
Cofre de prendas, 32.9
Colocar guirnalda en la cabeza, 5.33
Comida deliciosa, 105.15
Conociendo camino al pueblo, 99.22
Creación de obras de arte, 77.31
Cruce, puente, 8.14
Cruzando el desierto, 39.14
Cuenco de metal, 5.29ss
Cuidando la arboleda, 21.8

D

Dibujando en el espacio, 21.14
Domar elefantes, 125.12
Dos amigos, 125.9
Duramen, 18.12, 29.2ss, 30.3ss, 35.22, 64.7, 133.9

E

Elefante jugando, 35.5, 56.7
Elefante real, 61.7, 66.9
Elefante, entrenando a un, 85.56ss
Elefantes domesticables, 90.11, 125.8
Esclavitud, liberación respecto a la, 39.14
Escupir, 152.7
Espacio, como meditación, 62.17
Esqueleto, 22.3, 54.15
Estaca de espada, 22.3
Estanque con agua fría, 12.42, 40.13
Estanque cuadrado, 119.30
Éxito en los negocios, 39.14

F

Fila de ciegos, 95.13, 99.9
Flecha envenenada, 63.5, 101.7, 105.19ss, 105.24ss.
Flechero, 101.28
Forzar el corte de carne, 96.4, 96.11
Fuego del bosque, 90.12, 93.11
Fuego determinado por combustible, 38.8, 96.12
Fuego extinguido, 72.19
Fuego, como meditación, 62.15
Fuelle de herrero, 36.21

G

Gallina y huevos, 16.26, 53.19
Gato esperando ratón, 50.13
Gema de berilo en hilo, 77.29, 123.12
Gotas de lluvia, 152.6
Gotas en placa caliente, 66.16, 152.9
Gran árbol sāla, 72.21

H

Hierba en el Bosquecillo de Jeta, 22.41
Himalaya y piedra, 129.9, 129.47
Hoja caída del tallo, 105.11
Hombre cubierto con tela, 39.18, 77.28, 119.21
Hombre enamorado, 101.24ss.
Hombre fuerte, 20.7, 35.5, 36.20, 36.22f., 56.7, 97.29, 143.4

Hombre golpeado con lanzas, 129.8
Hombre nacido ciego, 75.20, 99.12
Hombre pobre, 66.11
Hombre preguntando por el pueblo, 105.9
Hombre sin manos, 76.52
Huella de elefante, 27.3ss, 28.2
Hundirse en el barro, 8.16

I

Incendio en cobertizo de césped, 115.2

J

Jefe de familia rico, 66.12
Jugador, 129.26, 129.49

L

Lactante acostado boca abajo, 48.11, 58.7, 64.3, 78.8, 80.16
Lago en montaña, 39.21, 77.36
Lago lleno en primavera, 39.16, 77.26, 119.19
Lámpara de aceite, 43.22, 140.24, 146.9
Leche [proveniente] de cuerno de vaca, 126.11
Leche de ubre, 126.16
Leproso, 75.13ss
Llenar una jarra, 119.25, 119.28
Lotos, 26.21, 39.17, 77.27, 119.20
Luna 146.15, 146.27
Luz solar y sombra, 102.17ss

M

Manada de ciervos, 19.25 ss, 25.2ss
Mansión, 12.41
Mantequilla a partir de agua, 126.12
Mantequilla de cuajada, 126.17
Matadero, 22.3
Mirando la cara en el espejo, 15.8, 77.33
Montón de flores, 56.30

N

Nadando a través del Ganges, 64.8
Nuera, 28.10, 37.9
Nuez, revisando una, 120.12

O

Obras basadas en la tierra, 35.10
Observando a la gente, 39.20, 77.35
Orina con medicamento, 46.20
Oro en el horno, 7.12

P

Palmera, 36.47, 49.30, 68.7, 105.17
Pasando por pueblos, 39.19, 77.34
Pastor, 19.7, 19.12, 33.2, 33.15, 34.2, 34.4
Piedra partida, 105.13
Pináculo de la casa, 48.7
Plantas a base de tierra, 35.10
Plántulas, 67.7
Plato de bronce, 5.4ss
Polvo de baño, 39.15, 77.25, 119.18
Potro *pura sangre*, 65.33, 107.3
Pozo de carbones, 12.37, 22.3, 54.18
Pozo negro, 12.38
Puesto circular para perros, 102.12
Punta de hierro, 58.3

Q

Quitar clavija, 20.3

R

Recuperación de una enfermedad, 39.14
Refinación de oro, 140.20
Removiendo tierra, 21.12
Ruedas topográficas, 32.6

S

Sacando caña, 77.30
Salida de prisión, 39.14
Serpiente venenosa, 105.30
Sierra, 21.20, 28.9
Sol brillando, 46.22
Sombra sobre la tierra, 129.5, 129.30
Sueño, 22.3, 54.19

T

Tela, 7.2, 7.12
Tesoro escondido, 52.15, 128.20
Tierra, como meditación, 62.13
Tornero, 10.4
Tortuga ciega, 129.24
Trompetista, 77.32, 99.24
Trozo de carne, 22.3, 54.16

V

Vaca cercenada, 10.12, 119.8
Vaca con ternero, 48.12
Vaina de enredadera Māluva, 45.4
Verter agua, 119.29
Viajero emboscado, 128.19

Índice de términos pāli analizados en la introducción y notas

Las palabras pāli se enumeran aquí en orden alfabético indio.

atammayatā, n.3, M.113
atthaveda, n.8, M.7
adhikaraṇa, n.7, M.104
adhikaraṇasamatha, n.8, M.104
adhiṭṭhāna, n.7, M.140
anassāma, n.3, M.79
anāgataṁ vādapathaṁ, n.1, M.77
anidassanaṁ, n.13, M.49
anupadadhammavipassanā, n.1, M.111
anupādā parinibbāna, n.6, M.24
anupādā paritassanā, n.5, M.138
anusaya, n.16, M.44
apaṇṇakadhamma, n.2, M.60
aparinitthitabhāvāya, n.7, M.114
abhidhamma, n.6, M.32; n.2, M.69; n.2, M103
abhibhāyatana, n.5, M.77
abhibhū, n.15, M.1
abhivinaya, n.2, M69
abhisankhata, n.2, M.52
amūḷhavinaya, n.13, M.104
asaṁhīraṁ, asankuppaṁ, n.5, M.131
asamayavimokkha, n.4, M.29
āneñja, n.6, M.105
ālaya, n.10, M.26
indriyabhāvanā, n.1, M.152
isisattama, n.19, M.56
upakkilesa, n.3, M.7; n.9, M.128
upadhi, n.3, M.26; n.6, M.64; n.4, M.66
upapajjati, n.3, M.148
upavajja, n.7, n.8, M.144
upādāna, n.12, M.11; n.6, M.24
upādinna, n.3, M.28
ekāyana, n.3, M.10
evaṁdhamma, n.10, M.7
kāma, n.4, M.22
kiñcana, n.27, M.43
kummāsa, n.4, M.23
khādanīya, n.5, M.67
gati, n.12, M.22
gandhabba, n.10, M.38
tiṇavatthāraka, n.16, M.104
tiracchānakathā, n.1, M.76
daṇḍa, n.2, M.56
dvedhāpatha, n.6, M.23
dhamma, n.3, M.1; n.25, M.10; n.7, M.22; n.10, M.115
dhammadhātu, n.4, M.58
dhammanetti, n.10, M.104
dhammaveda, n.8, M.7
dhiti, n.22, M.12
nāga, n.8, M.5
nāparaṁ itthattāya, n.14, M.4
nāpahosiṁ, n.13, M.49
nāma, M. 115.11
niyati, n.13, M.60
niyyātar, n.12, M.76
paññāveyyattiya, n.22, M.12

paṭibhāga, n.20, M.44
papañca, n.6, M.18
pamāṇakataṁ kammaṁ, n.8, M.99
paritassanā, n.12, M.22
parinibbāpessati, n.12, M.8
parinibbāyati, n.9, M65; n.12, M.106
parinibbuto, n.12, M.8
pāpiyyāsikā, n.15, M.104
pāramī, n.3, M.77
brahma, M.49; M.26.20; 53.22; 67.8
bhaddekaratta, n.2, M.131
bhabba, n.9, M.136
bhūnahuno, n.1, M.75
bhojanīya, n.5, M.67
maññati, n.6, M.1
manopavicāra, n.1, M.137
mātikā, n.2, M.33
mūḷhagabbha, n.3, M.86
rūpa, M. 9.54; M.16.10; M. 28.26; M. 33.4, 33.17; M. 60.31; M. 106.4
vayadhamma, n.12, M.10
viparītasaññā, n.4, M.75
vimokkha, n.4, M.77
vivattachaddo, n.4, M.91
vedagū, n.14, M.91
vossagga, n.20, M.2
saṁvattanikaṁ viññāṇaṁ, n.5, M.106
saṅkhārā, n.5, M.20; n.10, M.115; n.1, M.120
sangatibhāva, n.13, M.60
sati, n.22, M.12; n.4, M.53
satipaṭṭhāna, n.4, M10
sativinaya, n.11, M.104
sabba, n.3, M.1
sabbato pabhaṁ, n.15, M.49
samudayadhamma, n.12, M.10
sampajañña, n.15, M.10
sammukhāvinaya, n.9, M.104
sallekha, n.7, M.8
sārāṇiyā, n.2, M.48
sekha, n.21, M.1
sotthiya, n.7, M.39

SOBRE PARIYATTI

Pariyatti se dedica a proporcionar un acceso asequible a las auténticas enseñanzas del Buda sobre la teoría del Dhamma (*pariyatti*) y la práctica (*paṭipatti*) de la meditación Vipassana. A 501(c)(3) organización benéfica sin ánimo de lucro desde 2002. Pariyatti se sostiene gracias a las contribuciones de personas que aprecian y quieren compartir el incalculable valor de las de las enseñanzas del Dhamma. Te invitamos a visitar www.pariyatti.org para conocer nuestros programas, servicios y formas de apoyar las publicaciones y otros proyectos.

Editoriales de Pariyatti

Vipassana Research Publications (centradas en la práctica de Vipassana tal y como la enseñó S.N. Goenka en la tradición de Sayagyi U Ba Khin)

BPS Pariyatti Editions (títulos seleccionados de la Buddhist Publication Society, coeditados por Pariyatti)

MPA Pariyatti Editions (títulos seleccionados de la Myanmar Pitaka Association, coeditados por Pariyatti)

Pariyatti Digital Editions (títulos de audio y vídeo, incluidos los discursos)

Pariyatti Press (títulos clásicos reimpresos y escritos inspiradores de autores contemporáneos)

Pariyatti enriquece el mundo mediante:

- Difusión de las palabras del Buda
- Aportando sustento para el viaje del buscador,
- Iluminando el sendero del meditador.

www.ingramcontent.com/pod-product-compliance
Lightning Source LLC
LaVergne TN
LVHW050907080826
845145LV00001B/2

* 9 7 8 1 6 8 1 7 2 8 7 9 7 *